社会网络计算

吴 江 著

電子工業出版社·
Publishing House of Electronics Industry
北京·BEIJING

内 容 简 介

我们所处的高度互联的网络世界，是由人与人及周边的各种事物和事件所组成的社会网络，该网络承载着各种各样的人际关系和用户行为，能为社会化趋势的电子商务等应用提供丰富的社会环境。本书将深入浅出地介绍社会网络的基础理论及常用的社会网络计算工具的使用实践，并建立社会网络研究理论和应用结合的计算范式，从而帮助我们掌握并理解网络时代下诸多错综复杂的社会现象所需的计算思维。全书分为 3 篇，第 1 篇从社会网络的基本认识出发，介绍社会网络的一些基本原理与实践方法，包括三元闭包、强弱关系、同质性、正负平衡等社会网络计算基础理论；第 2 篇从社会网络的洞察发现出发，介绍社会网络中的一些原理和规律，包括社会网络中的小世界、幂律、社区、传播、博弈、超网络等；第 3 篇从社会网络的分析理解出发，介绍社会网络的应用和分析方法，涵盖社会网络的链接预测、影响力评价、动态分析、随机试验、建模仿真及表示学习。全书在介绍基础理论的同时，还将基于 igraph、Gephi、Ucinet、RSiena、Netlogo、NetworkX 等社会网络计算软件及常用的编程语言(如 R 语言和 Python 语言)，介绍相关社会网络的计算和应用实践。

本书将社会网络计算的基础理论与实践紧密结合，可供在图书情报档案、管理科学与工程、工商管理、公共管理等学科中从事社会网络相关研究的学者参考，也可作为电子商务、信息管理与信息系统等专业的本科生和研究生的参考用书。

图书在版编目（CIP）数据

社会网络计算 / 吴江著. — 北京：电子工业出版社，2023.6

ISBN 978-7-121-45810-1

Ⅰ. ①社… Ⅱ. ①吴… Ⅲ. ①社会关系－计算方法－研究 Ⅳ. ①C912.3

中国国家版本馆 CIP 数据核字(2023)第 111474 号

责任编辑：王二华　　　　特约编辑：角志磐

印　　刷：河北虎彩印刷有限公司

装　　订：河北虎彩印刷有限公司

出版发行：电子工业出版社

　　　　　北京市海淀区万寿路 173 信箱　　　邮编：100036

开　　本：787×1092　1/16　印张：26.5　　　字数：678 千字

版　　次：2023 年 6 月第 1 版

印　　次：2025 年 7 月第 3 次印刷

定　　价：89.00 元

前　言

随着工业化、城市化的推进和新兴通信技术的兴起，社会的网络化程度日益增加。我们正处于一个高度互联的数实融合世界，其中每个人都身处不同的社会网络中，诸如各国间的经贸文化交流网络、基于社交媒体的社交网络、学者间的科研合作网络、虚实融合的元宇宙网络等。社会网络不仅包含人与人之间的各种人际网络，还涉及各个社会层面主体间的各种网络。近年来，随着算力的进一步发展，社会网络在诸多领域不断取得进展，并涌现出了许多新的计算方法和应用场景。本书既介绍了社会网络的基础理论及实践，又介绍了其深层的规律、方法和应用，并总结了我们团队在社会网络计算领域的相关研究。

本书的内容主要分为 3 篇：第 1 篇为第 1～6 章，该篇从社会网络的基本认识出发，介绍了社会网络的基本内容、社会网络的可视化和三元闭包的计算过程，同时对社会网络的强弱关系、同质性及正负平衡进行了探讨；第 2 篇包括第 7～12 章，从社会网络的洞察发现出发，介绍了社会网络中的一些原理和规律，并分析了社会网络中的社区发现、传播、博弈等行为；第 3 篇为第 13～18 章，从社会网络的分析理解出发，介绍了链接预测、影响力评价、动态分析、随机试验、建模仿真、表示学习等社会网络计算方法。

全书具体内容如下：

第 1 章是社会网络计算导论，介绍了最基本的社会网络测量指标和社会网络计算思维的概念。

第 2 章是社会网络的可视化，介绍了 Gephi 等社会网络可视化软件的使用。

第 3 章从结构视角讨论了社会网络中的三元闭包原理，并以学生人际网络为例对有向网络中的三元闭包进行了分析，另外基于 Gephi 和 igraph 介绍了基本的三元闭包和结构洞的测量。

第 4 章从关系强度视角讨论了社会网络中的强关系和弱关系，并以共代码网络和球队网络为例介绍了加权网络的分析和应用。

第 5 章讨论了同质性对社会网络演化的作用，并基于 Netlogo 软件介绍了隔离模型，以及基于 Ucinet 软件对二模网络进行了分析。

第 6 章考虑了社会网络中边的符号，并讨论了符号网络的研究和平衡定理的应用，以及基于 igraph 介绍了社会网络中的搜索算法和社群检测算法。

第 7 章介绍了社会网络中的小世界现象，并讨论了小世界模型的构建和验证。

第 8 章介绍了社会网络中的幂律现象，并讨论了幂律模型的构建，以及长尾理论在电子商务中的应用。

第 9 章介绍了社会网络中的社区。该章首先对社区定义进行了梳理，并基于此对社区发现的定义、相关评价指标、社区发现算法等内容进行了详细的介绍，其次对社区演化和社区研究数据集进行了扩展讨论。

第 10 章介绍了社会网络中的传播。该章首先对社会网络中传播的定义、影响因素及传播形态进行了详细介绍，其次在 10.3～10.5 节中结合实际案例对信息传播、疾病传播和新事物传播进行了介绍和分析。

第 11 章介绍了社会网络中的博弈。该章首先介绍了博弈论基础理论，其次从种群的视角介绍群体演化博弈的特性，最后总结了一般网络演化博弈过程并进行了案例分析。

第 12 章介绍了社会网络中的网络。该章介绍超网络、二模网络、多模网络和多网络协同，以提高对社会网络复杂性的认识。

第 13 章介绍了社会网络的链接预测。该章不仅介绍了链接预测的基本概念，还介绍了基于相似性、概率论和统计、机器学习的三种链接预测方法，以及链接预测的一些应用场景。

第 14 章介绍了社会网络的影响力评价。该章首先介绍了社会网络影响力的定义、范围和表现形式，其次从不同角度介绍了影响力的度量及其指标对比，并介绍了影响力的最大化问题及其实现算法，最后介绍了影响力的评价模型和应用。

第 15 章基于随机行动者模型介绍了前沿的社会网络动态分析方法，并用 Siena 软件对学生交互网络的演化机制进行了剖析。

第 16 章介绍了在社会网络研究中使用的随机试验方法，并对相关研究进行了综述。

第 17 章介绍了社会网络的建模仿真。该章介绍了社会仿真的基本定义、研究范式、最常用的三种仿真方法，以及社会仿真的具体应用。

第 18 章为社会网络的表示学习，主要介绍了网络表示学习的基本概念及其发展，还介绍了传统网络和高级网络表示学习方法，并结合案例分析了网络表示学习方法的工作原理和应用场景。

此外，为了帮助读者学习和理解本书内容，每章末尾设置了思考题，以便读者在完成思考题的过程中可以进一步理解和掌握每章的重要知识点。

本书的编写参考了大量的社会网络学者的研究成果，并在书中进行了相关的标注和说明，对此我们表示由衷的谢意，如有疏漏，还请谅解。另外，在此感谢欧桂燕、李秋贝、左任衔、王凯利、邹柳馨、夏梦晨、易梦馨、曾曦、刘一媛等同学在本书写作过程中所做的资料收集和书稿整理贡献。社会网络是一门不断发展的学科，我们一直在学习、探索新的方法和应用，对于书中存在的疏漏甚至错误，也恳请专家和读者批评指正。来函请发至 jiangw@whu.edu.cn，非常感谢。

吴 江

2022 年 9 月 16 日

目　　录

第 1 篇　社会网络的基本认识

第 2 篇　社会网络的洞察发现

第3篇　社会网络的分析理解

第 1 篇
社会网络的基本认识

第1章　社会网络计算导论

如果要理解网络时代下诸多复杂的社会现象，并能够用社会网络计算的思维去解释它们的话，那么我们首先要明白"4W1H"这五个问题：Where(我们在哪里)？Who(我们是谁)？What(网络是什么)？Which(网络长得像什么)？How(我们如何看待网络)？这五个问题分别对应的是社会网络的背景、社会网络的主体、社会网络的定义、社会网络的种类和社会网络的计算方法。

本章作为社会网络计算的导论，将围绕以上这五个问题，介绍社会网络计算的基本内容，并依此对全书的章节做出安排。

1.1　社会网络的背景

要清楚"我们是谁"，首先要明白"我们在哪里"。我们正处于第四次工业革命的时代，与以蒸汽机技术为标志的第一次工业革命、以电力技术为标志的第二次工业革命和以计算机及信息技术为标志的第三次工业革命[1]不同，此次工业革命是以互联网产业化、工业智能化、工业一体化为代表，以人工智能、物联网技术、无人控制技术、量子信息技术、虚拟现实技术及生物技术为主的全新的技术革命[2]。同过去相比，互联网变得无处不在，网络的移动性也大幅提高；传感器体积变得更小、性能更强大、成本也更低；与此同时，人工智能和机器学习也开始崭露锋芒。第四次工业革命的新兴技术，诸如人工智能、区块链、物联网、数字出行及无人机等在新冠疫情下的生产恢复和经济重建过程中发挥了至关重要的作用。

我们正处于第四次工业革命的初期，本次革命将数字技术、物理技术和生物技术这三者有机融合，模糊了数学、物理和生物领域之间的界限。第四次工业革命的其中一个特点是我们能够不断地生产新的信息，并在对信息的挖掘中产生新的知识。比如，不断采集一辆汽车的信息，使我们能够对车辆运行状况有所了解，包括对其在不同环境、工作状况下的性能有更深的认知；长时间对汽车行驶轨迹的记录，还能让我们了解驾驶员的生活规律。而另一个特点则是共享经济。诸如共享出行的代表 Uber 和滴滴打车、共享空间的代表 Airbnb 及共享度假的代表 VaShare，这些新形态的共享经济模式对传统的服务行业产生了变革性的影响。

第三次工业革命见证了计算机、手机和互联网等数字技术的发展。与第三次工业革命不同的是，第四次工业革命的数字技术变得更为精深，一体化程度更高。如图 1-1 所示，20 世纪 60 年代，计算机的体积十分庞大，需要好几间房才能容纳下，主要用于科学计算和实验，并没有应用到个人。随着半导体技术的推陈出新，计算机的体积变得越来越小，这样就使计算机变得越来越便携。从图 1-1 中还可以看出，20 世纪 80 年代就出现了个人计算机，进入 21 世纪后，又出现了移动终端，现在可穿戴式的设备也随处可见，包括苹果发布的可穿戴手表、谷歌研发的 AI 眼镜等。计算不仅发生在终端，还越来越多地扩展到云端。计算无时无刻不和人们的工作、学习和生活联系在一起，云办公、云会议、云学习逐渐成为人们熟悉的生活模式。网络即现实，现实即网络，网络与现实的界限正变得越来越模糊，网络与现实也将达到一种高度的融合。

技术发展一般以10年为一周期

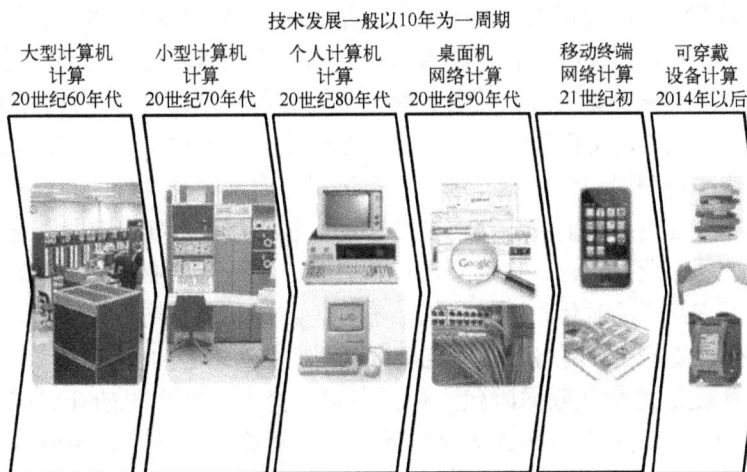

| 大型计算机计算 20世纪60年代 | 小型计算机计算 20世纪70年代 | 个人计算机计算 20世纪80年代 | 桌面机网络计算 20世纪90年代 | 移动终端网络计算 21世纪初 | 可穿戴设备计算 2014年以后 |

图 1-1　人类社会中计算机及计算方式的演变

计算方式的发展给社会生活的很多方面都带来了非常明显的变化。以前大家去看现场表演，举起的是荧光棒，大家一起欢呼雀跃，而现在举起来的是智能手机和平板电脑，然后利用这些移动终端来记录一些美妙的瞬间。以往的学术会议，参会者需赶去会议现场，专心听讲，埋头苦记；现在彻底打破了空间与时间的限制，参会者只需打开智能手机或电脑就可以参与线上学术会议，享受更为高效、便捷的沟通体验。

我们还处在移动商务的时代。2020 年年底，中国使用手机上网的人数达 9.86 亿人，由此可见移动商务正成为电子商务发展的新力量。另外，越来越多的人选择使用移动终端购物，因为相比台式电脑或笔记本电脑，使用智能手机和平板电脑更加方便。它不受位置的限制，随时随地都可以进行购物，所以移动商务的发展也极大地促进了电子商务的发展。

我们还处在位置服务(Location Based Services，LBS)的时代。位置服务又称定位服务，是由移动通信网络和卫星定位系统结合在一起提供的一种增值业务。LBS 即通过移动终端确定使用者所处的位置，然后基于所处位置为使用者提供所需的信息。例如，打车软件利用 LBS 可以确定消费者所处的位置并发出打车请求，而处于附近的出租车司机可以看到消费者的位置，并决定是否要抢单。还有美团、糯米等团购网站推出的 App 也有基于 LBS 的功能，使用者可以利用定位功能搜索附近的美食、电影院、酒店、取款机等。LBS 极大地便利了人们的生活，也使移动终端极大地拓展了我们所在社会网络的范围和应用。

我们还处在社会化电子商务的时代。所谓社会化电子商务(Social Commerce)，即通过社会化的方式来更好地促进电子商务的发展。它是一种基于社会化媒体(主要包括社会化网络和 Web2.0 技术)来进行商务活动的新兴商业模式[3,4]，诸如借助小红书、微博等传播途径，或者通过社交互动、为用户提供内容等手段进行商品的推广。相关报告指出，2019 年社交电商消费者人数已达 5.12 亿人，预计市场规模达 20 605.8 亿元人民币。社会化电子商务正在蓬勃发展，现实和网络的界限将逐渐模糊，网络可以更好地为现实服务。

我们还处在 O2O(Online to Offline)模式的时代。O2O 模式是电子商务的下一座金矿。2012 年，O2O 模式脱颖而出，成为连接线上(无形)与线下(有形)的一个桥梁。O2O 模式如今发展迅猛，为各类企业带来更高的效益。线上社会网络和线下社会网络也正在进行着高度的融合。

我们即将进入一个万物互联的时代。随着信息科技的高速发展，特别是 5G 技术以超高速、超低延迟的特点为移动互联网带来了新的变化，推动着移动互联网从"人人相联"向"物物相联"的方向迈进。物联网无处不在地将人与物、物与物按需求连接起来，已然成为新一轮科技革命与产业变革的重要驱动力。随着智慧生活、智慧医疗、智慧教育等的普及和发展，使得我们的生活从信息化走向智慧化，人、机之间的联系变得更加紧密。特别是 2020 年新冠疫情的暴发，加快了物联网的创新，并进一步促进了万物互联的发展；新冠疫情期间，在线办公、在线教育等加速进入人们的生活；智慧小区、智慧城市的实时监控与分析为新冠疫情防控带来了巨大便利。业界预计，在后新冠疫情时代，物联网产业仍会加速发展，万物互联将是大趋势。在万物互联的时代，通过将人、流程、数据和事物结合在一起，可以得到更庞大、更紧密、更有价值的连接网络，这些连接可以创造前所未有的价值。

要理解我们所处的这个互联网时代，需具备很多企业家都在提的互联网思想。其实，从学术的角度来说，互联网有一个最著名的特性，那就是长尾特性，也称幂律分布。幂律和富饶经济是有关系的。虽然现在是一个信息过载和商品足够丰富的时代，但是却存在着信息选择的悖论。消费者选择商品的边际成本很低，因为如今在互联网上获取信息是十分方便的，有各种各样的网站，也有各种各样的商品，如同样买一件毛衣，消费者既可以选择在天猫上买，又可以选择在京东上买，还可以在当当、易迅等网站上购买，消费者也可以通过各种各样的推送信息，轻松地获得商品信息，这样消费者的商品信息切换成本就很低，传统经济学中的供需曲线也会发生变化。

长尾特性支撑着诸多互联网应用的发展。商家要构建长尾、做好长尾的话，首先一定要有量，有量才是王道，量大才会吸引更多的消费者来从众购买，才能产生流行性的热门商品，形成长尾的头部。同时，处于长尾特性下的互联网时代还是个性化的时代，因为处于长尾中的商品还有很多是利基商品，即销量很小的商品，或者是信息量被获取很小的商品，但并不代表这些信息或商品是没有用的，或者不被人们所需要；实际上，仍有一部分消费者需要这部分信息或商品，来满足他们个性化的需求，这就需要在网络中提供推荐，使这部分消费者能够更便利地接收到这些信息，以满足个性化的需求。

在互联网时代，从桌面互联到移动互联，再逐步进入万物互联，最基本的互联网思想依旧适用。互联网的逻辑首先是联——联结，把人通过互联网联结起来；其次是互——互动，拥有海量的人同时互动的能力；再次是网——结网，让海量的人通过协作的方式去完成一件事情，塑造各种新的商业组织方式。最终的网实现了信息和人之间的连接，人和人、人和信息之间通过丰富的互动，加速了信息的流动。电子商务就是一种在互联网逻辑作用下的产物，传统集市+互联网有了淘宝，传统百货卖场+互联网有了京东，传统银行+互联网有了支付宝。

1.2　社会网络的主体

我们是谁？我们是生活在互联网时代下的"网民"，我们是"网络"中一个个小小的节点。在互联网时代，每个人的信息都在网络中，包括消费信息、用户信息、上网信息等都被互联网所记录。网络甚至可以记录下连我们自己都不注意的一些信息，如我们喜欢什么、我们每天花多少时间在网络上、我们有哪些习惯、我们喜欢哪些商品等。在互联网时代，大数据可以分析出这些问题的答案。淘宝网可以根据我们的购买习惯、浏览习惯为我们推送产品信息，而且推送的产品信息十分准确，往往正是我们想要查找的。

我们还处于"裸奔的时代"。有句话说"以前在互联网上没人知道你是一条狗，而现在没有人不知道你是一条狗——你可以跑，但你无处可逃"。这句话形象地说明了，网络可以知道你的行为，我们都像在互联网中"裸奔"的人。而且网络甚至会比我们更了解我们自己，通过我们在网络中的行为，可以分析出我们的行为特性、个人喜好等。正是如此，我们可以利用网络更加准确地分析出我们的需求和行为习惯，获得更加精准的服务，同时也要承担隐私泄漏的风险。因此，我们是网络中机会与风险并存的"矛盾体"。

如今，我们已经迈入"互联网原著居民"的时代，即很大一部分人从一出生就生活在互联网下，他们的生活已与互联网融为一体，时刻也离不开互联网。我们是生活在复杂交错的网络中的虚拟与现实相互融合的"复杂体"。

1.3　社会网络的定义

1.3.1　社会网络的本质

网络是什么？在商业活动和社会生活中，我们都身陷一张看不见的网，它将彼此相连，这张网叫社会网。我们所处的社会网既有封闭性，也有开放性。该网络的本质是各种主体间的交错相连。

首先，让我们看一下"网"的字源是如何演变的？"网"的字源演变如图 1-2 所示。

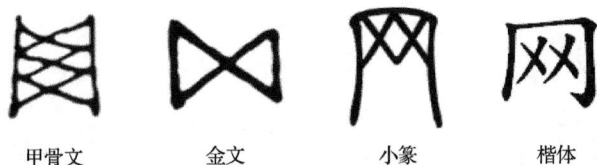

|甲骨文|金文|小篆|楷体|

图 1-2　"网"的字源演变

最早的甲骨文的"网"字体复杂，像捕鱼捕鸟的网。金文对"网"字进行了简化，有一些点，点与点之间有边交错相连。小篆的"网"就和现在的楷体有些类似，就像有一个门把节点框起来，门里面有一些节点交错相连，就像网络世界中的我们也是交互相连的。

通过"网"字可以看出网络的本质是各节点（主体）间的交错相连，人与人之间可以构成网络，商品与商品之间也可以构成网络，任何事物之间都可能构成网络。网络就是"事物+联系"，事物就是节点，联系就是交错相连的边。网络的英文是 Network，与一般的互联网不同，这是一个范畴更大的网络，如人与人之间的社会关系、消费记录、学生的选课信息等。网络不仅存在于传统的赛博（Cyber）网络空间，还存在于物理网络空间，也存在于社会网络空间，这三个网络空间的内部和互相之间的交错联系构成了复杂多变的三元网络世界。

如今，各种各样的社会化媒体将以人为主的各种主体联系在一起。社会化媒体中有针对不同用户的媒体类型，如婚恋交友类、商务社交类、企业社交类、移动社交类等。并且，大多数的社会化媒体产品在移动端和客户端都有，可以随时随地建立联系。

1.3.2 社会网络的基本形式

最简单的社会网络是二元组(Dyad)，如图 1-3 所示。二元组是网络的最小单元，这个网络只有两个节点和一条连边。二元组通过聚合可以形成更加复杂的网络，在复杂网络中也可以看到二元组的存在。

社会网络还有呈线性、双向链接的水桶队列网络(如图 1-4 所示)，信息有向传递、传播步骤少、具有级联效果的电话树网络(如图 1-5 所示)，还有团队的内部连接比外部连接更加紧密的军队组织网络(如图 1-6 所示)。

图 1-3　二元组

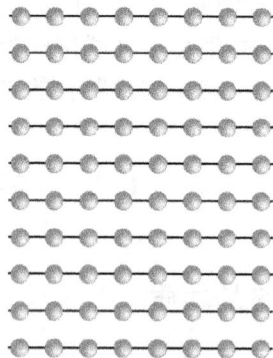

图 1-4　水桶队列网络

水桶队列网络可以用于灾后救援，如大地震后去废墟中救援幸存者，救援者可站成一排将伤员快速救出或将工具迅速运出。

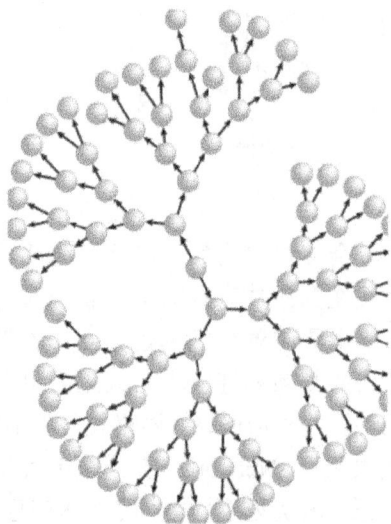

图 1-5　电话树网络

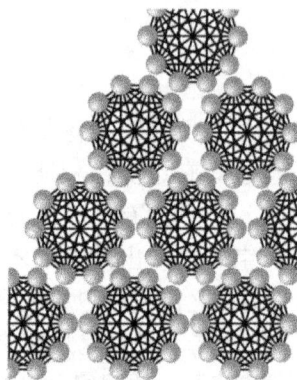

图 1-6　军队组织网络

电话树网络可以用于信息的传递。例如，把节点都看成人的话，最中间的人把信息传递给身边的两个人，收到信息的两个人又各自将信息传递给他们周围的人，信息就这样在短时间内以较低的成本传递给很多人。

军队组织网络的内部连接十分紧密，该网络的最小单位为班，班内士兵之间的相互联系更为紧密，不同班级的士兵之间相互联系得相对较少。这样的网络以小单位为集体，可以达到更好的团队作战效果，小集体之间又可以相互配合协同。

由以上几幅图可以看出，网络是由节点和连边构成的，也可以说网络是由事物和联系构成的。

1.3.3　社会网络的术语

要研究社会网络，需要了解其在不同学科中所采用的术语，社会网络研究的不同学科术语如表 1-1 所示。

表 1-1　社会网络研究的不同学科术语

节点	连边（边）	学科
Vertices	Edges，Arcs	数学
Nodes	Links	计算机
Sites	Bonds	物理
Actors	Ties, Relations	社会学

网络图中的点叫做节点，节点与节点之间的连线叫做连边（以下简称边）、连接或关系。不同的学科对节点和边采用的术语是不一样的。数学中的网络称为图论，节点称为 Vertices，边称为 Edges 或 Arcs；计算机中的节点称为 Nodes，边称为 Links；物理中的节点称为 Sites（粒子），粒子间的边称为 Bonds（键）；社会学中的节点称为 Actors（行动者），边称为 Ties 或 Relations（关系）。在社会网络研究领域中，任何一个社会单位、社会实体或功能个体都可以看成节点，或者行动者。不同学科所用的术语虽然不一样，但是所表达的意思是有相通之处的。社会网络的研究本身就具有交叉学科性质，因此在研究中也要掌握不同学科的术语，以便更好地进行学术交流。

这里还有一个术语——拓扑。简单地讲，拓扑即网络的结构。图 1-7 展示的就是社会网络的拓扑。网络是一个包含了大量个体及个体之间相互作用的系统，系统运作最重要的是互动和结构。这些规律同样也可以从物理世界中找到相应的对照，以金刚石和石墨为例，两者虽然都是由碳元素组成的，但因其分子的排列组合方式不同，而造成两者的硬度千差万别。

与几何结构所强调的点与线所构成的形状及大小不同，在网络拓扑结构中，只要节点、边之间的连接关系相同，则具有相同的拓扑结构。如图 1-8 所示，这两个图的形状虽然不一样，但由于两者均具有相同的节点和连接关系，因此两者的拓扑结构是相同的。

网络的拓扑性质，是指网络不依赖于节点的具体位置和边的具体形态就能表现出来的性质。网络拓扑是否相同，要看这个网络是有向的还是无向的，如果两个网络有相同的节点和边，但边的方向不同，那么我们也称这两个网络的拓扑是不同的。

另外，如图 1-9 所示，在社会网络中，有的拓扑图中的边有权重，有的拓扑图中的节点类型不同，但它们共同组成一个网络。例如，课程与课程之间可以形成一个网络，用户与课程之间也可以形成一个网络，这些用户与课程对应的节点是不同的，但它们可以共同组成一个混合拓扑图。

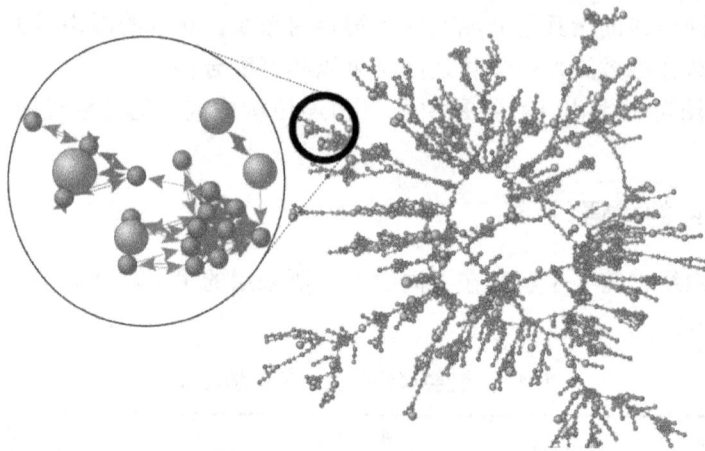

图 1-7 社会网络的拓扑

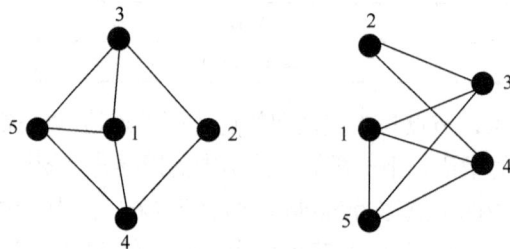

图 1-8 不同几何结构相同连接关系的拓扑结构

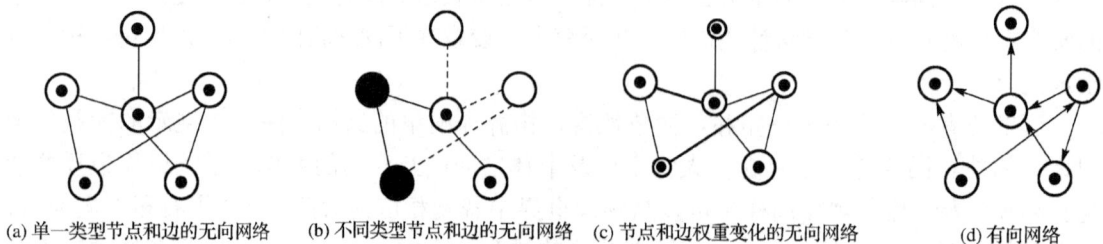

(a) 单一类型节点和边的无向网络　(b) 不同类型节点和边的无向网络　(c) 节点和边权重变化的无向网络　(d) 有向网络

图 1-9 不同类型网络的例子

1.4 社会网络的种类

网络长什么样？网络其实就是由事物和联系构成的。观察一个网络要看这个网络的节点和边分别代表什么，边是有向的还是无向的，边的权重是多少，网络的拓扑怎样（网络的整体特性是什么样的）。例如，边表示的是朋友关系还是敌人关系，是否有方向性，因为在朋友关系中，可能甲认识乙，但乙不一定认识甲，在商品网络中权重是由商品价值来表示还是由购买的次数来表示，这些在观察一个网络时一定要首先弄明白。无向网络是指任意两个节点可以相互指向，即甲可以指向乙，乙也可以指向甲，而有向网络是指甲指向乙，而乙并不能指向甲。

　　下面我们通过一些有趣的社会网络图来观察社会网络的样式，其中包括个体间网络、组织社会网络、线上传播网络、线下传播网络及用户商品二模网络等。

1.4.1　个体间网络

　　构成主体交互关系网络的关键要素是网络中的节点和边，将参与协同的个体看作网络中的节点，个体间存在的联络关系是网络中的边，在网络图中各个节点之间关联的紧密程度称为网络密度。

　　图 1-10 是 2004 年美国总统大选时由民主党和共和党博客用户组成的网络，蓝、红两色分别代表两个党派，中间的黄色部分则表示意见会出现摇摆的一部分人，这部分人往往会最终决定大选时某方的胜利[5]。图中的节点大小不同，节点越大，说明该节点与其他节点的连接越多。

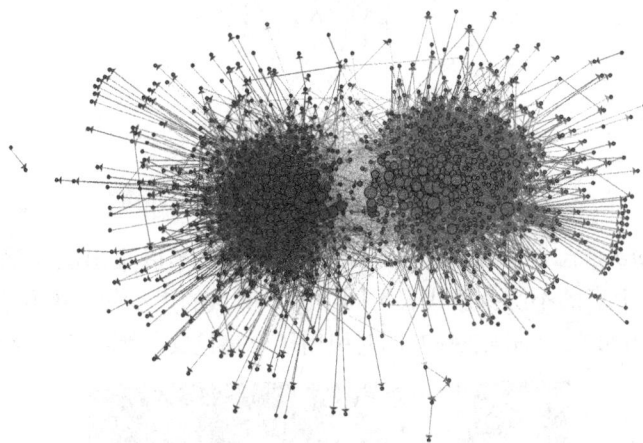

（扫码看彩图）

图 1-10　2004 年美国总统大选时由民主党和共和党博客用户组成的网络

　　图 1-11 是惠普实验室 436 个雇员之间的 E-mail 通信网络。每个节点代表一个雇员，边代表雇员间的 E-mail 通信情况。从图中处于中间节点所连接的边的密集程度可以看出，这些节点相对于外面的节点更为重要，与其他雇员的沟通更多。

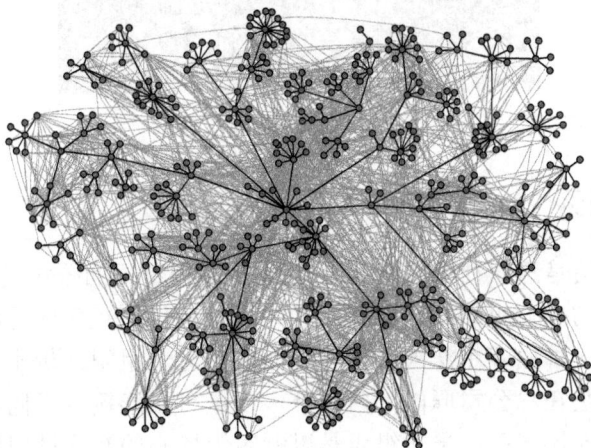

图 1-11　惠普实验室 436 个雇员之间的 E-mail 通信网络

图 1-12 是 Facebook（现改名为 Meta）用户形成的交互网络。节点代表 Facebook 用户，边表示两个用户是否为朋友。图中存在这样的情况，A 与 B 相连，B 与 C 相连，但 A 与 C 并不相连，这表示 A 与 B 互为朋友，B 与 C 互为朋友，但是 A 与 C 暂时还不为朋友。图中还有几个小的聚集网络，这些聚集网络中的节点，由于聚集得比较紧密，因此形成了朋友圈。朋友的朋友也是朋友的情形可以用三元闭包和聚类系数来表示和测量，这些都将在第 3 章中进行介绍。

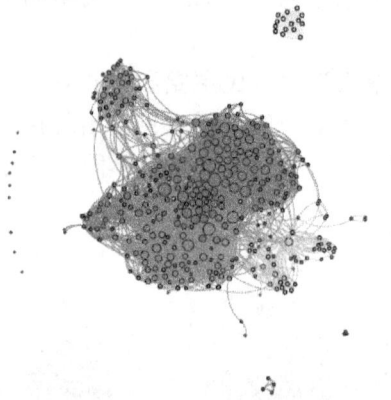

（扫码看彩图）

图 1-12　Facebook 用户形成的交互网络

图 1-13 是 *Nature* 杂志的共引网络。*Nature* 自 1900 年以来出版了逾 8.8 万篇论文，图中的节点代表论文，节点的不同颜色代表不同学科，节点的大小代表被共引的次数。如果有其他的科研论文（被 Web of Science 收录的）同时引用了一篇论文，那么它们之间就产生了连接。

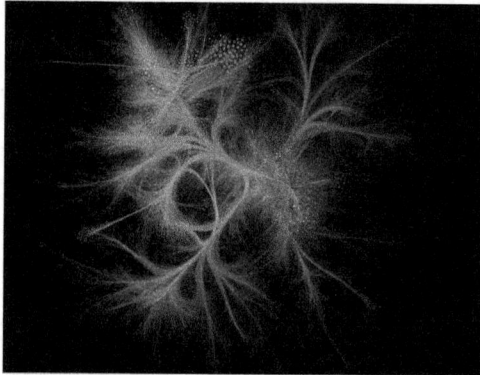

（扫码看彩图）

图 1-13　*Nature* 的共引网络

1.4.2　组织社会网络

个体间网络的上层是组织社会网络。图 1-14 是四种常见的公司组织架构图。其中，矩阵型组织是以常态化的企业组织结构和临时的为项目运作而组建的团队纵横组合而成的连接形式；H 型组织是一种由多个法人实体集合而成的母子组织，母子之间主要靠产权纽带来连接；事业部组织是在总公司职能部门以外，由董事会连接以不同的产品或营销区域划分的各个事业部的纵向形式；扁平化组织是以顾客为核心的有弹性组织边界的连接形式，它与以上三种固定模式的组织结构有较大差别。

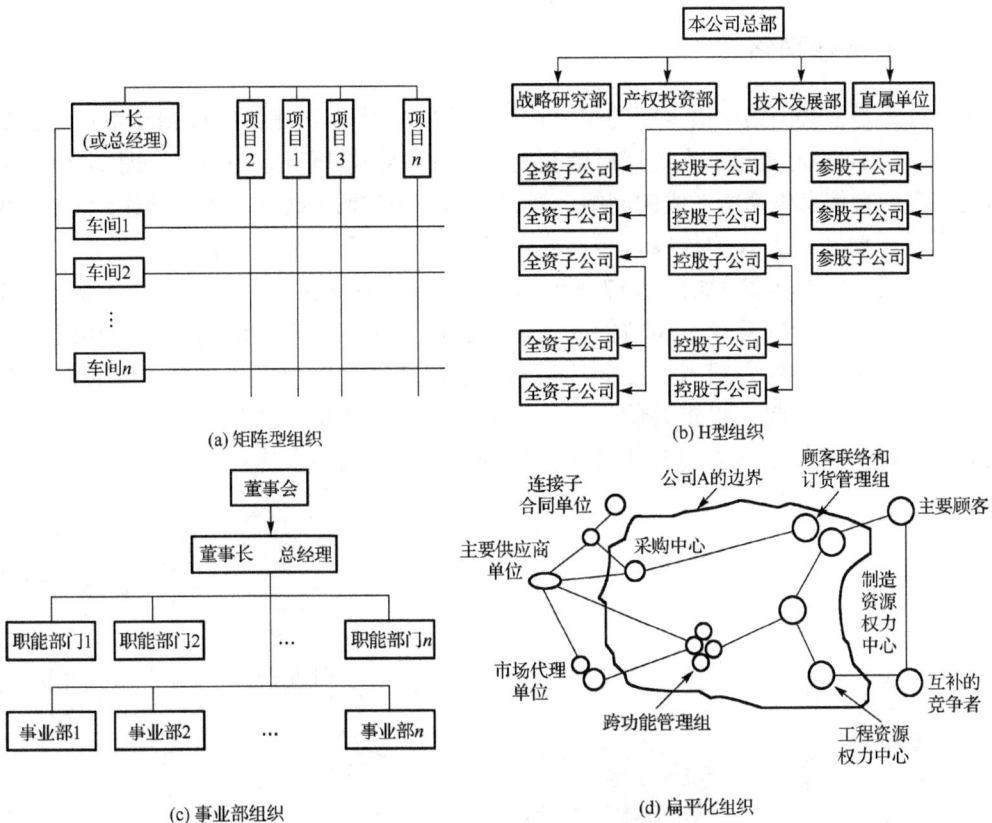

(a) 矩阵型组织

(b) H型组织

(c) 事业部组织

(d) 扁平化组织

图 1-14 四种常见的公司组织架构图

除了企业内部的组织网络，还有企业外部即各个企业之间形成的网络，如图 1-15 所示的国内移动商务企业战略联盟网络拓扑图，从图中可知企业之间会有战略合作，同时也会伴随着各种竞争。因此，这种战略联盟网络包含正负两种关系。在第 6 章中，我们将介绍结构平衡理论，该理论可以用来对战略联盟网络的稳定性进行分析。

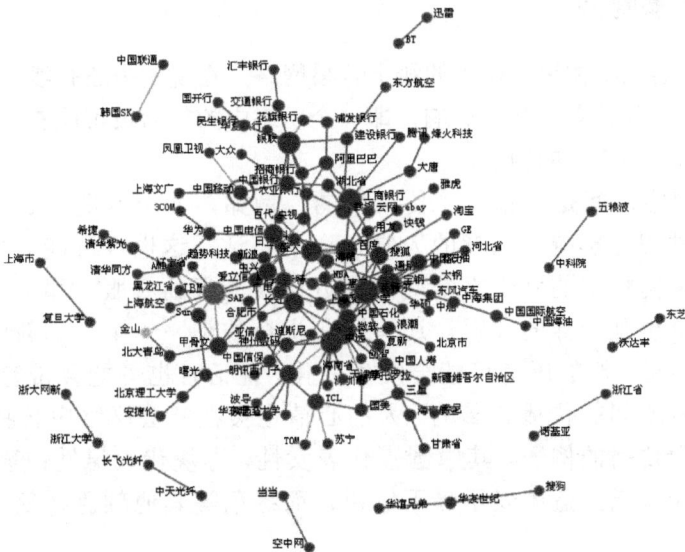

图 1-15 国内移动商务企业战略联盟网络拓扑图

1.4.3 线上传播网络

传播行为是社会网络中最重要的用户行为。图 1-16 是两个国家的 Twitter 用户信息传播网络。其中，图 1-16(a) 是日本大地震时信息在 Twitter 中传播所形成的网络；图 1-16(b) 是埃及茉莉花革命游行信息传播所形成的网络，游行的信息先在网上传播，然后才组织起游行活动。

再来看微博蒲公英式的传播，微博在网络中的传播形成的网络图很像蒲公英的形状，故称为蒲公英式传播网络(如图 1-17 所示)。图中中间的原创节点表示的是原创微博的人，旁边的传播节点表示的是转发微博的人，而外围的长尾节点表示的是不再去转发此微博的人。由于原创者的粉丝数很多，因此他们写一条微博后会有很多传播节点来转发，这些传播节点在微博传播中起着很重要的作用。而有些节点因为本身的粉丝数很少，所以他们转发微博之后，其粉丝不再去转发此微博，这些人就成了长尾节点。

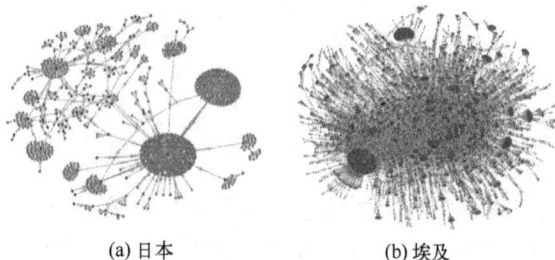

图 1-16　两个国家的 Twitter 用户信息传播网络

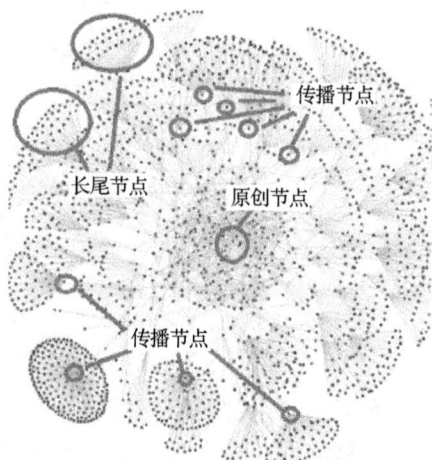

图 1-17　蒲公英式传播网络

1.4.4 线下传播网络

除了利用社会化媒体进行传播的线上传播网络，在现实中还有线下传播网络，这类网络与其他网络之间存在着关联和影响，即一个网络中的行为很可能影响另一个网络。下面再来看几个网络"传染"的例子。

线下传播网络之间是会相互"传染"的。例如，两个好朋友之间，很多行为都会相似，这是一种相互影响，幽默的人常常会讲笑话，这也很可能会影响他的朋友使其变得幽默。如果同寝室的女生常常交流最近比较流行的衣服，那么很可能大家都会去买相似款式，甚至是一样的衣服。还有语言也会传染，一个人到新的城市中去，随着和身边朋友的接触，他的语言可能会发生变化，说话时也可能会带有一点当地的口音，这都属于社会网络间的传播和影响。人的心情也会在社会网络中传播，图 1-18 展示的是愉悦在人群中传播的例子，其中圆点代表女性，方块代表男性；颜色表示愉悦程度，其中黄色表示最愉悦，蓝色表示最不愉悦，而绿色等其他颜色则处于最愉悦和最不愉悦之间。

（扫码看彩图）

图 1-18　愉悦在人群中的传播

　　金融危机传播网络如图 1-19 所示，金融危机也是由多个网络共同影响的，如股票网络、基金网络、货币网络、线下的交通网络、线上的口碑网络等。网络中出现的问题很可能引起一连串的连锁反应，最终造成金融危机，如 2008 年的金融危机就是由次贷危机所引起的，然后逐渐形成了全世界范围内的金融危机。

　　图 1-20 描述的是生物网络中的酵母蛋白质交互网络。引起疾病的病毒之间可能会产生相互影响而形成病毒传播网络。另外，生物网络中的转录调控网络、新陈代谢网络和酵母蛋白质交互网络之间也都是相互影响的。

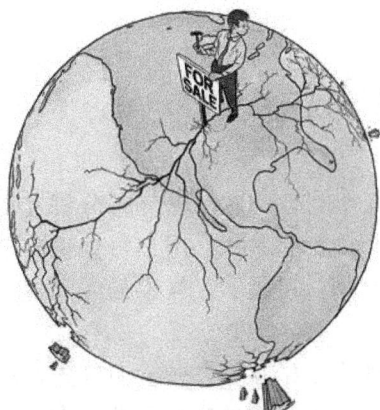

图 1-19　金融危机传播网络

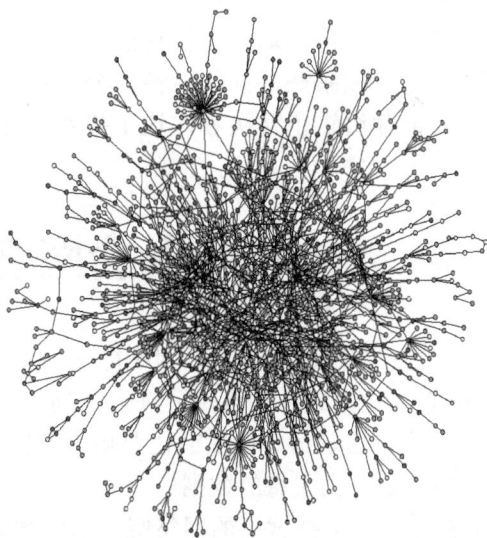

图 1-20　酵母蛋白质交互网络

1.4.5　用户商品二模网络

　　上述列举的都是单模社会网络，即社会网络中的节点都是同一种类型的。除了单模网

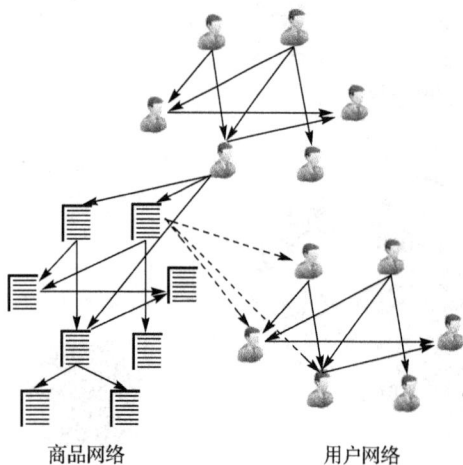

商品网络   用户网络

图 1-21　用户商品二模网络

络，在社会网络研究中，还有一些由不同类型节点混杂形成的多模网络。在社会化电子商务中有一个"用户商品二模网络"的例子，如图 1-21 所示。在该网络中，存在用户和商品两种类型的节点。在用户网络中，节点代表用户，边为用户间的关系；在商品网络中，节点代表商品，边代表商品之间的关系。假如一个人购买了一种商品，他的好朋友看到后可能会与他交流，如果觉得好，就很可能也会买该商品。可见，用户组成的网络与商品组成的网络是交织在一起的。

在图 1-21 所示的用户商品二模网络中，每个商品的用户组成一个网络，这些用户在网络内部可以相互交流。例如，都使用 iPhone 14 的用户，他们可以相互交流，分享新的功能。如今的购物网站都会显示用户对商品的评价，这个评价很有影响力，它很大程度上影响着想要购买此款商品的其他用户的购买决定。同时每个用户购买的商品也组成一个网络。比如，一个用户可能同时购买苹果公司的好几款商品，包括智能手机、平板电脑、台式电脑等，这些商品间也会构成一个网络，显示出这个用户的一些特性，如注重商品的品牌、产品的体验，对价格的关注度低等。

从图 1-21 中还可以发现，同一种商品会被多人购买，这些人之间就形成了一个网络。同样，一个人若同时购买了多种商品，则这些商品也形成了一个网络。网络就是由事物和联系组成的，人与人之间可以形成网络，物与物之间可以形成网络，人与物之间也可以形成网络。我们可以通过分析这些网络，发现网络的特性，如一个人同时购买的几种商品之间一定存在某些共同的特性，分析出这个特性后，就可以关联出具有相似特性的产品并将其推荐给这个购买者，这个推荐的成功率往往会很高，这个发现已经被运用在电子商务中了。

1.5　社会网络的计算方法

在如今的互联网时代，YouTube 每分钟上传的视频量有 400 多小时，全球每分钟发送的 E-mail 是 2 亿多封，谷歌每分钟会收到 200 万条查询请求，Facebook 用户每分钟分享 68 万多条消息。这些都是以社会化媒体为共同媒介的在线网络，它们不仅在事物之间建立起联系，同时还产生大量的数据。

如何去看这些数据背后的网络呢？这需要使用社会网络的计算方法去分析。首先，利用可视化技术将社会网络以直观的形式进行可视化，然后，发现其中的特点和规律[6]。我们将在第 2 章中介绍如何使用可视化软件 Gephi 来"看网络"的计算方法。

由于社会网络计算既涉及自然科学又涉及社会科学，因此理解社会网络计算方法需要用到交叉学科知识。首先，我们来看一下自然科学和社会科学的本质区别。自然科学是以"发现"永恒的、抽象的、普遍的真理为最终目的，反映自然界的同质性；社会科学则以

"理解"暂时的、具体的、特定的社会现实为最终目的，反映社会中的异质性[7]。自然科学的目的是发现一个普适的规律，如前面所讲的长尾特性，该特性最早是在物理学界提出的，根据长尾特性可以得知商品的销售分布情况，探索出其中隐含的规律。而社会科学具有异质性，如在问卷调查中，每个人做出的问卷都不尽相同，汇总出的调查结果只体现出特定的某个群体的特性，具有一定的代表性，并不能代表所有人。

1.5.1 社会网络的研究简史

社会网络融合了自然科学与社会科学，最早是由涂尔干在他的社会结构理论中提出的："社会中个体的互动关系，以及互动中所产生的结构，支撑着社会的运转"，这是一种抽象、定性的描述，说明社会正是由一些小团体所组成的，并且这些小团体间的互动支撑着社会的运转。拉德克利夫•布朗发展了结构功能论："使用社会科学研究社会结构时的重点之一是考察不同结构的功能"，由于社会中每个结构的功能是不一样的，这些功能有好也有坏，因此要研究这些功能。著名的社会思想家齐美尔的社会互动理论中是这样说的："只有当大量的个体互动时社会才会存在"，这说明社会网络中最重要的不是事物，而是事物之间的联系，个体之间互动所产生的联系会对社会产生重要的影响。

上述三位学者对社会网络的描述是一种定性的描述。而 20 世纪 60 年代的社会网络，是由哈佛大学的怀特等人利用数学图形推理和定量分析方法发展而来的，它可以有效地对网络结构进行测量。这是一种定量的描述思想，通过测量网络的结构及互动来定量描述这个网络。怀特提出的"机会链"理论，解释了内部劳动力市场的升迁现象，即运用社会网络理论来解释劳动力市场的迁移。格兰诺维特提出了"弱连接优势"理论，这个理论探讨了劳动力市场的求职现象，解释了在劳动力市场上通过强关系找到工作的可能性更大。随着中国的日益强大，中国关系主义本土性的概念(如关系、人情、感情、面子、哥儿们儿等)也逐渐走向世界，中国关系社会学研究也正在被国际所接受[8]。

社会网络定量分析的起源是数学中的图论，而图论来源于七桥问题，这是一个在生活中出现的问题。如图 1-22 所示，七桥问题描述的是：在 18 世纪，欧洲有一个风景秀丽的小城哥尼斯堡(今俄罗斯加里宁格勒)，城中有一条横贯城区的河流，河中有两个小岛，两岸和两岛之间共架有七座桥，问能否在一次散步中走过所有的桥，而且每座桥只经过一次，最后返回原地。

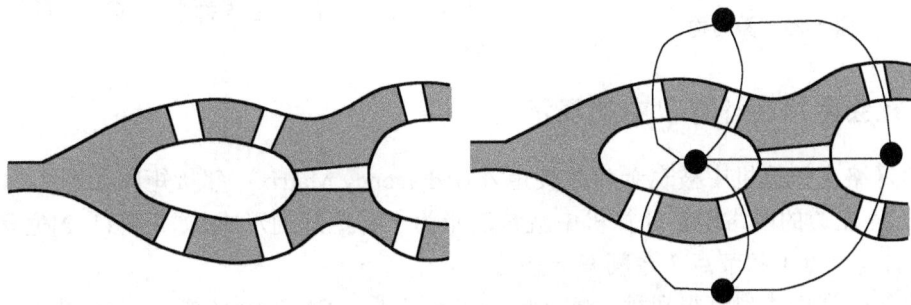

图 1-22 图论中的七桥问题

图论的发明者欧拉(Euler)，对七桥问题给出了以下结论：

(1)凡是由偶点组成的连通图，一定可以一笔画成；

(2)凡是只有两个奇点的连通图(其余都为偶点),一定可以一笔画成。

根据以上结论可知,由于七桥问题中所有的点均为奇点,因此是不能一笔画成的。

随着社会复杂性的增加,在社会网络的研究中,越来越多的是对复杂网络的研究,复杂网络研究简史如表 1-2 所示。

表 1-2　复杂网络研究简史

时间(年)	人物	事件
1736	Euler	七桥问题
1959	Erdős 和 Rényi	随机图理论
1967	Milgram	小世界实验
1973	Granovetter	弱连接优势理论
1998	Watts 和 Strogatz	小世界模型
1999	Barabási 和 Albert	无标度网络

复杂网络的起源也是七桥问题,在经历了随机图理论[9]、小世界实验[10]、弱连接优势理论[11]、小世界模型[12]和无标度网络[13]之后,为了统一跨学科的社会网络研究,才催生出一门新的学科——网络科学。

1.5.2　社会网络的图同构

由于图由节点和边组成,节点代表事物,边代表联系,因此可将社会网络抽象为图,通过观察图的特性来了解社会网络的特性。下面来看图同构示例,如图 1-23 所示。

图 1-23 中的两幅图虽然看起来不一样,但其实是一样的。因为这两幅图都具有 5 个相同的节点,每个节点和其他节点的边也是相同的,所以这两幅图具有相同的拓扑结构,只是表现形式不同。这就是社会网络中的"同构",虽然其画法不同,但本质上(结构上)是相同的。在社会网络的可视化中,如果采用不同的布局(Layout)表示结构上相同的社会网络,那么在展示效果上会有非常大的差异,这些都将在第 2 章进行详细介绍。

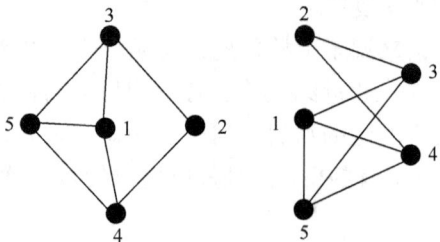

图 1-23　图同构

1.5.3　社会网络在计算机中的表示

社会网络在计算机中被表示为邻接矩阵(Adjacency Matrix),邻接矩阵如图 1-24 所示。

图 1-24 左边的网络图在计算机中就被表示为一种矩阵的形式,如矩阵[1, 2]位置的值为 1,表示的是节点 1 和节点 2 之间有一条边。

网络的数据格式也有很多种,如.net pajake 格式、.DL Ucinet 格式、edgelist 格式,以及最通用的基于 XML 的格式等。

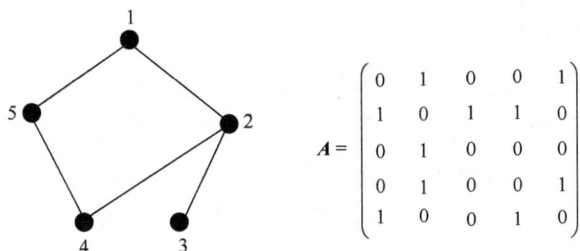

$$A = \begin{pmatrix} 0 & 1 & 0 & 0 & 1 \\ 1 & 0 & 1 & 1 & 0 \\ 0 & 1 & 0 & 0 & 0 \\ 0 & 1 & 0 & 0 & 1 \\ 1 & 0 & 0 & 1 & 0 \end{pmatrix}$$

图 1-24 邻接矩阵

1.5.4 社会网络的测量指标——igraph 的实际操作

为了进一步理解社会网络，下面将介绍如何计算社会网络的测量指标。这里，我们简单介绍以下四个测量指标，并用 R 语言中的 igraph 社会网络包进行计算。igraph 的安装和基本使用见附录 A。

1.5.4.1 节点度数

我们将与某个特定节点相邻的那些节点称为该节点的"邻域(Neighborhood)"，那么在邻域中的总节点数就称为该节点的"度数(Degree)"。一个节点的度数也可指与此节点连接的边的数量。对于有向网络，还有以下两个指标：

点入度(In-degree)，直接指向该节点的节点数总和；

点出度(Out-degree)，该节点所直接指向的其他节点的节点数总和。

举个简单的例子，如果把微博上的一个用户当做网络的一个节点，那么该用户的粉丝数可以看作点入度，该用户关注其他人的数量可以看作点出度。

在 igraph 中主要采用 degree 函数来计算节点的度数，具体如下：

```
        degree(graph,v=V(graph),mode=c("all","out","in","total"),loops=TRUE,
normalized=FALSE)
```

其中，graph 是网络图对象；v 代表要计算度数的指定节点；mode 代表要计算的度数的类型，"in"代表点入度，"out"代表点出度，"total"和"all"意义相同，都代表有向网络中节点的点出度与点入度的和，无向网络不考虑此参数；normalized 参数代表是否将度数进行归一化处理(通常为了便于比较，会将中心性指标做归一化处理)，即若该值为 TRUE，则除以 $n-1$，n 为网络的节点数目。举例如下：

```
#度数的计算
> library("igraph")                      #加载 igraph 包
> g1_1<- erdos.renyi.game(10, 0.25)      #创建随机图
> degree(g1_1,v=V(g1_1)[1])              #计算节点 1 的度数
[1] 2
> degree(g1_1)                           #计算网络图 g1_1 中所有节点的度数
[1] 2 2 1 2 0 2 1 1 2 3
> mean(degree(g1_1))                     #计算图 g1_1 的平均度数
[1] 1.6
```

1.5.4.2 平均路径长度

如果两个节点相连，那么这些相连的边称为该线路的“路径(Path)”，又称为“途径”。线路中每个节点和每条边都不相同，“路径”的长度用构成该路径的边的条数来测量。距离(Distance)是指连接两个节点的最短路径（又称为测地路径Geodesic Path）的长度，也称为测地距离(Geodesic Distance)或跳跃距离(Hop Distance)。网络的平均路径长度(Average Path Length)定义为任意两个节点之间的距离的平均值。

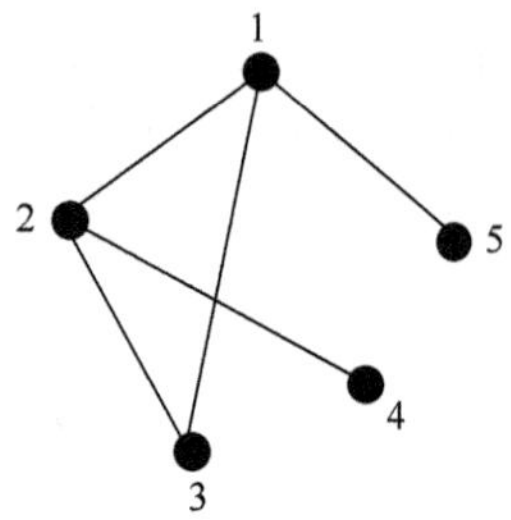

图 1-25 最短路径和距离

在图 1-25 中，节点 4 到节点 5 的路径可以为 4-2、2-1、1-5，也可以为 4-2、2-3、3-1、1-5，对应的路径长度分别为 3 和 4，但是节点 4 和节点 5 之间的距离为 3，因为节点 4 和节点 5 之间最短的路径长度是 3。

在 igraph 中采用如下有关函数来获得最短路径[14]：

```
shortest.paths(graph, v=V(graph), to=V(graph),
mode=c("all", "out", "in"),
weights = NULL, algorithm=c("automatic", "unweighted",
                           "dijkstra", "bellman-ford",
                           "johnson"))
```

其中，graph 指网络图对象；v 和 to 代表要计算的最短路径的起始节点和终止节点，为数值向量；mode 指计算有向图中的最短路径时所采用的边，"in"表示入边，"out"表示出边，"all"表示将网络图当做无向图处理；weights 参数用来给图中的边的权重赋值；algorithm 表示所采用的算法，函数会自动选择最快捷的算法。计算演示如下：

```
#最短路径
> g1_2<- erdos.renyi.game(10, 0.25) #创建随机图
> shortest.paths(g1_2,4,6)          #获得节点 4 和节点 6 之间的最短路径长度
      4
#用 get.shortest.paths 函数获得最短路径
> pa <- get.shortest.paths(g1_2, 4, 6)$vpath[[1]]
> pa
[1] 4 2 3 7 6
> V(g1_2)[pa]$color <- 'green'      #设置节点 4 和节点 6 的最短路径上的节点颜色
> E(g1_2)$color <- 'grey'
> E(g1_2,path=pa)$color <- 'red'    #设置节点 4 和节点 6 的最短路径上的边的颜色
> E(g1_2,path=pa)$width <- 3        #设置边宽度
> plot(g1_2,layout=layout.fruchterman.reingold)   #如图 1-26 所示
```

在 igraph 中采用如下函数计算网络的平均路径长度，此函数只适用于无权网络：

```
average.path.length(graph, directed=TRUE, unconnected=TRUE)
```

其中，graph 指网络图对象；directed 指是否考虑有向图中的有向边；unconnected 指当图为非连通图时如何处理，若为 TRUE，则在计算时只考虑已存在的连通路径；若为 FALSE，则在计算时将不存在的路径(其他节点和孤立点的路径)的长度作为图中节点的个数。

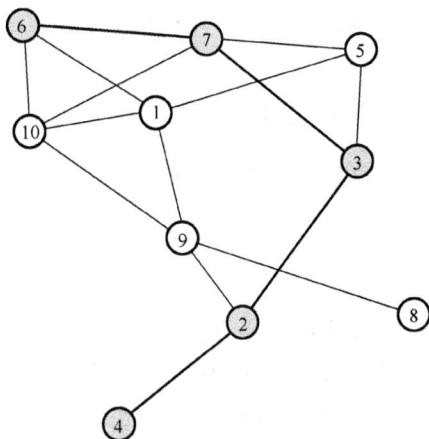

图 1-26　最短路径示意图

　　虽然许多实际复杂网络的节点数巨大，但是网络的平均路径长度却小得惊人，这就是所谓的小世界现象[15]。如下，我们以 igraph 建立一个小世界网络，计算得到小世界网络的平均路径长度为 5，这与六度分隔的小世界理论结果一致。我们将在第 7 章介绍社会网络中的小世界现象。

```
#计算平均路径长度
> g1_3<-watts.strogatz.game(1, 1000, 3, 0.1)  #创建 1000 个节点的小世界网络
> average.path.length(g1_3)
[1] 5.207918
```

1.5.4.3　网络密度

　　网络密度（Density）用来描述网络图中各个节点之间关联的紧密程度，边越多越稠密则密度越大，边越稀疏则密度越小。网络密度为图中实际拥有的边数与最多可能拥有的边数之比，其表达式为 $2l/[n(n-1)]$，有向图的表达式为 $l/[n(n-1)]$，其中 n 为节点数，l 为边数。

　　通过计算网络密度，我们可以知道网络的稀疏性和稠密性。在 igraph 中采用如下函数来计算网络密度：

```
graph.density(graph, loops=FALSE)
```

其中，第一个参数 graph 指网络图对象；loops 是逻辑变量，指是否考虑环形边。接下来我们计算随机图网络和无标度网络的网络密度，这两种类型的网络将在第 8 章进行介绍，网络密度计算示例如下：

```
#网络密度计算
> g1_4<-barabasi.game(100,directed=F)  #创建 BA 无标度网络
> g1_5<-erdos.renyi.game(100, 0.3)     #创建 ER 随机图网络
> graph.density(g1_4)
[1] 0.02
> graph.density(g1_5)
[1] 0.2991919
```

1.5.4.4　网络直径

　　网络中的任意两个节点之间的距离的最大值称为网络直径（Diameter）。由于实际的社

会网络并不都是连通的,因此在实际应用中,网络直径是指任意两个存在连通有限距离的节点之间的距离的最大值。

在 igraph 中采用如下函数计算网络直径:

```
diameter(graph, directed = TRUE, unconnected = TRUE, weights = NULL)
    #计算网络直径
get.diameter (graph, directed = TRUE, unconnected = TRUE, weights = NULL)
    #获取路径最短的直径
```

其中,**graph** 指网络图对象;directed 表示是否考虑有向边;unconnected 表示在非连通图中如何计算直径,若为 FALSE,则返回值为图中节点个数,若为 TRUE,则返回值为图中的连通边的直径;weights 参数用来给网络图传递权重值。

以小世界网络图 **g1_3** 为例,计算过程如下:

```
#计算网络直径
> diameter(g1_3)                    #计算网络直径大小
[1] 9
> get.diameter(g1_3)                #获取路径最短的直径
[1]  32  29  26 212 211 448 450 951 948 945
```

1.5.5 社会网络计算实例——学生社会网络计算

图 1-27 是武汉大学社会网络分析公开课课前、课后学生互动网络。从图中可以看出课前的网络图比较稀疏,存在很多的连通分量,而课后的网络图则比较稠密。这可能是由于来自同一个学院的几个学生之间相互认识,但他们并不认识其他学院的学生,因此这几个学生就形成了一个连通分量。

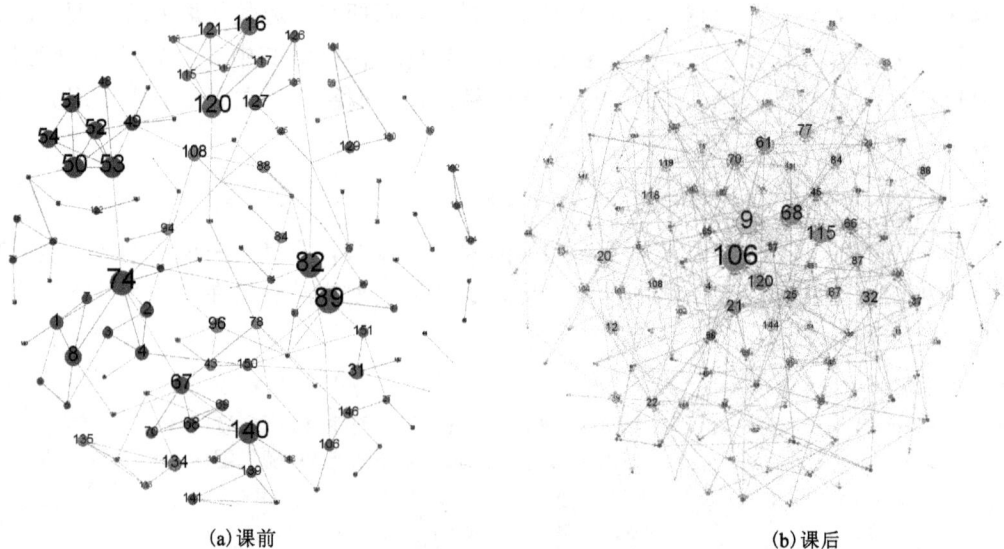

(a)课前   (b)课后

图 1-27 武汉大学社会网络分析公开课课前、课后学生互动网络

公开课会通过做游戏等方式来让大家相互认识,若学生认识的人越多,则与其相连的边也会越多。

课前、课后学生互动网络的拓扑结构是不同的，这可以根据一些指标来观察。如图 1-28 所示，网络密度、平均度数（Average Degree）、平均路径长度、网络直径这几个指标都发生了变化。网络密度变大说明相互认识的同学变多了，这样节点之间的边也会变多。平均路径长度变短，这说明同学之间相互认识后，可以通过更短的路径找到另一位同学。网络直径表示的是网络中最远的两个节点间的距离，其值变小也说明课后相互认识的同学更多了。

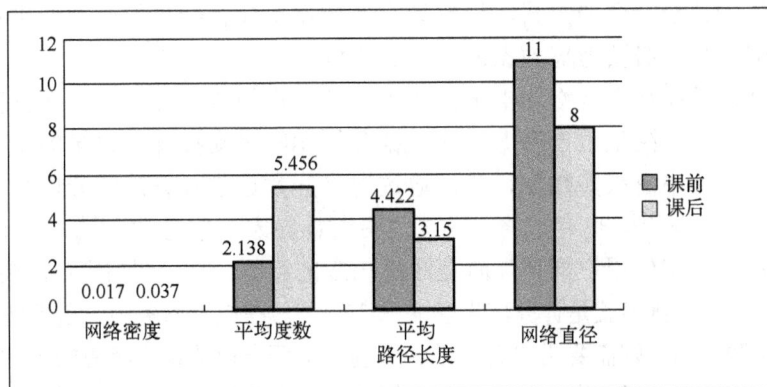

图 1-28　学生互动网络的指标统计分析

1.5.6　社会网络的计算方法与思维

社会网络分析的目的不仅是计算各种定量指标，以及进行漂亮的可视化，还期望能够通过"计算"的方式理解社会产生的各种数据，发现事物及事物之间关联的机制。因此，学习社会网络一定要培养"计算"思维。之前我们在学习社会科学的时候更多的是采用定性的描述：某些节点很重要，某些结构具备一些功能。现在我们更需要通过定量的计算来分析社会网络中的复杂现象。

计算思维就是把一个看起来困难的社会问题重新阐述成一个我们容易解决的数学问题，如通过约简、嵌入、转化和仿真等方法，当然它是建立在计算的能力和限制之上的，不管这些能力是由人还是由机器执行[16]。并且，计算思维不仅能用计算机作为工具来提高解决问题的效率，还可以在理解问题本身、寻求解决问题途径中发挥作用[17]。

其实，"计算"有一个背景存在于人类认识自然与社会的进程当中。我们每天都在进行相应的计算：上班会不会迟到？任务能不能按时完成？开车的时候选择哪条路径从而到达目的地的时间最短？在自然界中也存在相应的计算，如鸟群的飞行、蚂蚁共同搬运一块物体、海中鱼群的游弋等，这些过程是怎样进行协同的？在哪个位置、以怎样的速度才不会导致相应的碰撞？这些"准确的计算"都是比较奇特的现象。

如果计算出现了问题又会怎样呢？例如，我们在参加群体聚会的时候，在一个合理范围内进行相应的计算还是比较准确的。但是，当前进的人群（如景区门口、电影散场等）出现恐慌的时候，后面的人会以较快的速度向前移动，而前面的人还来不及做准确计算就已经被推向更前面的人，这样依次向前推，很有可能发生踩踏事故。为了避免类似的事故，排队的时候人们需要绕很多圈子，从而不会出现由快速的、拥挤的方式所带来的计算错误。因此，个体的准确计算可以达到群体的有序，个体的错误计算会带来群体的无序。

计算的基础是数据。然而，计算机界和社会科学界对数据的理解是不一样的。计算机界强调数据的可计算，如果数据体量过大那么可能会采取分布式计算，而对于数据存储不下的情况，就需要将数据存储到其他地方，如云端，然后进行云计算；而由于在社会科学界里相应的研究数据比较难获取，因此研究者会通过很多问卷调查、抽样，从而获取数据开展研究，它更强调可计算的数据。现在，大数据给予社会科学研究一种全新的视角，该视角正在改变我们认识社会的方式，虽然庞大的数据量让社会科学研究似乎再也不缺可计算的数据了，但是也有必要考虑数据的可计算问题。

如果想通过数据在社会网络和电子商务中理解用户的购买行为，那么就需要对相应的数据进行计算。例如，阿里巴巴有专门的数据分析团队来支撑社会科学的研究，从而为电子商务服务。在网络中有很多数据，我们通过对这些数据进行有效的分析从而解决社会问题，这就是计算社会学[18]，也有人将其称为"网络社会宏观信息学"[19]。在计算广告学中，也不再以传统的方式定位用户群体，而是通过相应的数据分析，明白用户需要的东西，再针对性地投放广告。竞价排名就是计算广告学的一个例子。在电子商务中，若希望自己的商品更容易被搜索引擎搜索到，则需要明白竞价排名机制，从而合理地设置相应的关键字。还有，在计算管理学中，我们通过对信息系统之间的数据进行相应分析，从而明白系统之间的关系，然后进行相应的企业组织管理。可以说，在传统学科前面加上"计算"两个字，都对应着一种全新的视角，也就是用"计算"思维去理解传统学科中的问题。

我们本身就生活在各种网络中。例如，定期检查电子邮件；在各处拨打移动电话；刷卡乘坐交通工具；使用信用卡购买商品；在公共场所，可能有监视器来监控我们的行为；在医院，我们的医疗记录以数字形式被保存；我们也很可能写博客给大家看，通过在线社会网络来维护友谊。以上的种种事情都留下了我们的数字脚印，这些踪迹汇聚起来就成为一幅复杂的个人和集体的行为图景，同时这些踪迹也有可能改变我们对人生、组织和社会的理解。

其实，各种网络也是有生命的。例如，1999 年上映的《黑客帝国》所描述的：在 21世纪的某年，人类发明了 AI(人工智能)，然后机器人觉醒并叛变，与人类爆发战争，人类节节败退，在迫不得已的情况下，把整个天空布满了乌云，以切断机器人的能源——太阳能，谁知机器人又开发出了新的能源——生物能源，就是利用基因工程制造人类，把人体作为产生生物电的电池，然后将他们的大脑接入电脑矩阵，让他们的精神在虚拟世界——人工社会中成长生活，从而获得机器人运作所需的能量。

1878 年诺贝尔经济学奖获得者司马贺(Herbert A．Simon)认为：相对于"死"的物质世界和不具备高级思维的生物世界，人类社会是宇宙中最复杂的进化物。人类社会的复杂性不仅体现在系统中元素多、相互关系复杂，还表现在元素(或称为网络的节点)的适应性，由于社会中的个人、组织都是"活"的，因此能根据环境改变而不断变化[20]。人类社会系统可称为复杂适应系统(Complex Adaptive System，CAS)。为了理解复杂适应系统，司马贺又提出，由于有非线性，因此才会出现所谓的"涌现(Emergence)"行为，即宏观行为是在复杂系统中微观组件的非线性相互作用下才自发涌现出来的表现。与许多具有线性叠加关系的集中的物理系统不同，复杂适应系统从微观到宏观的因果关系往往不可能用简单的公式推导出来。正是由于系统的复杂性，因此需要利用计算机所营造的类似自然界的人工界，来研究此类复杂适应系统。其实，人工社会就类似于一些模拟游戏。在《模拟城市》游戏中，你以市长的视角建立一个城市，然后在游戏中可以模拟产生一些自然灾害，如洪水、龙卷风等，看城市如何进行应对，这就是一个用计算机构建的人工社会。还有《第二人生》(Second Life)游戏，这是一个在线的社区，类似电影《阿凡达》中的场景，在社区内每个人(虚拟用户)对应一个真实用户。在游戏中，这些虚拟用户可以做任何事情，如交友、结婚、装修房子、聚会等。

人工社会中的个体所组成的网络就是人工网络。游戏中的实体在计算机中就是一个智能体，类似 Java 中的对象，为了区分这些实体，可以使用静态属性，如性别、身高、体重等；也可以使用动态属性，如记忆、资源等。对象还拥有相应的方法，如唱歌、交友。有了这些方法后，对象还可以通过人工智能的方法与其他对象进行交流，从而形成了人工社会，这样有助于对社会问题的理解。例如，想要评价城市抵抗自然灾害的能力，我们不可能在现实世界中来模拟龙卷风、地震等自然灾害。然而，我们可以在虚拟的人工社会中，模拟一场龙卷风，然后采取相应的措施，观测能不能进行有效防范。瑞士苏黎世联邦理工大学的 Helbing 教授在研究社会科学的过程中，提出过一个伟大的设想，叫做 FuturICT(Future、Information、Communication、Technology 的缩写，即未来信息交流技术，也被称为"活地球模拟器计划")项目[21]。该设想需要在分布式计算机系统上构建一个虚拟地球，然后对地球上的所有东西进行建模，并模拟金融危机、自然灾害等，最后基于这个模拟的环境分析我们应该做出怎样的应对预案，来有效控制危机所带来的危害。这是在人工社会上的社会网络计算。

1.5.7 社会网络计算在电子商务中的应用

社会网络计算在电子商务中的一个最重要的应用就是做商品的个性化推荐。在帮助用户主动查找信息的搜索引擎被成功应用后，推荐系统作为一种可以发掘用户隐性商品需求的技术，也被广泛地用来解决商品选择悖论所带来的信息过载问题[22]。推荐系统通过分析商品之间的关系来预测新的商品关系并进行推荐，即根据两个商品的用户网络之间的重叠性，来度量两个商品之间的相关性。例如，在商场，一些用户若同时购买两种商品，则说明这两种商品的相关性比较大，当新的用户来购买其中一种商品时，就可以向其推荐另一种商品，这样推荐成功的概率会比较大。

还可以根据两位用户所购商品的网络之间的重叠性，度量两位用户之间的相关性。例如，若两位用户购买的商品有很大的重叠性，则说明这两人的购买习惯或对某些商品的喜好度较为相近。因此，当其中一个人甲率先购买一种新商品时，就可以向另一个人乙进行推荐，因为乙购买这种新商品的可能性会比较大。

类似的推荐已经可以在很多购物网站上看到。例如，在亚马逊和当当网买图书的时候，当你选择一本书时，会看到页面中有一些推荐商品，而我们很有可能就需要其中推荐的一些书，这就是基于其他用户的购买习惯来预测具有相同身份的人(如学生)的购买习惯，并进行推荐。天猫和淘宝上还有一些推荐是"浏览了这件商品的用户还浏览了哪些商品""购买了这件商品的用户还购买了哪些商品"及一些商品购买组合的推荐。

在推荐系统中还有基于用户的协同推荐。根据用户对商品或信息的偏好，来发现与当前用户口味和偏好相似的"邻居"用户群，在一般的应用中采用计算"K-邻居"的算法；然后，基于这个 K-邻居的历史偏好信息，为当前用户进行推荐。基于用户的协同推荐基于如下基本假设：喜欢类似商品的用户可能有相同或相似的口味和偏好。

如图 1-29 所示，用户甲喜欢商品 A 和 C，用户乙喜欢商品 B，用户丙喜欢商品 C 和 D，从中可以看出用户甲和用户丙的偏好比较相似，他们都喜欢商品 C，因此可以把用户丙喜欢的商品推荐给用户甲，即把商品 D 推荐给用户甲。

在推荐系统中还有基于项目的协同推荐。它根据用户对商品或信息的偏好，发现商品和商品之间的相似度，然后根据用户的历史偏好信息，将类似的商品推荐给用户。在图 1-30 中，用户甲喜欢商品 A 和 C，用户乙喜欢商品 A、B、C，用户丙喜欢商品 A，从中可以看出商品 A 同时被三个人喜欢，而同时喜欢商品 A 的用户甲和乙又都同时喜欢商品 C，因此商品 A 和 C 具有相似性，于是就可以把商品 C 推荐给用户丙。

这些个性化推荐都涉及社会网络中的用户商品二模网络，通过对这种二模网络的计算，来理解用户行为，从而为电子商务用户提供更加个性化的服务。

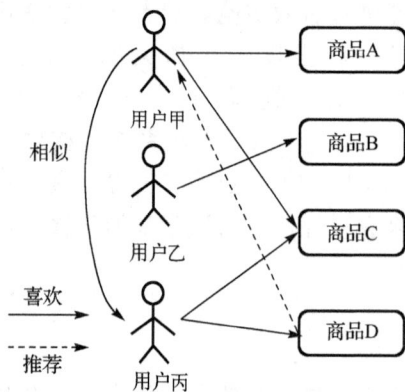

图 1-29　基于用户的协同推荐　　　　　　图 1-30　基于项目的协同推荐

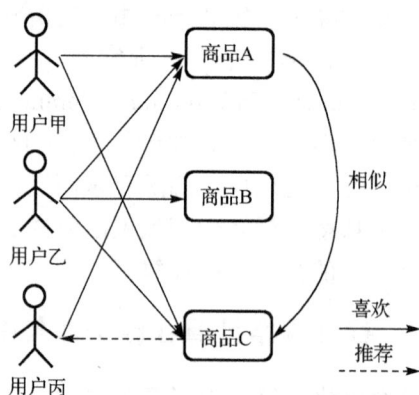

1.6　社会网络的计算范式

在进行社会网络计算并对与现实世界高度互联中的问题进行分析的时候，可以遵照一定的范式，如图 1-31 所示。社会网络计算的问题来源于互联社会的现象发生，通过社会网络计算进行互联社会的规律发现，并弄清楚互联社会的运作机制，从而去理解互联社会的现象发生，这个过程形成了一个闭合的反馈过程，如图 1-31 的灰色部分所示。

社会网络计算的数据可以通过数据调查、大数据爬取及大数据抽样三种方式获取，数据调查是传统的社会科学研究的数据获取方式，而后两种方式是在大数据时代下常用到的数据获取方式。

完成数据获取后的下一步是进行社会网络的构建，要明确社会网络的节点及节点的属性，并确定节点之间的联系从而形成网络的边，同时也要进一步确认边的属性，包括边的权重和边的符号等。

有了构建好的社会网络，就可以用社会网络计算软件对社会网络的指标进行计算，并对社会网络进行可视化，然后进一步对社会网络的节点和边进行统计分析。

社会网络计算的目的是对社会网络的指标进行解释，并通过社会网络可视化直观地了解网络的关系结构，从而解释节点和边的组成原理及背后的社会性含义，也要进一步通过统计分析结果的解释去探索网络结构与某些外部绩效之间的联系。

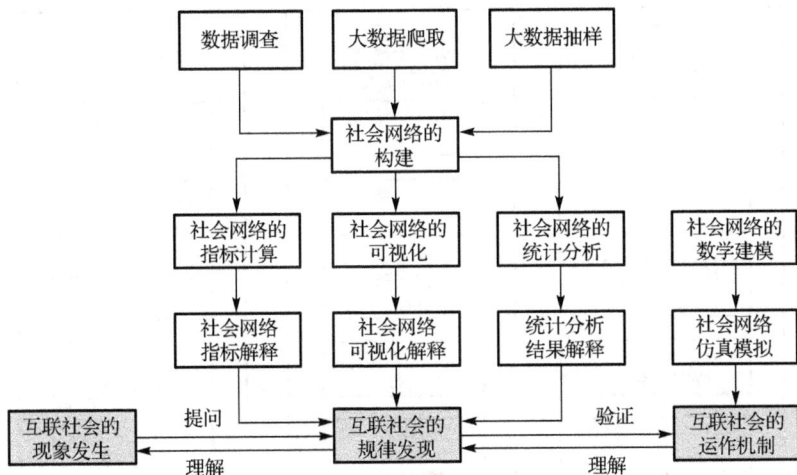

图 1-31　社会网络的计算范式

　　从实际数据出发的社会网络计算的最终目标是对互联社会的规律进行发现，而要进一步理解这些规律，就需要弄清规律背后的互联社会的运作机制。运作机制则通过社会网络的数学建模进行说明，并通过社会网络仿真模拟，将数学模型所产生的人工社会中的规律与真实社会中的规律做比较，从而验证通过数学建模来说明的运作机制的正确性。

　　本书以下章节的社会网络计算基础理论和实践介绍都将遵从该社会网络计算范式。由于诸如小世界等社会网络现象的研究都是从小数据中的实验现象发现，到数学模型的构建和机制理解，最后通过大数据的机制验证，从而走完整个范式的所有过程，这一过程需经历几十年的时间。因此，理解互联社会中的现象发生是非常不容易的，在社会网络计算范式的研究过程中还必将经历许多曲折的道路。

1.7　全书章节安排

　　本书的内容共分为 3 篇：第 1 篇为社会网络的基本认识，介绍了社会网络的一些基本原理与实践方法；第 2 篇为社会网络的洞察发现，介绍了社会网络中的一些原理和规律；第 3 篇为社会网络的分析理解，介绍了社会网络的应用和分析方法。

1. 社会网络的基本认识

　　如图 1-32 所示，第 1 篇包含第 1~6 章：第 1 章是社会网络计算导论，介绍了节点度数、网络直径、网络密度等最基本的社会网络测量指标，并阐述了社会网络计算思维的概念；第 2 章讨论了社会网络的可视化，并用实际例子介绍了 Gephi 等可视化软件的使用；第 3 章从结构的视角，讨论了社会网络的三元闭包原理和测量，并以学生人际网络为例对有向网络中的三元闭包进行了分析；第 4 章从关系强度的视角，讨论了社会网络中的强关系和弱关系，并以共代码网络为例进行了分析；第 5 章讨论了社会网络中外部性的作用，即同质性对社会网络演化所起的作用，并介绍了社团闭包和会员闭包的作用，以及基于

Netlogo 软件介绍了谢林的隔离模型的实验；第 6 章基于社会网络边的符号，对以前所描述的具有正向权重的网络进行了拓展，并介绍了符号网络在情感分析中的应用。

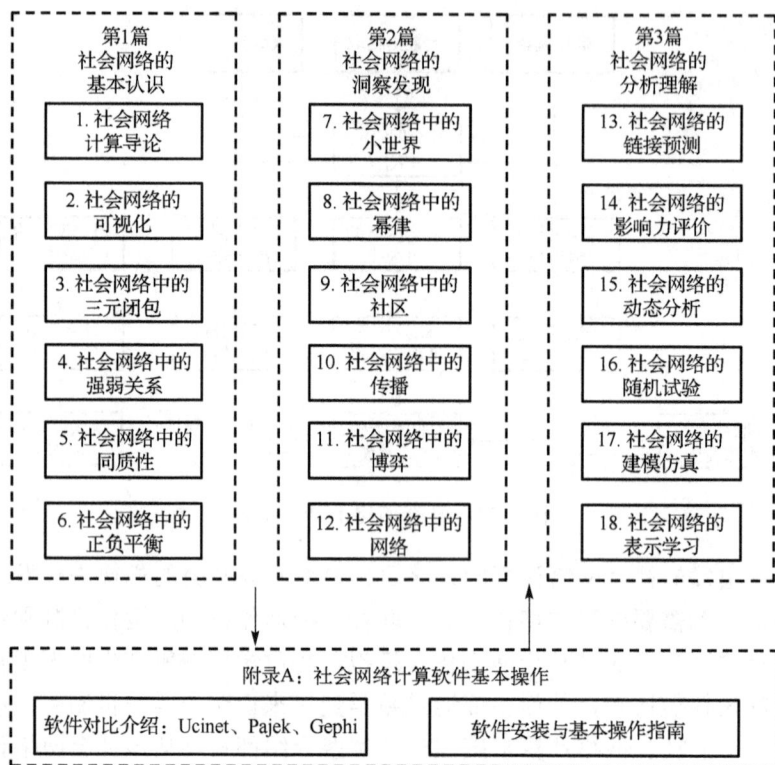

图 1-32　全书章节安排

2. 社会网络的洞察发现

第 2 篇包含第 7～12 章：第 7 章介绍了社会网络中的一个重要的现象——小世界现象，并讨论了小世界模型的构建和验证；第 8 章介绍了社会网络中的另外一个重要的现象——幂律，并讨论了幂律模型的构建；第 9 章介绍了社会网络中的社区，详细地介绍了社区发现的相关内容，并对社区演化和社区研究的相关数据集进行了扩展讨论；第 10 章介绍了社会网络中的传播，并结合实际案例对信息传播、疾病传播和新事物传播进行了介绍和分析；第 11 章介绍了社会网络中的博弈，从种群的视角介绍群体演化博弈的特性，总结了一般网络演化博弈的过程并进行了案例分析；第 12 章介绍了社会网络中的网络，包括超网络、二模网络、多模网络和多网络协同。

3. 社会网络的分析理解

第 3 篇包含第 13～18 章：第 13 章讨论了社会网络中的链接预测的定义、方法及应用场景；第 14 章介绍了社会网络的影响力评价，从不同角度介绍影响力的度量及其指标对比，并讨论了相关的算法、模型及应用；第 15 章基于随机行动者模型介绍了社会网络动态分析方法，并用 RSiena 软件对学生交互网络的演化机制进行了分析；第 16 章介绍了社会网络中的随机试验方法，并进行了相关研究的综述；第 17 章讨论了社会网络的建模仿真的相关定义、研究范式及方法和应用；第 18 章讨论了社会网络的表示学习，并结合案例介绍了网络表示学习方法的工作原理和应用场景。

最后，在附录 A 中横向对比了常用的社会网络计算软件，并详细介绍了几款软件的安装和基本使用。

思 考 题

1．生活中存在哪些社会网络？请举例说明。
2．请简述 1.4 节提到的五种社会网络类型的特征与区别。
3．请计算下图各节点的度数。

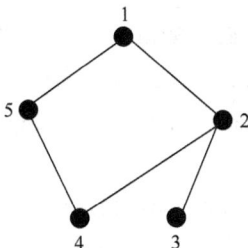

4．请简单描述社会网络有哪些实际应用。

参 考 资 料

[1] 里夫金. 第三次工业革命-新经济模式如何改变世界[M]. 北京：中信出版社，2012.

[2] 林健. 第四次工业革命浪潮下的传统工科专业转型升级[J]. 高等工程教育研究，2018(4)：11.

[3] LIANG T P, TURBAN E. Introduction to the special issue social commerce: a research framework for social commerce[J]. International journal of electronic commerce, 2011, 16(2): 5-14.

[4] MARDSEN P. Social commerce: monetizing social media[EB/OL]. [2021-10-24].http://socialcommercetoday.com/social-commerce-monetizing-socialmedia-syzygy-group-whitepaper/.

[5] ADAMIC L A, GLANCE N. The political blogosphere and the 2004 US election: divided they blog[C]. Proceedings of the 3rd international workshop on link discovery, 2005: 36-43.

[6] BRANDES U, WAGNER D. Analysis and visualization of social networks[M]. Berlin, heidelberg: springer, 2004.

[7] 谢宇. 社会学方法与定量研究[M]. 北京：社会科学文献出版社，2012.

[8] 边燕杰. 关系社会学：理论与研究[M]. 北京：社会科学文献出版社，2011.

[9] BOLLOBÁS B. Random graphs (Vol. 73)[M]. New york: academic press, 2001.

[10] MILGRAM S. The small world problem[J]. Psychology today, 1967, 2(1): 60-67.

[11] GRANOVETTER M S. The strength of weak ties[J]. American journal of sociology, 1973, 78(6): 1360-1380.

[12] WATTS D J, STROGATZ S H. Collective dynamics of 'small-world' networks[J]. Nature, 1998, 393(6684): 440-442.

[13] BARABÁSI A L, ALBERT R. Emergence of scaling in random networks[J]. Science, 1999, 286(5439): 509-512.

[14] WEST D B. Introduction to graph theory[M]. Upper saddle river: prentice hall, 2001.

[15] 汪小帆，李翔，陈关荣. 网络科学导论[M]. 北京：高等教育出版社，2012.

[16] 周以真. 计算思维[J]. 中国计算机学会通讯，2007，3(11):77-79.

[17] 李晓明. 跨学科计算思维教学的认识与实践浅谈[J]. 中国大学教学，2012，11(4): 5.

[18] LAZER D, PENTLAND A, ADAMIC L, et al. Social science. computational social science[J]. Science, 2009, 323(5915): 721-723.

[19] 李国杰. 关于网络社会宏观信息学研究的一些思考[J]. 中国计算机学会通讯，2006，002(002): 23-27.

[20] 司马贺，武夷山. 人工科学：复杂性面面观[M]. 上海：上海科技教育出版社，2004.

[21] HELBING D, BISHOP S, CONTE R, et al. Futurict: participatory computing to understand and manage our complex world in a more sustainable and resilient way[J]. The european physical journal special topics, 2012, 214(1): 11-39.

[22] 周涛. 个性化推荐的十大挑战[J]. 中国计算机学会通讯，2012，8(7): 48-61.

第2章　社会网络的可视化

社会网络可以用可视化方式最直观地展现出来。如今，借助计算机辅助软件支持的社会网络可视化技术，可以展现社会网络内部错综复杂的结构，帮助用户理解其背后所隐藏的事物规律。社会网络可视化一方面帮助用户清楚地认识网络的内部结构，另一方面有助于挖掘隐藏在网络内部的有用信息。

本章，将首先论述数据可视化及社会网络可视化的文献综述，其次对社会网络可视化布局做分类介绍，再次介绍社会网络可视化工具，最后结合案例介绍如何使用 Gephi 及 igraph 对社会网络进行可视化。

2.1　数据可视化

现代科学发展如此迅速的原因可以归结为两个方面[1]：

(1)测量方法变得快速并且规范；

(2)可视化的运用。

可视化技术连接了人的大脑和计算机，能够把数据、信息和知识转换成可视化的形式以方便人类进行识别。它是一个融合了多学科知识的领域，如计算机图形学、图像处理、计算机辅助设计、人机交互及人工智能等，其主要特点如下[2]：

(1)可视性，能用图像、曲线来显示数据，并对其模式之间的关系进行可视化分析；

(2)交互性，能方便用户以交互的方式管理和开发数据；

(3)多维性，具有能反映对象或事件数据的多个属性或变量，也可以按每一维的值对数据进行分类、排序、组合[3]。

数据可视化的过程可用图 2-1 来说明。

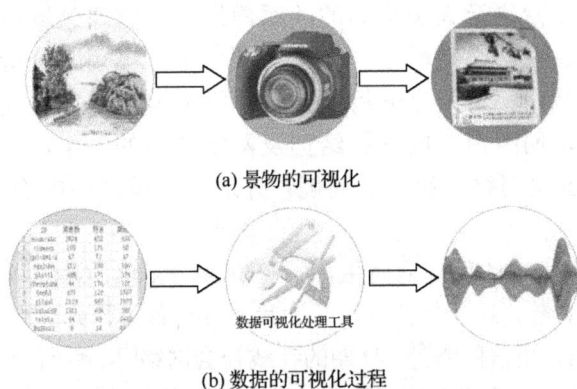

(a) 景物的可视化

数据可视化处理工具

(b) 数据的可视化过程

图 2-1　数据可视化的过程

图 2-1(a)表示景物可视化的一个流程图，流程图的起点是一个景物，该景物被相机拍

摄之后经过图像处理软件的处理，就可以输出一张照片。在图 2-1(b)中，数据或信息替换了景物，数据可视化处理工具替换了相机，使用数据可视化处理工具对数据进行处理和加工生成一张图形的过程就是数据可视化，即数据可视化是将数据、信息、知识等通过数据可视化处理工具进行计算及处理，生成方便识别的图形的过程。

2.2 社会网络可视化

社会网络可视化拥有悠久的历史，尤其是对于社会科学来说，通过使用节点和边来表述社会网络关系至少可以追溯到 19 世纪 30 年代。这是社会网络可视化的第一阶段，该阶段主要使用图论来表示社会网络。第二阶段在 19 世纪 50 年代初期，研究者们开始运用标准化计算程序生成的图形来表示网络关系。第三阶段则是在 19 世纪 70 年代，计算机的运用使研究者们能更加便捷地绘制图形。到了 19 世纪 80 年代，即第四阶段，个人计算机的使用使研究者们可将图形展现在显示器上，并可用不同的颜色来表示节点和边。在第五阶段，即 19 世纪 90 年代以后，计算机技术的进一步发展和普及更加方便了图形的展示，使得社会网络可以依据不同的可视化软件展现，以及网络拓扑结构可以更清晰地表示。可见，社会网络可视化的思想一直存在，计算机和互联网的相继出现，丰富了社会网络可视化的技术和方法。

Freeman 综述了在社会科学研究领域社会网络可视化的历史，提供了众多诸如空间位置、颜色、大小及形状等属性用来编码信息的实例。例如，可以用地图的方式来表示人口的分布所形成的网络。另外，运用算法所生成的布局可拥有一些有用的空间属性：力引导布局可以有效地表示连接组件之间的空间分布，而辐射形布局能很容易表示清楚距离中心行动者的其他网络节点的位置。颜色、大小、形状都可以表示网络的拓扑及非拓扑属性，如中心性、分组和性别等。

在第 1 章中我们列举了多种社会网络，有个体间网络、组织社会网络、线上传播网络、线下传播网络及用户商品二模网络等，这些社会网络都可以被可视化。同时，社会网络可视化也可运用到各个领域中。例如，在生物领域中，可利用社会网络可视化分析血管网络、基因网络、分子网络及人类疾病的关系网络；在交通领域中，可用来分析各城市及城市间的航空网络、公共交通网络；在学术领域中，可用来分析作者合著网络和科学引文网络；在经济领域中，可用来分析受金融危机影响的国家之间的网络。社会网络可视化可以更清晰地表示网络内部的拓扑结构及网络之间的关系，这有助于我们分析网络的特征和属性，以便解决网络中存在的问题，并通过发现网络中隐藏的规律来进行预防、预测等。

近年来，各种可视化软件也应运而生，如 Ucinet、Pajek、Gephi、StOCNET、NetMiner、MultiNet、CiteSpace、R 等，这些软件可以帮助我们分析各类社会网络。社会网络可视化可以运用到多种场景。例如，通信网络[4]，早期的在线社会网络[5]，科研合著网络；同时还可以运用到利用空间分组和颜色对社团进行编码并可视化的邮件往来网络 ContactMap[6]、用力引导布局来展示的 LiveJournal 在线社区用户关系网络 TouchGraph、用于可视化分析的用户短信往来网络 BuddyZoo、多人实时在线聊天(Internet Relay Chat)网络 PieSpy[7]。随着时间的流逝，网络也是在不断变化的，Moody 研究了动态网络的可视化[8]；Rothenberg 等人研究了 HIV 病毒在人群中动态传播所形成的可视化网络[9]。

2.3　社会网络可视化布局

Ben Shneiderman 在 2006 年提出了可视化技术的分类方式，即按照网络节点的布局方式将网络可视化技术分为了九类，分别是力导引布局、地图布局、圆形布局、相对空间布局、聚类布局、层次布局、时间布局、手工布局和基于随机布局。同一个社会网络在不同布局方式下的展示可以是不同的，但是由于同一个社会网络的结构是相同的，因此也是同构的。下面着重介绍几种常用的布局方式。

（1）力导引布局（Force-directed Layout）

力导引布局，又称弹性布局（Spring-embeded Layout），如图 2-2 所示。其基本思想是模拟力学平衡原理，将网络中的节点模拟为钢环，边模拟为弹簧，通过弹簧弹力（引力和斥力）不断调整钢环位置，使物理系统达到力学平衡，从而实现布局，这种运动直到系统总能量减少到最小值时停止[2]。由于力导引布局能够产生相当优美的网络布局，并充分展示网络的整体结构及其自同构特征，所以在网络可视化技术相关文献中该方法一直占据主导地位。其缺点是每次循环都必须计算每对节点间的力，算法复杂度较高。但由于力导引布局产生的网络布局较为优美，因此被应用于大量的网络可视化系统当中。

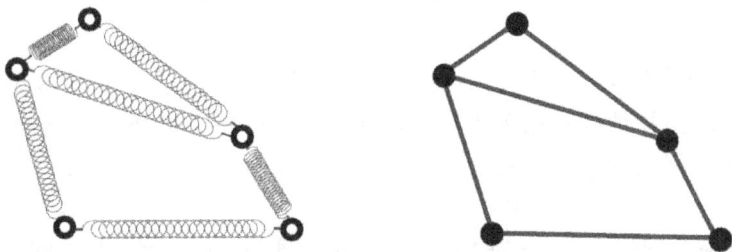

图 2-2　力导引布局

（2）地图布局（Geographical Map Layout）

地图布局是一种简单且易于被用户理解的布局方式，它以一幅世界（大洲、国家、省或市）地图作为背景，根据节点的地理坐标将其布局在背景上，然后根据节点间的连接关系绘制网络边[10]。这种布局方式符合人类视觉思维，地图背景可以直观地展现节点的地理分布，而且能准确定位节点；但是网络节点在背景图上的位置过于固定，存在节点交叠、边交叉等问题，不利于可视化节点与边数量较多的网络结构。

（3）圆形布局（Circular Layout）

圆形布局是一种在圆心放置一个或一组节点，然后在同心圆周上按顺序布局其余节点的布局方式[11]。它能利用通过圆心的十字线产生优良的布局，便于用户识别网络中度数较大的节点，也能较规则地反映出网络节点的规模和密集程度，更清楚地体现网络节点间的层次关系，布局清晰，中心突出。但其缺点是忽视网络拓扑属性，要求节点存在一定顺序，通用性不强，而且无法观察节点之间联系的紧密程度和局部网络的结构特征，降低了对其他网络拓扑结构特征的表现力度。

（4）相对空间布局（Spatial Calculated Layout）

相对空间布局是一种以"参照体"的空间位置为基础，根据网络各节点与"参照体"的关系计算其坐标的布局方式。"参照体"是以某种方式与网络节点相关联的对象。

（5）聚类布局（Cluster Layout）

聚类布局根据节点的属性及相互间的连接关系，通过人机交互或应用算法来聚类分组网络节点。此布局方式有助于发现网络结构中节点之间存在的关系信息、模式信息及聚类信息等隐性知识，一般多与其他布局方式结合使用。

（6）层次布局（Substrate-based Layout）

层次布局是一种根据节点的分类属性将屏幕划分为几个区域，然后在其对应区域中布局节点的方式[11]。层次布局方式有效利用了节点的属性信息，增加了网络图所包含的信息量，有助于用户发现部分趋势及关系信息。但是其缺点在于：分层属性选取恰当与否很大程度上决定了网络可视化的质量，而且对网络自身结构特征反映不明显等[2]。

（7）时间布局（Time-oriented Layout/Temporal Layout）

时间布局是一种根据节点时间顺序进行排布的布局方式。这种布局方式能清晰地反映网络节点随时间的演化规律，但对于除时间属性外的其他网络结构特性的表现还有些欠缺，并且容易出现节点交叠的问题。

2.4　社会网络可视化工具

如今，已有 50 余种具有可视化功能的社会网络可视化工具。通过这些工具，不仅可以计算、分析网络的拓扑结构和相关指标，还能以可视化的方式更加直观地概览与解释网络数据。下面简要介绍几种常用的社会网络可视化工具。

（1）Ucinet

Ucinet（University of California at Irvine Network）是一种综合型的社会网络分析软件，由加州大学欧文分校的一群网络分析者所开发。在社会网络研究中，Ucinet 是最知名和最经常被使用的社会网络数据和其他相似性数据处理的综合性分析程序[12]之一。Ucinet 可以处理分析单模网络和二模网络，并能对网络假设进行检验，如 QAP 矩阵相关检验，回归、定类数据和连续数据的自相关检验等。此外，Ucinet 集成了可对一维与二维数据进行统计和可视化分析的NetDraw[13]，以及正在发展应用的三维数据可视化分析软件 Mage[14]。Ucinet 同时还集成了用于大型网络分析的自由应用软件程序 Pajek 等。

Ucinet 能够处理的原始数据为矩阵格式，提供了大量的数据管理和转化工具。Ucinet本身不包含网络可视化的图形程序，但可将数据和处理结果输出到 NetDraw、Pajek、Mage和 KrackPlot 等软件进行作图。因此，Ucinet 在网络结构可视化、用户交互性探索等方面都有不错的效果。

Ucinet 是当前主流的综合性社会网络分析工具之一。与其他专门针对社会网络的统计分析软件，如内含实证网络分析仿真研究 SIENA（Simulation Investigation for Empirical Network Analysis）模块的 StONET，以及 STRUCTURE 相比，Ucinet 的优点在于其具有可视化功能且界面友好。

(2) Gephi

Gephi 是由法国的 SciencePo、Linkfluence 等研究机构合作研发的一款在网络分析领域使用的数据可视化软件。开发者赋予了它成为"数据可视化领域的 Photoshop"的使命。Gephi 通过简洁的点和线来描绘与呈现丰富的世界[15]。

近年来，基于互联网的社会网络研究已成为社会网络分析领域的研究热点。由于 Gephi 可通过外接网络爬虫来实时获取互联网的信息，而且其动态网络分析功能强、效率高、可视化效果佳，因而常被用于互联网中的人际关系、信息传递、知识共享等网络的研究[16]。

(3) Pajek

Pajek 是卢布尔雅那大学研究团队为处理大型数据集而专门设计开发的一款网络分析和可视化软件[17]。Pajek 可以同时处理多个网络，也可以处理二模网络和时间事件网络(时间事件网络包括了某一网络随时间而发生的网络变化)。Pajek 提供的基于过程的分析方法包括探测结构平衡和聚集性(Clusterability)、分层分解和团块模型(结构、正则对等性)等。

Pajek 提供了多种数据输入方式，如可以从网络文件(扩展名为 NET)中引入 ASCII 格式的网络数据。网络文件中包含节点列表和弧/边列表，只需指定存在的联系即可高效率地输入大型网络数据。图形功能是 Pajek 的强项，可以方便地调整图形及指定图形所代表的含义。由于大型网络难以在一个视图中显示，而 Pajek 可以分析多于一百万个节点的超大型网络，因此 Pajek 会区分不同的网络亚结构并分别予以可视化。每种数据类型在 Pajek 中都有自己的描述方法。

针对大型数据集的分析工具，除了 Pajek，还有 MultiNet 和 NodeXL[18]等。不过 Pajek 的大部分分析功能是非统计性的，如果要对社会网络进行详细的统计分析，还需要配合 StOCNET 等统计功能较强的软件。

(4) MultiNet

MultiNet 是一个用于分析大型和稀疏网络数据的程序。由于 MultiNet 是为大型网络的分析而专门设计的，因而像 Pajek 那样，MultiNet 的数据输入也使用节点列表和弧/边列表，而非邻接矩阵。分析程序产生的几乎所有输出结果都可以以图形化方式展现。MultiNet 可以计算度、中介中心性、亲近中心性、连接组件等统计量及其频数分布。通过 MultiNet，可以使用几种本征空间(Eigenspace)的方法来分析网络的结构。MultiNet 包含以下统计技术：交叉表和卡方检验、方差分析、相关分析和 p*指数随机图模型。

(5) NetMiner

NetMiner 是一个把社会网络分析和可视化技术结合在一起的软件工具。它允许使用者以可视化和交互的方式探查网络数据，找出网络潜在的模式和结构。NetMiner 采用了一种为把分析和可视化结合在一起而优化了的网络数据类型，包括三种类型的变量：邻接矩阵(称作层)、联系变量和行动者属性数据。与 Pajek 和 NetDraw 相似，NetMiner 也具有高级的图形特性，如几乎所有的结果都是以文本和图形两种方式呈现的。NetMiner 提供的网络描述方法和基于过程的分析方法也较为丰富，在统计方面则支持一些标准的统计过程，如描述性统计、方差分析、相关分析和回归分析。

(6) NodeXL

NodeXL(Network Overview Discovery Exploration for Excel)是由微软研究院 Marc

Smith 团队及众多研究机构为网络可视化分析而开发的一个 Excel 外接程序[18]。NodeXL 不仅具备常见的分析功能，如计算聚类系数、中心性、PageRank 值、网络连通度等，还能对暂时性网络进行处理。NodeXL 的一大特色是可视化交互能力强，具有图像移动、变焦和动态查询等交互功能。其另一特色是可直接与互联网相连，用户可通过插件或直接导入 Twitter、YouTube、E-mail 或网页中的数据。目前，在针对暂时性网络的可视化探索、筛选和群聚功能的社会网络分析工具中，有适用于大型网络的 NodeXL 和适用于中小型网络的 SocialAction。两者在用户交互算法和界面设计上都比较人性化，易用性较好[16]。

2.5　Gephi 可视化

2.5.1　Gephi 简介

Gephi 是一款数据可视化软件[15]，其可视化过程可以用图 2-3 表示。

图 2-3　Gephi 可视化过程

Gephi 对数据进行处理和加工后可形成一幅由节点和边表示的可视化图形。用 Gephi 可做出十分美观的可视化图形，它又被称为数据可视化领域的 Photoshop，图 2-4 所示的是用 Gephi 生成的人类疾病之间的关系网络。

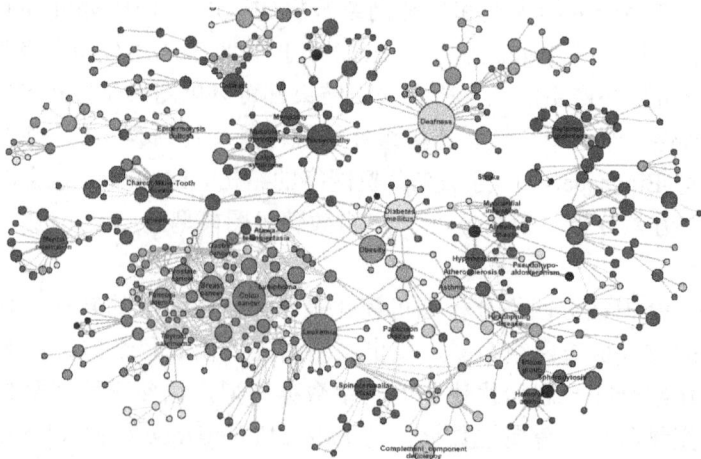

图 2-4　用 Gephi 生成的人类疾病之间的关系网络

2.5.2　将数据导入 Gephi

如果要利用数据可视化软件对数据进行可视化并生成图形，那么首先就需要导入数据，将数据导入 Gephi 的方式主要有以下几种：鼠标单击输入、键盘输入、自动生成随机图、导入文件。

其中使用较多的一个是自动生成随机图，这个主要针对初学者，在缺乏数据的情况下，使用随机图来熟悉 Gephi 的操作；另一个就是导入文件，主要针对用 Gephi 对数据进行分析和可视化的使用者。

（1）自动生成随机图

选择"文件"→"生成"→"随机图"选项后，可以输入节点数和连线的概率。如图 2-5 所示，初始设置的节点数为 50，连线的概率为 0.05，如果使用初始设置，单击"确定"按钮即可。

（2）导入文件

单击菜单栏中的"文件"→"打开"选项后即可选择要输入的文件，Gephi 支持的文件类型有很多，可以在"文件类型"中选择，比较常用的是.csv、.edges 和.gexf 格式类型的文件。文件输入后会产生一个输入报告，报告中有关于节点和边的信息等。单击输入报告中的"确定"按钮后，会产生一个初始图像。表 2-1 为 Gephi 支持的文件格式类型。

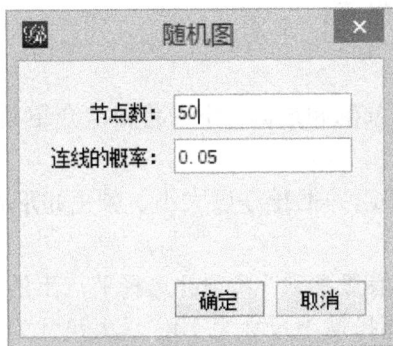

图 2-5　自动生成随机图

表 2-1　Gephi 支持的文件格式类型

格式类型	后缀
CSV 文件	.csv
边名单文件	.edges
DL 文件（Ucinet）	.dl
GraphViz 文件	.dot/.gv
GraphML 文件	.graphml
GDF 文件	.gdf
GEXF 文件	.gexf
GML 文件	.gml

下面分别对这几种文件格式类型做简要介绍。

CSV 文件可以从任何行数据、数据库或 Excel 中导出，每行必须至少包括两个元素，由逗号、分号或空格符隔开。

边名单文件的后缀为.edges，因为 Gephi 软件本身是对节点和边进行可视化的，所以此格式是针对边的格式。

DL 文件是 Ucinet 使用最多的文件格式。Gephi 软件支持全矩阵及 edgelist 的子格式。

GraphViz 文件的后缀为.dot 或.gv，这是一种人类可读的用来描述网络数据的语言，包括子图和属性元素（如颜色、权重、标签等）。

GraphML 文件使用.graphml 后缀名，是 XML 结构化的，支持节点和边的属性、等级图等，是一种较为灵活的结构。

GDF 文件是 GUESS 使用的文件格式之一，它类似于一个数据表或 CSV 文件，支持节点和边。一个标准的 GDF 文件分为两个部分，分别为节点集和边集。

GEXF 文件是用 GEXF（Graph Exchange XML Format）语言创建的图表文件。GEXF 是一种描述网络结构的语言，通过指定节点和边的关系图，如节点权重或边缘方向指定的节点和边的关系图，以及用户定义的属性，就可以用图形应用程序来转换格式。

　　GML（Graph Modeling Language）文件是一种支持拥有简单语法的网络数据的文本文件格式，这种格式同时也被 Graphlet、Pajek、yEd、LEDA 和 NetworkX 等软件所使用。

2.5.3　图窗体内编辑工具介绍

　　Gephi 菜单栏下有三个按钮，分别是概览按钮、数据资料按钮、预览按钮，依次单击这三个按钮可以对窗口进行切换，这三个按钮对应的窗口分别是用于数据可视化操作的概览窗口，数据资料窗口及可视化预览输出窗口。

　　我们较常使用的是概览窗口，这个窗口主要包括界面中间的图窗口——图形显示区，以及图窗口两侧的五个常用高级编辑工具窗口。

　　1.　图窗口

　　图窗口主要用来显示我们操作的图形对象，在图窗口的左侧和下方分别有两个图窗口工具栏，将鼠标依次放在工具栏中的按钮上会显示出其对应的功能，在此不再一一赘述。利用这些按钮可以实现节点的移动（用鼠标右键拖动）、节点的放大与缩小（用鼠标滑轮滑动）、节点的属性和颜色编辑、边粗细调整和标签编辑等。

　　2.　五个高级编辑工具

　　这五个高级编辑工具分别是排序、布局、统计、分割和过滤，下面将依次介绍其功能。

　　（1）排序（Ranking）

　　排序是指根据一些值对节点和边进行归类和排序，并把排序以大小、颜色和形式应用到节点和标签上。各按钮对应的功能如图 2-6 所示。

　　排序模块如图 2-7 所示，我们单击"- -选择一个等级参数"选项并选择节点下的"度"，此时我们可以对节点的大小进行设置。例如，我们选择最小尺寸为 10，最大尺寸为 50。

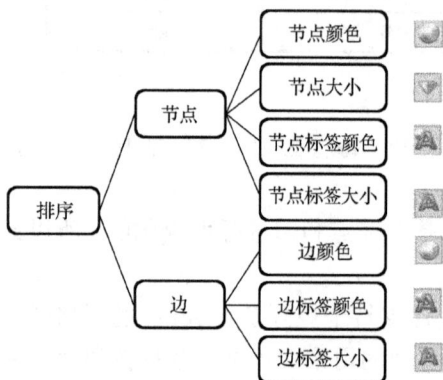

　　图 2-6　排序功能　　　　　　　　　　　　　图 2-7　排序模块

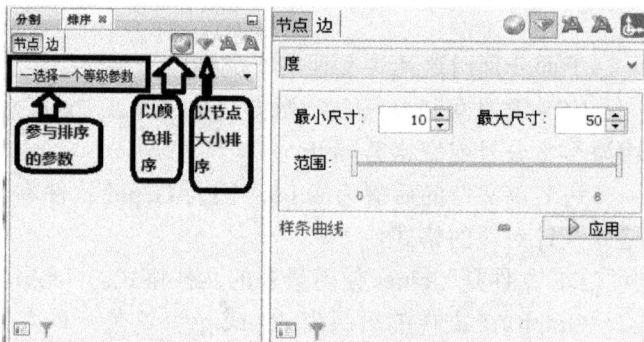

　　（2）布局/流程（Layout）

　　布局是指根据一些规则自动美化图形。如图 2-8（a）所示，在下拉框中共有 12 种布局工具，前六种是主要布局方式，可实现节点的聚类和排列，后六种是辅助布局工具，可对布局再进行一些编辑。

　　选择一种布局方式后，单击"运行"按钮即可看到布局效果。最常用的是力引导布局

（Force Atlas 和 ForceAtlas 2）、圆形布局（Fruchterman Reingold）和 Yifan Hu 布局。

（3）统计（Statistics）

统计功能可根据内置的算法对节点和边的属性值做运算，并把运算结果存入节点和边的属性里面，供分割和排序使用。图的特征可在统计模块中计算得到，统计模块如图 2-8（b）所示。单击图中标记区域，可计算相应的图的特征数值，如要查看详细内容，可单击"问号"图标产生相应的报告。

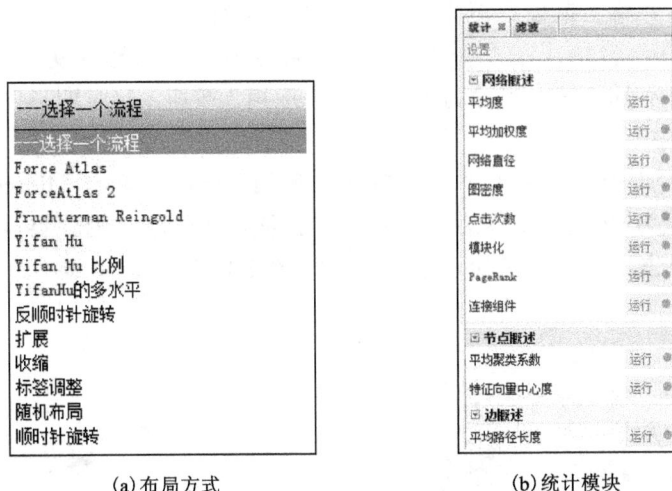

(a) 布局方式　　　　　　　　(b) 统计模块

图 2-8　Gephi 布局方式和统计功能

（4）分割（Partition）

分割也是一种归类，即把值相同的节点或边用不同的颜色标示出来，还可把值相同的节点组合成一个节点。

分割的使用方式一般是先用统计功能做一些计算，再在分割中对节点进行分类和组合。

（5）过滤（Filters）

过滤是按照设定的方式筛选符合条件的节点或边。在作图过程中经常需要把一些值相同的节点或边选择出来，此时需要用到过滤工具，通过过滤功能实现选择或将符合条件的节点和边过滤出来。

注意：布局和过滤工具都可以单独使用，布局改变图像的外观，过滤选出在一个范围内的节点或边。统计通过计算得到一些数据，不会直接使图像发生变化。

分割和排序既可以根据自己的数据改变图形，也可以根据统计的数据来改变图形。

我们对数据进行可视化的步骤一般也是按照排序、布局、统计、分割、过滤的顺序来操作的。

3．预览及导出

预览是输出控制的环节，在预览界面可以对前面编辑的图形做最后的美化，包括图形外观样式的选择和显示细节的调整，之后便可导出图形，输出的格式为 SVG/PDF/PNG。

2.5.4　Gephi 可视化实例

本小节将以高能物理引文网络数据为例介绍如何使用 Gephi 软件进行数据可视化。高能物理引文网络表示的是在该领域内发表的论文之间的引用和被引用关系，原数据共有 34 546 篇论文、421 578 次引用关系，这里我们截取其中一部分数据，共 749 篇论文、967 次引用关系。

具体操作步骤如下。

(1)打开 Gephi 软件，单击"文件"→"打开"按钮，然后选择数据文件并打开(这里我们的数据是 CSV 格式的)后，可以看到输入报告对话框，该对话框内默认选择的是"Directed"，代表此引文网络是有向网络，单击"确定"按钮即可生成一幅图像，滚动鼠标滑轮将图像放大，并单击鼠标右键将图拖到中心，如图 2-9 所示。

(2)选择"排序"模块，在"--选择一个等级参数"中选择"度"选项，再单击 ▼ 按钮，设置最小尺寸为 10，最大尺寸为 50，单击"应用"按钮，此时图形中的节点按照度(度数)的大小进行排序。

(3)选择"布局"模块，单击"--选择一个流程"选项，单击"Force Atlas"按钮，将斥力强度由 200 调为 800(由于斥力太小时节点会重合在一起，因此将斥力调大)，其他设置保持默认，再单击"运行"按钮，运行结果如图 2-10 所示。

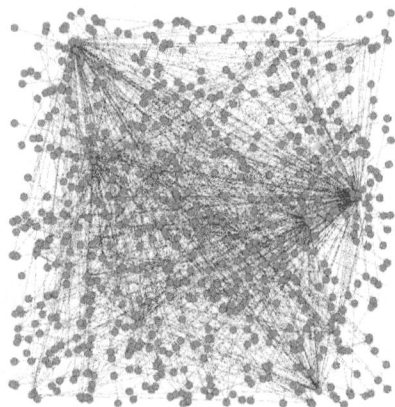

图 2-9　导入数据

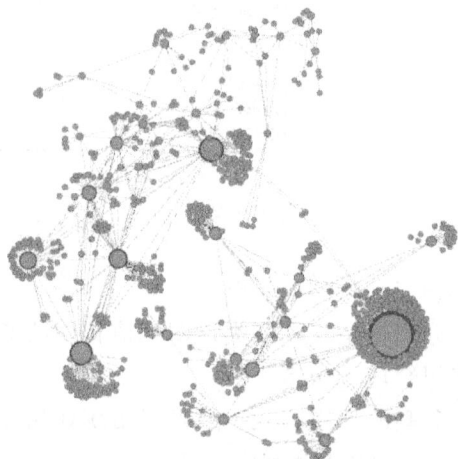

图 2-10　Force Atlas 布局

(4)在"统计"模块中选择"平均度""网络直径""模块化""平均聚类系数"等指标，分别单击"运行"按钮对这些指标进行计算，计算后会生成结果报表。此时单击数据资料窗口，可以看到图 2-11 所示的计算结果。

Id	Label	连入度	连出度	度	Eccentricity	Closeness Centrality	Betweenness Centrality	Modularity Class	Clustering Coefficient
9907233	9907233	0	11	11	2	1.738095238	0	0	0.12727273
9301253	9301253	3	0	3	0	0	0	0	0.5
9504304	9504304	3	0	3	0	0	0	0	0.33333334
9505235	9505235	4	0	4	0	0	0	0	0.33333334
9506257	9506257	1	1	2	1	1	0.5	0	0
9606402	9606402	3	5	8	1	1	12.33333333	0	0.08928572
9607354	9607354	2	3	5	2	1.571428571	0.833333333	0	0.3
9611297	9611297	2	12	14	1	1	20.83333333	0	0.016483517
9702314	9702314	3	7	10	1	1	19.5	0	0.044444449

图 2-11　计算结果

解释：若选择"平均度"指标，则结果报表中会显示"度""连入度""连出度"三个指标；若选择"网络直径"指标，则在结果报表中显示"Eccentricity""Closeness Centrality"

"Betweenness Centrality"三个指标；若选择"模块化"指标，则结果报表中会显示"Modularity Class"指标；若选择"平均聚类系数"指标，则结果报表中会显示"Clustering Coefficient"指标。

(5)返回概览窗口中的"排序"模块，在"--选择一个等级参数"项下选择"Modularity Class"选项并运行，再单击此模块工具栏中的 ⦿ 按钮，单击"应用"按钮后，结果如图 2-12 所示。

(6)在"分割"模块中单击"刷新"按钮，然后在"--选择一个分割参数"项中同样选择"Modularity Class"选项并运行，还可以单击"显示饼图"按钮，此时显示的是按照模块化对节点进行分割及分组的情况，如图 2-13 所示。

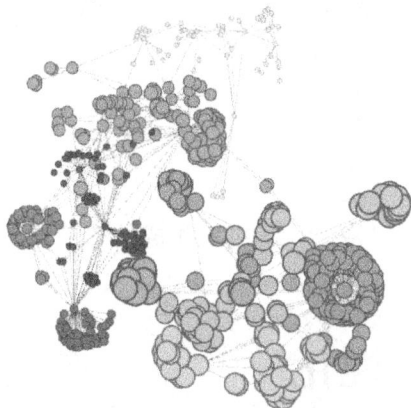

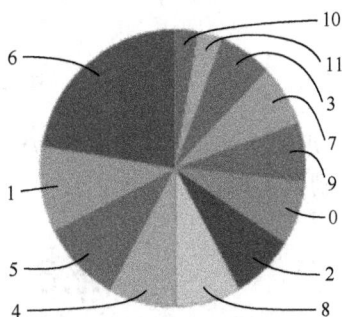

图 2-12　按照"模块化"排序着色　　　　　图 2-13　按照模块化对节点进行分割及分组的情况

(7)选择"过滤"模块，单击"属性"→"等于"按钮，选择"Modularity Class"选项，假如我们在输入框中输入 6，即模块化值为 6，再单击"选择"或"滤波"按钮，若单击"选择"按钮，则值为 6 的节点集颜色会变亮，而其他节点集变暗，如图 2-14(a)所示；若单击"滤波"按钮，则只剩下值为 6 的节点集，如图 2-14(b)所示。过滤功能就是选择出符合条件的节点或节点集。类似地，我们还可以通过选择 Id、Label、度、点入度、点出度等，来过滤出所需的节点或节点集。

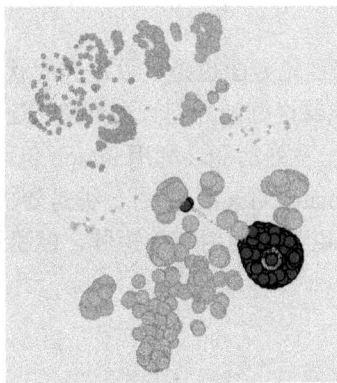

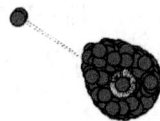

(a)选择功能　　　　　　　　　(b)滤波功能

图 2-14　滤波操作

（8）单击"预览"按钮刷新引文网络图，最终的可视化结果如图 2-15 所示。

图 2-15　最终的可视化结果

（9）单击左下角的"SVG/PDF/PNG"按钮选择输出格式，即可把生成的图形输出，可视化过程到此完成。

2.6　igraph 可视化

2.6.1　igraph 简介

R 语言是在统计领域被广泛使用的一种编程语言，属于诞生于 1980 年左右的 S 语言的一个分支。R 语言是 S 语言的一种实现[19]。S 语言是一种用来进行数据探索、统计分析和作图的解释型语言。R 语言是一套完整的数据处理、计算和作图软件系统。其功能包括：数据存储和处理系统；数组运算工具（其在向量、矩阵运算方面功能尤其强大）；完整连贯的统计分析工具；优秀的统计作图功能；操纵数据的输入和输出，实现分支、循环，让用户实现自定义功能。

由于 R 语言的作图功能非常强大，因此在可视化方面也是一款优秀的软件。R 语言中的 igraph 包，既能够进行简单的图和网络分析，又能够很好地处理大型网络，还能实现随机或常规图的生成、可视化，以及网络基本指标计算等一系列功能。利用 igraph 包可以建立多种图，常用的主要包括两种：一种是确定性图（Deterministic Graph）；另一种是随机图（Randomized Graph）。创建确定性图可以从一个特定边开始，也可以利用邻接矩阵。随机图是利用小世界模型等算法进行作图的。

2.6.2　用 igraph 读取数据

用 igraph 包中的 read.graph 函数可以直接读取网络图数据，具体示例如下：

```
read.graph(file, format = c("edgelist", "pajek", "ncol", "lgl",
        "graphml", "dimacs", "graphdb", "gml", "dl"), ...)
```

其中，file 可以是文件名也可以是文件的 URL，format 是要读取的文件的格式。igraph 可读取的文件格式如表 2-2 所示。

表 2-2 igraph 可读取的文件格式

参数	意义
edgelist	TXT 文件格式，包含有定义边的节点 Id
pajek	Pajek 软件导出的文件格式，igraph 只支持.net 格式的 pajek 文件，不支持含有重边的图、时间序列图、超图、混合有向无向图等
dl	Ucinet 软件导出的一种简单文本格式
ncol	简单的含有符号权重边列表的文本文件格式，用于大型图布局(Large Graph Layout)项目中
lgl	用于 Large Graph Layout 可视化软件中，用来描述无向可选加权图
graphml	用于描述图的基于 XML 的文件格式，只支持部分 GraphML 语言，不支持超图、嵌套图、混合图
dimacs	基于行(Line-Oriented)文本(ASCII)文件格式
graphdb	一种二进制格式，用在图数据库中进行同构测试
gml	简单的文本格式，igraph 支持这种格式的一部分

举例如下：

```
#用 read.graph 读取数据
>g2_1<-read.graph("http://cneurocvs.rmki.kfki.hu/igraph/karate.net",
format="pajek")            #读取 pajek 类型图文件
>g2_1
IGRAPH U--- 34 78 -
#该图为一个拥有 34 个节点、78 条边的无向图
```

2.6.3 用 igraph 创建网络图

利用 igraph 包还可以画出许多拥有特殊形状的图。在 igraph 中用于画特殊图形的函数如表 2-3 所示。

表 2-3 在 igraph 中用于画特殊图形的函数

函数	作用
graph.full(n, directed = FALSE, loops = FALSE)	连通图
graph.star(n, mode = c("in", "out", "mutual", "undirected"), center = 1)	星形图
graph.ring(n, directed = FALSE, mutual = FALSE, circular=TRUE)	环形图
graph.tree(n, children = 2, mode=c("out", "in", "undirected"))	树形图
graph.lattice(dimvector = NULL, length = NULL, dim = NULL, nei = 1, directed = FALSE, mutual = FALSE, circular = FALSE, ...)	网格图

举例如下：

```
#创建连通图
> g2_2 <- graph.full(4)        #创建一个节点数为 4 的连通图
#输入 g2_2，回车，可以得到 g2_2 图的信息。其中，U 表示该图是无向图，4 表示该图有 4
个节点，6 表示该图有 6 条边，Full graph 表明该图是一个连通图。下面一行是该图的一些其他属性
> g2_2
IGRAPH U--- 4 6 -- Full graph
+ attr: name (g/c), loops (g/l)
```

```
> plot(g2_2)                                    #如图 2-16(a)所示
#创建树形图
> g2_3 = graph.tree(12, children=2)      #创建一个节点数为 12 的树形图
#该图是一个拥有 12 个节点、11 条边的树形图
#树形图的子节点数只能是 2，所以这里 children 的值是 2；若值不为 2，同样能返回结果，
只是不为树形图
> g2_3
IGRAPH D--- 12 11 -- Tree
+ attr: name (g/c), children (g/n), mode (g/c)
> plot(g2_3)                                    #如图 2-16(b)所示
```

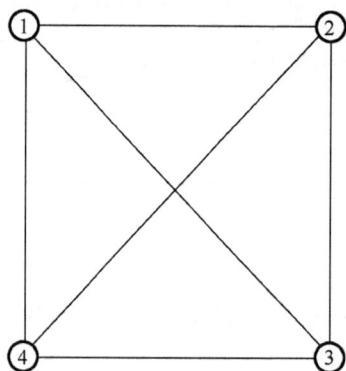

(a) 连通图

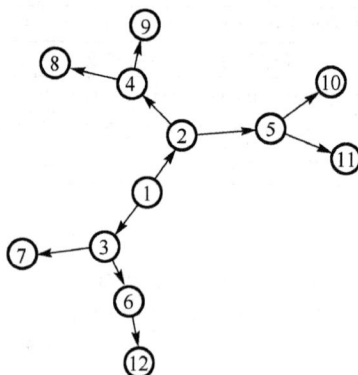

(b) 树形图

图 2-16　创建连通图和树形图

2.6.4　igraph 可视化实例

2.6.4.1　用 plot.igraph 可视化网络

igraph 对于网络数据的可视化，除了使用一些绘图参数，还使用 plot、tkplot 和 rglplot 这三个函数。其中，plot 函数用于绘制非交互 2D 网络图，tkplot 函数用于绘制交互 2D 网络图，rglplot 函数用于绘制 3D 网络图，具体内容可以通过 "? plot.igraph" 命令查看。对于网络数据的可视化最常用的函数还是 plot 函数，具体如下：

```
plot(x, axes=FALSE, add=FALSE,
xlim=c(-1,1), ylim=c(-1,1),
mark.groups=list(), mark.shape=1/2,
mark.col=rainbow(length(mark.groups), alpha=0.3),
mark.border=rainbow(length(mark.groups), alpha=1),
mark.expand=15, ...)
```

其中，各参数的意义如表 2-4 所示。

表 2-4　plot 绘图参数 1

参数	意义
x	图名
axes	是否绘制坐标轴

续表

参数	意义
add	是否把要画出的图添加进当前设备
xlim	横轴的限制值
ylim	纵轴的限制值
mark.groups	节点的向量组
mark.shape	控制节点向量组内节点形成的多边形的形状和平滑性
mark.col	控制节点向量组内节点形成的多边形的颜色
mark.border	控制节点向量组内节点形成的多边形的边框颜色
mark.expand	控制节点向量组内节点形成的多边形的边框尺寸

上面函数示例中的省略号还可以用其他参数替换，这些参数专门用于控制 plot 生成的网络图的可视化效果，主要是控制节点、边和布局效果，如表 2-5 所示。对节点可视化处理的参数都以"vertex."开头，对边可视化处理的参数都以"edge."开头。

表 2-5　plot 绘图参数 2

以 vertex.开头的参数	
size	数值型或数值向量，控制节点大小
size2	数值型或数值向量，控制其他形状的节点大小
color	控制节点颜色。可以是数值型，也可以采用 RGB 和颜色名的字符型变量
frame.color	控制节点边框的颜色
shape	控制节点的形状。有"circle""square"等九种取值
label	字符型，控制节点的标签。默认为节点 Id 值。"NA"表示不显示标签
label.family，label.font label.cex，label.color	控制节点标签文字的字体、样式、大小、颜色
label.dist	控制标签位置与节点中心的距离。0 表示标签显示在节点内，1 表示标签显示在节点旁
以 edge. 开头的参数	
color	控制边的颜色
width	控制边的宽度，默认为 1
arrow.size	控制箭头大小
arrow.width	控制箭头的宽度
lty	控制边的线型。0 表示没有边、1 表示实边、2 表示虚线等
label	控制边的标签值
label.family，label.font，label.cex，label.color	分别控制边的标签文字的字体、样式、大小、颜色
label.x，label.y	控制边的标签的位置
curved	逻辑标量，控制边是直线还是曲线，默认为 FALSE
其他参数	
layout	控制网络图的布局
margin	控制网络图和图形窗口四周的距离
main	控制图片标题

举例如下：

```
#由 plot 可视化网络
>plot(g2_1)    #如图 2-17(a)所示
>plot(g2_1,mark.groups=list(c(34,33),c(1,2)),mark.col=c("red","yellow"),
```

```
vertex.size=6,vertex.frame.color=NA,vertex.label.dist=1)
```
#如图 2-17(b)所示，节点组 33、34 与节点组 1、2 是标记节点，被多边形覆盖，且两个多边形颜色分别设置为红色和黄色。另外，设置节点大小为 6、边框颜色为无、节点标签显示在节点旁。

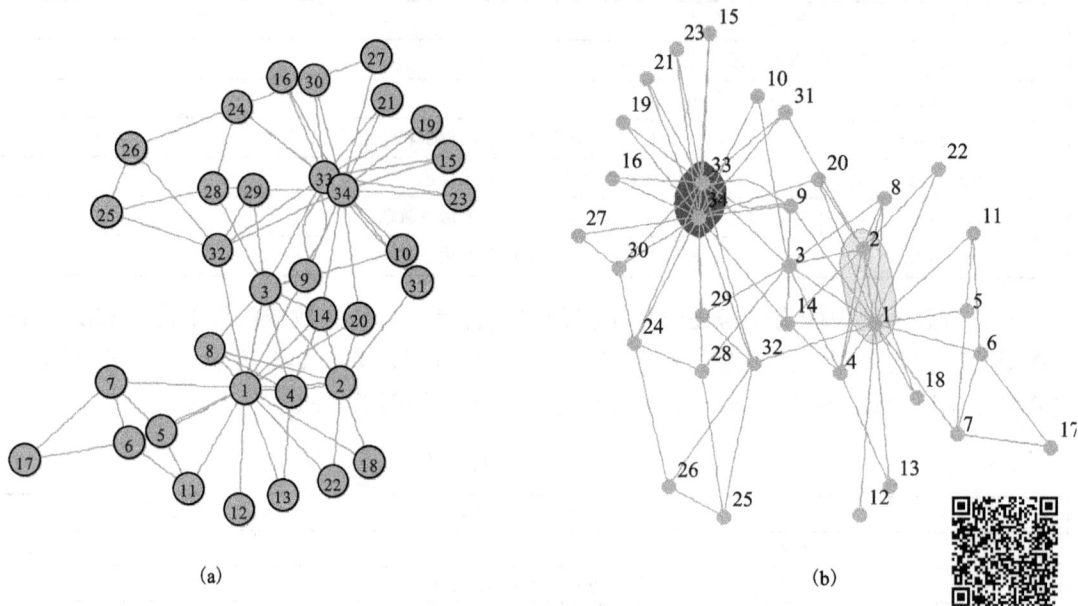

(a)   (b)

图 2-17   用 plot 可视化网络数据

(扫码看彩图)

2.6.4.2   利用 layout.*进行可视化布局的调整

我们所绘的网络图有时会由于节点过多而导致节点位置混乱，难以直接观察图中的规律。igraph 包中的 layout.*系列命令能够对所绘出的网络图中的节点的位置布局进行设置。igraph 中的可视化布局函数主要有如下几种，如表 2-6 所示。

表 2-6   igraph 中的可视化布局函数

函数	作用
layout.auto(graph，dim=2，...)	自动生成合适的布局
layout.random(graph，params，dim=2)	在一个正方形中随机放置
layout.circle(graph，params)	将节点放在单位圆的等距外圈上
layout.sphere(graph，params)	将节点放在均匀球体表面
layout.fruchterman.reingold(graph,...,dim=2，params)	用一个以力为基础的算法来展示
layout.kamada.kawai(graph，...，dim=2，params)	用另一个以力为基础的算法来展示
layout.spring(graph，...，params)	用弹簧嵌入算法来展示
layout.reingold.tilford(graph，...，params)	生成一个树状布局，但更快
layout.lgl(graph，...，params)	生成大连通图布局
layout.graphopt(graph,...,params=list())	用 Michael Schmuhl 的算法来布局
layout.svd(graph，d=shortest.paths(graph)，...)	先对每个图形组件布局，再合并
layout.norm(layout，xmin = NULL，xmax = NULL，ymin = NULL，ymax = NULL,zmin = NULL，zmax = NULL)	通过线性变化坐标，实现标准化布局

以上函数主要包括三个参数：graph、dim、params。其中，**graph** 参数为将要布局的网

络图对象；dim 参数为图的维度，一般为 2 或 3；params 参数为函数依赖的其他参数列表。具体的参数信息可以通过"? layout"来进一步了解。我们仍以 g2_1 为例，对其应用多个可视化布局函数，结果如图 2-18 所示。

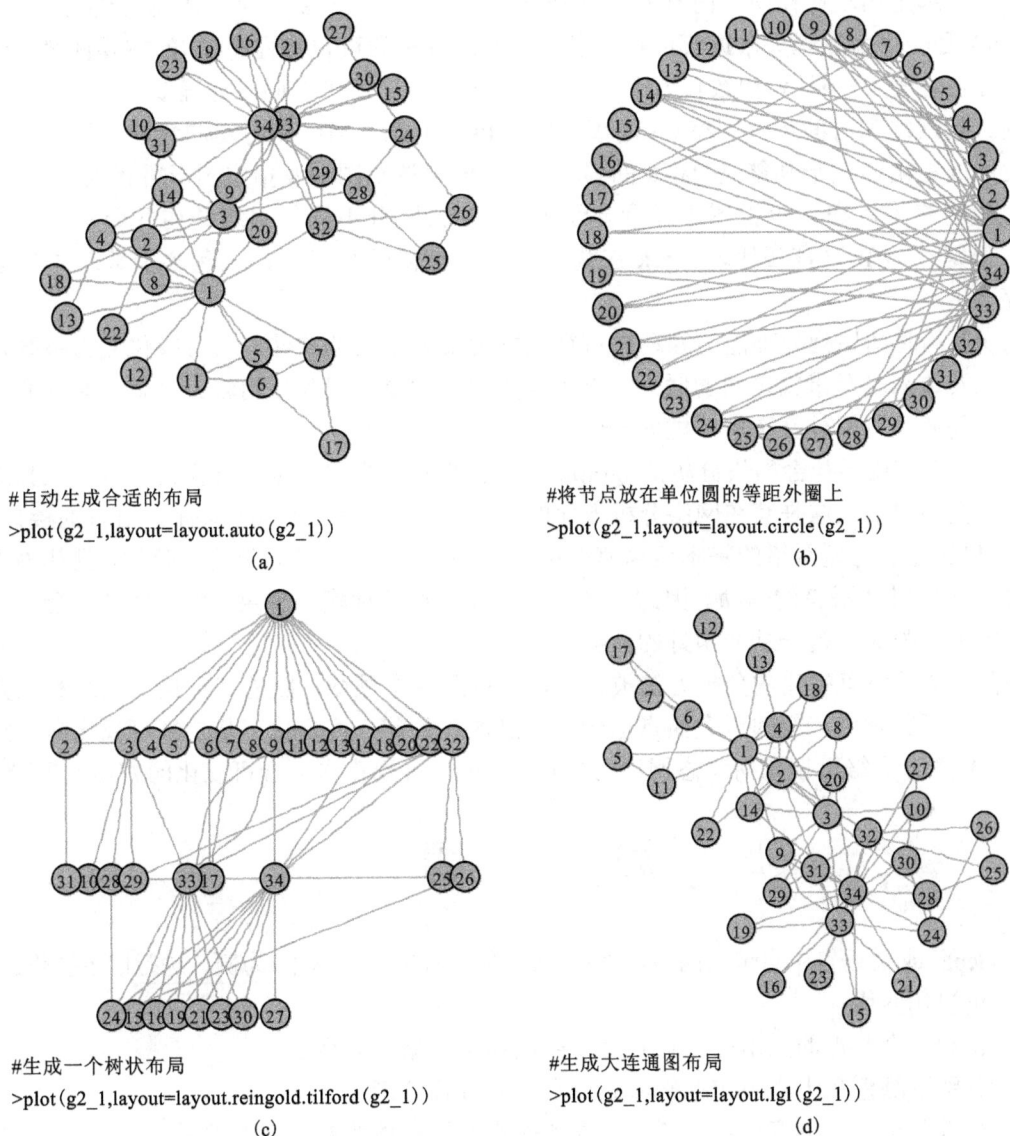

#自动生成合适的布局
>plot(g2_1,layout=layout.auto(g2_1))

(a)

#将节点放在单位圆的等距外圈上
>plot(g2_1,layout=layout.circle(g2_1))

(b)

#生成一个树状布局
>plot(g2_1,layout=layout.reingold.tilford(g2_1))

(c)

#生成大连通图布局
>plot(g2_1,layout=layout.lgl(g2_1))

(d)

图 2-18　用 layout.*系列命令布局网络图

本 章 小 结

在本章，我们先论述了社会网络可视化的相关概念及若干可视化布局方式，然后介绍了一些常用的可视化工具，最后结合实例介绍了 Gephi 及 R 语言的社会网络可视化过程。这些软件均可以实现社会网络可视化，但有各自侧重的使用范围。

Ucinet 是专为社会网络分析设计的，由于在小型网络的统计方面做得比较好，综合性较强，功能也比较全面，因此应用最普遍。但是，当网络节点数达到几百或几千个以上时，在速度和灵活性方面 Ucinet 都无法令人满意。另外，Ucinet 的可视化能力没有 Gephi 好，需要借助其绑定的软件作图，而且 Ucinet 属于商业软件，只提供一个月的免费试用。

Pajek 是一个为处理大数据集而特别设计的网络分析和可视化程序，它的主要优势是速度快，可以处理大型网络(如数百万个节点)。另外，Pajek 还可以同时处理多个网络，也可以处理二模网络和时间事件网络(时间事件网络包括了某一网络随时间的流逝而发生的网络的发展或进化)。图形功能是 Pajek 的强项，能方便地调整图形及指定图形所代表的含义。由于大型网络难以在一个视图中显示，因此 Pajek 会区分不同的网络结构并分别予以可视化。但是，与 R 语言相比，Pajek 在统计方面就显得较为薄弱，只包含少数基本的统计程序。

Gephi 的时间序列处理能力和动态可视化能力要强于其他软件。其可视化能力很强，通过节点及边来表示事物之间的联系，能生成美观的图像。但其使用较为复杂，对其介绍也较少，需要多查阅外文资料才能学会使用。

R 语言中有用于社会网络分析的 igraph 包，能绘制网络图，进行可视化分析，在数据分析方面更加灵活，这是其在网络分析方面的一大优势。此外，Pajek 也有 R 语言的接口。Pajek 的优势在于大型网络的基本运算速度快，这是以牺牲了统计功能为代价的，且其输出的结果可以得到 R 语言的辅助。因此，将 R 语言与其他软件配合使用，可以使其社会网络分析功能更为强大，是一款非常好的社会网络分析软件。

目前社会网络可视化的分析方法被广泛地运用到各个领域，随着其理论、技术和工具在实践中的不断发展，新的研究热点也会不断出现。目前，可视化正从二维可视化向三维可视化、从静态网络可视化向动态网络可视化、从单一可视化向混合可视化的方向发展[16]。

思　考　题

以 Gephi 或 R 语言中自带的网络数据集(或其他公开网络数据集)为例，进行以下操作：
1. 可视化网络；
2. 得到各个节点的点出度、点入度、度数和平均聚类系数；
3. 分别以颜色和大小为依据来渲染节点，并进行分割；
4. 分析节点的点出度、点入度、度数和平均聚类系数两两之间的关系。

参　考　资　料

[1] CROSBY A W. The measure of reality: quantification in western europe, 1250-1600[M]. Cambridge: cambridge university press, 1996.
[2] 孙扬，蒋远翔，赵翔，等. 网络可视化研究综述[J]. 计算机科学，2010，37(2)：12-18.
[3] 孙正兴. 计算机图形学教程[M]. 北京：机械工业出版社，2006.
[4] FISHER D, DOURISH P. Social and temporal structures in everyday collaboration[C]. ACM conference

on human factors in computing systems, 2004: 551-558.

[5] ADAMIC L A, BUYUKKOKTEN O, ADAR E. A social network caught in the web[J]. First monday, 2003, 8 (6): 1-22.

[6] NARDI B A, WHITTAKER S, ISAACS E, et al. Integrating communication and information through contactMap[J]. Communications of the ACM, 2002, 45 (4): 89-95.

[7] MUTTON P. Inferring and visualizing social networks on internet chat[C]. Eighth international conference on IEEE computer society, 2004: 35-43.

[8] MOODY, JAMES, MCFARLAND, et al. Dynamic network visualization[J]. American journal of sociology, 2005, 110 (4): 6-41.

[9] ROTHENBERG R B, POTTERAT J J, WOODHOUSE D E, et al. Social network dynamics and hiv transmission[J]. AIDS, 1998, 12 (12): 1529-1536.

[10] FRUCHTERMAN T, REINGOLD E M. Graph drawing by force - directed placement[J]. Software practice & experience, 2010, 21 (11): 1129-1164.

[11] SHNEIDERMAN B, ARIS A. Network visualization by semantic substrates[J]. IEEE transactions on visualization and computer graphics, 2006, 12: 733-740.

[12] BORGATTI S P, EVERETT M G, FREEMAN L C. Ucinet for windows: software for social network analysis[J]. Analytic technologies, 2002, 6: 12-15.

[13] QIAN D, M D GROSS. Collaborative design with netdraw[M]. New york: springer US, 1999.

[14] WORD J M, PRESLEY B K, LOVELL S C, et al. Exploring steric constraints on protein mutations using MAGE/PROBE[J]. Protein science, 2000, 9 (11): 2251-2259.

[15] BASTIAN M, HEYMANN S, JACOMY M. Gephi: an open source software for exploring and manipulating networks[C]. Proceedings of the third international conference on weblogs and social media, 2009: 17-20.

[16] 梁辰，徐健. 社会网络可视化的技术方法与工具研究[J]. 现代图书情报技术，2012 (5): 7-15.

[17] BATAGELJ V, MRVAR A. Pajek-program for analysis and visualization of large networks[M]. Berlin, heidelberg: springer: 2005.

[18] SMITH M A, SHNEIDERMAN B, MILIC-FRAYLING N, et al. Analyzing social media networks with nodexl[C]. International conference on communities and technologies, 2009: 255-263.

[19] TEAM R, CORE R, RDCT R, et al. A language and environment for statistical computing[J]. Computing, 2015, 1: 12-21.

第3章　社会网络中的三元闭包

第 2 章所介绍的社会网络可视化是研究社会网络最直观的方法，在观赏美丽的社会网络可视化图像的同时，最重要的是要理解可视化背后的社会网络运行和演化的原理与机制。在社会网络研究中，不仅要考虑某一个时刻社会网络的性质，并在明确节点和边之间的相互关系的基础上，用点出度、点入度等基本的测量指标对社会网络性质进行描述，还要研究这些性质随时间而发生的变化，并探讨引发这种变化的内部和外部原因。三元关系是社会网络结构研究中最常见的研究层次，基于三元关系中三元闭包原理的研究模式能更好地从动态演化和微观组成两方面解释社会网络的演变规律。

本章将介绍三元闭包的基本原理、三元闭包的测量，并将三元闭包原理扩展到有向单模网络中，再分别以微博关注网络和学生人际网络为例，进行线上和线下有向网络的三元闭包分析。

3.1　三元闭包的基本原理

3.1.1　三元闭包的定义

在社会网络演化中，有这样一种机制：如果两个互不相识的人有了一个共同的朋友，则他们俩将来成为朋友的可能性会提高。如果三个人形成三角闭合，那么这个三元关系所组成的三角称为三元闭包(Triadic Closure)，也叫三元闭合[1]。在社会网络中，也可以用传递性(Transitivity)来描述这种"我朋友的朋友也是我的朋友"的特性[2]。

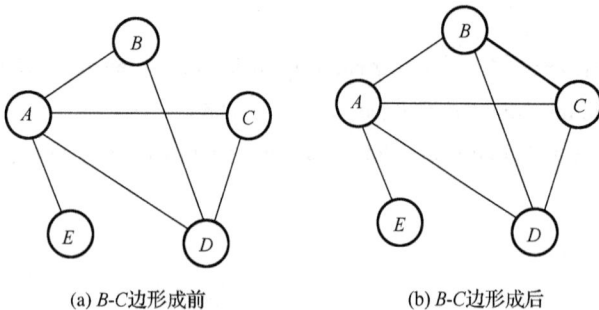

(a) B-C边形成前　　　　(b) B-C边形成后

图 3-1　三元闭包的形成

在图 3-1(a)所示的群体中，B 和 C 互不相识，但他们都认识 A；过了一段时间后，B 和 C 之间产生了一条边(B 和 C 相互认识了)，此时 A、B、C 三点彼此相连，形成了一个三角形结构，就称形成了一个"三元闭包"，如图 3-1(b)所示。当观察同一个社会网络在不同时间点的网络快照时，会发现在后来的快照中有许多新边产生，这样就会形成越来越多的三元闭包，即在前一张快照中有共同朋友的两个人，在后来的快照中也很有可能成为朋友。这在我们的实际生活中要怎么理解呢？

首先，可以从机会的角度来探讨。B 和 C 虽然不认识，但是他们都认识 A，这样 B 和 C 见面的机会将增加。例如，A 举办了一场晚会，并同时邀请了 B 和 C，这样 B 和 C 见面的机会就增加了，因此 B 和 C 就很有可能在晚会上认识并成为朋友。其次，可以从信任的角度来探讨。B 和 C 都与 A 是朋友，假如他们都知道对方与 A 认识，则这个事实会为他们提供陌生人之间所缺乏的基本的信任。再次，可以从动机角度探讨。A 很有可能有撮合 B 和 C 成为朋友的动机，假如 A 经常和 B、C 在一起，免不了三人会有同时在一起的机会，这样 A 就很有可能介绍两人认识，使三人成为共同的朋友[3]。

3.1.2　三元闭包原理的拓展

进一步，可以对三元闭包原理进行拓展，从"量"的方面拓展，若两个人的共同朋友越多，则他们成为朋友的可能性越高；从"质"的方面拓展，若两个人与共同朋友的关系越密切，则他们成为朋友的可能性越高。不管从"量"还是"质"的方面拓展，都可以用前面的三个原因(机会、信任、动机)来解释[3]。共同的朋友越多或关系越密切，他们的见面机会就越多，信任也会提高，共同朋友的撮合动机也可能加强。

如图 3-2 所示，如果把节点看作朋友，那么可以看出图 3-2 左下角图中的共同朋友较多，从"量"的角度考虑，他们成为朋友的可能性要比左上角图中的更大。但这只是从定性的角度得出的结论，能不能从定量的角度来验证这种认识的正确性呢？

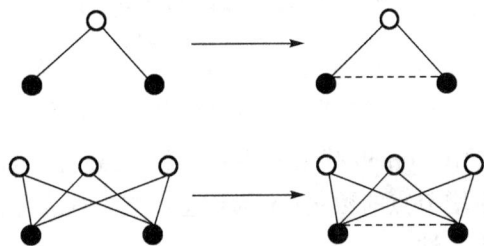

图 3-2　三元闭包形成可能性

有一个利用在线数据研究三元闭包的例子：在一所大学里，学生之间通过互发电子邮件进行通信，这样的一个在线电子邮件网络就可以等效为一个社会网络。网络的节点表示在一定范围内的邮件地址，边代表在一段时间内(如两个月)有双向通信的节点之间所形成的连边，只有节点之间存在双向邮件通信才可以形成一条边。那么如何定义、考察三元闭包现象的测度呢？可以定量地研究当前共同朋友数量与建立联系的可能性之间的关系，看是否是一种正相关的关系，如果是，那么证明结论是正确的。*Science* 上研究的主要结论如图 3-3 所示。横坐标表示的是共同朋友数量，纵坐标表示的是建立联系的可能性。

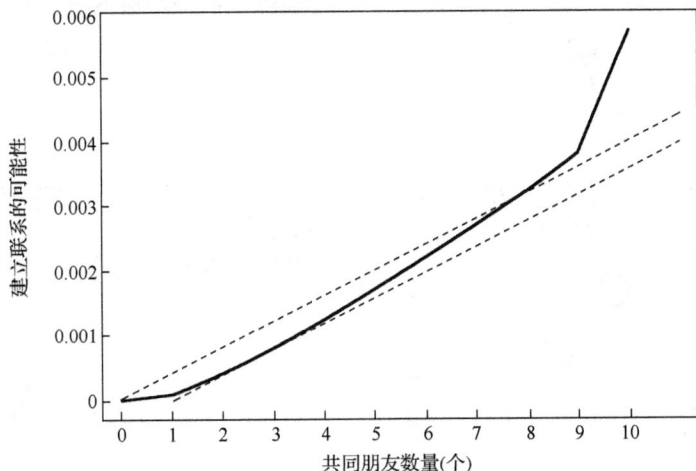

图 3-3　共同朋友数量和建立联系的可能性

从图 3-3 中可以看出，在线电子邮件网络上的三元闭包迹象是较为明显的，若共同朋友数量越多，则越有助于学生之间建立起联系并成为朋友。图 3-3 中的关系曲线在 1～2 个共同朋友处出现拐点，在有 1 个共同朋友的情况下联系的概率较低，而在有 2 个共同朋友之后，直线的斜率增加，且呈正相关，在有 9 个共同朋友时又出现一个拐点，并且建立联系的可能性有显著的提高。这个实验用实际的大数据证明了在社会网络中共同朋友数量与建立朋友联系之间的正相关关系。

3.1.3　igraph 中网络节点和边的演化

3.1.3.1　增减节点和边

增减网络图中的节点和边的操作，可以用 igraph 来实现，从而去观察社会网络的演化，具体函数如下：

```
add.edges(graph,edges,...,attr=list())
add.vertices(graph,nv,...,attr=list())
delete.edges(graph,edges)
delete.vertices(graph,v)
```

其中，graph 代表网络图对象；edges 为数值向量，代表边的端点 Id；nv 为数值常数，代表新增节点的数量；v 为数值向量，代表删除的节点 Id；attr 为列表，代表新增加的边或节点的属性。

举例如下，1、11、3 号节点之间从图 3-4(a) 到图 3-4(b) 发展成了一个三元闭包结构（我们称为 1-11-3 三元闭包）。

```
#增加节点和边
> g3_1<- graph.tree(10, mode=c("undirected"))   #创建一个 10 个节点的树形图
> g3_1<-add.vertices(g3_1,1)                     #增加 1 个节点
> g3_1<-add.edges(g3_1,c(1,11))      #在节点 1 和节点 11 之间增加一条边
> plot(g3_1)                         #如图 3-4(a) 所示
> g3_1<-add.edges(g3_1,c(3,11))      #在节点 3 和节点 11 之间增加一条边
> plot(g3_1)                         #如图 3-4(b) 所示
```

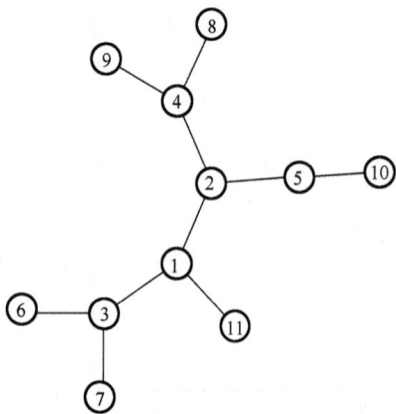

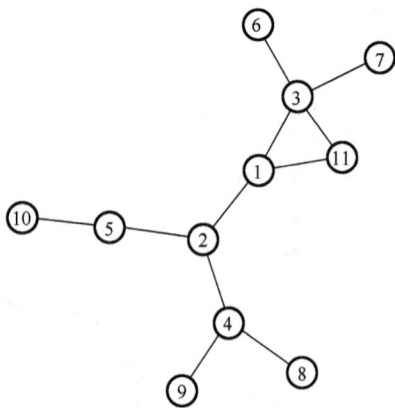

(a) 增加节点　　　　　　　　　　　　　　　　(b) 增加边

图 3-4　节点和边的增加示意图

3.1.3.2 节点的访问

利用 igraph 中的 V()函数可以实现对网络图中节点的访问，并能对节点的颜色等属性进行修改及查询等，具体如下：

```
V(graph)
```

其中，graph 代表网络图对象。

举例如下，将 1-11-3 这个三元闭包用绿色标示，结果如图 3-5 所示。

```
#节点的访问
> V(g3_1)$color <- "grey"                #将节点颜色设置为灰色
> V(g3_1)[1:4]$color <- c("green", "red") #将 1 到 4 号节点依次设置为绿色、
红色、绿色、红色
> V(g3_1)[11]$color <- c("green")        #将 11 号节点设置为绿色
> plot(g3_1)                             #如图 3-5 所示
```

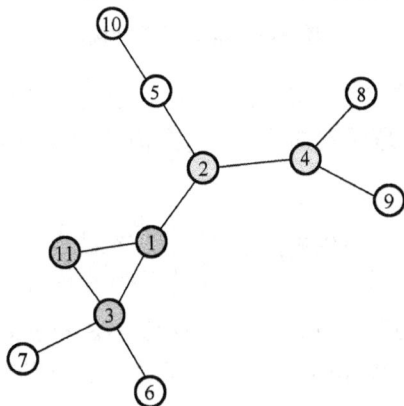

(扫码看彩图)

图 3-5 树形图的节点的访问

igraph 还可以实现对网络图中邻居节点的访问，用 g3_1 举例如下：

```
#节点的访问
> V(g3_1) [ nei( 1:2 ) ] #查询 Id 号为 1 和 2 的节点的邻居节点
Vertex sequence:
[1] 1 2 3 4 5 11
```

3.2 聚 类 系 数

3.2.1 聚类系数的定义

三元闭包的强度可以用聚类系数(Clustering Coefficient)来衡量。节点 A 的聚类系数定义为 A 的任意两个朋友之间彼此也是朋友的概率，反映的是某节点的朋友圈的紧密程度。换句话说，A 的聚类系数为与 A 节点的相邻节点间实际的边数和 A 节点的相邻节点间可能存在的最大边数之比[4]，又可定义为包含该节点的三角形的数目和以该节点为中心的连通三元组的数目之比[2]。

例如，图 3-6(a)中节点 A 的聚类系数为 1/3，因为与 A 相邻的 6 个节点对(B-C、B-D、B-E、C-D、C-E、D-E)中，有 2 条边(B-D、C-D)；而在图 3-6(b)中，节点 A 的聚类系数为 2/3，因为在 6 个节点对中，出现了 4 条边(B-C、B-D、B-E、C-D)。聚类系数就是三元闭包在某一节点上的属性测度，表示"凝聚力"的大小。聚类系数越大，节点的凝聚力越大。

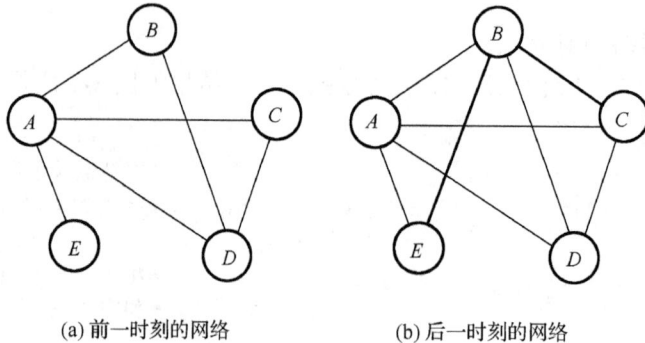

(a) 前一时刻的网络   (b) 后一时刻的网络

图 3-6   聚类系数示例

以上介绍的是针对单个节点的局部聚类系数。全局聚类系数可以理解为社会网络中有共同朋友的两个人中，彼此也是朋友的比例，用来衡量整个网络的聚集程度[4]，通过式(3-1)可进行计算。

$$聚集程度 = \frac{(三角形数) \times 3}{(连通三元组数)} \tag{3-1}$$

其中，"连通三元组"是指节点 A、B、C 中存在边 A-B 和 B-C，边 A-C 可以存在也可以不存在的情况；分子中的系数 3 表示每个三角形都包含 3 个连通三元组，这 3 个连通三元组为 ABC、BCA、CAB。

3.2.2   用 Gephi 计算聚类系数

下面以学生选课数据为例计算其聚类系数，原数据共有 210 个节点、705 条边。

具体操作步骤如下。

(1)打开 Gephi 软件后将数据导入，并选择生成有向网络，再在"统计"模块中选择"平均聚类系数"→"有向"选项，便可以得到平均聚类系数为 0.335。在数据资料中还可以看到每个节点的聚类系数，部分节点的聚类系数如图 3-7 所示。

Nodes	Clustering Coefficient
1	0.333
2	0.5
3	0.5
4	0.167
5	0
6	0
8	0.333
9	1
10	0.167

图 3-7   部分节点的聚类系数示例

（2）在"排序"模块中可以选择按照"聚类系数（Clustering Coefficient）"来对节点的大小进行排序和着色，单击图 3-8（a）中"Clustering Coefficient"按钮，结果如图 3-8（b）所示。

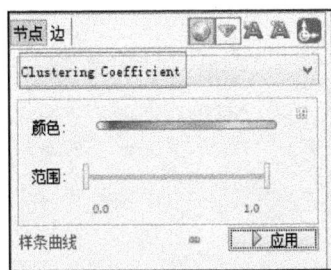

（a）按照聚类系数排序和着色　　　　　　　　　（b）排序和着色结果

图 3-8　按照聚类系数排序和着色

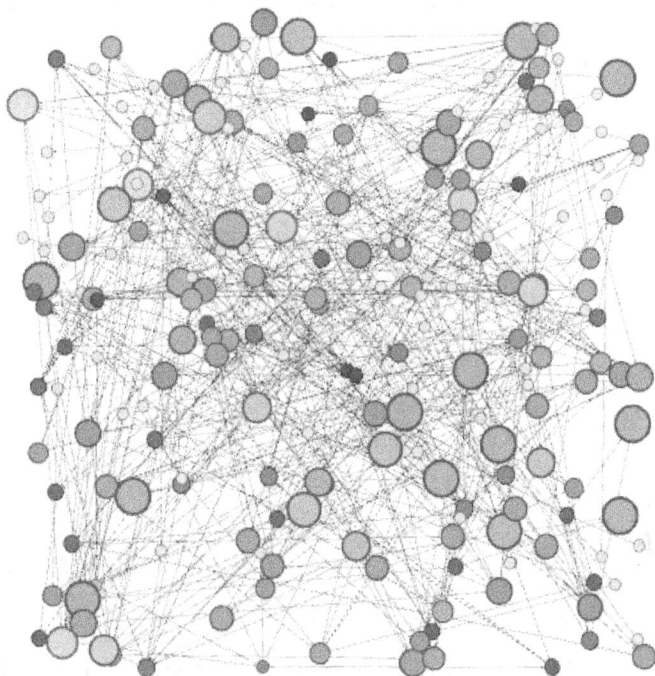

（扫码看彩图）

3.2.3　用 igraph 计算聚类系数

R 语言中的 igraph 采用 transitivity 函数来计算聚类系数，且对有向网络和无向网络的处理方法相同，具体如下：

```
transitivity(graph, type=c("undirected", "global", "globalundirected",
    "localundirected", "local", "average", "localaverage",
    "localaverageundirected", "barrat", "weighted"), vids=NULL,
    weights=NULL, isolates=c("NaN", "zero"))
```

其中，graph 指网络图对象；type 指聚类系数的类型，"undirected"和"globalundirected"表示无向网络全局聚类系数，"global"表示全局聚类系数，"localundirected"表示无向网络局部聚类系数，"local"表示局部聚类系数，"barrat"和"weighted"均是加权局部聚类系数；vids 指计算局部聚类系数时的节点 Id；weights 指是否考虑权重；isolates 指在当节点度数为 0 或 1 时，如何计算聚类系数，有取空值和取 0 值两种取值方法。

举例如下：

```
#计算聚类系数
> g3_2<-erdos.renyi.game(10,0.2)          #产生一个 10 个节点的随机图
> plot(g3_2)                              #如图 3-9 所示
```

```
> transitivity(g3_2)                            #计算全局聚类系数
[1] 0.2142857
> transitivity(g3_2,vids=1,type="local")     #计算局部聚类系数
[1] 0.3333333    #图中节点1有2个三角形,6个连通三元组,因此节点1的聚类系数为1/3
```

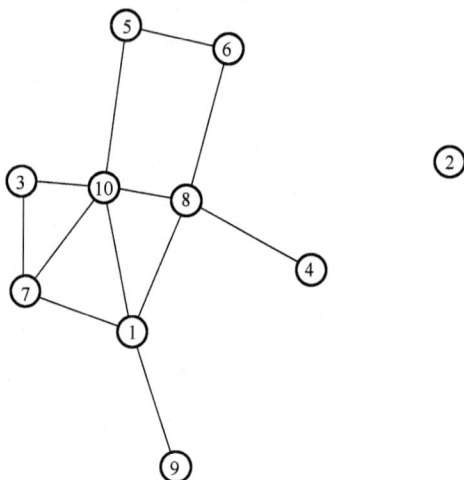

图 3-9　随机图的聚类系数

3.3　嵌　入　性

三元闭包原理实际上暗含了一个随时间推移的可能:假如 A 和 B 是朋友,B 和 C 也是朋友,根据三元闭包原理,A 和 C 很有可能通过 B 的介绍而成为朋友,那么就存在 A 和 C 会被动地连接到一起从而加入一个网络中。在社交软件的使用上也会有类似情况。例如,身边的人都在使用微信,而你不用微信,如果别人通过微信群发一些消息来通知事情时,你就会收不到这些消息,这样你就很有可能需要被动地安装微信,然后被动地加入微信这个网络。Huberman 等人对 Twitter 的研究表明,即使所有朋友的总数超过 500 人,实际联系的人数也在 10~20 人之间,被动联系人的数量也不超过 50 人[5]。因此,网络中节点的属性是非常重要的,要明白它如何嵌入一个网络中,通过哪条边嵌入网络中,以及获得新信息时需要通过哪个节点来嵌入新的连通分量中。

Granovetter 提出了经济行为与社会结构之间的关系问题,拓展了嵌入性概念,并指出:经济行为是嵌入在社会结构之中的,是社会行为的一种[6]。后来,这个概念的应用得到了极大的扩展,甚至被引入到社会网络分析中。嵌入性的计量可以用"一条边两端共同的邻居数"来表示。在图 3-10 中,若 A-B 边有共同的邻居 F 和 G,则 A-B 边的嵌入性为 2,且嵌入性越强的边,相互之间的信任就越强,社会资本也越多。Coleman 在 1988 年得出一个结论:如果两个个体由嵌入性很强的边相连,那么他们相互之间会比较信任,从而对彼此间发生的社会、经济等交往的诚实性就更有信心[7]。

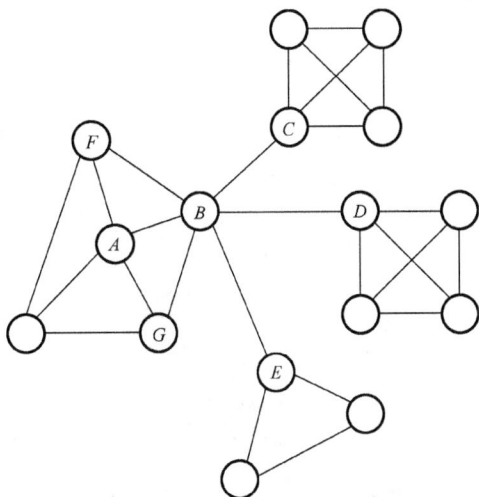

图 3-10　嵌入性

3.4　结构洞和中心性

3.4.1　结构洞的测量

结构洞(Structural Hole)是刻画节点属性的另一种方式。若移除某个节点,会使网络的连通分量增加,则这个节点就称为结构洞[8]。在图 3-10 中,若节点 B 被移除,那么会出现四个连通分量,就好像是在社会网络中出现了一个由四个没有紧密联系的节点组成的集合。节点 A 与节点 B 相比,节点 A 的聚类系数为 2/5,节点 B 的聚类系数为 2/15,这说明节点 A 的聚类能力较节点 B 更强。但如果从结构洞的角度来考虑,节点 B 比节点 A 的优越性体现在:①具有信息获取的优势,相对节点 A,节点 B 可以获取四个圈子的信息;②具有创造性放大优势,节点 A 获取的是同质信息,而节点 B 获取的是异质信息,通过节点 B 得到的信息可能更具创造性优势;③拥有社交把关(Gate-Keeping)的权力优势,由于节点 B 作为四个连通分量的连通点,这四个圈子之间信息的互通都要通过节点 B,因此节点 B 作为一个把关人的角色,其具有社交把关的权力。

我们可以通过“介数(Betweenness)”来定量地测量结构洞,一条边的介数为其承载信息流的总量[9]。在图 3-10 中,之所以 B-C 边上的节点具有高介数,即这些节点在网络中很重要,是因为这些节点可以跨越结构洞。

节点的介数的计算公式如下:

$$C_B(i) = \sum_{j \neq k} g_{jk}(i) / g_{jk} \tag{3-2}$$

其中,$g_{jk}(i)$ 表示通过节点 i 连接节点 j 和节点 k 的最短路径数量;g_{jk} 表示两个节点之间所有最短路径的数量。

图 3-11 所示的是科学家合作网络。不同领域的科学家之间可能会相互合作完成一些项目或论文,Dodds 和 Rothman 等人的介数比较高,因为他们是连接不同连通分量的结构洞。

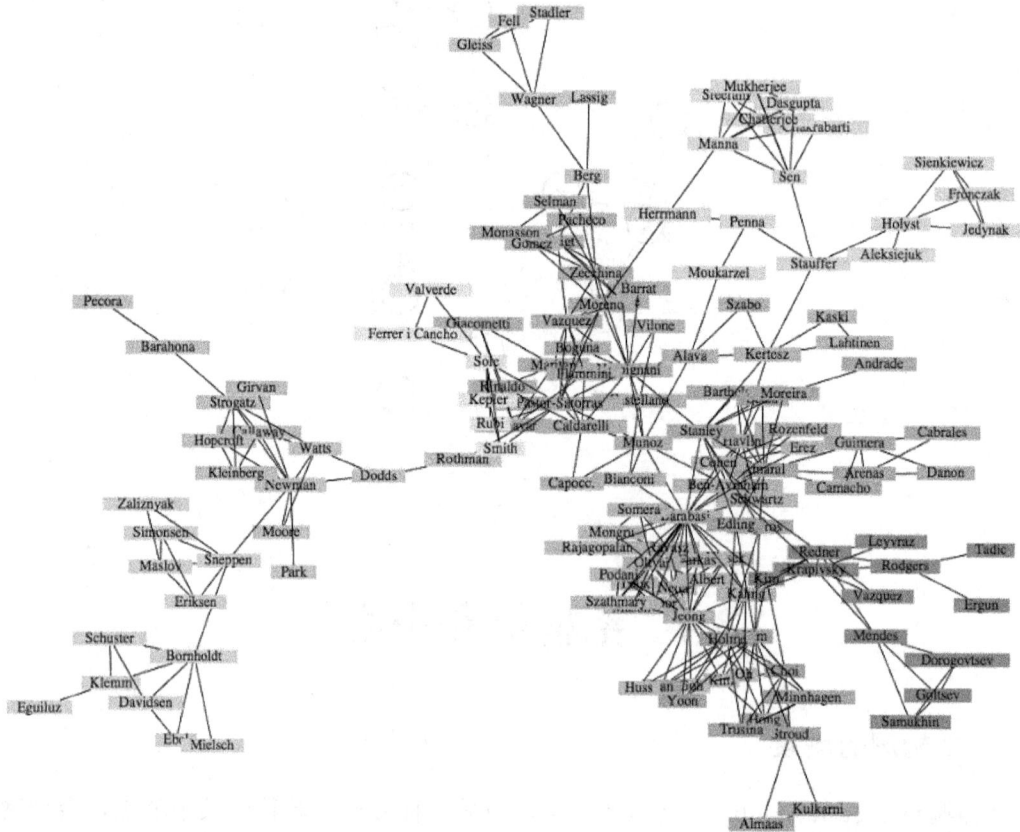

图 3-11　科学家合作网络

3.4.2　用 Gephi 计算介数

以学生公选课数据为例计算其介数（介数中心性），计算步骤如下。

（1）打开 Gephi 软件后将数据导入，并选择生成有向网络，然后在"统计"模块中选择"网络直径"→"有向"选项。"网络直径"指标包含节点的介数中心性。计算完成后，在数据资料中就可以看到每个节点的介数。部分节点的介数如图 3-12 所示。

Nodes	Betweenness Centrality
1	152
2	0
3	0
4	453
5	0
6	153
8	54.534
9	0
10	998.82

图 3-12　部分节点的介数示例

　　(2)在"排序"模块中,可以选择按照"介数"来定义节点的大小,并对节点进行排序和着色,然后单击图 3-13(a)中的"应用"按钮,结果如图 3-13(b)所示。

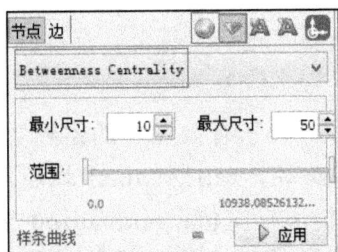

(a)按照介数对节点进行排序和着色设置　　　　　　　(b)按照介数对节点进行排序和着色的结果

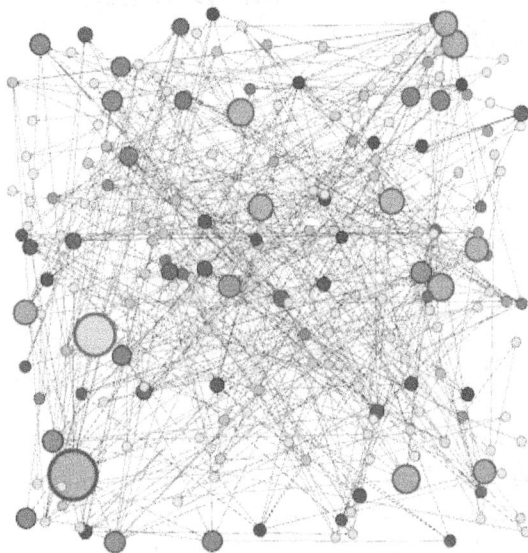

图 3-13　学生公选课介数示例

扫码看彩图

3.4.3　用 igraph 计算中心性指标

3.4.3.1　度数中心性

　　网络中节点的价值首先取决于这个节点所在的位置,节点所在的位置中心性越高,那么节点的价值越高,这个节点也就越重要。最直接的衡量指标是度数中心性。度数中心性用节点的度数来衡量节点的中心性,若节点的度数越高,即该节点的连边越多,则说明该节点的中心性越高[9]。节点的度数的计算在前面我们已经介绍过:利用 degree 函数即可获得节点的度数。

3.4.3.2　介数中心性

　　在 igraph 中采用如下函数来计算节点的介数中心性:

```
betweenness(graph, v=V(graph), directed = TRUE, weights = NULL,
            nobigint = TRUE, normalized = FALSE)
```

其中,graph 指网络图对象;v 指节点 Id;directed 是逻辑标量,表示是否考虑有向边;weights 参数用来给网络图传递权重值;nobigint 是逻辑标量,表示在计算中是否使用大整数(因为栅格类网络节点之间通常有非常多的最短路径),若为 TRUE,则表示不使用大整数;normalized 表示是否将结果进行归一化处理。

3.4.3.3　接近中心性

　　当一个节点与其他节点越靠近时,该节点在信息传播的过程中越不依赖其他节点。因为只有非核心节点才需要依赖其他节点来传播信息，从而受制于其他节点。若一个节点与其他节点的距离之和越小，则该节点越重要，这反映了节点的接近中心性。在 igraph 中，将一个节点 i 与其他节点的距离之和的倒数定义为接近中心性[9]。在 igraph 中采用如下计算公式计算接近中心性：

$$C_c(i) = \frac{1}{\sum_{i \neq v} d(v,i)}$$ (3-3)

其中，$d(v,i)$ 表示从节点 v 到节点 i 的距离(最短路径长度)。若节点之间没有路径，则用网络图中节点的个数来代替路径长度。

igraph 用如下函数来计算接近中心性：

```
closeness(graph, vids=V(graph), mode = c("out", "in", "all", "total"),
          weights = NULL, normalized = FALSE)
```

其中，graph 指网络图对象；vids 指要计算的节点的 Id；mode 表示有向图中的路径类型，"out"表示以节点为起点的路径，"in"表示以节点为终点的路径，"all"和"total"均表示将网络图对象作为无向图处理；weights 参数用来给网络图传递权重值；normalized 表示是否对结果进行归一化处理，若为 TRUE 则将原始节点的接近中心性计算结果乘以 $(n-1)$，其中 n 为节点个数。

3.4.3.4　特征向量中心性

一个节点的重要性不仅取决于与该节点相邻的邻居节点的数量，还取决于与该节点相连的其他节点的重要性，这就是特征向量中心性的基本思想[9]。

假设网络图中有 n 个节点，A 表示网络的邻接矩阵，若节点对 (i,j) 之间存在连边，则 $a_{ij}=1$；否则，$a_{ij}=0$。若 λ_1，λ_2，$\cdots$，λ_n 表示 A 的特征值，且每个特征值 λ_i 对应的特征向量为 $a = (e_1, e_2, \cdots, e_n)$，则特征向量中心性定义为[10]：

$$C_e(i) = \lambda^{-1} \sum_{j=1}^{n} a_{ij} e_j$$ (3-4)

在 igraph 中采用如下函数来计算特征向量中心性：

```
evcent (graph, directed = FALSE, scale = TRUE, weights = NULL,options
= igraph.arpack.default)
```

其中，graph 指网络图对象；directed 是逻辑标量，表示是否考虑有向图中的有向边；scale 表示是否扩大结果使其有一个最大分数；weights 参数给网络图传递权重值；options 是一个命名列表，用来重写 arpack 函数(计算稀疏矩阵的特征向量)中的一些选项。

evcent()函数有三个返回值：vector、value、options。vector 是一个包含各节点的中心性值的向量；value 是 evcent()函数计算出来的特征向量的特征值；options 会返回一系列名字序列，是 arpack 包中用于特征向量计算的基本信息，举例如下：

```
> g3_3<- erdos.renyi.game(10, 0.5)  #创建一个随机图
> plot(g3_3)                        #如图 3-14 所示
#计算度数中心性
```

```
> degree(g3_3)              #计算节点的度数，结果按照节点 Id 排列
[1] 5 4 7 4 5 2 4 3 5 5
```
#计算介数中心性
```
> betweenness(g3_3)
[1] 2.950000 1.700000 6.066667 1.700000 2.950000 0.200000 0.450000
1.250000
[9] 4.366667 4.366667
```
#计算接近中心性
```
> closeness(g3_3)
[1] 0.07692308 0.06666667 0.09090909 0.07142857 0.07692308 0.05263158
[7] 0.06666667 0.06250000 0.07692308 0.07692308
```
#计算特征向量中心性
```
> evcent(g3_3)$vector
[1] 0.7757457 0.5616916 1.0000000 0.6158837 0.7757457 0.3085561
0.6558751
[8] 0.4587643 0.7322976 0.7322976
> round(evcent(g3_3)$vector,2)
[1] 0.78 0.56 1.00 0.62 0.78 0.31 0.66 0.46 0.73 0.73
```
#对网络图中的各项中心性指标从低到高排序
```
> order(degree(g3_3))
[1] 6 8 2 4 7 1 5 9 10 3
> order(betweenness(g3_3))
[1] 6 7 8 2 4 1 5 9 10 3
> order(closeness(g3_3))
[1] 6 8 2 7 4 1 5 9 10 3
> order(evcent(g3_3)$vector)
[1] 6 8 2 4 7 10 9 5 1 3
```
#从各项指标的排序我们可以看出，3 号节点在图中具有相当重要的位置，不管哪一项指标，中心性都是最高的；6 号节点恰恰相反，不管哪一项指标都排在最后，是最边缘化的节点

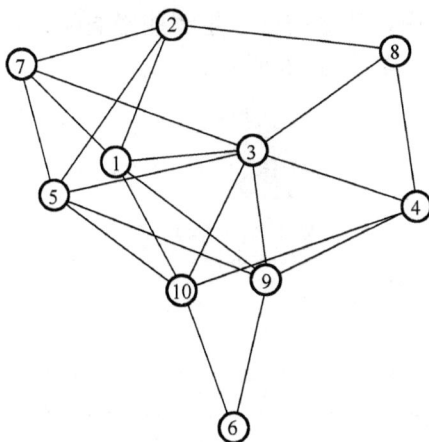

图 3-14　随机图

3.5　单模有向网络中的三元闭包

如果考虑网络的方向性，那么网络包括无向网络和有向网络两种，对应的三元闭包也有多种不同的类型。如图 3-15 所示，0～5 是形成三元闭包前的情形，它们形成三元闭包后，根据方向的不同则有 6～12 这些情形。

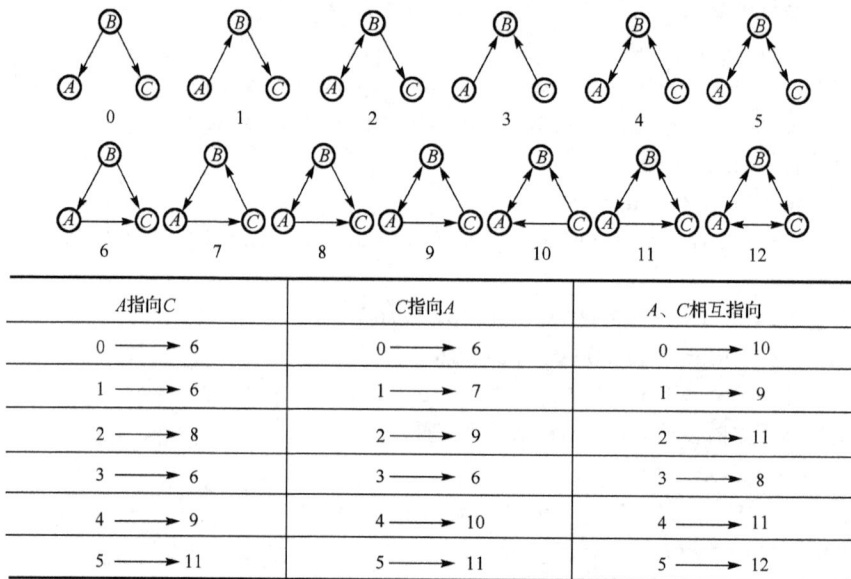

A指向C	C指向A	A、C相互指向
0 ⟶ 6	0 ⟶ 6	0 ⟶ 10
1 ⟶ 6	1 ⟶ 7	1 ⟶ 9
2 ⟶ 8	2 ⟶ 9	2 ⟶ 11
3 ⟶ 6	3 ⟶ 6	3 ⟶ 8
4 ⟶ 9	4 ⟶ 10	4 ⟶ 11
5 ⟶ 11	5 ⟶ 11	5 ⟶ 12

注：如"A 指向 C"列下的 0→6 表示：三元闭包形成前的情形 0，新生成了一条 A 指向 C 的边后，生成三元闭包情形 6，以此类推。

图 3-15　有向网络中三元闭包的表现

3.6　线上有向网络的三元闭包——微博关注网络实例

三元闭包在形成的过程中，边之间会产生哪些影响呢？我们以新浪微博用户相互关注所产生的影响为例进行分析，如图 3-16 所示。

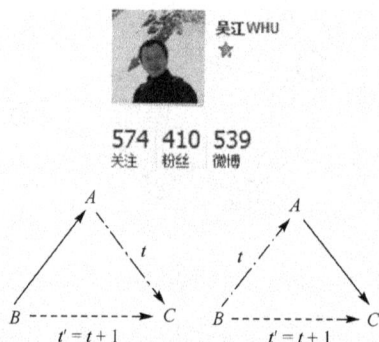

吴江WHU
☆

574　410　539
关注　粉丝　微博

(a) 跟随者关注行为的扩散　(b) 被跟随者被关注行为的扩散

图 3-16　微博中的三元闭包

在图 3-16(a)中，如果 C 是微博博主"吴江 WHU"，B 先是 A 的粉丝，在 t 时刻 A 成了 C 的粉丝，那么在 $t'=t+1$ 时刻 B 也成了 C 的粉丝。这是因为 B 作为 A 的跟随者，而 A 作为 C 的跟随者，跟随者的这种影响会传递到 B，使得 B 也去关注 C。

在图 3-16(b)中，如果 B 是微博博主"吴江 WHU"，A 先是 C 的粉丝，在 t 时刻 B 成了 A 的粉丝，那么在 $t'=t+1$ 时刻 B 也成了 C 的粉丝。C 作为 A 的被跟随者，而 A 作为 B 的被跟随者，被跟随者之间的相互影响会使得 C 也成了 B 的跟随者。

有学者对微博中的跟随者与被跟随者关注情况做了统计，一共有 24 种情况，如图 3-17 所示[11]。

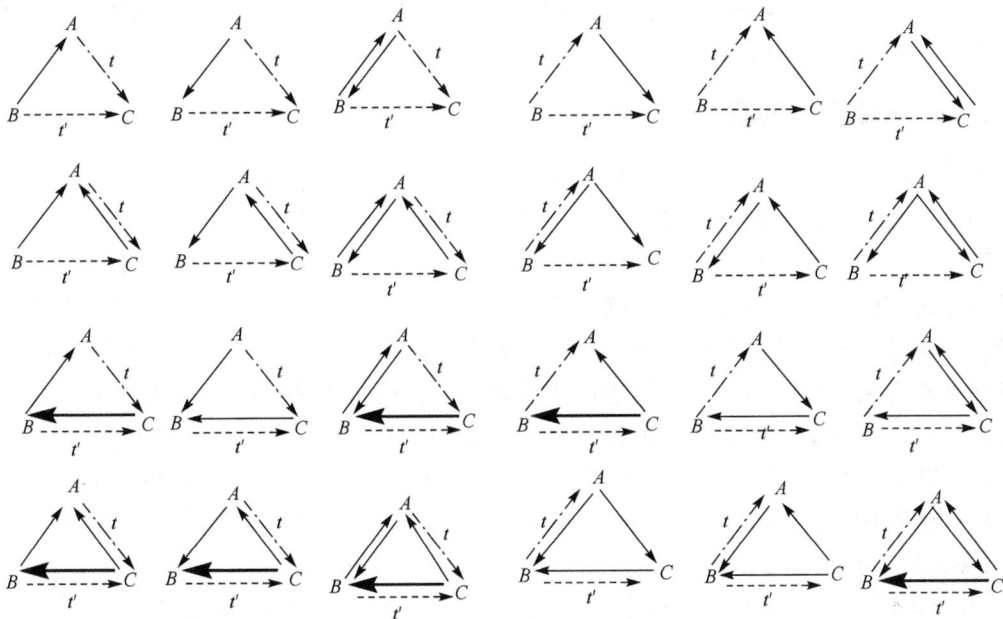

图 3-17　微博中的跟随者与被跟随者关注情况

3.7　线下有向网络的三元闭包——学生人际网络实例

在社会网络的研究中，三元关系研究，也就是三元闭包的研究，是网络结构研究中最常见的研究层次。已有较多的研究发现，基于三元关系中三元闭包理论的研究，能更好地从动态演化和微观结构两方面来解释网络的演变规律。这些研究使用的数据来自微博和 Twitter 等在线社区[11]。关注影响力可以理解为关系生成的可能性。本节以学生人际关系网络为例，通过对比分析关系网络中不同类型三元关系在不同时间段的演化过程，从互惠性、传递性和反转关系的角度出发，来探讨互惠性、传递性、反转关系对关注影响力的作用程度。

三元闭包效应影响着网络微观结构的形成，进而影响网络的整体属性。建立在三元闭包基础上，特别是结合三元闭包和随机因素后的网络演化模型，在解释现实网络微观形态和整体属性[12]、生成更符合现实的网络结构[13]与预测网络状态变化[11]等方面取得了更好的效果。

在单模无向网络中，三元闭包等同于关系传递，可用于研究网络演化的倾向性[14]，通常以聚类系数和传递性参数为指标。当前网络结构的研究已从单一类型节点、单一类型关联的简单网络扩展到具有多类节点、多种关系的网络。在这些更复杂的网络中，由于三元关系有更丰富的基本形态，可描述现实网络中的多种现象，因而它存在更广阔的研究空间。例如，在包含成员、活动两种节点的二模归属网络中，三元闭包可分为个体闭包、社团闭包和会员闭包，分别表示个体间关系传递、个体通过活动建立关系和个体受好友影响加入活动这三种现实场景。在单模有向网络中，个体性质被用于划分节点类型，再通过区分不同的三元闭包类型以更细致地分析网络的微观结构。Lou 等人以 Twitter 为例，将用户区分为精英用户和普通用户，通过统计不同用户类型的三元闭包分布差异来研究用户类型对关系生成的影响[11]。

本节通过收集线下学生关系数据，来研究学生人际网络中具有三元关系的学生的交互行为，探讨关注影响力的影响作用程度。

3.7.1 关注影响力的定义

在这一部分，我们先解释互惠性、传递性和反转关系三个属性，再定义这些属性在三元结构中的表现形式，然后对目标问题，即关注影响力的测量进行定义。

随着学生认识情况的变化，学生人际网络中节点与节点之间的联系也呈现出动态的变化。随着时间的推移，总会有新的联系建立或旧的联系消除。关于消除的原因我们给出的解释是，问卷的模糊性使得被访问者在一段时间间隔内回答同一个问题时的答案不一致。但是这并不影响实验的结果，因为通过数据分析，我们发现只有很少一部分联系会在这段时间内消失，97%都是新增加的联系，所以新增加的联系比消除的联系更重要。

这里以三元闭包为基本单元，研究学生人际网络中不同类型三元关系在不同时间段的演化过程。如图 3-18 所示，V 代表学生，实线箭头代表在 t 时刻存在的联系，半实线箭头代表在 $t+1$ 时刻新增加的联系，虚线箭头代表在 $t+2$ 时刻新增的联系，即形成由 V_3、V_4、V_5 组成的三元结构[图 3-18(c)中的灰色部分]。接着，我们从网络中的三元结构，即图中的灰色部分出发，来探讨互惠性、传递性和反转关系对关注影响力的作用。下面我们先定义互惠性、传递性、反转关系，以及关注影响力在三元结构中的表现形式，再解释如何测量关注影响力。

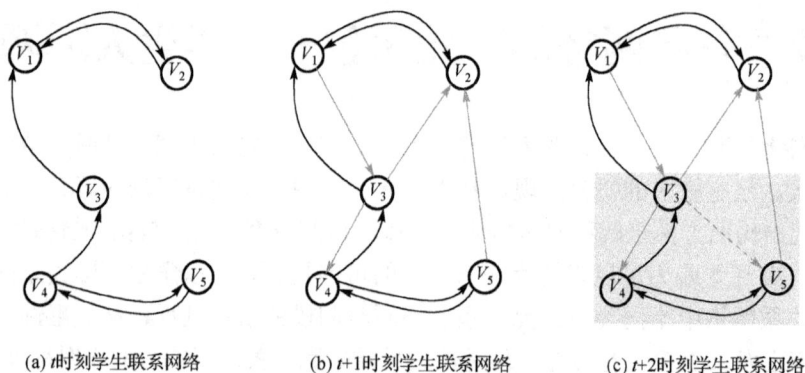

(a) t时刻学生联系网络 (b) $t+1$时刻学生联系网络 (c) $t+2$时刻学生联系网络

图 3-18 网络中三元结构的演化过程

关注影响力[15]：如图 3-19 所示，由 A、B、C 三个节点组成的三元结构，如果在 t 时刻网络结构上产生了变化，如增加了从 A 到 C 的连接，那么从 B 和 C 的角度来看，在 $t+1$ 时刻产生从 B 到 C 的连接的可能性大小就可以理解为关注影响力大小，也可以理解为 C 被

A 关注后，C 对 A 的影响传播到 B，从而增加了 C 又被 B 所关注的概率。如果从 B 到 C 形成了连边的话，那么三元结构就完成了闭合，形成三元闭包结构，即关注影响力也可理解为最后形成三元闭包的概率。

互惠性[16]：互惠性一直是社会网络分析中学者们研究的热点之一。如图 3-20 所示，在社会网络中的两个用户 A 和 B 之间，如果存在从 A 到 B 的联系并且存在从 B 到 A 的联系，那么用户 A 和 B 是互惠关系，即 A 和 B 之间存在互惠性，而 A 和 C 之间及 B 和 C 之间是不存在互惠性的。

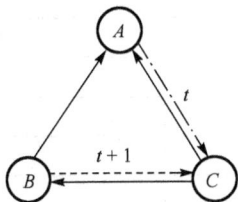

图 3-19　关注影响力示例　　　　图 3-20　三元结构中互惠性示例

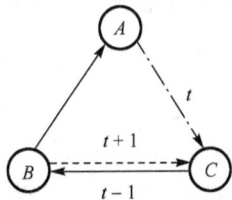

传递性[17]：在图 3-21 所示的社会网络中，有三个节点分别是 A、B 和 C，A 已经关注了 C，如果在 t 时刻 B 关注了 A，那么在 $t+1$ 时刻 B 就关注了 C，这一现象就称为"关系复制"，即 A、B 和 C 之间的关系具有传递性。

反转关系[18]：如图 3-22 所示，反转关系是指在网络中的两个节点 B 和 C，如果在 $t-1$ 时刻已存在从 C 到 B 的联系，并且在 $t+1$ 时刻形成了从 B 到 C 的联系，那么就称 B 和 C 之间存在反转关系。

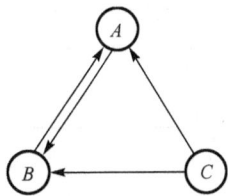

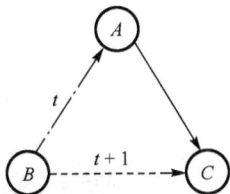

图 3-21　三元结构中传递性示例　　　　图 3-22　三元结构中反转关系示例

问题（关注影响力测量）：我们所研究的学生人际网络一共有三个阶段，以 $<0,\cdots,t>$ 为时间戳的话，这三个阶段分别是 $t=0$、$t=1$、$t=2$，其中 $t=0$ 表示课程开始之前，$t=1$ 表示开课后第 18 天，$t=2$ 表示开课后第 36 天。如果在 t 时刻学生人际网络表示为 $\{G^t=(V^t,E^t)\}$，V 代表 G 中的节点，E 代表 G 中的边，那么我们的问题函数可以描述为：

$$f:(\{G^0,\cdots,G^t\})\to P_\Delta \tag{3-5}$$

其中，P_Δ 表示在 t 时刻产生从 V_B 到 V_C 的联系的概率。

3.7.2　三元闭包研究数据

为了测量在网络演化过程中三元结构的互惠性、传递性和反转关系对于关注影响力的作用程度，我们分别在 2014 年 9 月 22 日和 2014 年 10 月 9 日收集了 229 个选修社会网络分析公选课的学生数据，并把数据按时间划分成三个学生网络。我们在分析中使用了 221 个有效的学生数据。其中，男生 118 人，占比 53.4%；女生 103 人，占比 46.6%；2011 级学生 5 人，

2012 级学生 85 人，2013 级学生 131 人。在第一次问卷中，我们设置了两个问题，分别是：
"在上这门课之前你认识哪些同学？"和"上了这门课后你新认识了哪些同学？"这样我们
就可以得到 G^0 和 G^1；在第二次问卷中，我们设置了新的问题："现在你认识的人有哪些？"
这样我们就能得到 G^2。通过整理得到，在 $t=0$ 时刻整个网络存在 717 条边，在 $t=1$ 时刻整
个网络存在 1011 条边，而在 $t=2$ 时刻整个网络存在 1719 条边。学生详细统计数据如表 3-1
所示。

表 3-1   学生详细统计数据

	分类	数量
节点	男	118(53.4%)
	女	103(46.6%)
边	$t=0$	717
	$t=1$	1011
	$t=2$	1719

在此研究中我们发现，性别在这三个不同时刻的网络中具有同质性。在 221 名学生中
有 118 名男生和 103 名女生，在男女生之间产生一条随机边的概率 $P=2\times(118/221)\times$
$(103/221)=49.77\%$，但是在 $t=0$、1、2 这三个时刻网络图中节点两端性别不同的边的比率
分别为 34.03%、39.27% 和 43.34%，都小于 49.77%，这说明性别在学生人际网络的三个时
刻均有同质性。图 3-23 为性别同质性在三个时刻的可视化呈现，其中红色代表女生，蓝色
代表男生。图中蓝、红色有很明显的抱团现象，这说明同性别的学生之间更有可能成为朋
友。同质性的具体判别见本书第 5 章。

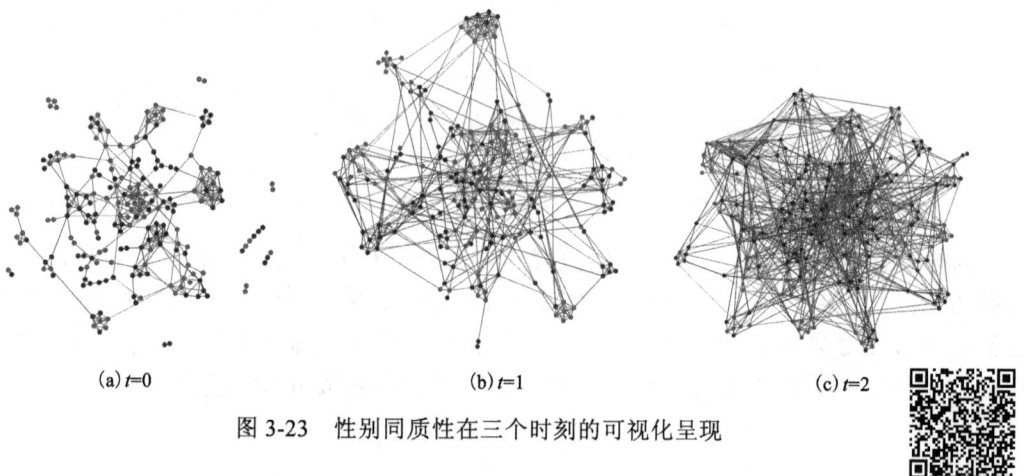

(a)$t=0$　　　　　　　　　(b)$t=1$　　　　　　　　　(c)$t=2$

图 3-23   性别同质性在三个时刻的可视化呈现

(扫码看彩图)

3.7.3　三元闭包分析方法

我们将问卷数据进行处理，得到学生人际网络 $G=(V,E)$，其中 G 代表网络，V 代表该
网络 G 中的节点，E 代表网络 G 中的边。我们知道两个人之间的关系可以由有向边 $E\subseteq V\times V$ 来
表示。比如，同学 V_A 认识同学 V_B，则 $V_A\to V_B$ 这条边可以表示为 E_{AB}。我们将所有的边 E_{ij} 按
照(source，target)这种格式存入数据库中。每两个节点之间可有四种状态，如 V_A、V_B 两个节
点，可以有 $V_A\to V_B$、$V_A\leftarrow V_B$、$V_A\leftrightarrow V_B$ 和 V_A、V_B 互不认识四种状态，如果 $V_A\to V_B$ 这条有向边

存在用 $y_{AB}=1$ 表示，$V_A \to V_B$ 这条有向边不存在用 $y_{AB}=0$ 表示，那么 $V_A \to V_B$ 可由 $(1,0)$ 表示，$V_A \gets V_B$ 可由 $(0,1)$ 表示，$V_A \leftrightarrow V_B$ 可由 $(1,1)$ 表示，V_A、V_B 互不认识可由 $(0,0)$ 表示，即 $(y_{AB},$ $y_{BA})$。如图 3-24 所示，这是一个由三个节点 V_A、V_B、V_C 组成的三元结构 Triad，可以被表示为 $(1,1,0,1,1,0)$。

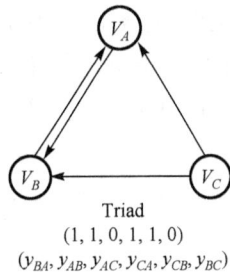

图 3-24　三元结构分类标签示例

Lou 等人以 Twitter 为例，将用户区分为精英用户和普通用户，然后通过统计 24 种类型的三元闭包的分布差异来研究用户类型对关系生成的影响[11]。图 3-25 所示，实线代表在原始 t 时刻已经存在的边，半实线代表在 $t+1$ 时刻产生的边，虚线代表在 $t+2$ 时刻产生的边。图 3-25（a）$\text{Triad}_1 \sim \text{Triad}_{12}$ 中的三元结构被称为跟随者结构，该结构是指在 t 时刻不存在 $V_A \to V_C$ 和 $V_B \to V_C$ 的边，而在 $t+1$ 时刻产生了 $V_A \to V_C$ 的边，并且在 $t+2$ 时刻产生了 $V_B \to V_C$ 的边；图 3-25（b）$\text{Triad}_{13} \sim \text{Triad}_{24}$ 中的三元结构被称为被跟随者结构，该结构是指在 t 时刻不存在 $V_B \to V_A$ 和 $V_B \to V_C$ 的边，而在 $t+1$ 时刻产生了 $V_B \to V_A$ 的边，并且在 $t+2$ 时刻产生了 $V_B \to V_C$ 的边[19]。

(a) $\text{Triad}_1 \sim \text{Triad}_{12}$

(b) $\text{Triad}_{13} \sim \text{Triad}_{24}$

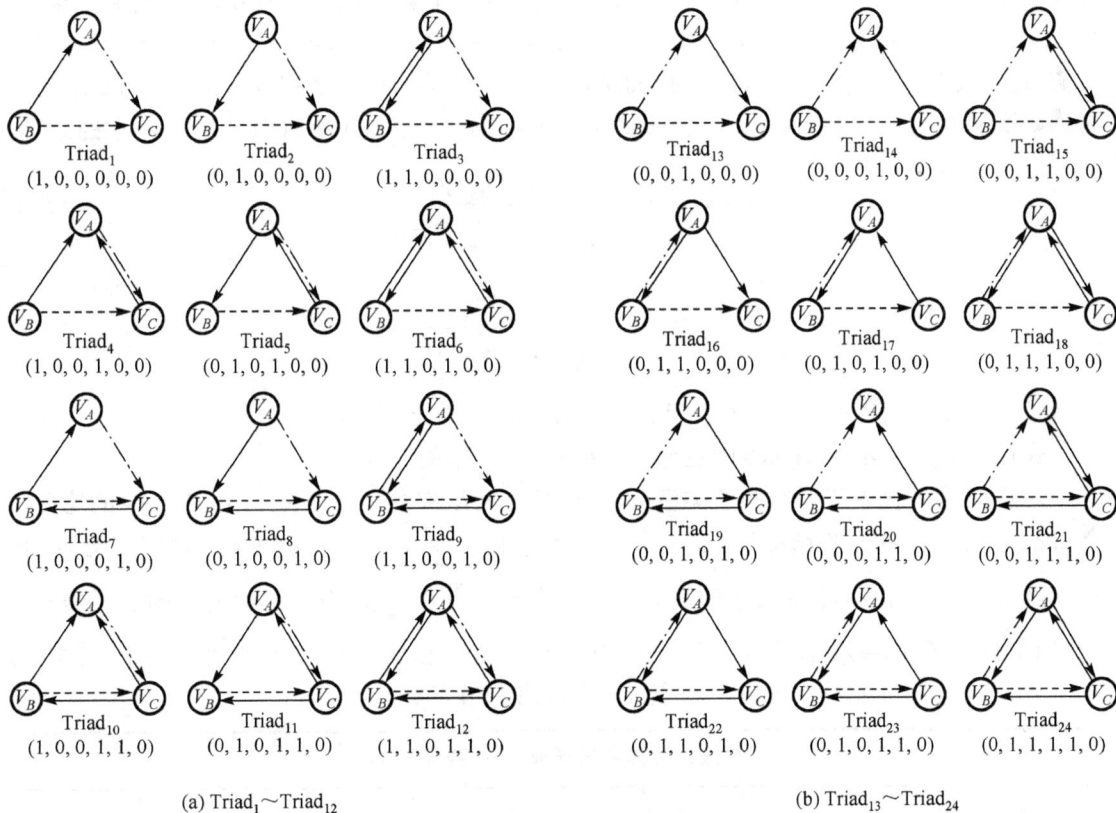

图 3-25　24 种三元结构分类标签

为了研究互惠性、传递性及反转关系在三元结构中对于关注影响力的作用，我们根据互惠性、传递性及反转关系的定义，将这 24 种结构划分成三组，分别为互惠关系组、传递关系组和反转关系组。其中，互惠关系组由图 3-25 中的 $\text{Triad}_1 \sim \text{Triad}_{12}$ 构成，为了方便对比，我们将同类结构划分成小组，即 $\text{Triad}_{1,2,3}$、$\text{Triad}_{4,5,6}$、$\text{Triad}_{7,8,9}$ 和 $\text{Triad}_{10,11,12}$ 为互惠关系组中的四个小组；$\text{Triad}_{13,14,15}$、$\text{Triad}_{16,17,18}$、$\text{Triad}_{19,20,21}$ 和 $\text{Triad}_{22,23,24}$ 为传递关系组中的

四个小组；对于反转关系组，为了方便对比，我们将所有结构按照同类结构分成了 12 个小组，分别为 $Triad_{1,7}$、$Triad_{2,8}$、$Triad_{3,9}$、$Triad_{4,10}$、$Triad_{5,11}$、$Triad_{6,12}$、$Triad_{13,19}$、$Triad_{14,20}$、$Triad_{15,21}$、$Triad_{16,22}$、$Triad_{17,23}$ 和 $Triad_{18,24}$。具体分组情况如表 3-2 所示。

表 3-2 三元结构标准化分组

分　　组	互惠关系组	传递关系组	反转关系组		
三元结构类型	$Triad_{1,2,3}$	$Triad_{13,14,15}$	$Triad_{1,7}$	$Triad_{5,11}$	$Triad_{15,21}$
	$Triad_{4,5,6}$	$Triad_{16,17,18}$	$Triad_{2,8}$	$Triad_{6,12}$	$Triad_{16,22}$
	$Triad_{7,8,9}$	$Triad_{19,20,21}$	$Triad_{3,9}$	$Triad_{13,19}$	$Triad_{17,23}$
	$Triad_{10,11,12}$	$Triad_{22,23,24}$	$Triad_{4,10}$	$Triad_{14,20}$	$Triad_{18,24}$

为了测量关注影响力，首先我们将每个时刻（$t=0$、1、2）产生的边分别存入三个表：edges_t0、edges_t1 和 edges_t2。这些表的表结构一致，都为（source，target）。然后通过遍历表 edges_t0 中的每条边是否存在，将 $t=0$（课前）时刻的边进行分类。然后，通过遍历表 edges_t1 来确认在 $Triad_1 \sim Triad_{12}$ 中 $V_A \rightarrow V_C$ 和在 $Triad_{13} \sim Triad_{24}$ 中 $V_B \rightarrow V_A$ 是否存在，从而得到 $Triad_1 \sim Triad_{12}$ 在 $t=1$ 时刻增加了 $V_A \rightarrow V_C$ 和 $Triad_{13} \sim Triad_{24}$ 在 $t=1$ 时刻新增了 $V_B \rightarrow V_A$ 的数量。接着，我们遍历表 edges_t2 来确认 $Triad_1 \sim Triad_{24}$ 中 $V_B \rightarrow V_C$ 是否存在，从而得到 $Triad_1 \sim Triad_{24}$ 在 $t=2$ 时刻新增了 $V_B \rightarrow V_C$ 的数量。最后通过计算可以得到每种结构在 $t=2$ 时刻产生 $V_B \rightarrow V_C$ 的比率。

$$P_{\Delta_{i=\{1,\cdots,12\}}} = \frac{\sum Tr_{V_B \rightarrow V_C}}{\sum Tr_{t=0} - \sum Tr_{\overline{V_A \rightarrow V_C}}} \tag{3-6}$$

$$P_{\Delta_{j=\{13,\cdots,24\}}} = \frac{\sum Tr_{V_B \rightarrow V_C}}{\sum Tr_{t=0} - \sum Tr_{\overline{V_B \rightarrow V_A}}} \tag{3-7}$$

式（3-6）为 $Triad_1 \sim Triad_{12}$ 的三元结构生成 $V_B \rightarrow V_C$ 的比率。

式（3-7）为 $Triad_{13} \sim Triad_{24}$ 的三元结构生成 $V_B \rightarrow V_C$ 的比率。

其中，Δ_j 中的 j 代表三元结构的类型；P_Δ 代表三元结构在 $t=2$ 时刻产生 $V_B \rightarrow V_C$ 的比率；$\sum Tr_{t=0}$ 表示在 $t=0$ 时刻结构为 j 的三元结构的个数，$\sum Tr_{\overline{V_A \rightarrow V_C}}$ 表示在 $t=1$ 时刻结构为 i 的三元结构不存在 $V_A \rightarrow V_C$ 这条边的个数；$\sum Tr_{V_B \rightarrow V_C}$ 表示结构为 j 的三元结构在 $t=2$ 时刻新增了 $V_B \rightarrow V_C$ 这条边的三元结构的个数。具体算法如下，其中 θ 为所有 P_Δ 的集合，V_A、V_B、V_C 为三元结构中的三个节点，n 为网络总节点数。

算法：计算最后形成 $V_B \rightarrow V_C$ 的概率

输入：G^t

输出：$\theta = \{P_\Delta\}$

初始化 V_A, V_B, V_C，$n \leftarrow 221$

for $V_A=1$ to n，$V_B=1$ to n，$V_C=1$ to n do

根据每种结构的特征标签 $(y_{BA}, y_{AB}, y_{AC}, y_{CA}, y_{CB}, y_{BC})$ 将 G^0 中的三元结构分类

计算 G^0 中所有结构的 $\sum Tr_{t=0}$

end

---

for Triad₁ to Triad₂₄ do

计算 G^1 中 Triad₁~Triad₁₂ 的 $\sum \mathrm{Tr}_{\overline{V_A \to V_C}}$ 以及 Triad₁₂...₂₄ 的 $\sum \mathrm{Tr}_{\overline{V_B \to V_A}}$

计算 G^2 中所有结构的 $\sum \mathrm{Tr}_{V_B \to V_C}$

end

根据式(3-6)和式(3-7)计算 P_Δ

3.7.4 三元闭包结果分析

通过上述算法我们得到了所有结构的关注影响力，再加上表 3-2 的分组对比，可以得到如下结果。

1. 互惠性

为了探讨关注影响力在存在互惠关系的三元结构中所产生的作用，在 $t=0$ 时刻，并在结构中其他边相同的情况下，我们将存在 $V_B \to V_A$、$V_A \to V_B$ 和 $V_A \leftrightarrow V_B$ 的三种结构分为一组。那么 Triad₁~Triad₁₂ 这 12 种结构可以分为四组，详细分组情况如表 3-2 所示。通过观察对比 $t=2$ 时刻 $V_B \to V_C$ 边产生的概率[如图 3-26(a)所示]，可以看到存在 $V_A \to V_B$ 的结构产生 $V_B \to V_C$ 边的概率($P_{2,5,8,11}=\{2.48\%,6.45\%,29.41\%,40\%\}$)比存在 $V_B \to V_A$ 的结构产生 $V_B \to V_C$ 边的概率($P_{1,4,7,10}=\{2.34\%,5.38\%,22.78\%,29.79\%\}$)更大，而当三元结构存在 $V_B \leftrightarrow V_A$ 时，关注影响力最大($P_{3,6,9,12}=\{2.54\%,9.42\%,30.4\%,41.3\%\}$)，即产生 $V_B \to V_C$ 边的概率最大。这说明互惠性对于 $V_B \to V_C$ 边的形成有着显著的影响。

2. 传递性

传递性在社会网络分析中是一个很重要的概念，有很多社会理论对三元结构的传递性进行了描述[19]。将一个三元结构中的三个节点分别用甲、乙、丙表示，如果存在甲→乙，乙→丙和甲→丙的关系，那么就说这个三元结构是可传递的。比如，甲的朋友的朋友也是甲的朋友。从拓扑结构出发，我们把 Triad₁₃~Triad₂₄ 这 12 种三元结构分为四组，在 $t=0$ 时刻，且在结构中其他边相同的情况下，我们分别将存在 $V_A \to V_C$、$V_C \to V_A$、$V_A \leftrightarrow V_C$ 的三种结构分为一组，详细分组情况如表 3-2 所示。通过观察对比 $t=2$ 时刻 $V_B \to V_C$ 边产生的概率[如图 3-26(b)所示]，可以看到关注影响力在存在 $V_A \to V_C$($P_{13,16,19,22}=\{2.6\%,7.62\%,25.56\%,68\%\}$)的结构中比在存在 $V_A \leftrightarrow V_C$($P_{15,18,21,24}=\{2.42\%,13.17\%,33.56\%,60.78\%\}$)的结构中更显著，这说明一个学生更容易和他/她朋友的朋友成为朋友。而关注影响力在存在 $V_C \to V_A$($P_{14,17,20,23}=\{2.24\%,7.84\%,24.71\%,48.15\%\}$)的三元结构中表现较弱，这一现象用现在的一些社交网络，如新浪微博，也能够说明。比如，两个人都是同一个明星的粉丝，但是这两个人相互不认识，也就是关注影响力表现很弱。

3. 反转关系

反转关系是指在两个用户之间，只有一个用户关注了另一个用户。也就是说，在这 24 种三元结构中存在 $V_C \to V_B$ 的结构，都可以称为反转结构。从拓扑结构入手，我们将这 24 种三元结构分成两组，在 $t=0$ 时刻，且在结构中其他边相同的情况下，我们将存在 $V_C \to V_B$ 和不存在 $V_C \to V_B$ 的两种结构分为一组，详细分组情况如表 3-2 所示。通过观察对比 $t=2$ 时刻 $V_B \to V_C$ 边产生的概率[如图 3-26(c1)和图 3-26(c2)所示]，可以看到在所有的组别中存在

$V_C{\to}V_B$ 的结构产生 $V_B{\to}V_C$ 边的概率为 $P_{7,8,9,10,11,12,19,20,21,22,23,24}$={22.78%,29.41%,30.40%, 29.79%,40.00%,41.30%,25.56%24.71%,33.56%,68.00%,48.15%,60.78%}，而在不存在 $V_C{\to}V_B$ 的结构中产生$V_B{\to}V_C$边的概率$P_{1,2,3,4,5,6,13,14,15,16,17,18}$={2.34%,2.48%,2.54%,5.38%,6.45%,9.42%, 2.61%,2.24%,2.42%,7.62%,7.84%,13.17%}。由此可见，存在 $V_C{\to}V_B$ 的结构比不存在 $V_C{\to}V_B$ 的结构产生$V_B{\to}V_C$边的概率要高得多。这说明人们往往倾向于关注那些关注了自己的人，同时也说明了关注影响力在存在反转关系的三元结构中表现得更加显著。

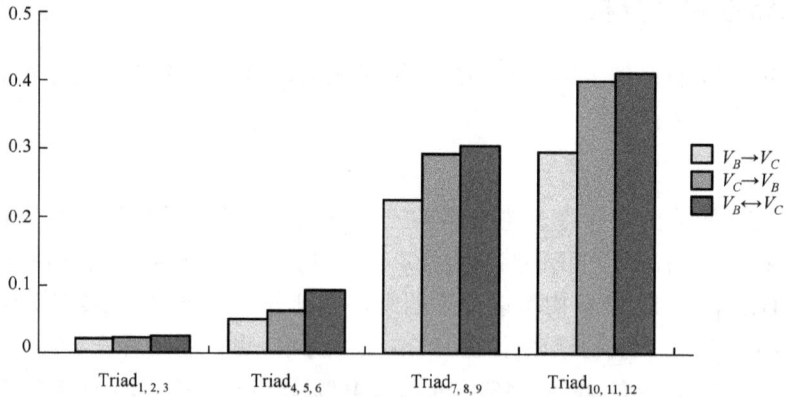

(a) 互惠关系组中的关注影响力

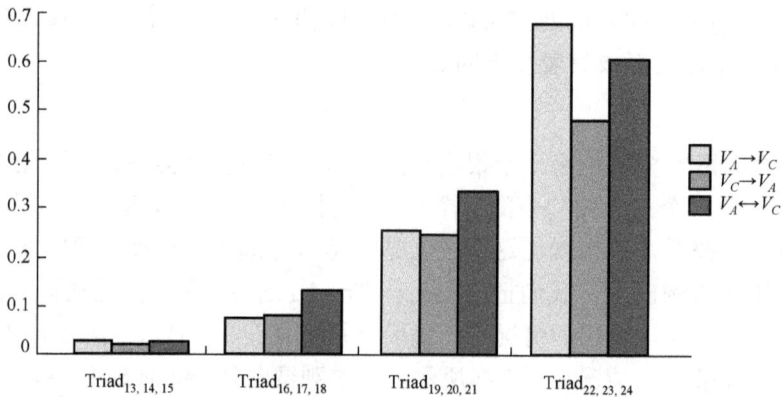

(b) 传递关系组中的关注影响力

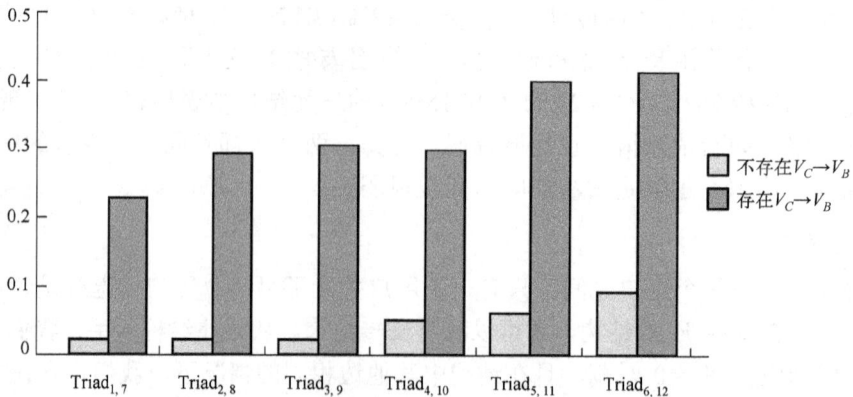

(c1) 反转关系组中的关注影响力

图 3-26 三元结构分组对比结果

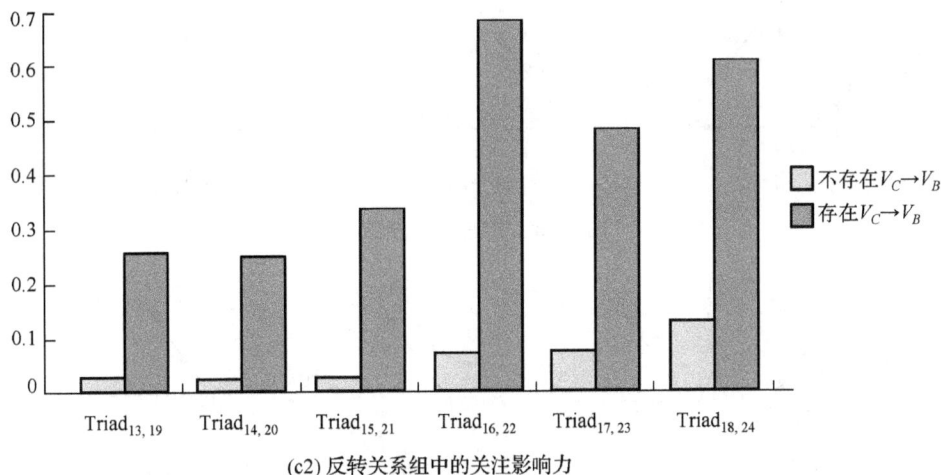

(c2) 反转关系组中的关注影响力

图 3-26　三元结构分组对比结果（续）

3.7.5　关注影响力研究结论

本节中，我们着重研究了三元结构中的互惠性、传递性和反转关系对关注影响力的作用。通过将不同的三元结构按照不同的标准分组得到互惠性、传递性和反转关系在三元结构中的不同表现形式，并且对比分析这三者的数据，发现存在互惠性的三元结构能使关注影响力的作用更为显著；三元结构中的传递性会使关注影响力的作用更为显著；三元结构中的反转关系会使关注影响力的作用更为显著。

此研究的创新之处在于，使用的是线下的数据来探讨三元结构中的互惠性、传递性和反转关系对关注影响力的作用。我们发现，在线下，三元结构中的互惠性、传递性和反转关系对关注影响力产生的作用是相当显著的，而之前的研究使用的数据都来自各大网络社区。例如，Lou 使用的是来自 Twitter 的线上数据，与之前的研究相比，这次的研究结果和使用网络社区数据得到的结果是非常一致的[11]。一致性的具体表现为：①如图 3-27 所示，从互惠性来讲，在同类三元结构中，存在 $V_A \leftrightarrow V_B$ 的结构产生 $V_B \to V_C$ 边的概率最大，即互惠性对关注影响力的作用显著；②如图 3-28 所示，从传递性来讲，在同类三元结构中，不存在 $V_A \to V_C$ 的结构产生 $V_B \to V_C$ 边的概率最小，即传递性对关注影响力的作用显著；③如图 3-29 所示，在同类三元结构中，存在 $V_C \to V_B$ 的结构产生 $V_B \to V_C$ 边的概率远远大于不存在 $V_C \to V_B$ 的结构产生 $V_B \to V_C$ 边的概率，即反转关系对关注影响力的作用显著。

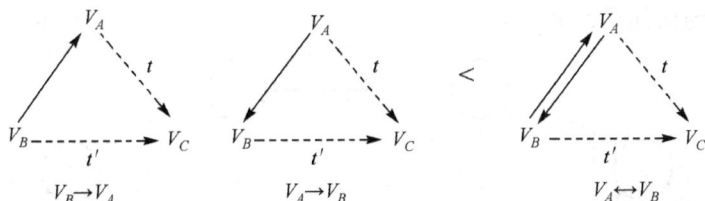

图 3-27　互惠性的表现

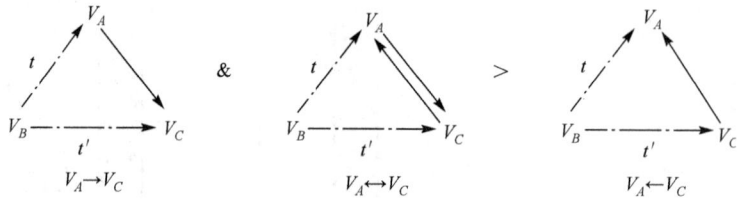

图 3-28 传递性的表现

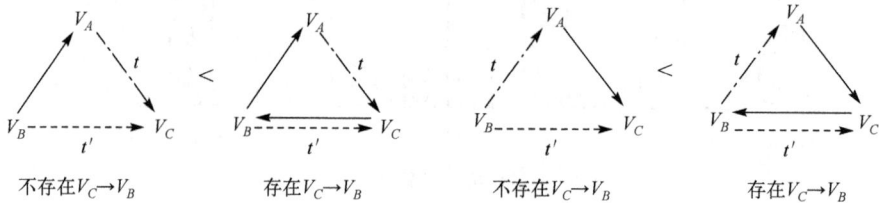

图 3-29 反转关系的表现

本 章 小 结

本章从结构视角讨论了三元闭包原理,这是社会网络演化最基本的原理。三元闭包原理与下一章的强弱关系原理,可以通过捷径的概念将二者联系起来。本章还介绍了一种测量节点的三元闭包强度的网络指标——聚类系数。节点的属性除了聚类系数,还有特殊的社会意义,即结构洞意义,冗余越小的结构洞,社会资本越多,结构洞可以通过介数进行测量。另外,本章也指出了边的属性可以用嵌入性来测度,嵌入性越强,社会资本越强。最后,通过一个实际的学生人际网络,讨论了在不同类型的三元闭包中关注影响力的作用。

思 考 题

1. 用两三句话解释什么是三元闭包,以及它在社会网络形成中的作用。如有必要,可以用图例来说明。

2. 分析图 3-30,其中除了连接 B 和 C 的边,每条边都以强关系(s)或弱关系(w)进行了标注。根据强关系与弱关系的理论,采用强三元闭包假设,你预计连接 B 和 C 的边该如何标注?请用几句话简明地解释。

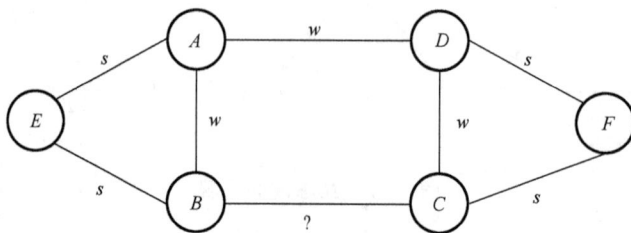

图 3-30 思考题 2 关系图

3．在图 3-31 所示的社会网络中，每条边的属性不是强关系就是弱关系，请问哪些节点满足本章讲述的强三元闭包特性？

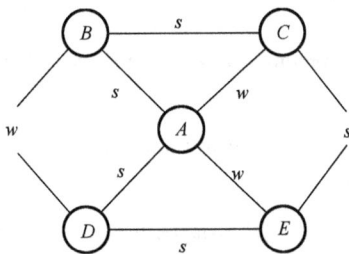

图 3-31　思考题 3 关系图

4．结合实际生活，谈谈对社会网络中的结构洞和中心性的理解，并举例说明。

参 考 资 料

[1]　RAPOPORT A. Spread of information through a population with socio-structural bias: I. assumption of transitivity[J]. Bulletin of mathematical biology, 1953, 15(4): 523-533.

[2]　WASSERMAN S. Social network analysis: methods and applications[M]. Cambridge: cambridge university press, 1994.

[3]　HEIDER F. The psychology of interpersonal relations[M]. London: psychology press, 2013.

[4]　NEWMAN M. The structure and function of complex networks[J]. Siam review, 2003, 45(2): 167-256.

[5]　HUBERMAN B A, ROMERO D M, WU F. Social networks that matter: twitter under the microscope[J]. First monday, 2008, 14(1): 2009.

[6]　GRANOVETTER, MARK. Economic action and social structure: the problem of embeddedness[J]. American journal of sociology, 1985, 91(3): 481-510.

[7]　COLEMAN J S. Social capital in the creation of human capital american[J]. American journal of sociology, 1988 94: 95-120.

[8]　BURT R. The social structure of competition[M]. Cambridge: harvard university press, 1995.

[9]　FREEMAN L C. Centrality in social networks conceptual clarification[J]. Social networks, 1978, 1(3): 215-239.

[10]　荣莉莉，郭天柱，王建伟. 复杂网络节点中心性[J]. 上海：上海理工大学学报，2008，30(3)：227-230.

[11]　LOU T, TANG J, HOPCROFT J, et al. Learning to predict reciprocity and triadic closure in social networks[J]. ACM transactions on knowledge discovery from data, 2013, 7(2): 5.

[12]　KLIMEK P, THURNER S. Triadic closure dynamics drives scaling-laws in social multiplex networks[J]. New journal of physics, 2013, 15(6): 2012-2019.

[13]　LI M, ZOU H, GUAN S, et al. A coevolving model based on preferential triadic closure for social media networks[J]. Scientific reports, 2013, 3(35): 2512.

[14]　MOLLENHORST G, VÖLKER B, FLAP H. Shared contexts and triadic closure in core discussion networks[J]. Social networks, 2011, 33(4): 292-302.

[15] HOPCROFT J, LOU T, TANG J. Who will follow you back?: reciprocal relationship prediction[C]. Proceedings of the 20th ACM international conference on Information and knowledge management, 2011: 24-28.

[16] GOULDNER A W. The norm of reciprocity: a preliminary statement[J]. American sociological review, 1960, 25(2): 161-178.

[17] WATTS D J, STROGATZ S H. Collective dynamics of 'small-world' networks[J]. Nature, 1998, 393: 440-442.

[18] KWAK H, LEE C, PARK H, et al. What is twitter, a social network or a news media?[C]. Proc international conference on world wide web, 2010: 591-600.

[19] HUANG H, TANG J, WU S, et al. Mining triadic closure patterns in social networks[C]. Proceedings of the companion publication of the 23rd international conference on world wide web companion, 2014: 499-504.

第4章　社会网络中的强弱关系

第 3 章所介绍的三元闭包从网络结构的视角去探讨社会网络的演化，本章将从社会网络边的权重这个角度研究社会网络的演化。基于加权社会网络，用弱关系思维去思考微博中的人际关系，或者用强关系思维去思考微信中的人际关系，可以帮助我们更清楚地认识我们所处的社会。

本章主要从关系强弱视角去观察社会网络，并结合社会网络的结构探讨弱关系与捷径之间的关系，并用在线大数据验证两者之间的关系。随后，讨论加权社会网络的测量与可视化，并以共代码网络为例分析加权社会网络。

4.1　社会网络的观察视角

20 世纪 60 年代，在马克·格兰诺维特准备博士论文期间，他采访了一批最近更换工作的人，以了解他们是如何找工作的。在采访中发现，多数人都是通过私人介绍来获取信息并找到现在的工作的[1]。这里所讲的私人往往只是熟人，而非亲密的朋友。这个发现很让人惊讶，因为在找工作期间，你亲密的朋友应该是最愿意向你提供帮助的人，但为什么帮助你找到新工作的人往往是那些关系一般的"熟人"呢？

这里有两个层面的解释：第一，熟人知道的信息不同于亲密朋友知道的；第二，亲密朋友知道的信息我基本上也都知道了(因为经常接触)。另外，从社会网络结构的角度看，由于三元闭包的作用，节点之间会形成紧密相连的关系，对应于社交圈子，朋友之间相互都比较熟悉；而一般的熟人之所以知道不同的信息，可能是因为他属于另外一个不同的圈子。这意味着，与熟人的关系在社会网络结构中很可能表现为桥(或捷径)。

观察社会网络有两个视角，一个是强度，另一个是结构，如图 4-1 所示。

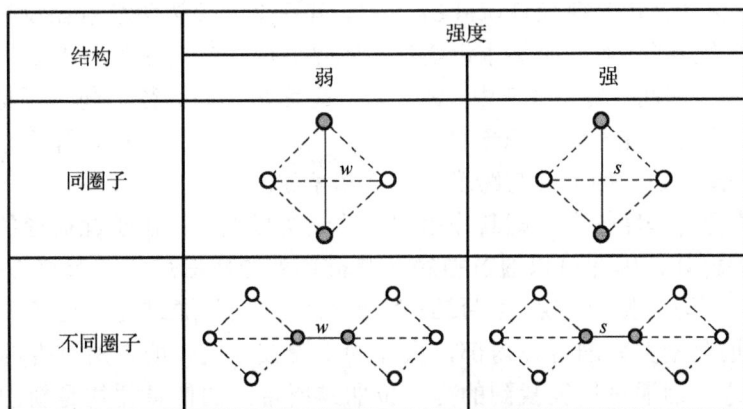

结构	强度	
	弱	强
同圈子	w	s
不同圈子	w	s

图 4-1　社会网络的观察视角

社会网络中的关系强度可以分为强和弱，结构上的"远近"可以分为同圈子和不同圈子。在同圈子的人，相对来说来往会比较频繁，因而相互都认识。但是，同圈子的人之间不一定都是亲密的强关系，不同圈子的人之间也可能是亲密的强关系。马克·格兰诺维特通过他的访谈结果试图说明：不同圈子的人一般都不是亲密的强关系。注意，这里的"圈子"最好理解为经常来往的一群人。同时，对一个人来说，在不同时期，一个人的圈子可以是不一样的。因此，我们这里的讨论基本上针对的是一个"快照"。那么将两个不同圈子连接起来的边，是强关系的可能性大，还是弱关系的可能性大呢？这需要验证。

4.2　社会网络中的桥和捷径

已知节点 A 和节点 B 相连，若去掉连接节点 A 和节点 B 的边会导致节点 A 和节点 B 分属不同的连通分量，则该边称为桥，换句话说，该边是节点 A 和节点 B 的唯一路径[2]。在图 4-2 中，节点 A 和节点 B 之间的边就是桥。

但在实际生活中，$A\text{-}B$ 边是*节点 A* 和*节点 B* 唯一路径的条件太苛刻，往往还有其他隐含的路径可以将*节点 A* 和*节点 B* 相连，如图 4-3 所示。

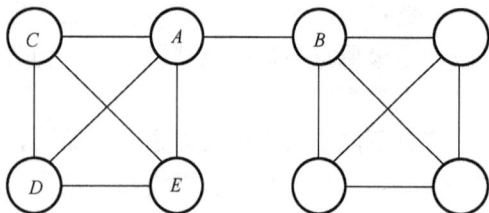

图 4-2　$A\text{-}B$ 边是桥

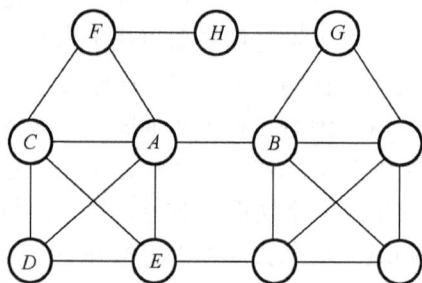

图 4-3　$A\text{-}B$ 边是捷径

在图 4-3 中，节点 A 还可以通过一条较长的路径 $A\text{-}F\text{-}H\text{-}G\text{-}B$ 与节点 B 相连，类似这样的结构在真实的社交网络中更为普遍。因此有如下定义，若 $A\text{-}B$ 边的节点 A 和节点 B 没有共同的朋友，则称 $A\text{-}B$ 边为捷径(Local Bridge)，其跨度为该边两节点在没有该边情况下的实际距离。但成为捷径还有一个要求，就是若删除该边，节点 A 和节点 B 之间的跨度增至 2 以上(不含 2)[2]。因此，在图 4-3 中，$A\text{-}B$ 边为跨度是 4 的捷径，同时可见图中没有其他捷径。捷径与三元闭包在概念上隐含着一种对立：若一条边是捷径，那么它不可能是三元闭包关系中的任意一边，因为这与跨度大于 2 相矛盾。

如果一个捷径的跨度较大，则其作用和桥并无明显差异。由于此捷径的两个节点直接触及两个不同的群体，因此可以通过捷径获得群体外的新信息。若节点 A 想要获得全新的信息(如找新工作)，则对节点 A 帮助最大的可能是一位通过捷径连接到的朋友。因为在节点 A 所属的紧密关联的群体内部，大家的交流较频繁，朋友所掌握的信息可能多数节点 A 已经知道，而通过捷径找到的另一位朋友所带来的信息往往是新的，而这个新的信息很有可能让节点 A 找到工作。

4.3　关系强度和捷径

从大量的研究结果来看,弱关系在很多关键的地方确实发挥着比强关系更重要的作用。马克·格兰诺维特发现,弱关系在寻找新的工作机会的时候比强关系更加有效,这是因为强关系所产生的信息通常是重复的和冗余的。莱文和克罗斯指出,弱关系使新的知识和想法可以从外面传入,从而促进创新[3]。而边燕杰从研究中发现,对于讲究人情面子的中国人来说,强关系在找工作中所起的作用更重要[4]。

那么找工作和创新的弱关系是跳出圈子找到异质信息的捷径吗?为方便起见,我们假设社交网络中的每个人和其邻居的关系程度只分为"强"和"弱",关系的强度越大表示友谊越亲密,且互动越频繁。但在现实中关系是有权重的,或者说关系强度有一个范围,可以是一定范围内的任意值。为了简化概念,将社交网络中的所有关系归为两大类——强关系和弱关系,这里的强弱只是一个相对的概念。

若将图 4-3 中的每条边都标注上强弱关系,则可得到图 4-4 所示的网络示例。

首先我们要做一个严格的假设——强三元闭包原理,如果 *A-B* 边和 *A-C* 边之间的关系为强关系,则节点 *B*、节点 *C* 之间形成边的可能性应该很高(根据前面所讲的三元闭包原理的拓展可知);若节点 *A* 有两个强关系邻居节点 *B* 和节点 *C*,但节点 *B*、节点 *C* 之间没有任何关系(不管是强关系还是弱关系),则称节点 *A* 违背了强三元闭包原理;如果节点 *A* 没有违背强三元闭包原理,则称节点 *A* 符合强三元闭包原理。在这里,我们所做的是一个严格的假设,因为一个节点是否符合强三元闭包原理是有严格定义的,即在一个标准网络中,每个节点要么"符合",要么"违背"。但是在实际的社会网络中不是所有的节点都满足强三元闭包原理,为了推理关系强度与捷径的关系,才通过相对严格的假设来将问题简单化,从而有利于问题的解决。所以,我们在前面做了较为极端和严格的假设。

图 4-4 中的所有的节点都满足强三元闭包原理,而如果把 *B-G* 边的性质改为"强关系",那么由于节点 *B* 和节点 *H* 之间并未形成边,因此节点 *B* 和节点 *H* 均违背了强三元闭包原理。

因此,可以得出一个结论:在社交网络中,若节点 *A* 满足强三元闭包原理,并至少有两个强关系边与之相连,则与其相连的任何捷径均为弱关系,如图 4-5 所示。这可以通过数学的反证法来证明。

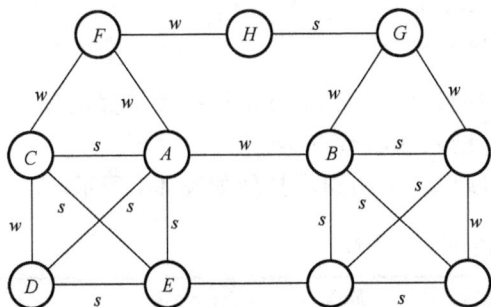

图 4-4　加上强弱关系后的加权社会网络示例
注:*w* 表示弱关系,*s* 表示强关系。

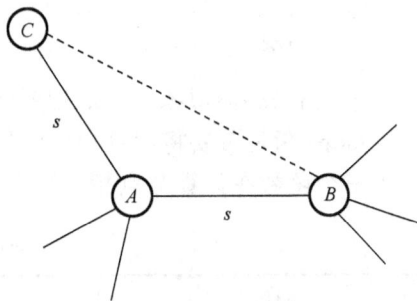

图 4-5　捷径为弱关系的数学证明示意

假设在图 4-5 中节点 A 与节点 B 之间有一捷径相连，且为强关系，现证明以上假设是不成立的。首先，因为节点 A 至少有两个强关系边与之相连，A-B 边是其中之一，另外一条是以强关系相连的 A-C 边。因为 A-B 边为捷径，所以节点 A 和节点 B 没有共同的朋友，则 B-C 边不存在。但是，根据强三元闭包原理可知，若 A-B 边和 A-C 边均为强关系，则 B-C 边必然存在，这与上面的推论矛盾。因此，可以得出这样一条捷径必然是弱关系的结论。

这个证明虽然很简单，但是结论很有意义。通过纯数学的证明，得到了一个具有社会学意义的结论，这个结论将一个局部概念(关系)和一个全局概念(捷径)连接起来。

4.4　弱关系和捷径的关系验证

4.4.1　邻里重叠度

在一定条件下，捷径就是弱关系。这能否通过大数据来论证呢？论证之前要明白一个定义——邻里重叠度，如式(4-1)所示。

$$邻里重叠度 = \frac{与节点A、节点B均为邻居的节点数}{与节点A、节点B中至少一个为邻居的节点数} \tag{4-1}$$

以节点 A、节点 B 为两端的边是否为捷径可以用邻里重叠度来测量，邻里重叠度越小，边越有可能是捷径，当邻里重叠度为 0 时，A-B 边是一条捷径。

4.4.2　用 igraph 计算两节点的相似性

邻里重叠度的计算也可以理解为网络中边的两端节点的 Jaccard 相似性的计算。如果两个节点的属性、连接形式和位置等指标相似性很高，那么这两个节点之间建立连接性的可能性也很高。这基于节点相似性的链路预测的基本思想。在 igraph 中也有根据节点的连接形式(Connection Patterns)来判断节点相似性的函数，具体如下：

```
similarity.jaccard(graph, vids = V(graph), mode = c("all", "out", "in",
    "total"), loops = FALSE)
similarity.dice(graph, vids = V(graph), mode = c("all", "out", "in",
    "total"), loops = FALSE)
similarity.invlogweighted(graph, vids = V(graph),
    mode = c("all", "out", "in", "total"))
```

其中，graph 指网络图对象；vids 指要计算相似性的目标节点 Id；mode 指要计算的邻居节点类型；loops 指是否要将计算相似性的节点本身纳入邻居节点集中。

以上三个函数在计算节点相似性上所依据的原理各不相同，具体如表 4-1 所示。

表 4-1　igraph 中的相似性判定原理

函数	原理
similarity.jaccard	$Jaccard相似性 = \dfrac{两节点的共同邻居节点数}{两节点的邻居节点总数}$

函数	原理
similarity.dice	$Dice相似性 = 2 \times \dfrac{两节点的共同邻居节点数}{两节点的总度数}$
similarity.invlogweighted	加权逆对数相似性：两节点的加权共同邻居总数（每个共同邻居节点的权重值为该节点的度数的逆对数）。 （该原理的基本思想是度数小的共同邻居节点的贡献大于度数大的共同邻居节点的贡献（Adamic & Adar, 2003））

举例如下：

```
#计算节点相似性
> g4_1 <- graph.ring(5)        #构建一个环形图
> plot(g4_1)                   #如图 4-6 所示
> similarity.dice(g4_1)        #计算环形图节点之间的 Dice 相似性，结果以矩阵形式
```
呈现，节点和自身的相似性最高，因此值为 1。节点 1 和节点 3、4 相似性较高。节点 2 和节点 4、5 相似性较高。节点 3 和节点 1、5 相似性高。节点 4 和节点 1、2 相似性高。节点 5 和节点 2、3 相似性高。
```
     [,1] [,2] [,3] [,4] [,5]
[1,]  1.0  0.0  0.5  0.5  0.0
[2,]  0.0  1.0  0.0  0.5  0.5
[3,]  0.5  0.0  1.0  0.0  0.5
[4,]  0.5  0.5  0.0  1.0  0.0
[5,]  0.0  0.5  0.5  0.0  1.0
> similarity.jaccard(g4_1)[1,4]  #节点 1 和节点 4 之间的 Jaccard 相似性
[1] 0.3333333
```

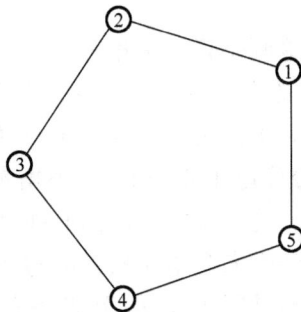

图 4-6　环形图

4.4.3　弱关系与捷径的大数据验证

有这样一个实验，该实验调查了美国 20%的人口在 18 周内的通信数据，然后通过这些实际通信中的强弱关系来证明弱关系与捷径的关系。在电话通信中，两两通话之间形成数字通信网络。图 4-7 为电话通信形成的数字通信网络中的一个大连通片，节点表示手机号，边代表两人之间的通话关系，通话时长表示为关系强度，若通话时间越长，则关系强度越大[5]。从图 4-7 中可以非常直观地看到这种加权网络，通话时间越长，关系强度越大，在图中的连边也越粗。这里，我们可以尝试用两种方法去除社会网络中的连边，看社会网络会怎么变化。一种是先去除最强边，接着去除次强边，最后去除最弱边；还有一种是先

去除最弱边，接着去除次弱边，最后去除最强边。我们会发现通过第二种方法，社会网络中的大连通片会比第一种方法更快地分解成一个个小连通片。因此，直观分析的结果是：如果强度弱的边将社会网络连接成了一个连通的整体，那么弱关系就有可能是连接不同圈子的捷径。

进一步定量化分析后可得到捷径和关系强度的相关关系，如图 4-8 所示，横轴表示边的关系强度，纵轴表示有关系的两个人的邻里重叠度，图中显示的是按照关系强度排序的所有边的邻里重叠度。

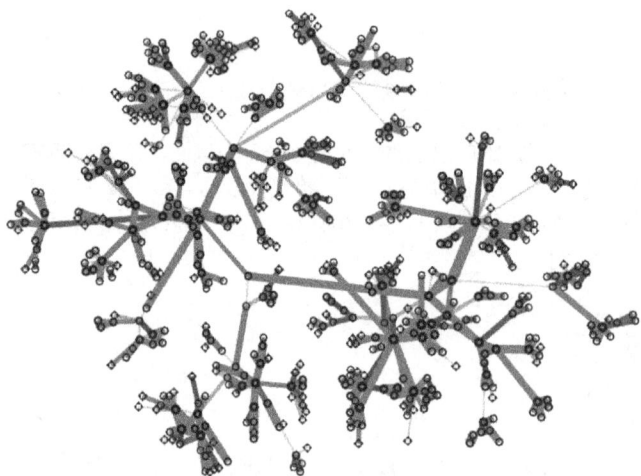

图 4-7　数字通信网络中的大连通片

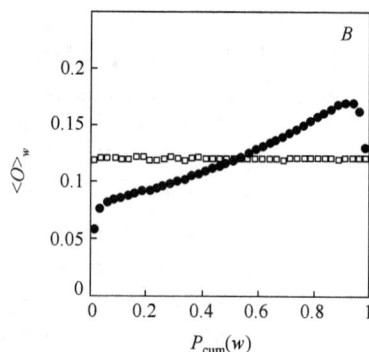

图 4-8　捷径和关系强度的相关关系

图 4-8 中曲线的走向证明了这两个量是正相关关系，即关系强度越大，其邻里重叠度越大。根据式(4-1)中邻里重叠度的定义可知，若关系强度越大，则分子越大，即与节点 A 和节点 B 均为邻居的节点数越高，由此可见 A-B 边不会是一条捷径。如果 A-B 边是一条捷径，则分子趋向于 0，即邻里重叠度趋于 0。所以，根据实验结果可知，关系强度越小，边的邻里重叠度也越小，边更趋向于是一条捷径，因此捷径必然是一种弱关系。

上述的实验正是利用大数据分析来观察关系强度与邻里重叠度之间的关系，由于大数据本身更多关注的是相关关系而不是因果关系，因此消费者不需要懂得"为什么"，只需知道"正是如此"即可。大数据中有一个经典的例子——啤酒和尿布，超市通过大数据分析得知，如果把啤酒和尿布放在邻近的货架，那么啤酒的销量会有显著的提高，因为这两种商品存在一种相关性。有一种解释是这样的：新生儿的父亲在去买尿布的时候很可能因为看到旁边的啤酒而随手买一些回去，从而使啤酒的销量上升。虽然，啤酒和尿布之间并不存在明显的因果关系，但其销量却是相关的。因此，大数据所关注的是知识现象的相关结果，而不需要仔细分析其中的原因。

社会网络是有相应强度的，用二分法可以分为强关系和弱关系。图 4-9 是 Facebook 中不同强度的用户所组成的社会网络，有持续联系、单向联系和互相联系三类，关系强度依次增加，"所有朋友"是将三种类型都汇集起来形成的社会网络。从图中可以发现，弱关系的强度虽然较小，但在社会网络中所占的比例却很大，只有持续联系的弱关系才能将社会网络连通在一起，如果只保留互相联系的强关系，那么社会网络中很多个体都是不连通的。这也验证了上面所述的社会网络中的弱关系才能将个体之间连通成一个整体的现象。

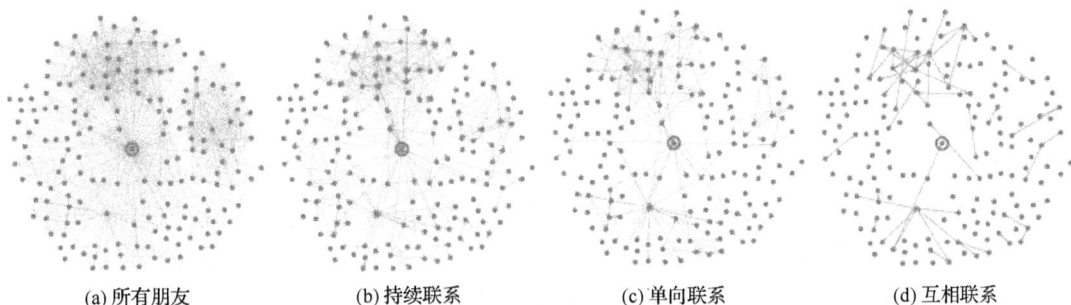

(a) 所有朋友　　　　(b) 持续联系　　　　(c) 单向联系　　　　(d) 互相联系

图 4-9　Facebook 中不同强度的用户所组成的社会网络

4.4.4　用 igraph 包判断网络的连通

若一个图中的两个节点之间有相通路径，则称这两个节点之间是连通的。如果不存在任何路径可将两个节点相连，则称这两个节点间是不连通的。若一个图中任意两个节点之间都有相通路径，则称此图为连通图。若图中存在无路径可相通的两个节点，则称该图为非连通图。连通分量可以看作一个连通图的子集，即每个连通分量都是连通图的一部分。连通分量内的节点之间是存在路径的，而连通分量之间是不存在路径的，某个连通分量的节点也不会包含在其他的连通分量中。

在无向图中，若任意两个节点之间都有路径使其相连，则称这个图为连通图[6]。在有向图中，还有强连通图和弱连通图的概念。若对于每一对节点 V_1 和 V_2，都存在一条从 V_1 到 V_2 和从 V_2 到 V_1 的路径(所有连边均为同向)，则称该有向图为强连通图。若将有向图中所有的有向边替换为无向边，所得到的图则称为原图的基图。若一个有向图的基图是连通的，则该有向图为弱连通图。由于非连通图存在多个连通分量，而连通分量又是图中的一个较大连通子图，因此在非连通有向图中也有强连通分量和弱连通分量。igraph 采用如下函数来判断图的连通性或发现连通分量：

```
is.connected(graph, mode=c("weak", "strong"))
clusters(graph, mode=c("weak", "strong"))
no.clusters(graph, mode=c("weak", "strong"))
```

其中，is.connected 函数用来判断图是否是连通的(强连通或弱连通)；clusters 函数用来寻找图中的连通分量(强连通分量或弱连通分量)；no.clusters 函数用来寻找图中的连通分量个数。举例如下：

```
#图连通度
> g4_2<-erdos.renyi.game(10,0.2)    #生成随机网络
> is.connected(g4_2)                #判断图 g4_2 是否连通，结果表明不连通。
[1] FALSE
> clusters(g4_2)                    #寻找图中的连通分量
$membership   #图中的节点分别属于的连通分量的 Id，结果表明 2 号节点属于 2 号连通分量，其他节点均属于 1 号连通分量。
 [1] 1 2 1 1 1 1 1 1 1 1
```

```
$csize   #连通分量的大小，1号连通分量中含有9个节点，2号连通分量中含有1个节点
[1] 9 1
$no                                    #连通分量的个数
[1] 2
> no.clusters(g4_2)连通分量的个数
[1] 2
```

在知道一个图是否连通之后，我们如何衡量图的连通程度呢？在图论中，通常采用边连通度和点连通度来衡量。两个节点之间的边连通度是指使这两个节点之间不相连所要移除的最少的边数[7]。在 igraph 中，图的边连通度是指图中所有节点对的边连通度中的最小值。两个节点之间的节点连通度是指使两个节点不相连所要移除的最少的节点数[7]。在 igraph 中，图的节点连通度是指图中所有节点对的节点连通度的最小值。具体如下：

```
vertex.connectivity(graph, source=NULL, target=NULL, checks=TRUE)
edge.connectivity(graph, source=NULL, target=NULL, checks=TRUE)
```

其中，graph 指网络图对象；source 指起始节点 Id；target 指终点节点 Id；checks 参数用来检查图是否是连通的及节点的度数的大小。若网络是不连通的，那么网络的边连通度显然为 0；若最小的节点度数是 1，那么显然网络的边连通度也是 1，这两种检查能够快速地确定边连通度的值，减少计算量。举例如下：

```
#计算边连通度
> g4_3<-erdos.renyi.game(10,0.2)    #生成随机网络
> edge.connectivity(g4_3,1,3)       #计算节点1和节点3之间的边连通度
[1] 2
> edge.connectivity(g4_3)           #计算网络图 g4_3 的边连通度
[1] 0
> vertex.connectivity(g4_3,1,3)     #计算节点1和节点3之间的点连通度
[1] 2
> vertex.connectivity(g4_3)         #计算网络图 g4_3 的点连通度
[1] 0
```

4.5 弱关系的力量

从客户关系的角度来看,强关系指的是人的社会网络同质性较强(即交往的人群从事的工作和掌握的信息都是趋同的)：人与人的关系紧密，有很强的情感因素维系着人际关系。弱关系指的是人的社会网络异质性较强(即交往面很广，交往对象可能来自各行各业，可以获得的信息也是多方面的)：人与人的关系并不紧密，也没有太多的感情维系，也就是我们所谓的泛泛之交。

此外，马克·格兰诺维特建议通过联系时间、情感强度、亲密程度和互惠程度这四个指标，把这些关系分为两类：一类是强关系，指的是联系频繁的较亲密的关系；另一类是弱关系，指的是少有联系的较疏远的关系[1]。

强关系能够更深入地影响他人，而弱关系通常能够连接更多的人。如果想更广泛地认识人，并把自己的产品推广给更多的人，需要依靠的是弱关系。如果想让看到广告的人去购买，需要利用强关系和其接触并影响他，才能把潜在的用户变为实际的购买者。

微博中的网络营销，也是通过弱关系来"撒网"，让更多的人看到营销消息的，然后通过建立联系和不断交流来形成强关系从而促成购买行为，完成"捕鱼"。处在捷径或桥上的人可以拥有更多的弱关系来联系圈子外的个体，他们是连接两个圈子的关键，起着很重要的作用。人们不仅需要强关系还需要弱关系，这样才能在关系网中游刃有余；对公司来说也一样，不同的公司之间也需要建立合作伙伴关系来促进公司的发展，提高公司的利益。

　　那么如何管理好弱关系呢？例如，在出席交流会议时，不妨尝试和不熟悉的人(包括其他领域的人)多多交流，相互交换名片，来建立自己的弱关系。牛津大学进化人类学家邓巴通过研究发现：一个人能够拥有的稳定的朋友数目一般不会超过 150 名，这就是著名的"邓巴数"，也称"150 定律"[8]。一个人在以自己为中心的社会网络中，拥有的密友数是 3～5人，拥有的好友数是 30～50 人，其他关系一般的朋友大概有 100～150 人。其中，20%左右的人是经常联系的亲密朋友，而有 80%的人一年大约仅联系一两次。显然这 80%的部分就是所谓的弱关系。不妨翻开自己的通讯录，可以看到在我们的通讯录中有很多联系人，而经常联系的往往只是那几个人，这就是强关系；那些不常联系，看到名字时感到有些陌生的，就是弱关系。由于通过弱关系往往可以带来比较新的信息，因此管理好自己的弱关系也是很重要的。

　　一个关于寻找人生伴侣的社会网络分析的结论是这样说的：大部分未来可能成为你人生伴侣的另一半往往与你相距 2～3 个度,这说明自己的另一半往往并不是通过直接联系的强关系找到的，而是弱关系。美国国民健康和社会生活机构组织过一个"芝加哥性别调查"，其结果显示：68%的人是通过共同认识的朋友来向对方介绍彼此，然后最终成为伴侣的，另外 32%的人是通过自我介绍认识彼此而最终成为伴侣的。如果你是单身，并认识 20 个人，假如你认识的人平均每个人也都认识 20 个人，那么 20×20×20=8000(人)，这样仅通过 3 个度就有 8000 个可能潜在认识的人，也许在这些人里面就会有你未来的人生伴侣。

4.6　加 权 网 络

4.6.1　加权网络的定义

　　社会网络中两个节点的关系可以简单地用二值法来表示，如式(4-2)所示。若两个节点 i 和 j 之间存在边，则记为 $A_{ij}=1$；若 i 和 j 这两个节点之间不存在边，则记为 $A_{ij}=0$。

$$A_{ij}=\begin{cases}1, & 如果 i 和 j 之间存在边 \\ 0, & 如果 i 和 j 之间没有边\end{cases} \tag{4-2}$$

　　但是在很多社会网络中，节点间的连接并不是简单的二值化关系——存在或不存在。在这些网络中不仅包含节点的边信息，还包括两个节点之间的边的权重，边的权重被用来表示两个节点之间的关系强度，这样的网络就被称为加权网络。与未加权的网络相比，加权网络包含的信息更多，分析起来也更为复杂。与未加权的网络相似，加权网络也可以用矩阵来表示，但是不同的是，加权网络中的 A_{ij} 的取值不再是 0 和 1，而是取节点 i 和节点 j 边的权重。图 4-10 所示的是用邻接矩阵表示的加权网络。

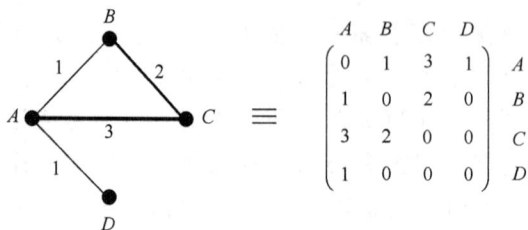

图 4-10　用邻接矩阵表示的加权网络

以图 4-10 为例，从图中可知，*A-B* 边的权重为 1，*B-C* 边的权重为 2，因此在矩阵中对应位置上的数值即为边的权重；若两个节点之间不存在边，则矩阵中相应位置的数值为 0。一般而言，我们还可以用边的粗细来表示边的权重。

此外，我们还能以另一种方式来表示图 4-10 所示的加权网络，即用边的数量来表示两个节点之间边的权重，如图 4-11 所示。由于图 4-11 与图 4-10 中的加权网络代表的意义相同，因此它们具有相同的邻接矩阵。

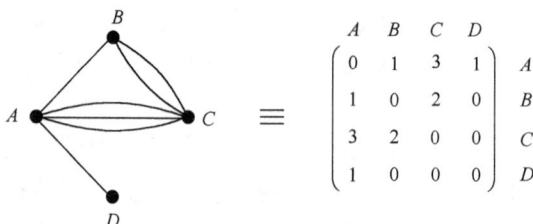

图 4-11　用邻接矩阵表示的多边网络

从现实的角度也可以对多边网络和加权网络的关系进行解释：假设用两个节点之间的边表示道路的车流量，即多边网络中的边数量越多则道路能够允许通过的最大车流量越大，这等同于若加权网络中的边权重越大，则允许通过的最大车流量也越大。因此，在对复杂的加权网络问题进行分析时，我们可以用无权重的多边网络进行替换，将权重值为 *n* 的边替换成多边网络中权重为 1 的 *n* 条边。

4.6.2　加权网络的测量

由于节点中心性是社会网络分析中最重要的关键问题，因此在本小节中，我们将介绍加权网络中节点中心性的测量方式。Freeman 在 1979 年提出了节点中心性的三种度量方式：度数中心性（Degree Centrality）、接近中心性（Closeness Centrality）和介数中心性（Betweeness Centrality），它们可以用来衡量节点在网络中的重要性。Freeman 在二值网络的情境下提出的节点中心性的度量方法，但是由于实际生活中的许多网络都是加权网络，因此大量的学者在后来的研究中试图将 Freeman 提出的方法运用于加权网络节点中心性的测量[9]。

1．度数中心性

度数中心性是指用节点的度数来衡量节点的重要程度。在无权无向网络中，若节点的度数越高，则该节点的中心性越高，它在网络中的地位也越重要。而在加权网络中，由于不能直接用节点的边数量来表示节点的中心性，因此需要考虑边的权重的计算，其计算方法如式(4-3)所示。

$$s_i = C_D^{W}(i) = \sum_{j}^{N} w_{ij} \tag{4-3}$$

在式(4-3)中，s_i 表示节点 i 的度数中心性；W 表示节点 i 与其所有相连节点之间的权重邻接矩阵；N 表示节点的个数；w 表示权重；D 表示度数；j 表示其他所有节点；w_{ij} 表示节点 i 和节点 j 的边的权重。因此，衡量加权网络节点的度数中心性考虑到了节点的权重。加权网络的度数中心性表示为节点所有边的权重之和[10]。

但是如果只考虑边的权重，并仅以此来判断节点在整个网络中的重要程度是有失偏颇的，因为作为衡量节点连接其他节点数量的指标——节点的度数，也相当重要。为了将度数和权重都考虑进来，Opsahl 等引入了一个调节参数 α，用于调节边数量对于边的权重的重要程度[10]。一般来说，α 取值为 0、0.5、1 或 1.5，具体取值将根据研究的情境和数据进行设定。如果 α 取值位于 0~1 之间，则说明边数量的重要程度较高；如果 α 取值大于 1，则说明边的权重较为重要。度数中心性的另一个计算方法如式(4-4)所示。

$$C_D^{W\alpha}(i) = k_i \times \left(\frac{s_i}{k_i}\right)^{\alpha} = k_i^{(1-\alpha)} \times s_i^{\alpha} \tag{4-4}$$

其中，k_i 表示节点 i 的度。

2. 接近中心性和介数中心性

由于接近中心性和介数中心性的测量都与节点最短路径的长度相关，因此我们首先要考虑的是如何确定最短路径。在二值网络中，最短路径是指连接两个节点的边数最少的路径，接近中心性被定义为最短路径的倒数，而介数中心性被定义为经过某个节点 i 的最短路径的数量占整个网络中最短路径的数量的比例。它们的计算方法如式(4-5)和式(4-6)所示[9]。

$$C_C(i) = \left[\sum_{j}^{N} d(i,j)\right]^{-1} \tag{4-5}$$

$$C_B(i) = \frac{g_{jk}(i)}{g_{jk}} \tag{4-6}$$

其中，$C_C(i)$ 表示节点 i 的接近中心性；$C_B(i)$ 表示节点 i 的介数中心性；N 表示节点的数量；g_{jk} 是两个节点之间最短路径的数量；$g_{jk}(i)$ 是经过节点 i 的最短路径的数量。

在加权网络中，接近中心性和介数中心性的计算方式发生了变化。如图 4-12所示，这是一个加权网络，从节点 A 到节点 B 有三条路径：{A,B}、{A,C,B} 和{A,D,E,B}，如果是在无权无向网络中，那么 {A,B} 无疑是最短路径，但是在图 4-12 所示的加权网络中，由于路径{A,D,E,B} 的权重较大，包含较强的联系，因此该路径也有可能是最短路径。

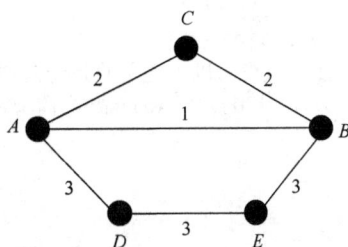

图 4-12　加权网络

为了同时考虑度数和权重的重要性，在计算节点 i 和节点 j 之间的距离时，Opsahl 等仍然用到了调节参数 α，在不同的情境下，可以通过调整 α 的取值适应显示需求。因此，节点 i 和节点 j 之间的最短路径的计算公式如式(4-7)所示。

$$d^{W\alpha}(i,j) = \min\left(\frac{1}{(w_{im})^{\alpha}} + \cdots + \frac{1}{(w_{nj})^{\alpha}}\right) \tag{4-7}$$

其中，m、n 为节点 i、j 之间连线上的与 i、j 相连的两个节点；w_{im} 表示节点 i、m 之间的权重；w_{nj} 表示节点 n、j 之间的权重。

在此基础上，Opsahl 等人得到了加权网络的接近中心性和介数中心性的计算公式，如式(4-8)和式(4-9)所示。

$$C_C^{W\alpha}(i) = \left[\sum_j^N d^{W\alpha}(i,j)\right]^{-1} \tag{4-8}$$

$$C_B^{W\alpha}(i) = \frac{g_{jk}^{W\alpha}(k)}{g_{jk}^{W\alpha}} \tag{4-9}$$

其中，$g_{jk}^{W\alpha}(k)$ 表示同时考虑度数和权重后经过节点 i 的最短路径的数量；$g_{jk}^{W\alpha}$ 表示同时考虑度数和权重后的两个节点间的最短路径；$C_C^{W\alpha}(i)$ 和 $C_B^{W\alpha}(i)$ 分别表示加权网络中节点 i 的接近中心性和介数中心性。

4.6.3 基于 Gephi 的加权网络可视化

本节将以共代码网络为例。共代码网络表示的是基金申请代码之间在申请者上的共现关系。如果两个申请代码之间至少存在一个相同的申请者，那么这两个代码之间就存在共现关系。如果两个申请代码之间存在 n 个相同的申请者，那么这两个申请代码之间的共现次数为 n。在共代码网络中，节点是申请代码，节点与节点之间的边的权重则表示两个申请代码间的共现次数。原数据共有 193 517 条记录，这里我们只截取其中一部分数据，作为加权网络可视化的例子。

共代码网络数据采用.net 格式，由 Vertices 和 Edges 两部分组成。如果是有向网络，那么对应的数据由 Vertices 和 Arcs 两部分组成。以下是部分数据：

```
*Vertices 300(表示以下共有 300 个节点)
1 "A0102"(1 是节点 Id, "A0102"是节点的标签)
2 "A0101"
3 "A010201"
4 "A010102"
5 "A010207"......
*Edges(表示以下定义的是无向边，若是有向边，则用*Arcs)
1 2 1(从节点 1"A0102"指向节点 2"A0101"的无向边，边权重为 1)
3 4 1
5 6 1
7 8 2
9 2 1
*Edges
......
```

具体操作步骤如下。

(1)打开 Gephi 软件，然后单击"文件"→"打开"选项，选择数据文件并打开后(这里我们用的数据是.net 格式的)，可以看到输入报告对话框，对话框的默认选择是"Undirected"，代表此共代码网络是无向网络。通过单击"确定"按钮即可生成一幅图像，然后滚动鼠标滑轮将图像放大，并单击鼠标右键将图拖到中心，可得到图 4-13 所示的未经调整的共代码网络可视化图。

(2)选择"排序"模块，接着在排序窗口中选择"节点"按钮，在"选择一个等级参数"选项中选择"度"，再选择 ▼ 按钮，设置最小尺寸为 10，最大尺寸为 50，单击"应用"按钮后，图形中的节点会按照度数的大小进行排序。选择 ● 按钮，在"选择一个等级参数"选项中也选择"度"，单击色彩条右上方的 田 按钮，选择其中一种配色方案，这里我们选择 缺省 ▸ ⬜◼ 选项。

(3)完成节点的大小颜色调整后，可以进行边的粗细和颜色的调整。在"排序"模块中选择"边"按钮，在"选择一个等级参数"选项中选择"权重"，单击 ● 按钮，再单击色彩条右上方的 田 按钮，选择其中一种配色方案，这里我们选择 ⬜◼ 。调整完的节点和边的共代码网络可视化图如图 4-14 所示。

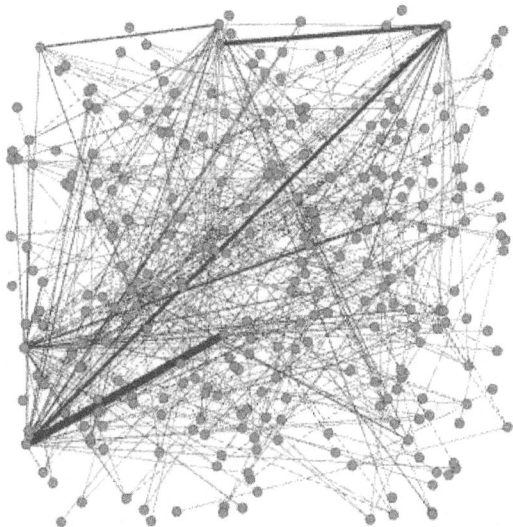

图 4-13　未经调整的共代码网络可视化图

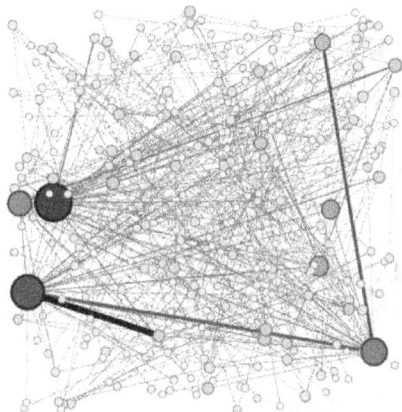

图 4-14　调整完的节点和边的共代码网络可视化图

(4)选择"流程"模块，单击"选择一个流程"按钮，选择"FrutchtermanReingold"选项，将区调为 3000(区越大，网络所占的面积越大。一般来说，网络每增加 100 个节点，区增加 1000 个单位。由于我们的样本数据为 300 多个节点，所以这里调为 3000)，其他设置保持默认，再单击"运行"按钮，运行结果如图 4-15 所示。

(5)单击"流程"模块下边的窗口中的"样条曲线"按钮，可以看到不同样条曲线的显示效果。除了样条曲线，还可以通过图形窗口下方的

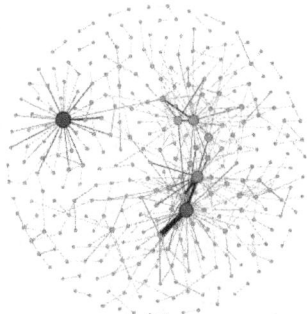

图 4-15　调整完布局的共代码网络可视化图

T ————————┃————，来整体调整边的粗细。若要在图中显示节点的标签，则可以单击图形窗口下方的 **T**按钮。还可以单击 Arial Bold, 32 ————┃ ■这三个选项，依次调整标签的字体、大小和颜色。

(6) 单击"预览"按钮并刷新，可得到图 4-16 所示的可视化的结果。单击左下角的"SVG/PDF/PNG"按钮，可以把生成的图形输出，到此可视化过程完成。

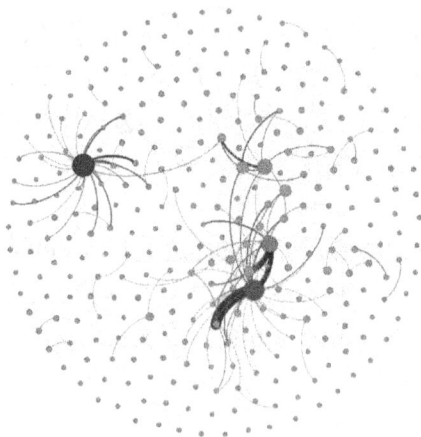

图 4-16　共代码网络的最终可视化图

4.6.4　基于 igraph 的边访问

在对加权网络的操作中，可以利用 igraph 中的 E()函数对网络图中的边进行访问，并对边的宽度、权重和颜色等属性进行修改，具体如下：

```
E(graph, P=NULL, path=NULL, directed=TRUE)
```

其中，**graph** 代表网络图对象；**P** 代表要访问的边的节点 Id 数值向量组；**path** 代表访问所有边所采用的路径；当给定 **P** 或 **path** 值时，**directed** 代表所选择的边或路径是否有向。

举例如下：

```
#边的访问
> g4_4<-graph.ring(10)          #创建一个拥有 10 个节点的无向环形图
> E(g4_4)                       #显示网络图中的边(每一条边的节点 Id)
Edge sequence:
[1]   2 -- 1
[2]   3 -- 2
[3]   4 -- 3
[4]   5 -- 4
[5]   6 -- 5
[6]   7 -- 6
[7]   8 -- 7
[8]   9 -- 8
[9]  10 -- 9
[10] 10 -- 1
> d <- get.diameter(g4_4)       #获得网络图 g4_4 的直径
> E(g4_4, path=d)               #获取沿着直径的边
```

```
Edge sequence:
[1] 2 -- 1
[2] 3 -- 2
[3] 4 -- 3
[4] 5 -- 4
[5] 6 -- 5
#修改边的属性
>E(g4_4)$weight <- runif(ecount(g4_4))  #给网络图 g4_4 中的边赋予权重
>E(g4_4)$width <- 1            #将网络图 g4_4 中的边的宽度设置为1
>E(g4_4)[ weight >= 0.5 ]$width <- 3
                       #将网络图 g4_4 中权重大于 0.5 的边的宽度设置为3
>plot(g4_4, edge.color="black")#绘出网络图 g4_4，并将边的颜色设置为黑色，如图 4-17 所示
```

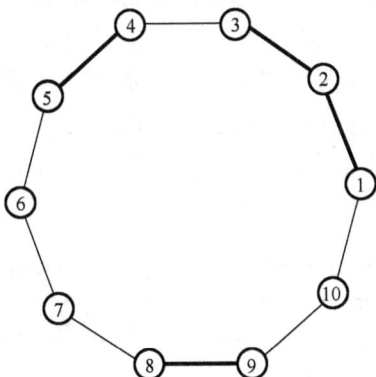

图 4-17　环形图边的访问

4.7　加权网络分析实例 1——共代码网络

4.7.1　共代码网络研究问题定义

在申请国家自然科学基金的过程中，申请人选择合适的申请代码是非常关键的。因为申请代码代表了申请人所申请项目的学科领域，将被作为选择匿名评审人的依据。并且，由于国家自然科学基金是单盲评审的，也就是评审人对申请人的具体情况是清楚的，因此申请人对申请代码的选择也蕴含着他对申请代码背后的学术圈子的选择。科学家在不同时期的申请中会选择不同的项目去申请代码，这样科学家与申请代码之间就组成了二模网络，经过投影可以生成单模的共代码网络。二模网络的分析将在第 5 章进行重点介绍，这里先介绍单模共代码网络。

不同于传统的引文视角和合著视角，这里将从项目代码申请的角度，利用社会网络分析方法，基于共代码网络，构建跨学科知识流动网络，并分析不同层次上学科间知识流动的不均匀性。这种不均匀性是多重因素共同作用的结果：一是，部分学科之间自身存在着亲缘关系；二是，部分学科属于基础学科，其知识包容性和渗透力都很强，在其他学科中同样适用；三是，新兴学科发展迅速，知识更新快，需要吸收其他学科的知识来解决问题。在信息时代，信息的开放性和获取的便利性，更促成了不同学科之间的知识流动。另外，

学科间的联系，特别是跨学科知识创造，还会受到基金赞助情况的影响[11,12]。这里我们要探究：在基金项目视角下、学部层次和一级学科层次上知识流动不均匀性的具体体现，以及部分学科之间是否存在比较固定的知识流动路径。本节将通过对1999—2013年国家自然科学基金的相关数据所构成的共代码网络的分析，来探讨此问题。

4.7.2 基金代码数据收集

我们收集了中国国家自然科学基金委员会信息系统中从1999—2013年的原始数据，共193 517条记录。每条记录包括题目、负责人、金额、批准时间、学科代码、学科名称、项目批准号和申请单位等属性。其中，项目批准号能唯一地标识每一个项目，而学科代码是项目的申请代码，不仅能对应到每一个项目所属的学部，还能将项目归属到一级学科、二级学科和三级学科。例如，A010101是某一个项目的申请代码，可以被分成四个部分：A、A01、A0101和A010101。这四个部分分别表示该项目所属的学部是数理科学部，所属的一级学科是数学，二级学科是数论，三级学科是解析数论。

在2013年国家自然科学基金项目申请代码标准中（如表4-2所示），共有A～H 8个学部，86个一级学科，981个二级学科，1679个三级学科。

表4-2 2013年国家自然科学基金项目申请代码标准

学部	学部名称	一级学科	二级学科	三级学科	小计
A	数理科学部	5	45	254	304
B	化学科学部	7	76	283	366
C	生命科学部	20	153	389	562
D	地球科学部	6	75	52	133
E	工程与材料科学部	9	113	295	417
F	信息科学部	5	45	354	404
G	管理科学部	3	48	52	103
H	医学科学部	31	426	0	457
	小计	86	981	1679	2746

根据学科代码的层次结构，我们将构建成的跨学科共代码网络分成两个层次，分别是跨学部共代码网络及跨一级学科共代码网络[13]。

4.7.3 确定共代码网络的边

假设存在项目a和项目b，如果项目a和项目b的申请代码不同，即这两个项目隶属于不同的学科，但是项目a和项目b的负责人是相同的，那么就认为项目a和项目b之间存在跨学科共代码的关系。

在本次研究的数据集内，与项目负责人个人属性相关的是负责人的姓名和所属单位。在现实生活中，姓名与负责人个人、所属单位与负责人个人都是一对多的对应关系。也就是说，仅靠姓名来确认一个人，会存在歧义。为了消除歧义，我们可以采用负责人所属单位或合著关系来确认一个人，但由于使用所属单位的消歧效果会比合著关系更好[14]，因此我们将负责人姓名与所属单位联合起来，一起作为个人的唯一标识。

如图 4-18 所示，甲大学的李明使用的申请代码有 A010101 和 B02；乙大学的王凯使用的申请代码有 A010101 和 A02；丙大学的张强使用的申请代码有 A02 和 B02。那么 A010101 与 B02 就存在共同的申请者，即两个申请代码有共现关系。同样，A010101 与 A02 和 A02 与 B02 也都存在共现关系。

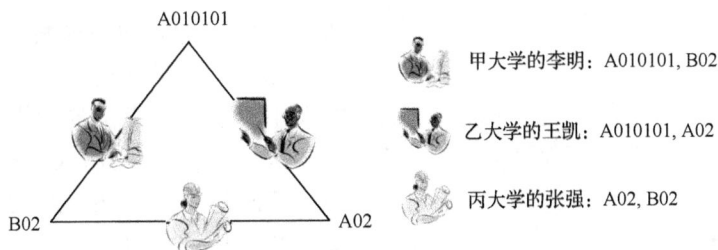

甲大学的李明：A010101, B02

乙大学的王凯：A010101, A02

丙大学的张强：A02, B02

图 4-18　代码间共现关系的举例

4.7.4　确定共代码网络的边权重

对于构建共代码网络所需要的两个任务中的后者——边的权重，我们用两个代码间的知识流动性指标 W_{ij} 来表示，其计算式如下：

$$W_{ij} = F_{ij} \times \text{DOID}_{ij} \tag{4-10}$$

其中，F_{ij} 是学科代码 i 和学科代码 j 的共现次数（The Co-occurrence Frequency），表示这两个代码被多少人次共同申请；DOID_{ij} 是学科代码 i 和学科代码 j 之间的跨学科程度。

基于申请代码的跨学科程度计算式[13]，如果两个申请代码的首字母不同，那么这两个申请代码是跨学部关系，计算得到的跨学科程度为 1；如果首字母相同，而后两个字符不同，那么这两个申请代码是跨一级学科关系，跨学科程度为 1/2；如果前三个字符相同，而后两个字符不同，那么这两个申请代码是跨二级学科关系，跨学科程度为 1/3；如果前五个字符相同，最后两个字符不同，那么这两个申请代码是跨三级学科关系，跨学科程度为 1/4。如果两个申请代码是上下级的关系，那么跨学科程度为 0。

如表 4-3 所示，由于 A010101 和 B01 共现了 2 次，而且两者是跨学部的，跨学科程度为 1，因此这两者之间的知识流动性为 2。以此类推，因为 A010101 与 A02 共现了 2 次，两者跨一级学科，跨学科程度为 1/2，所以两者之间的知识流动性为 1。另外，由于 A010101 与 A01 是上下级关系，跨学科程度为 0，因此两者的知识流动性也为 0。

表 4-3　学科间知识流动性的计算举例

学科代码 i	学科代码 j	跨学科类型	跨学科程度 DOID$_{ij}$	共现次数	知识流动性
A010101	B01	跨学部	1	2	2
A010101	A02	跨一级学科	1/2	2	1
A010101	A010201	跨二级学科	1/3	3	1
A010101	A010102	跨三级学科	1/4	4	1
A010101	A01	上下级	0	2	0
A010101	A0101	上下级	0	2	0

4.7.5 知识流动路径分析

1. 各学部间的知识流动路径

我们统计了各学部间的知识流动性之和，并将其在社会网络分析软件中进行可视化。

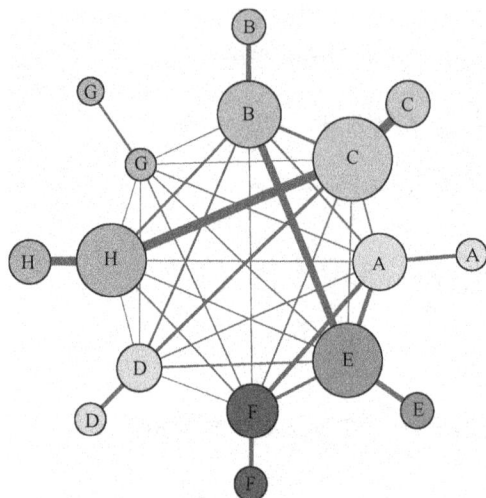

图 4-19 各学部间的知识流动路径

如图 4-19 所示，图中内圈的每个节点表示一个学部，不同学部用不同的颜色标识，节点的大小反映了该学部的知识流动性之和的大小。从图中可以看到，C 学部的节点是最大的，其次是 H、E、B、A、F、D 学部，G 学部的节点是最小的。

内圈反映了不同学部之间的知识流动情况，外圈则反映了同一个学部内的知识流动情况。外圈节点的大小与内圈节点的大小之差显示了节点的内部知识流动性和外部知识流动性的差异。在图 4-19 中，G 学部节点在外圈和内圈的大小相近，这说明 G 学部的知识流动性绝大多数来自学部内部，该学部的知识内聚性比较高，与其他学部进行知识交流比较少，这也解释了为什么 G 学部节点的大小是最小的；而其他学部节点的知识流动性则比较均匀地分散在学部之间和学部内部。

节点之间的边表示两个学科代码之间的联系，边的粗细代表节点间知识流动性的大小。图 4-19 中明显存在两条最主要的路径，一条是 B—E—A—F，另一条是 D—C—H，中文名称分别是：化学科学部—工程与材料科学部—数理科学部—信息科学部，地球科学部—生命科学部—医学科学部。

这两条路径的形成也比较容易理解：化学科学和工程与材料科学的结合产生了化学工程与材料类，甚至有专门的化学工程与材料学院；由于工程与材料也有物理材料，也涉及大量力学方面的知识，因此与数理科学联系密切；而由于信息科学大量地运用了数理方法来构建模型和算法，因此也与数理科学密不可分。另外一条路径，地理科学关注地质、大气、海洋这些外部环境，而生命科学研究生态系统中各种主体，以及生态系统与环境的关系，两者有甚多相通之处；医学科学与生命科学是亲缘学科，自然联系密切。

2. 各一级学科间的知识流动路径

接下来，我们将注意力转移到每个学部的内部，并同样用社会网络软件来可视化网络，如图 4-20 所示。图中有 8 个连通分支，每个连通分支使用不同的区域来标识，不同的区域代表不同的学部。

在每个连通分支中节点之间联系的紧密程度是不同的，这可以从节点之间边的粗细看出。边表示两个一级学科节点之间的联系，边的粗细代表权重，即两个一级学科之间的知识流动性。很明显，各连通分支中的边的粗细是不一致的，比较粗的边有：A 学部中的 A05-A04，B 学部中的 B01-B03、B01-B05 和 B03-B02，C 学部中的 C07-C05、C04-C03、

C02-C13、C13-C06 和 C14-C01，D 学部中的 D02-D03，E 学部中的 E01-E02、E01-E04，F 学部中的 F01-F02、F02-F03 和 F04-F05，G 学部中的 G01-G02，H 学部中的 H27-H29。以上节点之间联系密切，知识流动性较大，已经形成了比较固定的知识流动路径。

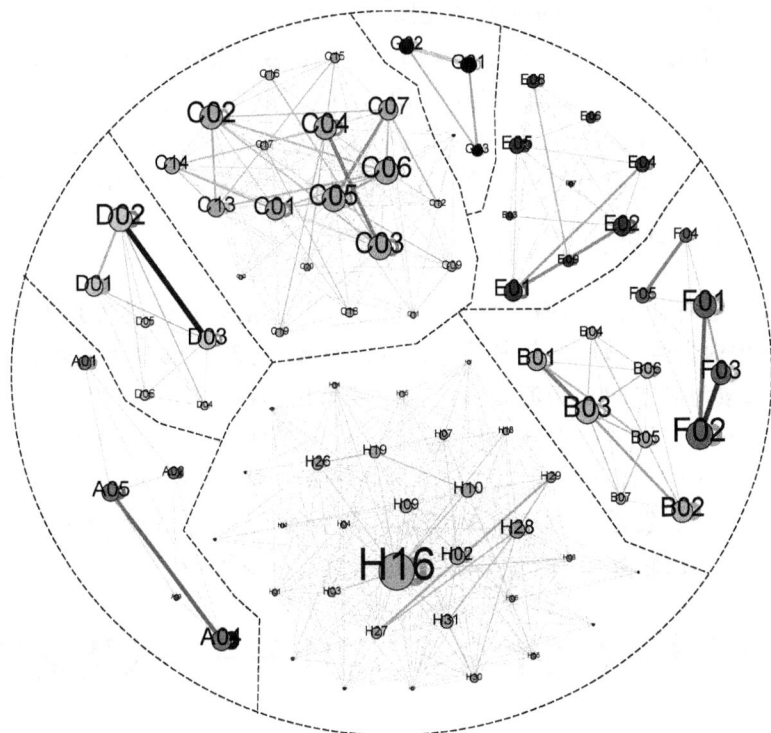

（扫码看彩图）

图 4-20　各一级学科间的知识流动路径

　　图中节点的大小表示节点的度数的大小，即与单个一级学科有直接联系的其他一级学科的个数，代表了单个一级学科节点联系的影响范围。在上文中，影响范围比较广的节点，我们称为 HUB 节点。如表 4-4 所示，在各个学部中，HUB 级的一级学科节点包括 A 学部中的 A04 和 A05，B 学部中的 B01、B02 和 B03，C 学部中的 C01、C02、C03、C04、C05、C06、C07、C13 和 C14，D 学部中的 D01、D02 和 D03，E 学部中的 E01、E02、E04 和 E05，F 学部中的 F01、F02 和 F03，G 学部中的 G01 和 G02，H 学部中的 H16。

表 4-4　各学部跨一级学科共代码网络中的重要节点

学部	知识流动路径中的一级学科节点	HUB 级别的一级学科节点
A	A04，A05	A04，A05
B	B01，B02，B03，B05	B01，B02，B03
C	C01，C02，C03，C04，C05，C06，C07，C13，C14	C01，C02，C03，C04，C05，C06，C07，C13，C14
D	D02，D03	**D01**，D02，D03
E	E01，E02，E04	E01，E02，**E05**，E04，
F	F01，F02，F03，**F04**，**F05**	F01，F02，F03
G	G01，G02	G01，G02
H	**H27**，**H29**	**H16**

对比知识流动路径中的一级学科节点和影响力较广的一级学科节点，可以发现，除了H学部(医学科学部)，前者基本上包含后者。这大致可以说明，一个具有较广影响力的一级学科，往往也是知识流动路径中更重要的节点。也就是说除了H学部，在其他学部内，HUB级别的一级学科节点之间的联系往往比较密切。

另外，从大体上看，C学部(生命科学部)中的HUB级别的一级学科节点比较多，这说明C学部中HUB级别的节点成长得比较均匀，各学科之间知识更融合。而H学部中的H16(肿瘤学)、H29(中西医结合)和H27(中医)都是重要节点，但其他节点在连接重要节点时只会偏向于H16。这说明H学部中的HUB级别的节点没有大范围地成长起来。

4.7.6　共代码网络研究结论

总结来说，通过对共代码网络的分析发现：不同学部的知识流动性是不同的，G学部(管理科学部)的知识内聚性较好，但与其他学部的联系较少；而部分学部之间知识流动较频繁，已经形成了两条较为固定的知识流动路径，分别为化学科学部—工程与材料科学部—数理科学部—信息科学部、地球科学部—生命科学部—医学科学部；即使在同一个学部内，各一级学科之间的知识流动性也是不均匀的，一个具有较广影响力的一级学科，往往更容易与其他影响力较广的一级学科构成知识流动路径，而在不同学部中HUB级别的一级学科成长状况不同，C学部较为均匀，H学部则尚未大范围成长。

4.8　加权网络分析实例2——球队网络

4.8.1　加权有向网络熵的定义

球赛的本质是一种网络的形成过程，球员们通过传接球进行一次次的配合，在配合过程中往往要经过多次传球避开层层防守，才能找到进攻的机会。在传接球过程中便形成了一个网络，如球员A发球给球员B，球员B传给球员C，球员C传给球员D，球员D传给球员B，球员B投篮，这样就形成了一个有向网络：$A \to B \to C \to D \to B$，如图4-21所示。

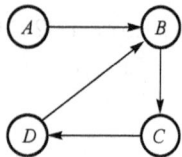

图4-21　传接球网络示意图

组织中个体所在的网络结构对工作绩效具有决定性作用。同样的球队，采用不同的网络结构，会表现出截然不同的战斗力。本研究原创地提出加权有向网络熵(Weighted Directed Network Entropy，WDNE)的定义与算法。网络的WDNE越大，对核心节点的依赖性越小，网络鲁棒性越强，网络越稳定；网络的WDNE越小，对核心节点的依赖性就越大，核心节点的一点波动都会放大成整个网络的波动，网络鲁棒性越弱。节点的加权有向节点熵越大，节点对整个网络的稳定性贡献就越大，该节点的波动对整个网络的影响也越大。WDNE可以从整体上反映出一个网络的稳定性，也可以作为球队的一个评价指标，对球队战术改进与配合具有一定的指导意义，也具有从社会网络视角发现球队组织配合与球员重要性的原创性。

熵作为描述复杂系统结构的物理量，在复杂系统理论中受到了广泛的关注，为研究复杂系统提供了一个重要工具。随着熵在各门学科中的推广和应用，熵也在 20 世纪中叶得到进一步扩展。1948 年，香农等学者创立了信息论，把通信过程中信息源信号的不确定性称为信息熵，把消除了多少不确定性称为信息。香农给出了信息熵的定义，如式(4-11)所示：

$$H = -k\sum_{i=1}^{n} P_i \log P_i \tag{4-11}$$

其中，P_i 表示第 i 个状态发生时的概率；n 表示节点数量。香农将熵概念引入了信息论中，赋予熵广义的概念，开拓了人类知识新的应用领域。

1. 网络熵

进行网络攻击的目的就是要破坏对方网络相关的安全性能，而攻击前后的安全性能差值就可以作为攻击效果的一个评价标准。网络的安全性能指标有很多种，如何确定哪些指标能对网络攻击效果进行合理有效的描述是个难题。借鉴信息论中"熵"的概念，张义荣等提出了评价网络性能的"网络熵"理论，对于网络的某一项性能指标来说，网络熵可以定义为：

$$H_i = -\log_2 V_i, i = 1, 2, \cdots, n \tag{4-12}$$

其中，V_i 为第 i 项指标的归一化参数；n 表示节点数量。

网络系统的网络熵应为各单项指标网络熵的加权和，如式(4-12)所示：

$$H = \sum_{i=1}^{n} \omega_i H_i \tag{4-13}$$

其中，ω_i 为第 i 项指标的权重；n 表示节点数量。

然而，张义荣等所定义的网络熵并不完善。比如，当网络节点受到攻击时，由于受到攻击的网络节点不确定，因此受攻击之后的网络吞吐量、信道利用率等就无法计算，所谓的网络熵也就无从谈起。

2. 网络结构熵

无标度网络是世界上普遍存在的网络形式，如万维网。在无标度网络中存在少量具有大量连接的"核心节点"和大量具有少量连接的"末梢节点"。这样的网络是不均匀的，或者是"非同质的"。为了定量地刻画复杂网络的这种非同质性，谭跃进等引入了网络结构熵的概念。

首先给出了节点重要度的计算式：

$$I_i = \frac{d_i}{\sum_{i=1}^{n} d_i} \tag{4-14}$$

其中，I_i 为第 i 个节点的重要度；n 为网络中节点的数量；d_i 表示第 i 个节点的度数。另外，当 $d_i = 0$ 时，该节点不做讨论，故假设 $d_i > 0$，从而 $I_i > 0$。

熵是"无序"的度量。如果网络是随机连接的，各个节点的重要度大致相当，那么就认为网络是"无序"的。反之，如果网络是无标度的，即网络中有少量"核心节点"和大量"末梢节点"，节点之间的重要度存在差异，则认为这种网络是"有序的"。下面提出网络结构熵的概念，用网络结构熵来定量地度量这种"序"：

$$E = -\sum_{i=1}^{n} I_i \ln I_i \qquad (4\text{-}15)$$

其中，E 为网络结构熵；n 为网络中节点的数量；I_i 为第 i 个节点的重要度。网络结构熵在多方面均得到了广泛的应用。

3. 加权有向网络熵

张义荣的"网络熵"与谭跃进的"网络结构熵"都是对不加权的无向网络进行研究的。针对加权有向网络，本文提出了加权有向网络熵的概念来定量地衡量无序性，下面将以球队的传接球这个加权有向网络为例进行说明，如图 4-22 所示。

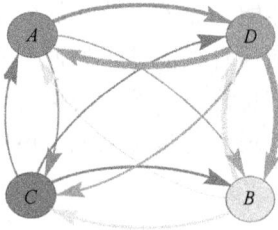

四个不同位置的节点分别表示四个球员：球员 A、球员 B、球员 C、球员 D。图中两两节点之间都有边，且边都是有向的，边的箭头与边的指向一致。比如，A、D 之间指向口的箭头是指从 A 指向 D 的边，该边的粗细表示 A 传给 D 的篮球次数；A、D 之间指向 A 的箭头表示从 D 指向 A 的边，该边的粗细表示 D 传给 A 的篮球次数。边的粗细与边的权重(传接球次数)成正比，边的权重可以查看表 4-5。

图 4-22　球队传接球加权有向网络示意图

表 4-5　球员之间的传接球次数(边的权重)

发球者	接球者	次数
A	D	12
A	B	4
A	C	5
B	D	15
B	A	3
B	C	8
C	D	5
C	A	4
C	B	7
D	A	20
D	B	18
D	C	6

A. 边的重要度与加权有向边熵

定义 1：

$$E_{i,j} = \frac{W_{i,j}}{\sum\limits_{i=1}^{n}\sum\limits_{\substack{j=1,\\ i\neq j}}^{n} W_{i,j}} \qquad (4\text{-}16)$$

其中，$E_{i,j}$ 为从节点 i 到节点 j 的有向边 $\bar{e}_{i,j}$ 的重要度；n 表示网络的节点数量；$W_{i,j}$ 表示边 $\bar{e}_{i,j}$

的权重。$E_{i,j}$ 是边 $\vec{e}_{i,j}$ 的权重与所有边权重总和的比值。当没有从节点 i 到节点 j 的有向边时，$\vec{e}_{i,j}$ 不存在，也就无所谓 $E_{i,j}$ 了。以图 4-22 为例，边 $\vec{e}_{A,D}$ 的权重为：

$$W_{A,D} = 12$$

所有边的权重总和为：

$$\sum_{i=1}^{n}\sum_{\substack{j=1,\\i\neq j}}^{n}W_{i,j} = 12+4+5+15+3+8+5+4+7+20+18+6 = 107$$

边 $\vec{e}_{A,D}$ 的重要度为：

$$E_{A,D} = \frac{W_{A,D}}{\sum_{i=1}^{n}\sum_{\substack{j=1,\\i\neq j}}^{n}W_{i,j}} = \frac{12}{107}$$

定义 2：

$$H_{i,j} = -E_{i,j}\ln E_{i,j} \qquad (4\text{-}17)$$

其中，$H_{i,j}$ 为边 $\vec{e}_{i,j}$ 的加权有向边熵。一条有向边的重要度会影响它对整个网络稳定性和无序性的贡献。但并不是边的重要度越大，其贡献也越大。如果边的重要度过大，那么会使得整个网络的权重聚集，整个网络后有序度增加，确定性增加，稳定性下降。

性质 1：当 $E_{i,j}$ 在区间 $(0, e^{-1}]$ 时，$H_{i,j}$ 随着 $E_{i,j}$ 单调递增；当 $E_{i,j}$ 在区间 $(e^{-1}, 1]$ 时，$H_{i,j}$ 随着 $E_{i,j}$ 单调递减；$H_{i,j}$ 的取值范围在 $[0, e^{-1}]$。

注：性质 1 与加权有向边熵的对数底数无关，对于求熵取对数，一般底数为 2、e、10，但是不管底数取什么，性质 1 都成立，相关证明可以用函数与导数极值得到。

以图 4-22 为例，有向边 $\vec{e}_{A,D}$ 的加权有向边熵为：

$$H_{A,D} = -E_{A,D}\ln E_{A,D} = -\frac{12}{107}\ln\left(\frac{12}{107}\right) = 0.2454$$

表 4-6 给出了图 4-22 中的四个球员之间两两有向边的重要度和加权有向边熵。

表 4-6　各边的重要度与加权有向边熵

发球者	接球者	次数	重要度	加权有向边熵
A	D	12	12/107	0.2454
A	B	4	4/107	0.1229
A	C	5	5/107	0.1431
B	D	15	15/107	0.2754
B	A	3	3/107	0.1002
B	C	8	8/107	0.1939
C	D	5	5/107	0.1431
C	A	4	4/107	0.1229

续表

发球者	接球者	次数	重要度	加权有向边熵
C	B	7	7/107	0.1784
D	A	20	20/107	0.3135
D	B	18	18/107	0.2999
D	C	6	6/107	0.1616

在表 4-5 中，所有的边的重要度都小于 e^{-1}，且加权有向边熵随着边重要度单调递增。由于 $\vec{e}_{D,A}$ 权重最大，为 20，其重要度也最大，为 20/107，因此其加权有向边熵也最大，为 0.3135；而由于 $\vec{e}_{C,A}$ 权重最小，为 4，其重要度也最小，为 4/107，因此其加权有向边熵也最小，为 0.1229。若少数连边的权重占整个网络权重的比重过大，则会使得整个网络权重聚集起来，导致网络的无序度下降。同时，一些连边的波动会显著影响整个网络，导致网络鲁棒性下降，稳定性也下降。

B. 加权有向节点熵

定义 3：

$$V_{i^+} = \sum_{\substack{j=1, \\ i \neq j}}^{n} H_{i,j} \tag{4-18}$$

其中，V_{i^+} 为节点 i 的加权出向节点熵，表示以该节点为起点的所有有向边的加权有向边熵总和。以图 4-22 为例，A 的加权出向节点熵为：

$$V_{A^+} = H_{A,D} + H_{A,B} + H_{A,C} = 0.2454 + 0.1229 + 0.1431 = 0.5114$$

$$V_{i^-} = \sum_{\substack{j=1, \\ i \neq j}}^{n} H_{j,i} \tag{4-19}$$

其中，V_{i^-} 为节点 i 的加权入向节点熵，表示以该节点为终点的所有有向边的加权有向边熵总和。

以图 4-22 为例，A 的加权入向节点熵为：

$$V_{A^-} = H_{D,A} + H_{B,A} + H_{C,A} = 0.3135 + 0.1002 + 0.1229 = 0.5366$$

表 4-7 给出了图 4-22 中各个节点的加权出向（入向）节点熵。

表 4-7 各个节点的加权出向（入向）节点熵

节点	出向权重	入向权重	出向权重+入向权重	加权出向节点熵	加权入向节点熵	加权有向节点熵
A	21	27	48	0.5114	0.5366	1.048
D	44	32	76	0.775	0.6639	1.4389
B	26	29	55	0.5695	0.6012	1.1707
C	16	19	35	0.4444	0.4986	0.943

一个节点对整个网络稳定性的贡献，取决于该节点的加权有向节点熵，节点的加权有向节点熵越大，该节点对整个网络稳定性的贡献越大；而一个节点的加权有向节点熵又与该节点相连的出向（入向）边的重要度与数量有关。若一个节点的出向（入向）边重要度越接

近 e^{-1}，且这样的边数越多，则该节点的加权有向节点熵越大，该节点对整个网络稳定性的贡献也越大。如果该节点受到波动，那么整个网络受到的影响会较大。通过对于这些节点的控制可以更好地控制整个网络，起到四两拨千斤的效果。

C. 加权有向网络熵

定义 4：

$$G^+ = \sum_{i=1}^{n} V_{i^+} \tag{4-20}$$

其中，G^+ 为整个网络的加权出向网络熵，由各个节点的加权出向节点熵相加得到。以图 4-22 为例：

$$G^+ = V_{A^+} + V_{D^+} + V_{B^+} + V_{C^+} = 0.5114 + 0.775 + 0.5695 + 0.4444 = 2.3003$$

$$G^- = \sum_{i=1}^{n} V_{i^-} \tag{4-21}$$

其中，G^- 为整个网络的加权入向网络熵，由各个节点的加权入向节点熵相加得到。以图 4-22 为例：

$$G^- = V_{A^-} + V_{D^-} + V_{B^-} + V_{C^-} = 0.5366 + 0.6639 + 0.6012 + 0.4986 = 2.3003$$

可以通过如下推导来证明 $G^+ = G^-$：

$$\begin{aligned}
G^+ &= \sum_{1}^{n} V_{i^+} == \sum_{i=1}^{n} \sum_{\substack{j=1, \\ i \neq j}}^{n} -E_{ij} \ln E_{ij} = -\sum_{i=1}^{n} \sum_{\substack{j=1, \\ i \neq j}}^{n} E_{ij} \ln E_{ij} \\
&= -\sum_{j=1}^{n} \sum_{\substack{i=1, \\ i \neq j}}^{n} E_{ji} \ln E_{ji} = -\sum_{i=1}^{n} \sum_{\substack{j=1, \\ i \neq j}}^{n} E_{ji} \ln E_{ji} \\
&= \sum_{i=1}^{n} \sum_{\substack{j=1, \\ i \neq j}}^{n} -E_{ji} \ln E_{ji} = \sum_{1}^{n} V_{i^-} = G^-
\end{aligned} \tag{4-22}$$

所以，我们可以称 G^+ 或 G^- 为加权有向网络熵。容易得出，所有节点的加权有向节点熵之和为该网络的加权有向网络熵的两倍。

本节使用加权有向网络熵来研究加权有向网络的稳定性与无序度，并不是说加权有向网络熵可以取代其他指标，如加权有向图的度分布，而是由于加权有向网络熵与其他指标的关系，就如同随机变量的数字特征与概率分布函数的关系，两者是互补关系。加权有向网络熵可以更加精确地衡量一个网络中权重的分散程度，若网络中连边越多，权重越均匀，则整个网络的权重越分散，各个节点的地位越均等，整个网络的稳定性越高，对于节点与连边的波动的鲁棒性越强。

4.8.2 基于加权有向网络熵的 2017 年 NBA 总决赛社会网络分析

1. 中心化组织与去中心化组织

本节将介绍两种组织模式——中心化组织与去中心化组织。假设有两支球队

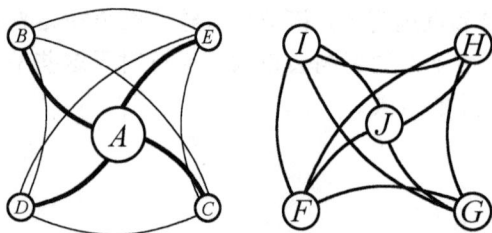

图 4-23 中心化组织与去中心化组织

{A,B,C,D,E}、{F,G,H,I,J}，若两个球员之间有传接球关系，则这两个球员之间有边，边的权重与传接球次数成正比，如图 4-23 所示。

其中，球员 A 与球员 B、C、D、E 之间传接球数量都为 6，而球员 B、C、D、E 两两之间的传接球数量都为 1，那么球队 {A,B,C,D,E} 的总传接球数量为 30；而球员 F、G、H、I、J 两两之间传接球数量都为 3，那么球队 {F,G,H,I,J} 的总传接球数量也为 30。虽然两支球队内每两个球员之间都有传接球关系的边，但是显然球队 {A,B,C,D,E} 的组织形式是中心化组织，有一个核心球员 A。球员 A 与球员 B、C、D、E 之间的传接球数量为 6，而其他球员（B、C、D、E）两两之间的传接球数量都为 1，球员 A 参与了球队总传接球数量的 80%，球员 A 与其他球员之间的传接球数量远远大于其他球员之间的传接球数量。而球队 {F,G,H,I,J} 的组织形式则是去中心化组织，球员两两之间的传接球数量都为 3，所有球员地位均等，球队没有明显的核心球员和边缘球员之分。

2. 中心化的骑士队与去中心化的勇士队

2017 年 6 月 2 日，NBA（美国职业篮球联赛）总决赛拉开序幕，西部冠军金州勇士队与东部冠军克利夫兰骑士队角逐 2016—2017 赛季 NBA 总冠军。通过观看 2017 年 NBA 总决赛视频，我们记录五场比赛的每一次传接球路径，然后以传接球为连边，以球员为节点，建立了一个加权有向的网络。我们把五场比赛的传接球网络综合起来，通过 Gephi 软件画出了图 4-24 所示的五场比赛的综合传接球网络。为了让显示效果更清晰，我们将金州勇士队的球员用 "Y" 加上球员编号表示，如 "Y35" 表示金州勇士队的 35 号球员凯文·杜兰特；而克利夫兰骑士队球员用 "Q" 加上球员编号表示，如 "Q23" 表示克利夫兰骑士队 23 号球员勒布朗·詹姆斯。

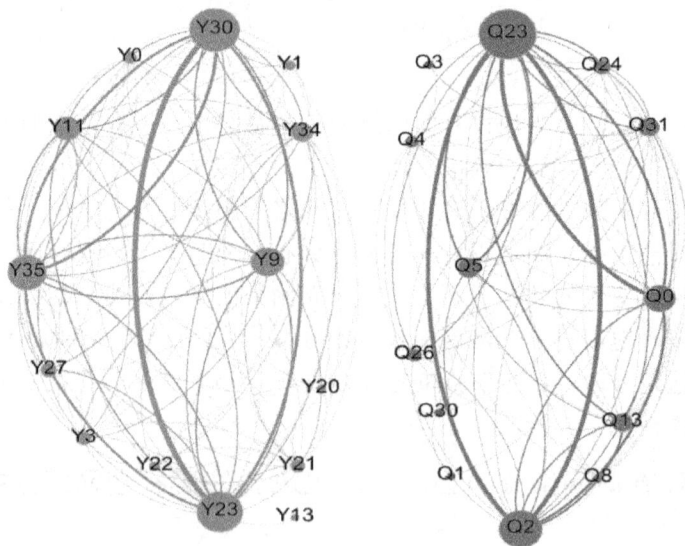

图 4-24 五场比赛的综合传接球网络

　　各个球员的具体加权出度、加权入度和加权度的值如表 4-8 所示。因为有一些球员的出场时间较短，对比赛的影响不大，所以表 4-8 根据上场时间与得分罗列出了两队前八位球员的数据。

表 4-8　两支球队球员的传接球出入度

球队	球员	加权入度	加权入向节点熵	加权出度	加权出向节点熵	加权度	加权有向节点熵
骑士队	Q23	347	0.94	308	0.85	655	1.79
	Q2	277	0.77	192	0.57	469	1.34
	Q0	118	0.38	185	0.51	303	0.89
	Q5	102	0.35	89	0.31	191	0.66
	Q13	61	0.22	112	0.37	173	0.59
	Q31	77	0.33	91	0.37	168	0.70
	Q24	62	0.24	61	0.25	123	0.49
	Q26	41	0.17	45	0.19	86	0.36
勇士队	Y30	300	0.71	257	0.66	557	1.37
	Y23	212	0.60	294	0.71	506	1.31
	Y35	239	0.64	189	0.53	428	1.17
	Y9	154	0.48	172	0.51	326	0.99
	Y11	139	0.43	112	0.38	251	0.81
	Y34	93	0.32	85	0.29	178	0.61
	Y27	45	0.16	66	0.23	111	0.39
	Y3	48	0.18	47	0.18	95	0.36

网络边的相关指标如表 4-9 所示。

表 4-9　网络边的相关指标

球队	有向边数	平均加权度	最大加权度	最小加权边度	标准差
骑士队	87	13.14	99	1	20.13
勇士队	111	12.23	124	1	17.50

　　两支球队的中心化程度体现在网络边、网络节点和整体网络三个层次上。

　　在网络边层次上，由图 4-24 可知，边有粗有细，但是勇士队的网络明显比骑士队的网络密度大，边的粗细也更均匀。勇士队网络除了 Y30、Y23 和 Y35 等节点的边，Y11、Y9 和 Y34 等与其他节点的边也非常明显；而骑士队的网络，除了 Q23、Q2 和 Q0 等节点的边，其他边非常细。由表 4-9 可知，勇士队的有向边数是 111 条，远多于骑士队的 87 条，勇士队球员之间的传接球边数量高于骑士队 27.5%，除了核心球员，更多的边缘球员之间产生了边。通过有向边数与平均加权度，我们可以得到总传接球数。勇士队在五场比赛中总共进行了 1358 次传接球，而骑士队的传接球数仅为 1144 次，勇士队的传接球次数高于骑士队将近 20%。在边的加权度标准差上，勇士队的 17.50 也比骑士队的 20.13 小。可见在网络边层次上，勇士队更加均衡，中心化程度更低。

　　在网络节点层次上，从图 4-24 中，我们可以看到，节点有大有小。例如，骑士队的 23 号球员勒布朗·詹姆斯以 655 的加权度成为全场传接球次数最多的球员。勇士队的球员加权度较均衡，在节点大小上，Y30、Y35、Y23、Y11、Y34、Y9 等节点都很大，而骑士队除 Q23、Q2、Q0 外，其他节点都明显偏小。这一点从表 4-8 中也能看出来。骑士队的勒布朗·詹姆斯以 655 的加权度获得了 1.79 的加权有向节点熵，他对整个骑士队的加权有向网络熵的贡献最大。骑士队对勒布朗·詹姆斯的依赖性较大。在两支球队中，加权有向节点熵在 1.0 以上的球员，勇士队有近 4 人，而骑士队只有 2 人。在网络节点层次上，勇士队更加均衡，中心化程度更低。

　　在整体网络上，由图 4-24 可见，勇士队的网络边粗细更加均衡，节点大小更加均匀。通过计算两支球队的 WDNE 可知，勇士队的 WDNE 为 4.06，比骑士队的 3.71 高约 10%。再看两支球队的节点对整体网络的 WDNE 的贡献，图 4-25 是两支球队的 WDNE 饼图，每个扇形对应一个节点的 WDNE。由图可知，左边的骑士队分布更加集中，尤其是 Q23、Q2 和 Q0 三个节点，对整体 WDNE 的贡献超过了 50%；而右边的勇士队则更加分散，贡献最大的三个节点 Y30、Y23 和 Y35 对整体 WDNE 的贡献不到 50%。在饼图中，骑士队的边缘球员扇形非常小以至于不能区分，而勇士队的还可以清晰地区分。在整体网络层次上，勇士队更加均衡，中心化程度更低。

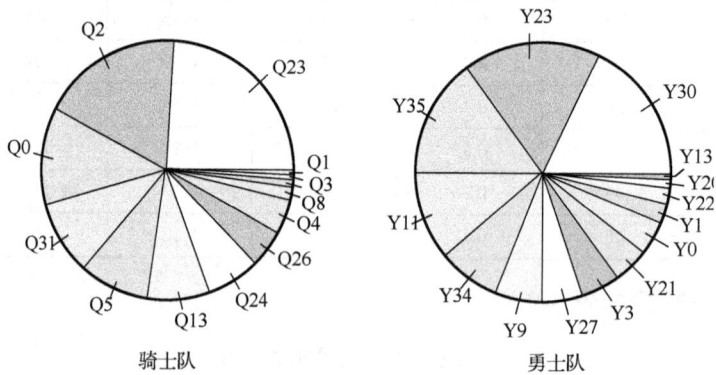

图 4-25　两支球队的 WDNE 饼图

3. WDNE 与绩效

　　通过腾讯体育网站，我们获取到了球队在五场比赛中的绩效，包括得分、助攻、失误、犯规等。由于球队中存在一些边缘球员，出场机会少，对比赛的影响不大，因此我们根据上场时间与得分，各选取了八位主要球员，分别计算两支球队的 WDNE，如表 4-10 所示。

表 4-10　WDNE 与绩效

场次	球队	WDNE	得分	助攻	失误	犯规	投篮	三分	罚球	前场板	后场板	抢断	盖帽	篮板
一	骑士	3.329	91	15	20	23	30/86	11/31	20/25	15	44	0	6	59
	勇士	3.455	113	31	4	24	45/106	12/33	11/16	14	36	12	3	50
二	骑士	3.033	113	27	9	18	45/100	8/29	15/19	10	31	15	1	41
	勇士	3.259	132	34	20	19	46/89	18/43	22/24	10	43	5	7	53

续表

场次	球队	WDNE	得分	助攻	失误	犯规	投篮	三分	罚球	前场板	后场板	抢断	盖帽	篮板
三	骑士	3.302	113	17	12	25	40/90	12/44	21/25	10	27	9	3	37
	勇士	3.363	118	29	18	28	40/83	16/33	22/24	8	36	8	4	44
四	骑士	3.537	137	27	11	24	46/87	24/45	21/31	11	30	6	3	41
	勇士	3.541	116	26	12	27	39/87	11/39	27/36	16	24	5	7	40
五	骑士	3.306	120	22	14	22	47/88	11/24	15/23	12	28	6	5	40
	勇士	3.394	129	27	13	24	46/90	14/38	23/28	13	29	8	2	42

由表 4-10 可得，从第一场比赛的 3.329∶3.455 到第五场比赛的 3.306∶3.394，无论哪一场比赛，勇士队的 WDNE 均高于骑士队。两队的绩效与两队的 WDNE 有显著的关系。

骑士队的 WDNE 始终低于勇士队，当骑士队的 WDNE 差勇士队较大时，骑士队的得分落后也较大，如第一和第二场比赛，骑士队的 WDNE 分别差勇士队 0.126 和 0.226，骑士队的得分差勇士队 22 分和 19 分；当骑士队的 WDNE 差勇士队较小时，骑士队的得分落后也较小，如第三和第五场比赛，骑士队的 WDNE 分别差勇士队 0.061 和 0.088，骑士队的得分差勇士队 5 分和 9 分；当骑士队的 WDNE 与勇士队相近时，如第四场比赛，骑士队在 WDNE 上差勇士队 0.004，骑士队以 137∶116 的比分赢得了唯一一场比赛。

篮球上的助攻是指：持球队员某一次带有强烈的进攻目的传球，即通过某一次传球使队友接球后直接投篮得分。助攻数量是一个球队整体配合好坏的体现，当防守球队无法仅依靠单兵防守限制对方进攻时，防守球队通常需要采用协防、包夹等有所侧重的多人防守战术，也因此出现防守薄弱处。从表 4-10 可见，除了第四场比赛，其他场次骑士队的助攻数量远低于勇士队，而在第四场比赛骑士队以 27 次的助攻数高于勇士队的 26 次。当球员间无私地分享球，耐心寻找最合理的进攻机会而不是依靠个人持球强攻时，助攻的可能性就更大。在第四场比赛中，骑士队的 WDNE 差勇士队 0.004，非常接近，与其他四场比赛相比，骑士队在第四场的 WDNE 是最高的。这场球赛，因为骑士队的球权更加分散，传接球更加均匀，非核心球员在进攻中的参与度也更高，球队的进攻组织更加整体化，所以助攻数也高于勇士队。

在失误与犯规上，除了第一场比赛，勇士队其他四场的失误次数总体大于骑士队，在五场比赛的总犯规次数上，勇士队也远多于骑士队。由于防守球队会进行抢断，进攻球队在进攻时的传接次数越多，出现失误的概率也就越大，因此虽然勇士队的失误次数偏多，但考虑到勇士队总的传接球次数，传球失误率并不算高，其进攻网络体系依然高效合理。也正是因为其进攻的合理性，才让骑士队在防守时的犯规次数偏少，空位的进攻是最合理的机会，防守球员往往不会也来不及犯规，而骑士队有大量依靠个人能力的强行单打，进攻时造成勇士队犯规的次数就更多。

4. 两种模式的差异

对于这次总决赛，两支球队都没有球员伤病，也不存在背靠背连续作战带来的体力问题，因此两支球队都正常地发挥了自己的水平和特点。骑士队使用的是比较老派的篮球战术。他们建立了一支以勒布朗·詹姆斯（Q23）为核心的球队，加上个人持球单打能力超群的二号球星凯里·欧文(Q2)作为辅佐，围绕着超级巨星来发起进攻和完成得分。骑士队是典型的中心化组织。而勇士队强调的是"整体"，球员之间通过互相传球、分享球，来创造合理的进攻机会，是典型的去中心化组织。

两种组织模式的鲁棒性不同，表现之一在于体力、注意力方面。在比赛过程中，随着时间流逝，球员的体力会减少、注意力会变化，时间越长，球员的体力越不支，注意力越不专注，尤其是核心球员。骑士队的勒布朗·詹姆斯占据了球队的大部分球权，他的 WDNE 为 1.79，是两支球队中最大的。以第三场比赛为例，勒布朗·詹姆斯在上半场得了 27 分，全场最高，而在下半场比赛得了 12 分，只有他全场得分的 1/3，其中第三节 5 分、第四节 7 分。虽然骑士队在第三节获得了优势，但是在最关键的第四节决胜期，骑士队则表现得有些疲惫。表现之二在于对核心球员的依赖性。核心球员的一点点波动都会对整个球队产生巨大影响。骑士队最大的优势在于他们拥有一个近乎全能的勒布朗·詹姆斯，最大的劣势是当勒布朗·詹姆斯休息时，球队无法构建一个高效的进攻体系。例如，在比赛第二节时，勒布朗·詹姆斯下场休息了两分钟，在这两分钟里骑士队连丢十分，被勇士队打了个 10:0，足以体现勒布朗·詹姆斯的不可替代性，即球队对勒布朗·詹姆斯太过依赖。表现之三在于对失误与犯规的抵抗力不同，由前表 4-10 可知，去中心化的勇士队的失误与犯规次数更多，这是因为传接球总数越大，失误次数也会越多，骑士队依赖个人的强行进攻会给对手制造更多的犯规。但勇士队对失误与犯规的抵抗力更强，微小的波动不会深刻地影响到整个球队。

两种组织模式的确定性不一样。中心化的骑士队，进攻完全仰仗于超级巨星勒布朗·詹姆斯，以及他的搭档凯里·欧文。两者的传接球数量几乎占到了全队的一半，同时他们的单打能力都很强。但是，中心化的球队，它的进攻可以预期，只要对勒布朗·詹姆斯与凯里·欧文进行专门的防守，骑士队的进攻就会受到很大的影响。而去中心化的勇士队，他们的进攻就像水一样，充满了不确定性，只要发现防守的缺陷，就能渗透进去，场上的每一个球员，都有完成进攻的机会，这就决定了勇士队很难防守。

两种组织模式里球员的心理不一样，球队的团结情况也不一样。在中心化的球队中，核心球员拥有较大的 WDNE 与话语权，也拥有不容挑战的地位，队友甚至教练都不能妨碍他们的自我。例如，同时拥有超级中锋大鲨鱼奥尼尔和天才科比·布莱恩特的湖人队非常可怕，但在 2004 年，在科比·布莱恩特的施压下，湖人队把奥尼尔交易了出去。科比·布莱恩特想要的是球队中的绝对权威，湖人王朝也因此有些许褪色。历史总是惊人的相似，在本次总决赛两个月之后，凯里·欧文不甘屈于勒布朗·詹姆斯的个人统治，与其关系破裂，由于勒布朗·詹姆斯的绝对权威，因此球队也将凯里·欧文交易了出去。对于去中心化的勇士队，原来的当家球星库里，平静地接受了球星凯文·杜兰特的加盟，并且支持他在场上完成关键进攻。凯文·杜兰特也不负众望，虽然他的 WDNE 只排在球队的第三位，但却能轻松高效地完成得分，最终如愿获得 FMVP(总决赛最有价值球员)。

4.8.3 总结与展望

NBA 球赛本质上是一个社会网络，球队之间的比赛是整体球队之间的对抗，而不仅是单兵的对抗。组织网络的中心化水平会对整体的绩效产生影响。本文提出了 WDNE 的概念来定量地衡量比赛过程中两队的中心化水平，与勇士队相比骑士队在传接球边、节点和整体网络三个层次上的中心化程度更高。通过分析组织 WDNE 与组织绩效，发现像 NBA 总决赛这样的顶尖球队之间的对抗和组织的去中心化水平对得分、失误、犯规和整体鲁棒性都有积极影响，更能调动边缘球员的积极性，增加整体团队的凝聚力，可以为篮球乃至其他组织提供一定的借鉴意义。未来，我们将收集更多的组织网络，从微观的加权出向、入向节点熵分析个体节点的特点。

本 章 小 结

社会网络的观察视角有两个，一个是结构，一个是强度。本章，我们主要从后者研究社会网络，并结合结构视角下的三元闭包原理，探讨弱关系与捷径之间的联系，即在一定条件下，捷径就是弱关系。两者之间的关系也得到了在线大数据的验证。然后我们又介绍了加权网络的度数中心性、接近中心性和介数中心性等网络指标的测量，最后结合共代码网络的例子介绍了如何在 Gephi 中实现可视化，并利用边的权重差异来分析共代码网络中知识流动不均匀性的具体体现，勾勒出代码间较为固定的知识流动路径。

社会网络中的弱关系拥有强大的力量，可以在个人生活中使我们连接到更多的人，获取更新的信息，得到更有效的求职帮助；还可以在公司经营中帮助经营者提高广告效果，扩大营销影响，扩展与商业伙伴的关系圈。因此，我们要善于管理好自己的弱关系。

随着数据挖掘和机器学习的发展，以及对社会网络进行实证分析的工具日趋完善，让越来越多的学者开始对在线社会网络进行分析。未来的研究可以从强弱关系、加权网络入手，来研究社会网络中用户行为与强弱关系的联系，并据此对不同用户的共性和个性进行分析。

思 考 题

1. 弱关系和强关系在生活中的实际作用有哪些？
2. 结合文献，简述强弱关系的评价指标。
3. 结合文献，试述社会网络中强弱关系研究的前沿方向。
4. 尝试调用 R 语言中的 igraph 包进行加权网络的可视化，并展示一个案例图。

参 考 资 料

[1]　GRANOVETTER M. The strength of weak ties[J]. American journal of sociology, 1973: 1360-1380.

[2]　EASLEY D, KLEINBERG J. Networks, crowds, and markets[M]. Cambridge: cambridge university press, 2010.

[3]　LEVIN D Z, Cross R. The strength of weak ties you can trust: the mediating role of trust in effective knowledge transfer[J]. Management science, 2004, 50(11): 1477-1490.

[4]　BIAN Y. Bringing strong ties back in: indirect ties, network bridges, and job searches in china[J]. American sociological review, 1997: 366-385.

[5] ONNELA J P, SARAMAKI J, HYVONEN J, et al. Structure and tie strengths in mobile communication networks [J]. Proceedings of the national academy of sciences of the united states of america, 2007, 104(18): 7332-7336.

[6] 汪小帆，李翔，陈关荣. 网络科学导论[M]. 北京：高等教育出版社，2012.

[7] WHITE D R, HARARY F. The cohesiveness of blocks in social networks: node connectivity and conditional density[J]. Sociological methodology, 2001, 31(1): 305-359.

[8] DUNBAR R. How many friends does one person need? Dunbar's number and other evolutionary quirks[M]. Cambridge:Harvard University Press, 2010.

[9] FREEMAN L C. Centrality in social networks conceptual clarification[J]. Social networks, 1978, 1(3): 215-239.

[10] OPSAHL T, AGNEESSENS F, SKVORETZ J. Node centrality in weighted networks: generalizing degree and shortest paths[J]. Social networks, 2010, 32(3): 245-251.

[11] LOWE P, PHILLIPSON J. Barriers to research collaboration across disciplines: scientific paradigms and institutional practices[J]. Environment and planning , 2009, 41(5): 1171-1184.

[12] LYALL C, BRUCE A, MARSDEN W, et al. The role of funding agencies in creating interdisciplinary knowledge[J]. Science and public policy, 2013, 40(1): 62-71.

[13] WU J, JIN M, DING X H. Diversity of individual research disciplines in scientific funding[J]. Scientometrics, 2015, 103(2): 669-686.

[14] WU J, DING X H. Author name disambiguation in scientific collaboration and mobility cases[J]. Scientometrics, 2013, 96(3): 683-697.

第5章 社会网络中的同质性

前面章节对社会网络的计算都忽略了社会网络的节点属性，而节点属性的异质性是社会网络演化复杂性的重要表现，也可以通过同质性原理探讨社会网络中人与人之间是否兴趣相投，以及人与人之间的相互影响。

本章节主要讲述同质性的基本含义、同质现象在网络中的评估方式，以及研究同质性影响的工具——归属网络，并拓展了前面章节提到的三元闭包——社团闭包和会员闭包；最后介绍谢林模型，这是用来表示特别的同质性现象——隔离的，并以居住隔离为例，模拟了同质性的动态变化。

5.1 同质性的原理

5.1.1 同质性的含义

前面讨论的三元闭包和强弱关系都是网络的内部因素，其中强弱关系用来描述节点之间边的强弱属性，而三元闭包用来研究和解释网络内部的演化。目前，我们还未探讨过网络节点的属性，如果用节点表示一个人，那么节点代表的是男人或女人？是白种人、黄种人还是黑种人？是共同爱好书法还是爱好网球等。在本章，我们要探讨影响社会网络结构的重要外部因素——同质性（Homogeneity），即网络中的节点更倾向于和哪些具有某些方面与自身相似的其他节点相连，或者称为同配混合（Assortative Mixing）。

以个体作为研究对象，每个人的特质可以分为两种：固有特质和可变特质。其中，固有特质包括人的性别、种族、母语等，是个体一出生便具备的固有特性，无法改变；而可变特质会随着外界环境的变化及个人的成长而发生改变，典型的可变特质包括居住区、兴趣爱好、专长、思想等。

古人有云："物以类聚，人以群分"，在现实生活中，不难发现成为好朋友的两个人具有相似性。而古人又云："近朱者赤，近墨者黑"，朋友之间若相互影响，同质性在现实生活中也能得到印证。社会网络一方面的作用是连接各种各样的人，另外一方面的作用是对人群产生影响。这就引出了同质性的基本问题，即究竟是因为相似才成为朋友，还是因为成为朋友后变得相似？前者是社会选择（Social Selection）的作用[1]，后者是社会影响（Social Influence）的作用[2]，而实际上，两种机制都在产生作用，均能相互作用从而影响人与人之间的同质性。观察相似性，区别"社会选择"与"社会影响"的作用程度是社会学研究中的一个经典问题。

如图 5-1 所示，这是美国一所高中的学生彼此交友所形成的网络[3]，反映了较强的社会网络同质性，不同颜色的节点表示不同个体所具备的属性，其中黄色代表白色人种，绿色代表其他有色人种，粉色表示一些较为特殊的人群，他们会和其他族裔的人成为朋友。

从图 5-1 中易发现，相同颜色的节点聚集程度较高，即相同肤色的人更倾向于聚在一起并成为朋友。

图 5-2 是不同于图 5-1 的逆同质性社会网络，描述了美国一所高中的学生在 18 个月内的恋爱关系，其中蓝色的节点表示男性，红色的节点表示女性。如果网络中连边两端节点的颜色不一样，就表示它们是异质性的。图中的异质端点边比较多，也可以看到很多异质性的小群体。这种网络又称为异配混合（Disassortative Mixing）社会网络。

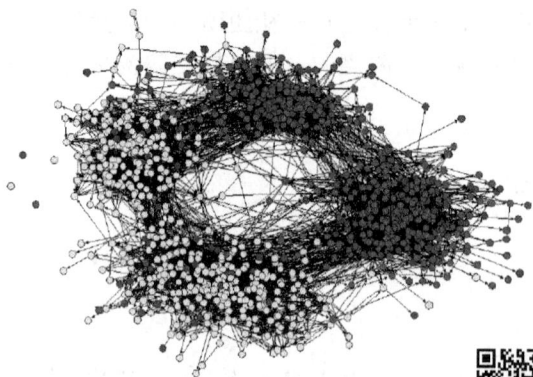

图 5-1　中学生的友谊网络
（扫码看彩图）

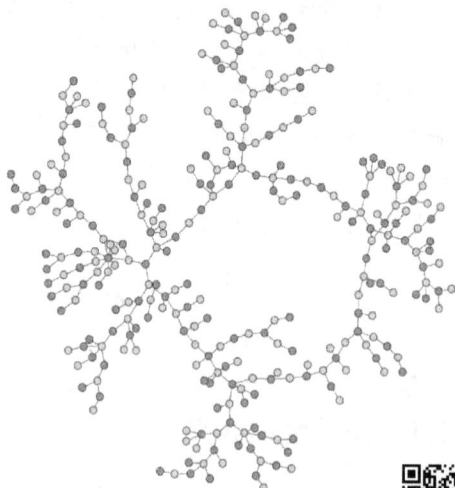

图 5-2　青年恋爱关系描述图
（扫码看彩图）

5.1.2　同质性的简单测度

社会网络既包含同质性网络，又包含异质性网络，我们该如何测度社会网络中的同质性或异质性呢？

社会网络中同质性测度的基本思想：如果网络中端点颜色相同的边较多，则认为该网络同质性较强。我们期望找到一种定量的测度方法，即用一个基准来做对比评价。因此，可以用一个基准来测度同质性的强弱，假设两种颜色的节点占比分别为 p 和 q（$q=1-p$），如果按照该占比随机进行着色，那么按照概率理论，端点异色边数/总边数的概率应当为 $2pq$，这里 $2pq$ 就是一个基准。假设在实际案例中端点异色边数/总边数的值为 a，若 a 明显小于 $2pq$，则认为该社会网络具有较强的同质性，若 a 明显大于 $2pq$，则认为该社会网络具有较强的异质性。

接下来以图 5-3 为例来看如何判断社会网络中同质性的强弱，假设分别用红色节点和白色节点来区分两种不同的属性。

图 5-3 的总节点数为 9 个，红色节点数为 3 个，白色节点数为 6 个，红色节点占比 p 为 1/3，白色节点占比 q 为 2/3，$2pq$ 为 4/9。通过观察图 5-3，可以得到端点异色的边为 5 条，总边数为 18 条，端点异色边数与总边数的比值 a 为 5/18，由于 5/18 < 4/9，

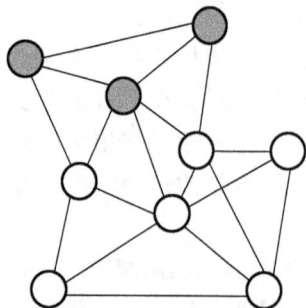

（扫码看彩图）

图 5-3　具有同质性的社会网络示意图

因此图 5-3 所示的社会网络具有较强的同质性。

一门公选课有 216 位学生，在这些学生中有 113 位男生和 103 位女生，据问卷调查显示，他们之间的认识关系如表 5-1 所示。表中若一个人认识另一个人，则记边为 1，因此"男-男"表示其中一个男生认识另一个男生，这种边共有 223 条，其他同理。那么该社会网络具有同质性还是异质性呢？

表 5-1　一个公选课中同学之间的认识关系表

端点同色边		端点异色边	
男-男	223	男-女	119
女-女	245	女-男	125
总　计	468	总　计	244
总边数		712	

由以上信息可知，一条随机边两端点异色的概率为 $2\times(113/216)\times(103/216)=49.89\%$，而由于实际端点异色边的比值为 $244/712=34.27\%<49.89\%$，所以该网络存在一定的同质性。图 5-4 为性别同质性在网络中的可视化，其中红色代表女生，蓝色代表男生，由于相同颜色的端点连边更多，因此说明同性别的学生之间更有可能成为朋友。

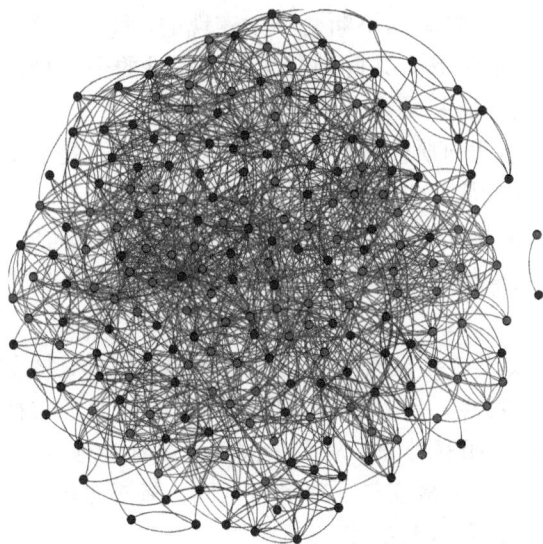

(扫码看彩图)

图 5-4　性别同质性在网络中的可视化(红色代表女生，蓝色代表男生)

5.1.3　同质性的利弊及意义

影响社交网络最基本的特性之一是同质性，如我们和自己的朋友之间往往会有相同的特点，这种同质性有利也有弊。

同质性带来的好处主要包括以下几种。

(1)由于选择的作用，人们往往会选择与自己相似程度大的人交往，这就有利于人们找到兴趣相投的朋友，然后快速融入一个集体中，形成自己的朋友圈。同质组合往往有"强强联合"的意味，在一定程度上和一定范围内比异质组合具有更大的优势。在同质群体内，成员之间有更多的"共同语言"，能更深入地交流切磋，碰撞出智慧的火花，完成更艰巨的任务，达到更高的目标。

(2) 就社会影响而言，良好的社会风气及良好的朋友环境会促进个人往更优秀的方向发展，这是一种正反馈作用。具有良好的氛围和品质的团体在这种机制的作用下会扩大自己的影响力，有效地传播正能量，使社会向更好的方向发展。

同质性的弊端包括以下几种情况。

(1) 同质性会使一个网络变得更为封闭。在一个社交圈子中，如果所有人的性格、爱好、兴趣等方面都相似，那么这个社交圈子就容易产生排他性——不轻易接受与之不符的人。如果社交圈子中的成员崇尚同样的价值观念和理想，排斥不同的观点与理念，那么就容易产生偏激的思想和行为；如果社交圈子中的成员不关心其他事物，丧失对外界的好奇心，那么会使社交圈子中成员的思想变得狭隘和偏激，从而拒绝接受不相同的观点和行为。

(2) 同质性会降低网络中弱关系的作用，减少一个网络连接其他网络的机会，也减少了人们可以从弱关系中获得的机会。由于网络成员会迫于朋友的压力而改变自己的行为，以便适应社交圈子，因此也易于被消极行为和观点所影响。例如，在学生群体中，学生的朋友吸烟会提高该学生吸烟的可能性。

同质性对于社会的发展与进步具有重要的意义，具体包括以下几点。

(1) 社会的进步是在统治阶级的不断变革中实现的，每一次革命的成功，同质性都发挥着重要的作用。同质性使很多具有共同理想、思想先进的个人聚集起来，形成一股强大的力量，这种力量是革命成功的基础。

(2) 科学的进步也离不开同质性。例如，具有不同强项、处于不同研究领域的专家为了完成同一个项目进行合作，从而有新的科学发现。

(3) 团队的成功也离不开同质性。任何一个大公司或企业的成功都是团队合作的结果，正是由于同质性，那些具有相同理念、相同梦想的人才能聚集起来形成一个团队，并且为了同一个梦想共同奋斗。

(4) 由于同质性，社会成员会自然而然地形成不同的团体，每个人在团体中都找到归属感，每个团体具有不同的特点，对社会有不同的作用，从而形成社会分化。这些团体内部相互促进，不同团体之间又相互补充，从而极大地提高社会效率，促进社会的进步与发展。

(5) 群体的同质性有助于形成支持、归属与认同，降低文化冲击的负效应，提高群体的积极性，利于社会的稳定、发展与进步。

5.2　同质性的影响

在上一小节，我们已经讨论了同质性和同质性的测度，这节我们要讨论同质性产生的原因及它对社会网络演化的影响。

5.2.1　归属网络

在前面章节中，我们已经了解到人与人之间会形成各种关系，组成不同的社会网络，或者称为人际网络。在现实生活中，人可能会参与到某些社团中。如图 5-5 所示，它描述了个体和社团的归属关系,图中包含两个个体(张宁和吴凡)和两个社团(文学社和舞蹈团),连边表示个体所参加的社团。其中,张宁参加了文学社和舞蹈团,而吴凡参加了舞蹈团,张宁和吴凡都有各自归属的社团。图 5-5 所示的网络被称为归属网络,该网络也是一种二模网络。归属网络可以表现为现实生活中个体所参加的社团,社团又可以解释为兴趣点(Point-Of-Interest,POI),即个体具备的兴趣或个体所选的课程等。

归属网络由两个部分组成,即可以把它所有的节点分成两个组,同种类型的节点即同一个组内的节点之间是没有联系的,只有不同类型的节点才会存在边。换句话说,任何一条边连接的都是不同组中的节点。在图 5-5 中我们可以看到,张宁和吴凡之间不存在边,文学社和舞蹈团之间也不存在边。

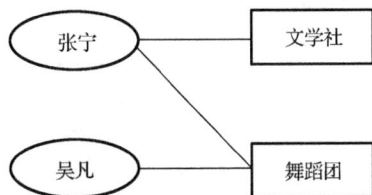

图 5-5　归属网络的例子

归属网络可以描述人们相遇的机会,以及为什么人们会成为朋友。在三元闭包中,我们提到过如果两个人之间有共同的朋友,那么他们相遇的概率会增大,成为朋友的可能性也会提高。图 5-5 所示的张宁和吴凡目前还不是朋友,那他们是否可能成为朋友呢?由于张宁和吴凡都加入了舞蹈团,因此他们相遇的概率较高,在将来的某个时间点也很可能成为朋友。这就是社会选择机制的作用。

换一个角度看问题,如果张宁和吴凡是朋友,那么吴凡是否可能也加入文学社呢?毫无疑问,如果张宁和吴凡成为朋友,那么张宁参加文学社可能会影响吴凡对文学社的认知,从而导致吴凡也加入文学社。这就是社会影响机制的作用。

如果仅观察“张宁”“吴凡”“舞蹈团”,这就是一种类似于三元闭包的“闭包”,该“闭包”也具备三个节点,但它又和三元闭包存在差异。因为三元闭包中的每个节点都是同种类型的,而这个“闭包”的节点有两种类型,分别是社团和参与者。因此,我们可以判定共同的兴趣或爱好即相似性,构建了两人相识的机会,这就对应着上节提到的选择机制,因为相似而选择成为朋友。

Merton[5]提出了以下两种比较普遍的选择机制。

(1)身份同质性选择机制:身份相同的人会彼此相互联系。比如,老师和老师之间联系较多,学生和学生之间联系也较多;地位较高的人之间联系较多,如富人圈内的人们。

(2)价值同质性选择机制:价值观相同的人会彼此相互联系。有着相同价值观的人愿意聚集在一起,并成为朋友。

以上两种同质性,都可能会让人们选择在一起。这就对应着一句俗语“物以类聚,人以群分”,亚里士多德也曾说过“人们喜欢与自己相似的人在一起”。在现实社会中,这两种选择机制普遍存在,一般是二者共同作用产生了同质性。

归属网络在实际生活中是非常常见的,如由于股权合作,使得国内互联网圈子内的一些人士与公司之间存在归属联系。在科学研究中,比较普遍存在的合著网络,是作者与论文之间的归属网络。

5.2.2　社团闭包和会员闭包

社会网络和归属网络不是一成不变的,它们会随着时间演变。在上一小节我们提到,如果两个人加入同一个社团或参与同一个活动,那么他们相遇而成为朋友的可能性会提高;

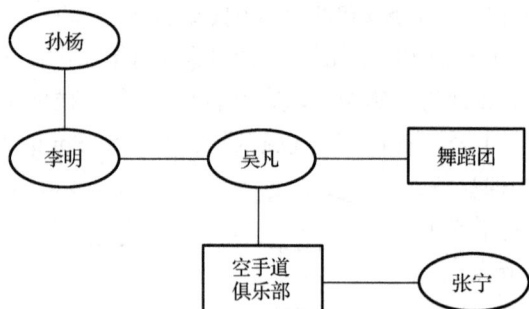

图 5-6　简单的归属网络

如果两个人是朋友，那么他们可能会相互影响而在社团和个体之间产生新的联系。因此，在演变过程中，个体之间会产生新的朋友关系，同时个体和新的社团之间也会建立新的联系。

如图 5-6 所示，该图描述了人与人、人与社团之间的关系，这是一个简单的归属网络。而随着时间的演变，由于网络内个体和社团间的相互影响，他们的社会网络可能会因此演变成图 5-7 所示的社会网络。

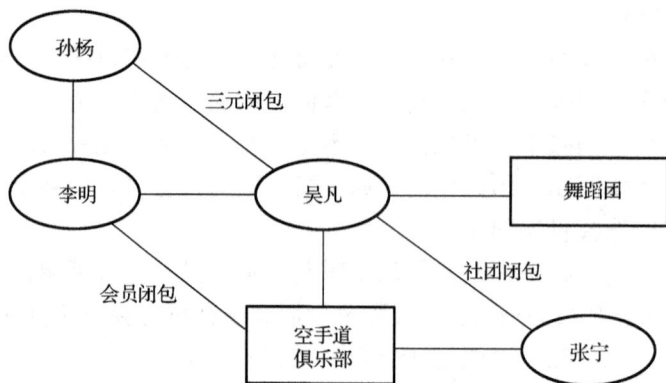

图 5-7　社会网络

其演变过程如下。

（1）三元闭包：节点孙杨、李明和吴凡均表示个体，其中孙杨和李明相识，李明又和吴凡相识，那么在孙杨和吴凡相识后会形成一条新的边，这条新边的形成属于三元闭包。

（2）会员闭包：节点李明、吴凡表示个体，空手道俱乐部表示社团。由于李明和吴凡相识，因此在李明和吴凡之间存在边；又因为吴凡加入了空手道俱乐部，所以吴凡和空手道俱乐部也存在边；如果吴凡可能对李明产生社会影响，使得李明和吴凡行为取向一致，从而都加入空手道俱乐部，那么李明-空手道俱乐部这条新边的形成就属于会员闭包，它对应着社会影响。

（3）社团闭包：节点吴凡和张宁表示个体，空手道俱乐部表示社团。吴凡和张宁均加入了空手道俱乐部，由于他们都加入了同一社团而具备建立连接的可能，即因为有相同特征而建立联系，因此吴凡和张宁之间形成了新边，这条新边的形成属于社团闭包，它对应着社会选择。

简而言之，三元闭包导致了吴凡和孙杨之间新连接的形成，会员闭包导致李明加入空手道俱乐部，而社团闭包导致吴凡和张宁之间形成一条新边。

再以图 5-8 所示的社会网络和归属网络的演变过程为例，来解释社团闭包与会员闭包。它的演变过程如下：

（1）张宁和吴凡原本是两个不认识的人，而他们因舞蹈团而相识，并且有了联系而成为朋友，因此这是社团闭包（社会选择）作用的结果；

（2）在张宁和吴凡成为朋友以后，吴凡因为张宁的影响而加入了文学社，这是会员闭包作用（社会影响）的结果。

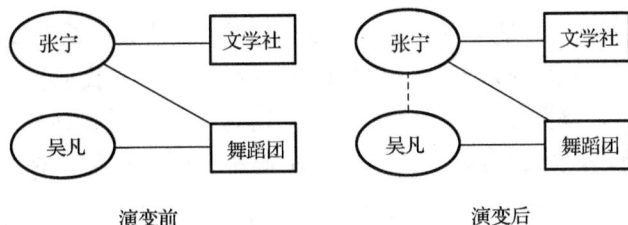

图 5-8　社会网络和归属网络的演变过程

因此，社会归属网络是考察同质性的一个工具，在其中，三元闭包、社团闭包和会员闭包可以同时显现。

那么，社会影响如何发生呢？社会影响对同质性的形成，有可能来自场所的影响，即个人所在的场所对个人行为的影响，场所包括同一个机构、社区，共同参加的活动等；也有可能来自交叉关系的影响，即一个人在不同的场所由于朋友之间的关系而产生的影响。这些影响是随时间变化而变化的动态影响[6]。其中，场所带来的影响是同质性形成的一个重要因素。

根据经验和观察，我们可以总结出俗语"近朱者赤，近墨者黑"。此处，夫妻相的形成是一个很好的例子：有些人是因为相似而选择在一起，所以选择在一起的时候就有夫妻相；有些是在结婚以后，夫妻双方相互影响而变得越来越相似，可能是由于作息习惯的影响，也可能是由于饮食的影响，还可能是由于情绪的影响，或者是由于生活方式的相互影响带来了长相上的变化，才看起来更加具有夫妻相了。

5.2.3　社会选择和社会影响的验证

那么，究竟是社会选择造成的相似还是社会影响造成了相似？我们可以对两者进行验证。

首先，对社团闭包，即社会选择机制，进行验证。如图 5-9 所示，这展示的是基于共同兴趣点而建立联系的概率情况。

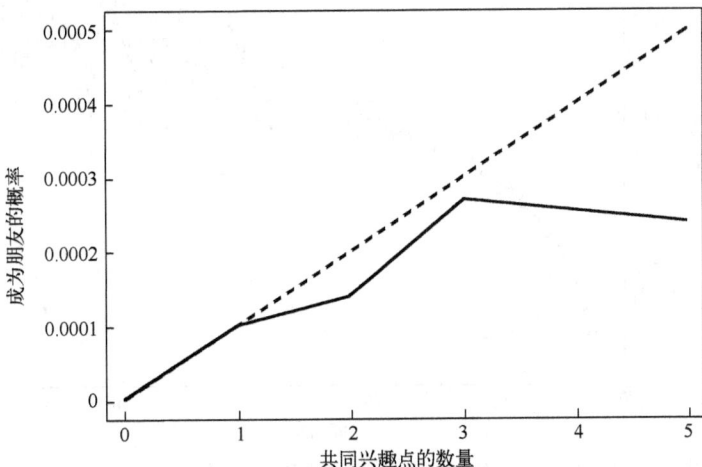

图 5-9　社会选择的验证[7]

该图反映了两个坐标之间的相关关系。其中，横坐标表示共同的兴趣点(Foci)的数量，可以以选课、参与的相同活动为基准。从图 5-9 中可以看到,随着共同兴趣点的增加，两个人建立联系的概率会提高。但是当兴趣点大于 3 时，两个人建立联系的概率不会再持续增加。

我们该如何利用在线数据来支持同质性研究呢？在这里，我们使用博客的案例来进行讨论。如图 5-10 所示，该图中包含两类节点，分别是博主和博客话题社区，其中博客话题社区对应的就是兴趣点，而已有好友关系则表示博主之间有私信来往。

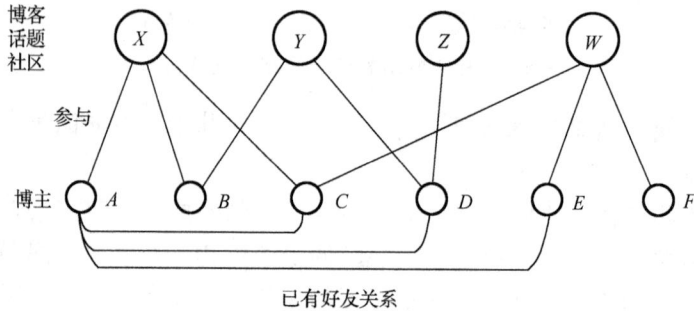

图 5-10 博客话题社区同质性研究

那么根据图 5-10 所示的内容，A 加入 Y、Z、W 这三个话题社区中的哪一个概率最高呢？已知 A 有三个好友，分别是 C、D、E。好友 C 参加了话题社区 X 和 W，好友 D 参加了话题社区 Y 和 Z，而好友 E 参加了话题社区 W。因此，可以推断 A 参加话题社区 W 的可能性更大，因为 A 的共同好友 C 和 E 都参加了话题社区 W，共同好友的影响会产生正向叠加，从而增加了其参加共同好友都参加的话题社区的可能性。这里考虑的影响关系都是正向的，关于负向影响，我们会在第 6 章讨论包含正负关系的网络平衡问题时进行探讨。

其次，对会员闭包（社会影响）进行定量验证，可以得到图 5-11 所示的基于共同朋友数量而参与一个博客话题社区的概率情况。

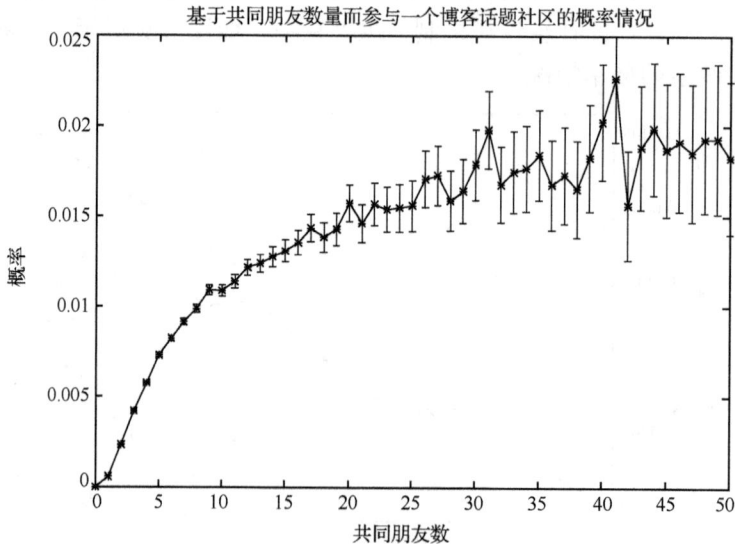

图 5-11 社会影响的验证[8]

图中横坐标表示共同朋友数，而纵坐标表示参与博客话题社区的概率。那么该图可以以某人加入同一博客话题社区的朋友数量作为变量，来观察他加入该博客话题社区的概率。可以发现，随着加入同一个博客话题社区的共同朋友数的增多，他加入该博客话题社区的概率也会增加，但是边际效应却在递减。因此，可以推断出会员闭包会影响个人的行为，也就是社会影响机制在起作用。

图 5-12 是以维基百科为研究对象利用在线数据来研究社会选择与社会影响的互动情况。维基百科的每个编辑都有一个"user talk page"页面，其他编辑可以在上面留言，从而构成通信（社会网络）关系。即如果一个编辑在另一个编辑的网页上留言或评论，那么这两个编辑之间就会有一条边。某个编辑的行为对应的是他所编辑的文章的集合，我们用式 (5-1) 来计算这两个编辑的行为相似性：

$$行为相似性 = \frac{编辑A和B都编辑过的文章数}{编辑A或B编辑过的文章数} \qquad (5\text{-}1)$$

在图 5-12 中，横坐标表示的是两个编辑在第一次交流后的编辑次数，纵坐标反映的是二者的行为相似性随时间的变化情况，时间状态为 0 的情况是两个编辑刚开始认识时的平均行为相似度。

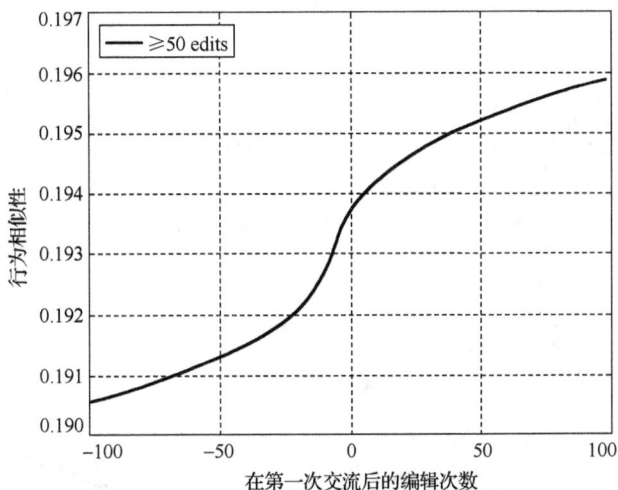

图 5-12　在维基百科中的社会选择和社会影响[9]

可以观察到：在第一次交流前，行为相似性增长迅速，这主要是社会选择的作用；在第一次交流后，行为相似性经历了短时间的迅速增长，但之后行为相似性的增长速度变得比较缓慢。在两人认识之前行为相似性的变化主要是社会选择在起作用，此时行为相似性是有限的，而在认识之后行为相似性的变化主要是社会影响在起作用，在相识后的一小段时间里，对对方的影响变化小，但是随着时间累积，影响还是很大的。

因此，在实际生活中，这两种机制在共同发挥作用。先有社会选择，再有社会影响，二者共同发挥作用提高参与者的行为相似性，从而造成了社会网络的同质性。

5.3　二模网络的计算

上面提及的归属网络（Affiliation Network）是一种二模网络（2-Mode Network），又被称为二部图（Bipartite Graph）。接下来我们将介绍二模网络的表示、测量、分析和描述。

5.3.1 二模网络的表示

二模网络由两种类型的节点组成，这两种节点之间有联系，单一类型节点之间不存在联系[10]。图 5-13 给出了一个开源软件项目的例子，其中包含两种类型的节点，分别是模块和开发者，它们所组成的二模网络被称为模块开发者二模网络，模块和开发者之间的联系是一种归属关系。对此类网络的计算分析，一种常用的方法就是投影法，即将二模网络投影为单模网络。在这个例子中，投影生成的两个单模网络是开发者依存网络和模块依存网络。虽然在生成单模网络的过程中，只保留了一维的信息，存在信息丢失，但是单模网络可以利用传统的社会网络计算方法进行分析，从而简化了处理流程，这是当前二模网络计算广泛采用的方法。

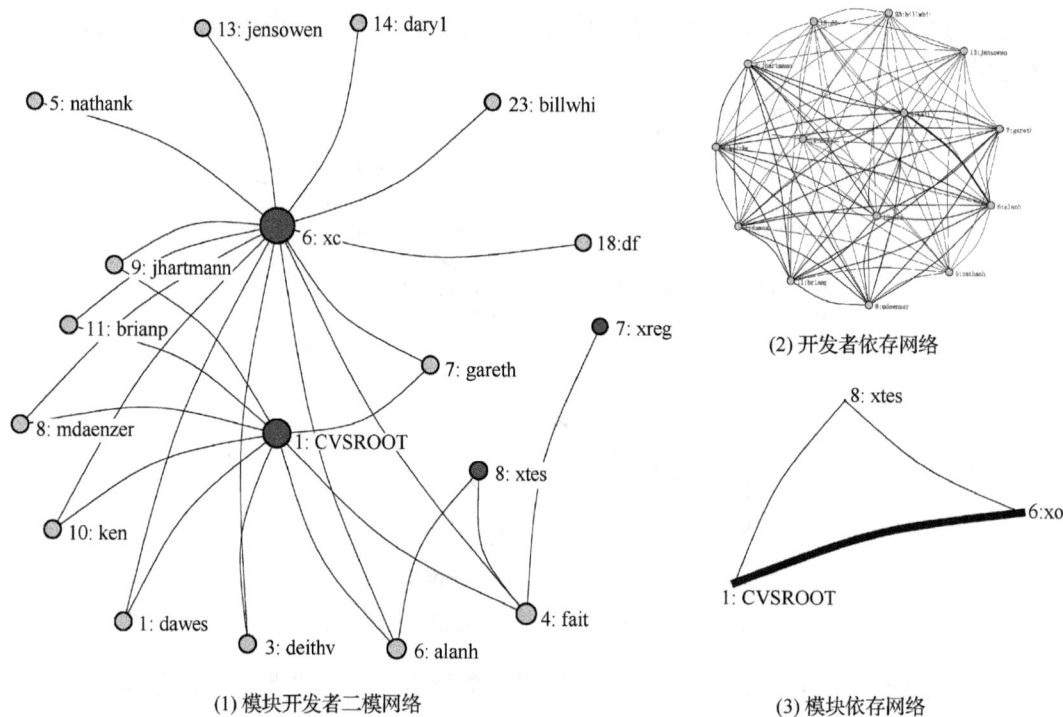

(1) 模块开发者二模网络　　　　(2) 开发者依存网络

(3) 模块依存网络

图 5-13　Sourceforge.net 中开源软件项目的二模和单模网络

5.3.2　二模网络的测量

Ucinet 自带的数据集 Davis，即美国南方妇女数据，是 Davis 等人在 20 世纪 40 年代收集到的关于 18 位妇女参与 14 个社会事件的数据。利用 Ucinet 的 NetDraw 工具，可以将数据进行可视化，如图 5-14 所示，其中圆形表示妇女，方形表示事件。Ucinet 的基本安装和使用可以参见本书的附录 A。

这里我们着重对二模网络的中心性进行分析，由于二模网络中的行动者节点需要通过行动者所归属的"兴趣点"才能建立联系，因此二模网络的中心性研究比单模网络要更加复杂一些[11]。下面我们介绍二模网络的度数中心度、接近中心度和中介中心度的计算思路，相关的操作可以在 Ucinet 中完成[12]。

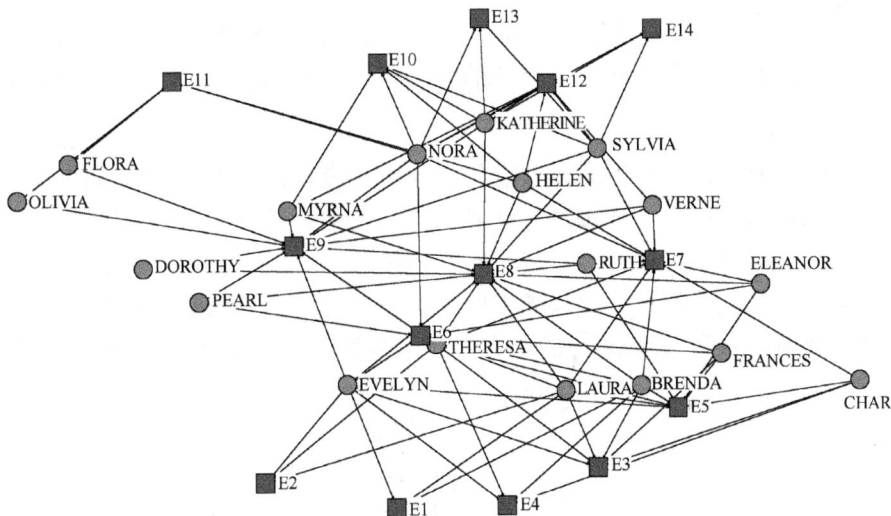

图 5-14 Davis 数据集的二模网络可视化

1. 度数中心度

在二模网络中，一个行动者节点的度数中心度是该行动者节点所归属的兴趣点的数量，一个兴趣点的度数中心度是该兴趣点所拥有的行动者的数量。行动者节点 n_i 和兴趣点 m_k 的度数中心度计算分别如式 (5-2) 和式 (5-3) 所示[12]。

$$C_D^{\mathrm{NM}}(n_i) = \sum_{k=1}^{g+h} x_{ik}^{\mathrm{NM}} \tag{5-2}$$

$$C_D^{\mathrm{NM}}(m_k) = \sum_{i=1}^{g+h} x_{ik}^{\mathrm{NM}} \tag{5-3}$$

其中，NM 表示二模网络，在 NM 中有 g 个行动者节点和 h 个兴趣点；x_{ik}^{NM} 是 $g \times h$ 的二维矩阵 $\boldsymbol{X}^{\mathrm{NM}}$ 中的元素。

2. 接近中心度

对于单模网络而言，行动者节点的接近中心度正比于该节点到网络中其他节点的距离之和。在二模网络中，行动者节点的接近中心度则正比于该节点到网络中其他节点的距离之和加上该节点到所有兴趣点的距离之和。由于二模网络是二分图网络，行动者节点仅与兴趣点有关联，因此从一个行动者节点出发的最短路径必然首先要经过该行动者节点所归属的各个兴趣点；同样，由于兴趣点仅与行动者节点有关联，所以所有从兴趣点出发的最短路径也必然首先要经过该兴趣点所包含的各个行动者节点。行动者节点 n_i 和兴趣点 m_k 的接近中心度分别如式 (5-4) 和式 (5-5) 所示[12]。

$$C_C^{\mathrm{NM}}(n_i) = \left[1 + \frac{\sum_{j=1}^{g+h} \min_k d(k,j)}{g+h-1} \right]^{-1} \tag{5-4}$$

$$C_C^{\mathrm{NM}}(m_k) = \left[1 + \frac{\sum_{i=1}^{g+h} \min_j d(i,j)}{g+h-1} \right]^{-1} \tag{5-5}$$

其中，式(5-4)中的兴趣点 m_k 与行动者节点 n_i 有联系；式(5-5)中的行动者节点 n_j 与兴趣点 m_k 有联系； $d(k,j)$ 表示兴趣点 m_k 与网络中的节点 n_j 的距离， n_j 可以为兴趣点或行动者节点。

3. 中介中心度

对于单模网络而言，一个行动者节点的中介中心度正比于通过该节点的不冗余最短路径的总数。在二模网络中，由于每对行动者节点之间的联系都要通过行动者节点所归属的兴趣点，因此兴趣点处在行动者节点之间的最短路径上；同样，行动者节点也总是处于兴趣点之间的最短路径上。计算一个兴趣点的中介中心度需要考虑所有属于该兴趣点的行动者节点。行动者节点 n_i 和兴趣点 m_k 的中介中心度分别如式(5-6)和式(5-7)所示[12]。

$$C_B^{\mathrm{NM}}(n_i) = \frac{1}{2} \sum_{m_k, m_l \in n_i} \frac{1}{x_{kl}^M} \tag{5-6}$$

$$C_B^{\mathrm{NM}}(m_k) = \frac{1}{2} \sum_{n_i, n_j \in m_k} \frac{1}{x_{ij}^N} \tag{5-7}$$

其中，在式(5-7)中，行动者节点 n_i 和 n_j 共享了 x_{ij}^N 个兴趣点，对于 m_k 所包含的任何一对行动者节点 (n_i, n_j) 而言， m_k 的中介中心度贡献为 $1/x_{ij}^N$ 个单位， X^N 表示行动者的单模矩阵， X^M 表示兴趣点的单模矩阵。式(5-6)的计算跟式(5-7)类似。

5.3.3　Ucinet 中的二模网络分析

在 Ucinet 中，单击"Network"→"Centrality"→"2-Mode Centrality"选项打开二模中心性分析窗口，在"Input 2-Mode Matrix"框中选择数据集 Davis，数据集 Davis 代表了18 位妇女参与 14 个社会事件的情况。单击"OK"按钮后就可以得到经过二模中心性分析并标准化后的指标，如表 5-2 所示。其中，左边给出了 18 位妇女的中心性分析结果，右边是 14 个社会事件的中心性分析结果。

表 5-2　Davis 数据集的二模中心性分析结果

Davis 行数据（妇女）的二模中心性分析结果				Davis 列数据（社会事件）的二模中心性分析结果			
	Degree	Closeness	Betweenne		Degree	Closeness	Betweenne
EVELYN	0.571	0.800	0.097				
LAURA	0.500	0.727	0.051				
THERESA	0.571	0.800	0.088	E1	0.167	0.524	0.002
BRENDA	0.500	0.727	0.049	E2	0.167	0.524	0.002
CHARLOTTE	0.286	0.600	0.011	E3	0.333	0.564	0.018
FRANCES	0.286	0.667	0.011	E4	0.222	0.537	0.008
ELEANOR	0.286	0.667	0.009	E5	0.444	0.595	0.038
PEARL	0.214	0.667	0.007	E6	0.444	0.688	0.065
RUTH	0.286	0.706	0.017	E7	0.556	0.733	0.130
VERNE	0.286	0.706	0.016	E8	0.778	0.846	0.244
MYRNA	0.286	0.686	0.016	E9	0.667	0.786	0.226
KATHERINE	0.429	0.727	0.047	E10	0.278	0.550	0.011
SYLVIA	0.500	0.774	0.072	E11	0.222	0.537	0.020
NORA	0.571	0.800	0.113	E12	0.333	0.564	0.018
HELEN	0.357	0.727	0.042	E13	0.167	0.524	0.002
DOROTHY	0.143	0.649	0.002	E14	0.167	0.524	0.002
OLIVIA	0.143	0.585	0.005				
FLORA	0.143	0.585	0.005				

5.3.4 二（多）模网络的描述

二模网络可以拓展到多模网络，元矩阵描述方法是社会网络计算中的一种常用多模网络描述方法[13]。传统的单模网络分析方法主要集中关注规模较小并且有边界的整体网络，通常关心的节点是人，连接关系是朋友关系等。元矩阵描述方法起源于 PCANS 方法[14]，网络的节点在用元矩阵进行构造后，不只拥有人这一种元素，还将包括资源、任务等组织中的任何元素。

如表 5-3 所示，所有的网络定义和测量指标都可以和表内单元格中的网络类型相对应。在真实世界中，人、知识和任务之间存在各种各样的关系：人与人之间有社会交往关系从而组成社会网络，人与知识之间存在认知关系从而组成认知网络，人与任务之间有分配关系从而组成参与网络，知识与知识之间有替代关系从而组成信息网络，知识与任务之间有利用关系从而组成需求网络，任务与任务之间有调度关系从而组成时序网络，人与组织之间有隶属关系从而组成成员网络，知识与组织之间存在能力拥有关系从而组成组织能力网络，任务与组织之间有支持关系从而组成组织支持网络，组织与组织之间存在竞争合作关系从而组成组织间网络。这些网络中的每一个都是一种元网络，元网络最初来源于 PCANS 网络模型[14]，现在元网络已经被广泛应用于许多社会模拟软件中。

表 5-3 组织中的元矩阵构造[15]

	人	知识/资源	事件/任务	组织
人	社会网络	认知网络	参与网络	成员网络
知识/资源		信息网络	需求网络	组织能力网络
事件/任务			时序网络	组织支持网络
组织				组织间网络

基于元网络的多模网络分析可以采用 ORA 软件。ORA 是由美国卡内基梅隆大学社会组织系统计算分析中心的卡琳教授所领导开发的一款社会网络的动态分析软件。它在网络图上用不同形状表示不同类型的节点，如图 5-15 所示，同时对不同类型的元网络可以分别进行分析。该例子包含九种元网络，分别是社会网络、信念网络、事件网络、知识网络、

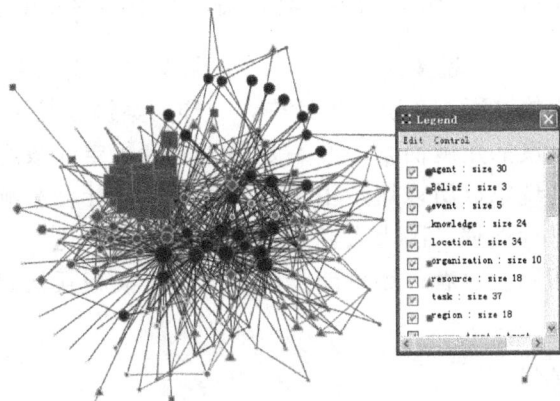

图 5-15 基于元网络的网络描述示意

位置网络、组织网络、资源网络、任务网络和区域网络。目前，它已经在组织设计、风险管理等领域得到了广泛应用，并在反恐战争中对恐怖组织网络进行分析、制定相应的组织瓦解策略起到了决策支持作用[13]。

5.4 隔离模型——社会网络的计算实验

5.4.1 隔离现象

由于同质性能够产生自然的空间特征，如在许多国家和地区，人们会与自己相似的人群居住在一起，因此同质性与隔离现象密切相关。图 5-16 所示的三幅图，是美国某地黑人居住区在二十年间的比例变化图。其中，浅色区域表示黑人居住区的比例较低，深色区域表示黑人居住区的比例较高。

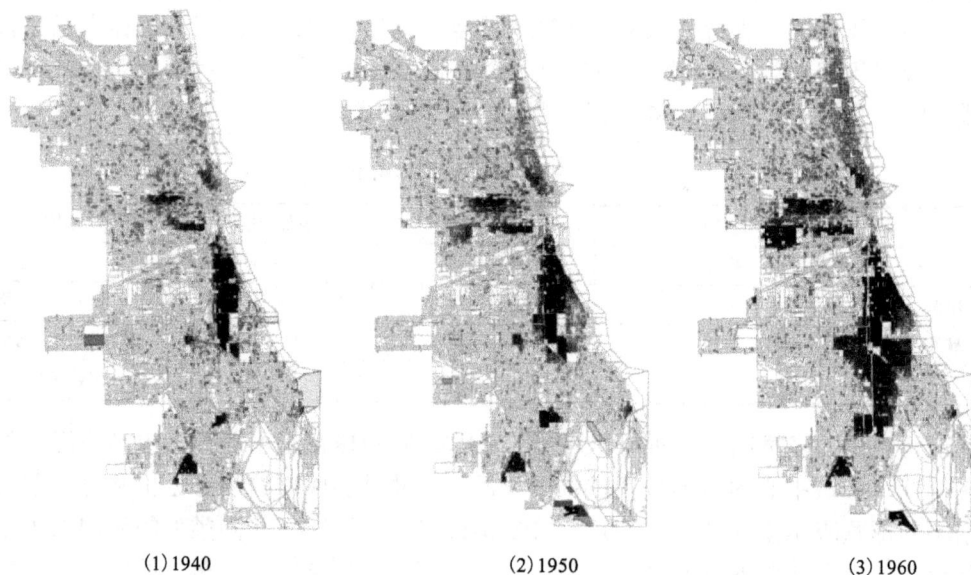

(1) 1940   (2) 1950   (3) 1960

图 5-16   1940 年至 1960 年美国某地黑人居住区的变化趋势

我们能从图中发现，越来越多的黑人在一个区域聚集，黑人群体聚居密度越来越大，而且这是一个动态变化的过程。在现实生活中，这样的案例屡见不鲜，如北京的浙江村、美国的唐人街等。从制度的角度而言，并不是因为制度规定或政府刻意的划分行为才使居住社区呈现出这样的现象，所以这是由于人们的选择或社会影响造成的隔离现象吗？我们可以从这个角度进行理解，因为人们的自然属性，如文化、人种和价值观等相同，所以他们的选择趋于相同；再者，还可能是因为人们之间相互认识、相互影响，进而选择趋同。

5.4.2 谢林模型示意

诺贝尔经济学奖获得者托马斯·谢林建立了一个著名的谢林模型，该模型描述了同质性对空间隔离的影响，解释了宏观上的隔离现象并不是个人刻意选择的结果。而在这之前，在种族隔离的社会科学研究中，大多数研究者认为，在 20 世纪 70 年代早期的纽约、芝加哥等美国城市出现的种族隔离现象，与种族主义的刻意选择有很大关联。

在谢林模型中，设置一个连通的二维网格区域，在区域中居住着两种类型的智能体，每个智能体都有相邻的八个邻居。智能体的行动规则非常简单，假如每个智能体总是希望拥有不少于 α 个的同类邻居，那么当同类邻居的数目小于 α 时，该智能体会不满足于现状并移动到一个未被占据的网格区域中。任何一个智能体迁移所留下的空网格，都可能被其他智能体迁入；而任何一个智能体的迁入，都将打破局部平衡，引起新旧领域内其他智能体的满意或不满意；同时也会引起新旧邻居区域外的一些智能体对新旧区域空网格位置的迁入向往，从而引发其他智能体的移动，由此一个智能体的个体行为就有可能引发一个群体的连锁反应。当所有的智能体都迁移到自己所满意的地方时，就形成了稳定状态。

谢林模型是一个成功的社会网络计算实验，它设计了微观个体的喜好行为，并说明了通过互动可以涌现出宏观的隔离现象，并在计算机仿真模拟环境下利用简单的局部规则涌现出全局特性。该模型证实了隔离现象是个人自然选择的结果，种族隔离与种族主义的关系不强甚至毫无关系，即使在某一天种族主义消失了，种族隔离的现象同样会出现。该模型可以完成从微观（个体）动机到宏观（集体）行为的分析。

5.4.3 Netlogo 中的隔离模型

1. 模型解释

Netlogo 中的隔离模型是用海龟表示被隔离的个体的，红色和绿色分别代表生活在池塘中的相同数量的红海龟和绿海龟，这两种海龟彼此相处，每只海龟占据一个瓦片。但是每个海龟都想和与自己的颜色相同的海龟生活得近一些，即每个红海龟想和尽可能多的红海龟生活在一起，每个绿海龟也想和一定数目的绿海龟生活在一起。因此，当仿真开始时，海龟便开始移动，当它们周围没有足够多的同色海龟时，它们将跳向附近的瓦片，直到每只海龟对目前的状况满意为止。此仿真模型显示了由海龟的偏好引起的变动，随着海龟们不断移动，其满意度会不断上升，当总体满意度达到最佳状态时，海龟停止移动。最终池塘会被"分为"几块，一些绿色海龟聚在一起，一些红色海龟聚在一起，看起来就像红色和绿色的海龟被隔离了一样。此模型所模拟的是隔离模型，描述了同质性对空间隔离的影响，解释了宏观上的隔离现象并不是个人刻意选择的结果。

2. 操作步骤

打开模型

启动 Netlogo 后，在"文件"菜单中选择"模型库"，打开文件夹"Social Science"，单击"Segregation"按钮后即可打开模型，模型加载成功的界面如图 5-17 所示。

单击"setup"按钮后，可以看到海龟随机分布在池塘中的初始图像，如图 5-18 所示。

单击"go"按钮后，红海龟和绿海龟会发生移动，经过 12 个时间步（Ticks）后，海龟不再移动，静止后的图像如图 5-19 所示。

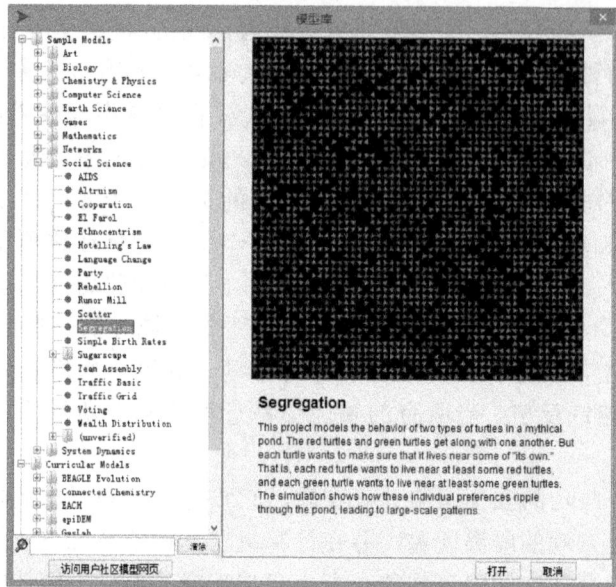

图 5-17 模型加载成功

(扫码看彩图)

(扫码看彩图)

(扫码看彩图)

图 5-18 初始图像　　　　图 5-19 经过 12 个时间步后显示的图像

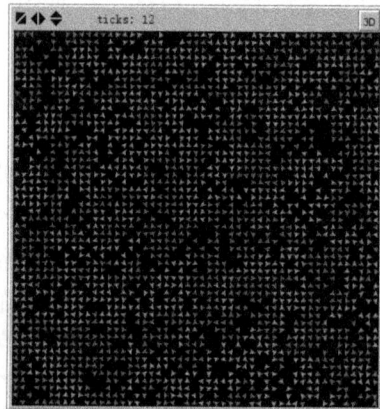

此时，可以看到红色和绿色不再是随机分布的，而是部分相同颜色的海龟聚集在一起，形成了颜色块，这就模拟了谢林的"隔离"模型。因为每只海龟都想与自己颜色相同的海龟生活在一起，所以海龟会根据周围同色海龟所占的比例来判断自身的满意度，当周围不符合自己对相似性的要求时，它们就会发生移动。从微观的角度观察，这只是单只海龟的行为；但是从宏观的角度来看，正是由于每只海龟的移动才造成了红绿海龟之间的大片"隔离"，这体现了同质性对空间隔离的影响。

图 5-20 速度滑动条

控制速度：速度滑动条

可以通过图 5-20 所示的速度滑动条来控制模型的运行速度，即海龟的移动速度和瓦片颜色的改变速度。

速度滑动条左移可以使模型的运行速度变慢，使得每个时间步之间的暂停时间更长，这样更容易观察发生了什么。你甚至可以让模型以非常慢的速度运行，这样就能清楚地观察每个海龟的行为。

调整设置：滑动条和开关

通过修改配置、模型和观察这些改变所引起的反应，能够更深入地了解 Netlogo 所模拟的现象。可以通过图 5-21 所示的滑动条和开关来修改模型的配置。

由图 5-21 可知，现在所运行的模型中有 2000 只海龟，每只海龟的"相似性期望值"为 30%，目前的"相似性期望值"为 50.5%，感到 "不开心"的海龟占比为 17%。我们可以调节海龟的初始数量，模型提供的选择是 500～2500 只，若海龟数量太少则聚集程度不明显，因此可以适当增加海龟的数量。在图 5-22 所示的模型中，相似性期望值为 50%，单击"setup"按钮，再单击"go"按钮，我们就能从图中观察到图形变化的结果。

与图 5-19 相比，图 5-22 中的每一块聚集区域更大，而且所需要的时间步更长，这时池塘达到静止需要 26 个时间步。这是因为每只海龟的"相似性期望值"为 50%。若相似性期望值更高，则表示海龟希望和更多同色的海龟聚集在一起；若对同质性的要求越高，则所需要的时间也越长。

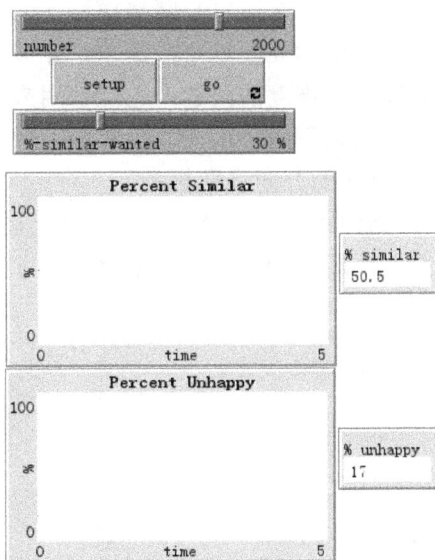

(扫码看彩图)

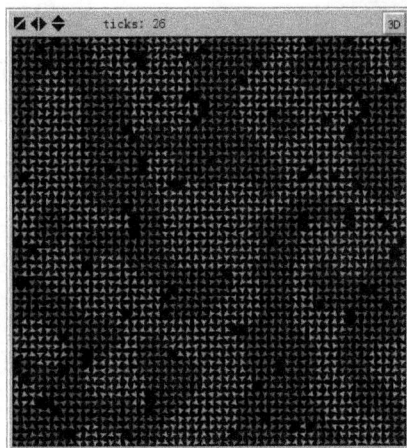

图 5-21　调整滑动条和开关来修改模型配置　　　图 5-22　终止后的隔离状态

若将相似性期望值调为 60%，然后单击"setup"按钮，再单击"go"按钮，可以观察图形的变化。此时会发现显示框中的模型一直在运行，不能达到相对静止，再次单击"go"按钮，来停止运行。停止运行后的结果如图 5-23 所示，可以看到更多的同色海龟聚集在了一起，色块的面积越来越大。

感兴趣的读者也可以再做尝试，观察当将"相似性期望值"调到多少时，可以达到静止与不静止的临界点。图 5-24 显示的是随着时间的变化，海龟"相似性"和"不开心度"的百分比变化曲线图，从图中可以清晰地看出两者的变化趋势，从而判断临界点。

图 5-23　继续执行后的模型　　图 5-24　调整相似性期望值来寻找可以达到静止与不静止的临界点

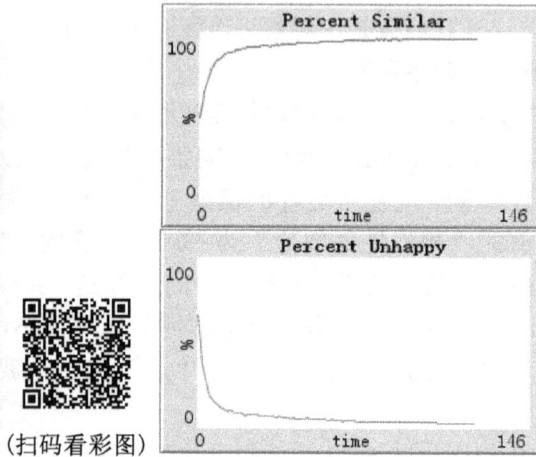

5.4.4　社交中的空间移动

我们在空间当中的移动，并不像隔离模型中所描述的那么简单，隔离模型中的移动只是简单的上下左右的移动。这里是因为在科研中，模型的建立要尽可能简单，才能够简化问题，从而更好地解答问题。谢林模型可以用来解释空间维度的问题，也能够用来解释社会维度的问题。在现实生活中，社交中的空间移动包括以下两种模式。

（1）随机游走：每一次跳跃的距离都大体相同，跳跃的方向是随机的。

（2）列维飞行：在很多小的跳跃中伴有少量长距离的跳跃；个体的运动方向是随机的，大部分时间它都在某个特定的小范围内运动，但偶尔会漫无目的地跳到很远的地方[16]，如图 5-25 所示。

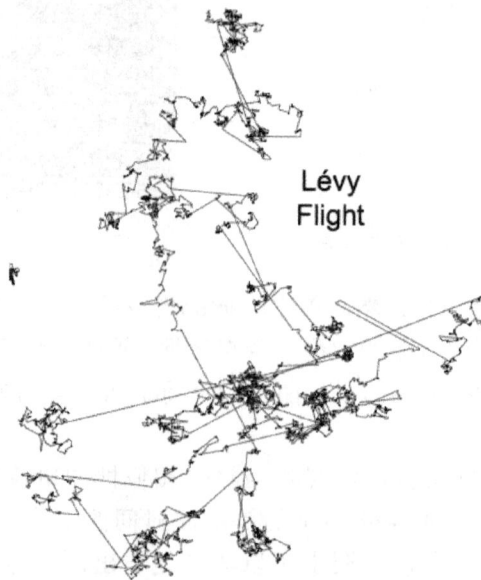

图 5-25　列维飞行图[16]

本 章 小 结

本章介绍了社会网络中的同质性概念及其对社会网络的影响、社会网络中同质现象的简单测度，并介绍了归属网络的概念，结合在线社会网络的数据分析，考察研究同质现象成因的方法，阐述了同质现象对社会发展与进步的意义。最后以居住隔离为例，通过谢林模型模拟了同质性的动态变化。同质性本质上来说是一种自然现象，促进或阻止不同社会情景下的同质性，将会对社会发展产生重要影响。

思 考 题

1. 尝试分析同质性与内卷现象的关系。
2. 如何调用 R 语言中的函数进行网络的同质性评价？请测试相关代码。
3. 请运用 R 语言进行一个弱、较强和强同质性网络的可视化实践操作。
4. 试着从群体规范等理论角度来解释同质性。

参 考 资 料

[1] KANDEL D B. Homophily, selection, and socialization in adolescent friendships[J]. American journal of sociology, 1978, 84(2): 427-436.

[2] FRIEDKIN N E. A structural theory of social influence [M].London:cambridge university press, 2006.

[3] MOODY J. Race, school integration, and friendship segregation in america[J]. American journal of sociology, 2001, 107(3): 679-716.

[4] BEARMAN P S, MOODY J, STOVEL K. Chains of affection: the structure of adolescent romantic and sexual networks[J]. American journal of sociology, 2004, 110(1): 44-91.

[5] LAZARSFELD P F, MERTON R K. Friendship as a social process: a substantive and methodological analysis[J]. Freedom and control in modern society, 1954, 18(1): 18-66.

[6] MCPHERSON M, SMITH-LOVIN L, COOK J M. Birds of a feather: homophily in social networks[J]. Annual review of sociology, 2001, 27(1): 415-444.

[7] KOSSINETS G, WATTS D J. Empirical analysis of an evolving social network[J]. Science, 2006, 311(5757): 88-90.

[8] BACKSTROM L, HUTTENLOCHER D, KLEINBERG J, et al. Group formation in large social networks: membership, growth, and evolution[C]//Proceedings of the 12th ACM SIGKDD international conference on knowledge discovery and data mining, 2006: 44-54.

[9] CRANDALL D, COSLEY D, HUTTENLOCHER D, et al. Feedback effects between similarity and social influence in online communities[C]//Proceedings of the 14th ACM SIGKDD international conference on knowledge discovery and data mining, 2008: 160-168.

[10] BORGATTI S P. 2-Mode concepts in social network analysis[J]. Encyclopedia of complexity and system science, 2009, 6: 8279-8291.

[11] BORGATTI S P, EVERETT M G. Network analysis of 2-mode data[J]. Social networks, 1997, 19(3): 243-269.

[12] FAUST K. Centrality in affiliation networks[J]. Social networks, 1997, 19(2): 157-191.

[13] CARLEY K M, DIESNER J, REMINGA J, et al. Toward an interoperable dynamic network analysis toolkit[J]. Decision support systems, 2007, 43(4): 1324-1347.

[14] KRACKHARDT D, CARLEY K M. A PCANS model of structure in organizations[C]//Proceedings of the 1998 international symposium on command and control research and technology, monterray, CA, 1998: 15-20.

[15] CARLEY K M. Dynamic network analysis [J]. Committee on human factors, national research council, 2003: 133-145.

[16] HUMPHRIES N E, QUEIROZ N, DYER J R M, et al. Environmental context explains lévy and brownian movement patterns of marine predators[J]. Nature, 2010, 465(7301): 1066-1069.

第6章 社会网络中的正负平衡

我们在前面章节中所说到的关系,大多是正向关系,但在实际生活中还存在很多的负向关系,如不信任、厌恶、仇人关系等。那么就需要思考,正向关系和负向关系怎样才能达到平衡呢?在确定边的属性下,既有的关系如何影响未知的或未来的关系呢?如何运用平衡原理对复杂的关系进行抽象理解,进一步认识结构特征呢?

本章将深入探讨带有符号的社会网络,首先定义正负关系和结构平衡理论,其次探讨结构平衡理论在实际中的应用,再讨论平衡定理,接着是对社会地位理论的探讨,并简要讨论符号网络的应用,最后结合 igraph 软件对社会网络中的社群检测进行讨论。

6.1 正负关系

在社会网络中,两个节点之间的关系(边)可能有着各种各样的社会含义。在研究社会网络时,边的属性除了强弱及指向,还有支持(+)与反对(−)、朋友(+)与敌人(−)等利害关系。通常,支持或朋友关系用正关系表示,反对或敌人关系用负关系表示。

这套理论的应用非常广泛,不仅人与人之间如此,国和国之间的外交关系也是如此,如中国与日本、朝鲜与韩国之间的外交关系等,正负关系在国与国之间的外交关系中常常表现得更加明显(如同盟条约、领土争端等)。

6.2 关系属性与平衡性

什么叫做关系平衡呢?关系平衡是指在某种情况下,节点之间的关系不会发生改变,或者说这种改变的能力非常弱,我们就称其达到了关系的平衡。

最早提出关系平衡的人是海德(Fritz Heider),他当时提出的关系平衡只是两个节点之间边的属性。后来,图论专家们把这个问题引入图论中,开始讨论三个节点之间的三条边的关系。

海德提出的是一种平衡的状态,即实体间总是表现为一种关系状态,喜欢或不喜欢,或者实体的所属实体也总是表现为一种关系状态;如果状态失衡,则会出现促使平衡恢复的力量[1]。

6.2.1 三元关系中的结构平衡问题

结构平衡理论的基础是社会心理学理论,源于 20 世纪 40 年代海德的工作[1],在 20 世纪 50 年代由卡特怀特和哈拉雷推广到图论语言的描述中[2]。从社会心理学角度来看,一个平衡的三元关系要么是(+++),要么是(−−+),否则结构是不平衡的,即隐含着一种改变的力量或趋势,如图 6-1 所示。结构是否平衡也可以通过计算符号的乘积进行判断,符号之积为正者是平衡图,符号之积为负者是不平衡图。

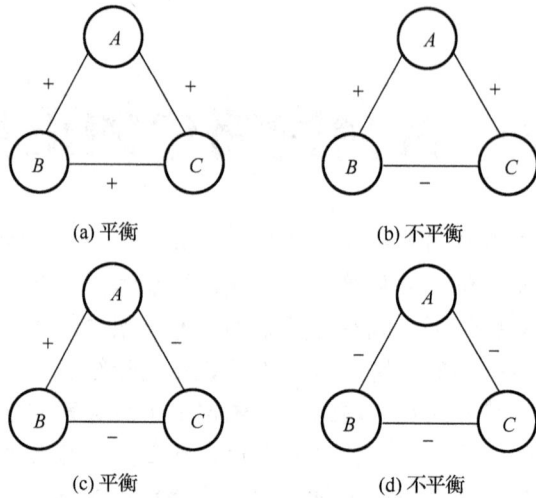

图 6-1　三元关系中的结构平衡

　　如图 6-1(a)所示的三个节点之间都是正关系，即互相都是朋友，那么他们之间的关系就非常稳定，不会发生改变或改变的动力很弱，这是一种平衡的关系。也就是说，"朋友的朋友还是朋友"。

　　在图 6-1(b)中，有两个正关系，一个负关系，即 A 与 B 是朋友，A 与 C 也是朋友，但是 B 与 C 是敌人。那么他们之间的关系就非常不稳定，发生改变的可能性很大。它可能朝着两个方向变化：一种可能是 A 在这个关系中扮演着协调者的角色，调节 B 与 C 之间的矛盾，使其转变成正关系；另一种可能是 B 与 C 的关系不好，而 A 与 B 的关系很好，于是 A 在 B 的教唆下与 B 联合起来对付 C，使得整个关系成为一个($--+$)的平衡关系，即图 6-1(c)所示的关系。

　　在图 6-1(d)中，三个节点都是负关系，即 A 与 C 是敌人，C 与 B 是敌人，那么对于 A 来说，B 是他敌人的敌人，由于敌人的敌人有可能成为自己的朋友，因此 A 与 B 之间可能会转变成正关系，使整个关系成为一个($--+$)的平衡关系，即图 6-1(c)所示的关系。

6.2.2　社会网络的结构平衡

　　之前我们考虑的大多数是三个节点之间的关系及平衡，但实际上我们可以同时考虑多个节点之间的关系和平衡。如图 6-2 所示的四个节点的关系图，图中的四个节点，两两之间都存在边。

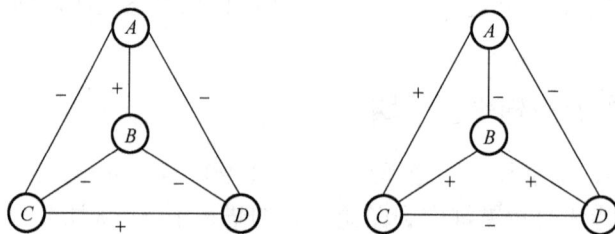

图 6-2　四个节点组成的完全图中的结构平衡

　　如果(完全)图的结构是平衡的，那么其中所有的三角关系都是平衡的，即每个三角关系要么是（＋＋＋），要么是（－－＋）。因此，可以看出图 6-2 中左图的关系是平衡的，而由于在右图中由 B、C、D 节点组成的三角关系有两正一负，因此右图的关系是不平衡的。

这里，我们可以讨论一个很有趣的话题："朋友的敌人的朋友的朋友"更可能是你的朋友还是敌人？为了更好地推导和理解，可以画出图 6-3 所示的节点关系图，来表示"朋友的敌人的朋友的朋友"。

然后我们可以画出各个节点之间的连边，如图 6-4 所示，并使用结构平衡理论来推导左侧的黑点与右侧的白点之间的关系究竟是正关系还是负关系。

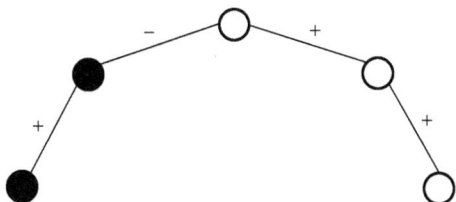

图 6-3 多个节点组成的正负关系 　　图 6-4 多个节点组成的结构平衡的判断

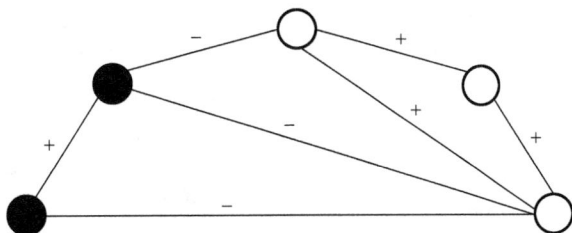

由图可知，由于左侧的黑点与右侧白点之间的边是负关系，因此在回答刚刚所提出的问题时，我们可以说"你朋友的敌人的朋友的朋友"更可能是你的敌人。当在关系链中出现更多的敌人和朋友的时候，其实只要考虑敌人的数量，如果敌人的数量为奇数，则最后得到的一定是敌人；如果敌人的数量是偶数，则链条最后一位肯定是你的朋友。

6.2.3 整体平衡指数

要判断一个网络整体上是否是平衡的，也可引入整体平衡指数：

$$\beta = \frac{\sum\limits_{J \leqslant I} T_{\text{balanced}}}{\sum\limits_{I} T_{\text{total}}} \tag{6-1}$$

其中，T_{balanced} 表示平衡三元组的数量；T 表示在社会网络中的三元组的总数；J 表示平衡三元组的数量；I 表示全部三元组的数量。如果一个网络在整体上是平衡的，那么整体平衡指数应该为 1。

6.3 结构平衡理论的实际应用

6.3.1 在日常生活中的应用

在日常生活的人际关系中，关系属性及结构平衡理论的应用非常广泛如婆媳关系。为何婆媳之间比较难相处呢？三个人之间怎样才能达到一种平衡关系呢？

如图 6-5 所示，如果丈夫和媳妇之间是正关系，丈夫与婆婆之间也是正关系，那么媳妇和婆婆之间是什么关系呢？

一般来说，我们所期望的当然是正关系，这样三者之间是一种平衡且和睦的关系，发生争吵的概率很小。但是媳妇和婆婆之间是否可能是负关系呢？答案是肯定的，因为在日常生活中，婆媳之间是负关系的情况十分常见。那么此时，由于婆婆、媳妇和丈夫之间的关系是不平衡的，所以会发生改变。最理想的状态是丈夫作为一个很好的协调者，调解好媳妇和婆婆之间的关系。但是现实情况也可能是丈夫和婆婆联合起来对付媳妇，导致丈夫和媳妇之间关系不和，或者是丈夫和媳妇联合起来对付婆婆，让婆婆非常难堪。因此，丈夫在婆媳关系中扮演着非常重要的角色。

图 6-5　平衡理论在婆媳关系中的应用

6.3.2　在商业管理中的应用

其实，在商业市场中，企业与企业之间的关系同样也可以通过结构平衡理论来进行分析。图 6-6(a)所示的是苹果、三星和富士康之间的关系图。

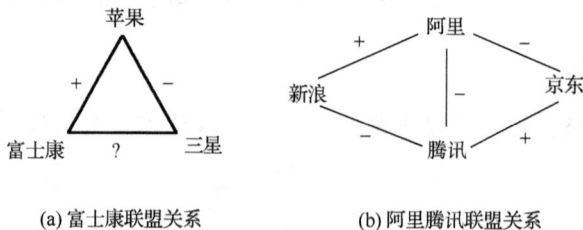

(a) 富士康联盟关系　　　　(b) 阿里腾讯联盟关系

图 6-6　企业联盟关系

我们都知道苹果的很多加工环节都是由富士康完成的，所以苹果和富士康之间是一种合作的正关系。如果苹果和三星之间是一种敌对的竞争关系，即负关系，那么我们就可以通过推理得出富士康与三星之间是一种负关系，实际上富士康确实没有为三星做任何的代工产品。因此，苹果和富士康是一种企业联盟关系，而它们和三星则为负关系。另外一个例子，如图 6-6(b)所示，这是阿里、腾讯、新浪和京东之间的关系图，阿里和腾讯是互联网行业的竞争对手，2013 年阿里以 5.86 亿美元入股新浪，2014 年腾讯以 15%的股权入股京东，四家企业形成了两个(－－＋)的平衡三元关系，达到了社会网络结构的平衡。

企业与企业之间的联盟和竞争关系组成了战略网络，如图 6-7(a)所示。战略网络作为商业生态系统的重要表现形式[3]，它的正负平衡对商业生态系统的稳定和健康发展至关重要[4]。如图 6-7(b)所示，自然生态系统包括非生物部分、生产者、消费者、分解者、食物链和食物网，该系统是物质和能量流动的渠道，若生物种群越繁多，食物链条数越多，则生态系统越稳定。商业生态系统的战略网络背后的价值网就好比自然生态系统的食物网，同理，各种类型的企业越多，价值链条越多，则整个商业生态系统越稳定。

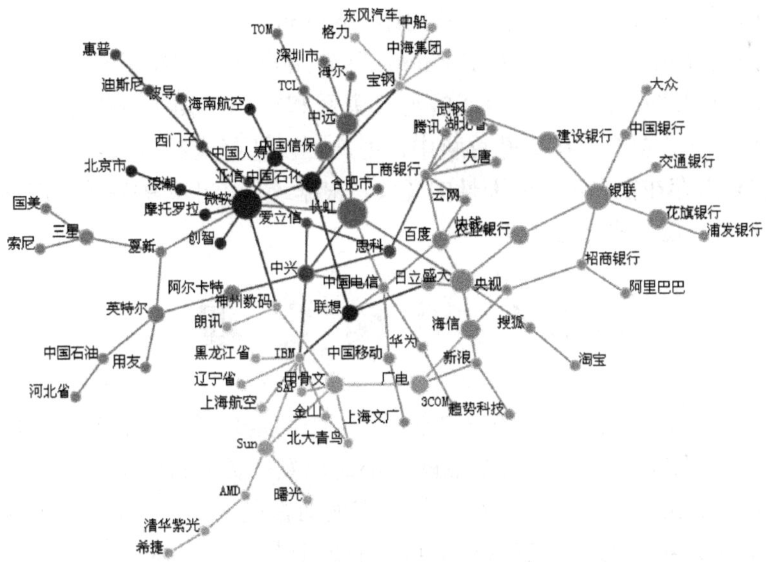

(a) 战略网络

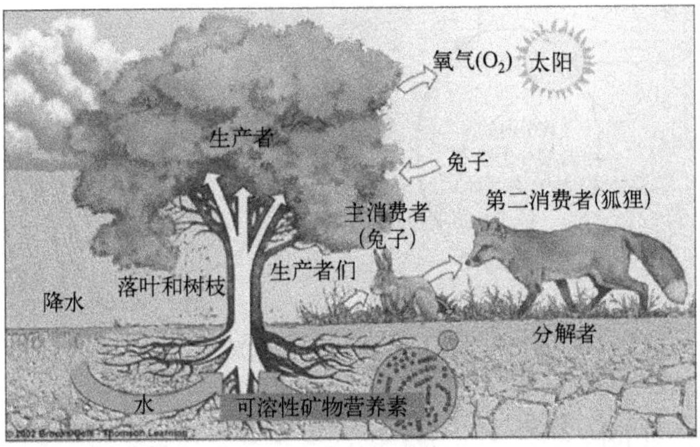

(b) 生态圈

图 6-7　商业生态系统与自然生态系统

6.3.3　在电子商务中的应用

在互联网中，也存在很多平衡理论的应用，如信任关系。在国外一些著名的购物评论网站中，就有相关应用。用户发布了一个评论后，其他用户可以对该评论进行判断，选择是否相信这个评论，并发起点赞等表示信任或支持的行为。相信的用户越多，则发布该评论的用户的信用等级就越高，信誉越好。如图 6-8 所示，由于用户 A 和用户 C 都怀疑用户 B 的评论，因此用户 B 的信用等级就很低。

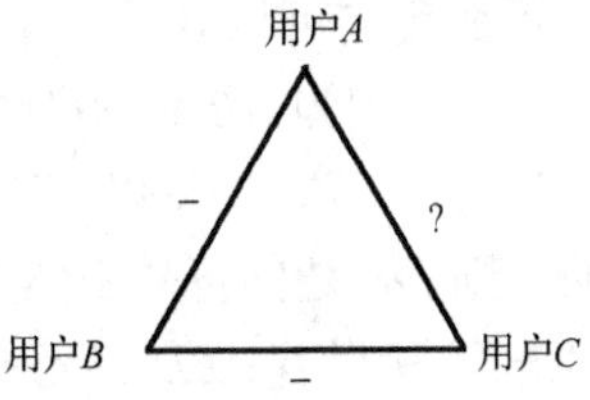

还有很多网站有对于视频或图片进行"赞"和"踩"的功能，这种功能就是正负关系的应用，用户可以通过"赞"或"踩"来表达自己对该内容的正面或负面的看法。例如，科技新闻网站 Slashodot，用户可以在该网站上表

图 6-8　购物评价网站用户中的关系

达彼此之间的正面或负面意见[5]。在国外网站 Epinions 中，用户可以选择相信或不相信其他用户的产品评论。Guha 等人通过对 Epinions 网站用户评估网络的分析发现了一些有趣的现象，即在线评估网络中信任与不信任的对立关系和结构平衡中的朋友与敌人的对立关系既有相同点也有不同之处[6]。在维基百科中，用户可以选择支持或反对某人对政府职位的竞选。在生活中实际上存在很多正负两面性的现象。根据统计，正负关系的比例约为 8：2[7]，所以在实际生活中朋友还是多于敌人的。

6.4 平 衡 定 理

平衡定理由弗兰克·哈拉雷在 1953 年证明[8]。平衡定理的定义：若一个带标记（＋／－）的完全图是平衡的，则要么它的所有节点两两都是朋友，要么它的所有节点都可以被分为两组，用 X 和 Y 表示这两个组，其中 X 组内的节点两两都是"＋"关系，Y 组内的节点两两也都是"＋"关系，而 X 组中的每个节点与 Y 组中的每个节点之间都是"－"关系[9,10]，如图 6-9 所示。

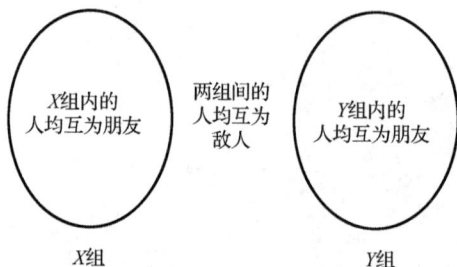

图 6-9　群体的平衡结构[9]

6.4.1　平衡定理的证明

如图 6-10 所示，假设 A 是社会网络中的任意一个节点，B 和 C 是 A 的任意两个朋友，因此 AB 和 AC 边的符号为＋，D 和 E 是 A 的任意两个敌人，因此 AD 和 AE 边的符号为－。下面要证明：①BC 边的符号为＋，也就是说朋友圈内的任意两个人也是朋友；②DE 边的符号为"＋"，也就是说敌人圈内的任意两个人也是朋友；③BD 边的符号为"－"，表示朋友圈和敌人圈中的任意两个人之间是互为敌人的。如果能证明①和②成立，就可以说明在图 6-10 中 X 和 Y 集合内部的人是互为朋友的；如果能证明③成立，就说明在 X 和 Y 两集合之间的人均互为敌人，平衡定理成立[9]。

下面我们可以叙述一下证明思路。根据平衡定理，三元关系要么是（＋＋＋），要么是（－－＋），因为 AB 和 AC 边的符号为"＋"，所以若 ABC 三元关系是平衡的，则 BC 边的符号必然为"＋"，①得以证明；因为 AD 和 AE 边的符号为"－"，所以若 ADE 三元关系是平衡的，则 DE 边的符号必然为"＋"，②得以证明；因为 AB 边的符号为"＋"，AD 边的符号为"－"，所以若 ABD 三元关系是平衡的，则 BD 边的符号必然为"－"，③得以证明。因为①②③都得以证明，所以平衡定理成立。该证明思路的关键是 A、B、C、D 和 E 都是社会网络中的任意节点。

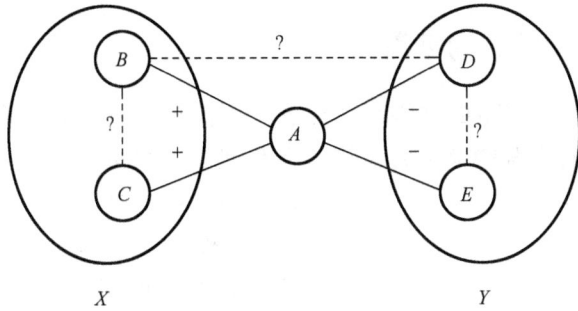

图 6-10 A 与网络中的各节点关系[9]

由此可知，社会网络结构平衡的关键就是社会网络中的节点都能够被分成两个圈子或子集。

6.4.2 弱平衡网络

一个平衡的三元网络，三个节点之间的关系必须是（＋＋＋）或（－－＋），否则这个网络就不平衡，会发生改变或发生改变的概率较大。

同时，我们也注意到，在平衡网络中排除的两种三元关系在社会关系的含义（分量）上是有区别的：改变关系为（－－－）的网络的动力弱一些，而改变关系为（＋＋－）的网络的动力强一些[11]。这该如何理解呢？首先如果要改变关系为（－－－）的网络，那么可以将三个符号同时变成正号，即（＋＋＋），或者将其中一个变成正号，即（－－＋）。而由于改变关系为（＋＋－）的网络成为平衡网络只需要改变其中的一个负号为正号，或者改变其中一个正号为负号，因此改变的动力更强。

我们称在带标记的完全图中不存在（＋＋－）这样的三元关系的网络为弱平衡网络[12]，即我们放松了对平衡的要求。弱平衡网络也有类似于平衡定理那样的性质：节点可分成若干组，组内均为朋友（＋），组间均为敌人（－）。我们可以用图 6-11 所示的图表示一种弱平衡网络。"弱平衡"意味着改变关系属性的动力不足，或者有较强的维持现有关系性质的动机。

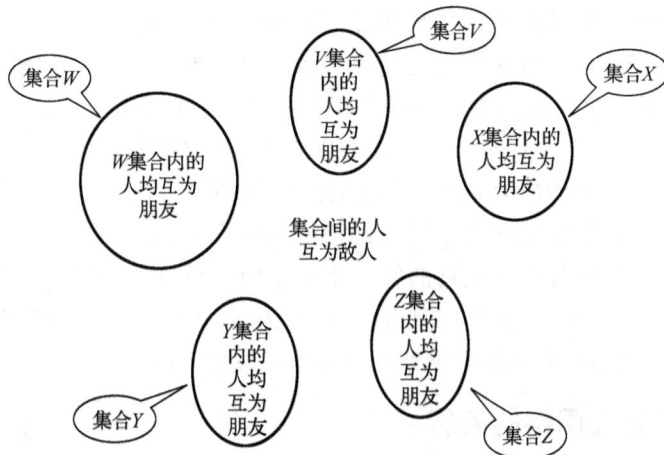

图 6-11 存在多个集合的弱平衡网络[9]

6.4.3 非完全网络中的结构平衡

前面讨论的都是完全网络的结构平衡问题，下面我们将讨论非完全网络的结构平衡问题。非完全网络是指允许有些节点之间的边存在缺失的网络，边的缺失表示该边对应的两个节点之间的关系不存在或不清楚。完全网络的密度为 1，非完全网络的密度小于 1。

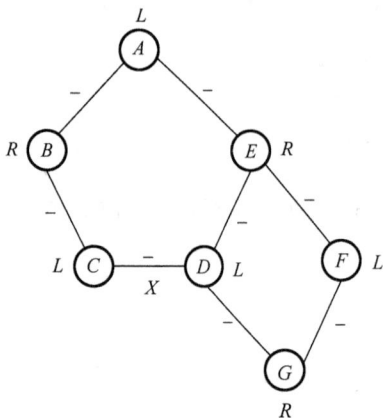

如何判断非完全网络是否平衡呢？我们可以通过补充缺失的边(带符号)，使之成为一个完全网络，再观察它是否是平衡的。这和完全网络的平衡定义一致，即节点可以分成两组(组内边为"＋"，跨组边为"－")，这和平衡定理中给出的宏观结论一致(两个阵营)。

我们还可以使用广度优先搜索为每个节点分配不同的符号，节点的符号取决于父节点的符号和边的符号，如果遍历后存在一条边的两个节点的符号相同，则该网络为非平衡网络。如图 6-12 所示，由于 *CD* 边的两个节点的符号都是"*L*"，因此该网络是非平衡网络。

图 6-12 非完全网络的结构平衡

6.4.4 有向符号网络中的结构平衡

前面所介绍的是无向网络中的结构平衡问题。在现实中，很多社会网络都是有向的，下面我们讨论有向符号网络中的结构平衡问题。如图 6-13 所示，网络中有一条边是负向的，另外两条边是正向的，但是这个有向符号网络不存在回路，因为从 *A* 到 *B* 的边的方向是反的。这里，我们仍然可以根据无向网络的平衡定理对它的平衡进行判断，通过修改 *AB* 边的方向就可以得到一条长度为 3 的回路：*ACBA*，由于各条边的符号相乘为负，因此这个网络的结构是不平衡的。

为了得出有向符号网络中的平衡定理，需要先定义半回路[12]。在有向符号网络中，回路是指从起点开始，沿着有方向的边，可以回到起始的节点，形成回路，如果图 6-13 中的 *AB* 边是由 *B* 指向 *A* 的，则 *ACBA* 就形成了回路。半回路实际上是放宽了关于"回路"的定义，允许反向指向的边存在于回路中。例如，图 6-13 中 *AB* 边在不改变方向的情况下，*ACBA* 就是一条半回路，半回路的符号是其上的所有边的符号的乘积。有了半回路的定义，就可以得出如下所述的有向符号网络中的平衡定理。

图 6-13 一个有向符号网络的结构平衡

平衡定理：当且仅当所有半回路的符号都为正时，这个有向符号网络是结构平衡的。

因此根据定义可知，由于 *ACBA* 半回路的符号为负，因此图 6-13 所示的有向符号网络是不平衡的。从本质上来说，有向符号网络的平衡也可以用无向符号网络的平衡定理进行判断。

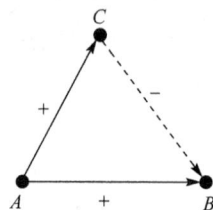

6.4.5 igraph 中社会网络的遍历

前面在非完全网络的结构平衡判断中讨论过需要利用广度优先搜索为每个节点分配不同的符号。对于大型的社会网络，若要判断结构是否平衡，则必须进行网络的遍历。从网络中某节点出发访遍图中每个节点，且每个节点仅访问一次，此过程称为网络的遍历 (Traversing Graph)[13]。网络的遍历算法是求解网络的连通性、拓扑排序和关键路径等算法的基础。对网络进行遍历最经典的两种算法是深度优先搜索（Deep First Search)算法与广度优先搜索 （Breath First Search)算法。

6.4.5.1 深度优先搜索算法

假设给定网络 G 的初态是所有节点均未曾访问过。在网络 G 中任选一节点 v 为起始节点，则深度优先搜索遍历过程如下[14]。

(1)访问网络中某一起始节点 v 后，由 v 出发，访问它的任一邻居节点 $w1$；再从 $w1$ 出发，访问与 $w1$ 邻接但还未访问过的节点 $w2$；然后再从 $w2$ 出发，进行类似的访问⋯⋯如此进行下去，直至所有的邻居节点都被访问过为止。

(2)接着，退回一步，退到前一次刚访问过的节点，看是否还存在其他没有被访问过的邻居节点。如果存在，则访问此节点，之后再从此节点出发，进行与前述类似的访问；如果不存在，就再退回一步进行搜索。重复上述过程，直到图中所有节点都被访问过为止。

(3)若此时网络 G 中仍有未被访问的节点(对于非连通图)，则另选一个尚未被访问的节点作为新的源点重复上述过程，直至图中所有节点均被访问过为止。

在 igraph 中采用如下函数来实现深度优先搜索：

```
graph.dfs (graph, root, neimode = c("out", "in", "all", "total"),
    unreachable = TRUE, order = TRUE, order.out = FALSE,
    father = FALSE, dist = FALSE, in.callback = NULL,
    out.callback = NULL, extra = NULL, rho = parent.frame())
```

其中，graph 指网络图对象；root 指起始节点；neimode 用来确定有向网络的边的走向，"out" 表示从出边走，"in"表示从入边走，"all"和"total"代表忽略边的方向；unreachable 是逻辑标量，用来表示是否搜索与根节点没有路径相连的节点，TRUE 表示搜索这些节点；order、order.out、father、dist 用来控制显示信息的返回值；in.callback、out.callback、extra、rho 等参数用来控制召回函数(Callback Function)的使用。

为了理解算法，我们在 igraph 中以一个简单的树图（网络)为例：

```
#深度优先搜索遍历
> g6_1<-graph.tree(10)                        #生成树图
> plot(g6_1,layout=layout.reingold.tilford)   #如图 6-14 所示
> dfs<-graph.dfs(g6_1,1)      #从节点 1 开始遍历，将遍历结果赋给 dfs
> dfs$order                   #显示深度优先搜索遍历结果
 [1]  1  2  4  8  9  5 10  3  6  7
#从节点 1 开始遍历，依次往下遍历子节点 2、4、8(不一定是 2、4、8，也可能是其他的节
点)，因为节点 8 没有子节点(没有还没有访问过的节点)，返回上一层的节点 4；继续遍历节点 4 没
有遍历过的子节点 9，由于节点 9 没有还未遍历的子节点，返回上一层节点 4；此刻节点 4 的子节点都
已经遍历完，返回上一层的节点 2；此刻节点 2 还有子节点 5 没有访问，访问节点 5 及节点 5 的子节
点 10；此刻节点 2 的子节点都已经访问过了，返回节点 1，访问节点 1 还未被访问过的子节点 3；再
依次访问节点 3 的子节点 6 和子节点 7。按图 6-14 箭头所示顺序访问
#遍历结果并不唯一，可能还有其他结果(如 1,2,5,10,4,8,9,3,6,7)，这里只显示一种
```

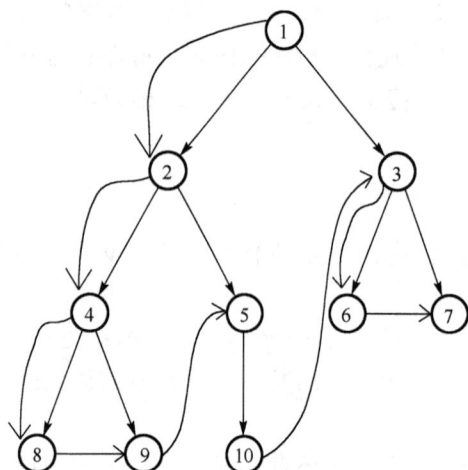

图 6-14 深度优先搜索遍历示意图

6.4.5.2 广度优先搜索算法

假设网络 G 的初态是所有节点均未被访问过，在网络 G 中任选一节点 v 作为初始节点，则广度优先搜索算法的基本思想如下[15]。

(1)从网络的某个节点 v 出发，在访问 v 之后，依次搜索访问节点 v 的各个未被访问过的邻居节点 $w1$、$w2$……

(2)然后顺序搜索访问节点 $w1$ 的各个未被访问过的邻居节点，节点 $w2$ 的各个未被访问过的邻居节点……即从节点 v 开始，由近至远，按层次依次访问与节点 v 有路径相通且路径长度分别为 1、2……的节点，直至连通网络中所有节点都被访问一次。

(3)若此时网络中仍有未访问的节点(对于非连通网络)，则另选一个尚未访问的节点作为新的源点重复上述过程，直至网络中所有节点均被访问过为止。

广度优先搜索即先遍历节点附近的节点，再向远处遍历。如果是使用广度优先搜索算法来对图 6-15 所示的网络进行遍历，那么我们就从节点 A 开始，先访问节点 A，然后从节点 A 出发，访问节点 B、C，再依次从节点 B、C 出发，访问节点 D、E、F、G，最后访问节点 H，遍历结束。

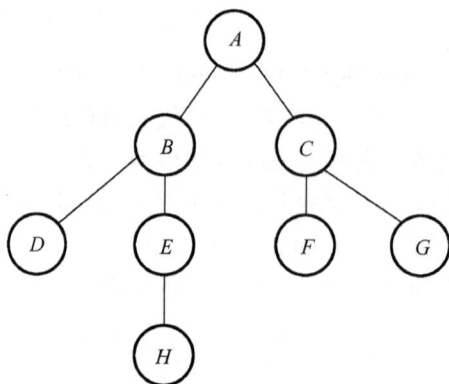

图 6-15 广度优先搜索网络

在 igraph 中采用如下函数来实现广度优先搜索遍历：

```
graph.bfs (graph, root, neimode = c("out", "in", "all", "total"),
    unreachable = TRUE, restricted = NULL, order = TRUE,
    rank = FALSE, father = FALSE, pred = FALSE, succ = FALSE,
    dist = FALSE, callback = NULL, extra = NULL,
    rho = parent.frame())
```

其中，graph 指网络图对象；root 指起始节点；neimode 用来确定有向图的边的走向，"out"表示从出边走，"in"表示从入边走，"all"和"total"代表忽略边的方向；unreachable 是逻辑标量，表示是否搜索与根节点没有路径相连的节点，TRUE 表示搜索这些节点；order、rank、father、pred、succ、dist 用来控制显示哪些返回值；in.callback、out.callback、extra、rho 参数用来控制召回函数（Callback Function）的使用。

为了对比两种遍历算法，我们以深度优先搜索算法中的 g6_1 为例，运行结果如下：

```
#广度优先搜索遍历
> bfs<-graph.bfs(g6_1,1)      #从节点 1 开始对网络 g6_1 进行广度优先搜索遍历
> bfs$order                   #显示遍历结果
 [1]  1  2  3  4  5  6  7  8  9 10
#从节点 1 开始，按层进行遍历，每一层遍历完以后才开始进行下一层遍历
```

6.5 社会地位理论

社会地位理论（Social Status Theory）是正负关系理论的一种延伸[16]。前面我们所讲的正负关系基本上是无向的，而社会地位理论中的正负关系是一种有向的关系。图 6-16 是社会地位理论中正负关系的典型图例。

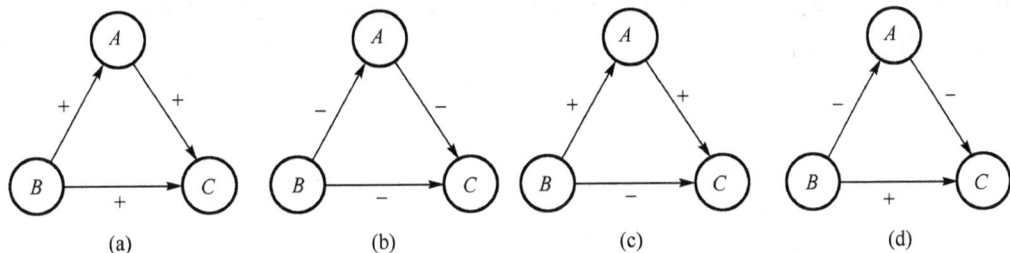

图 6-16 社会地位理论中正负关系的典型图例

如图 6-16(a) 中的 $B\xrightarrow{+}A$，是指 A 的地位比 B 高，表示出了一种地位上的差异。又如图 6-16(b) 中的 $B\xrightarrow{-}A$，是指 A 的地位比 B 低。

据此分析，在图 6-16(a) 中，由于 A 的地位比 B 高，C 的地位比 A 高，因此可以推断出 C 的地位比 B 高。所以，图 6-16(a) 符合社会地位理论。

在图 6-16(b) 中，由于 A 的地位比 B 低，C 的地位比 A 低，因此可以推断出 C 的地位比 B 低。所以图 6-16(b) 符合社会地位理论。

在图 6-16(c) 中，由于 A 的地位比 B 高，C 的地位比 A 高，因此可以推出 C 的地位比 B 高。而由于图中显示的 C 的地位比 B 低，因此图 6-16(c) 不符合社会地位理论。

在图 6-16(d) 中，由于 A 的地位比 B 低，C 的地位比 A 低，因此可以推断出 C 的地位比 B 低。而由于图中显示的 C 的地位比 B 高，因此图 6-16(d) 不符合社会地位理论。

有学者对三家公司内部的社会网络进行了调研，得到了如图 6-17 所示的结论[18]。如图 6-17 所示，给定一个三元组 (A, B, C)，1 表示指导者和被指导者的关系，0 表示同事关系。因此，数字 011 表示 A 和 B 是同事，B 是 C 的指导者，A 是 C 的指导者。在通常的社会网络中，也同样存在着这样的平衡，据统计，99%的社会网络符合社会地位理论。

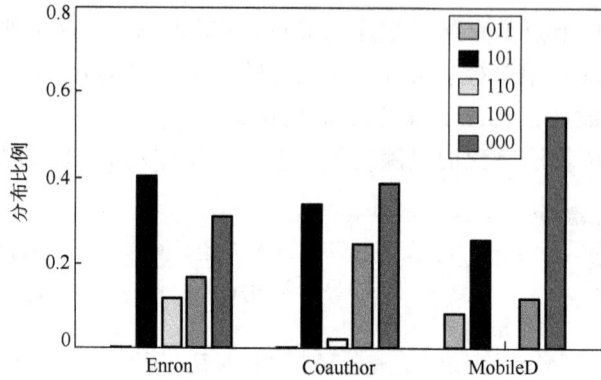

图 6-17 社会网络中的社会地位[18]

6.5.1 结构平衡理论和社会地位理论

前面小节中所介绍的结构平衡理论(平衡定理)和社会地位理论有什么异同呢？首先，结构平衡理论可视为对喜好的模拟，即喜欢和讨厌，是无向的；社会地位理论则基于个人身份地位进行判定，与喜好无关，是有向的。

同样给出三个节点和两个符号，根据结构平衡理论和社会地位理论推出的第三个符号是不同的，如图 6-18 所示。

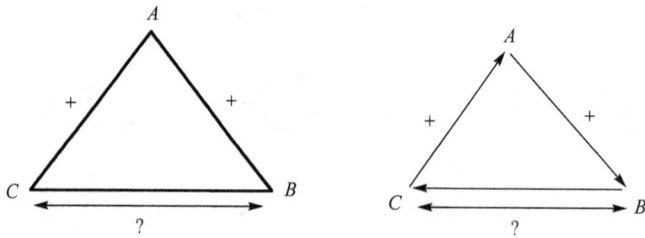

图 6-18 结构平衡理论及社会地位理论的不同预测

根据结构平衡理论，C 与 B 之间应该是正关系(图 6-18 左)，即表示 A、B、C 之间都是朋友关系，达到了一种结构平衡；而根据社会地位理论，C 与 B 应该是 B 指向 C 的负关系(图 6-18 右)，因为 $C \xrightarrow{\ \ } A$ 代表 A 的地位比 C 高，$A \xrightarrow{+} B$ 代表 B 的地位比 A 高，因此 B 的地位比 C 高，所以应该在 C 和 B 之间填入"–"号。显然，有向的社会地位理论更加复杂。

其次，社会地位理论突出了等级差异：若将网络中的负边全部转换为逆向的正边，则寻找这种特殊全局节点序列的问题即转换为在全是正边的网络上寻找最大无环子图。而结构平衡理论显示的是联盟关系：能否分成两个敌对的联盟或多个敌对的联盟，这在超网络上是一个二部图。

6.5.2 社会地位理论中的关系组合模式

在社会地位理论中，三个节点会有多少种关系组合模式呢？我们可以参考图 6-19。

图中的八种关系组合模式都有可能存在。如图 6-19(a)所示，由于 C 的地位比 A 高，B 的地位又比 C 高，因此 B 的地位比 A 高。其他的七张图也可以以此类推。在这个模式中，

我们都是将 A 与 C、B 与 C 的地位关系条件视为已知条件，从而推出 A 与 B 的地位关系。所有的正边均是由排名低的节点指向排名高的节点，而负边均由排名高的节点指向排名低的节点。经过观察我们还可以发现，在图 6-19 中，(a) 和 (h)、(b) 和 (g)、(c) 和 (f)、(d) 和 (e) 实际上都是相同的。由于实际生活中的大多数情况都是有向的，不能用无向网络中的结构平衡理论来直接解释，因此社会地位理论更加复杂。

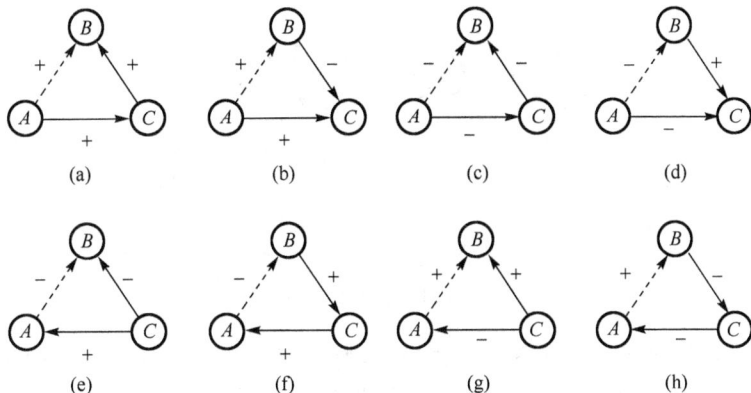

图 6-19　社会地位理论中的关系组合模式[17]

6.6　符号网络的应用

符号网络在日常生活及互联网中，有着非常广泛的应用，如个性化推荐、态度预测、用户特征分析与聚类等。

符号网络在推荐系统中已有较多应用。研究者们结合正负关系以更有效地对用户进行项目推荐。根据应用场景的不同，项目可以是各种物品，如音乐、电影、商品等，也可以是网络中的其他用户，如朋友关系推荐。

态度预测即推断用户对某个项目存在的潜在态度，该方向的研究是为个性化服务提供支撑的。若能准确有效地预测用户已存在的潜在态度，则系统便可进行更为精确的推荐或在做其他决策时能够起到更重要的指导作用。由于符号代表了态度，因此用户态度预测问题也就转化为网络中的符号预测问题。符号预测的主流思路是基于社会学理论(如结构平衡理论和社会地位理论)和机器学习的。

如图 6-20 所示，这是一个典型的态度预测模型，利用除边 (u,v) 之外的其他边的已知符号信息来预测边 (u,v) 的符号 $s(u,v)$。利用结构平衡理论及社会地位理论我们可以综合地预测 $s(u,v)$ 为正还是为负的可能性更大。

此外，符号网络在用户特征分析上具有重要的应用。

一方面，结合符号的属性能更准确地识别重要用户。符号网络认为，用户接收和发出的负边均会影响该用户的权威性与可信性。Bonacich 等人利用符号网络的特征向量中心性分析了一个僧侣网络的组成结构及重要节点。他们利用该测度的正和负对网络进行划分，并依据该测度的绝对值去度量节点在对立派系中的重要性。Mishra 等人在信任网络上设计了用于识别网络中用户偏好性和权威性的指标，这里的偏好性是指一个用户信任或不信任其他用户的偏好。如果一个用户总是信任或不信任其他用户，那么其态度被认为是有偏的，他做出的信任评价可信度较低。他们在识别出这类节点后，会降低这类节点给出的信任分值所占的权重，以便更真实地评价其他节点的权威性。

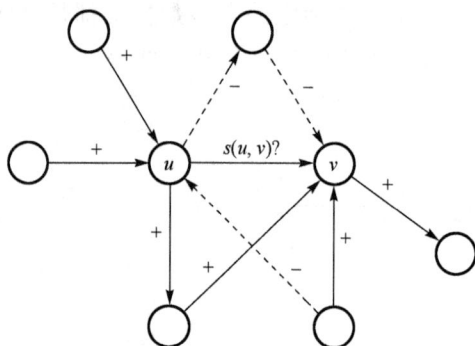

图 6-20　态度预测模型

另一方面，利用符号网络还能够识别一些特殊用户。Kunegis 等人提出了一个测度，用于识别网络中的煽动性用户，这些用户频繁发表具有攻击性和煽动性的言论。在 Slashdot 网站上的实证研究表明：对于这一类用户，考虑符号属性所计算得到的 PageRank 值，往往远小于在忽略符号下得到的 PageRank 值；而对于普通用户，这两个值基本一致。因此，这两种 PageRank 值之差，被定义为 Negative Rank 测度，该测度可以有效定位此类用户。

符号网络还有一个很重要的应用即对用户进行聚类。根据场景的不同，聚类的依据可能是用户立场、观点或兴趣的相近性。Li 等人从用户产生的内容中提取用户交互行为及相应的情感属性（用于标识正、负），构建了一个带用户情感倾向的交互网络，这正是一个符号网络[19]。然后，他们利用两阶段式符号网络社区发现方法进行用户聚类：先采用传统社区发现算法处理仅含有正边的网络，之后结合负边信息调整前一阶段的分区。实证分析证明：引入情感属性（负边）后，所识别的社区更为精准，社区内话题更为集中。另外，所识别的社区中的意见领袖虽然从全局角度来看中心性排序可能不高,但在自身所处的局部社区中影响力很大[20]。

6.7　igraph 中的社群检测

在介绍结构平衡理论时，我们提到网络平衡的关键是社会网络能否分成两个对立的社群，或者在弱平衡中是否分为若干对立的社群。其实，在社会网络中存在较为明显的社群结构，网络中的社群结构表现为社群内部联系较紧密，社群之间的联系较疏松。igraph 包中提供了 GN 算法[21]、贪婪算法[22]、主特征向量函数[23]、自旋玻璃函数[21]、随机漫步函数[24]、标签传播算法[25]这六种社群检测函数。

6.7.1　igraph 社群检测函数介绍

1. edge.betweenness.community ——GN 算法
实现功能：通过不断地寻找并删除边介值（边介值是指通过该边的节点之间的最短路径

的条数)最高的边来得到社会网络中的社群结构。

基本思路：

(1)计算网络中每条边的边介值；

(2)删除边介值最高的边；

(3)重新计算所有边的边介值；

(4)重复以上步骤直到所有的边都被删除。

2. fastgreedy.community——贪婪算法

实现功能：由于 GN 算法的时间复杂度较大，所以对大规模的复杂网络的分析效果并不理想。Newman 在 GN 算法的基础上提出了一种快速算法，它是基于贪婪算法思想的一种凝聚算法。

基本思路：

整个算法完成后可得到一个社群结构分解的树状网络，再通过在不同位置断开可得到不同的网络社群结构；在这些社群结构中，选择一个局部 Q 值(模块度)最大的社群结构，就能得到最好的网络社群结构。

3. leading.eigenvector.community——主特征向量函数

实现功能：通过计算图形的模块度增量矩阵的主非负特征向量来划分社群。

基本思路：

采用分裂的思想，自顶向下进行计算。首先，求解模块度增量矩阵的最大正特征值及对应的特征向量，依据特征向量中元素的符号将网络不断递归二分，直至子网络再细分已不能增大 Q 值(模块度)。整个算法较 GN 算法在计算速度和准确度上均有较大提高。

4. spinglass.community——自旋玻璃函数

实现功能：把社会网络看成一个随机网络场，假设社会网络近似于随机有限维连通系统，那么可以利用自旋玻璃(自旋玻璃是一个物理概念，也是一些物理材料的一种状态，代表一种无序的状态)模型的一些特性来发现和解释社群。

基本思路：

对于网络中的一个节点，它与其他节点的连接和缺省的连接可看作磁性材料的磁性相互作用和反磁性相互作用，这两种相互作用形成一个能力函数，当能力函数最小时，网络内部的组别可看作自旋系统的状态。划分组别或网络层次的过程是一个聚类过程。

5. walktrap.community——随机漫步函数

实现功能：自动挖掘社交关系中的"团结构"，实现社群检测。

基本思路：

(1)假设一个漫步者在一个社群(网络)里随机游走，漫步者可能被困在连接稠密的区域里(想象一下初次进入一个道路错综复杂的街区)，这个稠密区域就是漫步者发现的社群；

(2)根据网络的属性，来定义节点和社群之间的结构相似度并度量漫步者的"行为"，进而根据相似度，利用合并层次聚类方法来建立社群的层次结构；

（3）可以利用从 i 点走向（连接、边）j 点的概率来定义距离相似度（概率距离），若 i 和 j 在同一社群里，概率相对比较高。

6. label.propagation.community——标签传播算法

实现功能：自动挖掘社交关系中的"团结构"，实现社群检测。

基本思路：

（1）初始阶段

为途中每个节点赋予一个独一无二的标签。

（2）多轮迭代

通过社交关系（即网络的边）将标签向其他节点传播。

某个节点将根据与其有联系的其他节点的标签来决定自己此轮应该被赋予哪个标签。实现步骤如下。

①将其邻居节点出现次数最多的标签赋予自己。

②如果邻居节点的标签数目一样多，无法找出出现次数最多的那个标签，则随机赋予一个标签即可。

③直到网络中的节点标签都不再改变（稳定）为止，迭代结束。

④对于一个密集连接子网络，即最后达到所有节点的标签都是一样的（圈子/群组形成）。

6.7.2 社群检测函数的比较

表 6-1 社群检测函数比较

函数	适用网络类型	优缺点
edge.betweenness.community GN 算法	中型网络，节点小于 10000 个	时间复杂度较大，为 $O(n^3)$
fastgreedy.community 贪婪算法	各种网络规模，百万级也可以	较 GN 算法在计算速度和准确度上均有较大提高，时间复杂度为 $O(m(m+n))$，m 为网络的边数，n 为网络的节点数
leading.eigenvector.community 主特征向量函数	大规模网络	时间复杂度为 $O(m+n)$
spinglass.community 自旋玻璃函数	特别适用加权的有向网络	由于帮助文件没有提供时间复杂度，所以时间复杂度由计算系统的能量的时间复杂度决定
walktrap.community 随机漫步函数	特别适用复杂的稀疏网络	最坏情况下的时间复杂度为 $O(mn^2)$，m 为网络的边数，n 为网络的节点数
label.propagation.community 标签传播算法	各种网络规模，可适用规模较大的复杂网络	最大的优点在于不需要任何参数输入，如社团的数目、大小等，而且算法具有线性的时间复杂度：$O(m)$，收敛速度非常快

6.7.3 igraph 社群检测应用举例

下面我们以经典的"Zachary 空手道俱乐部（Zachary's Karate Club）"社会网络为例，利用 igraph 中的社群检测函数进行社群检测，并计算各种社群检测函数的模块度，以比较哪一种社群检测函数比较好。模块度是近年常用的一种衡量社群划分质量的标准[21]，其基本思想是把划分社群后的网络与相应的零模型进行比较，以度量社群划分的质量。所谓一个网络对应的零模型，就是指与该网络具有某些相同的性质（如相同的边数或相同的度分布等）而在其他方面完全随机的随机图模型[13]。

"Zachary 空手道俱乐部"社会网络[26]：20 世纪 70 年代，Zachary 用了两年的时间观察美国一所大学的空手道俱乐部内部成员间的关系网络。在 Zachary 调查的过程中，该俱乐部的主管与校长因为是否提高俱乐部收费的问题产生了争执，所以导致该俱乐部最终分裂成了两个分别以主管与校长为核心的小俱乐部。就模块度优化而言，当前学者们已经广泛认为，该网络的最优划分方式是模块度 $Q = 0.419$ 的四个社团划分。

举例如下：

```
#社群检测
> library(igraph)
> g6_2 <- graph.famous("Zachary")
#用以下六个函数进行社群检测
>ec <- edge.betweenness.community(g6_2)          #GN 算法
>fc <- fastgreedy.community(g6_2)                 #贪婪算法
>lec <-leading.eigenvector.community(g6_2)        #主特征向量函数
>sp<-spinglass.community(g6_2)                    #自旋玻璃函数
>wc<-walktrap.community(g6_2)                     #随机漫步函数
>lc <- label.propagation.community(g6_2)          #标签传播算法
#比较用以上六个函数计算社群检测的模块度
> print(modularity(ec))
[1] 0.4012985
> print(modularity(fc))
[1] 0.3806706
> print(modularity(lec))
[1] 0.3934089
> print(modularity(sp))                           #(检测效果最优)
[1] 0.4188034
> print(modularity(wc))
[1] 0.3532216
> print(modularity(lc))
[1] 0.3744247
#可视化社群检测结果，如图 6-21 所示
> plot(ec, g6_2)
> plot(fc, g6_2)
> plot(lec, g6_2)
> plot(sp, g6_2)
> plot(wc, g6_2)
> plot(lc, g6_2)
```

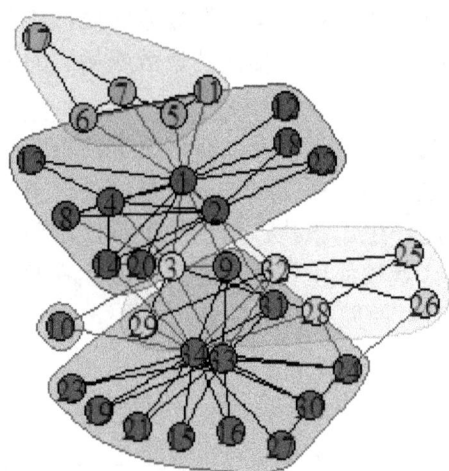

(a)基于 GN 算法的社群划分

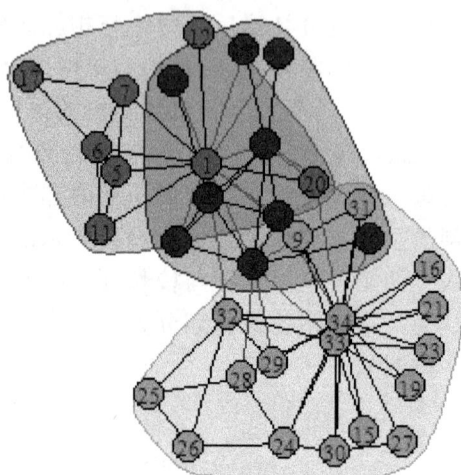

(b)基于贪婪算法的社群划分

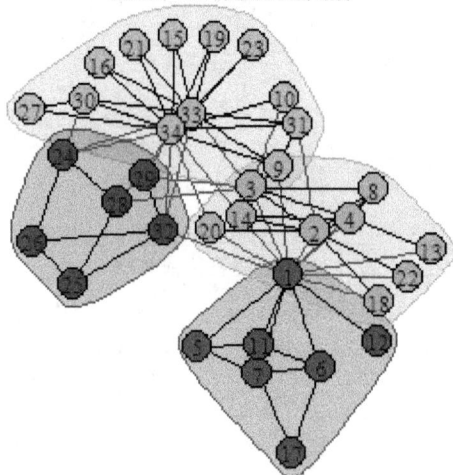

(c)基于主特征向量函数的社群划分

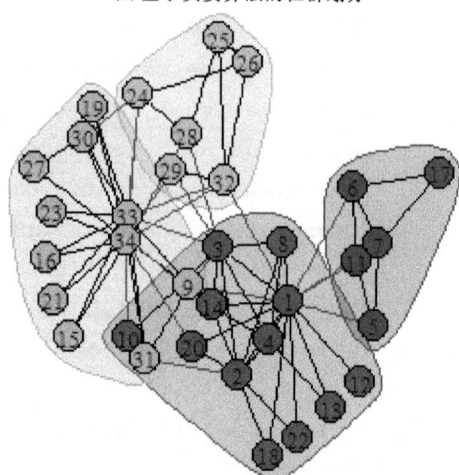

(d)基于自旋玻璃函数的社群划分

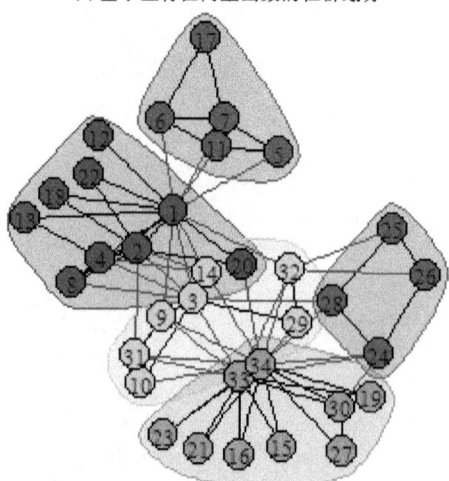

(e)基于随机漫步函数的社群划分

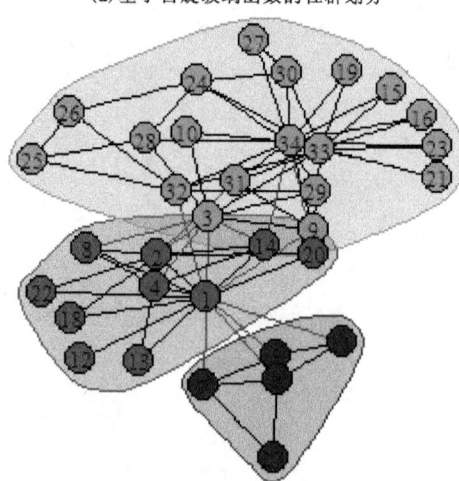

(f)基于标签传播算法的社群划分

图 6-21　可视化社群检测结果

本 章 小 结

本章从知识、方法、思想这三个方面，系统地概括了社会网络中的结构平衡。从社会网络中的正负关系延伸到结构平衡，从社会性的含义探究到网络结构平衡的基本含义。同时，从结构平衡理论在实际中的应用来概括结构平衡理论的数学定义及性质，包括一般网络结构平衡及弱平衡结构内部的关系。并通过结构平衡理论在实际中的应用，概括出结构平衡理论在实际应用中的分析方法：利用结构平衡理论，对实际问题进行抽象，并通过平衡定理进行正负关系判别。结构平衡理论要求社会网络分为两个或若干社群（集合），因此我们也讨论了相关的社群检测函数。

思 考 题

1．举例说明结构平衡理论的实际应用（正文介绍的领域除外）。

2．如果存在一个含有奇数长度的负圈，是否能将其节点安排到两个敌对阵营？请画图做出说明。

3．用 igraph 给出图 6-22 所示的深度和广度遍历算法。

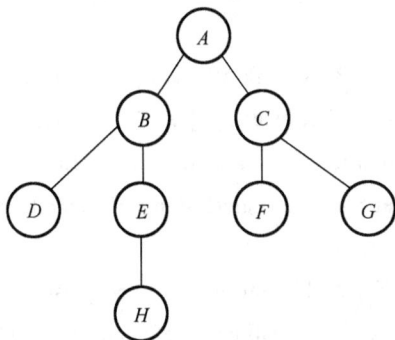

图 6-22　树状图

4．请自行选择数据集，利用 igraph 中的不同函数进行社群检测，并比较说明划分结果。

参 考 资 料

[1]　HEIDER F. Attitudes and cognitive organization[J]. The journal of psychology, 1946, 21(1): 107-112.

[2]　HARARY F. On the notion of balance of a signed graph[J]. The michigan mathematical journal, 1953, 2(2): 143-146.

[3]　BARNETT ML. The keystone advantage: what the new dynamics of business ecosystems mean for strategy, innovation, and sustainability[J]. Academy of management perspectives, 2006, 20(2): 88-90.

[4] MOORE J F. Predators and prey: a new ecology of competition[J]. Harvard business review, 1993, 71: 75-86.

[5] KUNEGIS J, LOMMATZSCH A, BAUCKHAGE C. The slashdot zoo: mining a social network with negative edges[C] // Proceedings of the 18th international conference on world wide web, 2009: 741-750.

[6] GUHA R, KUMAR R, RAGHAVAN P, et al. Propagation of trust and distrust[C]//Proceedings of the 13th international conference on world wide web, 2004: 403-412.

[7] LESKOVEC J, HUTTENLOCHER D, KLEINBERG J. Predicting positive and negative links in online social networks[C]//Proceedings of the 19th international conference on world wide web, 2010: 641-650.

[8] CARTWRIGHT D, HARARY F. Structural balance: a generalization of heider's theory[J]. Psychological review, 1956, 63(5): 277.

[9] EASLEY D, KLEINBERG J. Networks ,crowds, and markets[J].Econometric Theory, 2010, 26(5): b1-b4.

[10] HUMMON N P, DOREIAN P. Some dynamics of social balance processes: bringing heider back into balance theory[J]. Social networks, 2003, 25(1): 17-49.

[11] DAVIS J A . Clustering and structural balance in graphs[J]. Human relations, 1967, 20(2): 181-187.

[12] WASSERMAN S. Social network analysis: methods and applications[M]. London:cambridge university press, 1994.

[13] 汪小帆，李翔，陈关荣. 网络科学导论[M]. 北京：高等教育出版社，2012.

[14] TARJAN R. Depth-first search and linear graph algorithms[J]. SIAM journal on computing, 1974, 1(2): 146-160.

[15] LEISERSON C E, SCHARDL T B. A work-efficient parallel breadth-first search algorithm (or how to cope with the nondeterminism of reducers)[C] // Proceedings of the twenty-second annual ACM symposium on parallelism in algorithms and architectures, 2010: 303-314.

[16] PODOLNY J M. Status signals: a sociological study of market competition[M]. Princeton: princeton university press, 2010.

[17] MISHRA A, BHATTACHARYA A. Finding the bias and prestige of nodes in networks based on trust scores[C] // Proceedings of the 20th international conference on world wide web, 2011: 567-576.

[18] TANG J, LOU T, KLEINBERG J, et al. Transfer link prediction across heterogeneous social networks[J]. ACM transactions on information systems, 2010, 9(4).

[19] LI X, CHEN H, LI S. Exploiting emotions in social interactions to detect online social communities[C] // Pacific asia conference on information systems, PACIS 2010, taipei, taiwan, 9-12 july 2010. DBLP, 2010.

[20] 程苏琦，沈华伟，张国清，等. 符号网络研究综述[J]. 软件学报，2014，25(1): 1-15.

[21] NEWMAN M E, GIRVAN M. Finding and evaluating community structure in networks[J]. Physical review E, 2004, 69(2): 026113.

[22] CLAUSET A, NEWMAN M E, MOORE C. Finding community structure in very large networks[J]. Physical review E, 2004, 70(6): 066111.

[23] NEWMAN M E. Finding community structure in networks using the eigenvectors of matrices[J]. Physical review E, 2006, 74(3): 036104.

[24] PONS P, LATAPY M. Computing communities in large networks using random walks[C] // Computer and information sciences-ISCIS 2005: 20th international symposium, istanbul, turkey, october 26-28, 2005. proceedings 20. springer berlin heidelberg, 2005: 284-293.

[25] RAGHAVAN U N, ALBERT R, KUMARA S. Near linear time algorithm to detect community structures in large-scale networks[J]. Physical review E, 2007, 76(3): 036106.

[26] ZACHARY W W. An information flow model for conflict and fission in small groups[J]. Journal of anthropological research, 1997, 33(4): 452-473.

第2篇
社会网络的洞察发现

第7章 社会网络中的小世界

我们在生活中经常会遇见一些陌生人，交谈之后发现他的朋友你也认识，或者在社会网络中你也会发现与许多陌生人有很多共同好友，这就是社会网络中的小世界现象。科学家对小世界现象的研究经历了漫长的岁月，并且小世界六度分隔理论在 LinkedIn 等社交网站中也得到了成功的商业应用。

本章将讨论小世界现象的基本特质：短路径、可发现、最佳距离，以及研究小世界现象的基本范式：实验发现、模型解释、模拟证明、大数据实证。通过几个著名的小世界模型来深入讨论社会网络中的小世界现象。最后，将对万维网链接中的小世界现象进行讨论。

7.1 小世界现象

小世界现象可以从身边的事情说起。我们或许有过这样的经历：偶尔碰到一个陌生人，同他聊了一会后发现，你认识的某个人他居然也认识，然后一齐发出"这个世界真小"的感叹。这正如英国著名作家戴维·洛奇在《小世界》一书中所描述的：世界上人们的行踪路线不时地汇合、交错和分开。那么对于世界上任意两个人来说，借助第三者、第四者这样的间接关系来建立起他们两人的联系，平均来说最少要通过多少人呢？

我们之前谈到，在社会网络中存在着丰富的短路径，这些短路径能将人们连接起来，形成大的网络。基于短路径的小世界现象从 20 世纪开始一直都是具有传奇特色和魅力的研究专题。社会心理学家 Stanley Milgram 实施了第一个小世界现象的实证研究，从中得到两个惊奇的发现：一是网络的路径很短，二是短路径竟然能够被搜索发现。Watts-Strogatz 的小世界模型和 W-S-Kleinberg 模型分别对这两个惊奇发现给予了解释，W-S-Kleinberg 模型的优化参数也在大规模 OSN 大数据中得到了验证。其实，人类对小世界现象的研究的时间跨度很大，从发现实验现象到理论解释，再到最后的测量验证，这一历程跨越数十年。

7.1.1 六度分隔

在 20 世纪 60 年代，社会心理学家斯坦利·米尔格拉姆[1,2]实施了第一个小世界现象的实证研究。他在实验中选定了几百名"初始者"，要求每个人努力地转发让一个目标收信人收到一封信。他向每个初始者提供了目标收信人的姓名、地址、职业等个人信息，并做出规定：①参与者只能将信件直接发给能直呼其名的熟人，并请他继续转发；②如果参与者不认识目标收信人，则他不能直接将信寄给他。在实验中，斯坦利·米尔格拉姆要求参与者力争让信件能尽早到达目的地，即目标收信人手中。结果他发现约三分之一的信件经过平均六次的转发后到达了目标收信人手中，即平均通过六步，信件就能从初始者到达目标收信人手中。

小世界现象是人类社会网络的一个规律性现象，斯坦利·米尔格拉姆在实验中有两个惊奇的发现：一是在实验中信件平均经过六次转发能从初始者到达目标收信人手中；二是在没有借助任何类型的全球网络"地图"的情况下，那些信件居然也能够沿短路径到达目标收信人手中。斯坦利·米尔格拉姆就此提出了"小世界现象(Small World Phenomenon)"的著名假说，即最多通过六个人就可以将任何两个素不相识的人联系在一起。因此，他的理论也被称为六度分隔理论，也叫小世界理论。

在往后的数十年里，这种实验模式曾被多个不同的研究团队反复实施。2002 年，社会学家邓肯·瓦兹(Duncan Watts)等人开展了"小世界研究计划(Small World Research Project)"，借助互联网通过 E-mail 传递来重现斯坦利·米尔格拉姆当年的实验。在该实验中有 18 名职业、性别、地理位置各不相同的"目标收件人"，参与者只能将邮件发给认识的人，并且每次只允许发一封。该实验由来自全球 166 个国家的 6 万多名参与者参与，最终得到的平均路径为 4。2009 年，研究者利用 30 个爬虫获取人人网上所有用户及用户之间的关系，该实验数据涵盖了 4200 万名用户、16 亿条友情链接，最终计算出人人网用户的平均路径长度为 5.38[3]。2011 年，Facebook 和米兰大学以 Facebook 上的 7.21 亿条用户数据为基础，分析了 690 亿条连边，通过计算得出每两个用户之间平均通过 4.74 个人就能建立联系。

7.1.2 Erdos 数

保罗·厄多斯(Paul Erdos)是一名出生于匈牙利的犹太籍数学家，被公认为二十世纪最伟大的天才之一。他毕业时发表的论文数超过 1500 篇，数量在数学史上仅次于欧拉，且论文合作者数量超过 450 位。若加上别人所作的，但曾获得他关键性提示的论文，则他的论文数应有数万篇。

数学家以下述方式来定义厄多斯数(Erdos Number)：厄多斯本人的 Erdos 数为 0，任何人若曾与厄多斯合作写过论文，则其 Erdos 数为 1。任何人若曾与一位 Erdos 数为 1(且不曾与有更少的 Erdos 数)的人合作写过论文，则他的 Erdos 数为 2。几乎每一个当代数学家都有一个有限的 Erdos 数，而且这个数往往非常小，小得出乎预料。例如，爱因斯坦的 Erdos 数为 2，比尔·盖茨的 Erdos 数为 4。比尔·盖茨的 Erdos 数是通过如下途径实现的：Erdos-Pavol Hell-Xiao Tie Deng-Christos H. Papadimitriou-William H. (Bill) Gates。

7.1.3 Bacon 数

目前，世界电影史上共产生了大约 23 万部电影，78 万余名电影演员(参见互联网电影库)。凯文·贝肯(Kavin Bacon)在许多部电影中饰演小角色，与许多人合作过。弗吉尼亚大学的计算机专家 Brett Tjaden 通过一个游戏，声称电影演员凯文·贝肯是电影界的中心。他在游戏里定义了一个所谓的 Bacon 数：如果一名演员和凯文·贝肯一起演过电影，那么他(她)的 Bacon 数就为 1；如果他(她)没有和凯文·贝肯演过电影，但是和 Bacon 数为 1 的演员一起演过电影，那么他的 Bacon 数就为 2；以此类推。他发现：在曾经参演的美国电影演员中，没有一个人的 Bacon 数超过 4。在 Virginia 网站的数据库里总共存有 783 940 名来自世界各地的演员的信息，以及 231 088 部电影信息。据统计，在这近 78 万余名演员的 Bacon 数中，最大的 Bacon 数仅为 8，平均 Bacon 数仅为 2.948。

7.1.4　人立方

人立方指微软人立方关系搜索，是微软亚洲研究院发布的一款新型社会化搜索引擎，它能够从超过十亿的中文网页中自动地抽取人名、地名、机构名及中文短语等，然后通过算法计算它们之间存在关系的可能性，并根据搜索关键词和与其相关的人名之间的关联度强弱来计算每一个人名与关键词的直接距离、数据大小及具体的摆放位置等，还能通过一条标明了人际关系的细线来连接它们。

进入人立方首页，便能够看到其最主要的功能——搜人，任意输入一个人的名字进行搜索，就会呈现有关此人的关系图。不同的人物以不同颜色的圆圈显示并以直线连接起来，颜色差异越大，两个人之间的关联度就越小，圆圈的大小还取决于该人物的热度、关注度等。一般来说，搜索不同的两个人，他们之间的连接不会超过六个。如图 7-1 所示，对"杨振宁"和"周星驰"进行"六度搜索"，会发现他们之间的关联度为 3，并且在页面上会呈现出二人的关系图。在"人立方"提供的搜索结果中，所有信息都按照"人"进行重新整合，关系的脉络、最新的资讯、历史的点滴都被融合在一起。

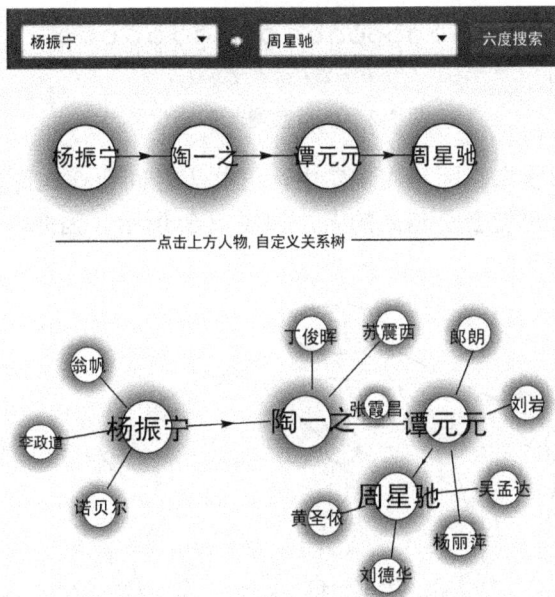

图 7-1　杨振宁与周星驰间的六度搜索

7.2　经典的小世界模型

7.2.1　网络的结构与随机性

从斯坦利·米尔格拉姆的实验中我们观察到的现象是，在社会网络中两个节点之间包含了丰富的短路径，并且通过分散搜索就能够有效地找到这些短路径。

那么我们应该如何查找短路径？首先需要找到科学问题，即首先要明白为什么社会网络具有这样的性质呢？其次，它们是否源于社会网络的一些基本原理呢？因此，我们必须抽象化实际问题，用科学方法或范式对问题进行系统的研究。这可以通过证明随机网络(网络中的连边是随机产生的)没有这样的性质来证明社会网络具有这些性质,或者依据社会网络的某些基本原理,说明这种性质的必然性。

假设在人际圈子中，每个人可以有 20 个朋友，其数量呈指数增长，即你有 20 个朋友，你的朋友们除你以外又有 20 个不同的朋友。图 7-2 所示的是以指数增长的小世界。可以设想，如果想找到自己的人生伴侣，那么你可以找朋友的朋友介绍，在三步之内，你可以有 20×20×20=8000 个选择。

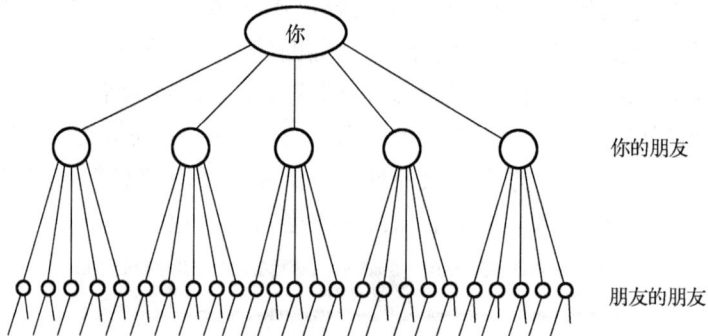

图 7-2　以指数增长的小世界

然而，这只是理想状态。因为在现实中，这些人之间会存在许多三元闭包，所以很多人的朋友及朋友的朋友可能会是相同的人，如图 7-3 所示。因此，人际关系很难像图 7-2 所示的一样呈现指数增长。

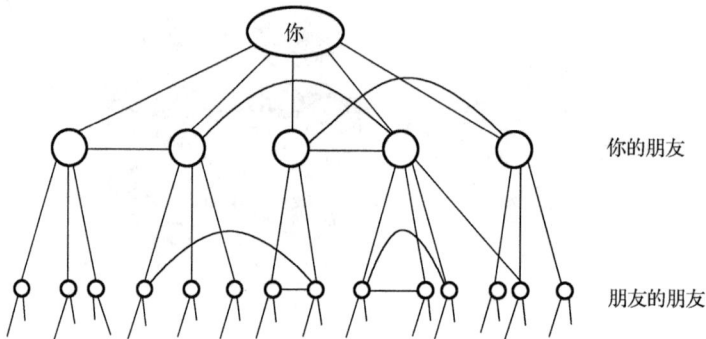

图 7-3　人际关系中的三元闭包

通过观察局部的社会网络，我们会发现网络中的个体被高度聚集起来，大量的分支结构沿着很短的路径到达许多节点这样的情况并不存在，即在这些人当中，许多人也都相互认识。三元闭包强度越大，说明该社会网络凝聚力越强，朋友之间相互认识的人就越多，要真正扩张到 8000 人的难度很大。因此，三元闭包从某种意义上来说降低了急速扩张的速度，限制了可以通过短路径到达的人数。

我们可以从中看出形成社会网络的两种基本力量。

(1)同质性(选择、社会影响)，即共同的朋友相互认识而形成了三元闭包。具体表现在家庭成员、邻里关系、同学、同事等，它对应着社会网络中大量的"三角形"，体现出某种

"亲近"，如地理范围的亲近等。

（2）弱关系力量，即由于偶然的原因，认识了"远程"的朋友，但对其所在的"圈子"并不一定熟悉。

7.2.2 Watts-Strogatz 小世界模型

我们已经知道形成社会网络的两种基本力量分别是同质性和弱关系力量，那么我们是否能将两者结合呢？是否能发现体现这两种力量共同作用的网络呢？在这种网络中是否存在小世界现象呢？

要解决这个问题，我们需要构建一个社会网络模型，在这个模型中，既存在许多三元闭包，又存在少数随机的"远程边"。这样的模型可以通过计算机模拟找到，即 Duncan Watts 和 Steve Strogatz 提出的 Watts-Strogatz 小世界模型[4]，如图 7-4 所示。

Watts-Strogatz 小世界模型（WS 小世界模型）是由一个高度聚集的网格状的网络产生的，其中添加了少量的随机边。由此可见，它具备了我们所需要的特性——三元闭包和随机边构建的弱关系，体现了同质连接和弱关系连接的概念，于是可以看成是现实社会网络的一个合理近似。

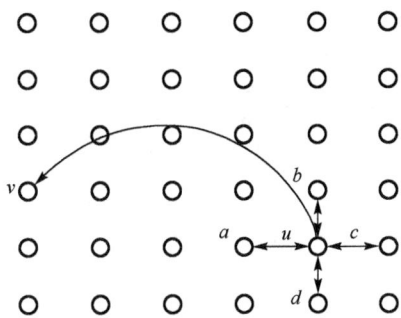

图 7-4 Watts-Strogatz 小世界模型

图 7-4 所示的少数随机的远程边等价于社会网络中的弱连接，由于想要与远程的节点连接起来需要依靠弱连接，因此弱连接的随机性实际上是"拉近"了远程的节点。在这样的网络中，任意两个节点之间存在短路径的概率很高。在小世界模型中，如果不存在弱连接，那么整个世界无法成为一个小世界，任何人之间也不可能通过较短的短路径连接起来。正是因为弱连接的存在，才让我们和世界上任何人都可能形成小世界。

在之前的章节中我们提到过，社会网络有两个视角，一个是结构视角，另一个则是强弱视角。如果想跳出聚集度较高的圈子，那么需要依靠的是弱关系，而因此产生的网络实际上就是一个小世界网络。

Watts 和 Strogatz 提出的 Watts-Strogatz 小世界模型算法的基本原理是在规则网络（Regular Network）中引入少许的随机性就可以产生具有小世界（Small World）特性的网络[4]。具体算法如下。

（1）规则网络：给定一个含有 N 个节点的环状最近邻耦合网络，其中每个节点都与它左右相邻的各 $K/2$（K 为偶数）个节点相连。

（2）随机重连：如图 7-5 所示，以概率 p 随机重新连接网络中原有的每条边，即把每条边的一个端点保持不变，另一个端点改成网络中随机选取的一个节点，并且不能有重边和自环。

为了探索小世界网络在什么情况下会存在，图 7-6 将聚类系数 C 和平均最短路径长度 L 作为重连概率 p 的函数，$C(0)$ 和 $L(0)$ 分别为 $p=0$ 时的规则网络的聚类系数和平均最短路径长度。从图中可以看出，在两条曲线之间的区域中，平均最短路径长度 L 比较小，聚类系数 C 比较大，这代表了小世界网络的存在。在实际中，周边的朋友彼此之间也是朋友，并且任意朋友之间的距离很短的网络就是小世界网络。下面我们具体讨论一下小世界网络的判断。

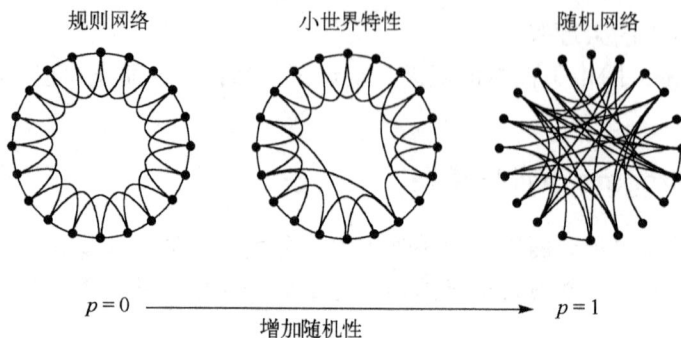

規則网络　　　　　小世界特性　　　　随机网络

$p=0$ ——— 增加随机性 ——→ $p=1$

图 7-5　从规则网络随机重连到小世界网络

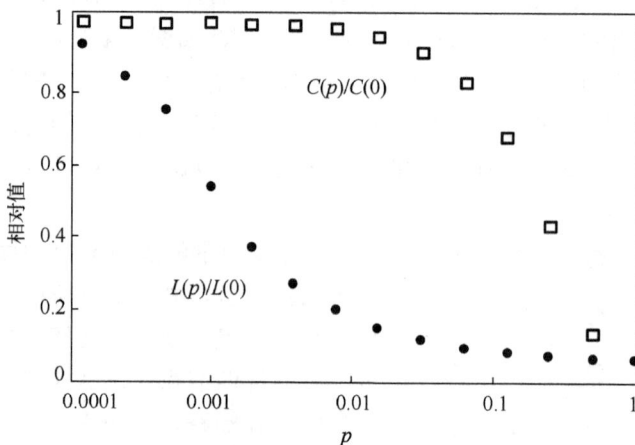

图 7-6　聚类系数 C 和平均最短路径长度 L 作为重连概率 p 的函数

7.2.3　小世界网络的判断

在现实世界中，很多网络都呈现出小世界网络的特性，小世界网络特性对应着一个有高度集群性的网络。从某种意义上来说，在网络中与某节点相连的节点相互之间也相连的可能性较高，并且网络中的任意节点通过中间节点连接到另外一个节点的距离，也就是最短距离相对较短[5]。在进行小世界特性检验的时候，主要计算平均聚类系数（Average Clustering Coefficient）CC 和平均最短路径（Average Shortest Path Length）PL。小世界网络具有较高的 CC_actual 和较低的 PL_actual 值。在计算出实际网络的这两个指标，并且生成与实际网络有同样节点规模的随机网络（Random Networks）（Newman，2002）后，再计算出随机网络的 CC_random 和 PL_random。然后分别计算出 CCr = CC_actual / CC_random 和 PLr = PL_actual / PL_random 这两个比率。如果 CCr / PLr > 1，那么实际网络的小世界特性就是存在的，反之则不存在[4]。

在表 7-1 中，演员网络和 MEDLINE 合著网络都是符合小世界特性的网络，还有实际中的互联网和航空网络也都是符合小世界特性的网络。图 7-7 所示的是用计算模型所生成的人工网络[6]。其中，图 7-7(b) 所示的航空网具有小世界特性，而图 7-7(a) 所示的公路网则不具有小世界特性。

表 7-1　小世界网络的实际例子

网络	大小	PL_actual	PL_random	CC_actual	CC_random
演员网络	225 226	3.65	2.99	0.79	0.00027
MEDLINE 合著网络	1 520 251	4.6	4.91	0.56	1.8×10^{-4}
电力网络	4 941	18.7	12.4	0.08	0.005

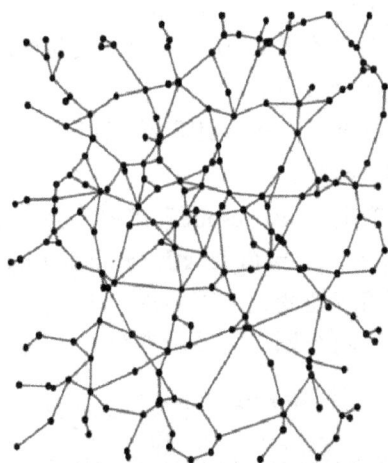 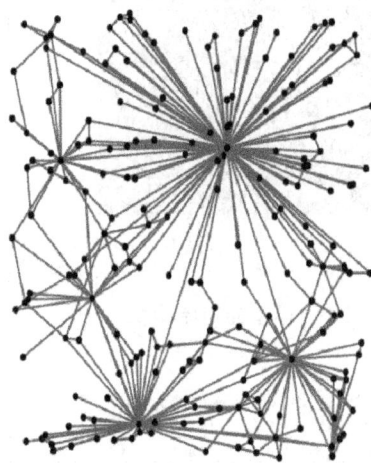

(a)公路网　　　　　　　　　　　　　　　(b)航空网

图 7-7　用计算模型所生成的人工网络[7]

7.2.4　Netlogo 中的小世界模型

启动 Netlogo 软件后,单击"文件"按钮,选择"模型库"选项,再打开文件夹"Networks",单击"Small Worlds"按钮即可打开小世界模型,如图 7-8 所示。

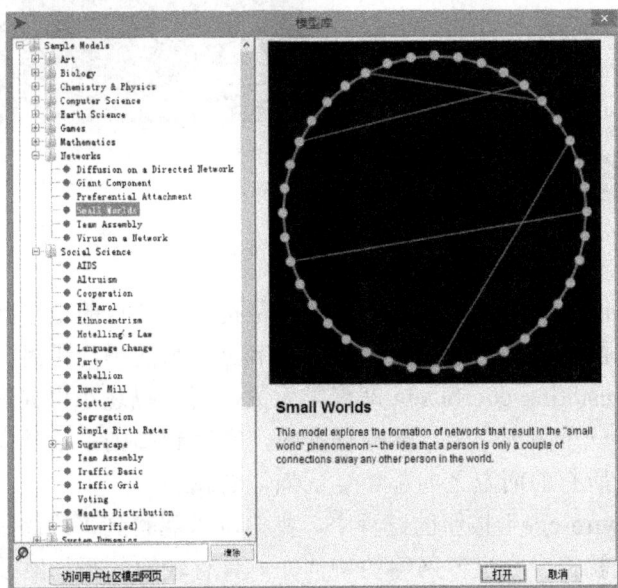

图 7-8　打开"Small Worlds"模型示意图

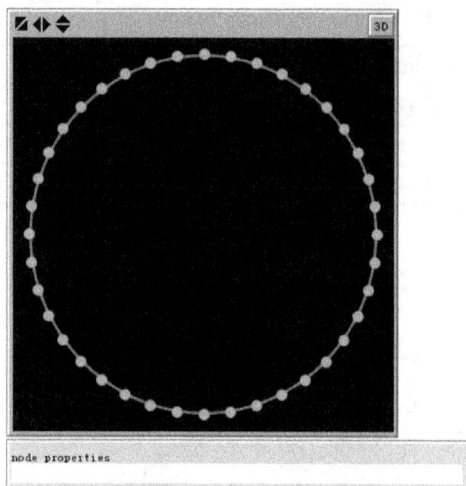

图 7-9　模型的初始图像

单击"setup"按钮，模型的初始图像如图 7-9 所示，模型开始于一个每一个人（或节点）在每一边都和他或她的邻居相连的规则网络中。

单击"rewire-one"按钮，可以以概率 p 随机地重新连接网络中的一条边：保持这条边的一个端点不变，另一个端点改为网络中随机选择的一个节点。

通过"rewire-all"功能可以生成一个重新连接的网络。

单击"rewire-one"按钮，会生成一条新的边，average-path-length 与 clustering-coefficient 都会相应地变化，若多次单击"rewire-one"按钮，则两个属性会持续变化，如图 7-10 所示。

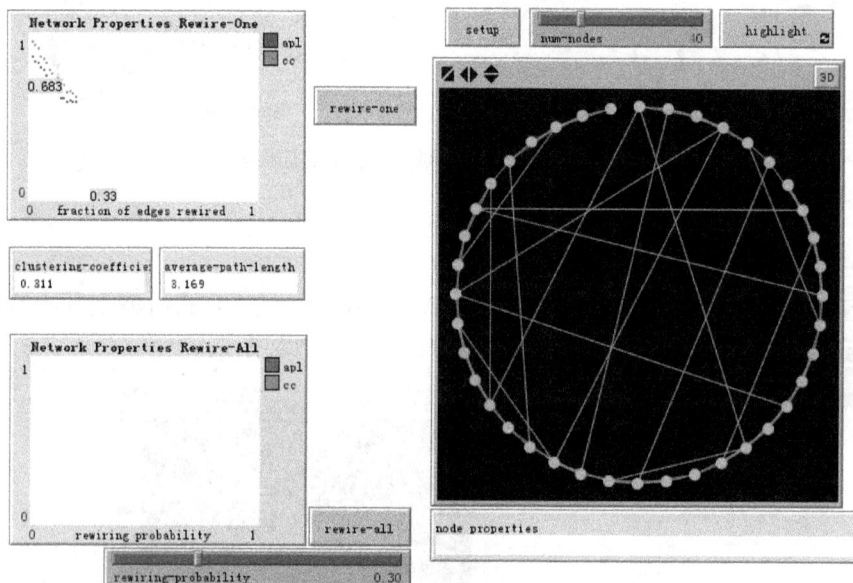

图 7-10　网络连线变化示意

其中，average-path-length 即平均路径长度，是指所有节点的最短路径之和与节点数的比值，它表示的是在网络中从一个节点到另一个节点所需的平均距离。

软件界面中的 clustering-coefficient 即聚类系数，用来描述小世界网络的另一个属性，聚类系数是用来表示一个图形中节点聚集程度的，密度越高则系数越大。在这里，聚类系数用来度量"一个人所有的朋友之间都相互认识"的属性。

在不断单击"rewire-one"按钮的过程中，我们可以观察到平均路径长度不断减小，聚类系数不断增大，这就符合小世界网络的特性——具有较短的平均路径长度和较高的聚类系数[4]。

7.2.5 igraph 中的小世界模型

Watts-Strogatz 小世界模型算法从环状规则网络开始，进行随机化重连：以概率 p 随机地重新连接网络中的每条边，即将边的一个端点保持不变，而另一个端点改为网络中随机选择的一个节点。通过改变 p 值来实现从规则网络 ($p=0$) 向随机网络 ($p=1$) 的转变。

在 igraph 中采用如下函数来创建小世界模型的网络：

```
watts.strogatz.game(dim, size, nei, p, loops = FALSE, multiple = FALSE)
```

函数各参数的意义如表 7-2 所示。

表 7-2　创建 Watts-Strogatz 小世界模型网络函数参数的意义

参数	意义
dim	整数型，表示起始网格网络 (lattice) 的维度
size	整数型，表示每一维度下网格的大小
nei	网格网络的节点连接的邻居节点数量
p	0 和 1 之间的常数，表示随机化重连的概率
loops	逻辑标量，表示所产生的网络是否有环形边
multiple	逻辑标量，表示所产生的网络是否有多重边

举例如下：

```
#创建 Watts-Strogatz 小世界模型
> g7_1 <- watts.strogatz.game(1, 20, 3, 0.1)
> g7_1
IGRAPH U--- 20 60 -- Watts-Strogatz random graph
+ attr: name (g/c), dim (g/n), size (g/n), nei (g/n), p
  (g/n), loops (g/l), multiple (g/l)
> plot(g7_1,layout=layout.circle(g7_1)) #可视化如图 7-11 所示
#layout.circle()函数将节点放在单位圆的等距外圈上
```

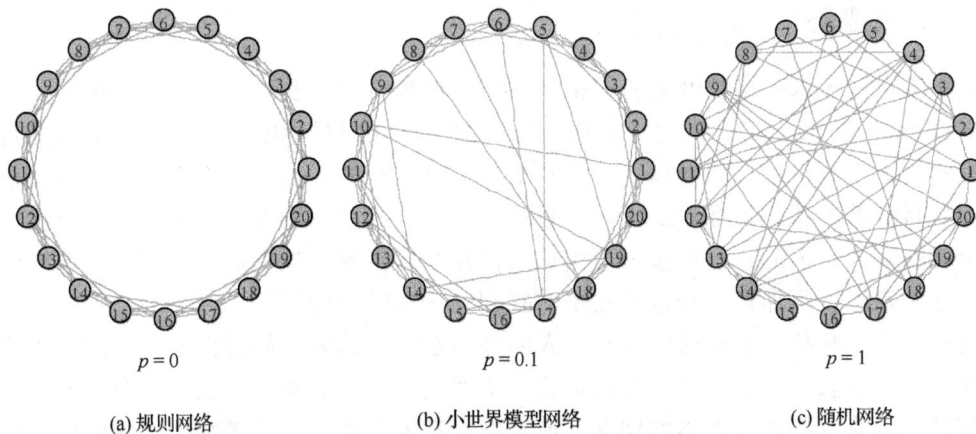

$p=0$	$p=0.1$	$p=1$
(a) 规则网络	(b) 小世界模型网络	(c) 随机网络

图 7-11　Watts-Strogatz 小世界模型网络

当 $p=0$ 时，小世界模型网络为规则网络；当 $p=1$ 时，小世界模型网络为随机网络(此

时 Watts-Strogatz 小世界模型等同于 Erdos Renyi 模型）；p 值从 0 变到 1，其实就是随机化重连的过程。

利用 igraph 可以计算小世界网络中最短路径长度的分布：

```
#最短路径长度分布
> g7_2<-watts.strogatz.game(1, 1000, 3, 0.1) #创建 1000 个节点的小世界网络
> path.length.hist(g7_2)  #小世界网络中最短路径长度为 1 到 9 的路径条数分布
$res
[1]   3000   8512  27669  78417 162533 166443  50101   2799     26
$unconnected
[1] 0
> plot( path.length.hist(g7_2)$res,xlab="最短路径长度",ylab="最短路径数")
> lines(path.length.hist(g7_2)$res)              #如图 7-12 所示
```

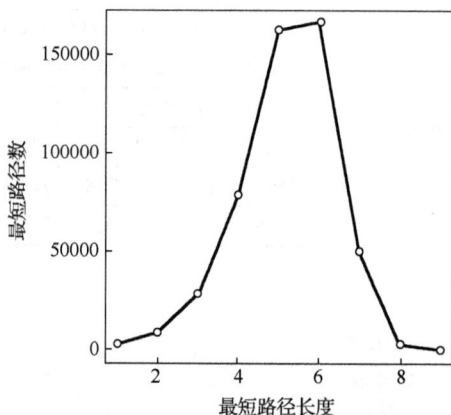

图 7-12 小世界网络中最短路径长度分布

7.3 扩展的小世界模型

7.3.1 分散搜索

回顾斯坦利·米尔格拉姆实验的寄信(搜索)过程可知，在实验中，他采用的是分散搜索(Decentralized Search)，即每个人被告知：如果不认识目标收信人，那么就不能直接寄给目标收信人，只能通过转发以离目标收信人"近"一些。虽然人们有意识地希望信能送到，但她(他)若不认识目标收信人，就只能"估计"她(他)的哪个朋友可能"更接近于"认识目标收信人。因此，我们没有理由认为信件会以很高的概率送到，更没有理由认为它会走一条短路径。那如何在分散搜索中，找到一条短路径呢？

其实，不难判断，在寄送信件时，人们并不是随机搜索，如要把信件从武汉大学寄给北京大学的一位教授，我们并不会随机找一个朋友，即不会随机地找弱关系。相反，我们会将信件寄给北京或北京大学的朋友，或者是北京大学的某一位老师，以求信件能尽快到达目标收信人手中。那么，随机边的形成应当体现：离得越近，机会越多。例如，在空间上离得越近或社会距离越近(如相同的朋友较多)的人之间，形成随机边的可能性也越大。如图 7-13 所示，我们希望每经过一步都可以向目标更接近，从而更快地搜索到目标。

亚洲

欧洲

9100

5290

2123

388

中国

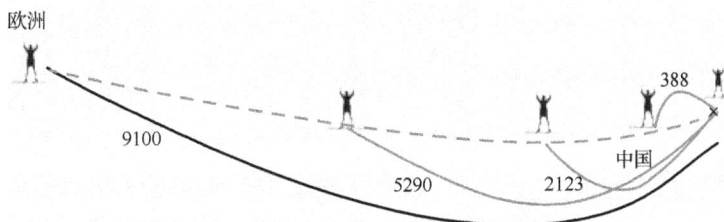

图 7-13　每经过一步都可以向目标更接近

　　Watts-Strogatz 小世界模型不奏效的原因就在于体现弱关系的边太过于随机，不支持现实中人们会有意识地向比较接近目标的朋友转发信件的行为[8]。因此，我们需要一种网络模型，它既能反映任意节点对之间短路径的存在性，也支持在这种转发方式下短路径的可实现性。那么网络中需要什么样的结构特征来体现这样的要求呢？

7.3.2　Watts-Strogatz-Kleinberg 网络模型扩展小世界模型

　　上一小节我们提到，究竟需要找到一个具有什么结构特征的网络模型，才能既反映任意节点对之间短路径存在的可能性，又能支持短路径的可实现性？不难发现，为了支持"有意识地向目标转发"的这一要求，我们需要的这种社会网络模型应该有着以下两个结构特征：

　　(1) 两个节点无论相距多远，都要有机会能很快接近；

　　(2) 两个节点的距离越近，存在直接连接的机会越大。

　　为了找到具备以上两个结构特征的社会网络，只需要在 Watts-Strogatz 小世界模型的基础上提供一个有效的分散搜索结构，因此便有了扩展 Watts-Strogatz 小世界模型的 Watts-Strogatz-Kleinberg(W-S-K)网络模型[8]。所有的节点依然在网格点上分布，同质性局部连接相同：每个节点与 r 个网格步内的节点都有直接的边。不同的是，该模型对随机远程弱连接加以一定的控制：让两个节点之间存在连接的概率与它们的网格距离的某个幂次 q 成反比关系，即两个节点的网格距离越远，它们之间存在连接的概率越小。因此，若我们引入 $d(v,w)$，记为节点 v 到节点 w 的距离（网格步数），则产生一条从节点 v 到节点 w 的随机边的概率与 $d(v,w)^{-q}$ 成正比，如图 7-14 所示。

　　q 实际上控制着远程连接的概率随距离递减的强度：若 q 越小，则连接概率递减的强度越小；反之，若 q 越大，则连接概率递减的强度越大，即越往远处连接的概率就越低，远低于与近处的节点的连接概率。q 值较小，随机边倾向于较远，对距离的"惩罚"小，远处的节点越多带来的优势越明显；q 值较大，随机边倾向于较近。在最初的

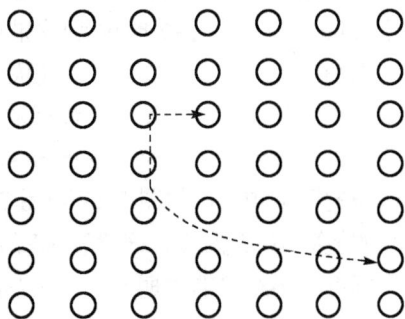

$$\Pr[v \text{ has an edge to } w] \propto \frac{1}{d_{v,w}^q}$$

图 7-14　扩展的 Watts-Strogatz 网络模型中边连接概率与距离的关系

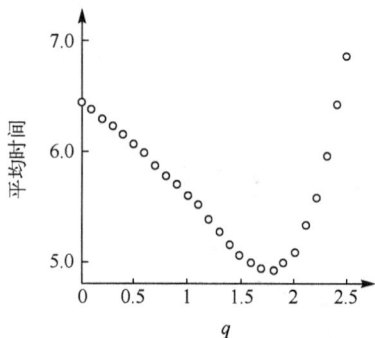

图 7-15　参数 q 的仿真优化

Watts-Strogatz 小世界模型中，q 为 0。

对于适当的 q，在如此形成的网络中的分散搜索有很高的效率（平均步数短）。但适当的 q 究竟为多少呢？衰减的强度应该多大呢？q 等于 1、2 还是 3 呢？图 7-15 显示了参数 q 的仿真优化，横轴为参数 q，纵轴为从一个节点到另一个节点所需的平均时间。

仿真实验是指在由几亿个节点组成的网络中，考察不同的 q 值在分散搜索中的效果。这是利用网络模型来仿真参数为 q 的分散搜索过程。仿真所用的网格由 4 亿个节点组成，每个点表示运行 1000 次所需的平均交付时间[8]。由图 7-15 可知对于这种规模的网络，在参数 q 介于 1.5 和 2 之间时搜索效果最佳，随着网络规模的扩大，最佳的参数 q 越来越接近 2。因此，理论结果为当参数 q=2 时，分散搜索达到最佳的效果，即短时搜索路径最短。

7.3.3　搜索中的空间距离

图 7-16 是一个表示存在社会关系的概率与空间距离的关系的示意图。以红色的节点作为中心点，它要与黑色的节点建立连接，假设黑色的节点与其社会距离较近，那么在最小的圆内，它与黑色的节点建立连接的概率为 3/4，若范围再依次往外圈扩张的话，则建立连接的概率依次为 3/10、4/12、3/14。由此可见，距离越远，建立连接的概率越低。

这样的圈子很有意思，与中国人实际的人际圈很相近。在实际的生活当中，也有很多圈子，家人处于最内圈，亲戚、同学、朋友依次处在外圈。内圈的人与我们距离较近，外圈的人与我们的距离较远。社会学研究者用"差序格局"一词来描述亲疏远近的人际格局[9]。

再回到斯坦利·米尔格拉姆的实验，该实验表明，在现实社会网络中，分散搜索的路径也很短。难道人们成为朋友的概率真的随空间距离递减，并且参数 q 真的等于 2 吗？为什么 q=2 时模型效果最佳呢？

如图 7-16 所示，如果节点在圈子内是均匀分布的，

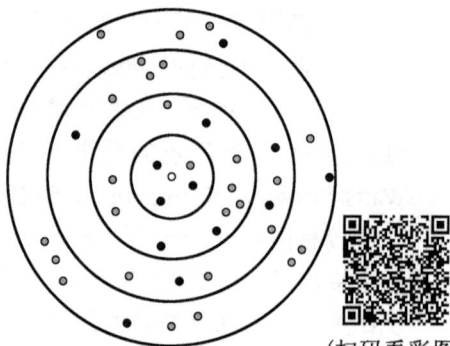

（扫码看彩图）

图 7-16　存在社会关系的概率
与空间距离的关系的示意图

那么节点数与面积成正比，即节点数与 d^2 成正比；q=2 意味着随机连接到其中一个节点的概率与 d^2 成正比。面积越大，圈内含有的人越多，两个人随机认识的概率越低，如图 7-13 和图 7-14 所示。由此可推断出从节点 v 发出的随机连接落到该区域的概率与 d 无关。这就意味着无论一个转发节点与目标节点相距多远，它都可能有一个离目标近一半距离的"朋友"；并且信件离目标越近，与目标节点存在边的可能性就越大。

人们能够在转发信件过程中不断地找到能够缩短到目标距离的路径，不管与目标相距多远或多近，这在典型的邮政服务系统中也有体现。

7.3.4　搜索中的社会距离

通过进一步考察 W-S-K 网络模型后，发现它能够反映社会网络的以下特征：

(1) 近距离边是因某种"亲近"(相似性)而形成的;

(2) 弱关系边由随机的远距离边形成;

(3) 远程相邻节点的数量在相同距离节点数中的占比随距离的平方减少。

距离在其中是一个关键的概念,它包括以下含义:

(1) 地理空间位置的关系体现了最直接的距离概念;

(2) 节点的相对排名也体现了一种距离概念,解决了节点在地理空间上分布不均匀的问题。

在社会网络中,还有什么有意义的距离概念呢?接下来我们将介绍社会距离这一概念。

在 7.3.1 节提到的从武汉大学给北京大学一位教授寄信的案例时,我们发现在空间上离得较近或社会距离较近(如相同的朋友较多)的人之间,形成随机边的可能性较越大。那么,这个社会距离(Social Distance)究竟是什么呢?

塔尔德最早提出社会距离的概念,是用来表示阶级差异的,强调的是不同群体之间的客观差异[10]。齐美尔为社会距离的概念注入了新的内涵,认为社会距离就是人与人之间"内在的屏障"。美国芝加哥社会学派的帕克继承并发扬了齐美尔有关社会距离的思想,他将社会距离定义为存在于个人之间的亲近程度,也可以理解为一种心理状态,这使人们意识到个人与群体之间的隔离和区别。博格达斯进一步扩展了帕克关于社会距离的理解,他认为社会距离是"能够表现一般的前社会关系和社会关系特征的理解和亲近的等级与程度",这将社会距离从概念变成了具体的刻度测量。

在现实生活中,一个人可能参加多种社团,或者参加围绕某种活动的社会组织。社团是两个人建立关系的一个基础(社团闭包)。根据博格达斯的社会距离理论,两个人的亲近程度或"距离"与社团的规模有关,社团规模越小,两个人越亲近。因此可以将"社会距离"定义为两人同属最小社团的规模[7]。如图 7-17 所示,左上方社团中的两个人对应着最小社团的规模为 2,还对应着规模为 5 的社团及更大的规模为 12 的社团,因此这两个人的社会距离为 2。

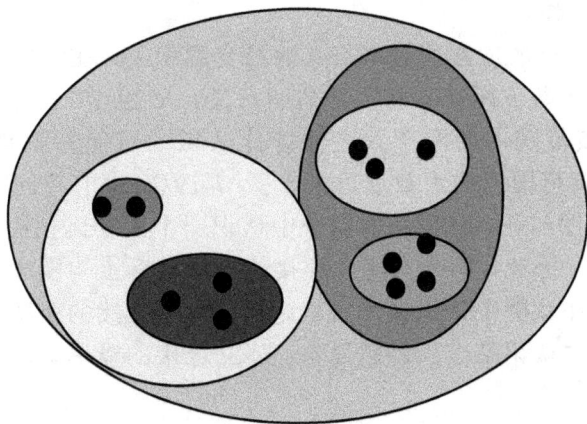

图 7-17　社会距离的示意图

7.3.5　利用在线社会网络进行验证

对于某节点随机连接到另一个节点的概率与 d^{-2} 成正比这个结论,我们该如何理解它呢?我们可以将它等价于生活中的实例:两个人成为朋友的概率与他们的空间距离的平方成反比。那么我们该如何对它进行验证呢？我们是否能够利用在线社会网络对其进行验证呢？真实大规模在线社会网络是否体现了这个 W-S-K 网络模型的优化性质呢？如果是，则说明随机形成的社会网络可能具有某种本质的参数！但是，在线社会网络的节点之间如何谈空间距离呢？

社交网站 LiveJournal 建立于 1999 年，它具备庞大的用户群体，并且还拥有用户的邮政编码信息，即地理信息。根据这一特点，Linben-Nowell 等人利用 LiveJournal，分析了美国约 50 万个提供了居住地邮政编码信息的用户，以及用户们所联系的朋友[12]。

上一小节我们假设节点是均匀分布的，所以两个节点之间建立连接的概率与他们的空间距离的平方成反比：距离越近，两个节点之间建立连接的概率就越大；距离越远，两个节点之间建立连接的概率就越小。然而如图 7-18 所示，由于在 LiveJournal 中用户的地理位置并不是均匀分布的，因此不符合模型的假设。

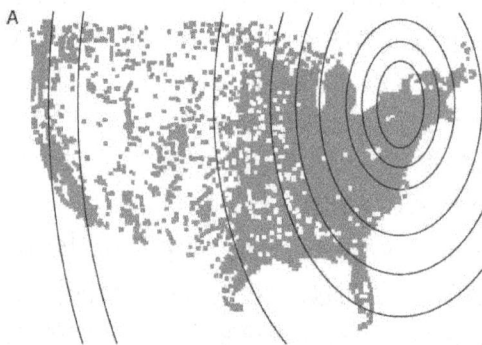

图 7-18　LiveJournal 中用户的地理位置分布

那么我们该如何验证两个节点之间的连接概率与距离的平方成反比呢？验证前我们需要做一些"适配性"工作。

我们前面提到过，分散搜索的效率与人的社交圈相关，在考虑两个人建立连接的概率时，距离范围内的人数比距离具有更本质的意义。如图 7-19 所示，若相同距离范围内的人数越多，则该范围内的两个人之间彼此认识的可能性就越小。由图可见，在图 7-19(a)中相同距离范围内的人数远远大于图 7-19(b)中的相同距离范围内的人数，所以不难推断，想在图 7-19(b)所示的圈子中认识一个人要比在图 7-19(a)所示的圈子中认识一个人要简单。因此，两个人建立连接的概率实际上与圈子中的人数相关，当圈子中的人数越多，想在该圈中认识某个人就越难，建立连接的概率就越低；当圈子中的人数越少，想在该圈中认识某个人就越简单，建立连接的概率就越高，正如前面所提到的社会距离。

因此，对 LiveJournal 的实验数据可以做这样的适配性工作：依据地理信息定义一个节点相对于另一个节点的排名，如定义节点 w 在节点 v 眼里的排名为 $\mathrm{rank}(w)$，$\mathrm{rank}(w)$ 等于网络中比 w 离 v 近的节点的个数。相同排名含同样多的节点，这样就统一了不同密度的区域[12]。如图 7-20(a)所示，我们在社会网络中结合地理位置信息进行节点排名，将观察空间距离调整为观察网络中比某一节点离中心节点近的节点的个数。而图 7-20(b)反映的是在原始模型中节点以均匀密度分布的情况。

如图 7-20(a)所示，以 v 为中心节点，以 v 和 w 之间的距离 d 为半径画圆，由于在这个圆当中，有六个节点与 v 的距离都小于 d，因此 w 在 v 眼中的排名 rank(w) 为 7。我们可以把它看成是当节点在地理上均匀分布时区域范围概念的推广，将"排名"与"距离"对应起来（rank$\sim d^2$），这样我们就能一般性地处理节点在地理上分布不均匀的问题了。

(a)圈子内含有较多的人，相互认识困难

(b)圈子内含有较少的人，相互认识容易

图 7-19　相同距离范围内人数影响着人与人之间彼此相识

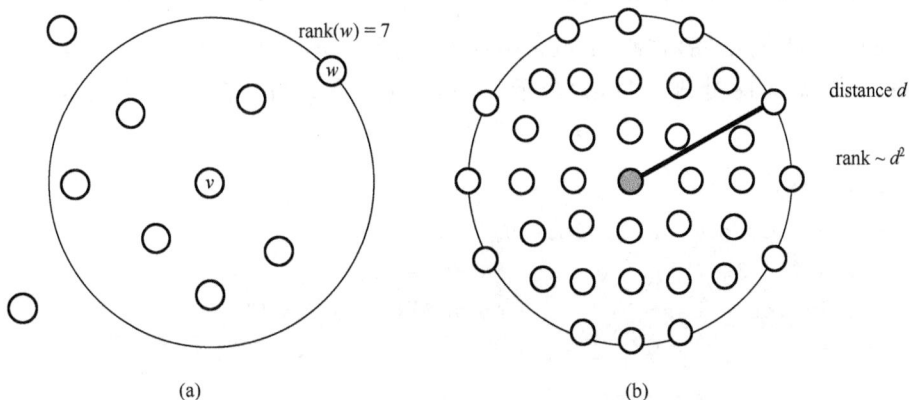

图 7-20　社会网络中结合地理位置信息的节点排名

我们要验证的初始问题为当节点在地理上均匀分布时，一个节点与某一距离上的节点成为朋友的概率随距离的平方递减（$1/d^2$）。而现在我们可以将其等价为验证一个节点与在某一相对排位上的节点成为朋友的概率随排位递减(1/r)。他们在研究中发现，当该指数接近于–1 时[12]，按照距离的反平方的概率进行分散搜索是最佳的。

我们也可以通过类似的建模来解释为什么人们可以通过短路径搜索到目标收信人，同时这条短路径又是如何计算出来的。我们可以认为弱连接的概率与个人的排名是相关的，参与者可以在寄信时判断在自己圈子中有哪些人应该比自己离目标收信人的距离更近，因而将信件寄送给这些人，以求能够在最短的路径内将信件送达。这个过程其实就是一个抽象的数学模型，这个想法很简单，但是得到了意想不到的结果。

通过在线社会网络上的实验验证发现：真实社会网络的测量参数与模型最优参数相当吻合。参与者可能并未意识到这是最优的选择，但事实却证明了这确实是最优的选择。人们是通过与社会距离成反比的情况进行搜索的，以达到最优化的情况。这意味着大量微观社会关系的建立总体上呈现出一种最优化特征，或者说大量人群的随机社会活动，相当于一台计算机完成了一种优化计算[13]。这可以看成是社会网络计算的一个实例，也是体现社会系统中微观与宏观关系的实例。

7.3.6　igraph 中的 K-核分解与社会距离

社会距离反映的是人与人之间的一种亲近程度，由于在社会网络中这与人所处的圈子有直接关系，因此社会网络节点的重要性与它所处的圈子有关系。在社会网络计算中有一种将度数作为节点重要性的衡量方法——K-核分解方法[14]。这种方法递归地移去网络中所有度数小于或等于 k 的节点，它能描述网络结构特征，揭示网络层次性质。

具体来说，K-核分解方法，首先要去除网络中度数小于 k 的所有节点及其连边；然后，如果在剩下的节点中仍然有度数小于 k 的节点，那么继续去除这些节点，直至网络中剩下的节点的度数都不小于 k，此时剩下的子网络称为 K-核。依次取 $k=1$，2，3，…，对原始网络重复这种去除操作，就得到了网络的 K-核分解[15]。

igraph 也提供了对网络进行 K-核分解的函数，具体如下：

```
graph.coreness(graph, mode=c("all", "out", "in"))
```

其中，graph 是指网络图对象；mode 指在有向图中，如何计算节点的度数，"all"表示将 graph 作为无向图处理，"out"表示只考虑点出度，"in"表示只考虑点入度。举例如下：

```
#K-核分解
> g7_3<-erdos.renyi.game(10,0.3)
> plot(g7_3)                    #如图 7-21 所示
> graph.coreness(g7_3)          #对网络图进行 K-核分解
[1] 3 2 1 3 3 2 1 3 2 1
```

如图 7-21 所示，整个网络属于 1-核，节点 3、7、10 属于最小 1-核节点；节点 2、6、9 属于最小 2-核节点，除最小 1-核节点外的其他节点和边称为 2-核；节点 1、4、5、8 称为最小 3-核节点，节点 1、4、5、8 及其连边称为 3-核。由于在 K-核网络中节点的度数至少为 k，因此节点 1 与节点 4 的社会距离为 4。

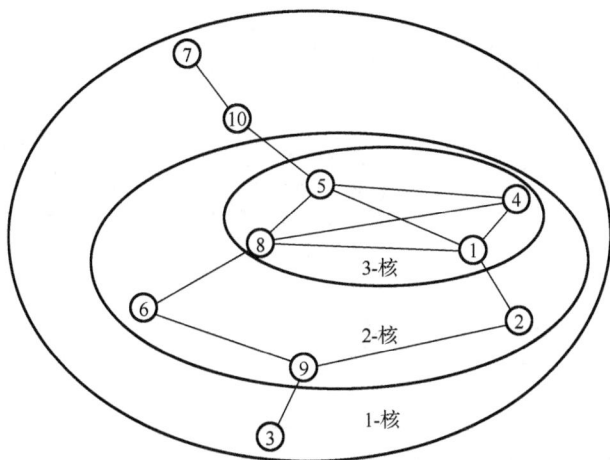

图 7-21　一个随机图的 K-核分解

7.4　万维网链接中的小世界现象

与人际社会网络相对应的另外一张巨大的网络就是万维网。万维网已经成为人类社会生活中密不可分的一张网，也成为映射真实社会的一面虚拟镜子。万维网是否也存在社会网络中的小世界现象呢？1999 年，Andrei Broder 和他的同事们开始着手构建全球万维网概图。它们使用图论中的强连通分量作为基础模块，并利用当时最大的商业搜索引擎之一——Alta Vista 构建的网页链接索引，形成最初的原始数据。随后，研究人员不断利用更大规模的万维网快照来继续他们的研究工作，使用的数据源包括早期谷歌搜索引擎收集的网页和一些在大型研究中收藏的网页[16]。最终，他们将万维网视为一个超大有向图的映射，并且因此而建立的万维网概图对研究万维网非常有帮助，也可以帮助我们理解万维网链接中的小世界现象。

7.4.1　网页链接有向图

万维网包含了一个超大的强连通分量(Strongly Connected Component，SCC)，其中的网页就是节点，连通网页的跳转就是路径。图 7-22 所示的就是由一组网页构成的一个有向图的示例。在这个有向图中，有的节点对彼此都能够通到对方，如"武汉大学"和"武汉大学图书馆"；有的节点对可以从一个节点通到另一个，但反过来不行，如"B 学生微博"和"中国大学排名"；还有的节点对彼此都不能通到对方，如"XX 公司主页"和"中国知网"。万维网的网页之间通常也符合六度分隔的理论，如从"武汉大学"到"XX 公司主页"只需要经过 3 步。

7.4.2　领结模型

Broder 等人分析了万维网中其余的 SCC 与这个超大 SCC 之间的关系，这需要将超大 SCC 以外的节点进行分类，可以按照它们是否能够链接到超大 SCC 和能否从超大 SCC 中被链接到进行分类，即将这些节点分成链入和链出两类。

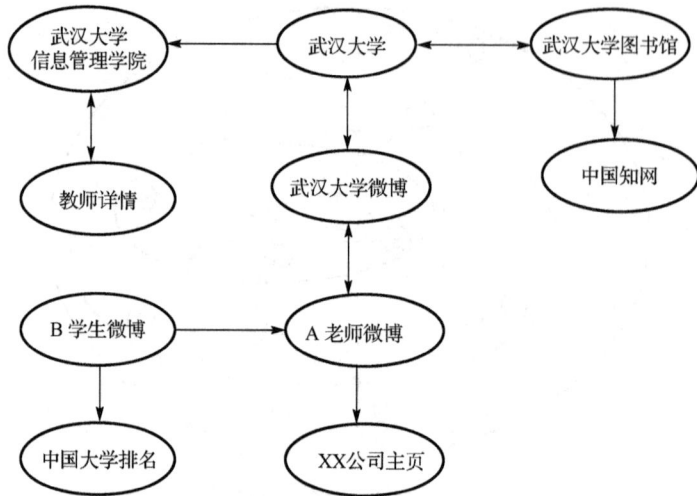

图 7-22　由一组网页构成的一个有向图示例

（1）链入（IN）：所有能够链接到超大 SCC，但并不能通过超大 SCC 进行链接访问的节点，即超大 SCC 的"上游"节点。

（2）链出（OUT）：所有可以从超大 SCC 链接访问，但不能链接到超大 SCC 的节点，即超大 SCC 的"下游"节点。

更直观的描述是，链入集合中的网页无法被超大 SCC 中的网页成员"察觉"到；而链出集合中的网页可以从超大 SCC 中的某些网页链接到，但在这些链出集合中的网页不能连接访问超大 SCC 中的网页。

图 7-23 是 Broder 等研究者建立的原始示意图，该图描述了链入、链出和超大 SCC 之间的关系。在视觉上，链入和链出部分很像中央 SCC 向两侧展开的枝叶，Broder 等人因此称此该图为万维网的"领结结构"，超大 SCC 是位于中央的"结"。图中还有一些网页不属于链入、链出和超大 SCC 中的任何一个集合。也就是说，这些网页既不能链接到超大 SCC，也不能通过超大 SCC 链接访问。这些网页可以进一步划分为卷须和游离。

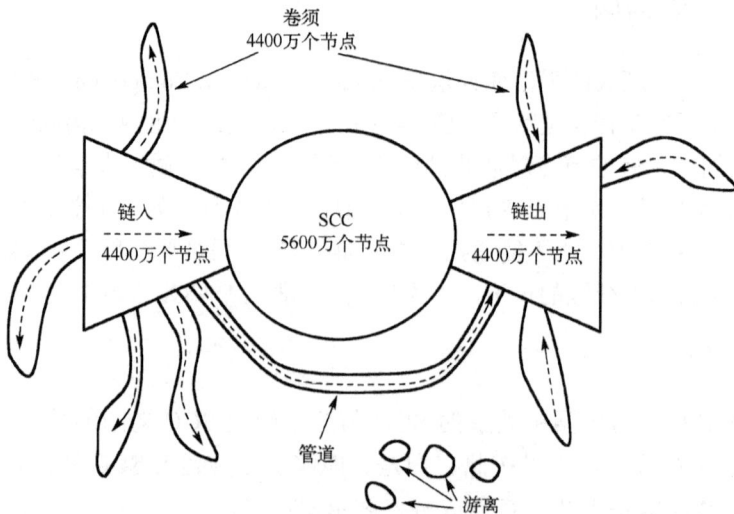

图 7-23　万维网领结结构示意图

(1)卷须(Tendrils)：领结结构的卷须部分包括能够从链入集合链接访问但不能链接到超大 SCC 的节点，以及能够链接到链出集合，但不能从超大 SCC 链接访问的节点。

(2)游离(Disconnected)：即便我们完全忽略边的方向性，有些节点也不存在到超大 SCC 的路径。

7.4.3　其他网页链接模型

除了用来描述全球网络的著名的领结模型，还有用于描绘欧亚八国网页链接的葵花模型(如图 7-24 所示)、用于描绘中文网页链接的茶壶模型(如图 7-25 所示)等其他许多用来描述互联网网页链接的模型。

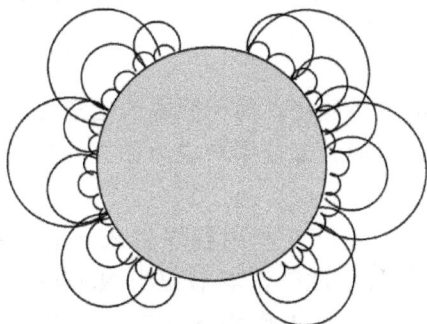

图 7-24　葵花模型

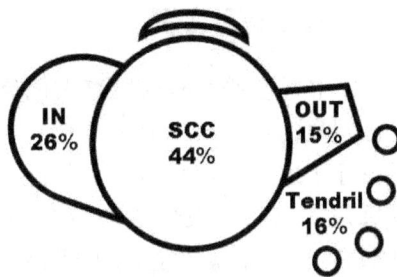

图 7-25　茶壶模型

通过网页链接模型分析，我们发现无论是全球网络还是欧亚八国网页，抑或是中文网页，绝大多数网页都是连接在一起的，形成了一个超大的 SCC，其既包括出度中的链接，也包括入度中的链接。在理想状态下，所有网页的出度与入度相等。

7.5　社会网络中的小世界效应实例—— 在线医疗社区用户交互行为

本研究选择百度贴吧在线医疗社区中的"肿瘤吧"为研究对象，构造用户交互网络，然后采用社会网络分析方法对网络的整体结构、演变趋势和个体网中心性等进行计算分析，并使用线性回归方法分析用户个体网属性对其他用户交互行为的影响。研究发现，该社区具有明显的小世界效应，虽然信息在社区中传播效率较高，但存在网络密度低、核心成员较少、信息交换不平衡等缺陷。回归分析结果显示，社区中核心成员的行为对其他用户的交互行为有显著影响。因此，保持并增加此类成员的数量有利于提升在线医疗社区的活跃度。

7.5.1　研究对象

本研究选取百度贴吧在线医疗社区中的"肿瘤吧"为研究对象。该贴吧具有较为活跃的用户群体及多样的信息内容，是进行在线医疗社区用户交互行为研究的合适对象。本文使用爬虫软件，收集了整个"肿瘤吧"截至 2016 年 3 月 30 日的所有主题帖及其下的回复帖的文本内容、发帖人 Id 和等级、回复人 Id 和等级、发帖及回帖的时间，以便选取合适的研究样本用于构建网络并探究网络构造和进行用户关系分析。

为了探究"肿瘤吧"的网络结构及社区用户关系，本书选取 2016 年第一季度(1 月～3 月)的用户发帖和回帖作为研究对象。详细数据如表 7-3 所示。

表 7-3 "肿瘤吧"2016 年 1 月～3 月数据汇总

月份	总回复次数	涉及的帖子数	参与回复人数	楼主数
1 月	4 446	727	1 059	538
2 月	3 267	539	799	406
3 月	4 227	746	1 088	532

7.5.2 数据处理及工具

由于本书需要研究整体网络及网络中用户之间的关系变化，而无回复的帖子及只有发帖者自己回复的帖子会使此帖被孤立在大网络之外，可能使部分用户成为孤立的节点，因此本书去除了孤立的用户节点，处理后的数据如表 7-4 所示。

然后，本书根据发帖者与回复者的数据构建关系矩阵，利用程序生成互动关系矩阵并通过 Ucinet 工具对互动关系矩阵进行二值化处理。此外，本书使用 Netdraw 作为社会网络制图工具，使用 SPSS 进行回归分析，并以 Excel 作为辅助工具，对数据进行筛选和整理。

表 7-4 "肿瘤吧"2016 年 1 月～3 月处理后数据汇总

	1 月	2 月	3 月
用户节点数	1 037	765	1 053
关系连边数	2 718	1 768	2 437

7.5.3 整体网络结构分析

社会网络结构是指社会行动者之间实际存在或潜在的关系模式。整体网络是由所研究样本群体内所有成员及其之间的关系所构成的网络。对整体网络的研究内容主要有：整体网络结构图、整体网络密度、小世界效应分析等。

1. 整体网络结构图

整体网络结构图是对节点关系矩阵的一种可视化表示方式。在整体网络结构图中，每个节点代表群体内的一个用户，当一个用户回复另一个用户的帖子时，他们之间就产生了连线。通过使用 Ucinet 中的 Netdraw 功能将 1 月～3 月的样本互动关系进行可视化处理，得到的整体网络结构图如图 7-26 所示。

2. 整体网络密度

整体网络密度是指群体成员之间的联系程度。整体网络密度从度量上是指网络实际有的连线数与最多可能存在的连线数之比。整体网络密度值越大，表示群体内的节点关系越紧密，反之则表示节点之间的关系越松散。整体网络密度的取值范围为 0～1，一个理想图的整体网络密度值为 1。通过 Ucinet 计算得到"肿瘤吧"1 月～3 月的整体网络密度值分别为 0.0025、0.0030 和 0.0022，都接近于 0，这说明网络中节点的关系十分松散，整体即资源分配相对分散。整体网络密度低是由于用户在"肿瘤吧"中只关心与自己疾病相匹配的帖子信息，因此只与少量的用户产生关系。

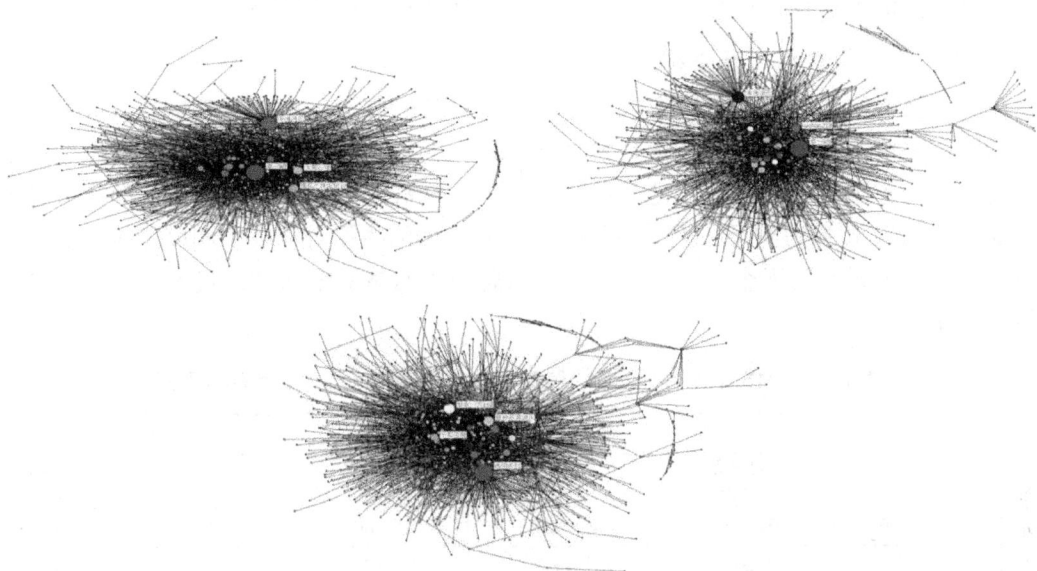

图 7-26 2016 年 1 月～3 月"肿瘤吧"整体网络结构图

3. 小世界效应分析

小世界效应分析是整体网络研究中非常重要的一块。一个社区如果具有小世界效应，则信息在社区中的传递更为顺畅，否则就会遭遇阻碍，产生滞后效应。小世界效应的特征是网络具有较高的聚类系数及较短的平均距离。通过 Ucinet 计算可得到"肿瘤吧"2016 年 1 月～3 月小世界效应数据，如表 7-5 所示。

表 7-5 "肿瘤吧"2016 年 1 月～3 月小世界效应数据

	1 月	2 月	3 月
最小距离	1	1	1
最大距离	13	10	13
平均距离	4.677	4.327	4.874
聚类系数	0.019	0.041	0.018

仅通过表 7-5 的数据并不能得知该社区是否具有小世界效应。因此，还需要将该社区网络与一个大小相同的随机网络进行对比。以"肿瘤吧"1 月的网络数据为例，首先，在 Ucinet 中创建一个具有 1037 个节点的随机网络，其次使该网络的连边数为 2718 条，最后计算并得出该随机网络的平均距离为 6.092，聚类系数为 0.002。而"肿瘤吧"网络 1 月的平均距离为 4.677，明显小于随机网络，聚类系数为 0.019，明显大于随机网络。对 2 月与 3 月的网络数据进行计算后得出的结论与 1 月相同。因此可以认为，"肿瘤吧"社区中的信息传播具有明显的小世界效应。在该社区中，相关疾病信息能够较快地在用户间传播，用户越早获得信息进行治疗，康复的概率越高。

7.5.4 个体网络结构分析

个体网络是指一个个体和与之相关的多个个体所构成的网络关系。一般对个体网络的研究所进行的测度包括：度数中心性、中间中心性、接近中心性等。

1. 个体网络度数中心性分析

在个体网络中，度数中心性指的是一个节点与其他节点直接发生联系的总数量。行动者的度数中心度可以分为两类：绝对中心度和相对中心度。前者指的是一个节点的度数，后者为前者的标准化形式，指的是节点的绝对中心度与图中节点的最大可能的度数之比。本书通过 Ucinet 计算得到了 1 月～3 月网络中所有个体的相对度数中心度，表 7-6 展示了相对度数中心度最高的五个用户。这里之所以忽略了网络的方向性，仅考虑数值，是为了方便进行比较。

表 7-6   2016 年 1 月～3 月 "肿瘤吧" 个体网络度数中心度部分数据

	1 月		2 月		3 月	
	Id	相对度数中心度	Id	相对度数中心度	Id	相对度数中心度
1	卓一 kft	15.140	卓一 kft	14.711	南阳关 11	9.687
2	滨海流云	12.343	滨海流云	9.935	梦在一方 168	5.698
3	像花一样绽放 10	7.522	ruohan218	6.667	跟快乐说快乐	5.223
4	大乘心理	7.329	qzczsznng	5.882	愿你康复	4.368
5	摩羯智能 1	6.365	愿你康复	5.490	开心的 ivi	4.179

观察结果可以发现，在 1 月和 2 月的度数中心性排名中，用户 "卓一 kft" 和 "滨海流云" 遥遥领先于其他用户。简单而言，在社区中一个个体的度数中心度高，代表其发表的话题受到其他成员的关注多，同时该个体不积极参与其他成员的话题讨论，此类用户称为意见领袖。然而在 3 月度数中心性排名中，这两个用户销声匿迹，排名第一被用户 "南阳关 11" 取代。由此可见，在类似于贴吧这类非营利在线医疗社区中，用户的流动性非常大，即便是处于核心位置的用户，也可能因为某些原因淡出社区，而被社区的其他用户所取代。一个优秀意见领袖的离开对于社区来说是一种损失，因为以该意见领袖自身为中心的许多牢固的子网络会因此而分崩离析，导致整个社区的网络出现断层。而新的意见领袖与其他用户的关系建立需要时间，从而阻碍了信息的传播，使整体网络的凝聚力大幅下降。

2. 个体网络中间中心性分析

中间中心性度量的是一个行动者对于其他行动者及社群资源的控制程度。在网络中，一个行动者如果处于许多交叉网络路径上，则该行动者处于重要地位，因为其具有控制其他行动者互动的能力。处于该位置的个体可以通过控制或曲解信息的传递而影响群体。本书通过 Ucinet 计算得到 1 月～3 月网络所有个体的相对中间中心度，表 7-7 展示了这三个月中相对中间中心度最高的五个用户。

结果显示，"勤奋的小凡 051""卓一 kft""南阳关 11" 这三个用户分别在 1 月～3 月中表现出最高的中间中心性，这说明这三个用户具有很强的控制信息传递并影响其他用户互动的能力。同时，"卓一 kft" 和 "南阳关 11" 这两个用户也分别是 2 月和 3 月的度数中心性最高的用户,这说明他们不仅能与其他用户进行良好的互动,同时也能对其他用户的互动进行控制和协调。

表 7-7 2016 年 1 月～3 月"肿瘤吧"个体网络中间中心度部分数据

	1 月		2 月		3 月	
	Id	相对中间中心度	Id	相对中间中心度	Id	相对中间中心度
1	勤奋的小凡 051	3.236	卓一 kft	4.342	南阳关 11	2.825
2	妙妙 623123	1.638	forward900	3.569	梦在一方 168	1.778
3	weiger1977	1.435	ruohan218	2.046	你是我的 222mu	1.572
4	forward900	1.140	qzczszng	1.643	嗳逸涵大宝贝	1.383
5	传扬中医	0.980	百万黑乌鸦	1.369	ruohan218	1.160

3. 个体网络接近中心性分析

接近中心性度量的是一个行动者不受其他行动者控制的能力。如果一个节点与其他节点的距离都很短,则该节点具有较高的接近中心性。此类节点与其他节点较为接近,较少依赖某些节点获得信息,因而较难被某些节点所控制和影响。本书通过 Ucinet 计算得到了 1 月～3 月网络中所有个体的接近中心度,表 7-8 展示了部分用户的接近中心度(入度/出度)。

表 7-8 2016 年 1 月～3 月"肿瘤吧"个体网络接近中心度部分数据

	1 月		2 月		3 月	
	Id	接近中心度(入度/出度)	Id	接近中心度(入度/出度)	Id	接近中心度(入度/出度)
1	卓一 kft	0.000/213.950	卓一 kft	68.076/150.667	南阳关 11	198.300/50.467
2	滨海流云	247.633/3.583	滨海流云	150.217/0.000	梦在一方 168	111.105/70.443
3	像花一样绽放 10	3.000/132.945	ruohan218	81.780/97.050	跟快乐说快乐	147.599/3.500
4	大乘心理	0.000/144.876	qzczszng	96.910/59.150	愿你康复	161.188/1.000
5	摩羯智能 1	187.902/6.333	愿你康复	111.133/2.000	开心的 ivi	91.473/57.531

根据表中的数据可以观察出一个用户在社区中的互动方式和角色。例如,用户"卓一kft"表现出很高的出度接近中心度,而入度接近中心度较低,这代表该用户在社区中擅长为他人提供信息和帮助,而由于该用户较少获取信息,所以该用户可能缺乏经验,容易被他人所影响。一个健康发展的在线医疗社区需要不同的信息传递角色,如医疗信息供应者、医疗信息需求者等,并且信息的需求和供应需要趋于平衡,否则会引起信息缺乏或过载。

4. 个体网络测度属性对其他节点行为的影响

个体网络测度属性包括该节点的度数中心性、中间中心性、接近中心性等。这些属性从不同的角度描绘了一个节点在其个体网络中所处的位置,反映了该节点掌握社区资源的数量、控制其他用户交互行为的能力,或是被其他节点影响的可能性。有学者借助开源网络中开发者和模块依存网络的网络边缘性、中介性、邻接性等属性,探究其对软件项目成功的影响。本书研究的是一个节点的个体网络属性是否会对相连的其他节点的发帖或回帖行为有影响,以及影响情况在不同时间段内的显著性是否一致的问题。

本书统计了 2016 年 1 月和 2 月内所有节点的个体网络测度属性,并筛选个体网络测度属性均不为零的所有节点作为样本。此类节点处于其个体网络较为中心的位置，对于其他节点具有较大的影响力，适合作为回归分析的样本。然后统计该月与某个节点相连的所有节点在下月的发帖数和回帖数总和。表 7-9 描述了样本数据的基本信息。

表 7-9 样本数据的基本信息

月份	变量	N	Mean	Std.Dev.	Min.	Max.
1 月	DEGREE	123	1.580	1.674	0.194	12.356
	BETWEEN	123	0.180	0.403	0.001	3.236
	CLOSEN	123	9.078	4.777	0.580	24.249
	POST	123	9.54	7.564	0	41
	REPLY	123	111.93	102.792	0	408
2 月	DEGREE	95	1.900	1.934	0.262	14.921
	BETWEEN	95	0.256	0.652	0.001	4.342
	CLOSEN	95	10.594	5.371	0.611	28.631
	POST	95	8.82	9.680	0	67
	REPLY	95	55.60	57.482	0	307

本书的线性回归分析将相对度数中心度、相对中间中心度和相对接近中心度作为自变量，将其他节点的发帖数和其他节点的回帖数作为因变量，构造如下两个线性回归模型：

$$POST = \alpha_0 + \alpha_1 DEGREE + \alpha_2 BETWEEN + \alpha_3 CLOSEN + \varepsilon$$

$$REPLY = \beta_0 + \beta_1 DEGREE + \beta_2 BETWEEN + \beta_3 CLOSEN + \varepsilon$$

将所有数据导入 SPSS 中并进行线性回归计算，得出这两个模型的回归分析结果分别如表 7-10 和表 7-11 所示。

表 7-10 Model1 回归分析结果

POST	1 月 (R^2=0.427)		2 月 (R^2=0.692)	
	标准化系数	P 值	标准化系数	P 值
DEGREE	0.330	0.001	0.762	0.000
BETWEEN	0.062	0.477	0.030	0.755
CLOSEN	0.341	0.001	0.066	0.446

表 7-11 Model2 回归分析结果

REPLY	1 月 (R^2=0.187)		3 月 (R^2=0.436)	
	标准化系数	P 值	标准化系数	P 值
DEGREE	0.213	0.000	0.690	0.000
BETWEEN	−0.100	0.334	−0.279	0.303
CLOSEN	0.492	0.000	0.220	0.062

观察回归分析结果可以发现，节点的相对度数中心度对相连节点的发帖和回帖行为具有显著影响（P 值<0.05），且标准化系数均为正数。这说明节点的相对度数中心度越高，对相连节点的发帖和回帖行为影响越大。社区中节点度数中心度高，代表其是网络中的意见

领袖。因此，在在线医疗社区中，一个优秀的意见领袖可以促进其他用户之间的沟通交流，加速社区的信息流动。与意见领袖有交互的用户会学习意见领袖，积极参与话题讨论，为社区贡献自己的力量。

中间中心性度量的是一个行动者对于其他行动者及社群资源的控制程度。回归结果显示，节点的相对中间中心度对于其他节点的发帖和回帖行为的影响并不显著（P 值>0.05）。这是由于该社区整体网络中间中心性小，具有控制力的用户节点非常少，大多数节点处于较为边缘的位置，对他人的掌控能力不强，所以整体回归效果不显著。

接近中心性度量的是一个行动者不受其他行动者控制的能力。分析表中的数据可知，1月样本节点的相对接近中心度对相连节点的发帖和回帖行为具有显著的影响（P 值<0.05），并且其标准化系数均为正数，即一个用户的相对接近中心度越高，对相连节点的发帖和回帖行为影响越大。接近中心度高的节点在社区中获取信息所需的路径短，信息较为准确，不易被假信息迷惑，具有很高的主动性。此类节点可以控制信息的传递链和内容，可以在一定程度上控制与其相连的节点的发帖和回帖行为。而在 2 月样本中，这个影响则不显著（P 值>0.05）。这是由于该社区中人员流动比较大，新用户的加入和意见领袖的退出较为频繁，强烈地改变了用户间的距离，使得整体回归效果不显著。因此，需要抓住意见领袖，使其保持较高的活跃度，从而增加社区其他用户之间的互动。

本 章 小 结

本章围绕社会网络中的小世界现象，实践了一种"实验现象→理论模型→实际数据验证"的研究范式。人类对小世界现象的相关研究从 19 世纪 60 年代开始，已经经历了几十年的时间，这也体现出科学研究的难度，对问题的研究只有在条件具备的情况下才能有新的进展。小世界研究是典型的科学研究中一系列环节的完成过程，也就是人们所希望看到的实验、理论、测量相结合的社会网络计算研究中方法论的实践。此外，我们也讨论了社会距离的概念、K 核及万维网链接中的小世界现象，这些都是传统社会网络中小世界研究的延伸与扩展。

思 考 题

1. 简述小世界现象的实证案例。
2. 根据小世界网络的特性，如何对小世界网络进行判断？
3. 如何利用 K-核分解方法揭示网络层次性质？
4. 请复现 Netlogo 和 igraph 中的小世界模型。
5. 万维网中存在着哪些在社会网络中出现的小世界现象，请概述。

参 考 资 料

[1] MILGRAM S. The small world problem[J]. Psychology today, 1967, 2(1): 60-67.

[2]　TRAVERS J, MILGRAM S.An experimental study of the small world problem[J]. Sociometry, 1969, 32(4): 425-443.

[3]　JIANG J, WILSON C, WANG X, et al. Understanding latent interactions in online social networks[J]. ACM transactions on the web, 2013, 7(4): 1-39.

[4]　WATTS D J, STROGATZ S H. Collective dynamics of 'small-world' networks[J]. Nature, 1998, 393(6684): 440-442.

[5]　UZZI B, AMARAL L A , REED-TSOCHAS F. Small-world networks and management science research: a review[J]. European academy of management, 2007, 4: 77-91.

[6]　GASTNER M T, NEWMAN M . The spatial structure of networks[J]. The european physical journal b - condensed matter and complex systems, 2006, 49(2): 247-252.

[7]　KLEINBERG J. Small-world phenomena and the dynamics of information[J]. Advances in neural information processing systems, 2001, 1(47): 2001.

[8]　KLEINBERG, M JON. Navigation in a small world[J]. Nature, 2000, 406(6798): 845.

[9]　卜长莉. "差序格局" 的理论诠释及现代内涵[J]. 社会学研究，2003(1): 21-29.

[10]　DE TARDE G. The laws of imitation[M].New york: h. holt and company, 1903.

[11]　FELD S L. The focused organization of social ties[J]. American journal of sociology, 1982, 86(5): 1015-1035.

[12]　LIBEN-NOWELL, DAVID, NOVAK, et al. Geographic routing in social networks[J]. Proceedings of the national academy of sciences of the united states of America, 2005, 102(33): 11623-11628.

[13]　李晓明. 跨学科计算思维教学的认识与实践浅谈[J]. 中国大学教学，2012(11): 4-5.

[14]　BATAGELJ V, ZAVERSNIK M. An o(m) algorithm for cores decomposition of networks[J]. Computer science, 2003, 1(6): 34-37.

[15]　汪小帆，李翔，陈关荣. 网络科学导论[M]. 北京：高等教育出版社，2012.

[16]　DONATO D, LAURA L, LEONARDI S , et al. The web as a graph: how far we are[J]. ACM transactions on internet technology（TOIT）, 2007, 7(1): 4.

第 8 章 社会网络中的幂律

幂律广泛存在于互联网、生物界、物理界、人类社会中。以往社会网络的研究对幂律给予了充分的关注，微博网络的出度和入度、单词的使用、论文引用、财富分布、商品销量等很多情况都是满足幂律的，互联网行业著名的长尾理论也与幂律有密切关系。

本章将介绍幂律的定义、研究历史、研究现状和范式，以及幂律在现实中的体现和应用，尤其要探讨幂律与其在互联网应用中所体现出来的流行性的关系。本章也将结合 igraph 和 Netlogo 讨论幂律的生成机制。

8.1 正 态 分 布

在正式讨论幂律之前，我们要讨论大家都很熟悉的一个分布——正态分布。正态分布与泊松分布实际上是对应关系，正态分布是连续的，而泊松分布是离散的，正态分布可以看作泊松分布的连续表示，当实验次数 n 趋向于无穷大的时候，泊松分布可以近似为正态分布。正态分布的概率密度函数：

$$f(x)=\frac{1}{\sigma\sqrt{2\pi}}e^{-\frac{(x-\mu)^2}{2\sigma^2}} \tag{8-1}$$

其中，μ 表示平均值；σ^2 表示方差；σ 表示标准差。正态分布如图 8-1 所示。

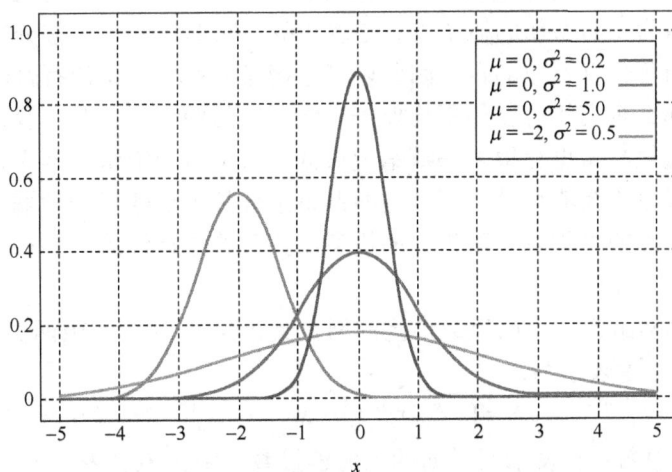

图 8-1　正态分布

如果总体服从正态分布，则可以用平均值和标准差来表征整个群体的特性。在日常生活中，有许多总体都服从正态分布，如考试成绩、人的身高等。根据教育学与统计学的理论，一次难度适中、信度可靠的考试，学生的成绩应接近正态分布，也就是说如果学生考试成绩非常接近理想的正态分布，那么越说明此次考试达到了教学要求，其中平均值越高表示考试难度越低，反之亦然。因此，用平均成绩来衡量考试成绩是有意义的。标准差则反映出整体的分散程度。同样，人的身高也服从正态分布。国家统计局公布的 2013 年中国各省男女平均身高表明，山东人的平均身高居各省之首，山东男性平均身高达到 174 厘米，比位居第二名的北京高出 0.12 厘米，第三、第四名分别为黑龙江和辽宁。我们身边的男生的平均身高也在 170 厘米左右。由于人的身高大致符合正态分布，因此用平均身高来衡量总体的身高也是有意义的。

8.2 流 行 性

在上一节中，我们提到了在现实生活中有许多总体均服从正态分布，并且能用标准差和平均值来表征这些群体的特征。在互联网中，关于流行性的问题又是怎样的呢？某一类事物的不同实例被关注、认知或偏爱的程度又是如何分布的呢？互联网上书籍的销售量、歌曲的下载量、某种产品的用户数、某类服务的用户数、明星的粉丝数、微博博主的粉丝数、网页的链接数等，这些是否都服从正态分布呢？

事物以不同的程度"流行"，是现代社会的一种普遍现象，本质上也是技术(交通、通信、媒体等)进步的结果。互联网的出现又进一步拓展了这种现象的广度和深度，即让这种现象出现在更多事物上，并在同一类事物上反映得更加充分。格拉德威尔指出了流行性的三大法则：关键人物法则、附着力法则和环境威力法则[1]，分别指事物流行与否要依赖关键人物是否有效散布信息、传播的内容是否容易被记忆、传播的环境是否适合信息传播。

我们可以通过举例来对流行性进行定量观察：如果给定一个国家或地区的网页集合为 S，那么其中一个网页的入向链接数为 k 的概率 $f(k)$ 是多少呢？在亚马逊和当当网销售的书籍集合 S 中，销量为 k 的书籍的概率 $f(k)$ 是多少呢？它们还服从正态分布吗？

由于亚马逊销售数百万种书籍，因此以书籍销量为例来考察流行性。如果书籍的销量符合正态分布，那么我们就可以用平均值来衡量书籍的销量。但是，我们发现亚马逊上有些畅销书籍的销量很高，也有很多书籍销量很低，每个月的销量寥寥无几。我们将有些书籍销量特别高的现象称为流行性。那么它的概率函数是否反映了一种规律，该规律是否普适于其他具有流行性的事物呢？如果它的概率函数反映流行性的一种规律，那为什么会有这种规律呢？

接下来我们仍然给定一个国家或地区的网页集合为 S，计算其中网页的入向链接数为 k 的概率 $f(k)$ 是多少。S 表示为：

$$S = \{x_1^{(p_1)}, x_2^{(p_2)}, \cdots, x_i^{(p_i)}, \cdots, x_n^{(p_n)}\} \tag{8-2}$$

其中，n 是网页的总数；p_i 表示网页 x_i 的入向链接数。那么 $f(k)$ 表示为：

$$f(k) = \frac{\sum_{i=1}^{n} \text{equal}(p_i, k)}{n} \tag{8-3}$$

由于 $\text{equal}(p_i, k)$ 表示入向链接数为 k 的网页，因此 $f(k)$ 等于入向链接数为 k 的网页的个数除以网页总数。那么它的分布应当是什么分布呢？

中心极限定理表明：大量独立同分布的随机变量之和(或平均值)是正态分布的随机变量，它与原始分布无关。但是，一个网页的入向链接数与其他网页是相关的，入度和出度也是相关联的，因此它们不是独立同分布的，这些分布的和也不应该是正态分布。

8.3 幂律的定义和基本特性

8.3.1 什么是幂律

虽然有些网页的入向链接数非常大，但是绝大多数网页的入向链接数较少，甚至还有许多网页的入向链接数为 0。同样的情况也出现在微博博主的粉丝数量分布中，虽然有些博主的粉丝数量非常大，但是绝大多数博主的粉丝数量较少。可以对数据的分布进行回归分析，并用一条曲线来拟合数据的分布。实验数据表明：

$$f(k) = \frac{a}{k^c} = a \cdot k^{-c} \tag{8-4}$$

$f(k)$ 与入向链接数 k 及幂指数 c 相关，这是一个幂函数，幂指数 c 反映衰减的速度。c 越大，衰减的速度越快，c 越小，衰减的速度越慢。在实验中发现，大量不同的数据集都显现出这种状态。因此，我们说这就是反映网页入度分布的规律，由于它是幂函数，所以俗称为"幂律"。取 $a=100$，$c=2$，可得到如图 8-2 所示的幂律图像。

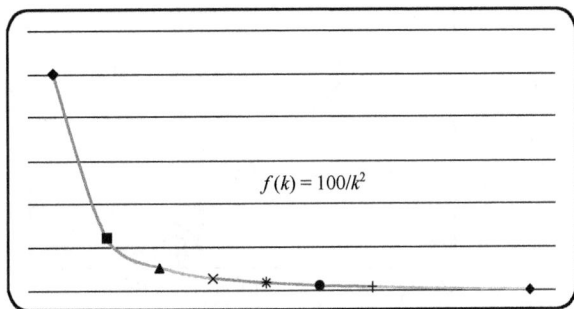

图 8-2 当 $a = 100$，$c = 2$ 时的幂律图像

若以网页链接数为例，则其中横轴对应入向链接数 k，纵轴表示入向链接数等于 k 的网页数量。从图 8-2 中可以发现，只有很少一部分网页的入向链接数(书籍的销量、微博粉丝数)非常大。同时，入向链接数(书籍的销量、微博粉丝数)k 越大，对应的网页(书籍、博主)数目就越少，这就是幂律。

我们可以对 $f(k)$ 进行处理，将它的形式变为：

$$\log(f(k)) = \log(a) - c\log(k) \tag{8-5}$$

可见，$\log(f(k))$ 是关于 $\log(k)$ 的线性函数，以 $\log(k)$ 为横轴、$\log(f(k))$ 为纵轴的图像是一条直线。这等价于：在对数坐标(横轴和纵轴同时取对数)下，函数的图像是一条直线，这也是我们对幂律的习惯表示方式。横坐标的变化如图 8-3 所示。

图 8-3 幂律的横坐标变化

有学者对 Flickr 网站进行研究，该网站用户构成的社会网络的节点数 $n = 584\,207$，连边数量 $m = 3\,555\,115$[2]，研究得到如图 8-4 所示的 Flickr 用户的社会网络入度图。

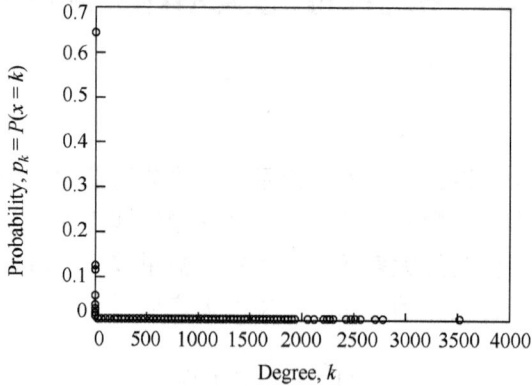

图 8-4　Flickr 用户的社会网络入度图[2]

由于拥有大量入向链接数的人非常少，这样的图像观测起来有些不便，所以对 k 和 p_k 取对数，然后用一条直线来进行拟合，可得到如图 8-5 所示的社会网络入度图。

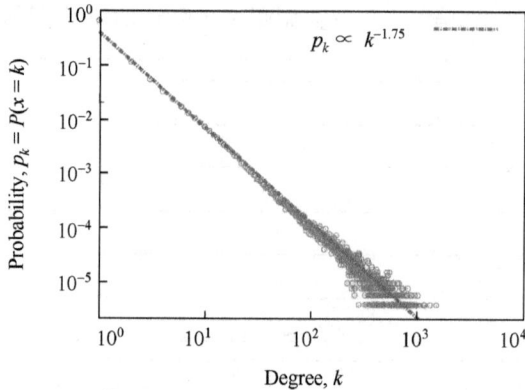

图 8-5　Flickr 用户的社会网络入度图（取对数后的图像）

由于这样的图像更加便于观察，因此为查看 $f(k)$ 是否为幂律，一种做法是取 $\log(k)$ 和对应的 $\log(f(k))$，然后用得到的数据值在常规坐标下绘制曲线图形，观察绘制结果是否像一条直线。在数据量很大时（流行度数据常常如此），这种方式很有效。目前，有许多绘图工具都直接支持对数坐标。

除此以外，还有许多案例也符合幂律，如万维网的节点度数[3]。如图 8-6 和图 8-7 所示，它们分别表示万维网节点的入度和出度。

针对这个分布图，可以对其做分布拟合。由于能够很容易地找到一条直线，因此它的入度和出度均满足幂律分布。

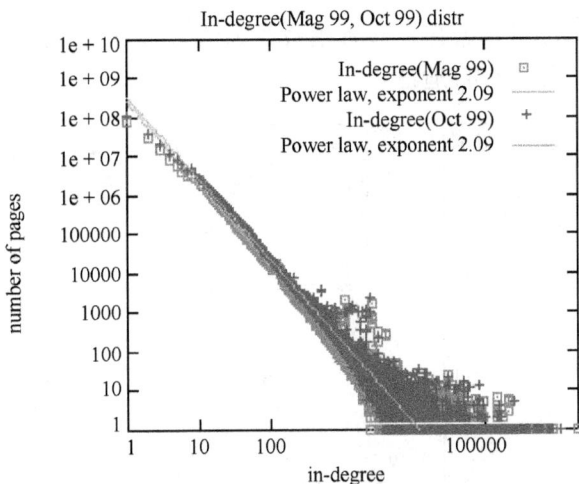

图 8-6 万维网中节点的入度[3]

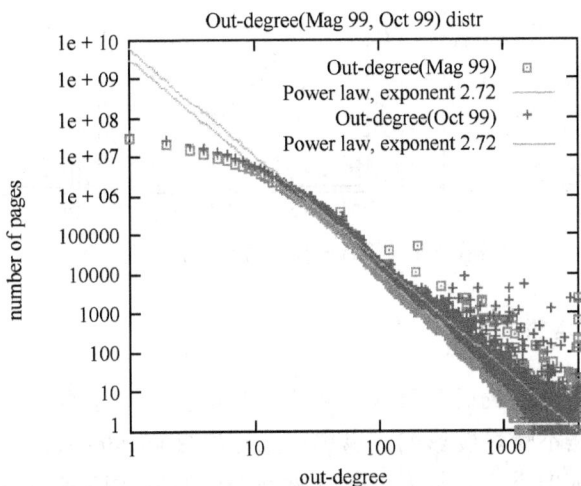

图 8-7 万维网中节点的出度[3]

8.3.2 其他符合幂律的实例

除了我们之前提到的网页的入度和出度，还有很多情况都遵从幂律，如每天接到 k 个电话的频率、书籍的销量、网站的规模等。幂律是流行度的一种主导规律，但不是100%普适的规律，对数正态分布也能反映某些事物流行的现象。

如图 8-8 所示，这是同样符合幂律的九个实例。它们分别代表：城市规模、每天收到的邮件数目、火灾规模、地震的级数、财富分布、论文引用等[4]。不难发现，即便这些实例都符合幂律，但它们的函数图像各有差异，如曲线左侧的起始点和下降的速度各不相同。

影响函数图像的不仅有 k 的值，幂指数 c 也会对图像产生影响。根据许多研究者的研究成果发现，如果网页的入度为 2.1，出度为 2.4[3]，那么对应的斜率分别为 −2.1 和 −2.4；自治系统的幂指数为 2.3[5]；演员合作网络的度数分布也符合幂律，幂指数为 2.3[6]；在线社区的社会网络的度数亦符合幂律，其幂指数约为 2[7]。因此，幂指数通常在 2 到 3 之间，不会太大也不会太小，亦具有普适性。

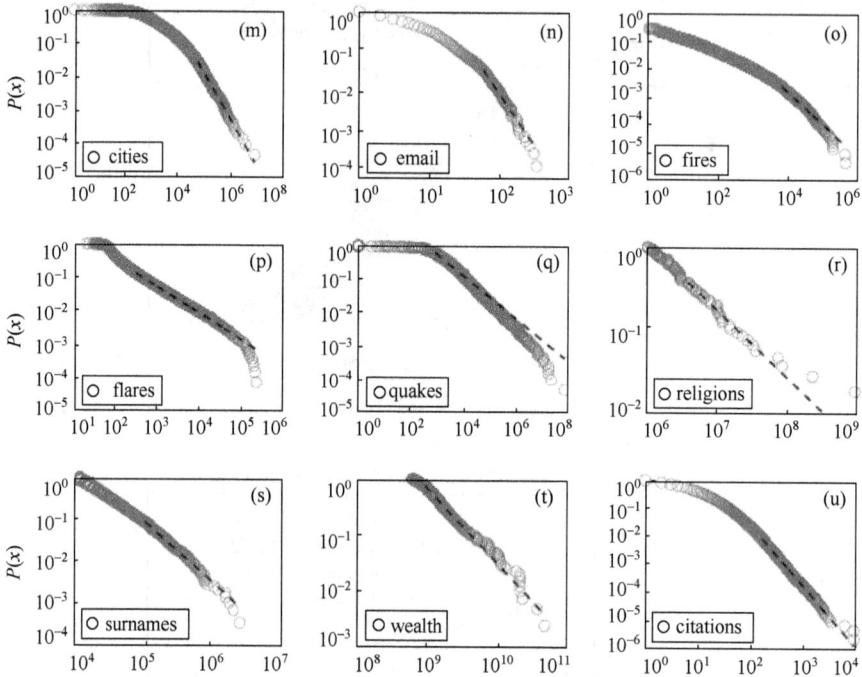

图 8-8　符合幂律的九个实例图像

8.3.3　幂律的基本特性

在探讨幂律是什么时，我们取对数发现其函数图像为一条直线。除此以外，幂律还有一个基本特性，那就是不受尺度影响，也称作无标度性（Scale-free），即无论其尺度发生怎样的变化，它的形状依旧不变。另外，无标度性的函数隐含着自相似性，这意味着从任何一个比例尺度（数据）上看到的函数特征都一样，也可以理解为一个事物从不同的尺度看，具有相同的性质。幂函数的无标度性证明如下。

设幂函数为 $f(x) = x^c$，则

$$f(ax) = (ax)^c = a^c x^c = bx^c = bf(x) \tag{8-6}$$

因此，若将 x 放大或缩小，则 y 也会随之放大或缩小，即其图像的形状依旧未发生改变。所以，我们说幂函数具有无标度性。

观察平均行为时，如果平均行为呈正态分布，那么说明平均行为能够反映典型行为。典型行为是指经常遇到的情况，如平均身高能够反映出大多数人的身高都在平均身高附近。但是符合幂律的平均行为却不能反映典型行为，因为幂律分布比较容易让我们看到"个大的"，如上网买东西，搜索结果的前两页看到的均为销量较高的商品。

平均数反映的是大体的情况，而幂律表现了一种很强的不平等性，如个人的收入分布呈幂律分布。如果用平均数来衡量个人的收入情况，会导致中低收入者被"平均"。因此，经常用统计学中的中位数来衡量某地区民众的收入水平，这也被称作"收入中位数"。与人

均收入相比,收入中位数更贴近普通民众的实际收入水平,对于贫富差距较大的地区而言,其人均收入会远远大于收入中位数。如果将这种现象进行推广,那么对于任何呈幂律分布的整体,我们就需要用中位数而非平均数来估计它的大体情况。

8.4 随机网络和无标度网络

如果一个网络中任意两个节点之间的边都是随机产生的,那么该网络被称为随机网络。如果一个网络的度分布满足幂律,则称该网络为无标度网络。在无标度网络中,有些节点的度数非常高,这些节点对应于微博中的意见领袖;绝大多数度数低的节点都对应于微博中的"草根"。这种网络的入度满足幂律。

R 语言环境中的 igraph 包中包含了多种可用于创建随机网络的算法,其中用来生成上述两种网络的随机网络模型分别为 Erdos-Renyi 随机网络模型和 BA 无标度网络模型。这些随机网络函数名中都包含 game 字样。

8.4.1 igraph 中的 Erdos-Renyi 随机网络模型

Erdos-Renyi 随机网络(ER 随机网络)模型是在 20 世纪 50 年代的两位匈牙利数学家建立的随机网络理论基础上发展而来的,也是随机网络中最经典的模型。该模型中任意两个节点之间都具有相同边的概率。虽然 ER 随机网络模型所生成的随机网络和实际网络一样拥有稀疏性,并同样存在超大连通组件,但是它不具有实际网络中的高聚类性,也不满足随机网络的度分布服从均匀的泊松分布的特性,节点的度基本集中在平均度 k 附近,这与实际网络中存在少量的度相对很大的节点所造成的非均匀分布有很大差异。

在 igraph 包中,用于创建该随机网络模型的函数如下:

```
    erdos.renyi.game(n, p.or.m, type=c("gnp", "gnm"),directed=FALSE, loops
= FALSE, ...)
```

该函数各参数意义如表 8-1 所示。

表 8-1 创建 ER 随机网络函数参数

参数	意义
n	网络中节点个数
p.or.m	两节点间边的概率[G(n,p)网络]或网络中边的数量[G(n,m)网络]
type	要创建的随机网络类型,是 gnp 型[G(n,p)网络]还是 gnm 型[G(n,m)网络]
directed	逻辑值,表示该网络是否为有向网络,默认为无向网络
loops	逻辑值,表示该网络是否添加环形边,默认为非环形边网络

举例如下:

```
#创建 ER 随机网络
> g8_1<- erdos.renyi.game(20, 0.3) #创建节点数为 20,边概率为 0.3 的 ER 随机网络
> g8_1
IGRAPH U--- 20 54 -- Erdosrenyi (gnp) graph
```

```
+ attr: name (g/c), type (g/c), loops (g/l), p (g/n)
> plot(g8_1)#如图 8-9 所示
```

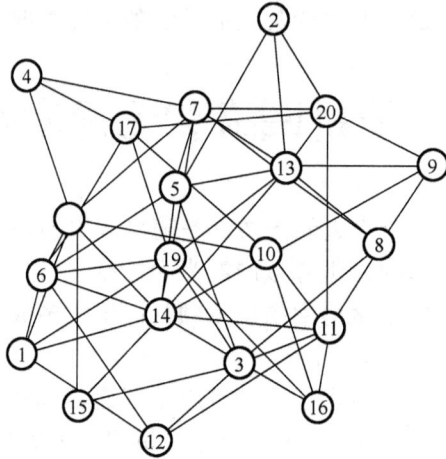

图 8-9　ER 随机网络

8.4.2　igraph 中的 BA 无标度网络模型

无标度网络是随着对复杂网络的研究而出现的。自 20 世纪 60 年代开始，对复杂网络的研究主要集中在随机网络上。随机网络，又称随机图，是指通过随机过程制造出的复杂网络，最典型的随机网络是 ER 随机网络模型，ER 随机网络模型中节点之间的连接是随机形成的，产生的网络的度分布是高度平等的。1998 年，Barabási 和 Albert[8]合作进行了一项描绘万维网的研究，他们发现通过超链接与网页、文件所构成的万维网并不是如一般的随机网络一样的，而是有着不均匀的度分布。他们还发现，在万维网中绝大多数的网页只有不超过 4 个超链接，只有极少数页面拥有极多的链接。Barabási 等人将其称为 BA 无标度网络。

如图 8-10 所示，在图 8-10(a)的随机网络中，大部分节点都连出 2～3 条边，连出 0 条与 1 条边或 4 条边的节点很少；而在图 8-10(b)的无标度网络中，大部分节点连有 1 条边，少数节点连有大量边。

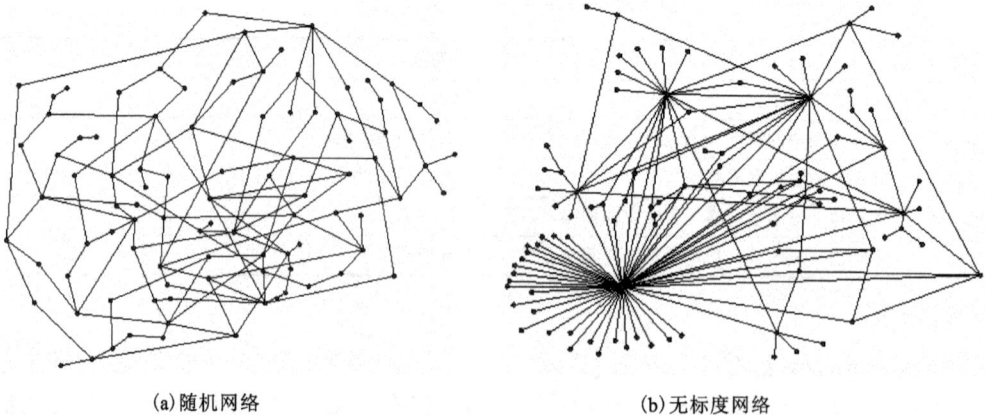

(a)随机网络　　　　　　　　　　(b)无标度网络

图 8-10　随机网络和无标度网络

在 igraph 中采用如下函数可以生成 BA 无标度网络：

```
barabasi.game(n, power = 1, m = NULL, out.dist = NULL, out.seq = NULL,
              out.pref = FALSE, zero.appeal = 1, directed = TRUE,
              algorithm = c("psumtree", "psumtree-multiple", "bag"),
              start.graph = NULL)
```

该函数中各参数的意义如表 8-2 所示。

表 8-2　创建 BA 无标度网络函数参数

参数	意义
n	节点个数
power	优先连接的幂，默认为 1，即线性优先连接
m	数值，控制每次时间步长添加的边，只有在 out.dist 和 out.seq 都为空的时候生效
out.dist	数值向量，表示增加的边的数量分布，默认为 null
out.seq	数值向量，表示每次增加的边的数量
out.pref	逻辑值，为真则使用总度数来计算被引率，为假则使用入度计算
zero.appeal	没有相邻边的节点吸引力，默认为 1
directed	网络为有向的还是无向的，默认为有向的
algorithm	图形生成使用的算法
start.graph	用来做优先连接算法的起始网络，默认是 null

举例如下：

```
#创建 BA 无标度网络
> g8_2<-barabasi.game(100,directed=F)
> plot(g8_2) #如图 8-11 所示
> g8_2
IGRAPH U--- 100 99 -- Barabasi graph
+ attr: name (g/c), power (g/n), m (g/n), zero.appeal (g/n), algorithm (g/c)
>degree.distribution(g8_2)
 [1] 0.00 0.64 0.16 0.08 0.04 0.03 0.02 0.01 0.00 0.00 0.00 0.00 0.01 0.00
0.00 0.00 0.01#计算 BA 无标度网络 g8_2 中度的分布
```

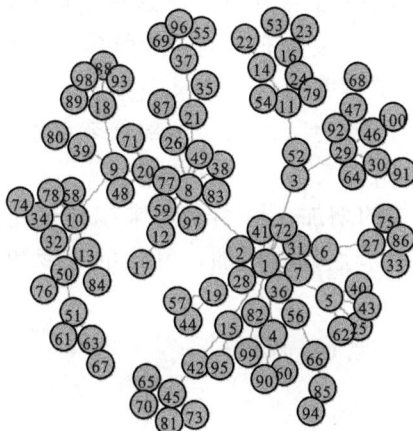

图 8-11　BA 无标度网络

8.4.3 随机和无标度网络的度分布

我们可以利用 igraph 中的函数计算社会网络的度分布。无向网络中度的分布是指网络中一个随机选择的节点的度为 k 的概率分布。用于计算分布的函数如下：

```
degree.distribution(graph, cumulative = FALSE, ...)
```

其中，graph 是网络图对象；cumulative 是逻辑变量，指是否计算累积度分布。

举例如下：

```
#度的分布的计算与绘图
> g8_3<-erdos.renyi.game(1000,0.01)    #创建一个含有 1000 个节点的随机网络
> plot(degree.distribution(g8_3), xlab="node degree")
> lines(degree.distribution(g8_3))         #如图 8-12(a)所示
> g8_4<-barabasi.game(1000,directed=F)  #创建一个含有 1000 个节点的无标度网络
> plot(degree.distribution(g8_4), xlab="node degree")
> lines(degree.distribution(g8_4))         #如图 8-12(b)所示
```

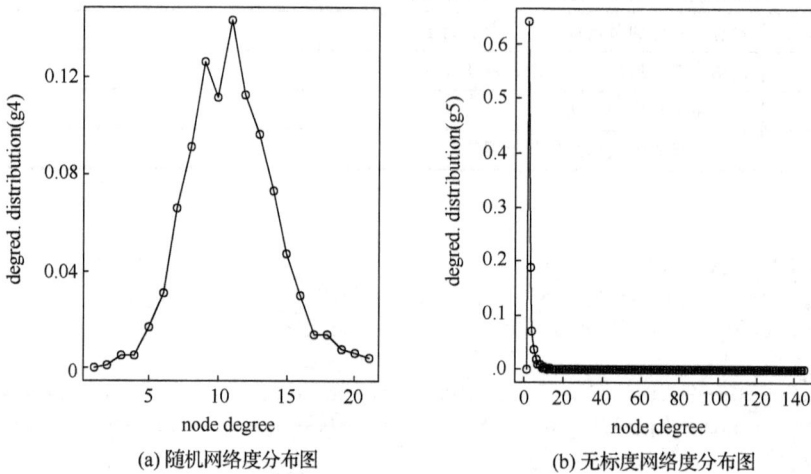

(a) 随机网络度分布图   (b) 无标度网络度分布图

图 8-12　度分布曲线图

由图 8-12 可知，随机网络的度集中在某个平均值附近呈钟形的泊松分布规律；而无标度网络的度分布则遵守幂律分布，度分布没有一个特定的平均值指标。

从图 8-12(b)无标度网络及其度的分布结果中我们可以看出，大部分节点的度很小，只有少部分节点的度很大。即大部分节点只与少部分节点相连，只有少部分节点连接着大量的节点。

那么，随着网络中节点数的增加，网络是越来越稀疏还是越来越稠密呢？我们以无标度网络为例，探讨随着网络节点数的增加，网络的密度和平均度的变化，具体说明如下所示：

```
#网络密度与平均度随节点数变化的探讨
> x<-1:100
> for(i in x)
+ {gx<-barabasi.game(x[i],directed=F) ; y[i]<-graph.density(gx)
```

```
> plot(y~x,xlab="节点数",ylab="网络的密度")          #如图 8-13(a)所示
> x1<-1:100
> for(i in x1)
+ {gx1<-barabasi.game(x1[i],directed=F) ; y1[i]<-mean(degree(gx1))}
> plot(y1~x1,xlab="节点数",ylab="网络的平均度") #如图 8-13(b)所示
```

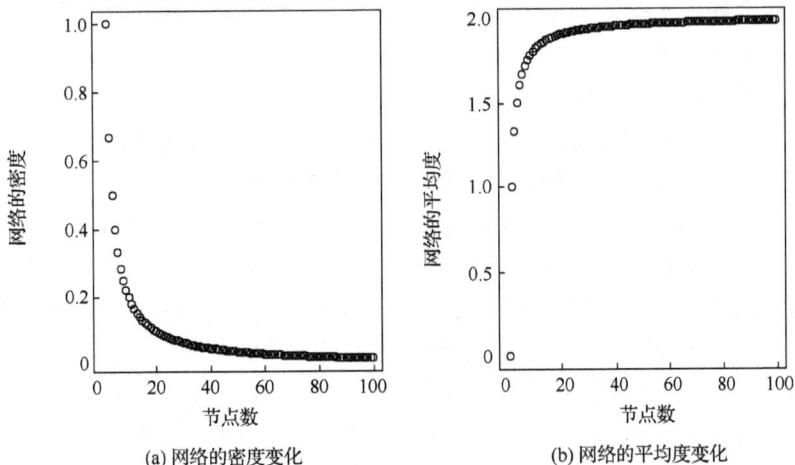

(a) 网络的密度变化　　　　　　　　(b) 网络的平均度变化

图 8-13　无标度网络密度与平均度

如图 8-13 所示，对于无标度网络，随着节点数目增加，网络密度越来越小，并逐渐趋向平缓；随着节点数目增加，网络的平均度越来越大，并逐渐趋向平缓。

8.5　幂律的产生机制

8.5.1　优势链接模型

上一节我们介绍了无标度网络，那么这种能够满足幂律的无标度网络是如何产生的呢？在现实生活中，为什么有的商品会流行起来，并且销量越来越高呢？为什么有些商品的销量会非常低，就算这些商品种类繁多呢？为什么会产生幂律呢？是什么机制产生了这种现象呢？

有一种合理解释幂律成因的方法是优势链接模型，也就是"富者更富"模型[8]，即富人越来越富裕，穷人却越来越穷，这就是我们在社会心理学术语中常说的"马太效应(Matthew Effect)"。该效应起源于马太在《圣经》中说的一句话"对于那些已经拥有的，就继续给予他；对于那些已经缺少的，就继续剥夺他。"在实际生活中，销量高的商品之所以会因为其销量高而越来越畅销，是因为许多人会由于从众心理或随大流而购买；销量低的商品由于总是无人问津，因此销量越来越低。因为影响力大的网站会得到越来越多人的关注，所以它的影响力便越来越大；少数作者发布了大量的信息并且这些信息获得了较高的点击率。

由于网页的链接情况实际上也符合优势链接模型，因此我们可以据此建立模型。

(1)按顺序创建网页：1，2，3，…，j，…

(2) 当创建网页 j 时，以概率 p 或 $1-p$ 选择如下 (1) 或 (2) 执行：(1) 以概率 p，均匀、随机地选择一个早先创建的网页 i，建立一个从 j 到 i 的网页链接；(2) 以 $1-p$ 为概率，均匀、随机地选择一个早先创建的网页 i，建立一个从 j 到 i 的网页链接。

网页的入度链接数越大，该网页越有可能被其他网页链接到。此模型最终产生幂律 ak^{-c}，其中的幂指数 c 取决于概率 p。在该模型中，p 意味着"独立行为"，$(1-p)$ 则是复制（模仿）行为。c 越大，表示曲线下降得越快，在极端情况下 c 就是接近指数（独立），即 c 和 p 正相关，p 越大意味着 c 也越大。

我们来看一个实际的优势链接现象，先对微博中的传播数据进行爬取，然后根据爬取结果画出其社会网络，如图 8-14 所示。其中，少数入度很高的人是意见领袖，而大多数人的入度较低，均为"草根"。在现实生活中，社会网络也可以进行类似描述。在图 8-14 中，黄色节点为意见领袖，我们称其为"中心节点"，绿色节点为第一层进行微博转发推荐的微博用户，我们在此称其为"一度分隔节点"；红色节点为第二层进行微博转发推荐的微博用户，即通过转发"一度分隔节点"推荐的微博来实现转发的微博用户，我们在此称其为"二度分隔节点"；同理，通过转发"二度分隔节点"的推荐微博来实现转发的微博用户，我们在此称其为"三度分隔节点"，节点颜色为蓝色。在对微博的传播数据进行分析的过程中发现，四度分隔节点很少出现，这符合尼古拉斯·克里斯塔基斯的三度影响力理论[9]。在建立传播链接的过程中，入度高的用户将会获得更多的链接。

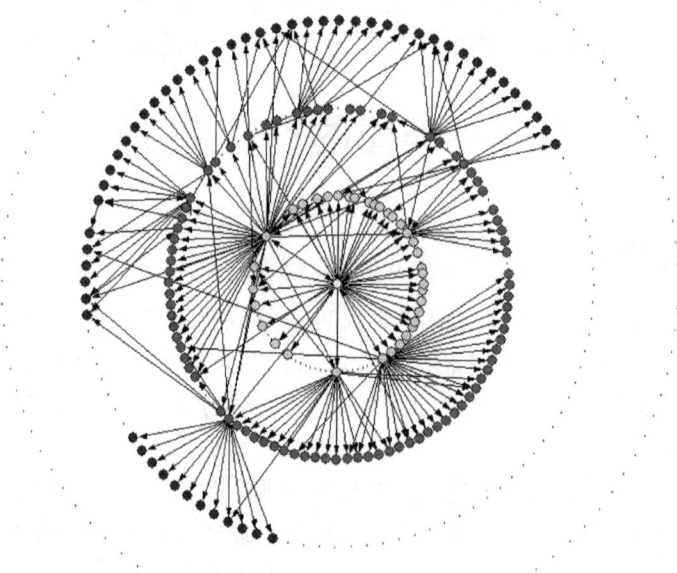

扫码看彩图

图 8-14 微博传播网络

对富者更富的效应进行探索后，我们会发现该效应具有不可预测性。该效应在最初阶段会充满不确定性，"富"到一定程度后就开始"起飞"，如淘宝某店铺商品的销量达到某一数值后，就不需要再进行过多的营销，自然而然会有顾客购买，达成交易。也就是说，必须突破"引爆点 (Tipping Point)"[1]，才可以达到富者更富的效果，才能够引爆从而达到"起飞"，这对我们的营销策略有很大的启示。

8.5.2　富者更富的在线随机试验

上一小节提到的"引爆点"是否真的存在呢？它的值是多少呢？我们知道如果一首歌的下载量很大，那么人们有更大的可能性去下载这首歌曲，因此歌曲下载量满足富者更富的现象。有研究者利用随机试验，建立了一个歌曲下载网站[10]，向用户提供 48 首人们不太熟悉的歌曲的下载服务。随机试验作为一种研究方法，最早出现于心理学和教育学研究中，而社会网络研究作为社会科学研究的一个分支，应用随机试验作为社会网络的研究手段之一是在近些年兴起的[11]。我们将会在第 9 章详细解释随机试验的理论和方法。

在这个著名的历史平行演化随机试验中，该网站公布了每首歌曲的"已下载次数"，供后来下载的人查看以此来观察歌曲下载量的分布，以及歌曲下载量达到多大时，才会出现富者更富的现象。当用户进入该网站下载歌曲时，会被随机链入 8 个不同的网站，但是用户并未察觉。这 8 个网站的设计不同，有些网站会对下载量进行改动，即人为操纵下载量。最后观察当下载量达到多少时会对新用户下载歌曲产生影响。如果新登录的用户更倾向于下载下载量高的歌曲，则说明确实存在富者更富的现象，并通过这个过程找到"起飞点"，即高于这个数值时，下载量会"起飞"——越来越高。通过这个试验，研究人员看到了 8 段平行发展的历史[10]。

研究人员发现，公布了下载量之后，下载量大的歌曲的下载量会激增，而且改动歌曲的下载量，也会对最终的下载结果产生影响。这 8 个平行演化随机试验都带有"富裕程度"信息，结果虽然各有差异，但是都显示出"富裕程度"的倾向。

8.5.3　Netlogo 中的 BA 优势链接模型

1. 模型解释

Netlogo 中的优势链接模型可以被用来研究幂律这种"富者更富"的产生机制。优势链接模型又被称为 BA 优势链接模型[8]，是按照提出者姓名的首字母来命名的。BA 优势链接模型是网络增长模型，最终可以产生幂律，也就是无标度(Scale Free)网络。BA 优势链接模型的算法如下。

(1)增长：在初始 $t=0$ 的时候，从一个具有 n_0 个节点的连通网络开始，每次增加一个新的节点并且连到网络中 n 个已经存在的节点上($n_0 \geq n$)。

(2)优先连接：一个新增加的节点与一个已经存在的节点 i 相连的概率 P_i 与节点 i 的度成正比关系：$P_i = k_i / \sum_{j=1}^{N-1} k_j$，其中 k_i 表示已经存在的节点 i 的度，N 表示网络节点数。

(3)如此演化，直到网络达到一个稳定状态。

通过数值仿真，可以观察到在 t 足够大的时候，模型所产生的网络会达到一个稳定状态，这时候度的分布服从幂律。

2. 操作步骤

启动 Netlogo 后，单击"文件"按钮，选择"模型库"选项，然后打开"Networks"文件夹，再单击"Preferential Attachment"即可打开模型，如图 8-15 所示。

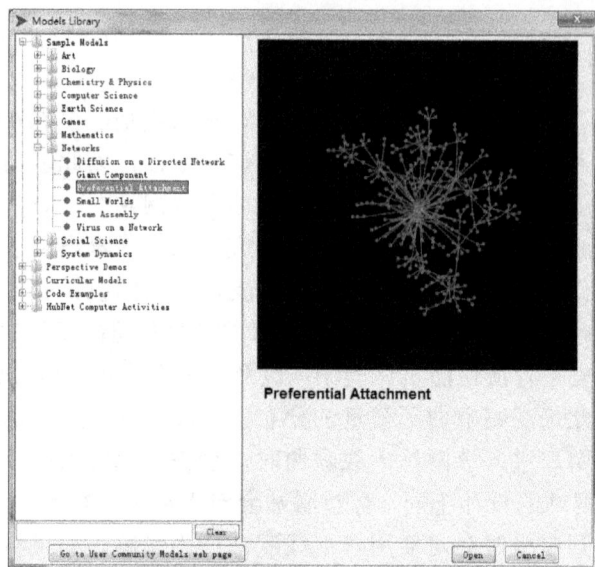

图 8-15　Netlogo 中的优势链接模型

单击 "setup" 按钮后，可看到模型的初始状态是由一条边连接的两个节点，如图 8-16 所示。

每单击一次 "go-once" 按钮都生成一个新的节点，而单击 "go" 按钮可以连续地生成节点，直到单击 "停止" 按钮。单击若干次 "go-once" 按钮可观察新的节点是如何一个一个生成的，然后继续单击 "go" 按钮，运行若干时间后，会得到如图 8-17 所示的优势链接网络示例。

图 8-16　初始网络

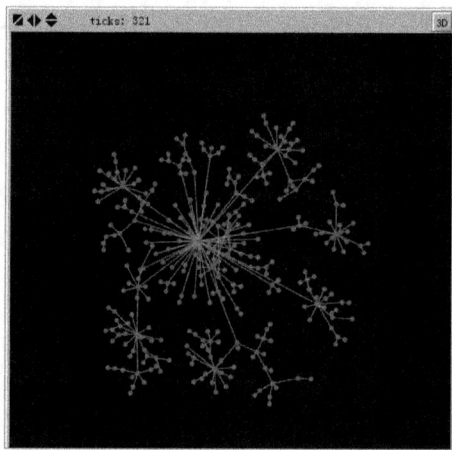

图 8-17　优势链接网络示例

此时，该优势链接网络共有 323 个节点。从图中可以看到有些枢纽节点和其他节点的联系非常多，而大部分节点与其他节点的联系较少。在生成新节点的过程中，本身联系较多的一些节点更有优势，因为新节点更愿意选择与它们相连。这就是所谓的 "富者更富" 的现象，因为新生成的节点优先选择与这些枢纽节点相连。

这个模型运行得到的网络被称为 "无标度" 网络或符合 "幂律" 的网络，这些网络中的节点的连接数量并不是服从正态分布的，而是遵循幂律分布。幂律分布与正态分布的曲线不同，它没有均值和峰值，图像更像一个长尾。可以在 "Degree Distribution" 和 "Degree

Distribution（log-log）"两个输出框中看到"无标度"网络的度分布视图，如图 8-18 所示，上面显示的是每个节点的度的分布直方图，下面显示的是相同的数据，只是对两个坐标轴分别取了对数。

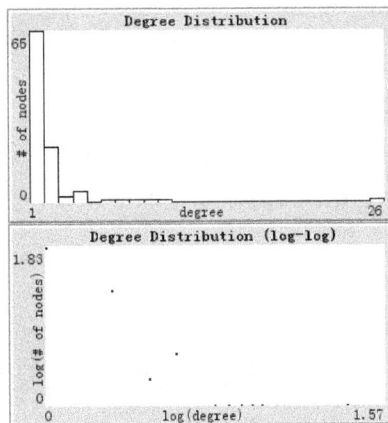

图 8-18　节点的度分布视图示例

8.5.4　Netlogo 中的 ER 随机网络模型

启动 Netlogo 后，单击"文件"按钮，选择"模型库"选项，然后打开"Networks"文件夹，再单击"Giant Component"按钮即可打开 ER 随机网络模型，该模型用来演示如何通过生成随机网络来产生巨片。拥有巨片是随机网络的一个重要特性，这和实际网络是相似的。模型启动后，会出现如图 8-19 所示的界面，使用方法与上面所述的优势链接模型类似。

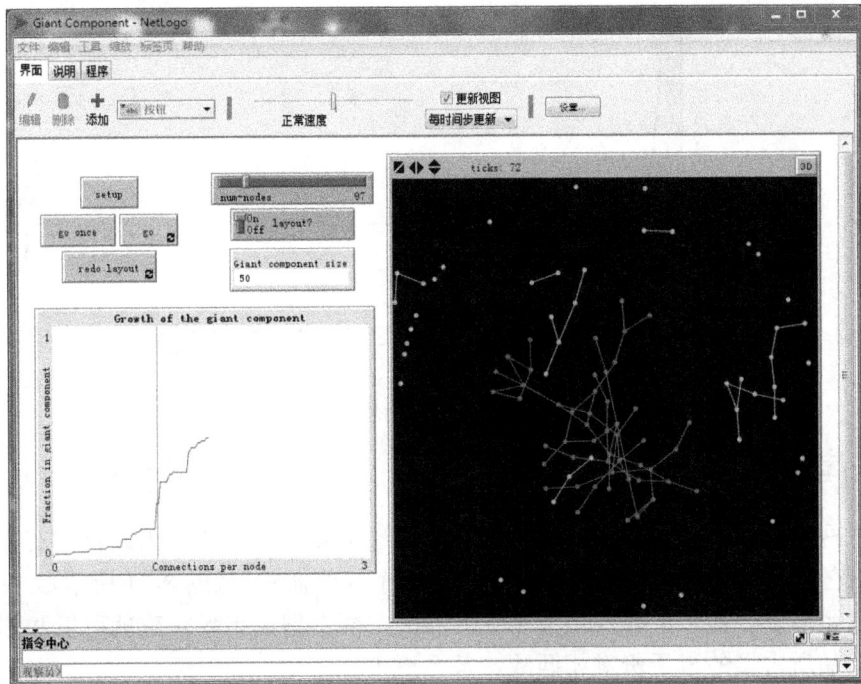

图 8-19　Netlogo 中的 ER 随机网络模型

8.6 长尾理论与应用

8.6.1 长尾的定义

"长尾"这一概念是由《连线》杂志主编 Chris Anderson 最早提出的,用来描述诸如亚马逊和 Netflix 之类的商业模式[12]。一类商品的(如书籍、个人音乐专辑)各个品种的销售量(流行度)常符合幂律,如果使用前面的概率来表示幂律,那么销量为 x 的品种的概率为:

$$f(x) = \frac{a}{x^c} \tag{8-7}$$

其中, $f(x)$ 表示销量为 x 的品种的概率。

由于在商业中人们倾向于直接谈销量而非概率,因此假设该类商品的品种总数为 n,于是它的销量为 x 的品种的数量为:

$$n \cdot f(x) = \frac{n \cdot a}{x^c} \tag{8-8}$$

因此,商品数量也满足幂律,这在原始坐标中表现为长尾形式。如图 8-20 所示,这是典型的长尾图示的例子,横坐标是某种商品,纵坐标为商品的销量(流行度)。销量高的商品如头部(Head)所示,而销量低的商品处于长尾(Long Tail)部分。那么,在互联网中,我们要关注的是销量比较低的长尾部分还是销量比较高的头部部分呢?在网上卖商品是要卖热销商品还是连同冷门商品一起卖呢?在互联网中存在二八定律吗?前 20%的商品是否创造了 80%的销量呢?

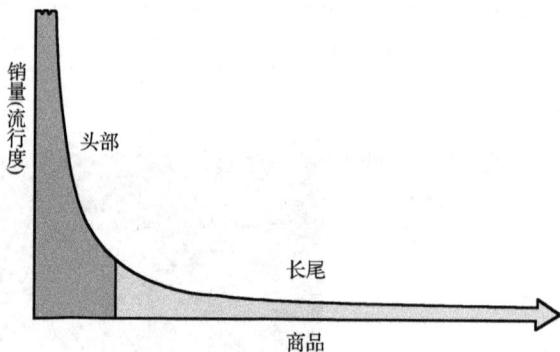

图 8-20 流行度和长尾

8.6.2 长尾理论的应用

在互联网中,由于长尾部分的冷门商品对创造销量非常重要,因此我们要关注销量很低的商品,它们在一定程度上能够满足消费者的个性化需求(如图 8-21 所示)。只要存储和流通的渠道足够多,需求不旺或销量不佳的商品共同占据的市场份额就可以和那些数量不多的热销商品所占据的市场份额相匹敌,甚至更大。

在互联网中，尤其是在电子商务颠覆了二八定律之后，20%的热门商品的销量并未达到总销量的 80%。在传统商业领域，商家一般依赖热销商品获得利益。但是在互联网领域，由于存储成本远低于传统商业领域，也不需要大量的展柜展示商品，因此网上商店既要靠热销商品盈利，也要靠冷门商品盈利。商业和文化的未来不在于传统需求曲线上那个代表"热销商品"的头部，而在于那条代表"冷门商品"经常为人所遗忘的长尾上。

图 8-21　长尾理论

一个典型的例子是亚马逊网络书店。一家大型书店通常可摆放 10 万本书，但是在亚马逊网络书店的图书销售额中，有四分之一来自排名 10 万以后的书籍。消费者在亚马逊网络书店里不仅可以通过搜索功能搜索到想要的书籍，还能够通过推荐功能找到相似的书籍，因此比传统途径更容易找到冷门书籍。这些冷门书籍的销售比例正高速增长，预估未来可占整个书市的一半。亚马逊员工解释："现在我们所卖的那些过去根本卖不动的书比我们现在所卖的那些过去可以卖得动的书多得多。"[13]因此，通过长尾，企业可以满足客户的个性化需求，增强用户黏度。

8.6.3　网上购物的富者更富现象

网上购物也会出现富者更富的长尾现象。例如，淘宝网是中国最大的 C2C 购物网站之一，它的销量分布满足幂律，即一小部分商品的销量非常大，还有许多商品的销量较小，即出现"长尾现象"。淘宝网不同于传统商场，因为卖家并不用向淘宝网缴纳许多费用(甚至可以不交)，所以这便使得很多销量很少的商品得以存在。由于这些商品只满足特定人群的需要，因此也就出现了"长尾现象"。如果一个店铺销量很大，成交买家的评价又很好，那么其他买家就有理由相信，在这家店铺购买商品比在其他店购买商品要好。从而，买家更倾向于在这家店铺购买，因此就出现"富者更富"的现象。

淘宝网上的购物可以看作有网络效应的商品营销。当商品销量越过第一个不稳定均衡点时，就会产生"富者更富"的现象。

在电子商务的网络营销中，可以通过销售排行榜、相关推荐和搜索促进热销商品和"利基商品(冷门商品)"的销售。一般而言，销售排行榜会推动富者更富，而相关推荐和搜索则具备两面性。相关推荐究竟是促进利基商品抑或是热销商品的销售取决于"相关"的含义。若是"买了这商品的其他人通常也买了……"，则起到推动热销商品销售的作用；若是按照某种"内容相关性"，则可起到推动利基商品销售的作用。由于在使用搜索时，消费者能够搜索到自己想要的信息，因此可以促进利基商品的销售。然而，由于消费者的习惯是只看前几页的商品，因此消费者往往买到的都是热销商品，从而可能会丢失一些自己需要的信息，这时候推荐功能就可以用来解决搜索时缺失信息的问题。

8.7 其他形式的幂律

8.7.1 齐普夫定律

齐普夫定律是从另一个视角来看"长尾"的。该定律是在 1932 年由哈佛大学的语言学专家 Zipf 在研究英文单词出现的频率时发现的。他发现如果把单词出现的频率按由大到小的顺序排列，那么每个单词出现的频率与它的名次的常数次幂存在简单的反比关系。这表明在英文单词中，只有极少数的词被经常使用，而绝大多数词很少被使用。齐普夫定律可以表述为把一篇较长文章中每个词出现的频次统计起来，按照高频词在前、低频词在后的递减顺序排列，并用自然数给这些词编上等级序号，即频次最高的词等级为 1，频次次之的等级为 2，以此类推。若用 f 表示频次，r 表示等级序号，则有

$$f \times r = C \quad （C \text{为常数}） \tag{8-9}$$

人们称该式为齐普夫定律。齐普夫定律取对数后如图 8-22 所示。

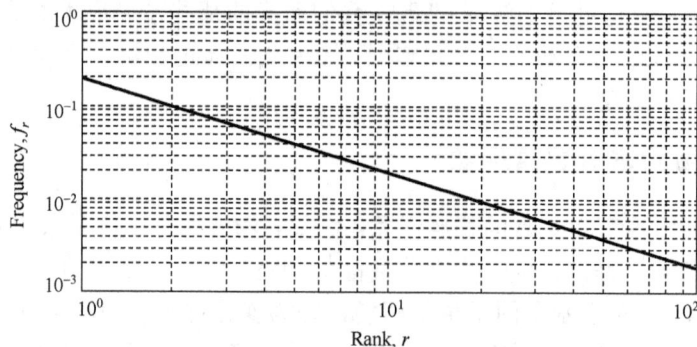

图 8-22 齐普夫定律(取对数后)

横轴此时可看成"销量排名位次"，纵轴则是对应位次的销量。其函数关系如下：

$$y = \frac{a}{x^c}, \quad c \geqslant 1 \tag{8-10}$$

因此，齐普夫定律也是幂函数，尾巴更粗。

8.7.2 稠密化幂律

前面讨论的符合幂律的社会网络都是静态的。那么在动态变化的网络中会同样有幂律存在吗？Leskovec 等人发现在社会中动态变化的许多网络都变得越来越稠密[14]，稠密程度的变化满足式(8-11)所示的幂律形式：

$$E(t) \approx N(t)^{\alpha} \tag{8-11}$$

其中，$E(t)$ 是 t 时刻的社会网络的边数；$N(t)$ 是 t 时刻的社会网络的节点数；α 为稠密化的幂指数，取值在 1 到 2 之间，如图 8-23 所示。图中横轴表示节点数，纵轴表示边数，每个点代表某个时间点所对应的节点数和边数。经过拟合后发现，staXiv 数据所对应的幂指

数为 1.69；专利数据所对应的幂指数为 1.66；互联网数据所对应的幂指数为 1.18；作者文章归属网络所对应的幂指数为 1.15。

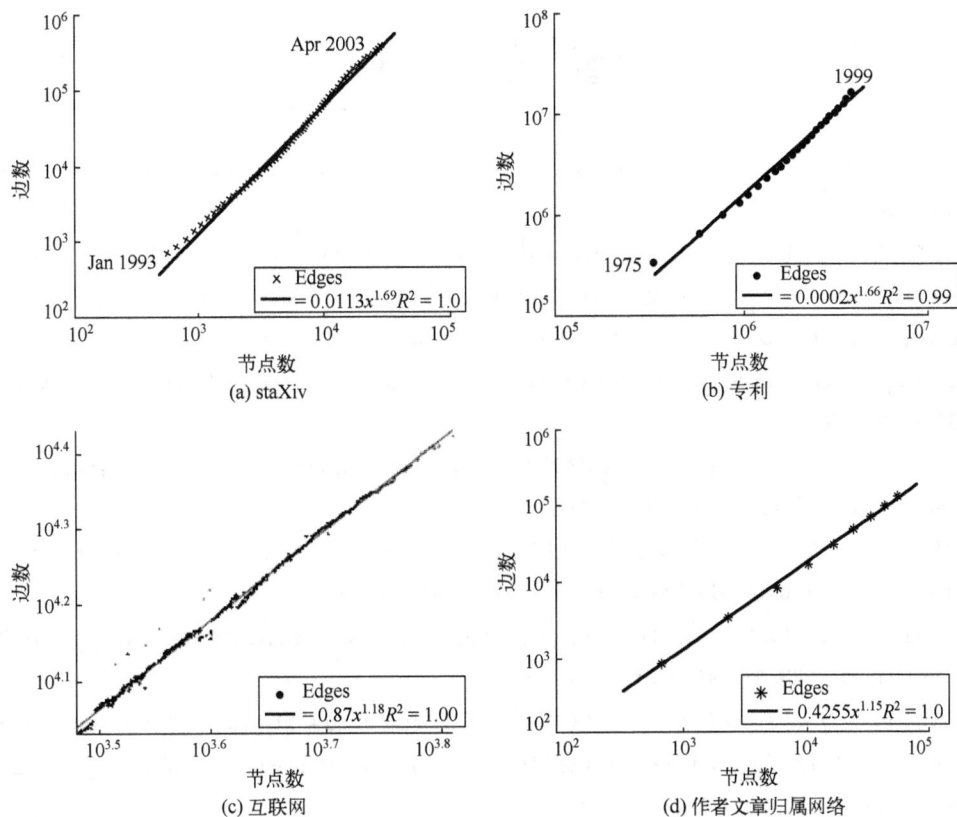

图 8-23 稠密化幂律

本 章 小 结

本章所介绍的社会网络的幂律是社会中很多流行现象的主导规律，但不是100%普适规律。"富者更富"是幂律的一种成因。发现一种流行现象的规律是有意义的，但是理解其成因更重要。符合幂律的流行现象也可以通过"长尾"或齐普夫定律来刻画。其他形式的幂律还包括稠密化幂律等。本章还介绍了"长尾"对营销策略的启示，即"起飞点"前后所运用的营销策略应有所不同。结合 R 语言中的 igraph 工具和社会网络仿真平台 Netlogo，我们还讨论了与幂律相关的无标度网络及其生成模型——优势链接模型的特性。

思 考 题

1. 简述幂律的含义与特性。
2. 简述随机网络的概念，掌握 ER 随机网络模型的特点。
3. 简述无标度网络模型的概念，掌握 BA 无标度网络模型的特点。

4．幂律的产生机制有哪些？

5．长尾理论是什么？主要有哪些应用呢？

参 考 资 料

[1] GLADWELL M. The tipping point: how little things can make a big difference[M]. New york:little, brown, 2006.

[2] LESKOVEC J, BACKSTROM L, KUMAR R,et al.Microscopic evolution of social networks[C]// Proceedings of the 14th ACM SIGKDD international conference on knowledge discovery and data mining, las vegas, nevada, USA, august 24-27, 2008. ACM, 2008.

[3] BRODER A, KUMAR R, RAGHAVAN P, et al. Graph structure in the web[J]. Computer networks, 2000, 33(1): 309-320.

[4] CLAUSET A , SHALIZI C R , NEWMAN M . Power-law distributions in empirical data[J]. Society for industrial and applied mathematics, 2009.

[5] FALOUTSOS M, FALOUTSOS P, FALOUTSOS C. On power-law relationships of the internet topology[J]. Poceedings of ACM sigcomm, 1999, 29(4): 251-262.

[6] ALBERT R, BARABÁSI A L. Topology of evolving networks: local events and universality[J]. Physical review letters, 2000, 85(24): 5234.

[7] LESKOVEC J, MCGLOHON M, FALOUTSOS C,et al. Patterns of cascading behavior in large blog graphs [C]// Proceedings of the seventh SIAM international conference on data mining, april 26-28, 2007, minneapolis, minnesota, USA, 2007.

[8] BARABÁSI A L,ALBERT R. Emergence of scaling in random networks[J]. Science, 1999,286(5439): 509-512.

[9] CHRISTAKIS N A , FOWLER J H. Connected: the surprising power of our social networks and how they shape our lives[M]. New york:little, brown and company, 2009.

[10] SALGANIK M J , DODDS P S, WATTS D J. Experimental study of inequality and unpredictability in an artificial cultural market[J]. Science, 2006, 311(5762): 854-856.

[11] ARAL S, WALKER D. Tie strength, embeddedness, and social influence: a large-scale networked experiment[J]. Management science, 2014, 60(6): 1352-1370.

[12] ANDERSON C. The long tail: why the future of business is selling less of more[M]. London:hachette UK, 2006.

[13] STONE B. The everything store: jeff bezos and the age of amazon[M]. New york: little,brown , 2013.

[14] LESKOVEC J, KLEINBERG J, FALOUTSOS C. Graphs over time: densification laws, shrinking diameters and possible explanations[C]//Proceedings of the eleventh ACM SIGKDD international conference on knowledge discovery in data mining, 2005.

第9章 社会网络中的社区

社区 (Community) 是社会网络中普遍存在的一种中观结构[1]，对深入理解和研究社会网络的性质具有重要意义，因此社区研究将成为真实社会网络分析的一个重要研究方向。本章将在厘清社区定义的基础上，进一步梳理社区发现的定义、相关评价指标和社区发现算法。除此之外，本章还拓展讨论了社区演化及社区研究相关数据集。

9.1 基本概念

9.1.1 背景介绍

利用社会网络分析社区结构的思想最早来源于 1994 年 Wasserman 与 Faust 学者的著作 *Social network analysis：methods and applications*[2]。在社会网络中，具有相似文化背景或相同兴趣的人之间的联系一般较为密切，这些联系较为密切的人就形成了社会网络中的社区[3]。在现实世界中，很容易在社会网络中找到社区。例如，一个公司的员工更可能与同公司的员工交流，而不是与其他公司的员工来往。因此，工作场所可视为社会网络中紧密相连的社区[4]。又如，在线社交网络中 (如 Twitter 和 Facebook) 拥有共同的兴趣或朋友的用户也可能组成一个社区 (如图 9-1 所示)。社区是一组由节点及节点之间相连的边紧密地形成的实体，对理解网络有重要意义。不同领域的学者通过社区角度来分析研究社会网络结构，以便更好地满足人们的需求。例如，发掘生物神经网中的未知功能、控制传染病网中疾病的传播、在社交网络中寻找拥有共同兴趣的用户群体等。

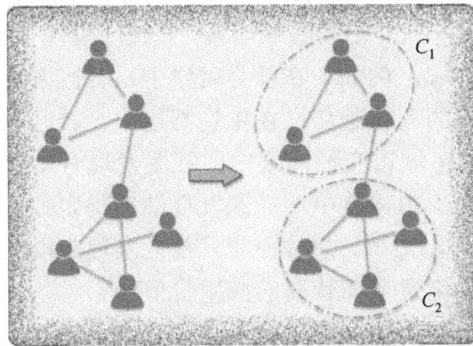

图 9-1 社会网络中的社区

注：根据个体之间的紧密度，社会网络被划分为两个社区，即包含三个节点的社区 C_1 和包含四个节点的社区 C_2。

9.1.2 社区的定义

社区，或称为群体、社团，是社会网络中广泛存在的结构。一般来说，社区是社会

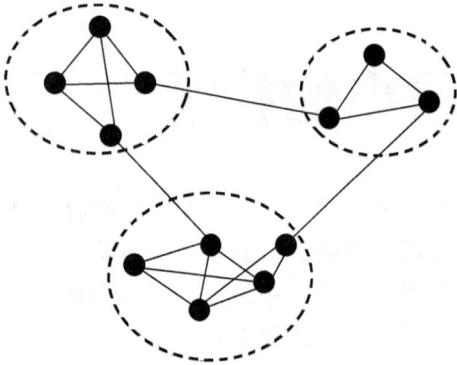

图 9-2　网络中的社区结构

网络中局部紧密连接的子图，它遵循两个特定的规则：

(1)社区内部节点紧密相连；

(2)社区与社区之间的节点连接稀疏。

如图 9-2 所示，网络中的节点被划分为三个社区，社区内节点连接较为紧密，社区间节点连接较为稀疏。

基于图论，可以得出如下定义。

定义 1　社区 C

社区是网络中相互联系的一组子图。社区内的节点具有密集的连接，而不同社区之间的节点具有稀疏的连接。可以根据一种将节点聚类到不同群组中的网络划分方法给出一个社区 C_i，然后得到 $C = \{C_1, C_2, \cdots, C_k\}$，其中 k 代表可以从原始网络中被划分出的社区数。被聚合到社区 C_i 中的节点 v 需满足：v 到社区内每个节点的内部度都大于其外部度[5]。

9.2　社区发现

9.2.1　社区发现的定义

9.2.1.1　什么是社区发现

Newman 和 Girvan 将社区发现(Community Detection)定义为：将网络节点划分成若干组，使得组内节点之间的连接比较稠密，而不同组节点之间的连接则比较稀疏[6]。换言之，社区发现是指基于网络的拓扑结构信息识别出具有相似特征或相似行为的节点组[7]。

社区发现能帮助人们从介观(Mesoscopic)的视角分析网络的拓扑结构，理解网络的功能，探测网络的潜在结构，挖掘网络的隐藏信息[8]。社区发现目前已被广泛应用于社会学、生物学、计算机工程学等领域。例如，在社会网络中，社区发现有助于分析个体的行为模式、信息的传播方式和网络的变化趋势；在生物网络中，社区发现能够帮助分析蛋白质相互作用的不同复杂功能[9]；在城市交通网络中，社区发现有助于根据地区之间的交通线路分析城市的影响力；在论文引用网络中，社区发现能够确定通过论文引用连接起来的课题的重要性、相互关联及演变情况[10]。总体而言，社区发现有助于人们理解网络的内在结构和交互模式，具有重要的理论意义和较高的应用价值[11]。

9.2.1.2　社区发现的数学描述

定义 2　社区发现

设网络 $G = G(V, E)$，其中 V 和 E 分别代表节点的集合和边的集合，所谓社区发现是指在网络 G 中确定 $n(n \geqslant 1)$ 个社区：

$$C = \{C_1, C_2, \cdots, C_n\}$$

使得各社区的节点集合构成 V 的一个覆盖。

若任意两个社区的节点集合的交集均为空，则称它们为非重叠社区（Disjoint Communities），否则称为重叠社区（Overlapping Communities），如图 9-3 所示。

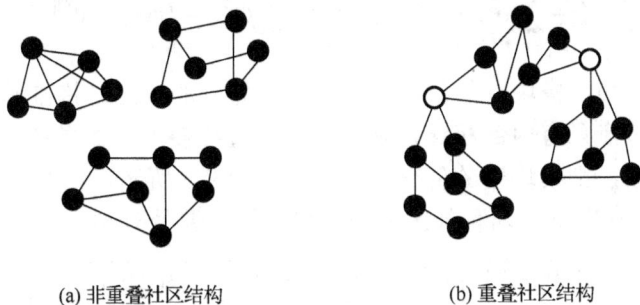

(a) 非重叠社区结构　　　　(b) 重叠社区结构

图 9-3　非重叠社区结构和重叠社区结构

定义 3　非重叠社区

对于网络 G，将所有节点划分为若干子集 $V = \{V_1, V_2, \cdots V_n\}$，$V_i \cap V_j = \phi (i$ 不等于 $j)$。

定义 4　重叠社区

对于网络 G，将所有节点划分为若干子集 $V = \{V_1, V_2, \cdots V_n\}$，$V_i \cap V_j \neq \phi (i$ 不等于 $j)$。

重叠社区是网络中节点的集合，社区内部节点同时隶属于多个不同的社区，社区内部节点之间的联系较为紧密，而属于不同社区的节点之间的联系较为稀疏，此类社区称为重叠社区。举例说明：如图 9-4 所示，节点 5 同时属于社区 1 和社区 2，节点 8 同时属于社区 2 和社区 3，图中的三个社区就被称为重叠社区[12]。

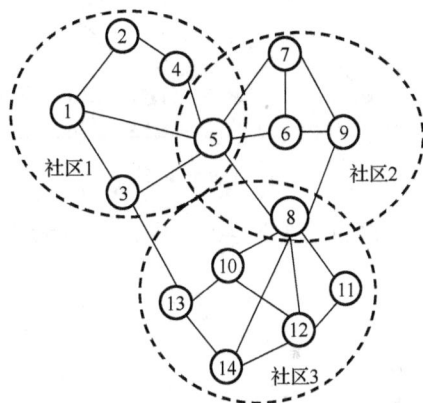

图 9-4　重叠社区举例

9.2.2　社区发现的评价指标

"模块度"和"标准化互信息"是两种应用最广泛的社区发现评价指标。前者应用在未知社区结构的网络中，评价其社区结构的质量；而后者应用在已知社区结构的网络中，比较社区发现结果的准确度并判断社区结构的质量。

9.2.2.1　模块度

为了评价社区划分结果的优劣，Newman 提出了模块度（Modularity）的概念[13]：先假设网络被划分为 k 个社区，然后定义一个 $k \times k$ 的对称矩阵 e，其中元素 e_{ij} 表示社区 i 和社区 j 的边数，e_{ii} 表示社区 i 内部的边数。那么可以发现，矩阵 e 的迹 $Tr(e) = \sum_i e_{ii}$ 表示的就是相同社区内边的集合。显然，$Tr(e)$ 越大，表示社区内部连接越稠密，这也说明社区划分的结果越合理。但是存在这么一个问题，就是无法展现出社区间连接是否稀疏。如果将整个网络划分到一个社区中，那么此时的 $Tr(e)$ 应该是最大的。因此，Newman 又定义了一个行(或列)的和 $a_i = \sum_j e_{ij}$ ，用来表示与社区 i 相连的所有社区的边数之和。因此，模块度的计算公式为：

$$Q = \sum_i (e_{ii} - a_i^2) = \sum_i (e_{ii}) - \sum_i (a_i^2) = Tr(e) - \|e^2\| \tag{9-1}$$

根据上述定义可知，模块度的值越大说明网络划分的社区结构准确度越高。从直观上来看，如果社区的节点只有内部相连，则模块度的值会较大；如果社区内的节点还与社区外的节点有较多连接，则模块度的值就会较小。如图 9-5 所示，网络中总共包含 a、b、c、d、e、f 六个节点，存在下述四种社区划分结果，社区编号分别为 1、2、3、4、5、6。

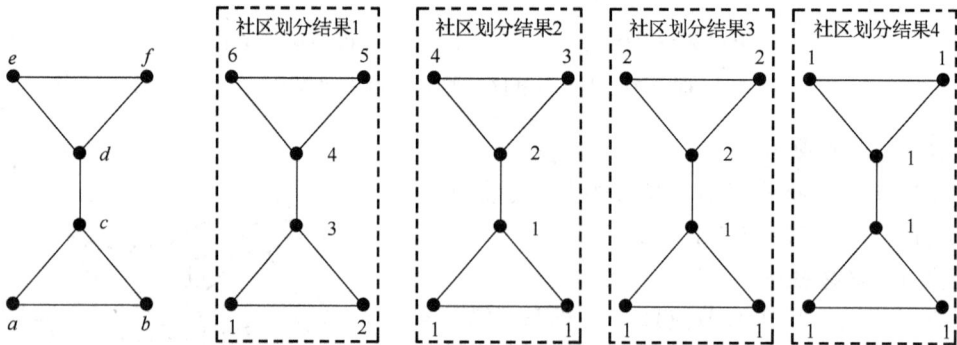

图 9-5 模块度举例说明

在社区划分结果 1 中，共有六个社区，可以得到其对称矩阵：

$$e_1 = \begin{pmatrix} 0 & 1 & 1 & 0 & 0 & 0 \\ 1 & 0 & 1 & 0 & 0 & 0 \\ 1 & 1 & 0 & 1 & 0 & 0 \\ 0 & 0 & 1 & 0 & 1 & 1 \\ 0 & 0 & 0 & 1 & 0 & 1 \\ 0 & 0 & 0 & 1 & 1 & 0 \end{pmatrix}$$

由于计算时需要根据总边数(由于边数需计算两次，因此在该举例中总边数为 $2 \times 7 = 14$)进行归一化，因此根据式(9-1)计算社区划分结果 1 中的模块度为：

$$Q_1 = 0 - \left(\frac{2}{14}\right)^2 - \left(\frac{2}{14}\right)^2 - \left(\frac{3}{14}\right)^2 - \left(\frac{3}{14}\right)^2 - \left(\frac{2}{14}\right)^2 - \left(\frac{2}{14}\right)^2 = -0.236$$

由于在社区划分结果 2 中，共有四个社区，因此其对称矩阵和模块度分别为：

$$e_2 = \begin{pmatrix} 6 & 1 & 0 & 0 \\ 1 & 0 & 1 & 1 \\ 0 & 1 & 0 & 1 \\ 0 & 1 & 1 & 0 \end{pmatrix}$$

$$Q_2 = \frac{6}{14} - \left(\frac{7}{14}\right)^2 - \left(\frac{3}{14}\right)^2 - \left(\frac{2}{14}\right)^2 - \left(\frac{2}{14}\right)^2 \approx 0.092$$

由于在社区划分结果 3 中，共有两个社区，因此可得到其对称矩阵和模块度如下：

$$e_3 = \begin{pmatrix} 6 & 1 \\ 1 & 6 \end{pmatrix}$$

$$Q_3 = \frac{12}{14} - \left(\frac{7}{14}\right)^2 - \left(\frac{7}{14}\right)^2 = 0.357$$

由于在社区划分结果 4 中，共有一个社区，因此可得到其对称矩阵和模块度如下：

$$e_4 = (14)$$

$$Q_4 = \frac{14}{14} - \left(\frac{14}{14}\right)^2 = 0$$

9.2.2.2 标准化互信息

标准化互信息（Normalized Mutual Information，NMI）[14]，常用于评价已知社区结构的数据集划分结果的优劣，从而消除相关信息的不确定性及信息关系之间的模糊性[15]，可较为客观地评价社区划分与标准划分相比的准确度。其式如下所示：

$$\text{NMI} = \frac{-2\sum_{i=1}^{C_A}\sum_{j=1}^{C_B} C_{ij} \cdot \log\left(\frac{C_{ij} \cdot N}{C_i \cdot C_j}\right)}{\sum_{i=1}^{C_A} C_i \cdot \log\left(\frac{C_i}{N}\right) + \sum_{j=1}^{C_B} C_{ij} \cdot \log\left(\frac{C_j}{N}\right)} \tag{9-2}$$

其中，C_A 表示根据标准社区结构划分的结果；C_B 表示根据算法得到的社区划分结果；C 是一个混合矩阵；C_{ij} 表示 A 中属于社区 i 的节点也属于 B 中社区 j 的节点的数目；N 是网络中的节点总数；$C_i \cdot C_j$ 表示矩阵 C 中行或列元素的总和。

NMI 的取值范围是 [0,1]，当取值为 0 时，根据算法得到的划分结果与实际社区划分结果完全不同；而当取值为 1 时，根据算法得到的划分结果与实际社区划分结果完全相同。即 NMI 值越大，社区划分结果越好。但其缺点也显而易见，即 NMI 指标需要在标准网络结构已知的情况下使用[16]。

9.3　社区发现算法

社会网络中的社区发现算法主要分为静态社区发现算法和动态社区发现算法。传统的静态社区发现算法一般分为非重叠社区发现算法与重叠社区发现算法。前者使得网络中每个节点仅属于一个社区，后者则存在部分节点同时属于两个或两个以上社区的情况。本小节将分别介绍非重叠社区发现算法和重叠社区发现算法。

9.3.1　非重叠社区发现算法

9.3.1.1　基于图分割的社区发现算法

基于图分割的社区发现算法的基本思想是将网络图中的节点按照某种属性相似度划分

成两个社区，然后对划分出的社区重复上述步骤，直至社区数量达到要求，这本质上是迭代二分法。比较经典的基于图分割的社区发现算法包括 KL(Kernighan-Liu)算法和谱聚类(Spectral Clustering，SC)算法。

1. KL 算法

KL 算法是由 Kernighan 和 Lin 于 1970 年提出的一种基于贪婪算法原理将网络划分为两个已知大小的社区的二分法，是网络划分问题中最简单也是最知名的启发式算法之一[17]。主要的算法步骤如下：

(1)将网络中的节点随机划分为两个指定规模和大小的社区 n_1、n_2；

(2)分别从 n_1、n_2 社区中选择节点 i 和节点 j 组成节点对 (i, j)，交换 i 和 j 的位置，并计算交换前后两个社区之间割集规模的变化量并记录该变化量为 P；

(3)重复上述步骤，已交换的节点不再参与，直到某个社区内所有的节点都被交换一次为止，算法结束。

在上述 KL 算法中，首先，由于考虑了所有可能的节点对，从选择节点的角度分析，必须让每个节点交换过，因此执行效率比较低，其时间复杂度为 $O(n^2 \log n)$。其次，由于 KL 算法需要事先了解在初始状态下两个社区的节点数目，但很多情况下无法事先了解社区大小，因此传统的 KL 算法的实际应用价值不大。

2. 谱聚类算法

谱聚类算法是一种基于图论的聚类方法，比起传统的 K-Means 算法，其对数据分布适应性更强，聚类效果更优秀，计算量也更小。谱聚类算法的基本思想是利用样本数据的相似矩阵(拉普拉斯矩阵)对特征分解后得到的特征向量进行聚类。主要步骤如下：

(1)根据网络结构初始化邻接矩阵 A 及度矩阵 D，然后构造标准化拉普拉斯矩阵 $L = D-A$；

(2)根据聚类个数 K，计算矩阵 L 的前 K 个非零特征值，然后用对应特征向量构造特征矩阵，矩阵的每个行向量对应一个节点；

(3)采用 K-Means 算法对 K 维空间的向量进行聚类，聚类结果即为相应网络的社区划分结果。

谱聚类算法的优势在于只需要数据之间的相似度矩阵及对稀疏数据处理的聚类效果很好。同时因为它使用了降维，所以在处理高维数据聚类的复杂度方面也比传统聚类算法更优。

9.3.1.2 基于层次聚类的社区发现算法

基于层次聚类的(Hierarchical Clustering)社区发现算法递归地对数据对象进行合并或分裂，直到满足某种终止条件为止。基于层次聚类的社区发现算法可以分为分裂式与凝聚式层次聚类算法。前者是将网络不断进行划分直至满足终止条件，后者则是将相似节点不断进行合并直至合并成一个社区。

1. 分裂式层次聚类算法

分裂式层次聚类(Divisive Hierarchical Clustering)算法的基本原理是将整个网络看成一个社区，然后以某种策略计算节点对的相似性，再将相似性较低的节点对划分到不同的社区，通过这样反复迭代操作，最终可将网络划分为若干子图，即为社区[18]。

分裂式层次聚类算法的典型代表是 GN(Girvan-Newman)算法。GN 算法由 Girvan 和 Newman 于 2002 年提出，其基本思想是从网络的整体出发，计算网络中所有边的边介数，然后不断地从网络中移除边介数最大的边，从而获得最佳的社区结构。边介数定义为在网络中经过每条边的最短路径的数目。GN 算法的基本流程如下：

(1)计算网络中每一条边的边介数；

(2)比较网络中所有的边介数，并将边介数最大的边移除；

(3)重复步骤(1)和(2)，直到网络中每个节点作为一个社区为止。

借助 Zachary 空手道俱乐部数据集，我们对 GN 算法进行可视化，可视化代码如下：

```
                              R 语言可视化代码
> library("igraph")
> karate<-graph.famous("Zachary")
> GN_1<-edge.betweenness.community(karate)
> GN_1
igraph clustering edge betweenness, groups: 5, mod: 0.4
+ groups:
  $'1'
  [1]  1  2  4  8 12 13 14 18 20 22
  $'2'
  [1]  3 25 26 28 29 32
  $'3'
  [1]  5  6  7 11 17
  $'4'
  + ··· omitted several groups/vertices
> modularity(GN_1)
[1] 0.4012985
> membership(GN_1)
 [1] 1 1 2 1 3 3 3 1 4 5 3 1 1 1 4 4 3 1 4 1 4
[22] 1 4 4 2 2 4 2 2 4 4 2 4 4                     #如图 9-6 所示
> plot(GN_1,karate)
```

2. 凝聚式层次聚类算法

凝聚式层次聚类(Agglomerative Hierarchical Clustering)算法的基本思想是将网络中的每个节点都视为一个独立社区，然后迭代计算社区之间的相似性，并将相似度高的社区进行合并。具体步骤如下：

(1)将数据集 D($D=\{x_1,x_2,\cdots,x_n\}$)中的每一个节点都生成一个社区，这样就可以得到社区列表 $C=\{c_1,c_2,\cdots,c_n\}$ ，其中每个社区只包含一个数据对象， $c_i=\{x_i\}$ ；

(2)从 C 中找到两个"距离"最近的社区，即 $\min[D(c_i,c_j)]$ ；

(3)合并社区 c_i 和 c_j ，形成新社区 c_{i+j} ，并从 C 中删除社区 c_i 和 c_j ，以及往 C 中添加新社区 c_{i+j} ；

(4)重复以上步骤，直至 C 中只有一个社区。

上述算法提及的"距离"的计算方式包括单连锁(Single Link)、全连锁(Complete Link)及平均连锁(Average Link)。具体如图 9-7、图 9-8 及图 9-9 所示。

以社区 c_1 和 c_2 为例，可采用下列三种方式计算 $D(c_1,c_2)$ 。

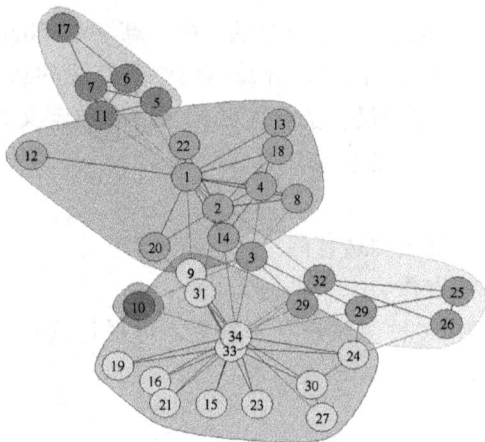

图 9-6 GN 算法举例

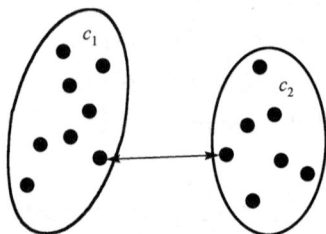

图 9-7 单连锁

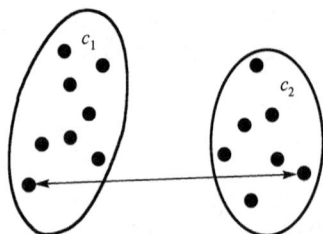

图 9-8 全连锁

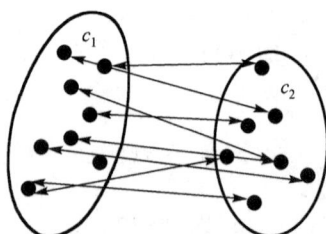

图 9-9 平均连锁

①单连锁：将两个社区之间最近的两个节点的距离作为社区之间的距离，该方式的缺陷是受噪点影响较大，容易产生长条状的社区。

$$D(c_1,c_2) = \min_{x_1 \in c_1, x_2 \in c_2} D(x_1,x_2) \tag{9-3}$$

②全连锁：将两个社区之间最远的两个节点的距离作为社区之间的距离，采用该距离计算方式得到的聚类比较紧凑。

$$D(c_1,c_2) = \max_{x_1 \in c_1, x_2 \in c_2} D(x_1,x_2) \tag{9-4}$$

③平均连锁：将两个社区之间两个节点之间的距离的平均值作为社区之间的距离，该方式可以有效地排除噪点的影响。

$$D(c_1,c_2) = \frac{1}{|c_1|} \frac{1}{|c_2|} \sum_{x_2 \in c_1} \sum_{x_1 \in c_1} D(x_1,x_2) \tag{9-5}$$

9.3.1.3 基于模块度优化的社区发现算法

基于模块度优化的社区发现算法的基本思想是将社区发现问题转变为优化问题，通过对目标函数(模块度)进行优化，得到网络的最佳划分结果。代表性的算法包括贪心算法(FN)及 Louvain 算法。

1. 贪心算法

Newman 等人于 2004 年基于贪心思想提出了模块度最大化的贪心算法，其目标是为了找出目标函数的整体最优值或近似最优值。主要步骤如下：

(1)先去掉网络中所有的边,然后将网络中的每个节点都单独作为一个社区;

(2)将网络中的每个连通部分作为一个社区,然后将还未加入网络的边分别重新加回网络,每次加入一条边,如果加入网络的边连接了两个不同的社区,则合并这两个社区,并计算形成新社区划分的模块度增量。选择使模块度增量最大或减小最少的两个社区进行合并;

(3)若网络的社区数大于 1,则返回步骤(2)继续迭代,否则转到步骤(4);

(4)遍历每种社区划分对应的模块度的值,选取模块度最大的社区划分作为网络的最优划分。

贪心算法的时间复杂度为 $O[(m+n)n]$,其中 m 是边数,n 是节点数。

2. Louvain 算法

Louvain 算法由 Vincent 等人提出,其在效率和效果上表现优异,该算法能够发现层次性社区结构,它的优化目标是最大化整个社区网络的模块度[19]。该算法的主要步骤如下:

(1)初始时将图中每个节点看成一个社区,社区个数与节点个数相同;

(2)依次将每个节点 i 分配到与之相邻的节点所在的社区,计算分配前与分配后的模块度增量是否大于 0,如果模块度增量大于 0,则将节点 i 分配到模块度增量最大的相邻节点所在的社区;

(3)迭代第二步,直至算法稳定,即直到所有节点的所属社区不再变化为止;

(4)将各个社区的所有节点压缩成为一个新节点,社区内节点之间的边的权重转化为新节点的边的权重,社区之间的边的权重转化为新节点之间的边的权重;

(5)重复步骤(1)~(3),直至算法稳定,即直到整个图的模块度不再发生变化为止。

9.3.1.4 基于标签传播的社区发现算法

基于标签传播的社区发现算法(Label Propagation Algorithm,LPA)由 Raghavan 等人于2007 年提出,基本思想是通过标记节点的标签信息来更新未标记节点的标签信息,标签的更新动作会在整个网络中进行传播,直至收敛。主要步骤如下:

(1)为每个节点指定一个唯一的标签,即节点 1 对应标签 1,节点 i 对应标签 i;

(2)逐轮刷新所有节点的标签,直到达到收敛要求为止。对于每一轮刷新,节点标签刷新的规则如下:对于某个节点,先找到其对应的节点邻居,然后获取此节点邻居的标签进行统计,最后找到出现次数最大的标签赋予当前的节点;若出现次数最大的标签不止一个,则随机选择一个标签替换成此节点的标签;

(3)若在本轮标签重新标记后,节点标签不再变化(或达到设定的最大迭代次数),则停止迭代,否则重复第(2)步。最终将采纳了相同标签的节点组成一个社团,而采纳了不同标签的节点就会组成不同的社团。

基于标签传播的社区发现算法有两种更新节点标签的方式:同步更新与异步更新。

同步更新是指节点 v 的标签在执行第 t 次迭代更新时,仅依赖第 $t-1$ 次更新后的标签,公式如下:

$$C_v(t) = f(C_{v1}(t-1), \cdots, C_{vk}(t-1)), v_i \in N(v) \tag{9-6}$$

其中,$C_v(t)$ 表示在第 t 次迭代时节点 v 的标签。

异步更新是指节点会依据之前的快照信息来更新标签,即节点 v 的标签在执行第 t 次迭代更新时,同时依赖第 t 次迭代已经更新的标签集及在第 $t-1$ 次更新但在第 t 次迭代中未来得及更新的标签集,公式如下:

$$C_v(t) = f(C_{v_{i_1}}(t-1), \cdots, C_{v_{im}}(t-1), C_{v_{i(m+1)}}(t), \cdots, C_{v_{ik}}(t)), v_{im} \in N(v) \qquad (9\text{-}7)$$

基于标签传播的社区发现算法的原理简洁,时间复杂度接近线性: $O(n+m)$ (n 为节点数, m 为边数),适合处理大规模的网络,但是由于该算法存在一定的随机性,因此稳定性能较差,不确定性较大[21]。

9.3.2 重叠社区发现算法

9.3.2.1 基于团过滤的社区发现算法

Palla 等人于 2005 年在 Nature 发表了 *Uncovering the overlapping community structure of complex networks in nature and society* 一文,首次提出了解决重叠社区发现问题的基于团过滤的社区发现算法(Clique Percolation Method,CPM),这象征着重叠社区发现问题研究的开始。在 CPM 中,团(Clique)表示网络中任意两节点都相连的节点的集合,即完全子图。若在社区内部,节点之间连接密切,边密度高,则往往容易形成团。由于社区内部的节点较容易形成大的完全子图,而社区之间的节点则几乎不可能形成较大的完全子图,因此可以通过找出网络中的团来发现社区。具体来看,CPM 的主要步骤如下:

(1)找出网络中所有的 K-团(K-Clique),其中 K-团指的是网络中含有 k 个节点的完全子图;

(2)基于找到的 K-团建立重叠矩阵(Overlap Matrix)。在重叠矩阵中,每行(列)代表一个 K-团,非对角元素代表两个 K-团重叠节点的数目,对角元素则代表团的规模;

(3)基于重叠矩阵,将非对角线上小于 $k-1$ 的元素赋值为 0,并将对角线上小于 k 的元素赋值为 1,这样便可得到 K-团连接矩阵,其中每个连通部分构成一个 K-团社区;

(4)输出社区发现结果。

CPM 适用于完全子图较多的网络,即边密集的网络,对于稀疏网络的效率将会很低。同时算法中参数 k 的取值对社区发现结果影响很大,需要事先设定。

9.3.2.2 基于边划分的社区发现算法

重叠社区发现算法主要集中在节点对社区结构的研究上,但边对于重叠社区发现问题的研究同样重要。图 9-10 分别是基于节点和边的重叠社区结构图。传统的社区发现研究往往认为社区由成群的节点构成[图 9-10(a)],而 Yonf-Yeol Ahn 等人首次提出将边作为划分社区的研究对象[结构如图 9-10(b)所示]。他们基于边的相似性来对边进行聚类,从而达到同时考虑节点的层次关系和重叠关系的目的。在基于边划分的社区发现算法中,边聚类(Link Clustering,LC)算法是典型代表。LC 算法的主要步骤如下[21]:

(1)首先使用改进的 Jaccard 相似度计算方法来衡量边之间的相似关系[式(9-8)],该方法可得到边的相似度矩阵;其中,k 是边 e_{ik} 和边 e_{jk} 之间的邻居节点,$n_+(i)$ 是指包含节点 i 本身在内的 i 的所有邻居节点的集合;

$$S(e_{ik}, e_{jk}) = \frac{|n_+(i) \bigcap n_+(j)|}{|n_+(i) \bigcup n_+(j)|} \tag{9-8}$$

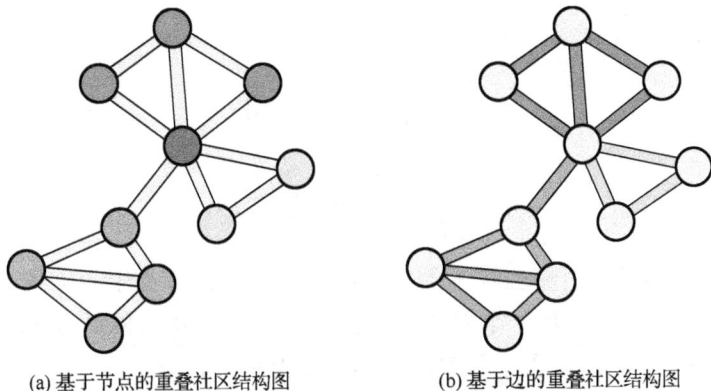

(a) 基于节点的重叠社区结构图   (b) 基于边的重叠社区结构图

图 9-10   基于节点和边的重叠社区结构图

(2) 然后使用 Single-Linkage 方法对步骤 (1) 得到的相似度矩阵进行聚类；

(3) 最后使用分割密度评价指标来确定最佳划分的层次。

9.3.2.3   基于局部扩展的社区发现算法

基于局部扩展的社区发现算法更适合处理大规模的网络重叠社区发现问题。其基本思想通常是选择一个或多个种子节点，然后利用种子节点的影响力，将周围的节点扩展进以种子节点为中心的社团，最终形成完整的社团结构[22]。该算法的核心要点是种子的选择和将种子扩展为社区[23]。其中比较经典的算法是由 Lancichinetti 等人提出的局部适应度算法 (Local Fitness Method，LFM)。LFM 对种子节点的选择采取随机原则，通过最大化局部适应度函数来拓展社区。LFM 的主要步骤如下：

(1) 随机选择网络中的节点作为种子节点，然后通过优化适应度函数来拓展种子节点，从而形成初始社区；

(2) 通过计算适应度函数的变化，来判断子社区的邻居节点能否加入社区；

(3) 重复步骤 (1)、(2)，直到所有的节点都被分配到相应的社区。

LFM 实现简单，时间复杂度小，但是该算法既没有考虑节点的权重值又没有考虑网络的拓扑结构信息，且其随机性与社区发现的结果和种子质量选择的好坏有关。

9.3.2.4   基于模糊检测的社区发现算法

2011 年，Gregory 首次提出"模糊重叠划分 (Fuzzy Overlapping Partition)"的概念。与传统的社区发现算法的区别在于：基于模糊检测的社区发现算法允许重叠节点对所属社区具有不完全且不一致的隶属关系，这可利用在 [0,1] 连续区间内分布的模糊隶属度 (Fuzzy Membership Degree) 来量化重叠节点对不同社区的相对隶属度。同一节点对所有社区的隶属度总和为 1[24]。实质上可通过确定节点与社区之间的隶属度来确定节点与社区之间的从属关系，这能够加强对于真实重叠社区结构中复杂且模糊的拓扑结构的探索能力，但是需要事先指定社区数目或使用一些策略来给出社区数目。

模糊 C 均值聚类 (Fuzzy C-means) 算法简称 FCM 算法[25]，是基于模糊检测的社区发现算法中比较经典的算法。该算法的基本思想是通过最小化加权欧氏距离来确定节点对社区的隶属度。具体来看，假设数据集为 x，将 x 中的几个数据划分为 c 个类，对应这 c 个类的中心点为 c_i，然后每个样本 x_j 属于某一类的隶属度为 u_{ij}，则可以定义 FCM 算法的目标函数及其约束条件如下：

$$J = \sum_{i=1}^{c}\sum_{j=1}^{n} u_{ij}^{m} \left\| x_j - c_i \right\|^2 \tag{9-9}$$

$$\sum_{i=1}^{c} u_{ij} = 1, j = 1,2,\cdots,n \tag{9-10}$$

目标函数[式(9-9)]是由相应样本的隶属度与该样本到各类中心点的距离相乘得到的；式 (9-10) 为约束条件，也就是一个样本属于所有类的隶属度之和要为 1；m 是一个隶属度的因子，一般为 2；$x_j - c_i$ 表示 x_j 到中心点 c_i 的欧氏距离。

主要的算法步骤如下：

(1)初始化模糊矩阵 U（即描述每个节点在不同类的隶属度）。通常采用随机的方式初始化，即权值随机地选取，簇数需要人为选定；

(2)通过以下公式来计算中心点。FCM 算法中的质心有别于传统中心点的地方在于，它是以隶属度为权重做的一个加权平均；

$$c_j = \frac{\sum_{i=1}^{N} u_{ij}^{m} \times x_i}{\sum_{i=1}^{N} u_{ij}^{m}} \tag{9-11}$$

(3)通过下列公式计算出类的中心点，更新模糊矩阵 U，即更新权重（隶属度）。简单地说，如果 x 越靠近中心点 c，则隶属度越高，反之越低；

$$u_{ij} = \frac{1}{\sum_{k-1}^{c}\left(\dfrac{x_i - c_j}{x_i - c_k}\right)^{\frac{2}{m-1}}} \tag{9-12}$$

(4)当 U 的变化不大时结束迭代，否则回到第(2)步。

FCM 算法流程图如图 9-11 所示。

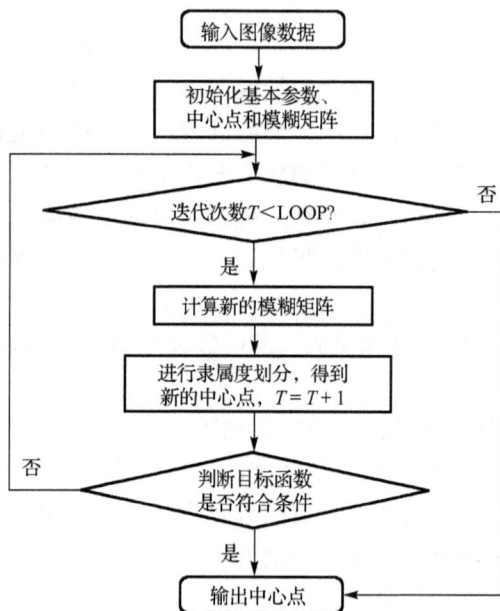

图 9-11　FCM 算法流程图

9.4　社　区　演　化

9.4.1　社区演化相关概念

前面对社区发现的研究主要针对静态网络，忽略了不同时间点中节点和关系变化的情况。但在现实世界中很多网络都是动态变化的，并且随着网络中节点和关系的变化，社区结构也会发生变化。因此，动态网络的社区发现研究具有重要意义，这也是当前社会网络中社区研究的热点与难点。

9.4.1.1 动态网络

静态网络既可以表示在一段时间内的数据聚合，又可以表示一个时间点上的快照。由于社会网络实际上会随时间而发生演变，因此动态网络在静态网络的基础上加上了时间戳。它将网络的演变转变成一系列的静态网络快照，每一个快照对应一个特定的时间点。动态网络包含时序网络（Temporal Network）及快照网络（Snapshots Network）两种类型。

定义 5 时序网络

将时序网络表示为网络 $G = (V, E, T)$，其中 V 表示网络中节点的集合，V 中每个元素 (v, t_s, t_e) 包含三个基本属性，v 表示网络中的一个节点，t_s、$t_e \in T$ 分别代表网络中节点出生和消亡的时间点（$t_s \leqslant t_e$）；E 表示网络中边的集合，E 中每个元素 (u, v, t_s, t_e) 包含四个基本属性，其中 u、$v \in V$ 分别代表该边的两个节点，t_s、$t_e \in T$ 分别代表网络中该边出生和消亡的时间点（$t_s \leqslant t_e$）。

定义 6 快照网络

动态网络由一系列离散的快照网络组成，即 $G = \{G_0, G_1, \cdots, G_T\}$，其中 T 表示快照网络的数量。快照网络 $G_t = (V_t, E_t)(0 < t < T)$ 表示节点集 V 和边集 E 在当前时间 t 出现的快照图。

9.4.1.2 动态社区发现与社区演化

动态社区发现是在动态网络的基础上构建的。它的主要目标是为了发现不同时间窗口上的社区结构。动态社区发现主要研究用什么方法可以揭示社会网络中隐含的不断变化的社区结构，尤其是动态网络中核心稳定的社区结构。

定义 7 动态社区发现

给定一个动态网络 DG 和一个动态社区 DC（Dynamic Community），DC 被定义为一些具有时间属性（Period）的节点的集合：

$$DC = \{(v_1, P_1), (v_2, P_2), \cdots, (v_n, P_n)\} \tag{9-13}$$

其中，$P_n = \{(t_s^0, t_e^0), (t_s^1, t_e^1) \cdots (t_s^n, t_e^n)\}(t_{s*} \leqslant t_{e*})$ 表示节点 v_i 的 n 个存在时期。动态社区发现即表示发现动态网络 DG 中所有的动态社区。

社区演化则以观察隐含的社区结构的变化过程为目标，主要着眼于评价不同时间窗口中的社区结构的变化情况[26]。虽然动态社区发现与社区演化在研究目标和方法上有所差异，但是两者的共同点是发现不同时间点或时间窗口的社区信息和社区变化情况，因此大多数研究工作不对这两类研究加以严格区分。

9.4.2 社区演化事件

社区演化事件最早由 Palla G 等人于 2007 年提出，即在研究社区的生命周期时引入社区可能发生的基本事件，以观察社区随时间而发生的演变。他们将社区演化事件总结为出生、死亡、生长、萎缩、合并、分裂。后续不少学者都对该模型进行了补充。例如，Tajeuna

E G 等人又加入了持续这一概念[27]，Cazabet R 等人则提出了社区的复活这一概念[28]。这些社区演化事件的解释及图示如表 9-1 和图 9-12 所示。

表 9-1　社区演化事件解释

社区演化事件	释义
出生（Birth）	任意数量的节点组成新社区首次出现
死亡（Death）	社区消亡，属于该社区的所有节点不再有联系
生长（Growth）	社区获得新节点，社区规模增大
萎缩（Contraction）	社区原本的节点流失，社区规模减小
合并（Merge）	两个或多个社区合并为一个新的社区
分裂（Split）	由于节点或边的消失，一个社区分裂成两个或多个社区
持续（Continue）	社区保持不变
复活（Resurgence）	社区消失一段时间后再次出现

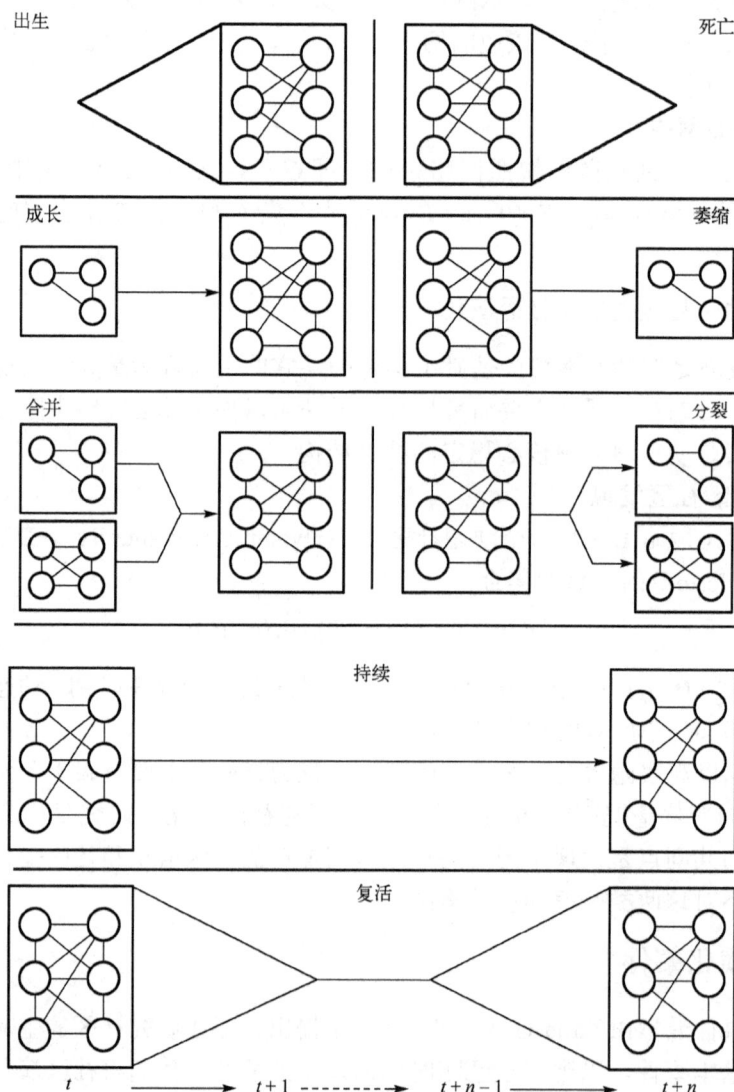

图 9-12　社区演化事件图示

9.4.3　社区演化算法

根据 Dakiche N 和李永宁等人的观点[29]，社区演化算法主要分为两大类：

(1)对网络数据按照时间步进行切片，会得到一组网络切片序列，然后将其作为输入数据进行社区发现及演化追踪；

(2)社区发现算法的输入数据是时态网络，时态网络是通过边流的形式实时收集信息来实现的。对于时态网络上的动态社区检测，不需要每次都从零开始对网络进行社区发现，而是根据网络中节点与边的变化，对之前已发现的社区进行更新，即时态网络的社区发现是由对一个初始静态社区的一系列修改组成的。

具体来看，Dakiche N 等人将现有的社区演化算法主要分为了四类：独立社区发现算法、增量社区发现算法、同步社区发现算法及基于时态网络的动态社区发现算法。

9.4.3.1　独立社区发现算法

独立社区发现算法是在以往对静态网络社区划分后增加了网络切片的匹配。该算法在对每个时间切片进行社区发现时，不考虑以往的时间切片，对于变动较大的动态网络也可以应用。

该算法分为两个步骤：

(1)对每一个时间步的网络切片分别进行社区发现，这一阶段可以根据不同的数据背景来选择合适的算法；

(2)将当前时间步的网络切片的社区发现结果与上一时间步的网络切片的社区发现结果按照一定的相似性规则(如社区的结构和语义等维度的指标)进行匹配，从而得出社区的演化过程。

由于该算法思路简单、灵活，因此许多研究都采用该算法。Hopcroft 等人是最早使用静态网络快照来跟踪社区随时间演变的研究团队之一[30]。他们提出了一种使用分层聚类的方法来识别和跟踪随时间变化的稳定集群。Asur 等人在 2009 年提出了一个简单直观的社区事件识别方法。他们先使用马尔可夫聚类算法[31]来发现社区，然后对连续快照中每一对可能的社区进行大小和重叠的比较，并确定涉及这些社区的事件。Bródka 等人在 2013 年提出了 Group Evolution Discovery(GED)，GED 考虑了社区节点的质量和数量，并计算了社区间的包容性，然后根据此指标匹配相邻网络切片的社区。

总体而言，独立社区发现算法对于具有高度动态及明确社区结构的网络很友好，该算法的优势在于不但可以根据实际网络在两步中选择合适的算法进行组合，还可以处理重叠和非重叠的社区发现。但是该算法并不稳定，因为该算法可能会对两个几乎相似的动态网络得出不一样的社区检测结果。

9.4.3.2　增量社区发现算法

增量社区发现算法的基本思想是基于特定时间 t 处的网络的拓扑结构和先前发现的社区结构检测时间 t 处的社区的方法。该算法认为当前时刻的社区结构一定程度上依赖前一时刻甚至前几个时刻的社区结构，因为社区结构的动态演化在短时间内出现剧烈改变的可能性很小。例如，He 等人在 2015 年通过在形成社区时包含动态性的概念来改进 Louvain

算法，其算法的核心是使用先前检测到的社区来识别时间 t 处的社区。Aynaud 等人于 2010 年提出了另一种具有类似机制的方法。在每个时间步中，使用 Louvain 算法检测社区，并将前一个时间步中发现的社区初始化。Dinh T N 等人于 2009 年以最后一步社区结构为初始状态，将每个新节点放入一个单例社区，然后重新应用 CNM 算法来获得新的社区结构。

与独立社区发现算法相比，增量社区发现算法增加了时间与计算的复杂度。由于该算法不能在不同快照上进行社区检测，因此不适用于大规模网络。

9.4.3.3　同步社区发现算法

同步社区发现（Simultaneous Community Detection）算法会对所有时间步的网络切片同时进行社区发现，其基本思想是通过耦合网络来检测社区结构。具体而言，它是通过在不同时间步的网络切片中耦合相同节点之间的边，来将所有时间步的网络切片重新构建为一个新的网络，即通过在所有时间步的网络切片之间以添加边的方式来构建一个单独的网络，然后在此网络上应用经典的社区发现算法。例如，Jdidia M B 等人于 2007 年通过不同的快照构建网络，并在两个连续的时间步的网络切片中创建连接到至少一个公共邻居节点之间的链接，然后在该网络上使用经典的社区发现算法 Walktrap[32]进行社区发现。Mucha 等人于 2010 年则以稍微不同的方式创建了一个独特的网络。他们在两个不同的连续时间步的网络切片之间连接了相同的节点，然后使用 Louvain 算法的通用版本来优化模块化度量。

同步社区发现算法的优势在于通过确保检测到的社区的长期一致性解决了独立社区发现算法的稳定性问题。但其难以检测合并、拆分等社区演化事件，且无法在实时演化的网络中跟踪社区演化，因为随着新快照的出现，不能用传入的新数据更新当前结果。

9.4.3.4　基于时态网络的动态社区发现算法

基于时态网络的动态社区发现（Dynamic Community Detection on Temporal Networks）算法不需要对网络进行切片，其基本思想在于在网络中每次有节点和边增加或减少后，可以根据一定的规则，更新和调整节点的社区发现结果，保证动态网络社区的连续性。具体而言，首先为网络的初始状态寻找社区，然后根据每个节点或边的变化更新社区结构。例如，Li 等学者在 2012 年利用简单的评估机制来考察时态网络中边的变化。当每一次边变化后，重新根据边所连接的节点评估社区，然后将该节点归属于与它共享边数最多的社区。如果两个社区之间的差异不明显，就将该节点保留在前一阶段所属的社区中。Cazabet 等人在 2019 年提出了 iLCD（intrinsic Longitudinal Community Detection）算法，该算法根据每个节点与其周围社区之间的路径长度，让最初发现的社区适应动态网络中发生的变化。

总体而言，基于时态网络的动态社区发现算法可迅速识别社区变化，适合实时网络中的社区发现。但是由于时态网络要面临的网络变动量是巨大的，所以很难在每一步更新时都使用较为复杂的算法。

9.5　社区研究数据集

为了测试社区发现算法的有效性，需要用一个公认的已知网络作为标准，通过衡量算法检测出来的该基准网络的社区划分结果来判断该算法的优劣。目前常用的数据集主要分为人工数据集及真实数据集。顾名思义，前者是基于一定策略生成的人工合成网络，后者是通过真实数据构建的社会网络。

9.5.1　人工数据集

在早期进行社区研究时，由于真实数据集的获取难度较大，所以相关学者为了验证算法的有效性提出了基于一定的策略生成人工合成网络的方法。人工合成网络由于能够预知真实的网络微观特性及社区划分，因此能够更有效地衡量出检测所得的社区划分的精确性。目前，应用较广泛的人工合成网络主要包括 GN 基准网络和 LFR 基准网络。

9.5.1.1　GN 基准网络

GN 基准网络的生成方式如下[33]：先确定网络参数，包括节点数 N、平均度 K、社区数量 C、节点与社区外部节点边数目的期望值 Z_{out}；然后根据以上参数将节点平均分成 C 个社区，保证每个社区的节点数和平均度相同；最后根据每个节点的社区归属信息及 Z_{out} 值大小随机构造边，生成网络 G。由于在 GN 基准网络内每个社区包含的节点数相同，所以网络的聚类特性和社区结构特性比较简单，与真实世界的网络拓扑结构特性相差较大。

9.5.1.2　LFR 基准网络

LFR（Lancichinetti Fortunato Radicchi）基准网络是由 Lancichinetti 等人提出，它的生成方式如下[34]：首先确定网络参数，包括节点数 N、平均度 K、最大度 K_{max}、混合参数 μ、最大社区规模 C_{max}、最小社区规模 C_{min}，并根据参数程度序列确定 N 个节点的度值；其次，在 $[C_{min}, C_{max}]$ 范围内随机确定社区数目 C，并将 N 个节点随机匹配到 C 个社区中；再次，根据配置模型算法随机选择 N 个节点中的任意节点对，构造各节点的社区内外部边，保证网络的连通性；最后，根据网络的边信息及节点的社区归属信息生成网络 G。相较于 GN 基准网络，由于 LFR 基准网络的节点度序列和社区规模序列均服从幂律分布，因此更符合真实世界的网络拓扑结构特性。

9.5.2　真实数据集

真实数据集包括以下几种数据集。

9.5.2.1　空手道俱乐部数据集

空手道俱乐部数据集是学者 Zachary 在 1977 年通过对一个美国大学空手道俱乐部进行观测而构建出的一个真实的社会网络，如图 9-13 所示。网络中包含 34 个节点和 78 条边，其中节点表示俱乐部中的成员，而边表示成员之间存在的友谊关系，这是社会网络分析中较为常用的数据集。

9.5.2.2　海豚社会关系数据集

海豚社会关系数据集是 Lusseau D 等人在 2003 年用长达 7 年的时间观察新西兰 Doubtful Sound 海峡 62 只海豚的交流情况而得到的海豚社会关系网络，如图 9-14 所示。这个网络具有 62 个节点和 159 条边。节点表示海豚，而边表示海豚间的频繁交流。

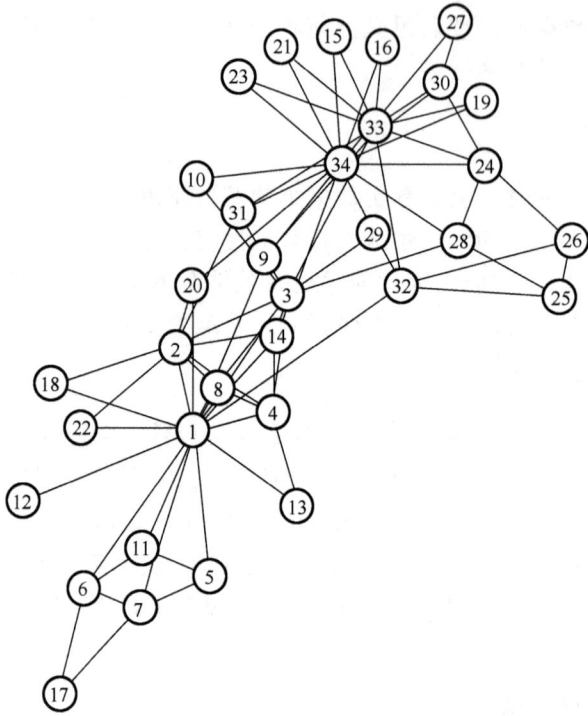

图 9-13　空手道俱乐部成员关系网络图

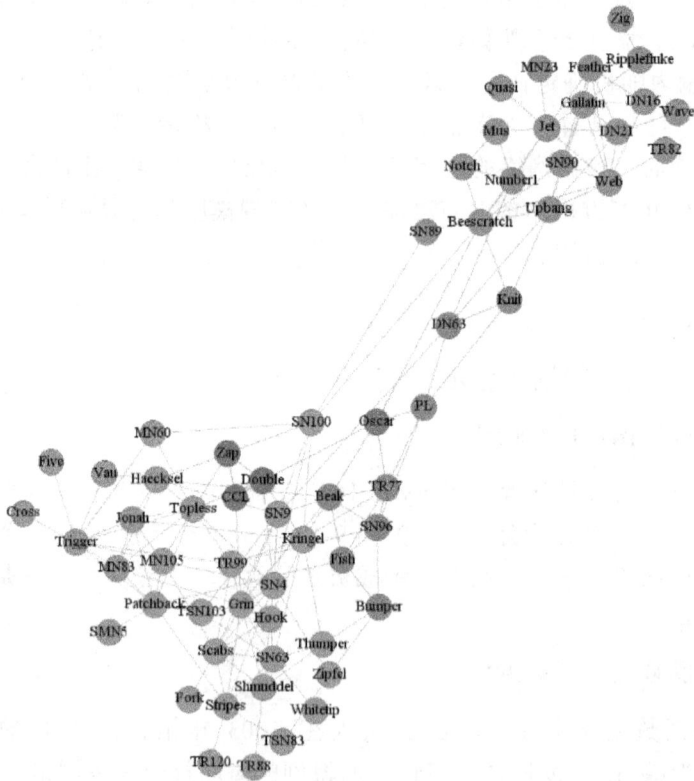

图 9-14　海豚社会关系网络图

9.5.2.3　足球联赛数据集

Newman 等人在 2002 年根据美国大学生足球联赛创建了一个复杂的社会网络，如图 9-15 所示。该网络包含 115 个节点和 616 条边，网络中的节点代表足球队，两个节点之间的边表示两支球队之间进行过一场比赛。参赛的 115 支大学生足球队被分为 12 个联盟。比赛的流程是联盟内部的球队先进行小组赛，然后是联盟之间球队的比赛。这表明联盟内部的球队之间进行的比赛次数多于联盟之间的球队之间进行的比赛次数。联盟即可表示为该网络的真实社区结构。

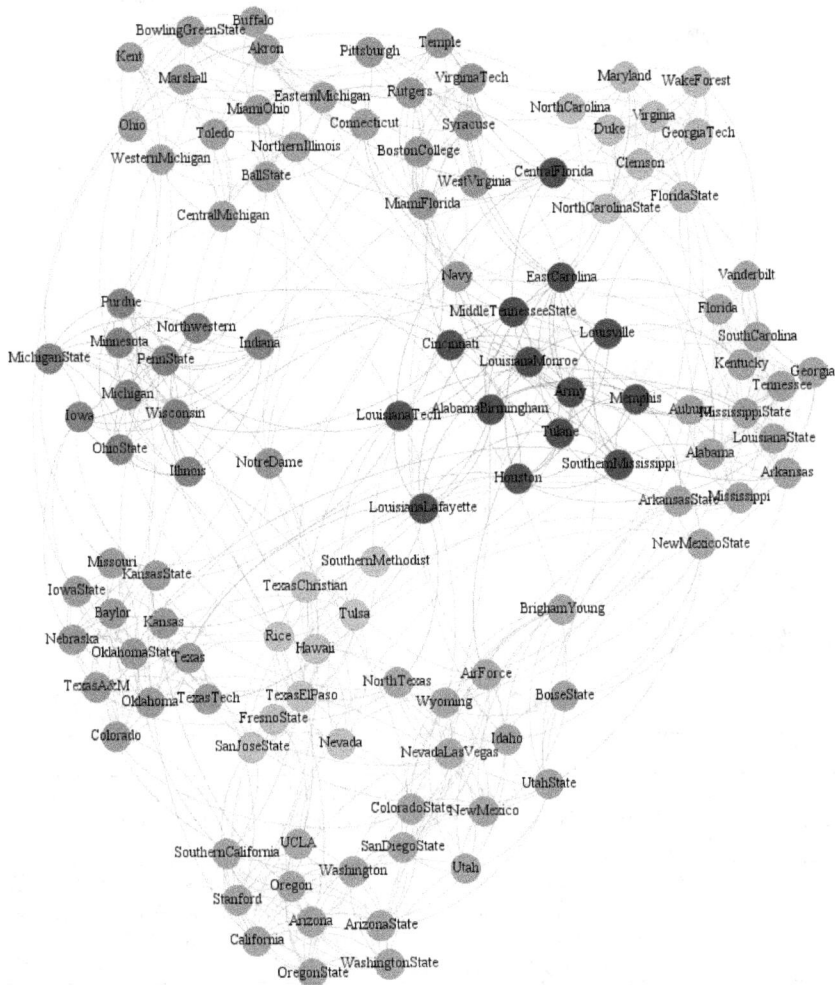

图 9-15　足球联赛关系网络图

9.5.2.4　Lesmis 网络数据集

Lesmis 网络是由雨果的长篇巨著《悲惨世界》中的主要人物之间的社会关系所构成的网络，它是由 Knuth 根据《悲惨世界》戏剧中人物的出场场次列表而构建的，如图 9-16 所示。Lesmis 网络共有 77 个节点，每个节点代表一个人物；还有 254 条边，每条边代表两个人物至少出现在一个场次上。该网络呈现了清晰的、以主角为社区中心的社会结构。

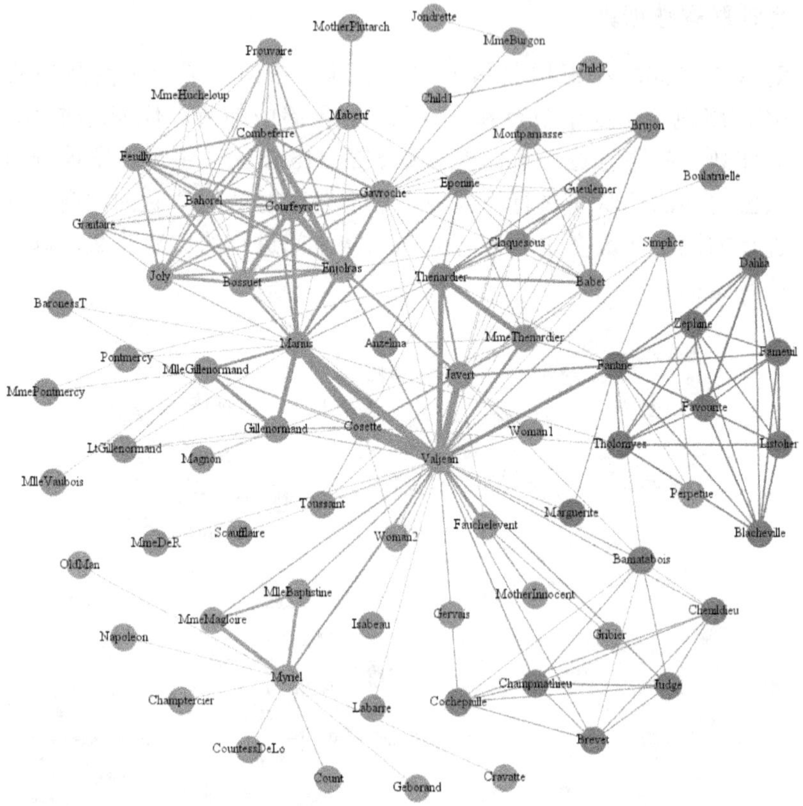

图 9-16　悲惨世界人物关系网络图

9.5.2.5　其他真实数据集

其他真实数据集的介绍如表 9-2 所示。

表 9-2　其他真实数据集介绍

数据集名称	描述
Netscience	Netscience 是为了总结复杂网络研究领域 1589 位科学家之间的合作关系,而构建的科学家合作网络。网络包括 1589 个节点及 2742 条边。网络中每个节点代表每位科学家,边则表示两位科学家之间存在的合作关系
Polbooks	Polbooks 美国政治图书网络是由 21 世纪初选举美国总统时,科学家从亚马逊网站统计出的政治图书销售情况所构成的。该网络包含 105 个节点及 441 条边。节点表示销售的图书,边表示两本书的购买者是同一个人。该网络因为政治观点不同而形成了三个群体:自由主义、保守主义及无明显政治观点群体
Political blogs	该数据集由 Lada Adamic 于 2005 年编译完成,表示博客的政治倾向。包含 1490 个节点和 19090 条边。数据集中的每个节点都有一个属性描述(用 0 或 1 表示),表示民主或保守
E-mail 电子邮件通信网络	该网络包含 1133 个节点和 10903 条边,其中一个节点表示一个电子邮件地址,一条边表示电子邮件地址之间有过至少一次收发电子邮件的情况
Jazz 爵士乐网络	Jazz 爵士乐网络描述舞者跳爵士乐的情况。该网络包含 198 个节点和 2742 条边。其中,一个节点表示一个舞者,边表示舞者之间一起跳过至少一次舞蹈
恐怖分子通信数据集 VAST	恐怖分子通信数据集 VAST 由 400 名恐怖分子在 10 天内的通话记录组成。每个节点代表一名用户,每条边代表一条通话记录
Facebook Friendship Datasets	这个数据集由 Facebook 上的圈子(朋友列单)组成,Facebook 数据从使用 Facebook App 的参与者调查收集而来。数据集包括节点特征(档案)、圈子和个体网络。该数据集中的数据已经把每个用户的 Facebook 的内部 Id 匿名替换成了一个新值

本 章 小 结

社区是一组由节点和与其相连的边所形成的实体，对理解网络有重要意义。本章对社会网络中的社区进行了定义，并着重研究了社区发现。社区发现的研究能帮助人们从介观的视角分析网络的拓扑结构，理解网络功能，探测网络的潜在结构，挖掘网络的隐藏信息。因此，本章从社区发现的数学描述、相关评价指标展开了讨论，并从非重叠社区与重叠社区的角度探讨了经典的社区发现算法。由于动态网络的社区发现研究具有重要意义，也是当前社会网络中社区研究的热点与难点，因此本章还拓展了社区演化的相关概念，包括社区演化事件及相关的社区演化算法。最后，则对社区研究中为了测试社区发现算法的有效性常用的人工数据集及真实数据集进行了讨论。

思 考 题

1. 请简述社区发现的作用及其在电子商务领域的应用。

2. 如图 9-17 所示，该网络有 10 个节点、12 条边，被分为 3 个社区，请计算该网络的模块度 Q。

3. 请简述分裂式层次聚类算法与凝聚式层次聚类算法的区别。

4. 请比较 9.4.3 章节提到的四种社区演化算法的优劣。

5. 请选择一种社区发现算法对 9.5.2 章节提到的真实数据集进行验证。

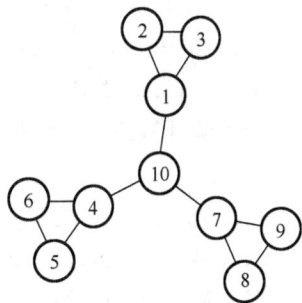

图 9-17 网络示例

参 考 资 料

[1] LI J, HUANG L, BAI T, et al. CDBIA: a dynamic community detection method based on incremental analysis[C]//2012 International conference on systems and informatics (ICSAI2012). IEEE, 2012: 2224-2228.

[2] WASSERMAN S, FAUST K. Social network analysis: methods and applications[J]. 1994, 91(435).

[3] 张伟伟. 社会网络中社区演化分析框架[D]. 哈尔滨：哈尔滨工程大学，2014.

[4] BARABÁSI A L. Network science[J]. Philosophical transactions of the royal society A: mathematical, physical and engineering sciences, 2013, 371(1987): 20120375.

[5] LIU F, XUE S, WU J, et al. Deep learning for community detection: progress, challenges and opportunities[J]. ArXiv preprint ArXiv: 2005.

[6] GIRVAN M, NEWMAN M E J. Community structure in social and biological networks[J]. Proceedings of the national academy of sciences, 2002, 99(12): 7821-7826.

[7] 赵卫绩，张凤斌，刘井莲. 复杂网络社区发现研究进展[J]. 计算机科学，2020，47(2)：10-20.

[8]　黄明清. 社交网络中的社区发现及其应用研究[D]. 上海：上海大学，2018.

[9]　CHEN J, YUAN B. Detecting functional modules in the yeast protein-protein interaction network[J]. Bioinformatics, 2006, 22(18): 2283-2290.

[10]　CHEN P, REDNER S. Community structure of the physical review citation network[J]. Journal of informetrics, 2010, 4(3): 278-290.

[11]　赵中英，李超. 大数据环境下复杂社会网络的社区发现方法研究综述[J]. 软件导刊，2016，15(12)：164-167.

[12]　乔少杰，等. 复杂网络大数据中重叠社区检测算法[J]. 软件学报，2017，28(3)：631-647.

[13]　CLAUSET A, NEWMAN M E J, MOORE C. Finding community structure in very large networks[J]. Physical review E, 2004, 70(6): 066111.

[14]　DANON L, DIAZ-GUILERA A, DUCH J, et al. Comparing community structure identification[J]. Journal of statistical mechanics: theory and experiment, 2005, 2005(9): P09008.

[15]　FORTUNATO S, BARTHELEMY M. Resolution limit in community detection[J]. Proceedings of the national academy of sciences, 2007, 104(1): 36-41.

[16]　端祥宇，袁冠，孟凡荣. 动态社区发现方法研究综述[J]. 计算机科学与探索，2021，15(4)：612-630.

[17]　KERNIGHAN B W, LIN S. An efficient heuristic procedure for partitioning graphs[J]. The bell system technical journal, 1970, 49(2): 291-307.

[18]　龚尚福，陈婉璐，贾澎涛. 层次聚类社区发现算法的研究[J]. 计算机应用研究，2013，30(11)：3216-3220.

[19]　BLONDEL V D, GUILLAUME J L, LAMBIOTTE R, et al. Fast unfolding of communities in large networks[J]. Journal of statistical mechanics: theory and experiment, 2008, 2008(10): P10008.

[20]　张应龙，夏学文，徐星，等. 面向标签传播算法的社团检测研究现状及展望[J]. 小型微型计算机系统，2021，42(5)：1093-1102.

[21]　李栋. 基于边聚类的复杂网络重叠社区发现研究[D]. 长沙：湖南大学，2014.

[22]　杜晨. 基于局部优化的社团检测算法研究[D]. 兰州：兰州大学，2021.

[23]　SHANG C, FENG S, ZHAO Z, et al. Efficiently detecting overlapping communities using seeding and semi-supervised learning[J]. International journal of machine learning andcybernetics, 2017, 8(2): 455-468.

[24]　肖婧，张永建，许小可. 复杂网络模糊重叠社区检测研究进展[J]. 复杂系统与复杂性科学，2017，14(3)：8-29.

[25]　BEZDEK J C, EHRLICH R, FULL W. FCM: The fuzzy c-means clustering algorithm[J]. Computers & geosciences, 1984, 10(2-3): 191-203.

[26]　王莉，程学旗. 在线社会网络的动态社区发现及演化[J]. 计算机学报，2015，38(2)：219-237.

[27]　DAKICHE N, TAYEB F B S, SLIMANI Y, et al. Tracking community evolution in social networks: a survey[J]. Information processing & management, 2019, 56(3): 1084-1102.

[28]　CAZABET R, ROSSETTI G. Challenges in community discovery on temporal networks[J]. Temporal network theory, 2019: 181-197.

[29]　李永宁，吴晔，张伦. 动态社团发现研究综述[J]. 复杂系统与复杂性科学，2021，18(2)：1-8.

[30]　HOPCROFT J, KHAN O, KULIS B, et al. Tracking evolving communities in large linked networks[J].

Proceedings of the national academy of sciences, 2004, 101 (suppl 1): 5249-5253.

[31] VANDONGEN S. A cluster algorithm for graphs[J]. Information systems [INS], 2000 (R 0010).

[32] PONS P, LATAPY M. Computing communities in large networks using random walks[C]//International symposium on computer and information sciences. springer, berlin, heidelberg, 2005: 284-293.

[33] RÖGNVALDSSON T. Pattern discrimination using feedforward networks: a benchmark study of scaling behavior[J]. Neural computation, 1993, 5 (3): 483-491.

[34] SUN P G, SUN X. Complete graph model for community detection[J]. Physica A: statistical mechanics and its applications, 2017, 471: 88-97.

第 10 章　社会网络中的传播

人类社会中各实体间的联系可以通过复杂网络进行描述，如社会接触网络、科学家合作网络、交通运输网和因特网等[1]。复杂网络的研究不仅关注网络的结构，也非常侧重网络上发生的传播动力学过程。本章首先讲述社会网络中传播的基本含义、影响因素及传播形态，继而结合案例详细介绍社会网络中的信息传播、疾病传播及新事物传播。

10.1　社会网络中的传播简介

传播不是一个简单的线性模式，而是一个网状模式。人们在接收或发布信息的时候，并不只是运用单一的传播方式，也可能会同时使用人际传播方式、组织传播方式，甚至大众传播方式。人们会选择不同的传播方式来编织他们的信息传播网络。不同的人编织和利用传播网络的能力是不同的，这会导致他们在社会中处于不同的地位并产生不同的影响力。只有那些善于利用多种传播网络的个人或组织才会拥有更多的信息资源，因而他们也就有了更多的社会资本和文化资本。

10.1.1　传播的含义

"传播（Communication）"是一个含义丰富的词汇，人们日常理解的传播包含了多重意义。2003 年，美国传播学家彼得斯在《交流的无奈——传播思想史》中认真梳理了 Communication 这一词语的来源。他认为 Communicate 的拉丁语意义是告知、分享和使之共同。吴飞[2]将传播这一概念表达为三重意义：传播的"传递观""仪式观""交换观"[3]。"传递观"中的传播可以被看作一种过程或一种技术。这种技术或过程是为了达到控制空间和人的目的（有时也出于宗教的目的）的，这样才能将知识、思想和信息更远、更快地扩散（Spread）、传送（Transmit）、散播（Disseminate）出去。从仪式的角度分析，传播一词与"分享（Sharing）""参与（Participation）""联合（Association）""团体（Fellowship）""拥有共同信仰（the Possession of a Common Faith）"这一类词有关。这反映了"共性（Commonness）""共有（Communion）""共享（Community）"，这些词与"传播（Communication）"在古代有着同一性和共同的词根。彼得斯认为传播包含交换（Exchange）、情感共享的意思，是一种礼尚往来[4]。他指出，交换的性质可能因情况不同而有所变异，它可以是两个终端的成功连接，如人们所说的心灵感应。

10.1.2　社会网络传播的影响因素

10.1.2.1　社会网络结构对传播的影响（节点属性等）

影响社会网络信息传播的因素有很多，主要分为主观因素及客观因素。主观因素主要是指发布者、发布时间、发布地点、发布主题和发布终端等，客观因素主要是指不包含任何个人观点和信息属性的因素，包括社会网络的静态网络结构及其内嵌的信息传播机制等。

如果按照实际应用场景，可以将社会网络细分为邮件网络（E-mail Network，EN）、手机网络（Mobile Network，MN）、即时通信（Instant Message Network，IMN）、微博社会网络（Microblogging Network，MicroN）等。下面将从交互性、连通性、隐私性和转发性这四个方面，分析不同的社会网络之间的结构差异对信息传播的影响。

（1）交互性。交互性是指用户（节点）之间进行信息传递、沟通、交流的限制。在 MicroN 中，用户之间可以在不征求对方同意的情况下，直接通过类似"转发"或"留言"的方式进行信息交互；EN、IMN 与 MicroN 类似，也可以在不征求对方同意的情况下进行信息交互；然而 MN 有些不同，对于 MN 的通话功能而言，通话的发起者须征得接听者的确认和同意，才能连通 MN 并进行通话，对于 MN 的短信功能而言，依然满足单向同意的交互模式。由此可知，MN 的双向同意通话模式影响了 MN 中信息传播的便捷性与时效性。

（2）连通性。连通性是指在用户（节点）之间建立好友关系之前的认证限制。在 MicroN 中，一个用户直接使用"关注"功能即可与另一个用户建立好友关系，不需要征求或等待另一方用户的同意。MN 和 EN 与 MicroN 类似，对于 MN 而言，无论用户使用通话功能还是短信功能，在用户之间建立好友关系之前并不需要受到任何认证限制，属于单向同意连通模式；而 IMN 却不同，在用户（节点）之间建立好友关系前，必须征得对方同意，属于双向同意连通模式。由此可知，IMN 建立好友关系的步骤比 MN、EN 和 MicroN 更多，操作流程也更复杂。

（3）隐私性。隐私性是指用户（节点）之间进行信息分享或转发，相对于第三方用户而言是否可见。在 MicroN 中，用户的基本信息（Profile）、历史文章、兴趣、地理位置、评论、好友关系、标签、分享、图片、音视频等信息全部属于公开类信息，可供非好友关系的其他用户查看、留言及转发；而在 IMN 中，部分信息属于公开范畴（用户个体基本信息等），部分信息属于私密范畴（交互信息等）；与 MicroN 和 IMN 都不同，MN 和 EN 的私密性很强，用户个体之间进行信息传递是不允许被其他用户查看的。由此可知，MicroN 相比较 MN、EN 和 IMN 而言，开放程度最高，这便促进了信息的查阅与传播。

（4）转发性。转发性是指用户（节点）发布的信息、兴趣和观点是否容易被其他用户分享或转发。MicroN 内嵌有信息转发或分享功能，一个用户可以将另一个用户的信息分享给自己的好友，对于信息原创者而言，这属于被动转发，并符合多播模式，非常有助于信息的快速传播；在 EN 中内嵌的信息转发功能则不同，一个用户只能将自己的信息转发给好友，属于主动转发，并不能在最大程度上加速信息的传播；IMN 和 MN 则没有内嵌转发功能，这大大阻碍了信息的传播。EN、MN、IMN、MicroN 这四种社会网络，在交互性、连通性、隐私性和转发性这四个方面的对比情况如表 10-1 所示。

表 10-1　社会网络结构对比

性质	社会网络类型			
	EN	MN	IMN	MicroN
交互性	单向同意	部分功能双向同意/部分功能单向同意	单向同意	单向同意
连通性	单向同意	单向同意	双向同意	单向同意
隐私性	私密	私密	部分私密/部分公开	公开
转发性	内嵌主动转发功能	无内嵌转发功能	无内嵌转发功能	内嵌被动转发功能

由表 10-1 可知，MicroN 相比较 EN、MN 和 IMN 而言，在交互性（单向同意）、连通性（单向同意）、隐私性（公开）和转发性（内嵌被动转发功能）方面具有诸多特性。因此，近几年 MicroN（如 Twitter、新浪微博等）得以十分迅猛的发展，这与其得天独厚的社会网络结构密切相关，该结构可以加速信息的传播。

10.1.2.2 社会网络信息传播机制对传播的影响（关联机制）

由表 10-1 可知，MicroN 内嵌了与众不同的被动转发功能；MicroN 中的每个用户都会拥有一定数量的"粉丝"；MicroN 会将用户发表的信息或文章以多播的方式，推送并展示给该用户的每个"粉丝"，而当"粉丝"进行了转发操作后，这些信息又会以多播的方式传递给"粉丝"的"粉丝"。对新浪微博和 Twitter 中的信息传播机制而言，信息在 MicroN 社会网络上的传播机制如图 10-1 所示。由图 10-1 可知，使用 MicroN 所提供的信息传播机制，当用户从关注者获悉信息时，能够对信息的来源一目了然，而且，MicroN 在信息传播机制方面设计简单明了，这既增加了信息转发的便利性和趣味性，又有效地加快了信息的传播速度[5]。

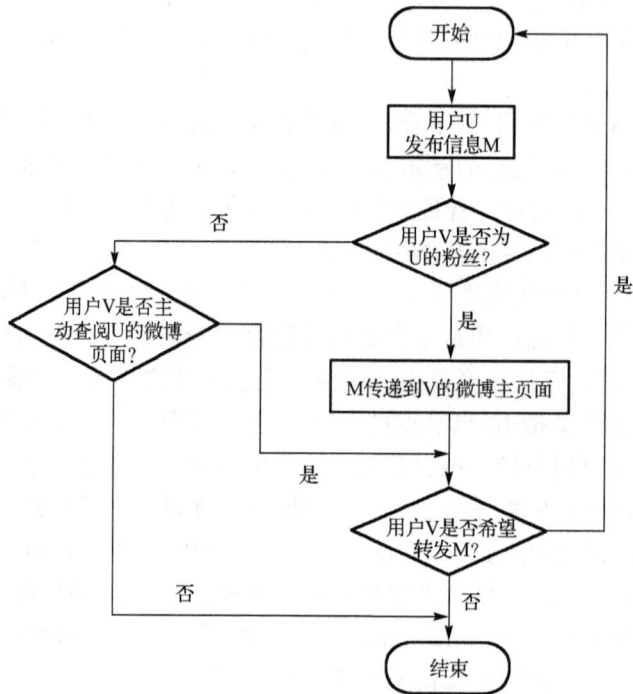

图 10-1　社会网络信息传播流程图

10.1.3　社会网络传播模型

社会网络传播模型包括以下几种。

10.1.3.1 独立级联模型

在独立级联(Independent Cascade，IC)模型中，节点有两种状态：激活状态(Active)和非激活状态(Inactive)。在传播开始阶段，先随机选择部分节点作为信息传播的种子节点，再激活选取的种子节点进行传播。对于每个激活节点，对其邻居节点以某个概率值进行影响，若邻居节点成功激活，则继续传播；若失败，则停止传播。图 10-2 给出了独立级联模型的传播过程。

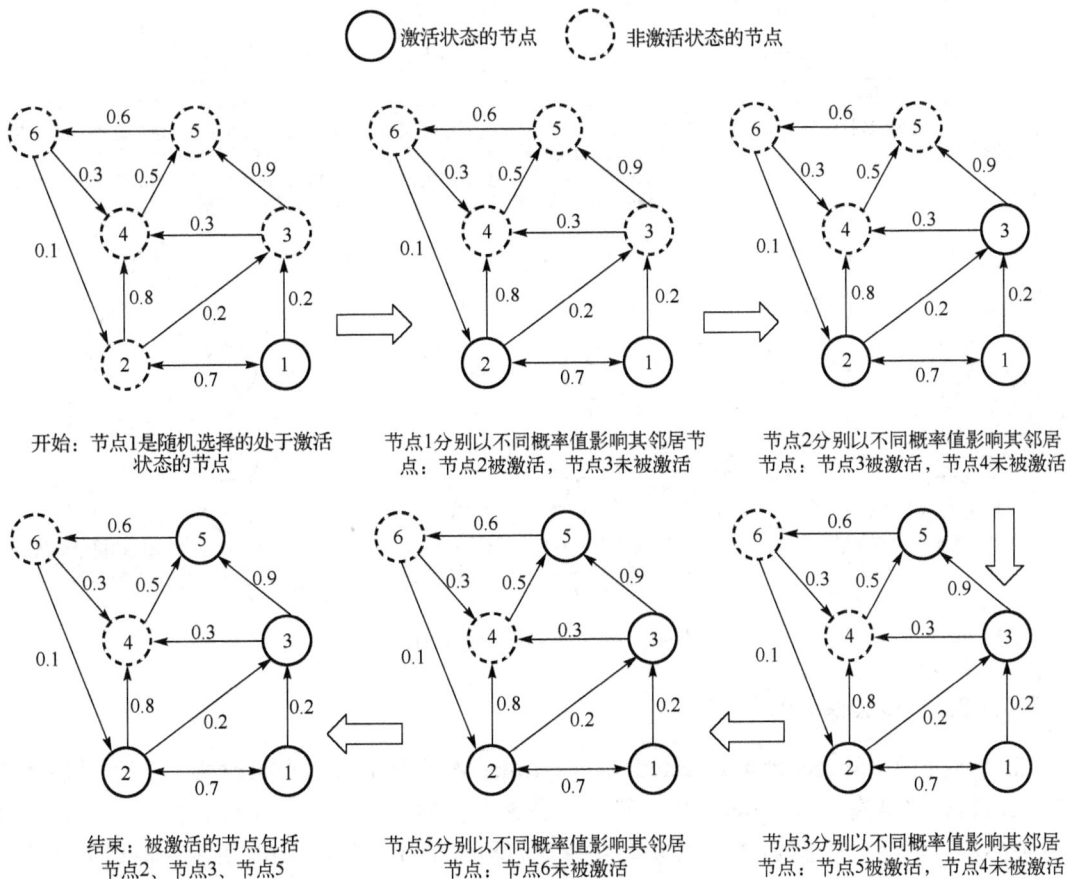

图 10-2 独立级联模型的传播过程

10.1.3.2 线性阈值模型

对于线性阈值(Linear Threshold，LT)模型，节点同样有两种状态：激活(Active)状态和非激活(Inactive)状态。与独立级联模型不同的是，线性阈值模型会假设节点有一个被激活的阈值，当节点接收的信息量大于自身阈值时，节点被激活，反之不被激活。在传播开始阶段，先随机选取部分节点作为种子节点，再激活选择的种子节点，而后进行传播，每个被激活的节点会以某个[0,1]的信息值影响其邻居节点，在某个非激活节点获取到来自己激活邻居节点的信息值累加之后大于其自身阈值的情况下，该节点被激活，反之则不被激活。激活节点对非激活节点的信息值传播只有一次机会。图 10-3 给出了线性阈值模型的传播过程[6]。

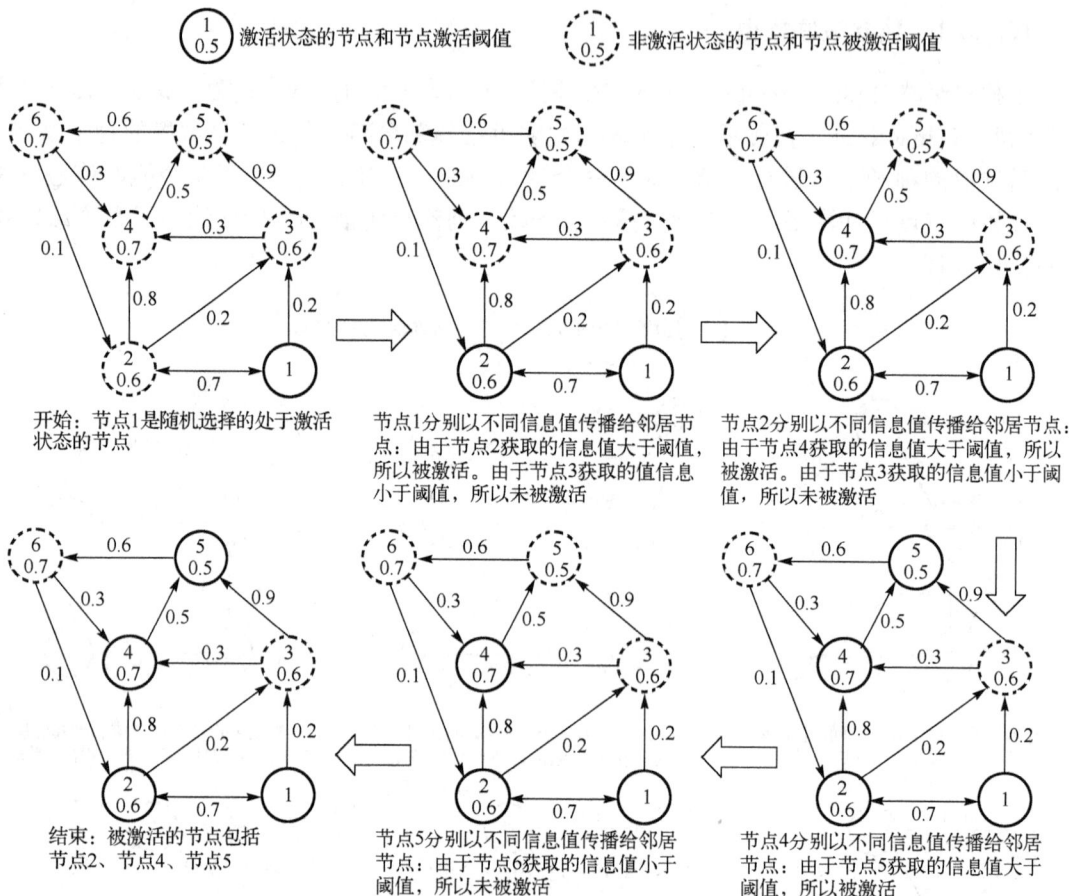

图 10-3　线性阈值模型的传播过程

10.1.3.3　传染病 SIS 模型

在 SIS 模型(Susception Infected Susceptible Model)中，人群被分为两类：易感人群(Susceptible)和染病人群(Infected)。若一个易感个体遇到一个感染个体，则易感个体以概率 β 被感染；同时一个感染个体以概率 μ 恢复为易感个体，如图 10-4 所示。模型的感染和恢复机制可用以下数学公式来表示：

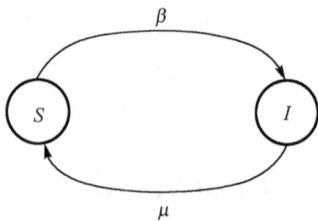

图 10-4　SIS 传播机制

感染机制：$S(i) + I(j) = \begin{cases} S(i) + I(j) \leqslant \beta \\ I(i) + I(j) > \beta \end{cases}$

恢复机制：$I(i) = \begin{cases} I(i) \leqslant \mu \\ S(i) > \mu \end{cases}$

其中，i、j 代表个体编号；S 代表个体的状态：易感个体；I 也代表个体的状态：感染个体。

10.1.3.4　传染病 SIR 模型

在 SIR 模型(Susception Infected Removed Model)中，人群被分为三类：易感人群(Susceptible)、染病人群(Infected)和移除人群(Removed)。其中，移除人群是指那些经治愈获得免疫能力或因为得病而死亡的人群，因为这些人群不再参与任何反应过程，所以这些人相当于从系统中被移除了。在该模型中，存在两种传播机制，分别是移除机制和感染机制。当一个感染个体以概率 μ 变成移除个体时，即为移除机制；当一个易感个体转变成一个感染个体时，即为感染机制。同时，上述两种机制可以形式化地表达为：

感染机制：$S(i) + I(j) = \begin{cases} S(i) + I(j) \leqslant \beta \\ I(i) + I(j) > \beta \end{cases}$

移除机制：$I(i) = \begin{cases} I(i) \leqslant \mu \\ R(i) > \mu \end{cases}$

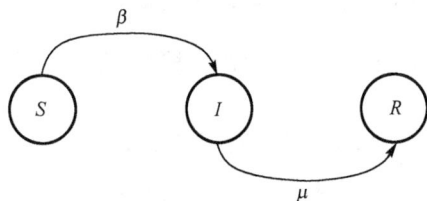

其中，i、j 代表个体编号；S 代表易感个体的状态；I 代表感染个体的状态；R 表示移除个体的状态。SIR 传播机制如图 10-5 所示。

图 10-5　SIR 传播机制

独立级联模型和线性阈值模型主要侧重于分析用户之间的社交影响，即如何理解用户之间的相互作用规律，通过节点与节点之间的社交紧密程度来预测信息的传播成功率，同时也考虑了来自邻居节点的影响力累积。但是，上述模型是建立在用户与用户之间影响力大小是固定的假设之上的，同时上述模型忽略了传播的具体信息对节点的影响。

10.2　网络的传播形态

网络的传播主要有五种基本形态，包括人内传播、人际传播、群体传播、组织传播和大众传播。一般来说人内传播属于神经系统科学和心理学的研究范畴，虽然在互联网上也有一定程度的体现，但是并不具有典型性，在这里不进行详细介绍。其他传播形态都以非常典型的形式及非常大的影响力存在于网络之中，构成网络传播的基本形态。

10.2.1　网络中的人际传播

10.2.1.1　人际传播的特点

人际传播具有技术和平台依赖性、交流对象的广泛性与可控性、交流手段的可选择性、传播情境的虚拟性这四个特点。其中，文字交流是人际传播的主要交流手段，它的好处是不受空间控制，具有私密性，便于条理清楚地表达深刻的思想，还可以克服口头表达的羞涩感。从社会互动的"表演"策略来看，文字还便于进行"表演"的控制。在互联网上，人际互动是在网络中进行的，网络空间消除了现实交流中存在的空间因素的影响，同时网络交流情境的虚拟性在一定程度上消除了人们之间的社会等级差异，相对来说是一种更平等、更纯粹的交流。它使交流内容与技巧的重要性得到凸显。

10.2.1.2　人际传播的需求与动因

人际传播的一个重要动因是社会支持，也就是获得他人在情感上或行动上的帮助，或者是获得有利于其发展的社会资本。社会交换理论的一些观点也可以帮助我们理解人际传播的动机。社会交换理论将人与人之间的互动视为一种计算得失的理性行为，并认为个人之间的交换行为是维持社会秩序的基础之一。人际传播在多方面的可控性，可以使人们较好地把握得失，也可以在一定程度上提高人们在人际互动中的报偿。

情绪调节是人际传播的另一个重要动因，就像日常生活中的人际传播一样，网络中的交流也可以在一定程度上帮助人们调节情绪。此外，自我认知也是人际传播的动因之一，美国学者米德和库利的研究都指出人们通过与他人的交往可获得有关自我的认识，自我认识又直接影响和制约人际交往。

10.2.2　网络中的群体传播

10.2.2.1　网络中的群体

从广义上看，群体是指一切通过持续的社会互动或社会关系结合起来进行共同活动，并有着共同利益的人类集合体。从狭义上看，群体是指由持续的、直接的交往活动，所联系起来的，具有共同利益的人群。

群体具有以下几点特征：①有明确的成员关系；②有持续的相互交往；③有一致的群体意识和规范；④有一定的分工协作；⑤有一致行动的能力。

网络中的群体一般有两种。一种是在现实世界中已经存在的群体，然后通过网络来发展群体成员间的关系。例如，早期的同学录、现在的微信群等，都是典型的线下群体关系向线上的延伸。而另一种则是通过网络形成的新群体，如一些兴趣社团。网络中的群体形成的途径很广泛，如网络论坛 BBS、电子邮件、博客、网络游戏、社交网络服务 SNS、微博、微信等，都可能成为孕育群体的土壤。

10.2.2.2　网络群体形成的基础与传播要素

社区是若干社会群体或社会组织聚集在某一个领域里所形成的一个生活上相互关联的大集体，也是社会有机体最基本的内容，更是宏观社会的缩影。虚拟社区是基于兴趣、关系、幻想、交易等社会心理基础所形成的集体，具有稳定关系、群体意识的网络群体会转变成网络社区。

社区结构模式是群体传播的要素之一，常见的社区结构有圈式结构（如图 10-6 所示）和链式结构（如图 10-7 所示）。由圈式结构到链式结构可知：网络社区是由关系链条或纽带生成的，最终这些纽带会编织出复杂的成员关系网络。社区是动态的，可以不断扩展地呈现出多变的状态。例如，在豆瓣、SNS、微博、微信等网络平台上，人群聚合没有形成明确的边界，甚至某些时候人们的互动并不需要话题讨论，而只需要通过某种方式所形成的人际关系链条，如标签、好友功能等。新型社区的规模不是固定的，而是处于动态变化中的。在不同的时机和条件下激活的节点数量不同，形成的社区规模也就不同。例如，一个热点事件可以激活整个微博或微信平台，而在大多数情况下，普通话题或活动只能激活微博或微信的一个局部。关系的远近、利益的相关性等都会影响人们的参与程度。

10.2.3　网络中的组织传播与大众传播

10.2.3.1　组织传播

对于组织来说，要想有效地利用网络进行传播，可以依靠两种主要的网络技术，即内联网和互联网。内联网主要用于实现组织内部的传播，而互联网则更多地用于实现组织外部的传播。

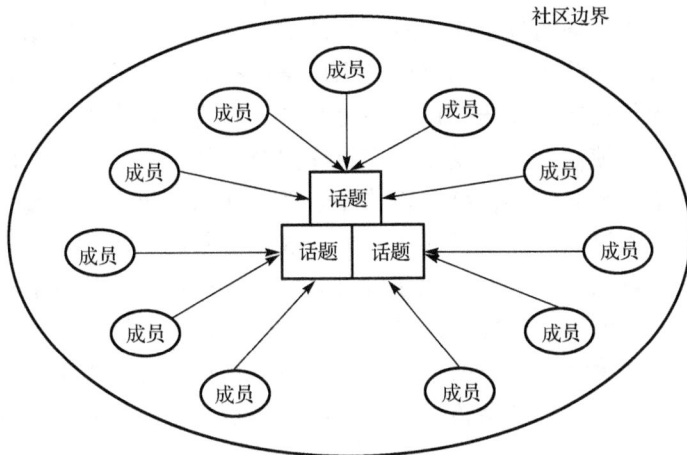

图 10-6　传统社区的圈式结构

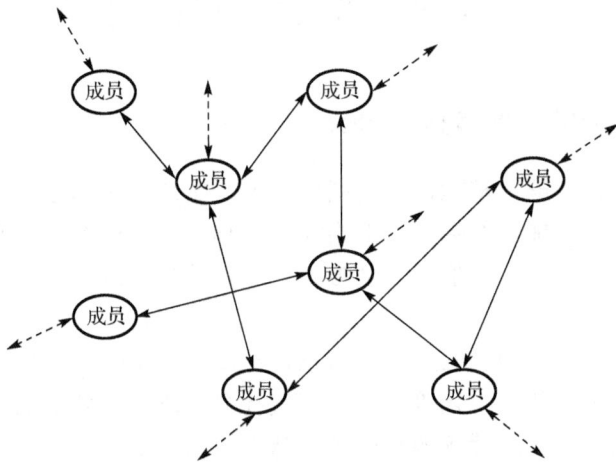

图 10-7　新型社区的链式结构

内联网传播是指在一个组织内部使用互联网技术实现通信和信息访问。但是内联网的运用给传统的组织传播带来了种种影响。这主要表现在四个方面：①内联网改变了传统的组织结构；②内联网改变了组织成员间的交流方式；③利用内联网或其他先进技术进行组织传播，有可能导致成员关系的变化；④利用内联网来实现组织传播，使虚拟办公成为可能。

与传统的宣传活动相比，网络宣传具有以下特点：①组织在宣传活动中可以更好地掌握主动权；②网络宣传活动的效果，取决于组织对网络手段的运用能力；③互联网中的组织传播与大众传播的界限开始淡化。

10.2.3.2　大众传播

大众传播是指专业化的媒介组织运用先进的传播技术和产业化手段，以社会上的一般大众为对象而进行的大规模的信息生产和传播活动。网络是一种大众传播媒介，这一点是毋庸置疑的。1998 年 5 月，在联合国新闻委员会年会上，网络被正式作为"第四媒体"提出。大众传播表现出以下特点：传播主体的多元性和网络传播的低门槛性，带来了传播主体的多元化，以及传播格局的复杂化。除了传统的大众媒体，商业网站、政府部门、各种社会组织与机构，甚至一些个人，都可以利用网络进行制度化的传播，这些传播也可以达到与传统媒体相当的传播效果。传播过程的复杂性，使受众端出现分化：网络信息呈现方式的非线性与层次性，使信息在对受众端产生作用时可能因人而异，即同样的作品，人们接受的内容可能是不尽相同的。传播手段的复合性，使网络媒介可传输多媒体内容，这使得网络中的大众传播可以突破过去任何一种大众媒体的限制。除了 Web 网站和客户端，网络中的大众传播，还可以利用 BBS、电子邮件、博客、微博、微信等多种方式，这是其传播手段复合性的另一个体现。传播效果的开放性，使受众在网络大众传播中的主动权得到了大大加强。受众的深度参与，使网络传播已经不再是传播者可以单方面把握的过程，而是双方"共动"所形成的一个复杂传播过程；网络传播过程的复杂性，也使大众传播的效果受到多种因素的共同作用。

10.3 社会网络中的信息传播

10.3.1 社会网络中的信息传播的含义

在万物互联时代，了解和掌握信息传播的特征、本质和规律已经成为一个社会人必备的媒介素养和基本生存技能。社会媒体的内在结构称为社会网络，社会网络正在深刻地影响和改变着信息的传播方式、人们的社交方式、大众的生活理念，同时也成为工业界和学术界的研究热点。

在线社会网络信息传播的研究主要有信息传播动力模型、信息传播源和路径的发现与描绘、信息传播的最大化和最小化等。通过在线社会网络信息传播的研究，人们可以对在线社会网络信息传播的影响进行预测和干预，从而可以将信息传播的影响往有利的方向引导[7]。在线社会网络中信息的传播范围为其子网，称为信息传播网络。于晶等学者利用新浪微博的真实数据来研究信息传播网络的结构及演化特征[8]，包括网络的循环结构、信息传播的路径长度及信息传播网络的异质性等。结果表明，信息传播网络通常具有接近树状的结构，同时信息传播路径的长度与网络大小无关。信息传播网络的异质性特征在演化过程中的波动是由于受到不同传播类型的影响，从而可以根据其波动情况来分析网络中信息传播的特征。下面详细介绍微博中的相关信息传播机制[9]。

10.3.2 微博中的信息传播

微博，即微博客(Microblog)，是一种通过关注机制来分享简短实时信息的广播式社交网络平台，用户可以通过 Web、WAP 及各种客户端组件，随时随地地发布文字、图片、视频、音频等形式的信息，并实现即时分享。

微博的用户关系源自 Twitter 创造的一种"Followee-Follower"机制，这个机制的核心是在用户与用户之间建立一种单向跟随关系。如图 10-8 所示，即用户可以随时关注其他用户，成为其他用户的"粉丝"，其他用户也可以关注自己，成为自己的粉丝。而互相关注的用户就成为"互粉"关系。通过这种有向的关注机制，使得用户之间因为互相认识、共同的兴趣爱好、工作关系或单方面的崇拜而形成关系紧密、结构复杂的社会网络。这个用户关系网络是微博信息传播的主要途径，它直接影响微博信息传播的范围。

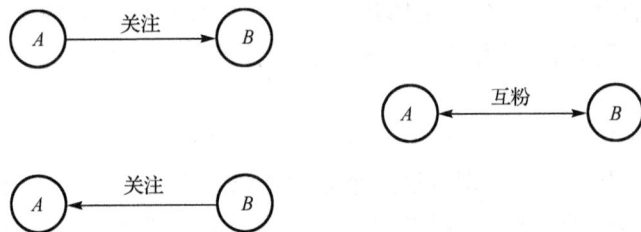

图 10-8 微博用户关系网络

微博中信息的传播有两个路径，一个是粉丝路径，另一个是转发路径。如图 10-9 所示，粉丝路径是博文直接被分发给博主粉丝而产生的，当博主发布博文后，博主的粉丝都可以实时接收和阅读该条博文；转发路径是博主粉丝转发博文后形成的。若博主的粉丝认为该条博文不错，可以一键转发，则这条博文立即同步到该粉丝的微博中，该粉丝的粉丝也可以实时接收该条博文。

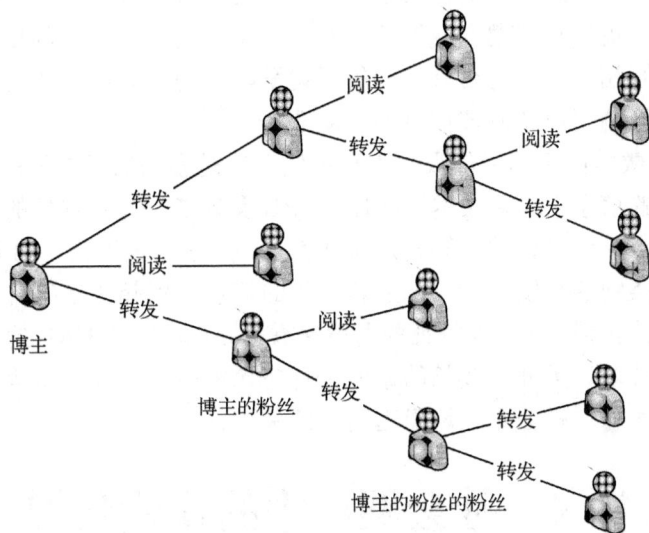

图 10-9 微博信息传播路径

微博的出现使得信息在网络中的传播速度和广度得到了极大的提高。微博的博文字数的限制及发文的多样性，导致微博信息传播有着与其他社会网络不同的特征。微博信息的传播具有速度快、范围广的基本特征。根据已有的文献研究可知，微博信息传播的特征主要表现在以下几个方面。

(1)间接性。在传播方式上，大部分微博信息的传播方式为两步传播，即信息并非直接传播给最终受众，而是通过多个博主的转发。在对 Twitter 的研究中发现，大部分的信息接收者都不是微博信息原始作者的粉丝，而是转发博主微博信息的粉丝的粉丝。

(2)路径短。新浪微博中的平均转发路径是 3.09 步，最多为 10 步[10]。导致微博路径很短的原因主要是每一层转发的用户数会不断地递减，且一条微博通常会在对它感兴趣的社团中传播，而这些社团结构本身的平均路径比较短[11]。

(3)时效性。从时间角度分析，有一半的 Twitter 微博信息是在一小时之内被转发的，有 75%的 Twitter 微博信息是在一天之内被转发的，只有 10%的 Twitter 微博信息是在一个月之后才被转发的[12]。一些热门微博信息的转发一般有两个高峰期[13]，这些微博信息通常在一段很短的时间内达到大量的转发，之后就受到冷落、衰亡，或者等待新一轮的转发高峰[14]。

在微博信息传播中，用户、用户关系和微博信息直接影响微博的传播力[15]，并形成以上微博信息传播的特点。下面分别从这三个方面介绍它们是如何影响微博传播力的。

(1)用户。用户是微博信息的传播节点，负责进行信息的发布、接收和转发，用户的不同行为特征对信息的传播有一定的影响。信息的发布者会直接影响该信息被关注的情况，如 Twitter 上的用户拥有的粉丝数越多，其微博信息就越容易得到关注和转发[16]。信息的接收者和转发者也会影响信息被转发的次数。一些用户比较倾向于转发信息，对各种不同信息的兴趣会直接影响转发微博的可能性；同时，还有不同时间段的用户的活跃度也会对信息传播造成影响，21 点到次日 0 点通常是微博的最佳转发时间。

(2)用户关系。用户关系直接影响信息传播的范围。用户通过"关注"和"被关注"的形式与其他用户相连接，组成了结构紧密的复杂网络。研究表明，这种网络结构是由密度很大的互相关注与稀疏的真实朋友网络组成的[17]。某个用户与信息的原作者、转发用户和提及用户之间是否互相关注、是否有共同的兴趣爱好、是否关注同样的用户、是否有同样的转发信息，都会影响用户转发该信息的可能性。

(3)微博信息。微博信息本身的吸引力和价值性也是影响信息传播的重要因素。在微博网络上有各种各样的信息，包括文本、图片、URL 及链接到其他网站的视频和音频等。用户可以围绕某个热点话题进行发布和转发微博信息，如在新浪微博中可以使用"#"标明讨论的话题。从内容类别的角度来看，一般新闻类的信息会引起快速的传播，而娱乐方面的信息会引起长时间的传播。从内容特征的角度来看，带有标签和 URL 的微博信息比较容易受到用户的关注和转发。另外，较长的微博信息包含更多的内容，质量也会更高，和已经被转发多次的微博信息一样会更多地引起用户的关注。

10.4　社会网络中的疾病传播

10.4.1　疾病与传播网络

疾病在人群中的传播模式不仅取决于它所携带的病原体特性，包括传染性、传染周期、严重性，还取决于传播疾病的人群所形成的网络结构。社会网络描述了人与人之间的关系，这对于疾病如何在人群中传播起着重要作用。概括来说，疾病是通过一种接触网络(Contact Network)传播的：每个节点代表一个人，当两个人以某种方式彼此接触时，疾病就可能从一个节点传到另一个节点，此时用边连接这两个节点。

病原体和网络是密切交织在一起的，即使是相同的群体，两种不同疾病所形成的接触网络可能有非常不同的结构，这取决于疾病的传染方式。一个具有高度传染性的疾病，如通过咳嗽或打喷嚏可引起传染的空气传染性疾病，其接触网络包括大量的连接，如在公共汽车或飞机上坐在一起的个体。对于需要紧密接触的传染病,接触网络就稀疏得多,彼此接连的个体对也少得多。计算机病毒也有类似的区别,一个通过互联网使计算机感染的病毒软件比通过无线通信在移动设备之间短距离传播的病毒有更广泛的接触网络。

10.4.2 传染病动力学模型

传染病动力学模型(SEIR)通过动力学方法对传染病进行数学建模,把传染病的主要特征通过假设、参数、变量来建立数学建模,揭示其传播机制。通常,参数 S(Susceptibles)表示易感染人群,参数 E(Exposed)表示潜伏期人群,参数 I(Infectious)表示感染人群,参数 R(Recovered)表示康复人群(这里康复人群包含死亡人群)。传染病动力学模型一般是根据是否考虑种群动力学因素进行划分的,在不同的情况下可以建立不同的传染病动力学模型。

10.4.2.1 不考虑种群动力学因素

不考虑种群动力学因素的传染病动力学模型适合描述病程较短的疾病。另外,在疾病流行期间,种群的出生和死亡可以忽略不计。无潜伏期的情况,可以建立 SI 模型[从图 10-10(a)可知,病人患病后难以治愈,其中 β 为传染率]、SIS 模型[从图 10-10(b)可知,病人患病后可以治愈,其中 γ 为从传染到治愈的转换率]和 SIR 模型[如图 10-10(c)所示,病人患病后可治愈并终身免疫];有潜伏期的情况,即在被感染到成为病人之前有潜伏期,假定潜伏期内没有传染力,则可以建立 SEIR 模型[如图 10-10(d)所示,病人康复后可终身免疫,其中 δ 为从潜伏到感染的转换率]和 SEIRS 模型[如图 10-10(e)所示,病人康复后仅暂时免疫]。

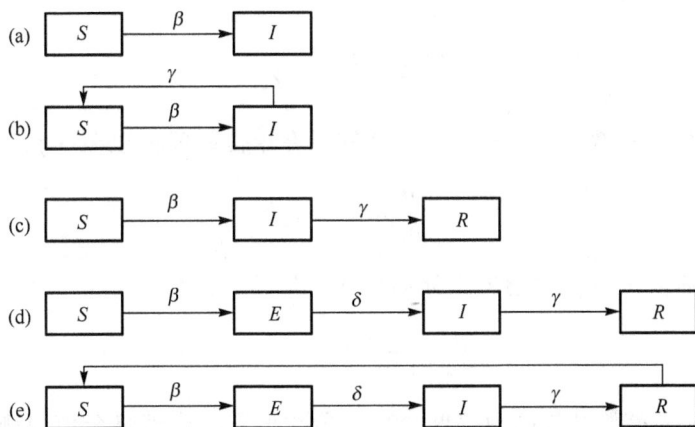

图 10-10 不考虑种群动力学因素的传染病动力学模型

10.4.2.2 考虑种群动力学因素

在人口恒定的前提下,在疾病流行期间,假定总人口 N 为一常数,则可以建立 SIR 等无垂直传染模型;在人口变动的前提下,若考虑人口因输入输出、病死、自然出生、死亡而不相等的情况,则可以建立 SIS 有垂直传染且有输入输出的模型。传统的 SEIR 模型(如图 10-11 所示)将人群分为四类:S、E、I 和 R。

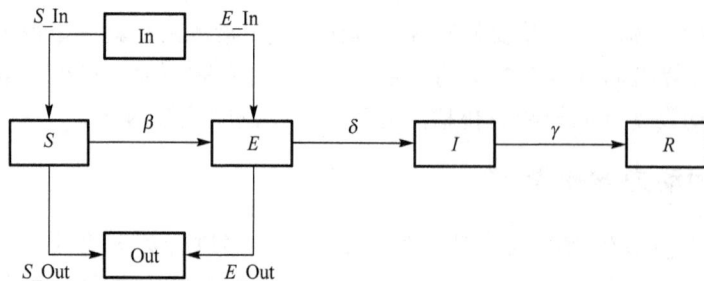

图 10-11　考虑种群动力学因素的传染病动力学模型

10.4.3　基于 SEIR 模型的新冠疫情传播动力学分析

新冠病毒具有潜伏期，国家卫健委专家公布的该病毒的平均潜伏期大约在 7 天左右，最长 14 天，且在潜伏期也有传染性。由于传统的 SIR 模型缺少对潜伏期的刻画，因此范如国等人选择使用 SEIR 模型对新冠疫情的动力学过程进行分析[18]。

记 $S(t)$、$E(t)$、$I(t)$、$R(t)$ 分别为时刻 t 的易感个体数、潜伏个体数、感染个体数、移除个体数，显然 $S(t)+E(t)+I(t)+R(t)=N$，其中 N 为种群的个体数。假设一个易感个体在单位时间里与感染个体接触并被传染的概率为 β。由于易感个体的比例为 S/N，在时刻 t 网络中总共有 $I(t)$ 个感染个体，因此易感个体的数目按照如下变化率减小：

$$\frac{\mathrm{d}S}{\mathrm{d}t}=-\frac{\beta S\times I}{N}\tag{10-1}$$

相应地，潜伏个体的数目会按照如下变化率增加，并且人群整体上会在单位时间内以概率 γ_1 转化为感染个体：

$$\frac{\mathrm{d}E}{\mathrm{d}t}=\frac{\beta S\times I}{N}-\gamma_1 E\tag{10-2}$$

感染个体的数目由潜伏群体提供，个体同时在单位时间内以概率 γ_2 转化为移除状态：

$$\frac{\mathrm{d}I}{\mathrm{d}t}=\gamma_1 E-\gamma_2 I\tag{10-3}$$

相应地，个体以概率 γ_2 由感染个体向移除个体转化：

$$\frac{\mathrm{d}R}{\mathrm{d}t}=\gamma_2 I\tag{10-4}$$

SEIR 模型对于参数设置的敏感度较高，参数设置不合理将会使预测结果产生较大误差。根据徐恭贤等学者的研究[19]，可设定 γ_1 为潜伏期的倒数，$\gamma_1=1/7=0.1429$。

对于参数 β、γ_2 和 N 的设定，可采用启发式算法。由于参数 β 表示的是易感个体在单位时间里与感染个体接触并被传染的概率，γ_2 参数表示的是感染个体在单位时间里转化为移除状态的概率，因此 $\beta,\gamma_2\in[0,1]$，对该范围以粒度 1×10^{-4} 进行随机采样。同时对 N 也进行随机采样，粒度为 1000，单位为人。对 β、γ_2 和 N 的采样过程进行迭代，设置迭代次数，不断对 β、γ_2 和 N 进行随机采样并代入模型的微分方程求解，并通过均方根误差（RMSE）最小的约束原则与真实数据进行比对，优化得到该粒度下的最优解参数。

将研究群体总数定义为 $N = S+E+I+R$。基于此，运用 Python 仿真平台进行模拟，可得新冠病毒在传播过程中各群体随时间的演化结果，如图 10-12 所示。

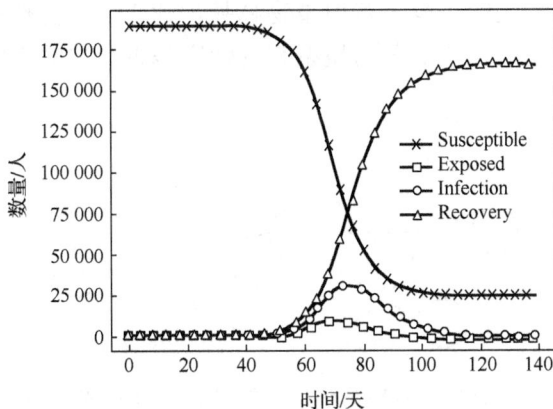

图 10-12　基于 SEIR 模型的仿真结果(潜伏期 7 天)

从图中可以看出，无论是 E 型(潜伏个体)还是 I 型(感染个体)，在初期都呈现上升趋势，但增加相对缓慢，在第 40 天～50 天左右开始加速增长，在第 75 天～85 天达到高峰，之后开始下降直至消失。

10.5　社会网络中的新事物传播

10.5.1　影响新事物在社会网络中传播的因素

常见的影响新事物进入网络并在网络中传播的因素有三个。第一个因素是新事物的特征，即事物本身能影响他人的特点，如一些"洗脑"歌曲能被迅速传播并被很多人传唱与它本身的歌词和曲调相关。第二个因素是近邻网络，映射到现实中则是周边与"我"有关系的人群，人本身的行为会被周边的人所影响，如当认识的人都在用某个新产品时，自身也会倾向于尝试一下。第三个因素是起始节点的特征，即在网络中，最初接收这个新事物的节点的特征，包括这个起始节点的影响力和公信力等，如大公司开发的新产品的传播效率可能会比名不见经传的小公司高得多。

10.5.2　新事物传播模型

假设一个场景，如图 10-13 所示，在这个场景中有一个社会网络，而在这个社会网络中原本有一个事物 B 一直在流行，但现在出现了一种新事物 A，要怎么研究 A 的传播呢？假设每个人只能采纳 A 或 B，无法保持中间立场。在假设中，如果两个相邻的人同时采纳 A，那么他们获利为 a；若同时采纳 B，那么他们获利为 b。此外，转换立场不需要付出额外的成本。

在此假设的基础上，如果要使一个人改变他人的选择，那么必然是得让他在变更后的获利更多，同时每个新事物必定会有一批初代接受者。下面给出一个社会网络的例子。

在这样的一个网络中，对于节点 V，假设有占比为 p 的邻居采纳了 A，那么就有占有比为 $(1-p)$ 的邻居采纳 B。参考博弈论中的均衡原理，对 V 来说，它采纳 A 的获利为 $p×a$，采纳 B 的获利为 $(1-p)b$。若要促使 V 选择新事物 A，则明显要使得 $(1-p)b$ 为门槛值，它是新事物被节点接受的门槛，用 q 来代表它。我们可以看出若 A 越大，即新事物越强，则门槛值越低，人们越容易接受它，反之若旧事物越强，则想让人们转变立场就越难。当新事物在网络中传播时，可通过这个简单的模型来判断它是否会被网络中的节点所接受。

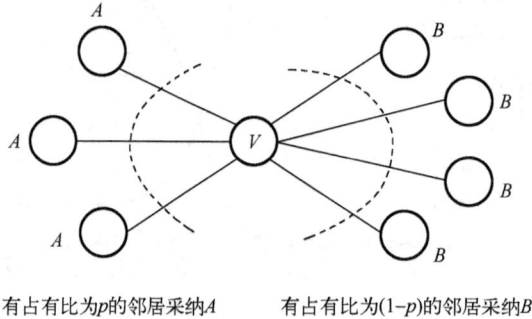

有占有比为 p 的邻居采纳 A   有占有比为 $(1-p)$ 的邻居采纳 B

图 10-13　新事物传播网络

10.5.3　阻碍新事物传播的因素

在图 10-14 的模型中，如果想让人接受新事物，那么就需要他的周边有一定数量的熟人先接受这个新事物。否则，对于一个相对比较封闭和节点间联系紧密的网络，新事物很难在其中大肆传播。

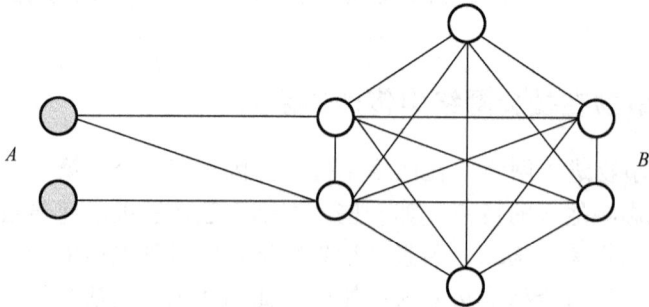

图 10-14　A "攻" 不进去，B "抱团很紧"

在图 10-14 中，灰色节点为接受了新事物 A 的节点，白色节点集为盛行着旧事物 B 的网络；在白色节点集构成的网络中，每个节点和其他使用旧事物 B 的节点都是邻居，因此在仅仅只有两个接受新事物 A 的节点的时候，新事物 A 是无法在盛行旧事物 B 的网络中传播的。

我们将盛行旧事物 B 的网络称为聚簇。聚簇的定义：在一个节点集中若每个节点至少有占比为 r 的邻居也同属于这个节点集合，则我们称这个集合是一个密度为 $r(r <= 1)$ 的聚簇。

聚簇是阻碍完全级联的因素之一，它与级联有着如下关系：假设在一个网络中有一个最初的节点接受了新事物 A，其余节点仍在用旧事物 B，且接受新事物 A 的门槛值为 q。那么当在这个网络中存在一个密度大于 $(1-q)$ 的聚簇时，现有的起始节点集就无法形成新事物 A 的完全级联。反之，若一个初始节点集无法形成一个完全级联，则说明在这个网络中必然存在一个密度大于 $(1-q)$ 的聚簇。

10.6　社会网络中的传播实例——突发公共卫生事件舆情传播与演变

通过社会媒体平台的报道与传播，公众可以及时接收到关于事件发生和发展的各类信息，即便是没有直接受到影响的人也会形成一定的立场或态度，产生转发、评论、点赞等行为，进一步促进舆情信息在社交媒体平台的传播和扩散。对突发公共卫生事件的舆情信息进行挖掘与分析是非常必要的：一方面，突发公共卫生事件的公共性决定了政府不是事件治理的唯一主体，需要全社会尤其是利益相关方的共同参与，社会媒体平台作为承载社情民意的强大舆论场，在一定程度上反映了在突发公共卫生事件中各个利益群体的诉求。另一方面，公共卫生作为民生的热点话题，极易引爆网络舆论，突发性事件的相关信息在社交媒体的传播中往往会被夸大，造成恐慌情绪蔓延。如果公共卫生部门或突发事件主管部门应对不及时、应对政策与公众的立场或诉求不一致，那么容易引发公众的不满和敌对情绪，导致事态升级，使突发公共卫生事件的危害程度和影响范围进一步扩大。

因此，在社交媒体时代背景下，相关部门对突发公共卫生事件的应急管理不能仅针对事件本身，还应对事件的舆情信息进行监测分析，了解公众诉求，及时发现负面、极端情绪，做出合理的舆论引导，促进正面和理性情绪的回归。

鉴于此，本研究以"2018 年疫苗事件"为例，探究社交媒体时代突发公共卫生事件在传播过程中，信息发布者所代表的利益群体、信息内容反映的观点质量是如何影响舆情传播范围，以及舆情周期的调节作用的。研究结果将有助于公共卫生部门和突发事件主管部门把握类似事件的舆情传播规律，在舆情扩散的不同阶段提出更具针对性的引导策略，促进舆情平复，降低突发公共卫生事件的危害，防止次生事件的发生。

10.6.1　数据采集与变量设计

1. 数据采集

2018 年 7 月 21 日，一篇自媒体文章刷爆社交媒体，文章揭露了长春某公司逃避监管，弄虚作假的乱象。随后，多家媒体曝光了长春某公司曾经的狂犬疫苗记录造假、百白破疫苗不符合规定按劣药论处等种种污点，仅在 7 月 21 日和 7 月 22 日两天，与疫苗相关的微博信息就有 2 254 024 条，阅读量超过 10 万次的微博文章也有 120 多篇。疫苗事件在多个社交媒体平台引发了全民热议。疫苗事件相关关键词在微博平台的热度指数变化如图 10-15 所示。

尽管在 7 月中旬相关部门已经对长春某公司的问题疫苗进行了通报，但疫苗事件的真正爆发起源于 7 月 21 日的自媒体文章，其在微博平台的传播基本符合"爆发→蔓延→缓解→反复→残留"这五阶段舆情传播模型，并且不同的关键词出现的时间节点不同，变化趋势也不同。由图 10-15 可知，疫苗事件的舆论焦点不断变化，舆情热度持续高涨，是一起具有代表性且影响重大的突发公共卫生事件，适合作为实证研究对象。

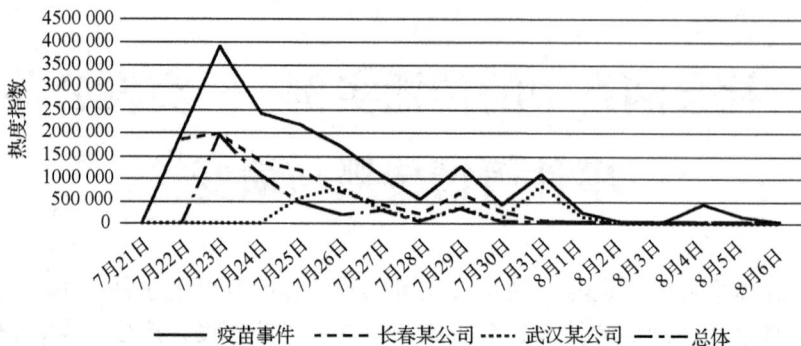

图 10-15 疫苗事件相关关键词在微博平台的热度指数变化

针对疫苗事件，作者以"疫苗事件""长春某公司""武汉某公司"为关键词，使用新浪微博的高级搜索功能等获取 2018 年 7 月 21 日～2018 年 8 月 4 日的热门微博（转发或评论）及对应的账号信息。对数据进行去重及初步的清洗工作后，最终得到热门微博 3818 条。

2. 变量设计

为了解疫苗事件相关舆情信息在微博平台的传播范围，本节选取单条微博的转发量为因变量，根据研究假设，自变量包含微博发布者身份认证类型、微博内容相关变量、微博发布者与微博内容交互项及微博发布日期相关变量，变量说明如表 10-2 所示。

表 10-2 变量说明

变量维度	变量名称	变量说明
微博发布者	身份认证类型（$Identity_i$）	包含四个虚拟变量：$Identity_1$ 表示政府认证（Gov）；$Identity_2$ 表示主流媒体认证（Media）；$Identity_3$ 表示机构自媒体认证（Orgmedia）；$Identity_4$ 表示个人自媒体认证（Wemedia）。若以上四个虚拟变量都为 0，则代表无认证的账号类型
微博内容	时效性	时效性分为三个维度：微博与当天热点话题的相似度（SimNow）反映微博是否能反映实时热点；微博与前一天热点话题的相似度（SimPre）反映微博对前一阶段热点的重复；微博与后一天热点话题的相似度（SimPost）反映微博是否具有前瞻性
微博内容	主观情绪性（Affect）	微博中表示主观情绪性词语的比例
微博内容	正面性（Positive）	微博中表示正面情感词语的比例
微博发布者对微博内容的调节	主观情绪性×身份认证类型 正面性×身份认证类型	主观情绪性与身份认证类型相乘 正面性与身份认证类型相乘
微博发布日期及其调节作用	发布日期（Day） 身份认证类型×发布日期	微博发布日期距离事件爆发日期的天数 身份认证类型与发布日期相乘

其中，主观情绪性及负面情绪性的计算使用"文心"中文心理分析系统，该系统在 LIWC 和中文 C-LIWC 词库的基础上根据微博短文本进行扩展，适用于微博内容的心理分析。微博内容时效性通过计算微博内容与前一天热点话题、当天热点话题及后一天热点话题的相似度来衡量，计算流程如图 10-16 所示。

将同一天内发布的微博内容合并，看作一篇文档，可得到以天为单位的 15 篇文档，计算词语的 TFIDF 值并排序，可得到每一天排序前 70 的词（考虑到大部分微博内容少于 140 字），将这些词作为热点词集合来表示当天的热点话题；使用 Word2Vec 训练微博内容可得到词向量，获得每一天的热点话题及每一条微博的向量化表达；计算向量的余弦相似度来表示每一条微博与发布前一天的、发布当天的及发布后一天的热点话题的相似度。

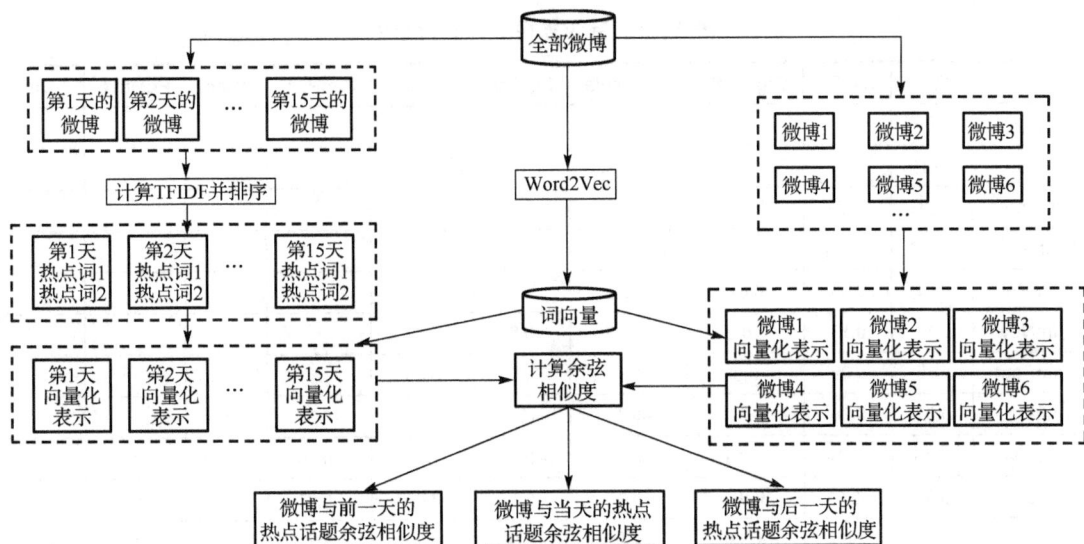

图 10-16　微博内容时效性计算流程

10.6.2　描述性统计与相关性分析

在构建回归模型之前，先对变量进行描述性统计分析，结果如表 10-3 所示。其中，Repost 为因变量，表示微博的转发量。

表 10-3　描述性统计结果

变量	最大值	最小值	平均值	标准差
Repost	60 674	0	250.791	1 889.841
Identity$_i$	Identity$_1$：156			
	Identity$_2$：1 763			
	Identity$_3$：193			
	Identity$_4$：1 133			
SimPre	0.996	0	0.867	0.160
SimNow	0.997	0	0.894	0.149
SimPost	0.996	0	0.864	0.156
Affect	1	0	0.870	0.072
Positive	0.5	0	0.009	0.024
Day	15	1	5.238	3.507

自变量相关性分析结果如表 10-4 所示，最后一行显示的是自变量的 VIF 值。由表 10-4 可知，除了表示微博内容时效性的三个变量（SimPre、SimNow 和 SimPost），其余自变量之间均无强相关性；各变量的最大 VIF 值为 4.52。微博内容与前一天、当天及后一天的热点话题相似度这三个变量之间的相关性较强，一个可能的原因是事件的相关热点话题连续两

天变化不大，考虑到各变量 VIF 值均小于 5，这表明模型不存在多重共线性，适合构建回归模型。

表 10-4 自变量相关性分析结果

	Gov	Media	Orgmedia	Wemedia	SimPre	SimNow	SimPost	Affect	Positive	Day
Gov	1									
Media	−0.19	1								
Orgmedia	−0.05	−0.21	1							
Wemedia	−0.13	−0.60	−0.15	1						
SimPre	0.01	0.08	0.01	−0.04	1					
SimNow	0	0.15	0	−0.08	0.8	1				
SimPost	0	0.09	−0.01	−0.05	0.77	0.85	1			
Affect	0.02	0.16	0.02	−0.14	−0.12	−0.09	−0.10	1		
Positive	−0.01	−0.14	−0.01	0.11	−0.07	−0.10	−0.10	−0.09	1	
Day	0.01	−0.03	0.01	−0.11	−0.13	0.02	−0.02	0.08	0	1
VIF	1.25	3.03	1.32	2.2	3.24	4.52	3.9	1.09	1.05	1.14

10.6.3 回归分析结果

由于转发量 Repost 作为因变量，是计数变量，且标准差远大于均值数倍，因此采用负二项回归进行假设检验，实证模型如式（10-5）所示。

$$\text{Repost} = \beta_0 + \sum \beta_a \text{Identity}_i + \sum \beta_b (\text{Identity}_i \times \text{Day}) + \beta_9 \text{SimPre} +$$
$$\beta_{10} \text{SimNow} + \beta_{11} \text{SimPost} + \beta_{12} \text{Affect} + \sum \beta_c (\text{Affect} \times \text{Identity}_i) + \quad (10\text{-}5)$$
$$\beta_{17} \text{Positive} + \sum \beta_d (\text{Positive} \times \text{Identity}_i) + \beta_{22} \text{Day} + \varepsilon$$

其中，$i = 1 \sim 4$；$a = 1 \sim 4$；$b = 5 \sim 8$；$c = 13 \sim 16$；$d = 18 \sim 21$。

利用 Stata 软件分析数据，可得到如表 10-5 所示的回归分析结果。模型 1 只考虑了微博发布者身份认证类型和微博内容相关变量对舆情传播的影响，模型 2 增加了身份认证类型对微博内容的主观情绪性、正面性的调节作用，模型 3 是本文提出的全模型，该模型在模型 2 的基础上增加了发布日期及其调节作用，从模型 3 的回归结果来看，主要有以下结论。

表 10-5 回归分析结果

变量	模型 1	模型 2	模型 3
Gov	−0.259	1.47	1.092
Gov×Day	−0.038		
Media	−0.815**	−0.172	−0.881*
Media×Day	0.05		
Orgmedia	−1.289***	−0.027	−1.325***
Orgmedia×Day	0.210***		
Wemedia	−0.381	0.402	−0.744*

续表

变量	模型 1	模型 2	模型 3
Wemedia×Day	0.139***		
SimPre	0.81	0.788	−1.334**
SimNow	−3.842***	−3.739***	−1.568**
SimPost	2.106***	2.095***	1.788***
Affect	−3.494***	−6.610***	−4.545***
Affect×Gov	14.214**	12.226***	
Affect×Media	3.435	1.027	
Affect×Orgmedia	8.659***	6.765***	
Affect×Wemedia	4.212**	1.753	
Positive	5.693	10.411**	11.201**
Positive×Gov	10.54	17.797	
Positive×Media	−5.290	−7.916	
Positive×Orgmedia	−9.738	−10.000	
Positive×Wemedia	−7.715	−9.844*	
Day	−0.270***		
身份认证类型调节作用		√	√
发布日期及其调节作用			√

注：***，**，*分别表示在 1%、5%和 10%水平显著。

(1)微博发布者身份认证类型

主流媒体($\beta = -0.881$，sig.<0.1)、机构自媒体($\beta = -1.325$，sig.<0.01)和个人自媒体($\beta = -0.744$，sig.<0.1)的认证类型与转发量之间存在负相关关系，而政府认证类型与转发量之间的关系不显著。总体来说，在微博平台上，即使是通过了 V 认证的账号类型，其对突发公共卫生事件舆情传播的影响也不一定因此而增大。

微博发布日期对身份认证类型的调节作用显示，机构自媒体认证和发布日期的交互项($\beta = 0.210$，sig.<0.01)、个人自媒体认证和发布日期的交互项($\beta = 0.139$，sig.<0.01)与转发量之间存在显著负相关关系，可见在舆情传播后期，自媒体账号显示了更强大的传播影响力。因此，微博发布者的身份类型不同，其对舆情传播的影响也不同，并且这种影响与微博发布时所处的舆情传播周期有关。

(2)微博内容时效性

在时效性方面，微博内容与前一天($\beta = -1.334$，sig.<0.05)及当天($\beta = -1.568$，sig. < 0.05)的热点话题相似度越高，转发量越小；与后一天的热点话题相似度越高($\beta = 1.788$，sig. < 0.01)，转发量越大。这个结果更加证明了在突发公共卫生事件的舆情传播中，时效性是非常重要的，从微博内容上看仅对前一阶段热点进行重复或是紧跟当天的热点话题，"蹭热度"、人云亦云的微博被转发的可能性都很小，具有前瞻性、新颖性、原创性的微博才有可能被大范围传播。

由于微博内容的主观情绪性表达与转发量之间存在显著负相关关系($\beta = -4.545$，sig. < 0.01)，因此对于突发公共卫生事件，人们更愿意接收和分享客观事实性的信息。对于政府认证($\beta = 12.226$，sig. < 0.01)和机构自媒体认证($\beta = 6.765$，sig. < 0.01)的账号，微博表达的主观情绪性越强，转发量越大，而其他认证类型未显示出这种调节作用，这说明对于不

同认证类型的账号，其主观情绪性表达对舆情传播的影响不同。

微博内容的情绪性表达越正面、越积极，微博转发量越大（$\beta = 11.201$，sig. < 0.05）。但是身份认证类型对正面性表达的调节作用显示，对于个人自媒体认证（$\beta = -9.844$，sig. < 0.1）的账号，微博内容的正面性与转发量之间存在负相关关系，其他身份认证类型对正面性表达的调节作用不显著。由此可推测，在突发公共卫生事件的舆情传播中，个人自媒体发布的微博负面情绪越强烈，越容易引起人们的共鸣，转发量也越大，需要引起相关部门重视。

(3) 微博发布日期

微博发布的日期距离事件爆发的时间越久，其微博转发量越小（$\beta = -0.270$，sig. < 0.01），这说明随着时间的推移，突发公共卫生事件的热度会逐渐下降，人们对事件相关信息的转发意愿也会逐渐降低。

总体来说，在微博平台的突发公共卫生事件舆情传播中，微博发布者的身份认证类型不同，对舆情信息传播范围的影响也不同，且微博发布时间会起到调节作用；在微博内容方面，时效性强、内容新颖的信息传播更广泛，主观情绪性与正面性对舆情传播的影响受限于身份认证类型的调节效应。

本 章 小 结

社会网络传播的模式是网状模式，人们在接收或发布信息的时候，会使用各种各样的传播方式，如人际传播方式、组织传播方式，甚至大众传播方式。这些不同的传播方式，就像一张张动态的网，将人类生活笼罩于其中。

社会网络传播的影响因素可以从主观和客观两个方面来概括，在分析不同社会网络之间的结构差异对信息传播的影响时，我们通常从交互性、连通性、隐私性和转发性这四个方面入手。本章介绍了社会网络的基础传播模型，以及人际传播、群体传播、组织传播和大众传播等网络传播形态，并通过不同的传播内容进一步介绍了社会网络中的信息传播、疾病传播和新事物传播。通过本章我们应该看到了研究网络传播的重要意义，在当今媒体变革的时期，随着用户地位不断提高，传播呈现出更加多样的特点，研究社会网络中的传播现象对适应时代发展的要求具有重要意义。

思 考 题

1. 用自己的话谈谈对社会网络中的传播的认识，并概括它的特点。
2. 结合一个网络事件，分析其传播特点与社会影响。
3. 选取一个典型的网络舆论案例，分析网络意见传播结构对舆论走向的影响。
4. 从传播网络结构的角度，试试分析微博对于谣言传播的影响。
5. 查找资料，了解大众传播学中的"意见领袖""沉默的螺旋""议题设置""把关人""涵化理论""社会差异性"等概念。

参 考 资 料

[1]　刘权辉. 社会网络上传播行为研究[D]. 成都：电子科技大学，2019.

[2]　吴飞. 社会传播网络分析——传播学研究的新进路[J]. 中国人民大学学报，2007（4）：112-119.

[3]　詹姆斯·W.凯瑞. 作为文化的传播："媒介与社会"论文集[M]. 北京：华夏出版社，2005.

[4]　彼得斯. 交流的无奈：传播思想史：a history of the idea of communication[M]. 北京：华夏出版社，2003.

[5]　易成岐. 社会网络的信息传播规律研究[D]. 哈尔滨：哈尔滨理工大学，2016.

[6]　李超. 基于多维属性的社会网络信息传播模型研究[D]. 深圳：中国科学院深圳先进技术研究院，2014.

[7]　许岗，金海和，刘靖. 在线社会网络的网络结构和信息传播研究综述[J]. 计算机应用研究，2014，31（2）：339-343.

[8]　于晶，刘臣，单伟. 在线社会网络中信息传播的结构研究[J]. 情报科学，2013，31（12）：136-140.

[9]　陈慧娟，郑啸，陈欣. 微博网络信息传播研究综述[J]. 计算机应用研究，2014（2）：19-24.

[10]　TIAN Z, ZHANG Q. Empirical analysis of microblog information flow features based on complex network theory[J]. Advanced information sciences and service sciences, 2012, 4（7）: 163-171.

[11]　沈珂轶. 社会网络的社团结构发现与动态特性研究[D]. 上海：上海交通大学，2011.

[12]　KWAK H, LEE C, PARK H, et al. What is twitter, a social network or a news media?[C]//Proceedings of the 19th international conference on world wide web, 2010: 591-600.

[13]　GUILLE A, HACID H.A predictive model for the temporal dynamics of information diffusion in online social networks[C]//International conference on world wide web. ACM, 2012.

[14]　张赛，徐恪，李海涛. 微博类社交网络中信息传播的测量与分析[J]. 西安交通大学学报，2013（2）：130-136.

[15]　王晶，朱珂，汪斌强. 基于信息数据分析的微博研究综述[J]. 计算机应用，2012，32（7）：2027-2029.

[16]　SUH B, HONG L, PIROLLI P, et al. Want to be retweeted? large scale analytics on factors impacting retweet in twitter network[C]//2010 IEEE second international conference on social computing. IEEE, 2010: 177-184.

[17]　HUBERMAN B A, ROMERO D M, WU F . Social networks that matter: twitter under the microscope[J]. ArXiv preprint ArXiv:0812.1045, 2008.

[18]　范如国，王奕博，罗明，等. 基于 SEIR 的新冠肺炎传播模型及拐点预测分析[J]. 电子科技大学学报，2020，49（3）：369-374.

[19]　徐恭贤，冯恩民，王宗涛，等. SARS 流行病的 SEIR 动力学模型及其参数辨识[J]. 黑龙江大学自然科学学报, 2005, 22（4）：459-462.

第 11 章 社会网络中的博弈

社会网络中的博弈是现代博弈论在社会网络拓扑结构中的延伸，也是考虑复杂网络中节点之间的联系再进行博弈的科学。本章首先介绍现代博弈论，为大家铺建博弈论学科理论的基础；再从种群的视角介绍群体演化博弈的特性，让大家对博弈论在复杂社会网络博弈发展的中间阶段有比较清晰的认知；最后总结一般网络演化博弈的过程并进行案例分析。

11.1　博弈论基础

11.1.1　博弈论思维

在《美丽心灵》这部电影的 19～23 分钟的时候，出现了下面这样一个场景。

Adam Smith："在竞争中，个人的野心往往会促进公共利益。"

Nash："如果我们全去追求那个金发女孩，那么结果一定全军覆没，谁也得不到她；然后如果我们去找她的女朋友，那么她们肯定会给我们泼冷水，因为没有人愿意屈居第二。"

"若没有人去追求那个金发女孩，那我们之间既互不侵犯，也没有羞辱到其他女孩，只有这样大家才能都赢。"

Adam Smith："最好的结果是团队内的任何人都能够做到对于他自己是最好的事情。"

Nash："最好的结果是团队内的每一个人都做对本身和团队最有利的事情。"

我们可以将上述例子作为一个博弈的情景进行描述。通过分析，我们知道，参与人是"我"和"我的朋友们"，两个策略是"追求金发女孩"和"追求其他女孩"。表 11-1～表 11-6 是可能的几个收益矩阵，我们可以通过自己设计的数据来将这个博弈变换成不同的类型。

表 11-1　博弈收益矩阵 1

		"我的朋友们"	
		追求其他女孩	追求金发女孩
"我"	追求其他女孩	[10, 10]	？，？
	追求金发女孩	？，？	[0, 0]

上面这个收益矩阵是最初的模型，问号处填入不同的数字，以及改变"追求其他女孩"的收益分数，都能改变这个博弈的类型。

表 11-2　博弈收益矩阵 2

		"我的朋友们"	
		追求其他女孩	追求金发女孩
"我"	追求其他女孩	[5, 5]	[1, 9]
	追求金发女孩	[9, 1]	[0, 0]

上面这个收益矩阵所显示的,就是一个多重均衡博弈的收益矩阵。其中(追求金发女孩,追求其他女孩)和(追求其他女孩,追求金发女孩)是两个纳什均衡,类似"鹰鸽博弈"。

表 11-3　博弈收益矩阵 3

		"我的朋友们"	
		追求其他女孩	追求金发女孩
"我"	追求其他女孩	[10, 10]	[10, 15]
	追求金发女孩	[15, 10]	[0, 0]

上面这个收益矩阵所显示的,(追求金发女孩,追求其他女孩)和(追求其他女孩,追求金发女孩)是两个纳什均衡,且这两个纳什均衡也是帕累托最优和社会最优。

表 11-4　博弈收益矩阵 4

		"我的朋友们"	
		追求其他女孩	追求金发女孩
"我"	追求其他女孩	[10, 10]	[8, 15]
	追求金发女孩	[15, 8]	[0, 0]

上面这个收益矩阵所显示的,(追求金发女孩,追求其他女孩)和(追求其他女孩,追求金发女孩)是两个纳什均衡,同时也是社会最优。除了上面两个纳什均衡,(追求其他女孩,追求其他女孩)也是一组帕累托最优,所以该博弈存在三个帕累托最优。

表 11-5　博弈收益矩阵 5

		"我的朋友们"	
		追求其他女孩	追求金发女孩
"我"	追求其他女孩	[10, 10]	[8, 11]
	追求金发女孩	[11, 8]	[0, 0]

上面这个收益矩阵所显示的,(追求金发女孩,追求其他女孩)和(追求其他女孩,追求金发女孩)是两个纳什均衡。在该博弈中存在三个帕累托最优,除了上面两个纳什均衡,(追求其他女孩,追求其他女孩)也是一组帕累托最优,同时该组合也是社会最优。

表 11-6　博弈收益矩阵 6

		"我的朋友们"	
		追求其他女孩	追求金发女孩
"我"	追求其他女孩	[10, 10]	[8, 9]
	追求金发女孩	[9, 8]	[0, 0]

上面这个收益矩阵显示的(追求其他女孩,追求其他女孩)是唯一一个帕累托最优和社会最优,同时也是纳什均衡的组合。该策略组合是一个理想策略。

11.1.2　博弈论基本概念

1928 年,冯·诺依曼证明了博弈论的基本原理,从而宣告了博弈论的正式诞生。1944

年，冯·诺依曼和摩根斯坦共著的划时代巨著《博弈论与经济行为》[1]将二人博弈推广到 n 人博弈结构，并将博弈论系统地应用于经济领域，从而奠定了这一学科的基础和理论体系。

博弈论又被称为对策论(Game Theory)，既是现代数学的一个新分支，也是运筹学的一个重要学科。博弈论主要研究公式化了的激励结构间的相互作用。博弈论同时也是用来研究具有斗争或竞争性现象的数学理论和方法。博弈论考虑了游戏中个体的预测行为和实际行为，并研究它们的优化策略。生物学家使用博弈论来理解和预测进化论的某些结果。博弈论已经成为经济学的标准分析工具之一。博弈论在生物学、经济学、国际关系、计算机科学、政治学、军事战略和其他很多学科中都有广泛的应用。

一般情况下，任何背景中的博弈都具有以下三个方面的特征。

(1)至少存在一组参与者(不少于两个)，不妨将参与者称为博弈参与人。

(2)每个博弈参与人都有一组关于如何行为的备选项，此处的备选项是指博弈参与人可能使用的策略。

(3)每个策略的选择，都会使博弈参与人得到一个收益。当然，这个收益结果还受互动中他人的策略选择的影响。一般用数字表示收益。每个博弈参与人都倾向于更大的收益。一般通过收益矩阵来记录不同的收益情况。

下面介绍一个关于囚徒困境博弈的经典案例。

假设有两个犯罪嫌疑人被警察抓住，并且被分开关押在不同的囚室。警察强烈怀疑他们和一场纵火案有关，但是没有充足的证据。然而，他们都拒捕的事实也是可以判刑的。

两个犯罪嫌疑人都被告知以下结果：

"如果你坦白，而另外一人抵赖，那么你马上会被释放，而另外一人将承担全部罪行，并会被判刑 10 年。

如果你们都坦白，那么你们的罪行将被证实。但由于你们有认罪的表现，因此判刑 4 年。

如果你们都不坦白，那么没有证据证明你们的纵火罪，但我们将以拒捕罪控告你们——判刑 1 年。

另外一方也正在接受这样的审讯。他们是坦白还是抵赖？"

为了使该案例具有更正式化的博弈结构，需要确定参与人和可能的策略集及收益。两个犯罪嫌疑人都是参与人，每个参与人都可以在两种可能的策略间做出选择——坦白或抵赖。最后总结出如表 11-7 所示的收益情况。注意，这里的收益全是 0 或小于 0，因为对于两个犯罪嫌疑人来说，都是负效应，只是不同程度的坏结果。

表 11-7　"囚徒困境"博弈收益矩阵

囚徒困境		犯罪嫌疑人 2	
		抵赖	坦白
犯罪嫌疑人 1	抵赖	[-1, -1]	[-10, 0]
	坦白	[0, -10]	[-4, -4]

我们可以通过考虑其中一个犯罪嫌疑人的行动，如犯罪嫌疑人 1，来推测他的决策集。

①假设犯罪嫌疑人 2 计划坦白，则犯罪嫌疑人 1 通过坦白行为得到的收益是-4，通过抵赖行为得到的收益是-10。所以，在这种背景下，犯罪嫌疑人 1 最好选择坦白。

②假设犯罪嫌疑人 2 不会坦白，则犯罪嫌疑人 1 通过坦白行为得到的收益是 0，通过抵赖行为得到的收益是-1。在这种条件下，犯罪嫌疑人 1 同样应该选择坦白。

因此，坦白是一个"严格占优策略"，无论其他犯罪嫌疑人如何进行选择，坦白都是最佳选择。自然地，就可以预测犯罪嫌疑人都会坦白，彼此得到的收益都是-4。

这里有一个值得注意的现象：犯罪嫌疑人都知道，当他们都选择拒不坦白的时候，结果是会更优的。但在理性行为的博弈中，博弈参与人根本不可能得到这个结果。因此刻画了"在有关个体私利前，建立合作是十分困难的"模型。

但是在现实生活中，没有什么模型可以像囚徒困境这样简单而精确地刻画这种复杂的情景。所以在大量不同的现实世界场景中，囚徒困境就被长期用来充当这些场景的诠释性框架[2]。

比如，在专业性运动比赛中，服用兴奋剂也可以被构建成一种囚徒困境类型的博弈例子[3]。假设一方服用兴奋剂，而另一方没有，那么在比赛中服用方就会取得优势。但是，服用方自身将会遭受长期的伤害。假设在一场比赛中，服用兴奋剂与否是很难被监测到的，再进一步假设，相比起赛场得胜的获益情况，运动员认为服用兴奋剂的不利只是小因素。于是我们就可以得到如表 11-8 所示的收益情况，数值只表示其相对大小。

表 11-8 "兴奋剂"博弈收益矩阵

"兴奋剂"博弈收益情况		运动员 2	
		没服用	服用
运动员 1	没服用	[3, 3]	[1, 4]
	服用	[4, 1]	[2, 2]

观察上表后可以发现，这里的严格占优策略是你和你的对手都服用兴奋剂，即使你们都知道，存在服用兴奋剂之外的一个更优选择。但是在上述条件作用下，参与人还是会服用兴奋剂的。

一般而言，这种情形通常称为军备竞赛。在这种背景下，竞争双方为保持彼此实力相当，都会选择生产更具危险性的武器。囚徒困境也已被用于在形式上解释敌对国家间的军备竞赛。

11.2 演化博弈论——种群动力学

演化博弈论将博弈理论分析和动态演化过程分析结合起来，是用于研究有限理性的群体参与者在(无限)重复博弈中进行动态适应和学习的理论，强调动态的均衡。演化博弈论主要解决的问题包括两个：①构建体现不同理性要求的动态学习模型；②运用稳定性理论，分析在学习调整过程中均衡的稳定性，判断动态模型是否收敛到纳什均衡。

演化博弈论群体参与者的"有限理性"表现在多个方面。首先，惯例行为是指由于参与者变更策略存在着成本，因此大多数人按惯例采取行动，即被锁定在已有的策略中；其次，决策上的"近视眼"是指当少部分参与者变更策略时，总是以现有策略状态进行分析，而不具有预测能力；再次，试错法的尝试行为是指少部分具有冒险精神的参与者不拘泥于最优策略，而是尝试采取其他各种策略。

一般的演化博弈模型的建立主要基于选择(Selection)和突变(Mutation)。选择是指能够获得较高支付的策略在以后将被更多的参与者采用；突变是指部分个体以随机的方式选择不同群体的策略。突变其实也是一种选择，但只有好的策略才能生存下来变为选择。突变是一种不断试错的过程，也是一种学习和模仿的过程。

演化博弈论包含以下四个要素。

(1)群体(Populations)：在生物系统或社会经济系统中存在着许多参与者，这些参与者可以分为同类群体和不同类群体。每个群体都有自己的行动集合。

(2)支付函数(Payoff Function)：某种行动对应的收益，又称为适应度函数(Fitness Function)，与参与者选择的策略及当前不同策略的比例分布有关。

(3)动态(Dynamics)：反映群体参与者的学习和模仿过程，常见的有模仿者动态方程。

(4)均衡(Equilibrium)：反映演化的收敛稳定状态，包括静态的演化稳定策略(Evolutionarily Stable Strategy，ESS)、动态的演化均衡(Evolutionary Equilibrium，EE)等概念。

按照时间发展顺序，我们将首先讨论 ESS。ESS 研究了在罕见突变下的均衡的稳定性，它不需要具体说明实际的博弈动态。随后将讨论典型的演化动力学。

本节我们重点讨论种群博弈(Population Games)。由于对参与者的类型和数量及它们的交互网络进行了一些简化的假设，因此这些模型就产生了一个相对简单的、聚合级别的描述。

11.2.1 种群博弈

种群博弈是由两人博弈、可行策略集和个体策略的启发式更新机制(Update Rules)定义的。该定义包含以下假设：

(1)有限理性参与者数量非常大，$N \to \infty$；

(2)所有参与者都是同质的，拥有相同的支付矩阵(对称博弈)，或者参与者构成两个不同的内部同质的种群(非对称博弈)；

(3)在每个博弈阶段，参与者以相同的概率随机配对(对称博弈)，或者一个种群的成员和另一个种群的成员随机配对(非对称博弈)，所以社会网络是最简单的；

(4)和博弈频率相比，策略更新次数较少，所以策略更新可以基于策略的平均成功率；

(5)所有参与者都使用同样的策略更新规则；

(6)参与者目光短浅，他们的折现系数非常小，$\delta \to 0$。

在种群博弈中，波动性产生于匹配过程的随机性、混合策略等，由于波动性最终会达到平衡并被忽略掉，因此种群博弈是平均场型的演化博弈。通过这些简化，我们可以使用有限数量的状态变量来刻画种群的整体行为特征，进而描述博弈动态。接下来将介绍一个简单的种群博弈模型——对称的矩阵博弈。

假设参加博弈的有 N 个参与者，任意参与者 n 的 s_n 是其可能策略集 $\{s_1, s_2, \cdots, s_N\}$ 中的一个纯策略。如果用 Q 个 Q 阶矩阵来表示可能策略集 $\{e_1, e_2, \cdots, e_Q\}$，则有：

$$e_1 = (1, 0, \cdots, 0)^{\mathrm{T}};$$
$$e_2 = (0, 1, \cdots, 0)^{\mathrm{T}};$$

$$\cdots,$$
$$e_Q = (0, 0, \cdots, 1)^T; \qquad (11\text{-}1)$$

N_i 表示执行策略为 e_i 的人数，$\theta_i = N_i \big/ N$，$\sum_{i=1}^{Q} \theta_i = \sum_{i=1}^{Q} N_i \big/ N = 1$。在任意时间点，种群状态可以由不同策略的比例来表示。

定义 $\theta = \dfrac{1}{N} \sum_{n=1}^{N} s_n = \sum_{i=1}^{Q} \dfrac{N_i}{N} e_i = \sum_{i=1}^{Q} \theta_i e_i = (\theta_1, \theta_2, \cdots, \theta_Q)^T$ 为种群的平均策略，收益可以表示为策略频率的函数。参与者 n 采用的策略为 s_n，其期望收益为：

$$u_n(s_n, \rho) = \frac{1}{N} \sum_{m=1}^{N} s_n \cdot A s_m = s_n \cdot A\rho \qquad (11\text{-}2)$$

其中，A 为收益矩阵。式 (11-2) 说明对于某个特定参与者来说，种群的其他参与者的综合效用看起来好像是他在和一个单独的代表参与者进行博弈，这个代表参与者采用种群平均策略作为混合策略。

现在可以直接将纳什均衡的概念扩展到总体层面，在这个层面上，只有策略比例是可用的。种群的状态 θ^* 是种群博弈的纳什均衡，θ^* 满足以下条件：

$$\theta^* \cdot A\theta^* \geqslant \theta \cdot A\theta^* \qquad (11\text{-}3)$$

在种群博弈的纳什均衡下，如果给定种群的平均策略，那么没有参与者会单方面改变自己的策略。

11.2.2 演化稳定性

演化博弈论的一个中心问题是策略分布在种群中的稳定性和鲁棒性。ESS 是指如果占群体绝大多数的个体选择进化稳定策略，那么小的突变者群体就不可能侵入这个群体。或者说，在自然选择的压力下，突变群体要么改变策略而选择 ESS，要么退出系统而在进化过程中消失。总的来说，演化稳定性代表了"入侵者屏障"，在突变体在种群中达到一定临界频率之前，它可以抵制入侵。ESS 反映了均衡解的稳定性状态（另一个是复制动态，一种最常用的动态收敛过程，将在 11.2.3 节介绍）。

ESS 是静态概念，并不探讨均衡是如何获得的，在某些情况下可以从博弈的收益矩阵中直接判断出。突变策略是群体参与者的策略集中不同于现有实施策略的一种策略。其中，策略集包括所有的纯策略和相应的混合策略。

ESS 定义如下：

如果 p^* 是 ESS，那么对所有 $p \neq p^*$，都存在一个 $\overline{\varepsilon} \in (0,1)$，使不等式 $u[p^*, (1-\varepsilon)p^* + \varepsilon p] > u[p, (1-\varepsilon)p^* + \varepsilon p]$ 对任意 $\varepsilon \in (0, \overline{\varepsilon})$ 都成立。

如果对于群体中很小比例 ε 的突变行为 p，采取 p^* 策略将获得更高收益，那么 p^* 即为 ESS。

从定义中可以看出，在一个群体处于纳什均衡状态，且当少数变异者持有变异策略入侵时，侵略将被击退，原均衡保持不变。

11.2.3 复制动态

一个演化博弈模型需要考虑其博弈动态才算完整，也就是在种群中描述个体策略的更新规则。演化博弈基本的选择动态(Selection Dynamics)表述为：

$$\dot{\theta}_i(t) = \theta_i(t) \cdot g_i(\theta) \tag{11-4}$$

其中，$\theta_i(t)$ 表示在 t 时刻选择策略 i 的个体在群体中所占的比例；函数 $g_i(\theta)$ 表示某种具体的选择过程，不同的学习机制对应不同的函数。

由于选择动态的基本特征是：如果策略 i 在初始时刻未被采用，则永远不会被采用。因此选择动态没有反映出突变机制。

博弈方策略类型比例动态变化的关键是变化速度，这取决于博弈方学习模仿的速度。一般情况下，博弈方的学习速度取决于两个因素：①模仿对象的数量大小(可用相应类型的博弈方的比例表示)，这关系到观察和模仿的难易程度；②模仿对象的成功程度(可以用模仿对象策略收益与平均收益差的大小来表示)，这关系到判断差异难易程度和对模仿激励的大小。

复制动态(Replicator Dynamics)是最常见的一种动态过程。其表达式如下：

$$\dot{\theta}_i(t) = \theta_i(t) \cdot [u_t(s_i) - \overline{u}_t] \tag{11-5}$$

其中，$u_t(s_i)$ 是 t 时刻纯策略 s_i 的效用；$\overline{u}_t$ 是 t 时刻群体平均效用。

11.3 复杂网络中的博弈

复杂网络上的演化博弈论是研究结构种群合作演化和策略竞争的一种非常有用的方法。自从 1992 年 Nowak 和 May 开创性地研究了空间方格网络上的合作演化之后，复杂网络的合作演化和博弈动力学研究逐渐成为研究的热点。

11.3.1 一般网络演化博弈过程

复杂网络上演化博弈的基本过程如下：在每一代(Generation)或每一个时间步(Time Step)上，个体与所有的邻居个体进行交互，并累积在所有交互中获得的收益(如图 11-1 所示)。

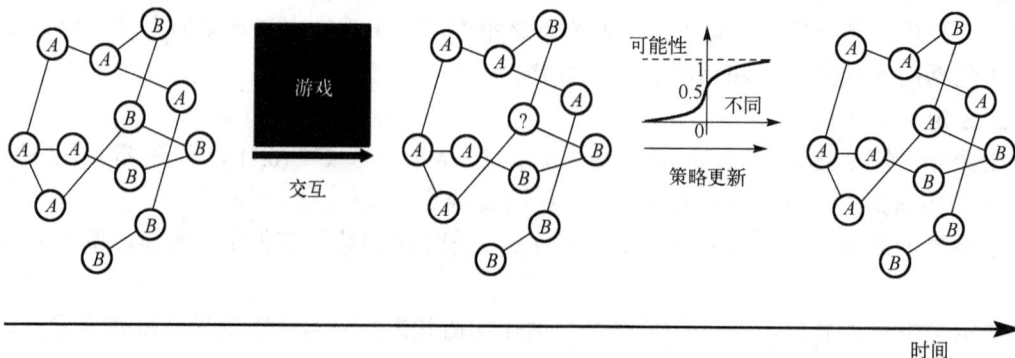

图 11-1 复杂网络上的演化博弈示意图[1]

个体根据适应度进行策略更新。网络上演化博弈常用的更新过程如下。

(1) 灭生更新(Death-Birth Updating)过程[4]：在每一代，一个随机的个体灭亡后，邻居个体以正比于个体适应度的概率繁殖一个后代并占领灭亡个体对应的空节点。

(2) 生灭更新(Birth-Death Updating)过程：在每一代，一个个体以正比于个体适应度的概率繁殖一个后代，然后随机取代一个邻居个体。

(3) 成对比较更新(Pairwise Comparison)[5]：在每一代，一个随机的个体 i 被选择，然后个体 i 的一个随机的邻居个体 j 被选择，个体 i 以概率 $1/[1+e^{-\delta(\pi_i-\pi_j)}]$ 模仿邻居个体 j 的策略。否则，个体 i 将维持自身的策略不变。

(4) 模仿更新(Imitation Updating)规则：在每一代，一个随机的个体 i 被选择更新策略，然后在个体 i 的邻域中(i 和 i 的邻居)，个体 i 以正比于邻居个体 j 的适应度的概率学习 j 的策略。

复杂网络上的每个节点表示一个个体，节点的状态(A 或 B)指代个体的策略。边代表个体之间的交互关系。个体之间的交互用博弈刻画。如果交互都发生在两个个体之间，那么个体与每个邻居个体进行一次博弈，依据个体策略和收益矩阵获得收益。如果交互发生在多个个体之间，那么个体和所有邻居个体进行一次多个体博弈，依据所有参与者的策略和收益矩阵获得收益。个体的总收益一般是该个体在所有交互中获得收益的累积之和。然后网络上节点的状态依据适者生存的进化原则进行更新，其中收益高的个体有更高的繁殖概率，而收益低的个体更可能被取代。整个系统不断演化，直到进入一个稳定的状态。

这种较低层次的方法通常被称为"基于代理(Agent-Based)"，因为在这个层次上，理论的基本单位是个体代理本身。系统的 Agent 级动态通常由策略更新规则定义，该规则描述了 Agent 如何感知其周围环境，它们获取了什么信息，它们从以前的经验中形成了什么，以及这些信念和期望如何在博弈中转化为更新策略。这些规则可以模仿遗传编码的达尔文选择或有限理性的人类学习，两者都受到可能错误的影响。当在图网络上进行博弈时，更新规则可能不仅涉及策略更改，还涉及代理本地网络结构的重组。

这些更新规则也可以被视为"元策略(Meta-Strategies)"，因为它们代表策略的策略。策略和元策略之间的区别只有在它们之间有层级关系时才存在。这通常是由于给定的更新规则在重复博弈中的使用要比初始阶段使用的博弈策略要少得多。在游戏期间，策略更新的概率很低。Roca 等讨论了改变收益更新和策略更新之间的时间比例可能会出现的重大后果[6]。此外，虽然参与者可以在网络博弈中使用不同的策略，但我们通常假设所有参与者在人群中都使用相同的更新规则。请注意，在某些情况下，这些假设可能不合理。

在博弈论文献中定义和应用了大量微观更新规则。一般的自然法则无法规定这样的行为规则，尽管我们称这些规则为"微观的"，但事实上，它们是在描述人类心理运作的更基本机制层的简化现象学规则时出现的。更新规则的实际选择在很大程度上取决于所考虑的具体问题。

群体中的策略更新可能在社交网络中同步或处于随机顺序。在这些规则中有些是一般随机的，有些是确定性的，有些是带有代表随机突变的小随机成分(实验)的。此外，当地环境决定了战略变化的方式是多种多样的。在许多情况下，给定参与者的策略选择取决于他和邻居的收益差异。这一差异可能由对峙参与者之间的一次性游戏(如剪刀石头布博弈)决定，也可能由所有邻居的博弈收益总和决定，或者这些总收益累积超过一段时间，且随着时间的推移会产生更大的影响。通常，规则是短视的，即优化是基于人口的当前状态，而不预测未来可能的变化。我们将主要关注无记忆(马尔可夫)系统，其中的进化规则由当前收益决定。

11.3.2 网络博弈在合作研究中的应用

社会网络的博弈在合作问题的研究中应用广泛。合作在现实世界中很普遍，人类社会奠基于合作。但是合作是昂贵的：合作者付出了使他人受益的成本，自私的行为会在激烈的竞争中得到回报，但是自然选择如何达成合作呢？这种合作难题让进化生物学家着迷了数十年。

进化博弈理论为研究无关个体之间的合作进化提供了框架。作为一个比喻，囚徒困境被广泛用于调查合作的起源。受空间博弈论文的启发，许多工作都关注在结构化人群中合作的发展。特别是进化图论的发展为描述群体结构提供了一个方便的框架：节点表示参与者，边表示参与者之间的动态相互作用。众所周知，网络拓扑在合作的发展中起着至关重要的作用，最引人注目的是无标度网络。

因为复杂网络的博弈演化基于复杂耦合模型，所以一般没有简单直接的代码包可以实现。这里附上复现 *Reputation-based Partner Choice Promotes Cooperation in Social Networks*[7] 这篇文献的代码(因为代码较多，参见本章附录)，供大家参考。

在这篇文献中，作者研究了图选择与间接互惠(导致"合作伙伴转换")之间的相互作用是如何促进合作的。研究合作在自适应网络而非静态网络上的重要性已经被很多研究者证实。如果参与者具有认知能力，声誉自然就会被牵涉进重复的博弈。声誉本身在间接互惠博弈的合作动态演化中显示出强大的影响力，这有助于解释人类社会中的高度合作。在合作伙伴市场中，由于个人的合作伙伴选择倾向于利用潜在合作伙伴的声誉，因此倾向于选择具有良好声誉的合作伙伴。由于个人的合作伙伴转换倾向于避免令人厌恶的合伙关系，因此容易抛弃信誉低下的合作伙伴。由于个人通常只拥有有关团体声誉的本土信息，因此作者假设他们知道合作伙伴和合作伙伴的伙伴(二阶邻居)的声誉。受这些提示，作者提出了一个包含这些因素的计算模型。同时，作者发现，当在合作伙伴转换过程中声誉发挥作用时，即使个人转移合作伙伴的频率低于其调整战略的频率，"合作者"仍然有很大的机会消灭"背叛者"。此外，个人基于声誉选择合作伙伴的趋势将导致更高水平的合作。

上文的作者还构建了一个基于群体结构和进化动力学的网络仿真模型。模型中动态网络的节点表示个人，边表示个人之间的配对伙伴关系(游戏互动)。最初，单个策略和网络的协同进化始于随机且同质的状态。N 个个体中的每个个体具有相同数量的交互伙伴(网络邻居)，其中总共有 M 条边均匀地将他们进行随机配对，并且他们都有一个相同的概率成为"合作者"(C，由二维单位向量 $s = [1,0]^T$ 表征)或"背叛者"($D,s = [0,1]^T$)。此外，假设在个体策略更新和合作伙伴转换过程中个体和边的数量保持不变，即平均度 $k = 2M/N$ 是不变的。此约束意味着资源环境有限，并将限制引入紧急网络配置中。每个人都与伙伴网络定义的他的直接邻居进行成对交互。也就是说，个体 i 与所有社交伙伴一起玩囚徒困境游戏，并获得收益：

$$P_i = \sum_{j \in N_i} s_i^T Q s_j \tag{11-6}$$

其中，N_i 代表 i 的邻居集合；2×2 收益矩阵 Q 具有简单的重定标形式，用单个参数 $b(1 < b < 2)$ 表示如下：

$$Q = \begin{pmatrix} 1 & 0 \\ b & 0 \end{pmatrix}$$

i 的收益情况如下：

①$i^C + j^D$

$$(1 \quad 0)\begin{pmatrix} 1 & 0 \\ b & 0 \end{pmatrix}\begin{pmatrix} 0 \\ 1 \end{pmatrix} = (1 \quad 0)\begin{pmatrix} 0 \\ 1 \end{pmatrix} = 0$$

②$i^C + j^C$

$$(1 \quad 0)\begin{pmatrix} 1 & 0 \\ b & 0 \end{pmatrix}\begin{pmatrix} 1 \\ 0 \end{pmatrix} = (1 \quad 0)\begin{pmatrix} 1 \\ 0 \end{pmatrix} = 1$$

③$i^D + j^C$

$$(0 \quad 1)\begin{pmatrix} 1 & 0 \\ b & 0 \end{pmatrix}\begin{pmatrix} 1 \\ 0 \end{pmatrix} = (b \quad 0)\begin{pmatrix} 1 \\ 0 \end{pmatrix} = b$$

④$i^D + j^D$

$$(0 \quad 1)\begin{pmatrix} 1 & 0 \\ b & 0 \end{pmatrix}\begin{pmatrix} 0 \\ 1 \end{pmatrix} = (b \quad 0)\begin{pmatrix} 0 \\ 1 \end{pmatrix} = 0$$

为了解释合作伙伴选择中的声誉效应，定义个体 i 在时间 t 的声誉为 $R_i(t)$，他在过去的博弈中与邻居合作的次数记为：

$$R_i(t) = R_i(t-1) + \Delta_i(t) \tag{11-7}$$

其中，如果个体 i 在时间 t 合作，那么 $\Delta_i(t)$ 为 1，否则为 0。值得注意的是，这种声誉的定义类似于 Nowak 和 Sigmund[8]提出的形象评分，这可能是形象评分的仿射变换。

在模型中，需要考虑个体策略与伙伴网络结构之间的耦合情况。假设个体策略更新后引入了新的时间标度 τ_e，这不一定等于与自适应伙伴切换过程相关的时间标度 τ_a，二者是否相等取决于比例 $W = \tau_e/\tau_a$。个体策略和使用伙伴网络的协同进化在异步更新下一起进行：选择策略更新事件的概率为 $(1+W)^{-1}$，否则选择结构更新事件。现在，W 值控制着两个相互竞争的个体的更新动作：随着 $W \to 0$，在静态网络上协作的演化在恢复；随着 W 的增加，个体会迅速调整他们的社交伙伴。

策略更新。随机选择一个个体 i，从 i 的（一阶）最近邻居中再随机选择另一个个体 j，个体 i 和 j 根据指定的囚徒困境规则与他们的所有社交伙伴互动（通过边直接与他们相连的个体），累积总收益分别为 P_i 和 P_j。个体 j 的策略代替个体 i 的策略的似然性概率用费米函数给出：

$$\phi(s_i \leftarrow s_j) = \frac{1}{1 + \exp[\beta(P_i - P_j)]} \tag{11-8}$$

其中，β 代表选择的强度（$\beta \to 0$ 导致随机漂移，$\beta \to \infty$ 会出现确定性模仿动力学现象）。

此外，当个体 i 被选中进行策略更新时，其声誉 $R_i(t)$ 也会被更新。因此，如前所述，$R_i(t)=R_i(t-1)+\Delta_i(t)$，如果个体 i 在时间 t 合作，那么 $\Delta_i(t)$ 为 1，否则为 0。

在四个实验中，β 参数都设置为 0.01，这表明实验倾向于随机漂移。当 $P_i \gg P_j$ 时，个体 i 的累积信誉远远好于个体 j，个体 j 的策略替代个体 i 的策略的概率为 $\phi \to 0$；当 $P_i \ll P_j$ 时，个体 j 的累积信誉远远好于个体 i，个体 j 的策略替代个体 i 的策略的概率为 $\phi \to \dfrac{1}{2}$。

合作伙伴切换。假设个人拥有有关他的直接邻居和二阶邻居（Next-Nearest Neighbors）的本土信息；也就是说，焦点人物知道这些人的声誉，因为他可以目睹他的社交伙伴在过去的博弈中的合作，并从最近的邻居那里获得二阶邻居的信息。此外，个体被假定为对他人一无所知（类型和声誉），除了他的最近邻居和二阶邻居。由于该假设仅要求个人具有本土信息，因此是合理的。随机选择一个个体 i，根据其社交伙伴的声誉更新其交互伙伴（博弈，合作或背叛）。个体 i 解除与声誉最低的个体的连边；也就是说，个体 i 从这个伙伴切换到根据他们的声誉优先选择的二阶邻居中的一个，或者是整个人群中的一个随机成员（不包括最近的邻居）。具体来说，焦点人物以概率 p 将连接从其社交伙伴中声誉最低的重定向到其邻居中声誉最高的二阶邻居（伙伴关系中的排序）。否则，以似然概率 $1-p$，将连接从声誉最低的伙伴转移到群体中随机选择的那个伙伴，除了他最近的邻居（伙伴关系的随机性），如图 11-2 所示。

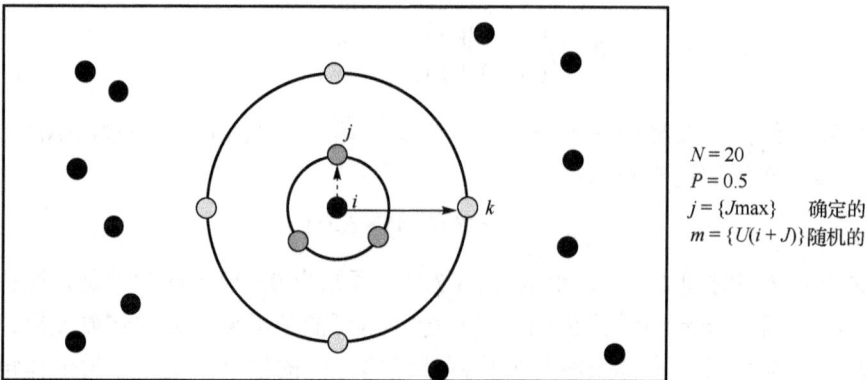

图 11-2　合作伙伴切换规则示意图

更明确地说，在时间 t，个体 i 终止了与个体 j 的未来互动，满足

$$j=\arg\ \min_{l\in N_i} R_i(t) \tag{11-9}$$

之后以概率 p 切换为个体 k（二阶邻居）未来的合作伙伴：

$$k=\arg\max_{\bigcup_{l\in N_i} N_l\backslash\{N_i,i\}} R_i(t) \tag{11-10}$$

其中，N_i 表示 i 的邻居集合；$\arg\max f(x)$ 表示当 $f(x)$ 取最大值时，x 的取值；arg 的全称是 Argument，表示若只有一个值使函数取最大值，则 arg 为该值；$\cup$ 是并集的意思，$\bigcup_{l\in N_i} N_l$ 表示对 i 的所有一阶邻居进行遍历，从而顺着一阶邻居找到"二阶邻居"，并收集二者的集合；$\{N_i, i\}$ 是排除一阶邻居和自身的意思。

否则，以概率 $1-p$，切换到个体 m，m 从他的最近邻居以外的整个人群中随机选择。

在这里，个人可以单方面打断厌恶的关联，并有可能选择一个声誉良好的伙伴，这在以后的互动中可能是有利的。为了简单起见，假定被选中的个人在没有任何选择的情况下接受了新的社会伙伴。囚徒困境是一个非零和游戏，收益矩阵的元素在这里是非负的。如果某人在合作伙伴转换过程中被其他人选为将来的合作伙伴，那么他将获得新的合伙关系，从而为自己带来潜在的有利可图的互动。因此，他不会拒绝这一提议。如果在这样的合作伙伴转移事件中考虑了一定的参与成本，那么情况就大不相同了：个人会在选择新的合作伙伴方面表现出挑剔的行为。

作者发现，基于声誉的合作伙伴转换可以导致网络囚徒困境中的稳定合作。其结果表明，当个人面对背叛的诱惑很大时（b 值较大），并且平均而言，他们需要进行密集的互动（高度连接的网络），他们必须要有能力迅速地调整合作伙伴，以使合作蓬勃发展。由于个人倾向于选择信誉良好的潜在合作伙伴，因此形成的伙伴网络高度异质。此外，促进合作归因于这种新兴的异质性。当个人迅速调整其合伙关系时，声誉下降会导致更高水平的合作。与原始模型相比，当个人在很大程度上随机调整自己的合作伙伴而不是依靠声誉时，即使个人能够快速转换自己的合作伙伴，合作也会减少。

附录：

```
合作网络博弈代码
library(tidyverse)
library(data.table)
library(igraph)
library(ggnetwork)
library(progress)
library(RColorBrewer)
library(ggplot2)
library(ggthemes)
'%ni%'<-Negate('%in%')
setwd("/home/ReputationGame")


N=1000              #网络中的个体
NN<-1:N             #用来判断除一阶邻居外的点
#每个个体具有相同数量的合作伙伴，总共 M 条边
#平均度
k=2M/N
k=10
M<-N*k/2
#合作者、背叛者
b=1.2               #单方面背叛的收益，1<b<2
w=1
p<-0.5              #切换到二阶信誉最高邻居的概率，否则为 1-p


#构建一个网络(所有个体具有相同数量的边，随机连接到任意玩家)
set.seed(111)
#net<-erdos.renyi.game(N,p.or.m=M,type="gnm")
net<-sample_k_regular(N,k=k)    #网络如果是单向的，就不是博弈了
```

```
net_adj<-get.adjacency(net,type="both",sparse=FALSE)%>%{
colnames(.)<-1:ncol(.);
.
}


#节点均匀分类；与博弈相结合
#最初，有 50%的合作者随机分布在人群中
set.seed(111)
ratio<-0.5
#1:cooperator;2:defector.
n<-sample(c(rep(1,N*ratio),rep(2,N*(1-ratio))),N,replace=F)


#累计收益 Pi
beta<-0.01
#累积总收益分别为 Pi 和 Pj；这个是博弈的结果
#收益矩阵：c:cooperatord:defector
s_c<-matrix(c(1,0),ncol=1,byrow=T)
s_d<-matrix(c(0,1),ncol=1,byrow=T)


CorDMatrix<-function(value){
if(value==1){
return(s_c)
}else{
return(s_d)
}
}
#CorDMatrix(1)
PayOffMatrix<-matrix(c(1,0,b,0),ncol=2,byrow=T)
#t(s_c)%*%PayOffMatrix%*%s_d          #这里是矩阵格式
#--------------------------------------------------------------------#
#策略更新概率
P_strategy<-1/(1+w)
#合作伙伴切换


#累积博弈收益，用一个行或列的矩阵，方便进行加法运算
#Accumlate_PayOff<-matrix(rep(0,N),ncol=1,byrow=T)
#Temp_PayOff<-matrix(rep(0,N),ncol=1,byrow=T)
Pi<-matrix(0,ncol=1,byrow=T)
Pj<-matrix(0,ncol=1,byrow=T)


#初始声誉值
Rit<-matrix(rep(0,N),ncol=1,byrow=T)
#声誉随时间累积:每次变化单位为 1
#合作者比例
frac_co<-as.numeric()
frac_CC<-as.numeric()
frac_CD<-as.numeric()
```

```
frac_DD<-as.numeric()
#同配系数
asso_net<-as.numeric()
#网络的异质性 Theamountofheterogeneityofthenetworks
het_net<-as.numeric()

#----------------------------------------------------------------#
#时间演变
pb<-progress_bar$new(format="完成百分比[:bar]:percent 执行时间:elapsed:
elapsedfull",total=100000,clear=FALSE,width=60)

for(t in 1:100000){
pb$tick()

#A:Strategyupdating
x1<-runif(1,min=0,max=1)
if(x1<P_strategy){
#A1:随机选择一个 i，进行策略更新
set.seed(1234567)
i<-sample(1:N,1,replace=F)

#i 的一阶邻居
Nj<-net_adj[i,net_adj[i,]==1]%>%
data.frame()%>%
row.names()%>%
as.numeric()

if(n[i]==1){
#声誉积累 a.按人次 b.时间次
Rit[i,1]<-Rit[i,1]+1#length(Nj)*1
}else{
Rit[i,1]<-Rit[i,1]+0#length(Nj)*0
}

#i 和所有邻居进行互动，产生博弈收益
for(jinNj){
temp_game_result<-t(CorDMatrix(n[i]))%*%PayOffMatrix%*%CorDMatrix(n[j])

#一个值
Pi<-Pi+temp_game_result
}

#A2:随机选择一个一阶 j，即 tempJ
set.seed(1234)
tempJ<-sample(Nj,1,replace=F)

#tempJ 的一阶邻居
```

```r
Njj<-net_adj[tempJ,net_adj[tempJ,]==1]%>%
data.frame()%>%
row.names()%>%
as.numeric()

#tempJ 和所有邻居进行互动，产生博弈收益
for(jjinNjj){
temp_game_result<-t(CorDMatrix(n[tempJ]))%*%PayOffMatrix%*%CorD
Matrix(n[jj])

#一个值
Pj<-Pj+temp_game_result
}

#j 的策略代替 i 的策略的似然性概率
phi<-1/(1+exp(beta*(Pi-Pj)))
#产生随机数，并进行判断
x2<-runif(1,min=0,max=1)
#更新策略 n
n[i]<-ifelse(x2<phi,n[tempJ],n[i])
}else{

#B:Partnerswitching
#这个随机放在循环外面
set.seed(12389)
i<-sample(1:N,1,replace=F)
#表示点 i 的直接邻居的集合
#i 表示节点，J1 表示邻居；返回 J1 的位置
J1<-adjacent_vertices(net,v=i)%>%
unlist()%>%
as.vector()

#一阶邻居中，筛选至少有两条连边的邻居节点 J11
J11<-net_adj[1:N,J1]%>%
colSums()%>%
data.frame()%>%
subset(.>1)%>%
row.names()%>%
as.numeric()

#判断一阶邻居中，声誉最低的点 minJ1
minJ1<-data.frame(neighbor=J11,reputation=Rit[J11,1])%>%
arrange(reputation)%>%
subset(reputation==min(reputation))%>%
select(neighbor)%>%
unlist()%>%
as.numeric()%>%
```

```
sample(1,replace=F)


#J2 表示点 i 的二阶邻居的集合，要排除回到一阶邻居的情况
#网络要更新


J2<-adjacent_vertices(net,v=J11)%>%
unlist()%>%
as.vector()%>%
unique()%>%
.[-i]%>%
sort()%>%
.[.%ni%J11]#J2[J2%ni%J11]


#J2 中声誉最大的点
maxJ2<-data.frame(neighbor=J2,reputation=Rit[J2,1])%>%
arrange(reputation)%>%
subset(reputation==max(reputation))%>%
select(neighbor)%>%
unlist()%>%
as.numeric()%>%
sample(1,replace=F)


#产生随机数，并进行判断
x3<-runif(1,min=0,max=1)
if(x3<p){
#B1:(P)以概率 p 将链接从其社交伙伴中声誉最低的链接重定向到从其邻居中声誉最高的二
#阶邻居
net_adj[i,minJ1]<-0
net_adj[minJ1,i]<-0
net_adj[maxJ2,i]<-1
net_adj[i,maxJ2]<-1
}else{
#B2:(1-p)表示一个点除直接邻居外的集合,这里是新增,所以不用确定是不是只有唯一边
J_ex<-NN[NN%ni%c(i,J1)]%>%
sample(1,replace=F)


net_adj[i,minJ1]<-0
net_adj[minJ1,i]<-0
net_adj[J_ex,i]<-1
net_adj[i,J_ex1]<-1
}
}


#更新网络
net<-graph.adjacency(net_adj,mode="undirected",weighted=T,diag=F)


#评价指标
#t 时间合作者的比例 fractionofcooperators
```

```
frac_co[t]<-length(n[n==1])/N
#CC-CD-DD 的比例
#n 判断是 1 还是 2；从 net_adj 判断是否连接
CC_matirx<-net_adj[n==1,n==1]
frac_CC[t]<-sum(CC_matirx==1)/(2*M)
CD_matirx1<-net_adj[n==1,n==2]
CD_matirx2<-net_adj[n==2,n==1]
frac_CD[t]<-(sum(CD_matirx1==1)+sum(CD_matirx2==1))/(2*M)
DD_matirx<-net_adj[n==2,n==2]
frac_DD[t]<-sum(DD_matirx==1)/(2*M)

#frac_CC+frac_CD+frac_DD

#同配系数 assortativitycoefficient
g_temp<-graph.adjacency(net_adj,mode="undirected")
asso_net[t]<-assortativity_degree(g_temp,directed=F)

#网络的异质性
d_temp<-degree(g_temp)
het_net[t]<-var(d_temp)
}

data<-data.frame(frac_co,frac_CC,frac_CD,frac_DD)
write.csv(data,"data.csv",row.names=F)


#--------------------------#
#------visualization-----#
#--------------------------#


#fig1A 最近的 10^3 次迭代进行平均来计算合作者的比例
dfA<-data.frame(Time=1:100000,cooperator=data$frac_co)
ggplot(dfA,aes(x=Time,y=cooperator))+
labs(x="Time",y="fractionofcooperators")+
geom_point(colour=brewer.pal(8,"Set2")[1])+
theme_few()
png("fig1A.png",width=28,height=21,units="cm",res=300)

#fig1B
dfB<-data.frame(Time=1:100000,data[,2:4])%>%
gather(key="item",value,-1)

ggplot(dfB,aes(x=Time,y=value,color=item))+
labs(x="Time",y="fractionofCC/DD/CDlinks")+
geom_point(colour=brewer.pal(8,"Set2")[3])+
theme_few()

png("fig1B.png",width=28,height=21,units="cm",res=300)
```

本 章 小 结

　　本章社会网络中的博弈的基础是博弈论，社会网络中的博弈是博弈论在复杂网络中的延伸。这章主要告诉大家，在复杂网络关系中，同样要学会用博弈论的思想来思考问题，了解网络中博弈建模方法，也要学会从网络中抽象出博弈三要素（博弈参与人、策略、收益矩阵），以及学会从网络的视角去更新策略，最后求出正确的均衡解。

思 考 题

　　1. 试述网络中的博弈与一般博弈的区别。
　　2. 结合文献，总结社会网络中的博弈形式。
　　3. 演化博弈与社会网络博弈的差异在哪里？
　　4. 结合附件或在 github 网站搜索，尝试复现这篇文献 *Reputation-based partner choice promotes cooperation in social networks*。

参 考 资 料

[1] NEUMANN J V, MORGENSTERN O. Theory of games and economic behavior[M]. Princeton，NJ：Princeton university press, 2007.

[2] RAPOPORT A, CHAMMAH A M, ORWANT C J. Prisoner's dilemma: a study in conflict and cooperation[M]. Ann arbor, MI：University of michigan press, 1965.

[3] GUHA R, KUMAR R, RAGHAVAN P, et al. Propagation of trust and distrust[C]//Proceedings of the 13th international conference on world wide web, 2004: 403-412.

[4] OHTSUKI H, HAUERT C, LIEBERMAN E, et al. A simple rule for the evolution of cooperation on graphs and social networks[J]. Nature, 2006, 441（7092）：502-505.

[5] HAUERT C, DOEBELI M. Spatial structure often inhibits the evolution of cooperation in the snowdrift game[J]. Nature, 2004, 428（6983）：643-646.

[6] ROCA C P, CUESTA J A, SÁNCHEZ A. Time scales in evolutionary dynamics[J]. Physical review letters, 2006, 97（15）：158701.

[7] FU F, HAUERT C, NOWAK M A, et al. Reputation-based partner choice promotes cooperation in social networks[J]. Physical review E, 2008, 78（2 Pt 2）：026117.

[8] NOWAK MA, SIGMUND K. Evolution of indirect reciprocity by image scoring[J]. Nature, 1998, 393（6685）：573-577.

第12章 社会网络中的网络

因为实际的社会网络中往往嵌套着网络,这些复杂的情况不能使用简单的模型进行抽象,所以本章结合前沿文献和 R 语言案例研究对超网络、多模网络及多网络协同进行介绍,让大家对社会网络的复杂性有个初步认识。在本章的学习过程中,需要了解超网络评价指标与一般网络评价指标的差异,多模网络与多层网络的区别,以及多网络协同的方式。

12.1 超 网 络

12.1.1 超网络现象与特征

生活中最常见的超网络是电网,电网的大规模互联就可以抽象成超网络结构。电网的安全运行是社会生活高效运行的保障,但电网级联故障和大规模停电却时有发生,这引起了大量学者的关注,并从超网络的视角进行研究,以及提出各种建设性意见。例如,把超网络中的级联问题归结为一个渗流问题,然后利用生成函数的方法对网络级联的一些性质进行理论分析;通过揭示超网络级联崩溃过程来解释在超网络中发生的级联突变的物理机制;从多层网络的扩散动力学的视角研究超网络,构造超拉普拉斯矩阵,揭示完全网络的特征向量、特征值的谱结构和多层关联加速扩散,进而帮助理解多层网络上发生扩散的物理过程等。

"超网络"的出现是因为用单一的网络图不能完全刻画真实世界网络的特征及网络之间的相互关系,但利用超网络可以更加清楚地描述和表示网络之间的相互作用和影响。超网络基本上是具有自组织的各类网络的集成,如高科技网络、物联网、军用网等许多网络都是超网络的一些典型实例。研究表明,网络科学研究已经进入更高的研究阶段——超网络科学。

约瑟夫·谢菲最早提出了"超网络"的概念[1],Nagurney A 和 Dong J 把高于而又超过现有网络的网络称为超网络(Super Network)[2]。目前,关于超网络的研究还处于发展阶段,虽然提出了超网络的概念,一些学者也构建出了一些超网络的应用模型,但与发展得已比较成熟的单模网络相比,超网络的测量指标仍没有确切、统一的定义或计算方法,也不足以定量地揭示出超网络中隐含的信息。

超网络是现实世界错综复杂网络的真实体现。超网络的特点表现在:网络中嵌套着网络,"你中有我,我中有你",网络节点本身可能也是一个复杂网络,整个网络具有多层次、多级性、多维性、多属性、拥塞性、不协调性等特点。

(1)多层次

交通运输网有物理层、业务层和管理层;信息网络也是多层的。这些网络的层内(水平)和层间(垂直)都有连接。

(2) 多级性

企业的信息网络有部门、公司和总部等级别。信息网络的同级别之间(水平)和不同级别之间(垂直)都有连接。

(3) 多维性

铁路、公路、水运和航空都既有客运网络又有货运网络，网络维度较多。

(4) 多属性

在城市中出行不仅有路径选择，而且有方式(驾车、公交、步行)选择，运输网络需要同时考虑时间、成本、安全和舒适等属性。

(5) 拥塞性

不仅交通运输网络存在拥塞问题，信息网络也同样存在。

(6) 不协调性

全局优化和个体优化需要协调。

超网络的模型可用来描述和表示网络之间的相互作用和影响。超网络的构架为研究网络之间的相互作用和影响提供了工具。可以用一些数学工具对网络上的流量、时间等变量进行定量的分析和计算，这些数学工具包含优化理论、博弈论、变分不等式和可视化工具等。

12.1.2　超网络数学定义

由于超网络的研究对象涉及不同的学科和领域，因此其研究方法也出现了多样性。目前，主要有基于变分不等式、基于超图和基于系统科学这三类研究方法(漆玉虎，郭进利，2013)。其中，基于超图的超网络研究方法在最近的研究中使用较多。超图的定义：设 $V = \{v_1, v_2, \cdots, v_n\}$ 是一个有限集。若满足 $E_i \neq \varnothing (i=1,2,\cdots,m)$ 和 $\bigcup_{i=1}^m E_i = V$，则称二元关系 $H = (V, E)$ 为一个超图。V 中的元素 $\{v_1, v_2, \cdots, v_n\}$ 称为超图的节点简称为超点，$E = \{e_1, e_2, \cdots, e_m\}$ 是超图的边集合，集合 $e_i = \{v_{i_1}, v_{i_2}, \cdots, v_{i_j}\}(i=1,2,\cdots,m)$ 称为超图的边——超边(如图 12-1 所示)。其中，$V = \{v_1, v_2, v_3, v_4, v_5, v_6, v_7\}$，$E = \{e_1 = \{v_1, v_2, v_3\}, e_2 = \{v_1, v_4\}, e_3 = \{v_2, v_3\}, e_4 = \{v_3, v_5, v_6\}, e_5 = \{v_4, v_7\}\}$。

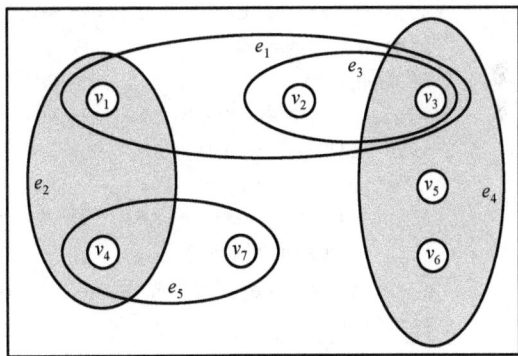

图 12-1　一个简单的超图示例

关于超网络的度参数指标，郭进利等人[3,4]提出了点度、边度和合度的概念，胡枫等人[5]提出了节点度、节点超度和超边度的概念。在此，作者综合考虑了超点及超边的属性，定义了超网络中基于超图的超点度和超边度的概念和算法[6,7]。具体定义如下。

(1) 点度：在超图中，超点 v_i 的点度定义为包含 v_i 的超边数之和，记为 $d_{e_j}(v_i)$。

(2) 边度：在超图中，超边 e_j 的边度定义为超边 e_j 包含的超点数之和，记为 $d_{v_i}(e_j)$。

(3) 超点度：在超图中，超点 v_i 的超点度定义为考虑超点 v_i 所归属的超边时，超点 v_i 的超点度，记为 $d_H(v_i)$。

超点度的计算式：

$$d_H(v_i) = d_{e_j}(v_i)\frac{\sum_i d_{v_i}(e_j)}{\sum_j d_{v_i}(e_j)} \qquad (12\text{-}1)$$

其中，$\sum_i d_{v_i}(e_j)$ 表示超点 v_i 所归属的超边的边度之和，$\sum_j d_{v_i}(e_j)$ 表示所有超边的边度之和。

（4）超边度：在超图中，超边 e_j 的超边度定义为考虑超边 e_j 所包含的超点时，超边 e_j 的超边度，记为 $d_H(e_j)$。超边度的计算式：

$$d_H(e_j) = d_H(v_i)\frac{\sum_j d_{e_j}(v_j)}{\sum_i d_{e_j}(v_j)} \qquad (12\text{-}2)$$

其中，$\sum_j d_{e_j}(v_j)$ 表示超边 e_j 所包含的超点的点度之和，$\sum_i d_{e_j}(v_j)$ 表示所有超点的点度之和。

超点 v_1、v_2、v_3、v_4、v_5、v_6、v_7 的点度分别为 2、2、3、2、1、1、1；

超边 e_1、e_2、e_3、e_4、e_5 的边度分别为 3、2、2、3、2；

依式（12-1）计算节点 v_1、v_2、v_3、v_4、v_5、v_6、v_7 的超点度分别为 0.83、0.83、2.00、0.67、0.25、0.25、0.17；

依式（12-2）计算超边 e_1、e_2、e_3、e_4、e_5 的超边度分别为 1.75、0.67、0.83、1.25、0.50。

目前，R 语言关于超网络的相关包有 hypergraph 和 hyperG，本文使用适用范围更广的 hyperG 进行案例的讲解与可视化展示。

```
#设置工作路径
setwd("e:/wu/book/dataset/SocialComputing")
library(HyperG)
#构建超网络
edges<-list(c("v1","v2","v3"),
      c("v1","v4"),
      c("v2","v3"),
      c("v3","v5","v6"),
      c("v4","v7"))
h <- hypergraph_from_edgelist(edges)
#计算点度
hdegree(h)
➤  v1 v2 v3 v4 v5 v6 v7
➤  2 2 3 2 1 1 1
```

在上述的语句中，我们首先将五个超边存放在一个 list 当中，然后利用 hypergraph_from_edgelist 函数将其转换成超网络格式，最后利用 hdegree 函数计算这个网络的点度。目前的开源包尚未提供计算边度、超点度、超边度的统计函数，需要自定义函数进行计算。下面对这个超网络进行可视化展示。

```
#可视化
plot(h,mark.groups=hypergraph_as_edgelist(h),
```

```
            layout.circle(as.graph(h)))                    #如图 12-2 所示
     plot(h,mark.groups=hypergraph_as_edgelist(h),
         layout.fruchterman.reingold(as.graph(h)))          #如图 12-3 所示
     plot(h,mark.groups=hypergraph_as_edgelist(h),
         layout_with_kk (as.graph(h)))                      #如图 12-4 所示
```

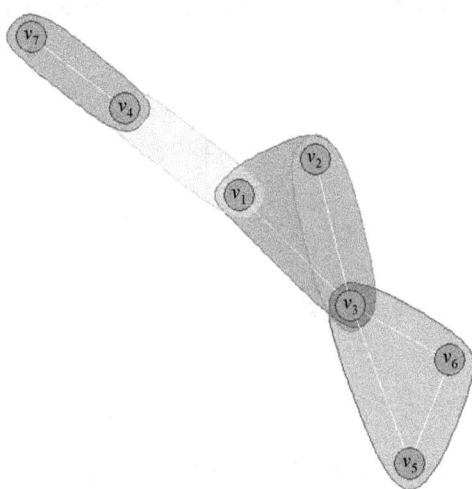

图 12-2　布局 circle 可视化

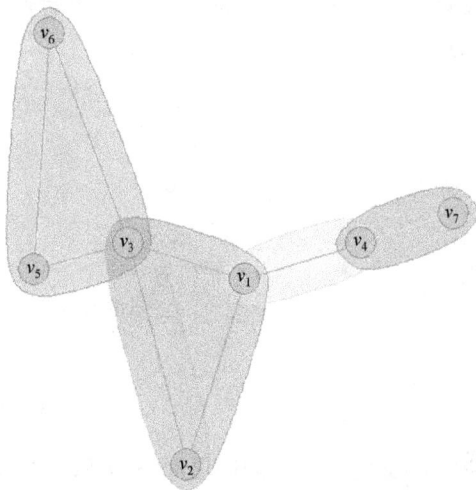

图 12-3　布局 fruchterman.reingold 可视化

在上面的代码中，h 是已经构建好的超网络，
mark.groups 表示根据超边进行分组可视化，后面
的 layout.circle、layout.fruchterman.reingold 和 layout_
with_kk 是 igraph 包中提供的三种布局，需要用
as.graph 函数将超网络 h 转化为普通的 igraph 格式。

12.1.3　超网络在 MOOC 平台的应用研究

MOOC 平台上提供的课程琳琅满目，涉及不同
的学科和领域，各学科的课程之间存在知识的相互
关联，学科内部的课程之间存在知识的相互交融。
参与 MOOC 平台的学习者数以万计，有处于高等
教育阶段的本科生和硕士生，也有离开学校后仍对
知识有强烈渴求的上班族，还有为学习者提供课程

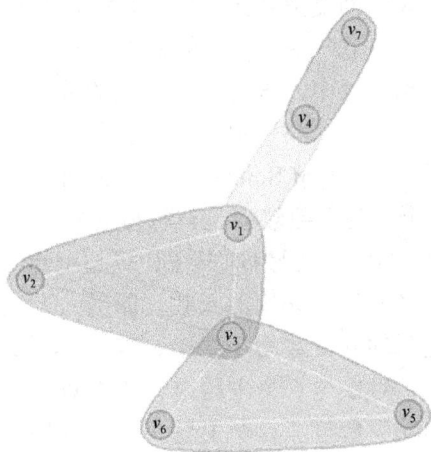

图 12-4　布局 layout_with_kk 可视化

的教师与工作人员。因此，MOOC 平台存在着人主体网络和知识主体网络，这两个网络相
互交错，彼此联系，形成了多类型、多层次、多维度的超网络。

如今，大部分 MOOC 平台更多的是给学习者提供视频和课程材料，忽视了学习者之间
的互动有助于促进知识的流动和学习效果的提升。由于从超网络视角可以更好地理解
MOOC 平台中的知识流动和交流互动的重要性，因此提出要基于超网络视角研究 MOOC
平台的知识流动[6]，同时定义和描绘了超网络中的若干参数指标及计算公式，并结合中国
大学 MOOC《信息检索》课程讨论区的实际数据，利用超网络的参数指标分析了 MOOC
平台的知识流动性，以及针对知识流动中存在的问题提出若干建议。

中国大学 MOOC 平台开设了《信息检索》这门课程，通过分析获取的该课程讨论区的部分数据可知，在讨论区下有很多主题，学习者可以通过发起主题来发布学习过程中遇到的问题以寻求帮助，或者分享学习心得和笔记。教师、助教可以在讨论区发布互动作业，鼓励学习者参与讨论，这样既加深对知识的理解，又促进知识的交流，还可以发布课程公告及询问学习者对课程的建议。这里对讨论区的 1001 个主题回复数进行了统计（如图 12-5 所示）。

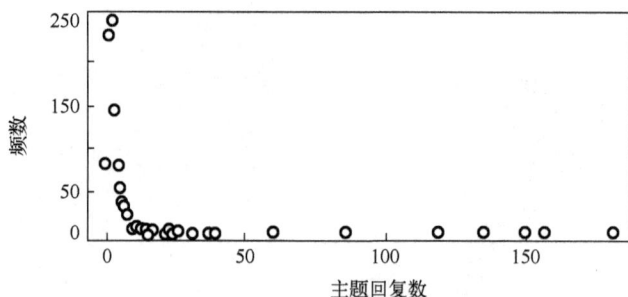

图 12-5　主题回复数分布图

统计发现：主题的回复数服从幂律分布，共有 941 个主题的回复数为 10 以下，其中回复数为 0、1、2、3 的主题数分别为 83 个、236 个、249 个和 145 个，占所有主题数的 71.2%；共有 41 个主题的回复数介于 10～100 之间，且回复数大部分介于 10～15 之间；只有 5 个主题的回复数超过 100，分别为 119 个、135 个、150 个、157 个、181 个。从数据中可以发现，用户参与讨论的效果并不好，因为发布的主题数约有 1000 个，但大部分主体并未参与到讨论中，没有发挥知识的分享作用，所以这对知识流动是不利的。

选取"第八周互动作业""第六周互动作业""第五周互动作业""师生实践互动区 Q&A""学习 Web of Science""[笔记]信息枷锁：1～4 课"这 6 个主题，依次用主题 1～6 表示这 6 个参与人数较多且有梯度的主题，其回复数分别为 181 个、157 个、135 个、87 个、26 个、24 个。因为本书在计算超网络参数指标时不考虑节点和边的权重，因此剔除每个主题下多次发表评论的人数，即同一个人在同一主题下回复两次及以上的均记为回复一次，修正后的回复数为 167 个、142 个、125 个、74 个、22 个、22 个。

对参与 6 个主题讨论的人数进行统计，筛选出同时参与多个主题的参与人后，发现"黄如花"参与了 6 个主题，"人在戏中"等 4 人参与了 5 个主题，"Vivian2477"等 13 人参与了 4 个主题，其余人的主题情况参与数均在 3 个以下，且大部分参与人只参与了 1～2 个主题（具有代表性的 13 位参与人参与的主题如表 12-1 所示）。

表 12-1　13 位参与人参与的主题情况

用户名	主题 1	主题 2	主题 3	主题 4	主题 5	主题 6
黄如花	√	√	√	√	√	√
Zgg	√	√	√	√		√
人在戏中	√	√	√	√		√
云层	√	√	√	√	√	
Vivian2477	√	√	√	√		

续表

用户名	主题 1	主题 2	主题 3	主题 4	主题 5	主题 6
小猫钓金鱼	√	√	√	√		
晨岚	√	√	√		√	
tomcaop	√	√		√		
飞沙走石		√	√			√
国际米兰	√	√	√			
Arebec	√				√	
fakebeast		√		√		
贝叶树下	√			√		

（1）点度和超点度：13 位参与人的点度和超点度如表 12-2 所示。

参与人的点度越大表明其参与的主题数越多，参与知识流动的程度也越高。相同点度的不同参与人，其超点度可能不同。例如，点度均为 4 的"小猫钓金鱼"和"晨岚"，"小猫钓金鱼"的超点度更高，表明其参与了更多参与度更高的主题，所以其对知识流动的促进能力比"晨岚"强；"黄如花"主动发起了 4 个主题，并参与了主题 5 和主题 6，这表明"黄如花"积极主动地调动学习者参与讨论，在知识流动中起着重要的引导作用；"Zgg""人在戏中""云层"这三人的参与度仅次于"黄如花"，这说明他们获取和分享知识的主动性较高，利于知识流动；而"Arebec"等人的点度和超点度均较低，这说明他们没有充分参与讨论区的知识交流。

表 12-2　13 位参与人的点度和超点度

用户名	点度	超点度	用户名	点度	超点度
黄如花	6	6.00	tomcaop	3	1.94
Zgg	5	4.58	飞沙走石	3	1.50
人在戏中	5	4.58	国际米兰	3	1.94
云层	5	4.58	Arebec	2	0.62
Vivian2477	4	3.33	fakebeast	2	0.83
小猫钓金鱼	4	3.33	贝叶树下	2	0.83
晨岚	4	2.92			

在整个讨论区中，由于参与讨论的人数远远小于课程的报名人数，并且大部分学习者所参与的主题数都较少，往往只参与少数几个主题的讨论，所以绝大部分人的点度和超点度都较低，对知识流动的促进作用较差。

（2）边度和超边度：6 个主题的边度和超边度如表 12-3 所示。

主题的边度越大表明该主题吸引的参与人越多，主题的超边度越大表明其越能调动更有影响力和高参与度的学习者加入讨论以促进知识的分享与流动。主题 1～6 分别是参与度层次不同的主题代表，主题 1 和主题 2 的超边度较高，表明其对学习者的吸引力较强；主题 3 和主题 4 的边度相同，但主题 3 的超边度更高，表明其吸引了更多高参与度的学习者，这更易于促进知识的分享和流动。

表 12-3　6 个主题的边度和超边度

主题	边度	超边度	主题	边度	超边度
主题 1	11	9.85	主题 4	9	6.75
主题 2	11	10.08	主题 5	4	1.42
主题 3	9	7.31	主题 6	4	1.58

(3)平均超点度与平均超边度：经过计算得知主题 1~6 的平均超点度为 2.84，平均超边度为 6.17。这两个指标代表的是整个超网络人主体和知识主体促进知识流动的程度。这里选取的是整个讨论区中参与度较高且有梯度的主题，代表了主题吸引力的各个水平，但由于如主题 5 和主题 6 这样边度和超边度较低甚至更低的主题占所有主题的比重很大，因此整个超网络的超边度要远低于 6.17，这说明该超网络对知识流动的促进作用并不高。在这 6 个主题下又选取了各个参与度层次的 13 位参与人，代表了参与主题积极性的各个水平，但由于如"贝叶树下"这样点度和超点度较低甚至更低的参与人占所有参与人的比重很大，所以整个超网络的超点度要远低于 2.84，这表明人主体参与知识流动的程度并不高。

综上所述，通过选取《信息检索》课程讨论区内具有代表性的主题及参与人，计算其超点度、超边度等指标，来衡量讨论区的知识流动性。通过点度、超点度、边度、超边度指标来衡量人主体和知识主体对知识流动的促进程度，并纵向对比了不同参与人和主题的参数指标，表明其促进知识流动的能力差别；通过平均超点度和平均超边度指标来衡量整个讨论区的知识流动性。结合实际的数据进行分析，发现整个讨论区的知识流动性并不好，大部分人主体和知识主体并未充分发挥其对知识流动的促进作用，只有少数人主体和知识主体对知识的分享和促进作用较强。

12.2　二模网络与多模网络

12.2.1　二模网络

12.2.1.1　二模网络现象与可视化

二模网络(Bipartite Network)是多模网络的一种最简单的情况。根据节点种类的不同，复杂网络可分为单模网络和二模网络。在单模网络中，节点的类型只有一种，节点两两之间通过某种关系连接，如海豚网络、高校朋友网络、足球网络、跆拳道网络等。然而，真实世界中的许多关系不仅表现为单模网络，还体现为二模网络。

二模网络在真实系统中占据着举足轻重的地位。它是这样一类网络：节点有两类，边只存在于不同类的两种节点之间，同一类节点之间是没有边的。例如，科学家和论文合作网络[8]、小猪短租平台的房东和房客网络[9]，以及一些经典的演员和电影网络、疾病和基因网络等。

```
library(igraph)
set.seed(123)
#生成一个随机二模网络图
g <- sample_bipartite(10, 5, p = 0.4)
```

```
#查看两部分节点类别
V(g)$type
    ➢ [1] FALSE FALSE FALSE FALSE FALSE FALSE FALSE FALSE FALSE FALSE
TRUE TRUE TRUE
    ➢ [14] TRUE TRUE
#定义节点颜色和形状属性
col <- c("steelblue", "orange")
shape <- c("circle", "square")
#二模网络可视化展示如图 12-6 所示
plot(g,
    vertex.color = col[as.numeric(V(g)$type)+1],
    vertex.shape = shape[as.numeric(V(g)$type)+1]
)
```

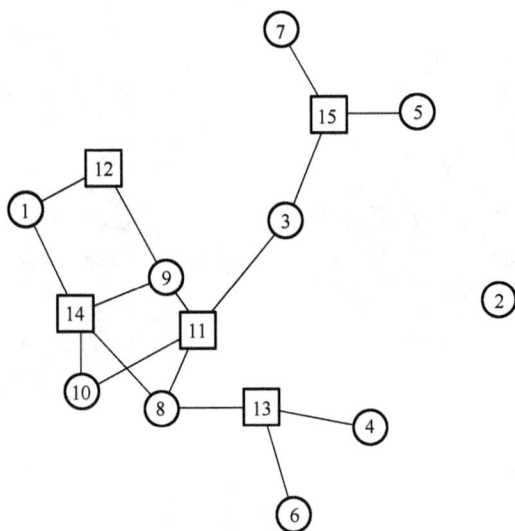

图 12-6　二模网络可视化展示

12.2.1.2　二模网络在小猪短租平台数据上的应用

下面以作者的一篇论文为例，介绍基于二模网络在共享经济平台中的用户交互行为研究。不同类型用户在在线短租平台上因交易行为而处于社会网络的不同位置，作者这篇文章旨在研究社会网络结构对行为人相互选择的影响。为探究此类平台上不同群体的网络结构，需根据用户扮演的供需角色，建立相应的二模网络。

二模网络由两种不同类型的节点组成，节点间通过某种联系而相连。其中的数据集可以用一个矩阵表示，行和列代表不同类型的实体。房东与房客在社会网络中扮演的角色不同，一个是供应商，一个是消费者，通过交易而建立联系。作者当时利用二模网络分析工具——Ucinet 进行可视化，分析在线短租平台呈现的网络结构，避免了单模网络中信息丢失的现象发生，并研究了不同类型的行为人在关系网络中相互影响的因素。

接下来将根据表 12-4 所示的 2016 年 8～10 月"小猪短租"汇总数据构建关系矩阵，其中"列"代表房客，"行"代表房东。在矩阵中，每一次交易行为会对应形成一组行动者 X 和 Y，他们之间存在关系向量 (X,Y)，其中 X 代表房客，Y 代表房东。

表 12-4 2016 年 8～10 月"小猪短租"汇总数据

月份	节点数	新增节点数	边数	新增订单数	关系	新增关系数
8 月	1958	—	3266	—	2125	—
9 月	2204	246	3722	456	2400	275
10 月	2367	163	4018	296	2579	179

若 $(X,Y) = 1$，则表示行动者 X 是 Y 的房客；若 $(X,Y) = 0$，则表示行动者 X 和 Y 没有发生交易行为。利用 Ucinet 中的 Netdraw 功能将 8～10 月这三个样本互动关系矩阵进行可视化处理，可得到"小猪短租"用户关系结构图，如图 12-7 所示。

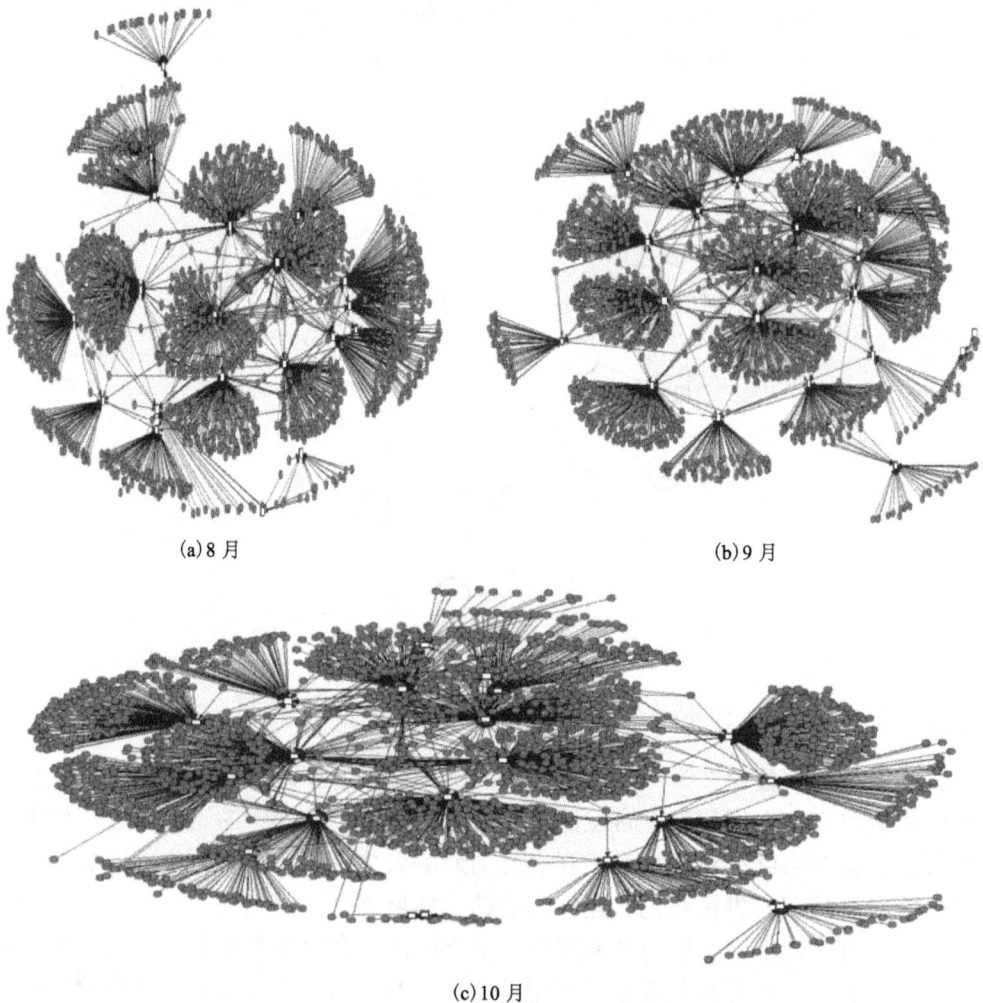

(a) 8 月

(b) 9 月

(c) 10 月

图 12-7 2016 年 8～10 月"小猪短租"用户关系结构图

注：圆圈代表房客，矩形代表房东。

由于在"小猪短租"平台上，行动者可以拥有双重角色，因此可通过二模网络反映不同用户群体作为特定角色时在社会网络中的位置，同时结合一模网络中用户的出入度(如表 12-5 所示)，观察其角色互换是否与二模网络中的位置有因果关系。

表 12-5　一模网络中的用户出入度(部分)

用户名	8月		9月		10月		变化量	
	出度	入度	出度	入度	出度	入度	8～9月	9～10月
水果女王	1	5	1	5	1	5	0	0
虹狐狸	2	237	2	244	2	245	7	1
星期日	0	202	0	336	0	405	134	69
一人依梦	5	358	5	395	5	443	37	48
NANA_	2	442	2	486	2	509	44	23
曾国藩	0	470	0	489	0	505	19	16
蒋小姐	0	15	0	16	0	16	1	0
杨洋洋YAYANGNG	5	55	5	55	5	55	0	0
DP	4	122	4	226	4	279	104	53
柏林	0	313	0	347	0	365	34	18

(1)度数中心度

在二模网络中，一个行动者节点的度数中心度是该行动者节点所归属的兴趣点数，一个兴趣点的度数中心度是该兴趣点所拥有的行动者的数量，这里是指绝对度数中心度。结合表 12-5 和图 12-8 可知，通过换位体验学习外部环境从而促进内部服务是促使房东处于度数中心度核心位置的必要条件。

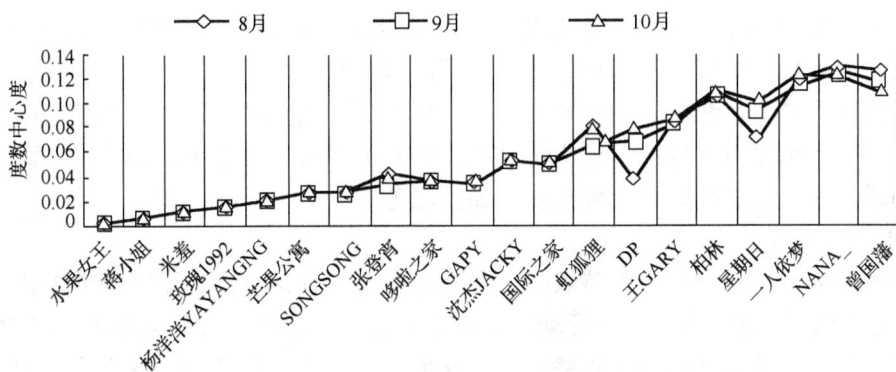

图 12-8　二模网络房东 8～10 月的度数中心度分布

用户"NANA_"在三个时期都处于度数中心度较高的位置，扮演着交易平台内部领袖的角色，这意味其拥有的房客数量和其作为房客去体验其他房东的生活次数较其他房东多。他通过换位思考如何成为优质房东，以寻求服务上的创新，除了学习他人方法和策略，还保持着自身优势；从 8 月到 9 月，"DP"的度数中心度增长速度是最快的，该房东由于从外部环境中学以致用，改善了原先稍有逊色的产品与服务，寻求服务上的创新，迎合客户的最终需求，因此得到更多消费者的青睐；多数房东在不同时期都处于相同位置，这是因为这些房东没有结合外部环境及内部服务找到发展的突破口，所以无法拓展人脉。

(2)接近中心度

在单模网络中，一个行动者节点的接近中心度与该节点到网络中其他节点的距离之和成正比；在二模网络中，接近中心度则与该节点到网络中其他节点的距离之和加上该节点到所有兴趣点的距离之和成正比。结合表 12-5 和图 12-9 可知，选择与拥有不同客户群的房东和流动性强的房客建立联系，可以获知网络中的可靠信息，并快速响应客户需求以提升服务。

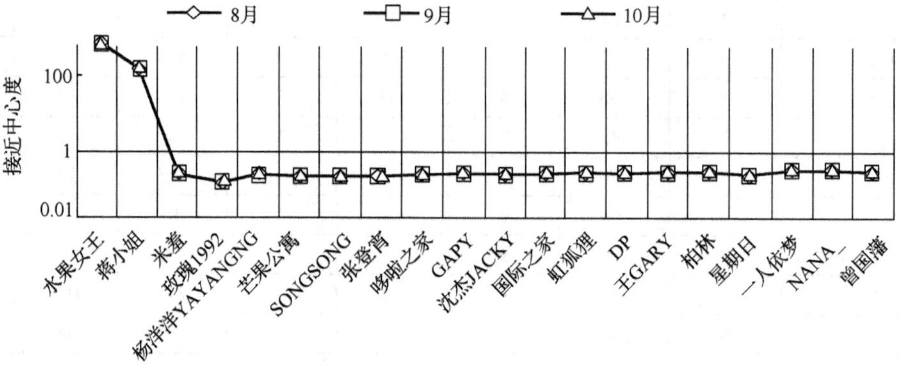

图 12-9　二模网络中房东 8～10 月的接近中心度

从图 12-9 可知，"水果女王"和"蒋小姐"一直处于较高的接近中心度网络位置，即他们到达不同用户进行信息传播的速度更迅速，反过来其获知整个网络的信息的速度也是最快的。"水果女王"与重要房东建立了联系后，便使得直接和间接相连的房客在整个关系网络中的流动性变大，从而能够多渠道接近信息与资源，更容易寻找机会获得口碑效应，实现在关系网络中从行动者向自身的大迁移；"杨洋洋 YAYANGNG"等在这三个月里，接近中心度的增长趋势是较快的。由其出度的邻居节点可知两者体验了其他房东服务，这使关系网络变得更紧密，更易于接近网络中的其他用户；"虹狐狸"从 8 月的较高接近中心度开始逐渐下降，虽然与其他房东建立了联系，但是房客流动性不大，缺少在口碑宣传中流动性强的运输者，无法很好地对外宣传产品及服务。

（3）中介中心度

在单模网络中，一个行动者节点的中介中心度与通过该节点的不冗余最短路径的总数成正比。在二模网络中，由于每对行动者节点之间的联系都要通过行动者所归属的兴趣点，因此兴趣点处在行动者之间的最短路径上。同样，行动者也总是处于兴趣点之间的最短路径上，所以计算一个兴趣点的中介中心度需要考虑所有属于该兴趣点的行动者节点。

结合表 12-5 和图 12-10 可知，房东要善于与具有桥梁作用的用户建立联系，才能有效把控并利用流经的信息流与资源流，从而赢得客户流。

"NANA_""一人依梦""曾国藩""柏林"等在三个时期都拥有较高的中介中心度，这代表他们在整个关系网络中起到桥梁作用，是信息交流的中枢；虽然"曾国藩""柏林"没有出度，但是却处于关键位置，这代表着其他房东可能成为他们的房客，从而形成传递的关系；"NANA_""一人依梦"拥有出度节点，这说明其愿意主动成为房客，对于信息流的把控较强；"DP""星期日"在三个时期的中介中心度呈现递增趋势，由于"DP"是 4 个房东的房客，所以他处于信息传递的交叉路口，行经的客户流越多，越有助于吸引新的客户群；"星期日"成为重要房东的上层房东，这使其在关键路径获得更多信息和资源来满足不同客户群的需求。

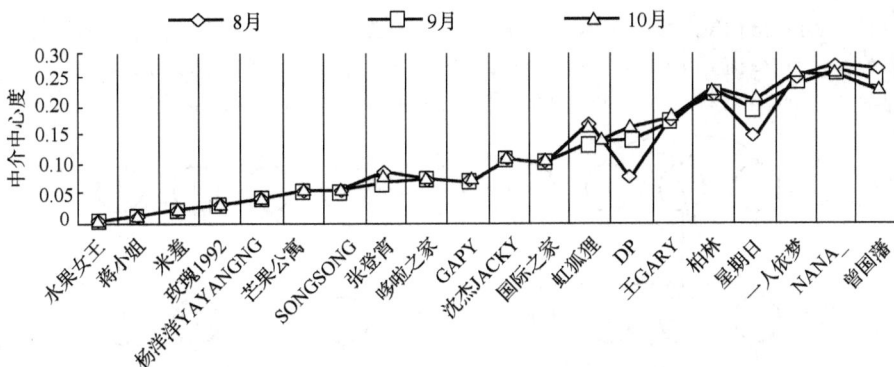

图 12-10　二模网络房东 8～10 月的中介中心度

12.2.2　多模网络

多模网络是复杂网络不可或缺的一部分[10]。多模网络通常指节点可被分为若干组或层，而边缘仅出现在两个相邻节点组或层之间的网络。例如，服务供应商-用户网络[11]、经济网络[12]、生态网络[13]和生物网络[14]都可以建模为多模网络。

多模网络的数学表达式如下：

$$\begin{cases} V_a \bigcap V_b = \varnothing, & \text{if } a \neq b & (1) \\ a_{ij} \in \{0,1\}, & \text{if } i \in V_a \ \& \ j \in V_b \ \& \ b = a-1 & (2) \\ a_{ij} \in \{0,1\}, & \text{if } i \in V_a \ \& \ j \in V_b \ \& \ b = a+1 & (3) \\ a_{ij} \equiv 0, & \text{if } i \in V_a \ \& \ j \in V_{a \pm k}, \forall k \in [2, L-1] & (4) \\ a_{ij} \equiv 0, & \text{if } i,j \in V_a & (5) \end{cases} \quad (12\text{-}3)$$

给定一个网络 $G = \{V, E\}$，其中 V 为节点集合，E 为边集合。假设节点集合 V 可以被分为 L 个子集，即 $V = \{V_1, V_2, \cdots, V_L\}$，对于 $\forall a, b \in [1, L]$，满足式(12-3)条件的网络 G 即为多模网络[28]。其中，式(12-3)中的式(1)表示一个节点集合与另外一个节点集合无交集，式(2)和式(3)表示相邻的节点层的节点可以形成边，式(4)表示跨层的节点无边相连，式(5)表示同层节点无边相连。

式(12-3)中的式(5)表示在同一个节点集合中的节点之间无边相连。如果放松条件，允许层内有边相连，则这种框架的网络被称为多层网络(Multilayer Network)。图 12-11 描绘了在一个由三个节点组成的集合中的多层网络与多模网络差异情况。其中，图 12-11(a)表示三层网络(Three-Layer Network)，图 12-11(b)表示三模网络(Tripartite Network)。

以下是 GREMLINS 包中的一个演示案例，感兴趣的同学可以仔细研读。

```
library(GREMLINS)
namesFG <- c('A','B')
list_pi <- list(c(0.5,0.5),c(0.3,0.7))
E <- rbind(c(1,2),c(2,2))
typeInter <- c("inc","diradj")
v_distrib <- c('gaussian','bernoulli')
list_theta <- list()
list_theta[[1]] <- list()
```

```
list_theta[[1]]$mean <- matrix(c(6.1, 8.9, 6.6, 3), 2, 2)
list_theta[[1]]$var <- matrix(c(1.6, 1.6, 1.8, 1.5),2, 2)
list_theta[[2]] <- matrix(c(0.7,1.0, 0.4, 0.6),2, 2)
```

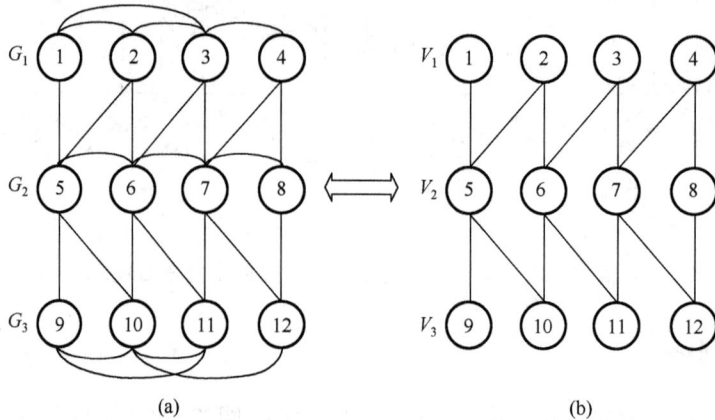

图 12-11 多层网络与多模网络差异情况

```
list_Net <- rMBM(v_NQ = c(30,30),E, typeInter, v_distrib, list_pi,
        list_theta, namesFG = namesFG, seed = 2)$list_Net
res_MBMsimu <- multipartiteBM(list_Net, v_distrib,
        namesFG = c('A','B'), v_Kinit = c(2,2),
        nbCores = 2,initBM = FALSE)
plotMBM(res_MBMsimu)                    #如图 12-12 所示
```

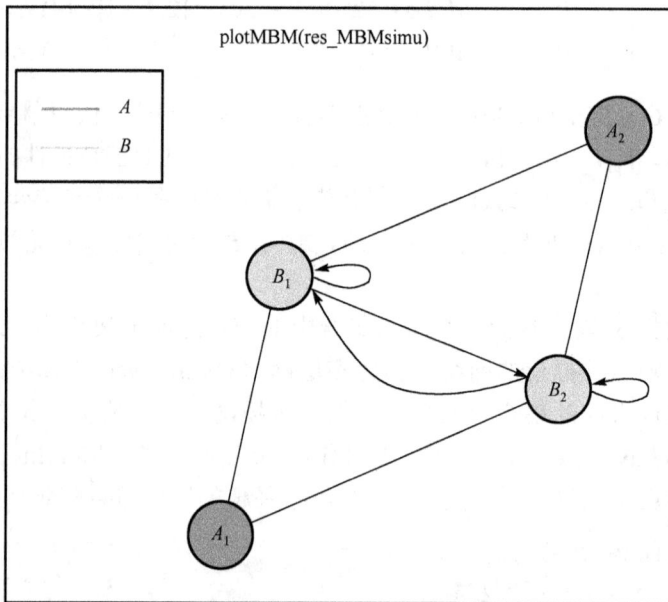

图 12-12 多模网络可视化展示 1

```
        df <- read.csv2(text="symptom; disease; Person Abdominal pain; Abdominal
aortic aneurysm; Person1 Abdominal pain; Acute liver failure; Person2 Abdominal
pain; Addison's disease; Person2 Abdominal pain; Alcoholic hepatitis; Person1
Abdominal pain; Anaphylaxis; Person1 Abdominal pain; Antibiotic-associated
```

```
diarrhea; Person3 Abdominal pain; Aortic aneurysm; Person4 Abdominal pain;
Appendicitis; Person4 Abdominal pain; Ascariasis; Person4 Abdominal pain;
Barrett's esophagus; Person4")
        m <- as.matrix(df)
        g <- graph_from_edgelist(rbind(m[,1:2], m[,2:3]), directed = F)
        l <- layout_with_sugiyama(g, ceiling(match(V(g)$name, m)/nrow(m)))
        plot(g, layout=-l$layout[,2:1])            #如图 12-13 所示
```

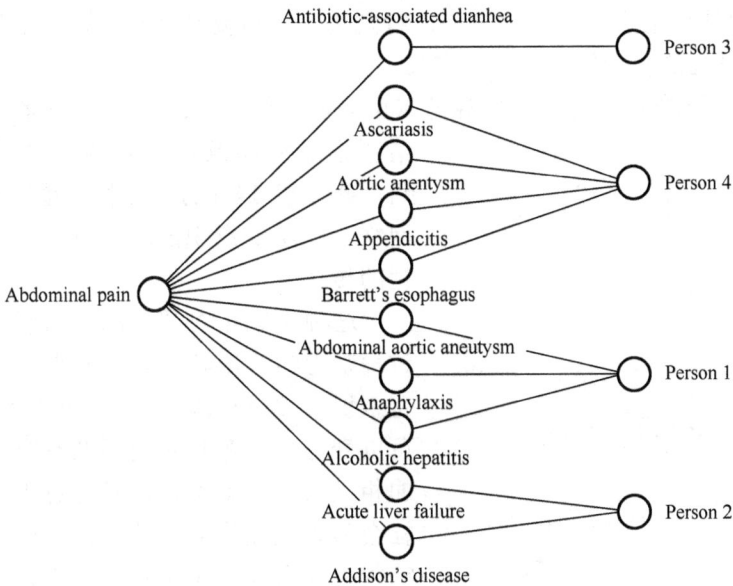

图 12-13　多模网络可视化展示 2

12.3　多网络协同

12.3.1　信息扩散与疫情传播协同网络

当传染病在社会中传播时，有关传染病的信息会通过各种通信平台传播，如电视新闻、Facebook、Twitter、短信、电话和微信。一旦健康人获得有关该传染病的信息，他们就会意识到该传染病的严重性，并因此采取某些行动(如戴口罩或待在家里)来保护自己不受该传染病的感染，这将有效地抑制该传染病的暴发。这些不同的层次可以支持不同的动态过程。例如，在社交网络中，参与者可以以任何形式交换信息；而在生物网络中，参与者也可能交换携带传染病的生物元素。为了理解意识传播(文献中也称为信息传播)如何降低传染病暴发阈值，以及更广泛地理解两种传播动态之间的相互作用，网络科学中出现了一个新的研究领域，即信息扩散与疫情传播协同网络。了解这种协同交互作用的重要性可以帮助认识传染病如何暴发及产生的后果，并采取相应的措施来抑制疫情传播。

在研究意识扩散和疫情传播动力学的共同进化时，科学家假设易感个体一旦意识到自己处于危险环境中，就会采取某些非药物干预措施(如洗手和社交距离)，因此易受影响的

节点被其邻居节点感染的概率较低。通常，在实施此类干预措施后，传染病突破阈值会增加，受影响的规模也会增加。疫苗接种是抑制疫情传播的另一种有效措施。在很多情况下，科学家已分别研究了疫苗接种和非药物干预措施对疫情传播的影响。在下文中，我们将讨论在多重网络上意识和疫情协同演化的嵌入方法。

真正的复杂系统通常由相互关联的几层网络组成。在上一章节中，我们提及多层网络，当这些不同网络层中的参与者相同时，我们称之为多重复杂网络(Multiplex Networks)[15]。多重复杂网络作为相互依存网络(Interdependent Networks)的一个特例，对其中的新兴(紧急)物理现象的理解正受到广泛关注[16]。特别是，多重复杂网络(特点)描述了在不同背景或不同类别中发生的社会互动的自然方式。

一种比较常用的方法是使用微观马尔可夫链方法(MMCA)来理解多重复杂网络中疫情传播过程和意识循环传播过程之间的交互作用。如图 12-14 所示，这种多重性对应于一个两层网络，一层是意识的动态发展，另一层是传染过程的传播。

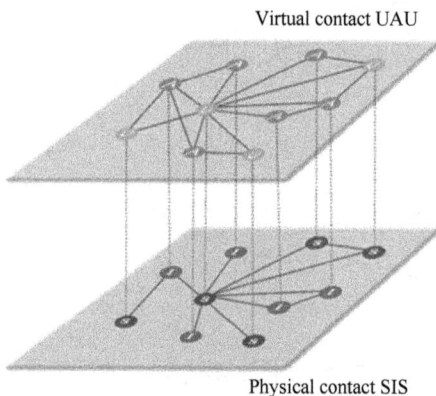

图 12-14　意识传播与疫情扩散协同演化示意图

这种设置是对那些满足易感-感染-易感(SIS)过程动力学的传染病的一种抽象，与满足无意识-有意识-无意识(UAU)的意识传播循环过程共存，可以表征流感等具有明显的季节性特征的传染病的相互关联的动态，以及有意识的人建议他们的社会熟人采取注射流感疫苗、戴口罩、居家隔离等预防行为从而降低被传染病感染的概率。

基于微观马可尔夫链方法，可以确定信息与疫情协同扩散的多层耦合网络。多层耦合网络包括信息传播层和疫情扩散层。具体来说，信息传播层包括无意识的节点和有意识的节点，疫情扩散层包括易感染节点和被感染节点。基于各个节点从外部信息习得防范意识的概率、无防范意识节点被已感染邻居节点感染的概率、受感染节点恢复健康状态的概率及有防范意识处于易感状态节点将意识转化为保护行为降低自身被传染可能性的概率，确定各个节点在多层耦合网络中处于三种不同状态的概率，这三种不同状态包括无防范意识且易感染、有防范意识且易感染及有防范意识且被感染。随后进行仿真建模，并通过调节被感染的概率、有意识的节点可以降低被感染的概率等参数来观察这些参数对传染病暴发阈值的影响。

基于网络协同的技术应用具有非常广泛的现实意义。例如，提供一种面向疫情防控的大规模人口接触网络建模方法，包括：采用张量建模动态人口接触网络，其中采用空间的基底表示动态人口接触网络的空间模式，采用基底的线性组合系数表示动态人口接触网络的时间模式；构建包含多个虚拟场景的虚拟社会，并基于虚拟场景计算各场景中各虚拟个体之间的交互概率，构成动态人口接触网络的空间模式；根据选定的疫情传播模型及相应的病理学参数，结合动态人口接触网络建立获取动态人口接触网络时间模式的优化目标函数；使用双重迭代优化算法求解估算动态人口接触网络时间模式。

采用多自治体建模疫情传播网络和疫情传播过程，或者采用蒙特卡洛模拟和负反馈机制从疫情监控数据中推断出传播网络结构及与疫情有关的生物学参数。

基于网络协同的技术还可以提供一种基于知识图谱的传染病感染者预测方法及系统：利用知识图谱技术，构建传染病学患者个人知识图谱和传染病学传播知识图谱，通过融合传染病学患者个人知识图谱和传染病学传播知识图谱，全面梳理传染病的传播关系和路径，从而有针对性地预测疑似患者。同时，该方法及系统可以生成传染病学调查报告，以支持传染病学调查工作。

通过对每个网格的人口流动数据、常住人口数据、企业 POI 数据和医疗机构 POI 数据进行等级划分，获得第一疫情扩散风险系数、第二疫情扩散风险系数、第三疫情扩散风险系数和第四疫情扩散风险系数，再通过加权计算得到每个网格的总疫情扩散风险系数，并设计了一种疫情扩散风险可视化方法，以精准直观地展示目标行政区域的抗疫能力，为相关部门的精准防控提供数据支撑。

12.3.2　资源扩散与疫情传播协同演化网络

传染病的治疗和控制需要人为干预，如果没有政府或其他机构的资源投入，那么想进行传染病的治疗和控制是不可能的。因此，资源投入对应对疫情传播的影响是一个具有重大社会意义的课题。在公共卫生领域，有一些关于政府资源投入应对疫情传播的杰出研究。研究发现，各国之间共享抗病毒药物资源有助于在全球层面遏制疫情暴发，资源合作的力度越大，世界各地区的遏制措施就越有效[17]。在网络协同进化动力学框架的研究推进下发现，资源合作往往对传染病和资源共同进化过程有着至关重要的影响。

用于治疗传染病的资源（如疫苗、资金和人力）总是有限且昂贵的。由于考虑到有限的资源，所以确定如何有效地分配资源极其重要[18]。例如，我们可以将资源随机分配给被感染的个人，或者更愿意将资源分配给某些重要的个体和领域；在后一种情况下，如何找到重要的个体来分配资源将成为一个相关的优化问题。此外，在不同的资源分配策略下，疫情传播动力学的临界现象可能不同。在这一部分中，我们重点介绍恒定资源对疫情传播动力学演化影响的研究进展。

从疫苗接种的宏观资源成本和与传染病相关的社会福利损失的角度来看，Francis P J 解决了一个资源的优化配置的最优控制问题，即通过疫苗接种抑制传染病可以最小化总成本，并讨论了政府政策和市场对资源的调控效应[19]。该模型是一个标准的 SIR 模型，包含了额外的疫苗接种率 $r(t)$，因此易感个体可以以该速率进入恢复状态，其中总成本是疫苗接种成本和个体感染时效用损失成本的加权总和。

在更真实的场景中，资源分配会在空间区域上执行。例如，疫情可能发生在不同但相互关联的地区。在这种情况下，Mbah M L N & Gilligan C A 研究了一种最优控制模型，以在经济约束下使传染病在流行过程中让被感染个体的折扣数量最小化，并研究了优惠治疗策略[20]。他们的模型是一个两区域 SIRS 模型，在该模型中，感染个体可以用成本治愈。折扣数量的形式为：

$$\int_0^\infty e^{-rt}\rho(t)\mathrm{d}t \tag{12-4}$$

其中，贴现率 r 更强调短期而非长期的控制。结果表明，当面临在社会公平和纯粹有效的策略之间选择的困境时，最佳控制策略的效果并不明显，此时最佳控制效果应取决于许多传染病学因素，如基本生殖数量和治疗措施的效率。

除了来自不同地区的人口,资源分配还可以在多个时间段内进行。Zaric G S & Brandeau M L 研究了一个动态资源分配模型,将有限的预算在多个时间段内分配给干预措施[21]。传染病模型可干预转向模型参数的变化。他们通过一项启发式数值研究发现,允许资源或资金在时间范围内重新分配,而不是在时间范围开始时只分配一次资源,可以显著提高健康效益。

由于对区域的分配是初步的和粗糙的,为了更好地量化资源的影响,可以进一步考虑在网络中将资源分配给个体的情况(例如,在整个网络中分配疫苗和解毒剂)。许多研究都集中于研究网络分布问题的算法。Preciado V M 等提出了一个模型,在该模型中,每个个体的感染率都可以通过向其分配疫苗接种资源来降低(从而降低其传染性)[22]。

因此,在 SIS 模型中的个体表现出什么程度的易感性,取决于他们获得了多少资源。由于考虑到如何最小化相应疫苗的总成本和相应的暴发渐近指数衰减率,因此提出了一个凸框架来寻找疫苗在任意接触网络中的最优分布。在一项类似的研究中,Enyioha C 等考虑了一个线性化的 SIS 模型,该模型设定了资源可用于降低个体感染率和提高治愈率[23]。

一般来说,每个节点的治愈率与其医疗资源呈正相关,即资源越多,治愈率越高。在现实情况下,医疗资源总量是有限的,因此平均治愈率是固定的。Chen H 等分析了如何将有限的资源以最佳的方案分配给每个节点,从而最大限度地降低传染病感染率[24]。他们用平均场理论公式化了 ISM 模型,并用拉格朗日乘子法解决了相应的最优控制问题,还反直觉地发现,在强感染区域,低度节点应比高度节点被分配更多的医疗资源,以最小化患病率。

Nowzari C 等假设,在分配资源时,可以通过降低边缘的强度或权重来抑制传染病的传播[25]。例如,政府可以通过减少两个节点之间的交互来减少边缘权重,如通过限制两个城市之间的交通量。他们考虑了时变网络上的 SIS 模型,并研究了如何在给定的预算范围内最优分配预算以最好地对抗不希望出现的传染病。他们证明了这个问题可以表示为一个几何规划,并在多项式时间内求解。

最优分配也可以从数学的角度来表述。Ogura M 等重点研究了在时间和适应性网络模型(包括马尔可夫时间网络、聚合马尔可夫时间网络和随机适应性网络)上寻找控制资源的最佳分配以消除疫情暴发影响的数学问题[26]。对每一个模型,建立了一个严格且易于处理的数学框架,以有效地找到控制资源的最优分配,从而消除疫情。

多网络协同是一个很前沿的课题,要了解更多需要大家去阅读更多的文献。

本 章 小 结

本章从三个视角对复杂网络的情形进行了介绍。本章的内容涉及非常复杂且前沿的科学领域,所以参考了一些经典的文献,并对相关成果进行了介绍。具体而言,本章介绍了超网络在生活中的现象,总结了其特征,并结合 MOOC 平台数据进行了案例讨论;在多模网络板块重点介绍了二模网络的情形,并给出了多模网络的一般数学表达;最后在多网络协同章节,主要结合文献进行了两种情况的梳理。

思 考 题

1. 请举例说明社会生活中的一个超网络现象。
2. 尝试用 R 语言的 igraph 包之外的方法进行二模网络可视化的实践操作。
3. 隶属网络与多模网络的区别在哪里？
4. 查找文献，论述网络间的协同的方法。

参 考 资 料

[1] SHEFFI Y. Urban transportation networks[M]. Englewood cliffs, NJ: prentice-hall, 1985.

[2] NAGURNEY A, DONG J. Supernetworks: decision-making for the information age[M]. Elgar: edward publishing, incorporated, 2002.

[3] 漆玉虎，郭进利，王志省. 超网络度参数研究[J]. 科技与管理，2013（1）：34-38.

[4] 漆玉虎，郭进利. 超网络研究[J]. 上海理工大学学报，2013（3）：227-239.

[5] 胡枫，赵海兴，马秀娟. 一种超网络演化模型构建及特性分析[J]. 中国科学：物理学，力学，天文学，2013（1）：16-22.

[6] 吴江，马磐昊. 基于超网络的 MOOC 平台知识流动研究[J]. 图书与情报，2015，000（006）：97-106.

[7] 吴江，贺超城，马磐昊. 基于迭代超中心度的 MOOC 论坛用户知识互动超网络研究[J]. 数据分析与知识发现，2017，1（8）：1-8.

[8] 贺超城，吴江，魏子瑶，等. 科研合作中机构间科研主导力及邻近性机理——以中国生物医学领域为例[J]. 情报学报，2020，39（2）：148-157.

[9] 陈远，刘福珍，吴江. 基于二模复杂网络的共享经济平台用户交互行为研究[J]. 数据分析与知识发现，2017，1（6）：72-82.

[10] NEWMAN M. Networks[M]. New york:oxford university press, 2018.

[11] LÜ L, MEDO M, YEUNG C H, et al. Recommender systems[J]. Physics reports, 2012, 519（1）: 1-49.

[12] HIDALGO C A, HAUSMANN R. The building blocks of economic complexity[J]. Proceedings of the national academy of sciences, 2009, 106（26）: 10570-10575.

[13] BOYD I L. The art of ecological modeling[J]. Science, 2012, 337（6092）: 306-307.

[14] CHEN P, LIU R, LI Y, et al. Detecting critical state before phase transition of complex biological systems by hidden markov model[J]. Bioinformatics, 2016, 32（14）: 2143-2150.

[15] GRANELL C, GÓMEZ S, ARENAS A. Dynamical interplay between awareness and epidemic spreading in multiplex networks[J]. Physical review letters, 2013, 111（12）: 128701.

[16] FERRAZ D, RODRIGUES F A, YAMIR M. Fundamentals of spreading processes in single and multilayer complex networks[J]. Physics reports, 2018, 756: 1-59.

[17] COLIZZA I V, BARRAT A, BARTHELEMY M, et al. Modeling the worldwide spread of pandemic influenza: baseline case and containment interventions[J]. Plos medicine, 2007, 4（1）: e13.

[18] NAGEL J. Resource competition theories[J]. American behavioral scientist, 1995, 38（3）: 442-458.

[19] FRANCIS P J. Optimal tax/subsidy combinations for the flu season[J]. Journal of economic dynamics & control, 2004, 28(10): 2037-2054.

[20] MBAH M L N, GILLIGAN C A. Resource allocation for epidemic control in metapopulations[J]. PLOS ONE, 2011, 6(9): e24577.

[21] ZARIC G S, BRANDEAU M L. Resource allocation for epidemic control over short time horizons[J]. Mathematical biosciences, 2001, 171(1): 33-58.

[22] PRECIADO V M, ZARGHAM M, ENYIOHA C, et al. Optimal vaccine allocation to control epidemic outbreaks in arbitrary networks[C]//52nd IEEE conference on decision and control. IEEE, 2013: 7486-7491.

[23] ENYIOHA C, JADBABAIE A, PRECIADO V, et al. Distributed resource allocation for control of spreading processes[C]// Control conference. IEEE, 2015: 2216-2221.

[24] CHEN H, LI G, ZHANG H, et al. Optimal allocation of resources for suppressing epidemic spreading on networks[J]. Physical review E, 2017, 96(1): 012321.

[25] NOWZARI C, OGURA M, PRECIADO V M, et al. Optimal resource allocation for containing epidemics on time-varying networks[C]//2015 49th Asilomar conference on signals, systems and computers. IEEE, 2015: 1333-1337.

[26] OGURA M, PRECIADO V M, MASUDA N. Optimal containment of epidemics over temporal activity-driven networks[J]. SIAM journal on applied mathematics, 2019,79(3):986-1006.

第 3 篇
社会网络的分析理解

第13章 社会网络的链接预测

社会网络是高度动态的,随着时间的推移,网络中对象的关系是会随着时间改变的,这意味着在潜在的社会结构中出现了新的互动,这一演变过程与复杂网络中两个节点之间的链接随时间改变是一致的,识别这一演变过程具有重要的实际意义和价值。社会网络中的链接预测(Link Prediction)是图挖掘中的基础研究问题之一,可以对网络的演化模式进行刻画[1]。

本章主要讲述了链接预测的定义,以及三类链接预测方法,包括基于相似性的链接预测、基于概率和统计的链接预测及基于机器学习的链接预测,并简单介绍了三类典型的链接预测应用。

13.1 基 本 概 念

13.1.1 链接预测的定义

链接预测是指通过已知的网络节点及网络结构等信息预测网络中尚未产生边的两个节点之间产生链接的可能性,这种预测包含在时间上预测未来会出现的新链接,以及在空间上预测隐藏的未知链接[2]。

用图 13-1 来阐述链接的预测任务。如图 13-1(a)所示,在 t 时刻,网络中 B、C 节点间没有链接,在时间上的链接预测就是预测 $t+1$ 时刻,B、C 节点之间形成新链接的概率;在空间上的链接预测是指预测 B、C 节点之间是否存在未被探测到的但实际存在的链接。

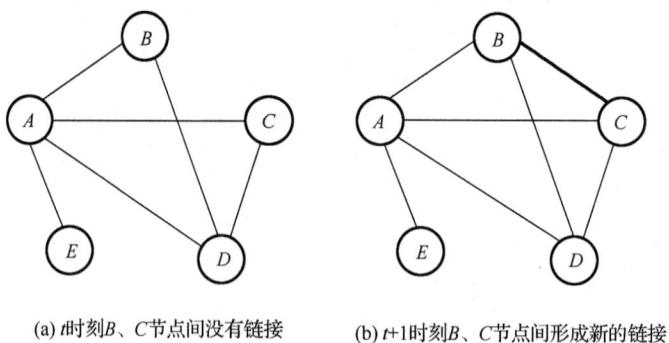

(a) t 时刻 B、C 节点间没有链接　　(b) $t+1$ 时刻 B、C 节点间形成新的链接

图 13-1　网络随时间发生改变

13.1.2 问题描述

可以用数学语言描述链接预测问题[3]:对于无向图 $G = (V,E)$,V 是图 G 中节点对构成的集合,E 是观察到的链接的集合。若令 U 为图 G 中节点对之间可能存在的链接全集,则

不存在的链接集合为 *U-E*。假设集合 *U-E* 中存在一些缺失的链接（或将来会出现的链接），链接预测的任务就是找出这些链接。

链接预测方法：定义不同的函数进行计算，得到表示图中没有边的节点对(v_x, v_y)之间的接近性数值，这一数值与节点对之间存在链接的可能性正相关。根据得到的该数值大小将集合 *U-E* 中的节点对降序排列，排名靠前的节点对更有可能存在缺失链接。

13.2 基于相似性的链接预测

基于相似性的链接预测：假设节点倾向于与其他相似节点形成链接，则对于网络中的节点 *x* 和 *y*，定义不同的函数 $S(x,y)$ 来计算这两个节点间的相似度，相似度越大表示此节点对之间存在链接的可能性越大。

节点相似度可以通过节点的属性等外部信息来定义：如果两个节点有许多共同特征，就认为这两个节点是相似的[4]。然而，节点的属性通常是隐藏的，难以获取。再者，也难以保证获取的节点属性的可靠性。与节点属性相比，网络拓扑结构更易获得也更加可靠，因此基于相似性的链接预测更多地关注完全基于网络结构的结构相似度指标。结构相似度指标可以分为局部与全局、参数无关与参数相关、节点依赖与路径依赖等多种类型[3]。这些结构相似度指标往往还被分为结构等效与正则等效，前者假设节点间的链接本身即可表明节点的相似度[5]，后者假设两个相似节点的相邻节点是相似的[6]。本节将介绍不同类型的结构相似度指标及相关算法，并给出部分指标的 Python 计算方法。

13.2.1 基于局部信息的相似性指标

基于局部信息的相似性指标是通过计算节点局部信息得到的，这类指标的计算复杂度低，更适合在大规模、高度动态的网络中处理链接预测问题。但由于信息量有限，这类指标的预测精度要稍低于一些全局指标。

1. 共同邻居指标

应用共同邻居（Common Neighbors，CN）指标的基本假设是，两个节点如果有很多的共同邻居节点，那么这两个节点相似，未连接的节点对相似度越高，则存在链接的可能性越高。Mark Granovetter 认为，在社交网络中，如果两个人之间有共同的朋友，那么他们成为朋友的可能性也较大，这一研究在真实数据集中得到了验证[7]。Newman 在文章合作网络中应用这个指标，验证了两位科学家的共同邻居节点数量与他们未来合作的概率是呈正相关的[8]。

共同邻居指标定义：对于网络中的节点 v_x，$\Gamma(x)$ 表示 v_x 的邻居节点集合，用 v_x 和 v_y 的共同邻居节点数来表示两个节点间的相似度，即

$$S(x, y) = |\Gamma(x) \bigcap \Gamma(y)| \tag{13-1}$$

这一指标虽然简单，但在现实世界的大多数网络上都表现得出奇好，击败了一些非常复杂的方法。这一指标也是后面介绍的其他指标的基础。

使用 Python 计算 CN 指标：

```
#定义 CN 指标计算函数
def Cn(MatrixAdjacency_Train):
    Matrix_similarity = np.dot(MatrixAdjacency_Train,MatrixAdjacency
_Train)
    return Matrix_similarity
```

2. Salton 指标

Salton 指标的定义为[9]:

$$S(x,y) = \frac{|\Gamma(x) \cap \Gamma(y)|}{\sqrt{k_x k_y}}$$ (13-2)

其中，k_x 是节点 v_x 的度数。Salton 指标又被称为余弦相似度。

使用 Python 计算 Salton 指标：

```
#定义 Salton 指标计算函数
def Salton(MatrixAdjacency_Train):
    similarity = np.dot(MatrixAdjacency_Train,MatrixAdjacency_Train)

    deg_row = sum(MatrixAdjacency_Train)
    deg_row.shape = (deg_row.shape[0],1)
    deg_row_T = deg_row.T
    tempdeg = np.dot(deg_row,deg_row_T)
    temp = np.sqrt(tempdeg)

    np.seterr(divide='ignore', invalid='ignore')
    Matrix_similarity = np.nan_to_num(similarity / temp)
    return Matrix_similarity
```

3. Jaccard 指标

Jaccard 指标的定义为[10]:

$$S(x,y) = \frac{|\Gamma(x) \cap \Gamma(y)|}{|\Gamma(x) \cup \Gamma(y)|}$$ (13-3)

4. Sorensen 指标

Sorensen 指标主要用于生态群落数据，定义为[11]:

$$S(x,y) = \frac{2 \times |\Gamma(x) \cap \Gamma(y)|}{k_x + k_y}$$ (13-4)

5. 大度节点有利指标

大度节点有利指标(Hub Promoted Index，HPI)用于描述定量代谢网络中的反应物的拓扑相似程度，定义为[12]:

$$S(x,y) = \frac{|\Gamma(x) \cap \Gamma(y)|}{\min\{k_x, k_y\}}$$ (13-5)

在这一指标下，大度节点更容易与其他节点具有高的相似度，因为分母只由度数较小的节点决定。

6. 大度节点不利指标

大度节点不利指标（Hub Depressed Index，HDI）与 HPI 相似，只是分母取两端节点的较大值，其定义为：

$$S(x,y)=\frac{\left|\Gamma(x)\bigcap\Gamma(y)\right|}{\max\{k_x,k_y\}} \tag{13-6}$$

7. Leicht-Holme-Newman 指标

Leicht-Holme-Newman 指标（LHN 指标）会给那些拥有更多共同邻居节点的节点对分配较大的相似度分数，与 CN 指标相比，该指标不会无限增大[13]，其定义为：

$$S(x,y)=\frac{\left|\Gamma(x)\bigcap\Gamma(y)\right|}{k_x k_y} \tag{13-7}$$

其中，$k_x k_y$ 正比于节点 v_x 和 v_y 共同邻居节点数的期望值。

8. Adamic-Adar 指标

这种相似性度量最初是由 Lada adam 和 Eytan Adar 提出的，Adamic-Adar 指标（AA 指标）基于如下假设：相较于被较多对象拥有的事务，被越少对象拥有的事务对链接预测的影响越大，即度数小的邻居节点比度数大的邻居节点对链接预测的影响更大[14]。例如，在推荐系统中，共同购买冷门产品的用户之间往往比共同购买热门产品的用户之间的相似度高；在社交网络中，随着节点度数的增加，节点可以花费在其每个邻居节点上的资源或时间会减少，即节点对它们的影响会降低。

AA 指标通过为连接较少的邻居节点分配更多的权值来细化共同邻居节点的简单计数，定义为：

$$S(x,y)=\sum_{z\in\Gamma(x)\bigcap\Gamma(y)}\frac{1}{\log k_z} \tag{13-8}$$

使用 Python 计算 AA 指标：

```python
#定义AA指标计算函数
def AA(MatrixAdjacency_Train):
    logTrain = np.log(sum(MatrixAdjacency_Train))
    logTrain = np.nan_to_num(logTrain)
    logTrain.shape = (logTrain.shape[0],1)
    MatrixAdjacency_Train_Log = MatrixAdjacency_Train / logTrain
    MatrixAdjacency_Train_Log = np.nan_to_num(MatrixAdjacency_Train_Log)

    Matrix_similarity = np.dot(MatrixAdjacency_Train,MatrixAdjacency_Train_Log)
    return Matrix_similarity
```

9. 资源分配指标

资源分配(Resource Allocation，RA)指标是由发生在复杂网络中的资源分配过程驱动的[15]。它模拟了两个不相连的节点 v_x 和 v_y 之间通过邻居节点进行资源单位传输的过程。每个邻居节点从 v_x 获得一个资源单位，并将其平均分配给它的邻居节点。节点 v_y 所获得的资源量可以看作 v_x 和 v_y 之间的相似度。该指标以各相邻节点的度数为基础，均匀化其贡献权重，更契合贡献的衰减特性。RA 指标定义为：

$$S(x,y) = \sum_{z \in \Gamma(x) \cap \Gamma(y)} \frac{1}{k_z} \tag{13-9}$$

10. 偏好连接相似性(PA 指标)

偏好连接机制可用于生成不断发展的无标度网络，其中一条新边连接到节点 v_x 的概率正比于该节点的度数 k_x。这种机制可能导致无标度网络没有增长[16]，因为每次都先把旧的链接移除，然后再生成新的链接。新的链接连接节点 v_x 和 v_y 的概率与两节点的点度的乘积成正比。在这种机制下，PA 指标定义为：

$$S(x,y) = k_x k_y \tag{13-10}$$

11. 局部朴素贝叶斯模型(LNB 指标)

前面使用共同邻居节点数量得到的指标，是基于每个节点对网络的影响程度相同的假设，但在一些网络中，由于节点自身的重要性不同，它们的影响也不同。例如，在微博中，活跃度高的用户，更倾向于与其他用户进行互动，从而相互关注产生链接。局部朴素贝叶斯(Local Native Bayes，LNB)模型假设每个共同邻居节点对网络都有不同的作用或影响，这一影响程度可以用概率论的方法来估计[17]。该方法估计两个节点的相似度为：

$$S(x,y) = \sum_{z \in \Gamma_x \cap \Gamma_y} f(z) \log(oR_z) \tag{13-11}$$

其中，o 是网络的一个常量：

$$o = \frac{P_{\text{unconnected}}}{P_{\text{connected}}} = \frac{\frac{1}{2}|V|(|V|-1)}{|E|} - 1 \tag{13-12}$$

R_z 为节点的影响力：

$$R_z = \frac{2\left|\{e_{x,y} : x,y \in \Gamma(z), e_{x,y} \in E\}\right| + 1}{2\left|\{e_{x,y} : x,y \in \Gamma_z, e_{x,y} \notin E\}\right| + 1} \tag{13-13}$$

$f(z)$ 是度量节点影响的函数。Liu 等人提出，可以根据共同邻居指标，取 $f(z) = 1$；根据 AA 指标，取 $f(z) = \frac{1}{\log \Gamma|z|}$；或者根据 RA 指标，取 $f(z) = \frac{1}{\log \Gamma(z)}$。

12. 基于 CAR 的指标

基于 CAR 的指标：如果两个节点的共同邻居节点是一个内部联系紧密的群体(命名为局部社区)的成员，那么这两个节点间可能产生链接[18]。基于 CAR 的共同邻居指标定义为：

$$S(x,y) = \sum_{z \in \Gamma_x \cap \Gamma_y} 1 + \frac{|\Gamma(x) \cap \Gamma(y) \cap \Gamma(z)|}{2} \tag{13-14}$$

类似地,基于 CAR 的资源分配指标定义为:

$$S(x,y) = \sum_{z \in \Gamma_x \cap \Gamma_y} 1 + \frac{|\Gamma(x) \cap \Gamma(y) \cap \Gamma(z)|}{\Gamma_z} \tag{13-15}$$

13.2.2 基于全局信息的相似性指标

基于全局信息的相似性指标使用整个网络的拓扑信息来对每个链接进行评分,而不限于测量节点之间的相似性。但是由于这类方法计算复杂性高,因此并不适用于大型网络。

1. Katz 指标

Katz 指标基于所有路径的集合,用全局路径来描述相似度。Katz 指标直接对路径集合求和,并按长度进行指数衰减,赋予较短的路径更多的权重,其定义为:

$$S(x,y) = \sum_{t=1}^{\infty} \beta^l \cdot A_{xy}^l = \beta A_{xy} + \beta^2 A_{xy}^2 + \beta^3 A_{xy}^3 + \cdots \tag{13-16}$$

其中,$|A_{xy}^l|$ 是节点 v_x 和 v_y 之间路径长度为 l 的路径数量;β 是控制路径权重的参数。当 β 取一个非常小的值时,Katz 指标与 CN 指标相似,因为长路径的贡献非常小。Katz 指标的相似矩阵可以用式(13-17)表示:

$$S = (I - \beta A)^{-1} - I \tag{13-17}$$

其中,S 为相似度数值矩阵;I 为单位矩阵。注意,β 的取值必须小于矩阵 A 的最大特征值,才能保证式(13-17)的收敛性。

使用 Python 计算 Katz 指标:

```
#定义 Katz 指标计算函数
def Katz(MatrixAdjacency_Train):
    Parameter = 0.01
    Matrix_EYE = np.eye(MatrixAdjacency_Train.shape[0])
    Temp = Matrix_EYE - MatrixAdjacency_Train * Parameter

    Matrix_similarity = np.linalg.inv(Temp)

    Matrix_similarity = Matrix_similarity - Matrix_EYE
    return Matrix_similarity
```

2. Leicht-Holme-Newman-Ⅱ 指标

Leicht-Holme-Newman-Ⅱ 指标(LHN2 指标)是 Katz 指标的变形,其思想是如果两个节点的直接邻居节点是相似的,那么这两个节点也相似[13]。其矩阵形式如式(13-18)所示:

$$S = \phi A S + \psi I = \psi (I - \phi A)^{-1} = \psi (I + \phi A + \phi^2 A^2 + \cdots) \tag{13-18}$$

其中，φ 和 ψ 是控制相似度的两个组成部分的参数。当设置 $\psi = 1$ 时，LHN2 指标与 Katz 指标非常相似。注意，A_{xy}^l 表示节点 v_x 和 v_y 之间路径长度为 l 的路径数量。A_{xy}^l 的期望值，即 $E(A_{xy}^l)$，等价于 $(k_x k_y / 2M)\lambda_1^{l-1}$，其中 λ_1 是邻接矩阵 A 的最大特征值，M 是网络中边的总数目。将式 (13-16) 中的每一项 A_{xy}^l 用 $A_{xy}^l / E(A_{xy}^l)$ 替换，可以得到：

$$S_{xy} = \delta_{xy} + \frac{2M}{k_x k_y} \sum_{l=0}^{\infty} \phi^l \lambda_1^{1-l} A_{xy}^l$$

$$= \left[1 - \frac{2M\lambda_1}{k_x k_y} \right] \delta_{xy} + \frac{2M\lambda_1}{k_x k_y} \left[\left(I - \frac{\phi}{\lambda_1} A \right)^{-1} \right]_{xy} \tag{13-19}$$

其中，δ_{xy} 是克罗内克函数。由于第一项是对角矩阵，它可以被删除，因此可以得到一个更加简洁的式 (13-20)：

$$S = 2M\lambda_1 D^{-1} \left(I - \frac{\phi A}{\lambda_1} \right)^{-1} D^{-1} \tag{13-20}$$

其中，D 是度矩阵，$D_{xy} = \delta_{xy} k_x$；$\phi (0 < \phi < 1)$ 是一个参数。φ 的选择取决于所研究的网络，φ 越小，该相似度指标给短路径分配的相似度分数越高。

3. 平均通勤时间

如果 $m(x, y)$ 为一个随机游走粒子从节点 v_x 到节点 v_y 需要走的平均步数[19]，那么节点 v_x 和 v_y 的平均通勤时间（Average Commute Time，ACT）可定义为：

$$n(x, y) = m(x, y) + m(x, y) \tag{13-21}$$

可以根据拉普拉斯矩阵 L^+（$L = D - A$）的伪逆矩阵获得其数值解[20,21]：

$$n(x, y) = M(l_{xx}^+ + l_{yy}^+ - 2l_{xy}^+) \tag{13-22}$$

其中，l_{xy}^+ 表示矩阵 L^+ 中第 x 行第 y 列的位置所对应的元素。假设两个节点之间的平均通勤时间越少，两个节点越接近。那么节点 v_x 和节点 v_y 之间的相似度可以定义为 $n(x, y)$ 的倒数，即（去掉常数因子 M）：

$$S(x, y) = \frac{1}{l_{xx}^+ + l_{yy}^+ - 2l_{xy}^+} \tag{13-23}$$

使用 Python 计算 ACT 指标：

```python
#定义 ACT 指标计算函数
def ACT(MatrixAdjacency_Train):
    Matrix_D = np.diag(sum(MatrixAdjacency_Train))
    Matrix_Laplacian = Matrix_D - MatrixAdjacency_Train
    INV_Matrix_Laplacian  = np.linalg.pinv(Matrix_Laplacian)

    Array_Diag = np.diag(INV_Matrix_Laplacian)
    Matrix_ONE = np.ones([MatrixAdjacency_Train.shape[0],MatrixAdjacency_Train.shape[0]])
```

```
        Matrix_Diag = Array_Diag * Matrix_ONE

        Matrix_similarity = Matrix_Diag + Matrix_Diag.T - (2 * Matrix_
Laplacian)
        Matrix_similarity = Matrix_ONE / Matrix_similarity
        Matrix_similarity = np.nan_to_num(Matrix_similarity)
        return Matrix_similarity
```

4. 基于 L^+ 的余弦相似性指标

基于 L^+ 的余弦相似性指标(Cosine based on L^+ Index)是一个基于内积的度量。在 $v_x = \Lambda^{\frac{1}{2}} U^{\mathrm{T}} \overrightarrow{e_x}$ 的 N 维欧式空间中,U 是由矩阵 L^+ 的特征向量按对应特征值 λ_x 的降序排列组成的正交矩阵,$\overrightarrow{e_x}$ 是一个 N 维向量,其中第 x 个元素为 1,其他元素都为 0,拉普拉斯矩阵的伪逆是节点向量的内积,即 $l_{xy}^+ = v_x^{\mathrm{T}} v_y$。因此,余弦相似性被定义为节点向量的余弦,即:

$$S(x,y) = \cos(x,y)^+ = \frac{v_x^{\mathrm{T}} v_y}{|v_x| \cdot |v_y|} = \frac{l_{xy}^+}{\sqrt{l_{xx}^+ \cdot l_{yy}^+}} \tag{13-24}$$

5. 有重启的随机游走指标

有重启的随机游走(Random Walk with Restart,RWR)指标是 PageRank 的拓展应用[22]。它假设一个随机游走粒子从节点 v_x 出发,会以概率 c 移动到它的随机邻居节点处,并以 $1-c$ 的概率返回节点 v_x,用 q_{xy} 表示在稳定状态下这个随机游走粒子最后到达节点 v_y 的概率,因此 $\overrightarrow{q_x}$ 可表示为:

$$\overrightarrow{q_x} = c P^{\mathrm{T}} \overrightarrow{q_x} + (1-c) \overrightarrow{e_x} \tag{13-25}$$

其中,P 是网络的马尔可夫概率转移矩阵,如果节点 v_x 和 v_y 相连,则 $p_{xy} = 1/k_x$,否则 $p_{xy} = 0$,即:

$$\overrightarrow{q_x} = (1-c)(I - c P^{\mathrm{T}})^{-1} \overrightarrow{e_x} \tag{13-26}$$

因此,RWR 指标定义为:

$$S_{xy} = q_{xy} + q_{yx} \tag{13-27}$$

其中,q_{xy} 是向量 $\overrightarrow{q_x}$ 的第 y 个元素。Tong 等人(2007)提出了一种计算 RWR 指标的快速算法,并且有学者[24]将 RWR 指标应用到推荐系统中。

6. SimRank 指标

SimRank(SimR)指标与 LHN2 指标类似,它是以自洽的方式定义的[19],SimRank 指标假设如果两个节点所连接的其他节点相似,那么这两个节点就相似。SimRank 指标的定义为:

$$S(x,y) = C \cdot \frac{\displaystyle\sum_{x \in \Gamma(x)} \sum_{v \in \Gamma(y)} s_{xv}^{\mathrm{SimRank}}}{k_x \cdot k_y} \tag{13-28}$$

其中，$S_{xx}=1$（当 $x=v$ 时），S_{xx} 代表对比自身的相似性；$C\in[0,1]$ 为相似性传递时的衰减参数。SimRank 指标也可以用随机游走过程来解释，即 S_{xy}^{SimRank} 用来衡量分别从节点 v_x 和 v_y 开始的两个随机游走粒子预计在某个节点相遇的时间。

7. 矩阵森林（MFI）指标[25]

若一个无向图 G 的生成子图是一棵树，则称之为无向图 G 的生成树。根据矩阵树定理，无向图 G 中生成树的数目等于其拉普拉斯矩阵任意余子式。有根森林的定义是不相交的有根生成树的集合。$(I+L)_{x,y}$ 的余子式等于节点 v_x 和 v_y 属于同一个以节点 v_x 为根节点的树的有根森林数量，其倒数可以看作节点 v_x 和 v_y 之间可访问性的度量。因此，相似性可以定义为：

$$S=(I+L)^{-1} \tag{13-29}$$

MFI 指标的含参数形式为：

$$S=(I+\alpha L)^{-1},\alpha>0 \tag{13-30}$$

其中，S 为相似度数值矩阵；I 为单位矩阵；L 为路径长度数值矩阵。

13.2.3 准局部指标

如表 13-1 所示，准局部指标是在局部指标和全局指标之间取得平衡的一种方法[3]。准局部指标的计算效率几乎与局部指标一样高,但又像全局指标一样考虑了额外的拓扑信息。准局部指标不考虑网络中任意节点对之间的相似性，也不局限于邻居节点的邻居节点。一些准局部指标需要访问整个网络,但是它们的时间复杂度仍然低于全局指标的时间复杂度。

表 13-1 基于相似性的指标比较

属性	局部指标	全局指标	准局部指标
性质	简易	复杂	中等
采用的特征	局部	整个网络	高于局部区域
计算复杂度	低	高	中等
并行化	简单	更复杂	中等
适用范围	适用于大型网络	适用于小型网络	适用于大型网络

1. 局部路径（Local Path，LP）指标

为了在准确性和计算复杂性之间得到一个好的折中，吕琳媛等人引入了一个考虑局部路径的指标，其范围比 CN 指标更宽[26]。该指标定义为：

$$S=A^2+\epsilon A^3 \tag{13-31}$$

其中，ϵ 为可调参数；A 表示网络的邻接矩阵。如果节点 x 和 y 不直接相连，则 $(A^3)_{xy}$ 可表示为连接节点 x 和 y 长度为 3 的不同路径的数量。显然，当 $\epsilon=0$ 时，LP 指标就等同为 CN 指标。LP 指标可以扩展为更高阶的情形，即考虑 n 阶路径的情况：

$$S^{(n)}=A^2+\epsilon A^3+\epsilon^2 A^4+\cdots+\epsilon^{n-2}A^n \tag{13-32}$$

随着 n 的增大，这个指标需要更多的信息和计算量，其计算复杂度越来越大。当 $n\to\infty$ 时，该指标等价于考虑了网络中全部路径的 Katz 指标。

使用 Python 计算 LP 指标：

```
#定义 LP 指标计算函数
def ACT(MatrixAdjacency_Train):
    Matrix_D = np.diag(sum(MatrixAdjacency_Train))
    Matrix_Laplacian = Matrix_D - MatrixAdjacency_Train
    INV_Matrix_Laplacian = np.linalg.pinv(Matrix_Laplacian)

    Array_Diag = np.diag(INV_Matrix_Laplacian)
    Matrix_ONE = np.ones([MatrixAdjacency_Train.shape[0],Matrix
Adjacency_Train.shape[0]])
    Matrix_Diag = Array_Diag * Matrix_ONE

    Matrix_similarity = Matrix_Diag + Matrix_Diag.T - (2 * Matrix_
Laplacian)
    print Matrix_similarity
    Matrix_similarity = Matrix_ONE / Matrix_similarity
    Matrix_similarity = np.nan_to_num(Matrix_similarity)
    return Matrix_similarity
```

2. 局部随机游走(Local Random Walk，LRW)指标

为了测量节点 v_x 和 v_y 之间的相似性，需在节点 v_x 上放置随机游走粒子，因此初始密度向量为 $\vec{\pi_x}(0) = \vec{e_x}$，这一密度向量的演变方程为 $\vec{\pi_x}(t+1) = \boldsymbol{P}^{\mathrm{T}}\vec{\pi_x}(t)$, $t \geqslant 0$。则基于 t 步随机游走的相似性为[25]：

$$s_{xy}^{\mathrm{LRW}}(t) = q_x \pi_{xy}(t) + q_y \pi_{yx}(t) \tag{13-33}$$

其中，q 是各个节点的初始资源分布。刘伟平和吕琳媛[27]应用了一种由节点度数来决定的简单方法进行实验，即 $q_x = k_x / M$，实验结果表明此方法好于使用共同邻居指标的方法，且得出最优行走步数与网络的平均最短距离呈正相关。

由于 LRW 指标相似性只考虑了有限步数的随机游走，因此其计算复杂度比基于全局信息的 ACT 指标、RWR 指标等要小得多，适用于规模较大的网络。

3. 有叠加效应的局部随机游走(Superposed Random Walk，SRW)指标

在 LRW 指标的基础上，将 t 步以前的结果相加便得到了 SRW 指标的值[27]，即：

$$s_{xy}^{\mathrm{SRW}}(t) = \sum_{l=1}^{t} s_{xy}^{\mathrm{LRW}}(l) = q_x \sum_{l=1}^{t} \pi_{xy}(l) + q_y \sum_{l=1}^{t} \pi_{yx}(l) \tag{13-34}$$

LRW 指标给邻近目标节点的节点更多与目标节点相连的机会，充分考虑了真实网络连接上的局域性特点。

13.2.4　链接预测效果评估和结果

基于不同领域的真实网络实验，许多学者对上述几类算法的表现进行评估。本节参考 Martinez 等人[28]的实验结果，分析和总结不同链接预测算法的效果。

13.2.4.1 评价指标

实验采用了 AUC(Area Under Curve)和精确度(Precision)这两个指标来衡量链接预测算法的准确性。其中，AUC 从整体上衡量算法的准确性，是最常用的一种评价指标[29]；而精确度用来衡量排在前面的边预测的准确性[30]。下面简单介绍这两种评价指标。

1. AUC

AUC 被定义为 ROC 曲线(Receiver Operating Characteristic Curve)与坐标轴围成的面积，显然这个面积的数值不会大于 1。又由于 ROC 曲线一般都处于 $y=x$ 这条直线的上方，因此 AUC 的取值范围在 0.5 和 1 之间。AUC 越接近 1，链接预测的真实性越高；当 AUC 等于 0.5 时，真实性最低，无应用价值。这一指标可以用来评价链接预测算法的准确性。

在链接预测的场景下，未知边包括不存在的边和测试边两类。AUC 可以理解为在测试集中随机选择一条边的分数值比随机选择一条不存在的边的分数值高的概率。每次随机从测试集和不存在的边中各随机选择一条边，如果测试集中的边的分数值大于不存在的边的分数值，就加一分，如果这两个分数值相等就加 0.5 分。假设比较 n 次，有 n' 次测试集中的边的分数值大于不存在的边的分数值，有 n'' 次分数值相等，则 AUC 定义为：

$$\mathrm{AUC} = \frac{n' + 0.5n''}{n} \tag{13-35}$$

用 Python 实现 AUC 指标计算：

```
#定义一个 AUC 指标计算函数
def Calculation_AUC(MatrixAdjacency_Train,MatrixAdjacency_Test,
Matrix_similarity,MaxNodeNum):
    Matrix_similarity = np.triu(Matrix_similarity-Matrix_similarity *
MatrixAdjacency_Train)    #只保留测试集和不存在的边的集合中的边的相似度
    Matrix_NoExist = np.ones(MaxNodeNum) - MatrixAdjacency_Train -
MatrixAdjacency_Test - np.eye(MaxNodeNum)

    #分别取出测试集和不存在的边的集合的上三角矩阵，用以取出它们对应的相似度分值
    Test = np.triu(MatrixAdjacency_Test)
    NoExist = np.triu(Matrix_NoExist)

    Test_num = len(np.argwhere(Test == 1))
    NoExist_num = len(np.argwhere(NoExist == 1))

    Test_rd = [int(x) for index,x in enumerate((Test_num * np.random.
rand(1,AUCnum))[0])]
    NoExist_rd = [int(x) for index,x in enumerate((NoExist_num * np.
random.rand(1,AUCnum))[0])]

    TestPre = Matrix_similarity * Test
    NoExistPre = Matrix_similarity * NoExist
```

```
    TestIndex = np.argwhere(Test == 1)
    #测试集中存在的边的预测值
        Test_Data = np.array([TestPre[x[0],x[1]] for index,x in enumerate
(TestIndex)]).T
    NoExistIndex = np.argwhere(NoExist == 1)
    #NoExist 集合中存在的边的预测值
        NoExist_Data = np.array([NoExistPre[x[0],x[1]] for index,x in
enumerate(NoExistIndex)]).T

        Test_rd = np.array([Test_Data[x] for index,x in enumerate(Test_rd)])
        NoExist_rd = np.array([NoExist_Data[x] for index,x in enumerate
(NoExist_rd)])

        n1,n2 = 0,0
        for num in range(AUCnum):
            if Test_rd[num] > NoExist_rd[num]:
                n1 += 1
            elif Test_rd[num] == NoExist_rd[num]:
                n2 += 0.5
            else:
                n1 += 0
        auc = float(n1+n2)/AUCnum

        print('AUC 指标为：%f'%auc)
        return auc              #返回 AUC 指标值
```

2. 精确度

精确度用于衡量排在前面几条的边预测的准确性，表示在前几条预测边中预测准确的比例，根据出现连接的可能性从大到小排列，如果前 L 条边中有 m 条边在测试集中，则精确度定义为：

$$\text{Precision} = \frac{m}{L} \tag{13-36}$$

13.2.4.2　实验数据集

实验基于七个具有不同背景和不同拓扑性质的网络，包括蛋白质相互作用网络(YST)[31]、线虫的神经网络(CEL)、描述 2009 年在都柏林科学画廊举办的"传染病：远离"的展览期间人们面对面接触的网络(INF)、2004 年总统竞选期间出版的并由亚马逊出售的关于美国政治的书籍的频繁的共同购买网络(BCK)、hamsterster .com 网站上的用户社交网络(HMT)、美国航空网络(USA)及从事复杂网络研究的科学家合作网络(NSC)[32]。FERNANDO 等人对每个网络都进行预处理：删除孤立节点，消除重复链接，并且只考虑无权无向的情况。

13.2.4.3　评价和结果

表 13-2 和表 13-3 分别是在七个真实网络中根据不同算法得到的 AUC 结果表和精确度结果表。根据实验结果，可以得出不同结论。

表 13-2　AUC 结果表

Method	YST	CEL	INF	BCK	HMT	USA	NSC
CN	0.6850	0.8274	0.9264	0.8691	0.9523	0.9278	0.9056
Salton	0.6837	0.7831	0.9285	0.8621	0.9501	0.8995	0.9059
Jaccard	0.6837	0.7766	0.9285	0.8558	0.9492	0.8926	0.9059
Sorensen	0.6837	0.7766	0.9285	0.8558	0.9492	0.8926	0.9059
HPI	0.6834	0.7933	0.9255	0.8671	0.9484	0.8666	0.9058
HDI	0.6836	0.7680	0.9277	0.8475	0.9483	0.8878	0.9057
LHN	0.6828	0.7276	0.9195	0.8314	0.9411	0.7821	0.9056
AA	0.6855	0.8450	0.9300	0.8782	0.9553	0.9391	0.9061
RA	0.6854	0.8485	0.9305	0.8801	0.9561	0.9439	0.9061
RA-CNI	0.6854	0.8495	0.9307	0.8803	0.9564	0.9433	0.9061
PA	0.6846	0.8091	0.8991	0.8505	0.9386	0.9177	0.9043
LNB-CN	0.6858	0.8411	0.9263	0.8717	0.9541	0.9337	0.9057
LNB-AA	0.6858	0.8445	0.9285	0.8765	0.9557	0.9403	0.9059
LNB-RA	0.6857	0.8451	0.9295	0.8772	0.9561	0.9440	0.9059
CAR-CN	0.6850	0.8272	0.9264	0.8682	0.9525	0.9269	0.9056
CAR-AA	0.5792	0.7130	0.8254	0.7224	0.8832	0.8971	0.7554
CAR-RA	0.5792	0.7140	0.8255	0.7230	0.8838	0.9001	0.7554
Katz	0.8044	0.8507	0.9528	0.8946	0.9630	0.9180	0.9147
LHN2	0.6850	0.8274	0.9264	0.8691	0.9523	0.9278	0.9056
ACT	0.7659	0.7370	0.7969	0.7456	0.8793	0.8749	0.5654
Cos+	0.7725	0.8480	0.9439	0.8908	0.6435	0.9407	0.5263
RWR	0.8029	0.8967	0.9637	0.9183	0.9681	0.9362	0.8892
SimR	0.6828	0.7310	0.9200	0.8334	0.9414	0.7856	0.9056
MFI	0.7964	0.8614	0.9549	0.8984	0.9593	0.9106	0.9150
LP	0.8025	0.8345	0.9501	0.8882	0.9591	0.9136	0.9137
LRW	0.8164	0.8874	0.9514	0.8928	0.9647	0.9291	0.8536
SRW	0.8210	0.8936	0.9608	0.9139	0.9726	0.9463	0.9164

表 13-3　精确度结果表

Method	YST	CEL	INF	BCK	HMT	USA	NSC
CN	0.0876	0.1119	0.3484	0.2101	0.2453	0.4091	0.3561
Salton	0.0026	0.0340	0.4188	0.1395	0.2409	0.0866	0.4997
Jaccard	0.0030	0.0373	0.4104	0.1297	0.2472	0.1081	0.4884
Sorensen	0.0030	0.0373	0.4104	0.1297	0.2472	0.1081	0.4884
HPI	0.0000	0.0000	0.2764	0.1463	0.0000	0.0000	0.0005
HDI	0.0104	0.0364	0.4017	0.1053	0.2461	0.0810	0.4208
LHN	0.0002	0.0023	0.1271	0.0897	0.0817	0.0104	0.2334
AA	0.1080	0.1532	0.4080	0.2608	0.3267	0.4558	0.6217
RA	0.0876	0.1448	0.4163	0.2563	0.3959	0.5160	0.6652

Method	YST	CEL	INF	BCK	HMT	USA	NSC
PA	0.0310	0.1051	0.0848	0.1820	0.0787	0.3819	0.1932
LNB-CN	0.1189	0.1569	0.3964	0.2494	0.2996	0.4440	0.5414
LNB-AA	0.1190	0.1555	0.4036	0.2534	0.3574	0.4685	0.6362
LNB-RA	0.0954	0.1462	0.4105	0.2540	0.4019	0.5169	0.6610
CAR-CN	0.1073	0.1240	0.3942	0.2029	0.2816	0.4228	0.3914
CAR-AA	0.1241	0.1480	0.4047	0.2222	0.3191	0.4322	0.5074
CAR-RA	0.1245	0.1560	0.4148	0.2517	0.3873	0.4487	0.5074
Katz	0.1186	0.1513	0.3924	0.2471	0.2595	0.4332	0.4300
LHN2	0.0876	0.1119	0.3484	0.2101	0.2453	0.4091	0.3561
ACT	0.0284	0.0889	0.1826	0.2199	0.0807	0.3791	0.0543
Cos+	0.0176	0.1066	0.1703	0.2494	0.0017	0.3782	0.0149
RWR	0.1175	0.1983	0.4090	0.2268	0.3751	0.3316	0.5292
SimR	0.0009	0.0033	0.1309	0.1066	0.0877	0.0127	0.2918
MFI	0.0260	0.0847	0.2329	0.1746	0.2381	0.0814	0.4712
LP	0.1069	0.1438	0.3852	0.2404	0.1723	0.4200	0.4194
LRW	0.1857	0.1839	0.3819	0.2177	0.4232	0.4972	0.4927
SRW	0.1380	0.1657	0.4123	0.2540	0.4265	0.5230	0.6580

从表 13-2 中可以看出，全局指标在整体的预测准确性上普遍优于局部指标，其中 RWR 指标的表现最为突出。而从表 13-3 中可以看出，局部指标的表现也很好，且大多数可用于链接预测的信息都具有局部性。准局部指标也取得了较好的结果，从平均值来看 SRW 指标的表现是最好的。

另外，表现较好的指标表明，每种指标的性能都强烈依赖于网络的结构属性，这突出了在选择特定链接预测指标之前分析网络特征的重要性。例如，指标的表现与度数大于 1 的节点的平均聚类系数相关，这是由于大多数链接预测指标是共同邻居节点的变体，共同邻居节点的数量会随着聚类系数的增加而增加。另外一个起到重要作用的变量是节点的平均度数，这是由于一个节点的邻居节点越多，可用来预测它的新链接的信息就越多。

13.3　基于概率论和统计的链接预测

对于给定的网络，基于概率论和统计的链接预测通常会假设网络具有已知的结构，然后给已知的网络结构建立一个适合的概率模型，并使用统计方法估计模型参数。这些参数可用于计算每个未知链接的形成概率，然后根据概率值对潜在的链接进行排序，排在前面的就是预测的链接。

除了网络结构信息，概率模型通常还需要很多其他的信息，如节点或边的属性。此外，在这种模型中，调整参数也是一件耗时的工程。这些都限制了概率模型的适用性，因此不大适用于真实的大型网络。

13.3.1 层次结构模型

从过去的一些研究可知，许多真实的网络的结构具有明显的层次性[33]，如新陈代谢网络、蛋白质交互网络和一些社交网络。在这类网络中，节点被分成组群，组群中的节点可以被分成多个下一级的组群。

Clauset 等人提出了一个考虑网络层次结构的概率模型[34]。该模型从网络数据中推断分层信息，并进一步将其应用于预测缺失的链接。网络的层次结构可以用一个有 N 个叶子节点和 $N-1$ 个非叶子节点的树结构来表示。每个非叶子节点都被赋予一个概率值 p_r，一对叶子节点的连接概率等于这两个节点最近的共同根节点所对应的概率值 p_r。给定一个网络 G 和一个树结构图 D，假设 E_r 为网络 G 中以 r 为最近共同根节点的两个端点的边数，L_r 和 R_r 分别表示非叶子节点 r 的左右支包含的叶子节点数目，则树结构图 D 和非叶子节点概率值 p_r 的集合的似然为：

$$\mathcal{L}(D,\{p_r\}) = \prod_r p_r^{E_r}(1-p_r)^{L_rR_r-E_r} \tag{13-37}$$

对于给定的网络 G，当

$$p_r^* = \frac{E_r}{L_rR_r} \tag{13-38}$$

时能够得到最大化的 $\mathcal{L}(D,\{p_r\})$。因此，根据最大似然法，用固定的树结构，通过式(13-38)可以很容易地确定最适合网络 G 的 $\{p_r\}$。图 13-2 给出了一个示例网络和两个可能的族谱树，非叶子节点对应的概率值是通过式(13-37)计算得到的，这样才能够最大化相应族谱的似然。根据式(13-37)可以计算得到左边的树结构图最大似然为 $\mathcal{L}(D_1) \approx 0.00165$，右边的树结构图最大似然为 $\mathcal{L}(D_1) \approx 0.0433$。根据计算结果可知，右边的树结构图能更好地刻画网络的层次结构。

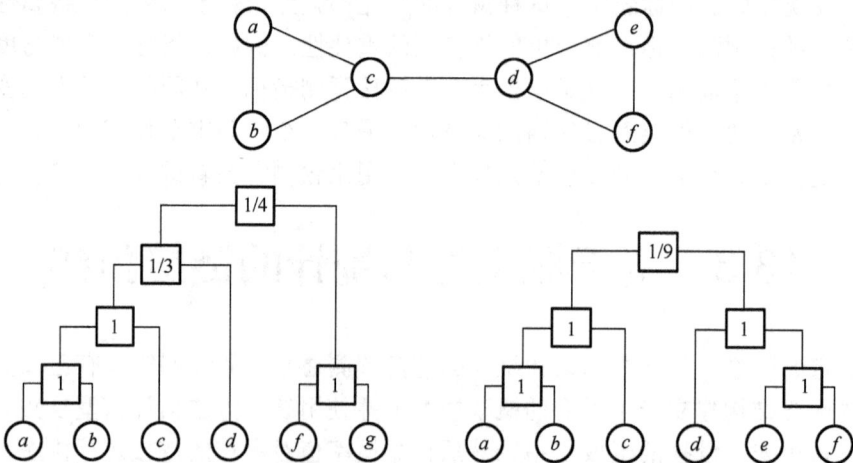

图 13-2　具有六个节点的无向图示例网络及族谱树[5]

层次结构模型(Hierarchical Structure Model，HSM)链接预测主要包括以下几个步骤：首先以与其可能性成比例的概率对大量树结构图进行采样，这一步可以采用马尔可夫链蒙特卡洛方法[34]；其次对于每对未连接的节点 i 和 j，通过对采集到的所有树结构图的相应概

率 p_{ij} 求平均值来计算平均连接概率；最后按照平均连接概率的降序对节点进行排序，排在前面的就是预测的链接。

层次结构模型除了能够进行链接预测，更重要的是还能够揭示网络的隐藏层次结构。但是这一模型存在运算缓慢的缺点，此外该模型对结构不清晰的网络的预测效果可能会很差。

13.3.2 随机分块模型

层次结构模型不适合大多数的网络。一个更具普适性的方法是随机分块模型(Stochastic Block Model，SBM)[35]，该模型会将网络中的节点划分到不同的群，节点之间存在链接的概率取决于它们所属的群。随机分块模型尤其适用于群身份对于节点的连接行为有关键影响的情况。在这个模型中，观察到的网络结构为 $\mathcal{M}$，每个节点被分配给一个块 $m \in \mathcal{M}$。网络结构的似然估计为：

$$\mathcal{L}(G \mid \mathcal{M}) = \prod_{a,b \in \mathcal{M}} p_{a,b}^{l_{a,b}} (1 - p_{a,b})^{r_{a,b} - l_{a,b}} \tag{13-39}$$

其中，$l_{a,b}$ 是在群 a 和 b 中观察到的节点之间的连边数；$r_{a,b}$ 是群 a 和 b 中所有可能的连边数。类似于式(13-39)，$\mathcal{L}(G \mid \mathcal{M})$ 最大似然的最优解是：

$$\overline{p}_{a,b} = \frac{l_{a,b}}{r_{a,b}} \tag{13-40}$$

应用贝叶斯定理，具有最大似然的链接的概率值可以计算为：

$$P_{x,y} = \frac{\sum\limits_{\mathcal{M} \in \omega} \mathcal{L}(e_{x,y} \in E \mid \mathcal{M}) \mathcal{L}(G \mid \mathcal{M}) p(\mathcal{M})}{\sum\limits_{\mathcal{M}' \in \omega} \mathcal{L}(G \mid \mathcal{M}') p(\mathcal{M}')} \tag{13-41}$$

由于 ω 是可能分块的集合，会随着网络中节点数量的增加而快速增长，因此这一模型不适用于大型网络。虽然可以使用 Metropolis 算法对分块进行采样，但是这个过程的计算量仍然很大。

除了上述两种基于最大似然的模型，还有基于概率的局部概率模型和概率关系模型[36]，这类模型从观察到的网络中抽象出底层结构，然后利用学习到的模型进行链接预测。对于给定的网络，概率模型先优化目标函数，以建立由多个参数组成的模型，该模型可以最好地拟合目标网络的观测参数。然后通过条件概率 $P(A_{ij} = 1 \mid \theta)$ 来估算未知链接 (i, j) 存在的概率。对概率模型有兴趣的读者可以通过相关文献进行了解。

案例分析：科技创新领导力网络链路预测

13.4 基于机器学习的链接预测

13.4.1 基于分类的链接预测

前面讲述的方法是通过相似性或概率函数来计算每个未观察到的链接的分数，再通过排序进行链接预测。其实,链接预测问题也可以利用网络的拓扑特征和节点属性信息构建分类模型。将链接预测问题转化为有监督的分类模型,模型中的每一条数据对应于网络中的一个节点对,并且数据的标签表示该节点对之间的边是否存在。也就是说,对于网络 $G(V,E)$ 中的每一个节点对 (x,y),在分类模型中对应数据的标签为

$$l_{(x,y)} = \begin{cases} +1 & \text{if } (x,y) \in E \\ -1 & \text{if } (x,y) \notin E \end{cases} \tag{13-42}$$

这是一个典型的二分类问题,决策树、朴素贝叶斯、支持向量机等分类器可用于预测网络中缺失的链接。基于机器学习的链接预测模型的难点之一是选择合适的特征集,现有的大多数研究工作都是从网络拓扑特征信息中提取特征集的,如节点的入度和出度,网络的顶点数、边数、平均聚类系数、平均度数等。这些特征是通用的,没有领域特异性,适用于任何网络。还有一些研究是集中于提取节点属性信息的,这些信息对提高链接预测模型的性能起着至关重要的作用。Hasan 等人采用的是节点属性信息,如合著网络中的共同作者、关键词计数、聚类系数等属性,并且通过实验证明了使用节点属性信息这一非拓扑特征,能显著提高链接预测的性能。这类非拓扑特征提取起来更加简单,其缺点是存在应用背景的领域特异性。

13.4.2　基于集成学习的链接预测

基于集成学习的链接预测,可以将多个基于局部信息的预测结果进行集成,克服基于局部信息算法稳定性差的缺点,以获得性能更加稳定、预测效果更佳的链接预测模型。基于集成学习的链接预测将链接预测看作有监督的学习问题,构建多个学习模型,然后将它们进行集成。这类方法适用于对实时性要求低而对预测精度要求高的问题。

Comar 等人提出了一种基于成本低敏的 Bootsting 集成的链接预测方法[37];He 等人提出了基于有序加权平均(OWA)局部信息的链接预测算法的集成策略,并通过实验证明了该方法的有效性[38]。有兴趣的读者可以通过参考资料对上述两种方法进行了解。

13.5　链接预测的应用场景

链接预测具有广泛的适用性。例如,在社会网络的分析中,预测科学家合作网络中的合作关系,在社交网络上向用户提供个性化推荐等;还适用于某些生物网络,如蛋白质交互网络、新陈代谢网络。高准确度的链接预测可以降低实验成本。本节将介绍几个链接预测的典型应用场景。

13.5.1　网络重建

Guimera 和 Sales-Pardo 提出了一个将链接预测应用于网络重建的框架。他们根据观察到的网络,或者根据缺失的链接(删除的链接)和虚假的链接(增加的链接),重建真实的网络[34]。在这个过程中,存在一个问题——网络中缺失和虚假链接的数量是未知的。对此,作者基于随机分块模型进行网络重构,基于缺失和虚假链接的可信程度来描述网络的可信程度。网络 A 的可信程度为:

$$R(A) = \prod_{A_{xy}=1,x<y} R_{xy} = \prod_{A_{xy}=1,x<y} L(A_{xy}=1 \mid A^0) \qquad (13\text{-}43)$$

其中，R_{xy} 为节点 x 和 y 之间连边的可信程度，该可信程度由 x 和 y 之间的链接在给定观测网络 A^0 中真实存在的可能性来定义。这个方程可以通过找出使式 (13-43) 的可靠性最大化的网络 A 来求解，网络 A 即通过重建得到的网络。

由于该方程的计算成本很高，因此 Guimera 等人设计了一个贪婪算法来进行计算。该算法首先计算所有节点对的可信程度，然后依次移除可信程度最低的链接，并在当前网络不存在的链接中添加可信程度最高的链接[34]。若这一操作使网络的可信程度增加，则接受这一操作。若拒绝这一操作，则在下一步对剩余边中可信程度最低的边和在未连接的边中可信程度最高的边重复上述操作。当这一操作被连续拒绝五次后，这一过程停止。完成这一过程以后，就可以得到一个新的网络。

Guimera 基于东欧航空网络进行实验，图 13-3(a) 是东欧航空真实的网络，图 13-3(b) 是对真实网络的边进行随机删减和增加后得到的一个观测网络，通过上述方法对观测网络进行重建得到了如图 13-3(c) 所示的重建网络。通过对比可以看到，重建后的网络比观测网络更接近真实网络，这便验证了上述方法的可行性。

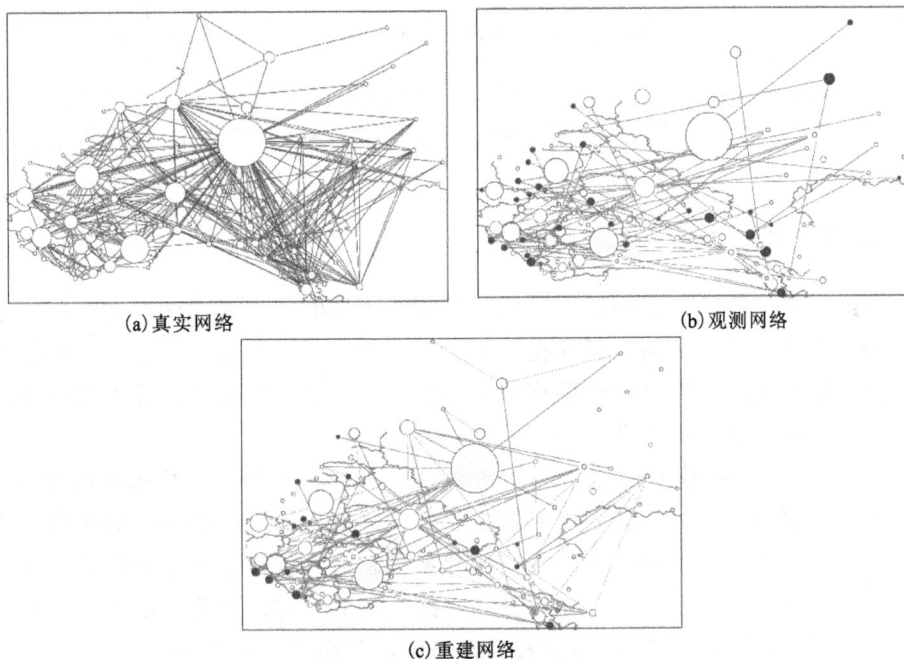

(a) 真实网络

(b) 观测网络

(c) 重建网络

图 13-3　对东欧航空网络进行重构

13.5.2　用于节点的标签分类问题

利用链接预测的节点的标签分类方法是基于节点属性及节点间关系的一类分类方法。这类方法基于"物以类聚，人以群分"的思想，认为节点的标签与它的邻居节点的标签相关，利用网络中已有标签的节点信息和网络结构信息，对没有标签的节点进行标签分类。

实现高精度标签分类的两个主要困难是已知标签节点的稀疏性和标签信息的不一致性。为了解决这两个困难，一个简单且有效的方法是根据相似性分数在每对标记和未标记节点之间添加人工连接[35,39]，这一方法与基于相似性的链接预测中使用的技术相似，它假设如果两个节点彼此更相似，那么它们更有可能属于同一个类。

对于一个加权无向网络 $G(V, E, L)$，其中 $L = \{l_1, l_2, \cdots, l_m\}$ 为节点标签集，没有标签的节点用 0 标记。对于节点 v_x 和节点 v_y，相似性指标为 S_{xy}，对于未标记的节点 v_x，它属于 l_i（$l_i \in L$）的概率为

$$p(l_i | v_x) = \frac{\sum\limits_{\{y | y \neq x, \text{ label}(y) = l_i\}} s_{xy}}{\sum\limits_{\{y | y \neq x, \text{ label}(y) \neq 0\}} s_{xy}} \tag{13-44}$$

概率值最大的标签为节点 v_x 的预测标签。

图 13-4 展示了一个简单的节点标签分类示例图，图中有五个节点和两类标签，其中四个节点已有标签，要预测节点 5 的标签。基于 CN 指标，可以得到节点 5 与其他四个节点的相似度为：$S_{15} = 1, S_{25} = 1, S_{35} = 2, S_{45} = 0$。根据式 (13-44) 可以得到节点 5 属于 a 类和 b 类的概率分别为 $p(a | v_5) = 0.75, p(b | v_5) = 0.25$；基于 RA 指标，相似度为：$S_{15} = \frac{1}{3}, S_{25} = \frac{1}{2}, S_{35} = \frac{1}{3} + \frac{1}{2}, S_{45} = 0$，同样可以计算得到概率值，$p(a | v_5) = 0.7, p(b | v_5) = 0.3$。基于这两种相似性指标的计算结果可知，节点 5 的预测标签均为 a 类。

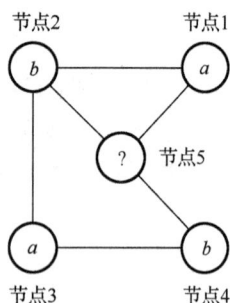

图 13-4　节点标签分类示例图

13.5.3　异常链接分析

在链接预测中，节点间的相似性可用于预测未连接的节点对之间存在或产生边的可能性，基于这一方法，对于网络中已存在连边的节点对，相似性指标可用于评价该边的可信度或重要性。如果通过计算得到一条观察到的边存在的可能性较低，那么可以推测这条边的可信度较低或这条边的重要性较高。

Zan Huang 和 Daniel D Zeng 提出了一个使用链接预测来检测垃圾邮件的模型[40]。他们基于电子邮件数据构建了一个有向加权的电子邮件网络，该网络的节点为邮件发送者和接收者，发送者和接收者之间的电子邮件通信数量被映射到他们之间边的权重。在这一框架中，异常邮件是指那些存在可能性非常低的链接之间的邮件。使用 Adamic/Adar 链接预测方法为每个不同的发送者-接收者对计算异常分数，从而进行垃圾邮件检测。

本 章 小 结

本章从原理、方法、应用三个方面介绍了链接预测，链接预测可以从时间和空间两个维度对未来可能会发生的节点链接及当前已经存在但未知的节点链接进行预测。链接预测作为一个近年来备受研究人员关注的研究方向，通过结合不同的模型来不断地扩展其预测方法。本章介绍了其中三类典型的链接预测模型，从模型的具体推导过程中可以看到不同

方法之间的内在联系。此外,随着现代人工神经网络和深度学习技术的发展和进步,还产生了将网络与网络拓扑进行结合的一系列基于图神经网络的模型,有兴趣的读者可以进一步了解。链接预测可以应用在多个领域,目前应用比较广泛的是在微博、QQ、推特等社交网络中进行用户推荐,还有在已知部分节点类型的网络中预测标签节点的类型,如垃圾邮件检测、犯罪行为预测等。鉴于链接预测在社会网络的许多应用中的重要性,它仍然是社会网络中一个开放的研究问题。

思 考 题

1. 结合实际应用,分别在时间和空间这两个维度上认识和理解链接预测的概念。

2. 分析比较基于概率论和统计的方法、基于分类的方法及基于集成学习的方法这三类链接预测方法所需的信息、预测结果的形式和适用范围。

3. 在 13.5.2 节里介绍了链接预测用于节点的标签分类问题的方法,请根据本章图 13-4,分别基于 Jaccard 指标、HPI 指标、HDI 指标、AA 指标进行计算,预测节点 5 属于 a 类还是 b 类。

4. 链接预测可以应用在多个领域,请举例链接预测在社会网络中的应用。

参 考 资 料

[1] ZHANG Q M, XU X K, ZHU Y X, et al. Measuring multiple evolution mechanisms of complex networks[J]. Scientific reports, 2015, 5(1): 10350.

[2] LIBEN-NOWELL D, KLEINBERG J. The link prediction problem for social networks[C]//Proceedings of the twelfth international conference on Information and knowledge management, 2003: 556-559.

[3] KUMAR A, SINGH S S, SINGH K, et al. Link prediction techniques, applications, and performance: a survey[J]. Physica A: statistical mechanics and its applications, 2020: 124-289.

[4] LIN D. An information-theoretic definition of similarity[C]//ICML, 1998, 98(1998): 296-304.

[5] SUN D, ZHOU T, LIU J G, et al. Information filtering based on transferring similarity[J]. Physical review E, 2009, 80(1): 17101.

[6] HOLME P, HUSS M. Role-similarity based functional prediction in networked systems: application to the yeast proteome[J]. Journal of the royal society interface, 2005, 2(4): 327-333.

[7] GRANOVETTER M S. The strength of weak ties: a network theory revisited[J]. Sociological theory, 1983, 1(6): 201-233.

[8] NEWMAN M. Clustering and preferential attachment in growing networks[J]. Phys rev e stat nonlin soft matter phys, 2001, 64(2): 025102.

[9] SALTON G, MCGILL M J. Introduction to modern information retrieval[M]. New york: mcgraw-hill, 1984.

[10] JACCARD P. Etude comparative de la distribution florale dans une portion des alpes et des jura[J]. Bulletin del la societe vaudoise des sciences naturelles, 1901, 37(142): 547-579.

[11] SORENSEN T A. A method of establishing groups of equal amplitude in plant sociology based on similarity of species content and its application to analyses of the vegetation on Danish commons[J]. Biol skar, 1948, 5: 1-34.

[12] RAVASZ E, SOMERA A L, MONGRU D A, et al. Hierarchical organization of modularity in metabolic networks[J]. Science, 2002, 297(5586): 1551-1555.

[13] LEICHT E A, HOLME P, NEWMAN M. Vertex similarity in networks[J]. Physical review E statistical nonlinear & soft matter physics, 2006, 73(2): 026120.

[14] ADAMIC L A, ADAR E. Friends and neighbors on the web[J]. Social networks, 2003, 25(3): 211-230.

[15] ZHOU T, L LÜ, ZHANG Y C. Predicting missing links via local information[J]. European physical journal B, 2009, 71 (4): 623-630.

[16] XIE Y B, TAO Z, WANG B H. Scale-free networks without growth[J]. Physica A: statistical mechanics and its applications, 2007, 387 (7): 1683-1688.

[17] LIU Z, ZHANG Q M, L LÜ, et al. Link prediction in complex networks: a local naive bayes model[J]. Europhysics letters, 2011, 96(4): 48007.

[18] CANNISTRACI C V, ALANIS-LOBATO G, RAVASI T. From link-prediction in brain connectomes and protein interactomes to the local-community-paradigm in complex networks[J].Scientific reports, 2013,3(1):1613.

[19] BLONDEL V D, GAJARDO A, HEYMANS M, et al. A measure of similarity between graph vertices: applications to synonym extraction and web searching[J]. SIAM review, 2004, 46(4): 647-666.

[20] FOUSS F, PIROTTE A, RENDERS J M, et al. Random-walk computation of similarities between nodes of a graph with application to collaborative recommendation[J]. IEEE Transactions on knowledge and data engineering, 2007, 19(3): 355-369.

[21] KLEIN D J, RANDIĆ M. Resistance distance[J]. Journal of mathematical chemistry, 1993,12:81-95.

[22] BRIN S, PAGE L. The anatomy of a large-scale hypertextual web search engine[J]. Computer networks and ISDN systems, 1998, 30(1-7): 107-117.

[23] TONG H, FALOUTSOS C, PAN J Y. Fast random walk with restart and its applications[C]//Sixth international conference on data mining (ICDM'06). IEEE, 2006: 613-622.

[24] SHANG M S, LÜ L, ZENG W, et al. Relevance is more significant than correlation: information filtering on sparse data[J]. Europhysics letters, 2010, 88(6): 68008.

[25] PY CHEBOTAREV, EV SHAMIS. A matrix-forest theorem and measuring relations in small social group[J]. Institute of control sciences, 1997(9): 125-137.

[26] LÜ L, JIN C H, ZHOU T. Similarity index based on local paths for link prediction of complex networks[J]. Physical review E, 2009, 80(4): 046122.

[27] LIU W, L LÜ. Link prediction based on local random walk[J].Europhysics letters, 2010, 89(5): 58007-58012.

[28] MARTINEZ V, BERZAL F, CUBERO J C. A survey of link prediction in complex networks[J]. ACM computing surveys, 2017, 49(4): 1-33.

[29] HANLEY J A, MCNEIL B J. The meaning and use of the area under a receiver operating characteristic (ROC) curve[J]. Radiology, 1982, 143(1): 29-36.

[30] HERLOCKER J L, KONSTAN J A, TERVEEN L G, et al. Evaluating collaborative filtering recommender systems[J]. ACM transactions on information systems (TOIS), 2004, 22(1): 5-53.

[31] BU D, ZHAO Y, LUN C, et al. Topological structure analysis of the protein-protein interaction network in budding yeast[J]. Nucleic acids research, 2003(9): 24-50.

[32] NEWMAN M E J. Finding community structure in networks using the eigenvectors of matrices[J]. Physical review E, 2006, 74(3): 036104.

[33] RAVASZ E, BARABÁSI A L. Hierarchical organization in complex networks[J]. Physical review E, 2003, 67(2): 026112.

[34] CLAUSET A, MOORE C, NEWMAN M. Hierarchical structure and the prediction of missing links in networks[J]. Nature, 2008, 453(7191): 98-101.

[35] GUIMERÀ R, SALES-PARDO M. Missing and spurious interactions and the reconstruction of complex networks[J]. Proceedings of the national academy of sciences, 2009, 106(52): 22073-22078.

[36] LU, Z S S, L. Similarity-based classification in partially labeled networks[J]. International journal of modern physics C, 2010, 21(6): 813-824.

[37] Comar P M, Tan P N, Jain A K. Linkboost: a novel cost-sensitive boosting framework for community-level network link prediction[C]//2011 IEEE 11th international conference on data mining. IEEE, 2011: 131-140.

[38] HE Y, LIU J N K, HU Y, et al. OWA operator based link prediction ensemble for social network[J]. Expert Systems with Applications, 2015, 42(1): 21-50.

[39] GALLAGHER B, TONG H, ELIASSI-RAD T, et al. Using ghost edges for classification in sparsely labeled networks[C]//Proceedings of the 14th ACM SIGKDD international conference on knowledge discovery and data mining, 2008: 256-264.

[40] HUANG Z, ZENG D D. A link prediction approach to anomalous email detection[C]//2006 IEEE international conference on systems, man and cybernetics. IEEE, 2006, 2: 1131-1136.

第 14 章 社会网络的影响力评价

影响力的研究早在 20 世纪初期就受到了社会学家和心理学家的关注，Triplett 在研究社会促进论时发现，人们在受到他人关注时会表现得更加突出[1]。到了 20 世纪 50 年代，Katz 等人发现：无论是在日常生活中还是在政治选举等方面，影响力都起着至关重要的作用[2]。

近年来，随着各种大规模社会网络的兴起，六度分隔理论[3]、四度分隔理论[4]及小世界理论[5]等都说明人与人之间的距离变得越来越短，联系也越来越紧密，社会网络为影响力的研究提供了实验平台和大量数据。早期的政治家用影响力来赢得选举，商人用影响力来推销商品。社会媒体时代，社会网络的无标度性质[6]注定了在社会网络中少部分人掌握着大部分人的话语权。各类意见领袖利用自身的影响力在网络上呼风唤雨，从很多热门话题、突发事件中都能看到他们的"身影"，这些人的影响力发挥着越来越显著的作用。对社会网络影响力进行分析、度量、建模及传播的相关研究具有重要的理论和实践价值。

本章首先介绍社会网络影响力的定义和表现形式，然后分别从不同角度介绍影响力的度量及其指标对比，接着介绍影响力的最大化问题及其实现算法，并介绍影响力的评价模型，最后介绍影响力的评价应用。

14.1 社会网络的影响力

14.1.1 社会网络的影响力定义

政治家利用影响力赢得选举，商人利用口口相传（Word-of-Mouth）的影响力将商品推销到整个社会网络，社会舆论的引导和创新理论的传播等都可以借助于在社会网络上具有高影响力的个体用户。影响力到底是什么呢？影响力可以定性分析，也可以定量分析，不同的影响力具有不同的作用范围。到目前为止，影响力并没有统一的形式化定义和标准的计算方法。

早期的社会学家都定性地分析影响力。社会学家 Rashotte 把影响力定义为个体在与他人或群体的互动中，导致自身的思想、感觉、态度或行为发生变化的现象[7]。节点影响力是指引起一个人在与比他优秀或和他拥有相同爱好的人进行交流时，其行为发生了改变的原因。

Katz 等人在研究美国总统选举中选民投票意向时，将少部分影响力大的个体定义为"意见领袖"（Opinion Leaders），因为他们会影响大多数普通民众的投票意向，并提出了二级传播理论，以说明个体的影响力存在一定的差异性。Anagnostopoulos 等人将社会网络上的用户分为权威用户和普通用户，并研究了这两类用户在信息传播中的影响[8]。Yan 等人在研究信息扩散时，将社会网络中的用户分为三类角色：意见领袖、结构洞（Structural Hole）

和普通用户[9]。Granovetterh 和 Krackhardt 等人提出的社会学经典"弱连接"理论说明：不同的连接关系对节点影响力的贡献存在差异，并且弱连接对节点的影响力所产生的作用优于强连接[10,11]。

社会网络的出现为定义和研究节点影响力提供了定量基础，定量度量节点影响力需要构建一个可测量的指标。个体与个体之间通过各种关系连接形成社会网络拓扑结构，如科学家与科学家合作形成了科学家合作网络、论文与论文之间的引用关系形成了引文网络、微博用户通过关注行为形成了关注网络等。直观地分析，社会网络中的节点重要性排序指标可以用来度量节点影响力。节点的度数中心性、介数中心性、紧密中心性、聚类系数等都能在一定程度上表示节点影响力。研究者通过 K-核分解将拓扑结构中从边缘到核心的节点分解到不同层次中。PageRank[12]、HITS[13]、LeaderRank[14]等随机游走算法可以通过对节点打分的排序结果来区分节点影响力的大小。

14.1.2 社会网络的影响力范围与表现形式

影响力可以解释为一个个体的特性，也可以解释为个体之间的作用形式，所以影响力具有全局和局部范围。社会学家通过定性地分析影响力，指出利用网络统计指标得出的影响力都属于全局影响力。此外，可根据用户在社会网络上的行为特征和交互信息的统计指标来表示影响力，如粉丝数量、该用户的转发数量和提到该用户的次数等；节点在不同话题上的影响力也有所不同，可以将影响力视为一个隐变量。这些研究将影响力在对象和作用范围上加以区分，得出的结论是影响力都属于局部影响力。

影响力的定性分析将影响力表示为分类结果、排序结果或节点之间是否存在影响的概率，影响力的定量分析则将影响力通过可测量的大小来体现，如随机变量、统计指标、行为传播数量等。社会网络上信息传播速度和覆盖范围与用户影响力息息相关，因此，用户信息在社会网络上的传播速度和覆盖范围可以用来表示节点的传播影响力，尤其是在病毒式营销、舆论引导等实际应用上。通过总结研究者们在不同领域定性和定量地分析影响力的成果，得到节点影响力的表现形式与方法，如表 14-1 所示。

表 14-1 节点影响力的表现形式与方法

影响力分析方法	表现形式	范围	代表性指标或方法
定性分析	分类的结果	全局	二级传播理论、弱连接与强连接理论等
	网络拓扑上的重要性	局部/全局	介数中心性、紧密中心性、K-核分解等
	相对排序的结果	全局	PageRank、LeaderRank、HITS 等
	用户间的影响概率	局部	IDPM、TOIM、ICM 等
定量分析	某种分布的随机变量	全局	LIM、LDM 等
	话题相关隐变量	局部	TAP、HF-NMF 等
	统计指标	全局	度、Cha 等人提出的三种影响力
	传播时激活节点数量	全局	LTM、ICM 等

表 14-1 中的方法说明如下：
● IDPM（Influence Diffusion Probability Model）为影响力扩散概率模型；
● TOIM（Topic-level Opinion Influence Model）为话题观点影响力模型；

- HF-NMF（Hybrid Factor Non-negative Matrix Factorization）为混合因子非负矩阵分解模型；
- LIM（Linear Influence Model）为线性影响力模型；
- ICM（Independent Cascade Model）为独立级联模型；
- LTM（Linear Threshold Model）为线性阈值模型；
- TAP（Topical Affinity Propagation）为局部亲和力传播模型。

通过分析节点影响力相关定义与表现形式可以看出，因为节点的全局影响力越大，节点对信息、行为在整个社会网络中的传播控制能力越强，所以在社会网络中一小部分最具影响力的节点能够控制整个社会网络中大部分的传播。而一个节点对另一个节点的影响力则属于局部影响力，一个节点对另一个节点的影响力越大，后者在社会网络中就越会追随和模仿前者的行为。从定量地度量节点局部影响力的角度出发，为了满足不同应用的整体要求，需结合局部影响力和网络结构来定义节点影响力，这样才能够取得较好的效果。

14.2　社会网络的影响力度量

由于拓扑结构能够从宏观层面上刻画社会网络的影响力，获取容易且复杂网络中的拓扑结构指标也相对成熟，因此用拓扑结构来度量社会网络节点的影响力成为一种常见的做法。

最早利用网络拓扑结构度量节点影响力的是社会学相关领域的研究者，随后其他领域的研究者也进行了研究和改进。本节将从局部属性、全局属性、随机游走、社团结构这四个角度介绍影响力的度量[15]。

14.2.1　基于局部属性的度量

基于局部属性的度量指标有如下四个。

（1）度数中心性（Degree Centrality）。基于局部属性的度量指标最常见的为度数中心性，度数中心性反映的是在整个网络中当前节点的直接影响力，如在微博中拥有大量粉丝的用户可能有较大的影响力。

（2）局部中心性（Local Centrality）。只考虑度或不考虑节点在网络中的位置显然都是不可取的。局部中心性指标综合考虑了节点度数和其邻居节点的度数信息。研究者发现：当网络的传播率较小时，度数中心性对于节点的传播影响效果较好；而当网络的传播率在临界值附近时，特征向量中心性的度量效果较好。

（3）扩展度中心性（ExDegree）。在局部中心性的基础上通过对当前节点的邻居节点的度数的累加进一步扩展了节点度数，提出了扩展度数中心性指标，并分析在不同传播率下，适合信息传播所需拓展的层数。三度影响力原则认为：节点不仅可以影响邻居节点（一度），还能影响邻居节点的邻居节点（二度），甚至能影响到邻居节点的邻居节点的邻居节点（三度），只要在三度以内都属于强连接关系，就有引发行为的可能性；如果超过三度，那么节点之间的影响就会消失。

（4）局部聚类系数（Local Clustering Coefficient）。度数中心性和在其基础上改进的度量指标简单、直观且时间复杂度低，适用于大规模网络。然而，这类指标只是从节点可能影响其他节点的数量上考虑节点的影响力，并没有考虑对其他节点影响强度的差异性，且没有考虑节点在整个网络中的位置。而在社会网络中，由于联系紧密的多个好友形成社团的现象很常见，所以可用局部聚类系数来衡量节点的邻居节点之间联系的紧密程度，即局部聚类系数等于节点 v_i 的邻居节点之间边的数量与邻居节点之间构成的最多边数之比。

无向图聚类系数计算式如下所示：

$$C(v_i) = \frac{2\left|\{e_{jk} : v_j, v_k \in Nv_i, e_{jk} \in E\}\right|}{k_i(k_i - 1)} \tag{14-1}$$

有向图聚类系数计算式如下所示：

$$C(v_i) = \frac{\left|\{e_{jk} : v_j, v_k \in Nv_i, e_{jk} \in E\}\right|}{k_i(k_i - 1)} \tag{14-2}$$

局部聚类系数的计算示例如图 14-1 所示：

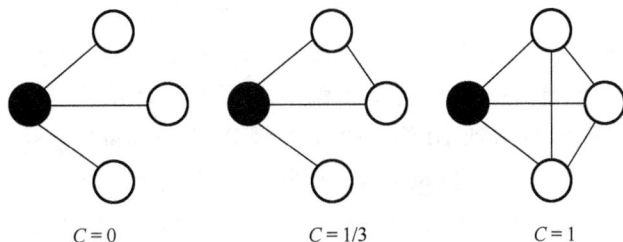

$C = 0$ $C = 1/3$ $C = 1$

图 14-1 局部聚类系数的计算示例

14.2.2 基于全局属性的度量

基于全局属性的度量指标主要考察节点所在网络的全局网络信息，这些指标能够较好地反映节点的拓扑特性，但时间复杂度较高，多数指标不适用于大规模网络。基于全局属性的度量指标有如下四个。

(1) 介数中心性 (Intermediate Centrality) 是指网络中两个节点之间的最短路径经过当前节点的次数，它描述的是信息在社会网络中传播时经过该节点的频率。该指标值越大，表示在网络拓扑中该节点越繁忙。若移除介数大的节点，则会造成网络拥堵，不利于信息传播。

(2) 紧密中心性 (Closeness Centrality) 用来衡量节点到达其他节点的速度，该指标值越大，表示该节点到达另一节点的路径越多且路径长度较短。该指标可以衡量节点对其他节点的间接影响力。

(3) 特征向量中心性 (Eigenvector Centrality) 是度量节点影响力的一个重要指标，特征向量中心性不仅考虑邻居节点的数量，还考虑邻居节点的重要性，将单个节点的影响力看成其他节点影响力的线性组合。

(4) Katz 中心性 (Katz Centrality) 与特征向量中心性类似，也考虑了邻居节点的不同重要性。K-核分解在位置上将节点从边缘层到核心层分为不同的层次，并认为核心节点 (Ks

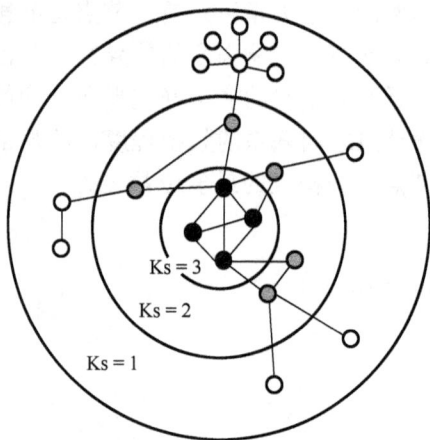

图 14-2　K-核分解示意图

值大的节点)才是影响力大的节点。如图 14-2 所示，通过 K-核分解迭代地减去度数小于等于 K 的节点，将所有节点分为三层，其中 Ks 为 3 的节点属于核心层，即影响力大的节点；Ks 为 1 的节点属于边缘层，影响力较小。

14.2.3　基于随机游走的度量

典型的基于随机游走的影响力度量方法有 PageRank、HITS 及 LeaderRank 等。若将节点间的连接看成网页间的链接，则可以计算节点的 Page-Rank 值，然后按 PageRank 值进行排序就能度量节点的影响力了。

PageRank，即网页排名，又称网页级别、Google 左侧排名或佩奇排名，是 Google 创始人拉里·佩奇(Larry Page)和谢尔盖·布林(Sergey Brin)于 1997 年构建早期的搜索系统原型时提出的链接分析算法，当前很多重要的链接分析算法都是在 PageRank 算法基础上衍生出来的。PageRank 是 Google 用来标识网页的等级/重要性的一种方法，也是 Google 用来衡量一个网页好坏的唯一标准。PageRank 级别(PageRank 值)从 0 级开始最高到 10 级，10 级为满分。PageRank 值越高说明该网页越受欢迎(越重要)。例如，一个网站的 PageRank 值为 1 表明这个网站不太具有流行度，而网站的 PageRank 值为 7 到 10 则表明这个网站非常受欢迎(或极其重要)。一般网站的 PageRank 值达到 4，就算是一个不错的网站了。Google 把自己网站的 PageRank 值定到 10，这说明 Google 这个网站是非常受欢迎的，也可以说这个网站非常重要。

1. PageRank 基本思想

如果网页 T 存在一个指向网页 A 的链接，则表明网页 T 的所有者认为网页 A 比较重要，从而把网页 T 的一部分重要性得分赋予网页 A。这个重要性得分为 $PR(T)/L(T)$，其中 $PR(T)$ 为网页 T 的 PageRank 值，$L(T)$ 为网页 T 的出链数，网页 A 的 PageRank 值为一系列类似于网页 T 的页面的重要性得分的累加。即一个页面的得票数由所有链向它的页面的重要性来决定，一个到某页面的超链接相当于给该页投一票。一个页面的 PageRank 值是由所有链向它的页面(链入页面)的重要性经过递归算法得到的。一个页面的链入页面越多，则等级越高；相反，如果一个页面没有任何链入页面，那么说明它没有等级。

2. PageRank 算法假设

对于某个互联网网页 A 来说，该网页的计算基于以下两个基本假设。

①数量假设：在 Web 图模型中，如果一个网页接收到的其他网页指向的入链数量越多，那么这个网页越重要。

②质量假设：由于指向网页 A 的入链的质量不同，质量高的网页会通过链接向其他网页传递更多的权重，所以质量越高的网页指向网页 A，则网页 A 越重要。

3. PageRank 算法原理

PageRank 的计算充分利用了两个假设：数量假设和质量假设。PageRank 的计算步骤如下。

初始阶段：网页通过链接关系构建起 Web 图，每个网页设置相同的 PageRank 值，通过若干轮的计算，会得到每个网页所获得的最终 PageRank 值。随着每一轮计算的进行，网页当前的 PageRank 值会不断更新。

在一轮中更新网页 PageRank 值的计算方法：每个网页将其当前的 PageRank 值平均分配到该网页包含的出链上，这样每个链接就获得了相应的权值；每个网页再对所有指向本网页的入链所传入的权值求和，即可得到新的 PageRank 值。当每个网页都获得了更新后的 PageRank 值时，新的一轮 PageRank 计算就完成了。

4．PageRank 公式

PageRank 算法的基本公式为：

$$PR(A) = \frac{PR(B)}{L(B)} + \frac{PR(C)}{L(C)} + \frac{PR(D)}{L(D)} \tag{14-3}$$

由于存在一些出链为 0，即未链接任何其他网页的网页，也被称为孤立网页，使得很多网页不能被访问，因此需要对 PageRank 公式进行修正，即在基本公式的基础上增加了阻尼系数（Damping Factor）q，q 一般取值为 0.85。q 的意义是，在任意时刻，用户到达某网页并继续向后浏览的概率。$1-q = 0.15$ 就是指用户停止单击，并随机跳到新 URL 的概率。算法会被用到所有网页上，用来估算网页可能被用户放入书签的概率。

最后，所有这些会被换算为一个百分比再乘上一个系数 q。由于在下面的算法中，网页的 PageRank 值不会是 0，所以 Google 通过数学系统给每个网页分配一个最小值。修正后的 PageRank 算法的公式为：

$$PR(A) = \frac{PR(B)}{L(B)} + \frac{PR(C)}{L(C)} + \frac{PR(D)}{L(D)} + \cdots q + 1 - q \tag{14-4}$$

PageRank 算法更加完整的公式为：

$$PageRank(p_i) = \frac{1-q}{N} + q \sum_{p_j \in M(p_i)} \frac{PageRank(p_j)}{L(p_j)} \tag{14-5}$$

其中，$p_1, p_2, \cdots, p_n$ 是被研究的网页；$M(p_i)$ 是链入网页的数量；$L(p_j)$ 是链出网页的数量；N 是所有网页的数量。

由于孤立点和不连通子图的存在，原始的 PageRank 算法存在排序结果不唯一的缺陷。后人对此进行了改进，提出了 LeaderRank 算法，即在原有网络上增加一个对所有节点双向连接的节点，这就解决了排序不唯一的问题；也有人通过加权对 LeaderRank 算法进行改进。HITS 算法则是同时考虑了节点的中心性和权威性的排序方法。

14.2.4 基于社团结构的度量

实际网络往往具有社团结构：每个社团内部节点之间的连接相对较为紧密，而社团之间的连接相对较为稀疏。近年来，人们提出了多种社团发现算法。

社团结构在社会关系网络中显得尤为明显。社会学经典的理论"弱连接的强度"指出：

从网络的角度看，关系密切的朋友往往组成紧密的小团体，弱连接(Weak Tie)对应于这些团体之间的稀疏的联系，强连接(Strong Tie)则对应于团体内部的紧密的联系。基于社团结构的度量指标有如下两个。

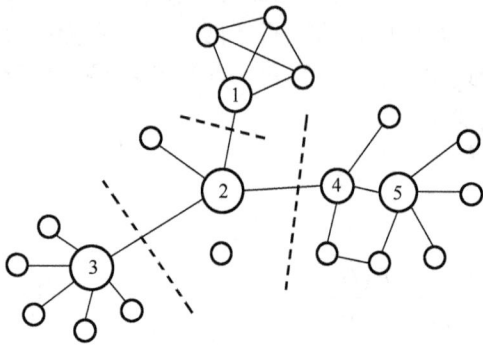

图 14-3　节点影响力与社团结构

(1) Vc(V-community)指标。利用社团划分算法对社会网络进行划分后，根据节点所连接的社团数量计算节点的 Vc 指标，Vc 指标值即为节点连接的社团数。该指标在已有节点影响力度量指标的基础上，进一步区分了节点影响力。如图 14-3 所示，图中 21 个节点被分为 4 个社团，节点 2 连接了 4 个社团，而节点 5 位于 1 个社团的内部。节点 2 的 Vc 值为 4，节点 5 的 Vc 值为 1。因此，节点 2 的影响力比度数同样为 5 但只在一个社团内部的节点 5 的影响力要大。

(2) 结构洞(Structural Holes)。结构洞是经典的社会学理论。由于结构洞的存在，一些充当中间人的节点可以获得比其邻居节点更高的网络收益，即这些中间节点的重要性更大。以图 14-3 中的节点为例，由于节点 2 位于结构洞位置，即节点 2 在 3 个社团间充当"中间人"，因此节点 2 在信息控制方面拥有更大的优势。若在节点 1、节点 3 和节点 4 之间产生连接关系，则节点 2 的控制能力会大为降低。

基于社团结构的节点影响力指标不仅考虑了节点的邻居节点，还考虑了邻居节点的社团性质。这些指标的优点体现了个体与群体之间的影响力，但是由于度量的结果依赖于社会网络的社团性质和社团划分算法，因此对于社团结构不明显的社会网络，其度量效果并不好。

14.2.5　度量指标对比

利用拓扑结构度量节点影响力是最基本的影响力度量方法。这类方法拥有多学科的理论基础，从整个社会网络宏观层面上取得了很好的效果，部分度量指标简单、易算，在大规模网络上拥有较大的优势。

然而，在虚拟网络中的节点之间的关系与真实世界中个体之间的关系存在很大差异。例如，在真实世界中，个体都拥有不同的属性，而在拓扑结构中，每个节点都是一样的，没有区分。两个密切联系的好友和偶然联系了一次的朋友在拓扑结构中都是一条边。显然，社会网络拓扑结构只能从宏观层面表示整个社会网络，并不能在微观层面上刻画节点对其他节点的影响力的形成及演化规律。社会网络拓扑结构对于节点本身的行为和节点对于其他节点的多形式交互行为的利用太少。例如，拓扑结构将社交平台中一个用户对另一个用户的关注看作一条边，然而社交平台中用户之间还存在着转发、评论及交互的时间等多种因素。用户对一个每天积极转发评论的粉丝的影响力和对一个只是关注却从不转发评论的粉丝的影响力显然是不一样的。

基于网络拓扑结构的影响力度量指标对比如表 14-2 所示。

表 14-2 基于网络拓扑结构的影响力度量指标对比

指标或方法	优点	缺点
Dgree	简单直观，计算方便	只能反映节点局部特征
ExDgree	对度数进行扩展，比度数准确性高	未考虑邻居节点的位置
Clustering Coefficient	考虑了邻居节点间的紧密关系	不能找到全局影响力大的节点
ClusterRank	结合了度数和聚类系数的优点，进一步提高了准确率	不适用于树形网络
Betweenness	能够找到信息负载能力高的节点	不适用于大规模网络
Closeness	可以计算节点间的间接影响力	计算节点全局影响力时算法复杂度太高
Eigenvector	能够体现邻居节点的重要性	简单的线性叠加，不考虑结构
Kate	区分不同邻居节点对节点的影响力	需要大量实验确定权重衰减因子
Ks	能够表达节点全局网络的位置中心	不适用于树形网络
H-index	影响力度量效果比度数和 Ks 明显更好	多个 H-index 相同的节点差异可能较大
PageRank	大规模网络全局排序准确性高	忽略了节点自身属性，排序结果不唯一
LeaderRank	比 PageRank 准确性高，且排序结果唯一，抗噪声能力强	不适用于无向网络
HITS	综合了节点中心性和权威性的优点	抗噪声能力差
Vc	体现了个体对群体的影响力	依赖其他指标和社团划分算法
KSC	结合了节点的位置中心性与连接社团的优点	不适用于树形网络

14.3 社会网络的影响力最大化

社会影响力本质上具有动态属性。从参与社会活动开始，每个人在社会群体中的影响力都在随着他的言行和社会属性发生变化，也随着社会活动在网络中进行传播。因此，分析和研究社会影响力的动态传播过程，对认识影响力的本质特性、理解社会网络的形成和演化，以及发现社会网络中信息的传播规律和人们的行为模式等诸多问题都具有重要意义。在经典传播模型中，信息或创新的传播首先从具有较强社会影响力的群体开始，再经由他们传播到更大范围的人群中去。

14.3.1 影响力最大化问题

影响力最大化问题可以概括为给定一张社会网络传播图和一种特定的影响力，如何确定一个指定大小的节点集合——当集合里面的节点在初始时刻被激活后，遵循传播模型的传播机制，最终能在网络上激活最多的节点。在实际问题中影响力最大化问题可以描述为销售商首先通过一定的手段，使得网络中的一部分人开始接受某种新上市的产品，接下来通过朋友之间的口碑推荐，该产品的使用在网络中会像病毒一样蔓延，在短时间内达到传统营销无法达到的效果。

给定一个社会网络传播图 $G(V, E)$，其中 V 是网络中存在的节点，E 是任意两个节点之间的边。在影响力最大化问题中规定每个节点只有两个状态：激活和未激活。节点的状态转变具有单调性，即每个节点只能由未激活状态转变为激活状态而不能由激活状态转变为未激活状态；任意节点 V 只能由它相邻的并且已经被激活的节点所激活。令 k 表示一个指定的节点集合 A 的节点数目；集合 A 是初始集合，且集合 A 中的节点都处于激活状态；定义集合 A 的影响力为 $\sigma(A)$，表示在传播结束后集合 A 所影响的节点数目。所以影响力最大化问题的符号描述为：对于给定的传播网络图 $G(V, E)$，首先找到包含 k 个起始节点的集合 A，然后让集合 A 去影响 $G(V, E)$ 中的其他节点，最后得到被集合 A 影响的节点集 $\sigma(A)$。

14.3.2 影响力最大化算法

影响力最大化的关键就在于如何找出一个影响力节点集合，使得在这样的节点集合下，其传播效果最大、传播范围最广及传播所需的资源最少。寻找影响力节点集合的方法，一般可分为贪心算法 (Greedy Algorithms)、启发式算法 (Heuristic Algorithms) 及渗透流法 (Percolation Methods)。

14.3.2.1 贪心算法

贪心算法由 Kemp 等人于 2003 年提出，他们在证明了 IC 模型和 LT 模型中目标函数具有子模型的同时，提出了贪心算法，即 Greedy 算法。该算法具有理论保证，能保证该算法找出的近似解至少可以达到最优解的 $(1-1/e)$ 的效果，即 63%。贪心算法的主要思想是通过蒙特卡洛模拟来近似计算节点在指定传播模型下的影响力增益，在每一次迭代的选择过程中，都选择具有最大增益 σ 的节点，直到种子节点集合 S 的大小为 k，算法详细描述如下。

算法 1：贪心算法

Input: G, K

Output: S

1: $S \leftarrow \varnothing$

2: for $i = 1$ to k:

3:　　select $u = \text{argmax}\{\sigma(S \cup \{u\}) - \sigma(S) \mid u \in V \backslash S\}$

4:　　$S = S \cup \{u\}$

5: end for

6: return S

14.3.2.2 启发式算法

启发式算法是一种直观的根据经验构造出来的算法，为了在给定资源约束和时间成本条件下找出一个满意的可行解，不需要精确计算节点的影响力，其具有效率高、运算快等特点，但精确度较低。一般来说，网络中节点的度数是衡量节点影响力最为直观、简单的指标。常用的启发式算法有 Degree 算法和 DegreeDiscount 算法。

（1）Degree 算法

贪心算法会用到蒙特卡洛模拟来近似获取节点的影响力，时间复杂度过高。考虑到节点的度数是一项重要指标，所以 Degree 算法的思想是每次将网络内一阶邻域中度数最大的节点选为种子节点并加入种子节点集合中，详细描述如下。

算法 2：Degree 算法

Input: G,K

Output: S

1: $S \leftarrow \varnothing$; $Q \leftarrow \varnothing$

2: for each node u in G:

3:　　compute $DC(u)$ of u

4:　　add u to Q

5: end for

6: for $i = 1$ to K:

7:　　u = top element in Q

8:　　$S = S \cup \{u\}$

9:　　del u in Q

10: end for

11: return S

（2）DegreeDiscount 算法

使用节点的度数作为节点影响力大小的评估指标固然便捷，但是它忽略了节点间影响力传播范围重叠的问题。如果每次都挑选度数最大的节点作为种子节点，那么可能会导致影响力重叠问题，即"富人俱乐部"现象，也就是网络中度数较大的节点往往聚集在同一区域，更有甚者，度数较大的节点都是相互作为邻居节点而存在的。因此，在节点的传播范围中有很多重复的节点，如果把这些度数较大的节点作为种子节点，就会造成最终影响的节点总数少的结果，也就是传播范围小。

Chen 等人提出了 DegreeDiscount 算法来解决影响力传播范围的重叠问题。其算法思想是：以节点的度数作为评价指标选择第一个节点时，若节点 u 被选为种子节点，则它的所有邻居节点 v 的权重指标会减少［公式为 $dd_v = 2 \times t_v + (d_v - t_v) \times t_v \times p$］，以削减它在接下来的选择过程中被选中的概率，这样就在极大程度上避免了影响力重叠问题的出现，算法详细描述如下。

算法 3：DegreeDiscount 算法

Input: G,K

Output: S

1: $S \leftarrow \varnothing$; $Q \leftarrow \varnothing$

2: for each node u in G:

3:　　compute its degree d_u

4:　　$dd_u = d_u$

5:　　add u to Q

6: end for

7: for $i = 1$ to K:

8:　　u = top element in Q

9:      S = S∪{u}

10:     del u in Q

11:     for each neighbor v of u:

12:         $t_v = t_v +1$

13:         $dd_v = d_v - 2t_v - (d_v - t_v) t_v p$

14:     end for

15: end for

11: return S

14.3.2.3　渗透流法

渗透流法的依据是渗流理论。渗流理论是统计物理学和随机图理论的重要分支，该理论的重要发现是当节点随机移除不超过渗流阈值时，网络由碎片化的节点集群组成，而当节点随机移除超过渗流阈值时，网络会形成一个巨大的连通图。当前渗流理论不仅被广泛运用到网络鲁棒性、谣言传播和传染病传播的研究之中，还被运用到节点影响力最大化研究中。Morone 等人认为，寻找使得如信息传播及传染病免疫最大化的最小影响力节点集合等问题，可以映射为一个渗流问题。根据渗流理论，当网络中的节点被随机移除的数量超过一定阈值之后，网络的最大连通子图将被瓦解，也表明影响力最大化问题就转换为在渗流问题中找到使网络变成碎片时的最小移除阈值[16]。

14.3.3　影响力最大化与最小化

相对地，除有影响力最大化问题外，还有社会网络影响力最小化的研究，最具代表性的是负面信息在网络中的影响力最小化这一研究。以恶意谣言散播为例，在初始阶段，即便仅有一小部分用户受到影响，但通过网络的传播扩散机制，最终受其影响的用户群体也会非常庞大。因此，面向社交网络的影响力最小化研究是一个极具应用价值的研究方向[17]。

基于原理相似性可知，影响力最大化与最小化算法的基础原理有很多共通之处，上述讲到的影响力最大化算法也可以作为研究影响力最小化问题的基础。例如，可基于具有精度保证的贪婪算法和有效的启发式算法，通过阻断连边来最小化最终受感染的用户的规模，或者从主题建模角度出发，通过阻止有限数量的节点来最小化网络中负面信息的传播。

14.4　社会网络的影响力评价模型

社会网络影响力的评价方法应用广泛：通过宏观层面的用户影响力大小排序可以找出领域内的专家、社会网络中的意见领袖；微观层面的个体或群体对个体的影响力分析可以应用于行为与观点的预测、推荐系统、链接预测等。节点影响力在病毒式营销、舆论引导等应用中则更加侧重于用户的传播影响力。多领域、多应用也是导致用户的节点影响力评价方法和指标缺失的原因之一。虽然没有统一的模型或指标衡量用户影响力评价模型的好坏，但是常见的方法却有迹可循。

常见的用户影响力评价方法有基于信息检索的评价方法、基于传播动力学的评价方法、基于影响力传播模型的评价方法及基于鲁棒性和脆弱性的评价方法[18]。

14.4.1 基于信息检索的评价方法

基于信息检索的评价方法的评价指标主要包括 P@N、Precision、Recall、F1 等。这些指标都是信息检索中常见的指标,通常用于评价影响力排序和通过影响力进行预测的效果。

P@N 表示在根据用户影响力大小进行排序前,在 N 个用户中被人工判定排序正确的个数。Precision 和 Recall 分别表示实验结果的准确率和召回率。

F1 则是实验结果准确率和召回率的综合体现。由于用户影响力研究缺少标准数据集,因此通过人工对用户影响力的大小进行判定成为一种常见的方法。通过人工判定去评价用户影响力模型的好坏,在一些用户规模较小的社会网络,如科学家合作网络、校园博客、论坛等社会网络中有一定的可行性。然而,人工判定存在主观性强且不适用于大规模社会网络的缺点。

14.4.2 基于传播动力学的评价方法

基于传播动力学的评价方法主要有三种模型——SI、SIS 和 SIR 模型。

(1)在 SI 模型中,节点有两种状态:易感态(Susceptible)表示该节点可能被处于感染态的邻居节点感染,感染态(Infected)表示节点被感染。节点一旦被感染,就会永远处于感染态。在初始时刻,单个节点作为感染源以概率 p 感染其他节点,通过观测不同时间被感染节点的数量,从而得到该节点的传播速度。

(2)在 SIS 模型中,节点可以被反复感染。

(3)在 SIR 模型中,节点多了一种状态叫免疫态(Recovered),这表示被感染节点在一段时间后会变为免疫态,免疫态的节点不会被再次感染,也不会感染其他节点。

以单个节点作为感染源,用最终被感染过的节点数量来表示该节点传播覆盖的范围,通过多次实验取平均值作为节点的传播影响力。基于传播动力学的评价方法是对现实世界中人或事物的高度抽象和模拟,具有一定的指导意义。但是此类评价模型受传播动力学影响很大,再加上在真实社会网络中个体特征差异很大,因此其在真实社会网络中的适用性较差。

14.4.3 基于影响力传播模型的评价方法

基于影响力传播模型的评价方法通常应用于影响力最大化研究中,ICM 和 LIM(Linear Influence Model)是公认的影响力传播模型。通过在传播模型上验证不同规模的种子节点集合(影响力最大化模型得到的影响力较大的节点集合)及能够激活的节点数量可以验证影响力最大化模型的优劣。

14.4.4 基于鲁棒性和脆弱性的评价方法

基于鲁棒性和脆弱性的评价方法通过在原社会网络中增加或删除一定比例的节点后,观察社会网络变动前后节点影响力的差值:若差值波动很小,则认为该模型抗干扰能力较好。无论从什么角度评价影响力模型,都需要考虑模型在大规模社会网络中的时间复杂度,部分模型虽然效果和预测精度都很好,但在大规模网络中需要耗费大量时间。

14.4.5　评价方法对比

节点影响力没有一致的定义和度量方法，这导致迄今为止节点影响力研究并没有公认的统一的评价指标。一方面，节点影响力的研究模型和指标虽然数量众多，但都从各自的研究角度去分析节点影响力对其他因素所产生的效果，而没有给出节点影响力的形式化定义；另一方面，节点影响力评价带有很强的应用色彩，从宏观、微观等不同角度都能对节点影响力进行评价与应用。

以上评价方法各有各的侧重点与优势，也有其不足之处。节点影响力评价方法对比如表 14-3 所示。

表 14-3　节点影响力评价方法对比

评价类型	评价方法	适用影响力形式	优势与不足
基于信息检索	人工标识结果的 P@N、Precision、Recall 和 F1 等	分类排序概率	与真实社会网络情况一致，但不适用于大规模社会网络
基于传播动力学	SI、SIR、SIS 等传染病模型	网络拓扑上的重要性	相对客观且在宏观上具有指导意义，但与真实网络存在差异
基于影响力传播模型	ICM、LIM 等模型	传播时激活节点的数量	影响力最大化研究的标准模型，与传染病模型类似，高度抽象，有好有坏
基于鲁棒性和脆弱性	增加或删除一定比例的节点	多形式	考虑了模型度量影响力结果的抗干扰能力，没有验证影响力的大小

14.5　社会网络的影响力的应用

社会网络影响力应用于各行各业，下面主要介绍社会网络影响力在科技评价、舆情传播、营销推广中的应用。

14.5.1　在科技评价中的应用

科技文献体系的知识网络类型多种多样，作者之间、地区之间、文献之间、关键词之间、期刊之间等并不是孤立的，而是相互联系的，如作者、地区之间有引用、合作等关系，文献、期刊之间有引用、同被引、耦合等关系，关键词之间有引用、共词关系等。其中，作者、地区、关键词、文献、期刊等被看作网络节点，它们之间的关系被看作连边，这些节点和连边共同构成了网络结构，形成引用网络、共词网络、合作网络等[19]。

下面以期刊互引为例，介绍社会网络在科技评价中的应用。

(1) 基于点出度的学科期刊评价

在期刊互引所构成的网络中，节点的度数是指与该学科期刊直接相连的节点的数目，即有引用关系的学科期刊数。在有向网络中，节点的度数分为点入度和点出度。点入度是指向该节点的射线的数量，在引文网络中表现为引用关系，体现了期刊、文献吸收信息的能力；点出度是指由该节点指向其他节点的射线数量，在引文关系中体现为被引。点出度越大，说明文献、期刊在引用网络中被引用的次数越多，也就是被引文献、期刊越重要。

在 Ucinet 中，依次单击 "Network" "Centrality" "Degree" 按钮，可计算节点的点出度。

（2）基于特征向量的学科期刊评价

基于点出度评价学科期刊只考虑到与学科期刊有直接联系的其他学科期刊的数量及引用频次，而未考虑这些有联系的学科期刊的质量与环境。

特征向量的研究目的是在网络总体结构的基础上，找到最核心的行动者，不关注和比较"局部"的模式结构。它使用"因子分析"来找出各个行动者之间的距离有哪些"维度"，每个行动者相应于每个维度上的位置就叫做一个特征值，一系列这样的特征值就叫做特征向量。

计算公式：$c = aA \times c$，令 $\lambda = 1/a$，则有 $A \times c = \lambda c$。其中，A 为矩阵；λ 为特征值；a 为常数；c 为特征向量。

波纳西茨（Bonacich）认为通过邻接矩阵的最大特征值对应的特征向量能得到一个好的网络中心度。因此，基于特征向量进行学科期刊评价，可以深入地分析学科期刊被不同质量的期刊引用的情况，能更有效地评价该学科期刊的地位。

对特征向量中心性的测量可以在 Ucinet 中，依次单击"Network""Centrality""Eigenvector"按钮，输入标准化的期刊互引数据，即可计算学科期刊的特征向量值。

（3）基于权利指数的学科期刊评价

波纳西茨注意到，如果一个节点与中心度高的节点相连，那么该节点的中心度也会提高，相应地，也会提高与自己相连的其他节点的中心度。因此，各节点的中心度之间是相关联的。进一步说，在确定一个节点的中心度时，需要事先假定知道与之相连的其他节点的度数，而其他节点的度数又依赖于该节点的度数，这就成了一种循环。

波纳西茨用"权力指数"（Power Index）对网络中节点的影响力进行研究，并给出了最一般的中心度测量公式，即权力指数：

$$c_i = \sum_j r_{ij}(\alpha + \beta c_j)$$

其中，c_i 是节点 i 的权力指数；α 和 β 是两个修正参数。

采用权力指数分析学科期刊质量的最大优点就是考虑到了影响域内所有的学科期刊，比起仅依靠被引次数来评价学科期刊，采用权力指数分析学科期刊质量更能体现一篇文献的影响力的大小。

在 Ucinet 中，依次单击"Network""Centrality""Alpha Centrality"（"Bonacich Power"）按钮，可得到学科期刊的权利指数。

14.5.2 在舆情传播中的应用

互联网时代，人们既是消息的接收者，也是消息的传播者和生产者，不仅能在网络中进行观点输出，还能对商业产品、公共事件及政府政策等发表自己的看法。在社交网络中的每个个体都会受到其他个体观点的影响或拥有影响其他个体观点的能力。但是每个个体影响其他个体的能力大小不同，在社交网络的消息传播过程中，对普通个体的观点或行为具有极强的引导力和影响力的那些人可以被称为意见领袖。

挖掘出少数能影响别人观点的个体，并发挥他们的特殊作用，可以在政治、经济、社会等领域产生积极影响。例如，在政治上可以促进政府政策与制度的宣传与实施，在经济上可以帮助企业推广产品，在社会上一方面可以引起大家对社会公共问题的广泛讨论、引领舆论的方向、引导社会价值取向朝着健康的方向发展，另一方面可以针对网络上的舆情进行监控，预防和及时处理重大舆论事件，维护社会稳定。

下面介绍两种识别意见领袖的方法。

(1)基于拓扑结构识别意见领袖

如果将社交网络中的每一个用户看成一个节点，把用户之间存在的各种交互行为(如点赞、转发、评论等蕴含了这些节点之间的某种联系)用连接节点之间的线来表示，那么社交网络就可以被表示为一个复杂的社交网络图。在社交网络图中蕴含着丰富的拓扑结构信息，可以从用户间拓扑结构的角度探索用户重要性的计算方法，进而挖掘出意见领袖，该方法的实现过程如图 14-4 所示。

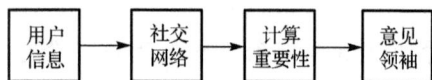

图 14-4 基于拓扑结构识别意见领袖

用 $G(V, E, W)$ 定义网络平台上由于发布、转发、评论、点赞等形成的社会网络。其中，V 代表节点集合，即社交网络中的所有用户；E 是连接用户之间的边的集合，边代表节点之间的联系；W 代表各边的权重集合，可以表征节点之间联系的强弱。将网络抽象为数学表达式，即可以表示为一个邻接矩阵。权重可以根据实际网络中用户间的交互关系来确定，如可以通过平台中用户共同参与讨论的次数来确定权重，也可以通过用户之间发帖数与转发数的比例作为权重。

根据度数中心性、介数中心性、接近中心性、特征向量中心性等的大小，均可识别出社会网络中的意见领袖。其中，特征向量中心性是一种同时考虑邻居节点数量及其重要性的衡量指标，PageRank 及其改进方法的应用最为广泛。

下面分别介绍如何用 R 语言和 Python 语言实现 PageRank。

①用 R 语言实现 PageRank。

```
R = GX;              #G 为转移矩阵，R、X 为列向量
ITER_LIMIT = 1000;
THRESHOLD = xxx;     #THRESHOLD 为列向量，每个分量为阈值 e
count = 0;

while (true) {
  if (abs(X-R) < THRESHOLD) {
                      #如果最后两者近似或相同，那么就表示达到了稳定状态，返回 R
    return R;
  } else if (count > ITER_LIMIT) {
                      #如果达到迭代上限，那么就表示未完全稳定，也返回 R
    return R;
  } else {
    X =R;
    R = GX;
  }
}
```

R 语言中的 igraph 包也对 PageRank 进行了实现，具体代码如下。

```
page.rank (graph, algo = c("prpack", "arpack", "power"),
vids = V(graph), directed = TRUE, damping = 0.85,
personalized = NULL, weights = NULL, options = NULL)
```

②用 Python 语言实现 PageRank。

将网页之间的映射生成矩阵，然后开始迭代，计算出的 P_n 值越大，网页排名越靠前。

```
#生成初始的 PageRank 值，记录在 P_n 中，P_n 和 P_n1 均用于迭代
P_n = np.ones(N) / N
P_n1 = np.zeros(N)


e = 100000                      #误差初始化
k = 0                           #记录迭代次数
print ('loop...')


while e > 0.00000001:           #开始迭代
    P_n1 = np.dot(A, P_n)       #迭代公式
    e = P_n1-P_n
    e = max(map(abs, e))        #计算误差
    P_n = P_n1
    k += 1
    print ('iteration %s:'%str(k), P_n1)

print ('final result:', P_n)
```

(2)基于传播模型识别意见领袖

挖掘意见领袖的目的就是希望发挥其影响力，尽可能多地影响他人，即最大化影响范围。如果能刻画出一个人的影响力范围，那么影响力范围大的人则可以被认为是意见领袖。因此，意见领袖的挖掘可以看作一个影响力最大化问题，即尝试在网络中找出给定数目的 K 个节点，使得其在网络中的影响范围最大，然后认定这 K 个节点为意见领袖。该方法的大致流程如图 14-5 所示。

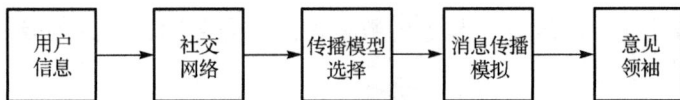

图 14-5　基于传播模型识别意见领袖

第一步，基于用户信息构建社交网络，与上节所述社交网络图的构建相同，一般构建为有权有向图。

第二步，选择一个传播模型来确定消息传播规则。

第三步，设计算法实现传播模型，模拟消息在社交网络中的传播，以此寻找影响范围最大的 K 个节点，将它们视为意见领袖。

该方法的研究重点并不在于社交网络图的构建，而主要集中在影响传播模型的选择和

消息传播模拟这两个部分。其中，研究最多、应用最广泛的模型即为独立级联模型和线性阈值模型。模拟消息传播的算法常用贪心算法和启发式算法，这里不再展开论述。

14.5.3　在营销推广中的应用

"口碑效应"和"病毒式营销"正逐步干扰消费者的正常购买模式。"病毒式营销"最初只针对少数有"影响力"的顾客，将某一产品首先介绍给这一群体，然后大多数成员会将此产品推荐给他的朋友，通过"口碑效应"引起一连串的影响，使这一产品得到推广。为了达到较好的传播效果，这最初的少数有影响力的顾客通常会从社会网络的"意见领袖"中选择。通过设立"意见领袖"或发现"意见领袖"，并与"意见领袖"进行合作，从而进行产品推广和销售，是商家们常用的营销手段，消费者在购物过程中应学会对比和识别。

从商家的角度来看，为了更好地利用社会网络达到营销推广的目的，并尽可能地节约资源、降低成本，需要制定最优的病毒式营销策略和订货策略。鉴于市场中由消费者组成的"小世界"社会关系网络，企业将从所有消费者中选择一个作为源头节点，实施其"病毒式营销"策略。在此背景下，可引入 SIR 模型，用来模拟产品口碑在网络中的传播，从而影响网络用户的购买决策[20]。

下面介绍如何通过 Netlogo 多智能体建模与仿真来解决上述问题。

1. 使用 SIR 模型模拟口碑传播

1）定义源头节点集合中的 n_s 为口碑的传播节点 I。

2）从传播节点 I 的集合中，随机取出一个节点 n_i，并从该节点的所有相邻节点中随机取出一个节点 n_j 进行传播判断：

　　a. 如果节点 n_j 为易感节点 S，那么节点 n_j 以概率 λ（传播概率）变为传播节点 I；

　　b. 如果节点 n_j 为传播节点 I 或免疫节点 R，那么节点 n_i 以概率 α（免疫概率）放弃传播，并变为免疫节点 R；

　　c. 重复步骤 a、b，直到传播节点 I 的集合为空集。

2. 传播评价指标

R_{final}：在传播结束后，网络中的免疫节点 R 的数量占总节点数的比例，该指标衡量了口碑传播的范围。

T_{peak}：在传播过程中，传播节点 I 的数量占总节点数的比例达到峰值所用时间，该指标反映了口碑传播的速度。

S_{peak}：在传播过程中，传播节点 I 的数量占总节点数的比例的峰值，反映了信息传播造成的瞬间最大影响。

T_{final}：口碑传播终止的时间，即整个传播过程所用时长。

π：传播停止时的最终收益，当 $D \leqslant Q$ 时，$\pi = pD - c(Q-D)$；当 $D > Q$ 时，$\pi = pQ$。其中，D 为需求量，Q 为订货量，c 为单个产品成本，p 为单个产品利润。

3. Netlogo 建模与仿真计算

在进行仿真计算前，要先进行参数设置，具体如表 14-4 所示。

表 14-4 仿真计算中的参数设置

参数类型	参数	取值
仿真参数	智能体数量：N	5000
	仿真重复次数：M	250
传播参数	传播概率：λ	1.00
传播参数	免疫概率：α	1.00
产品参数	产品单位利润率：p	10.00
	产品单位成本：c	5.00
小世界网络参数	节点数量：N	5000
	节点单边的连接节点数量：k	3
	节点重连概率：r	0.10

4. 仿真分析

通过调节不同参数，可以发现重连概率、SIR 模型的传播概率、免疫概率、单位利润率和单位成本等与最终收益的关系，根据"病毒式营销"结果来设定最佳订货量，获取最大产品收益。

14.6 社会网络的影响力应用实例——医疗舆情事件的微博意见领袖识别

本研究通过共词网络分析医疗舆情热点在生命周期的不同阶段的演变；融合用户个人属性、网络结构特征、行为特征和文本特征，构建用来识别意见领袖的综合指标体系，通过聚类分析实现医疗舆情事件在不同阶段的微博意见领袖识别；基于意见领袖的识别结果，利用时差相关分析进一步探究意见领袖的情感倾向对普通大众情绪的影响。

14.6.1 数据收集及处理

2018 年 7 月 21 日，一篇揭露长春某生物科技有限责任公司(以下简称"长春某公司")逃避监管、违规生产的自媒体文章引爆社交媒体，激起群众愤慨。随后，长春某公司又被接连曝出狂犬病疫苗生产记录造假、百白破疫苗效价不合格等问题，短短两天时间，与问题疫苗相关的微博信息就高达 225 万条，引发了强烈的社会声讨和全民热议。由于疫苗事件牵扯多方利益相关者，在公众中影响范围极广，因此疫苗事件是一起典型的具有广泛社会影响力的医疗舆情事件，故本书选取该事件作为研究案例。

以六小时为一个时间段，以"疫苗事件""长春某公司""武汉某公司"为关键词，使用新浪微博的高级搜索功能进行检索，爬取出从疫苗事件爆发到事件平息(2018 年 7 月 21日—2018 年 8 月 6 日)期间的所有热门微博、热门转发、热门评论及对应用户的个人数据。其中，热门微博(转发/评论)数据包含具体的微博(转发/评论)内容、发布日期、点赞数、转发数、评论数和用户 Id。用户的个人数据包括用户 Id、用户昵称、个人描述、粉丝数、关注数、微博数、用户等级、认证类型和注册时间。去除数据中的缺失值、重复值和无效的广告信息后，最终获得了 3092 条热门微博及其对应的 1167 条热门转发、17 484 条热门评论，以及 17 670 个用户数据。

医疗舆情事件的形成和演化具有一定的生命周期特性，在生命周期的不同阶段，舆情讨论的焦点和关注热度呈现不同的情况。目前，广为接受的舆情生命周期划分是依据社会关注度来划分的"四阶段"模型，包括潜伏期、爆发期、热议期和衰退期四个阶段。通过统计疫苗事件在不同时间节点的微博搜索热度指数，依据生命周期理论，结合所收集数据的本身特点，本书将疫苗事件划分为爆发期(2018 年 7 月 21 日—2018 年 7 月 22 日)、热议期(2018 年 7 月 23 日—2018 年 7 月 25 日)、衰退期(2018 年 7 月 26 日—2018 年 7 月 31 日)和残留期(2018 年 8 月 1 日—2018 年 8 月 6 日)这四个阶段。

14.6.2　数据分析流程及关键技术

依据本书提出的微博意见领袖识别指标体系，构建参与疫苗事件讨论的所有用户的特征向量，进而通过聚类分析自动识别出意见领袖。具体数据分析流程如图 14-6 所示，主要包括数据采集与预处理、用户特征提取、用户聚类和意见领袖识别四个部分。

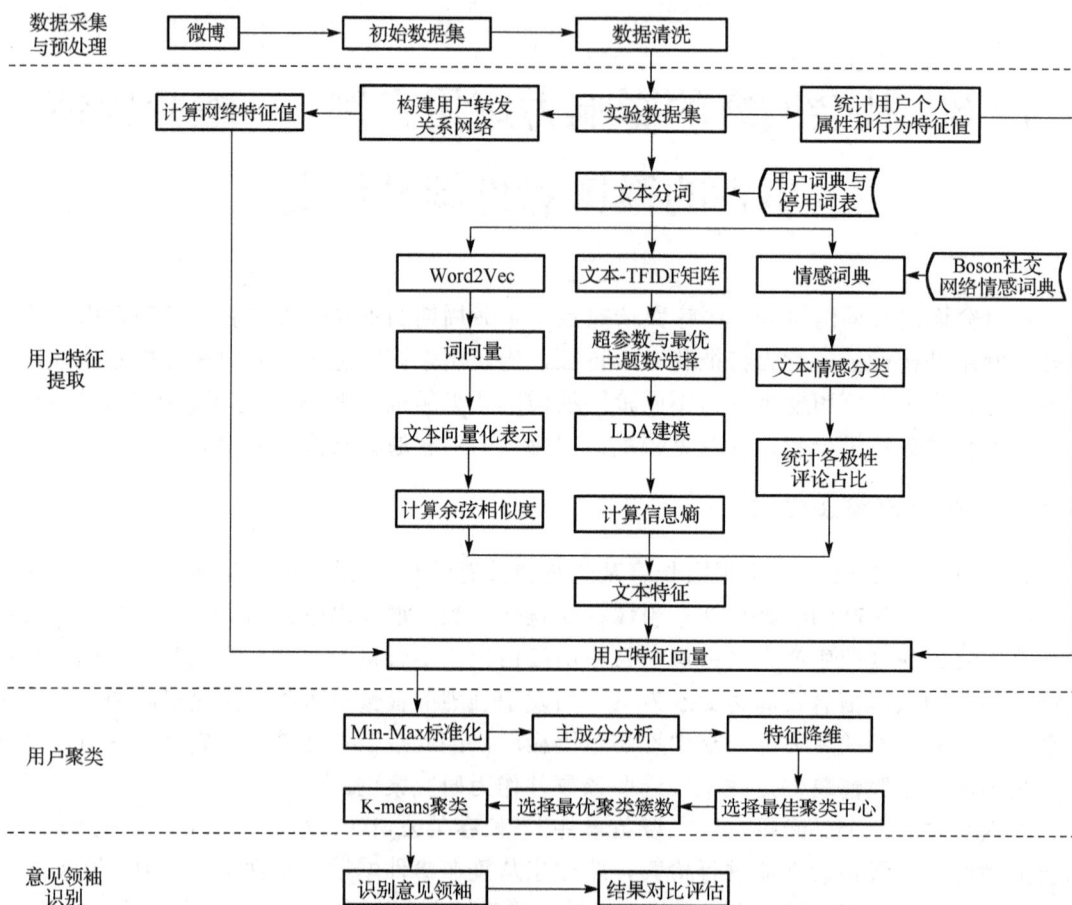

图 14-6　数据分析流程图

1．用户特征提取

按照所构建的意见领袖识别指标统计用户相关信息，得到每个用户的个人属性特征和行为特征。以用户之间的"转发"关系定义连边，建立有向带权网络，进而计算用户的网络结构特征。

在文本特征方面，基于 Word2Vec 用微博文本训练词向量，并采用向量均值（Embedding Average）法得到微博文本的特征向量，最后利用余弦相似度计算原微博与对应转发微博文本的语义相似度。此外，以高频词向量作为热点主题的向量，通过计算高频词向量与微博特征向量的余弦相似度得到每条微博与热点主题的语义相似度。关于用户微博的主题多样性，本书先依据困惑度选择最优主题个数并对用户微博进行 LDA（Latent Dirichlet Allocation）模型训练，得到每条微博在各主题上的分布概率；基于此，使用信息熵度量微博内容的主题多样性。文本的情感特征提取，是基于情感词典来实现评论文本的情感分类。对知网情感分析词典和中国台湾大学中文情感词典进行汇总、剔重和补充，进而构建情感词典。考虑到用于判断情感极性的情感词会受专业领域的限制，所以引入 Boson 社交网络情感词典，以更好地适应微博文本内容。

最终将用户的个人属性、网络特征、行为特征和文本特征这四个方面的特征值进行汇总融合，得到每个用户的特征向量。

2．用户聚类

为避免各指标之间由于数量级和量纲的差异所带来的分析结果偏差，使用 Min-Max 标准化方法对用户特征向量矩阵进行归一化处理，在此基础上对用户特征向量做组成成分分析，从而达到特征降维的目的。

按照之前所定义的意见领袖特征向量，若某一用户特征向量各分量的均值越大，则该用户越有可能成为意见领袖。利用聚类识别意见领袖即对所有用户的特征向量进行聚类，最终依据聚类结果簇挑选出具有意见领袖特征的小部分用户群体。

采用 K-means 聚类算法实现用户聚类。K-means 聚类需要先验地给定聚类簇数，而不同的簇数又直接影响到聚类结果。因此，本书以平方误差（Square Error）作为指标，依据肘部法则确定最优聚类簇数。此外，本书采用距离最大化原则选择最佳聚类中心，从而避免随机选择的聚类中心由于彼此距离较近而使得 K-means 聚类陷入局部最优。

14.6.3　热点主题及网络结构演变分析

对疫苗事件生命周期各阶段的热点主题和用户转发关系网络的演变进行分析的结果显示，不同阶段用户的关注热点和转发互动均有明显差异，因此意见领袖的识别需要考虑医疗舆情事件的生命周期特性。

1．热点主题演变分析

热点主题网络图即基于词语在同一篇微博中的共现关系，构建描述疫苗事件高频词之间关系的社会网络。具体地说，以微博文本的高频词作为节点，依据词语在同一篇微博中的共现关系建立边，以共现次数作为边的权值，表征高频词之间共现程度的大小。某一词语的边越多，说明该词语被提及的次数越多，在一定程度上也代表用户讨论的热点。对各阶段的用户微博内容建立共词交叉列联表，将其导入 Gephi 中绘制出各阶段热点主题网络图，结果如图 14-7 所示。

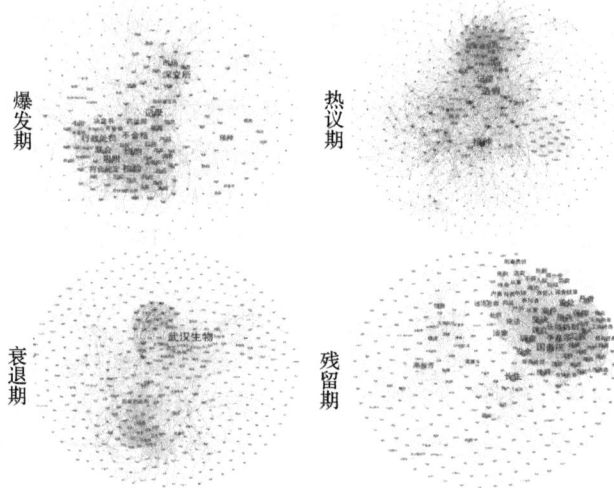

图 14-7　各阶段热点主题网络图

从图 14-7 中可以看到，不同阶段的热点主题存在明显差异：在爆发期，多家媒体和自媒体对长春某公司因为狂犬病疫苗记录造假、百白破疫苗质检不合格，而受到深交所公开谴责的事实进行报道和分析，消息一经发布，就激起强烈的社会舆论和公众谴责；在热议期，问题疫苗记录造假依旧是讨论的热点，同时国家药品监督管理局等相关机构对长春某公司的立案调查，以及相关的补种工作进展成为大众关注的焦点，舆情持续高涨；在衰退期，媒体又曝出武汉某公司的不合格批次疫苗问题，这又引起社会公众的强烈关注，而此时长春某公司的关注热度有所下降；在残留期，疫苗事件的舆情得到控制，关注热度趋于平稳，公众更多关注国家相关部门对涉案公司和相关责任人的核查和处置。

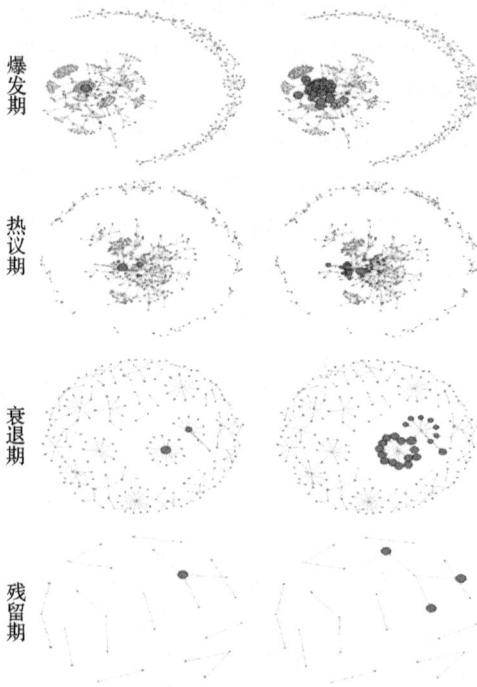

图 14-8　各阶段网络结构图

2. 网络结构演变分析

依据用户之间的"转发"关系建立有向带权网络，网络中的每个节点代表一个用户，如果节点 i 转发了节点 j 的微博，就认为节点 j 对节点 i 产生了影响，即存在从节点 j 指向节点 i 的一条有向边；将两个节点之间转发的次数定义为权重，用以表征节点之间影响关系的强弱。各阶段用户转发关系网络的结构如图 14-8 所示，左侧网络图中的节点大小正比于枢纽节点的中心性度量值，右侧网络图中的节点大小正比于权威节点的中心性度量值。

从网络图中可以看到，各阶段均存在少数

对网络信息传播起到中介作用的枢纽节点，相比较而言权威节点更多，但权威节点会随时间的变化整体呈现递减趋势。此外，在不同阶段，用户转发关系网络的结构也有不同，在爆发期和热议期，用户之间的连接更为紧密，并且均呈现出明显的中心和边缘分布布局，而在衰退期和残留期用户之间的连接较为稀疏，多以子群的形态分布。

14.6.4　微博意见领袖识别结果分析

按照本书提出的微博意见领袖识别指标体系对收集到的数据进行处理分析，可计算得到各阶段参与疫苗事件讨论的所有用户的特征向量，进而通过聚类分析法自动识别出医疗舆情事件的微博意见领袖。各阶段的微博意见领袖识别结果如表 14-5 所示。

表 14-5　各阶段的微博意见领袖识别结果

周期	多特征		个人属性与行为特征	
	用户名	认证类型	用户名	认证类型
爆发期	头条新闻	媒体	人民日报	媒体
	人民日报	媒体	头条新闻	媒体
	新浪财经	媒体	新浪财经	媒体
	新京报	媒体	新京报	媒体
	财经网	媒体	财经网	媒体
	中国新闻网	媒体	人民网	媒体
	来去之间	个人自媒体	每日经济新闻	媒体
	喷嚏网铂程	个人自媒体	中国新闻网	媒体
	侯宁	个人自媒体	中国日报	媒体
	雨农谈股	个人自媒体	央视新闻	媒体
	光远看经济	个人自媒体	新华视点	媒体
	桃桃淘电影	个人自媒体	中国之声	媒体
热议期	财经网	媒体	头条新闻	媒体
	人民日报	媒体	人民日报	媒体
	头条新闻	媒体	央视新闻	媒体
	央视新闻	媒体	财经网	媒体
	殆知阁 2	无认证	新华视点	媒体
	文史学堂_	个人自媒体	中国新闻网	媒体
	新京报	媒体	中国日报	媒体
	澎湃新闻	媒体	中国之声	媒体
	性感玉米	个人自媒体	新京报	媒体
	迟夙生律师	个人自媒体	新浪财经	媒体
	北村	个人自媒体	每日经济新闻	媒体
	向小田	个人自媒体	央视财经	媒体
衰退期	新浪财经	媒体	人民日报	媒体
	人民日报	媒体	头条新闻	媒体
	头条新闻	媒体	财经网	媒体
	财经网	媒体	新浪财经	媒体
	光远看经济	个人自媒体	新京报	媒体
	大案	媒体	每日经济新闻	媒体

周期	多特征		个人属性与行为特征	
	用户名	认证类型	用户名	认证类型
衰退期	蓝鲸财经记者工作平台	NGO	公安部打四黑除四害	政府
	凤凰网财经	媒体	新华视点	媒体
	新京报	媒体	央视财经	媒体
	每日经济新闻	媒体	中国新闻周刊	媒体
	文史学堂_	个人自媒体	中国日报	媒体
残留期	头条新闻	媒体	头条新闻	媒体
	新浪财经	媒体	新华视点	媒体
	一个有点理想的记者	个人自媒体	财经网	媒体
	财经网	媒体	新浪财经	媒体
	胡大莹	个人自媒体	胡大莹	个人自媒体
	设屋攻业 X2R	个人自媒体	设屋攻业 X2R	个人自媒体
	独自行走 2050	无认证	一个有点理想的记者	个人自媒体
	曹毓笙	无认证	凯迪网络	媒体
	悠悠懒懒黄金 6	无认证	皮海洲	个人自媒体

表 14-5 分别对比了使用本书提出的融合了网络结构特征和文本特征的多特征构建用户特征向量和以往研究采用的单纯以用户个人属性和行为特征构建用户特征向量的聚类效果，结果显示融合多特征的意见领袖识别方法可以更好地挖掘草根用户中的意见领袖，具有更好的适应性和包容性。

对比四个阶段的意见领袖识别结果，可以发现媒体类的意见领袖在不同阶段均变化不大，如"头条新闻"在整个疫苗事件生命周期中均有较高的参与度和活跃度，影响力深远。而个人自媒体和无认证类型的意见领袖在不同阶段中表现不同：在爆发期，具有影响力的大多为对疫苗事件进行理性报道和客观分析的个人自媒体；而在热议期，由于社会公众的讨论最为激烈，情绪高涨，所以这个阶段那些情绪激进、倾向于感性地宣泄情感的无认证用户更容易成为意见领袖；在衰退期，由于武汉某公司不合格批次疫苗问题的披露，使得舆情焦点由长春某公司转为武汉某公司，这一阶段的意见领袖多为进行客观的信息传播和严谨的观点表达的媒体和个人自媒体；在残留期，公众的关注热点在于对涉事企业和相关责任人的处罚，该阶段的意见领袖除了报道核查进展工作的资深媒体，还有不少表达自己对于处置决议的观点和态度的个人自媒体和无认证用户。

由于疫苗安全问题与人民群众的身体健康息息相关，因此疫苗事件一经报道就引起全民热议，受到政府的高度重视。总体来看，疫苗事件中的意见领袖多是具有号召力的官方媒体，主要扮演着两种角色：一是报道事件进展，二是安抚公众情绪。

14.6.5 微博意见领袖影响力分析

意见领袖具有较强的社会影响力，其发表的观点会对普通网民的观点和态度会产生一定影响，因此可以基于意见领袖识别结果，将整个疫苗事件看作一个分析周期，以六小时为一个时间窗口，利用时差相关分析研究意见领袖的情感倾向对普通大众情绪的影响作用。

具体地，意见领袖的情感倾向用其发布微博的情感来表示，普通网民的情感倾向用其发表、转发的微博和评论的情感表示，各阶段内意见领袖和普通网民情感倾向值的计算如式(14-6)和式(14-7)所示。

$$意见领袖积极 / 中性 / 消极情感比率 = \frac{此阶段内意见领袖所发表的积极 / 中性 / 消极微博数}{此阶段内意见领袖所发表的总微博数} \tag{14-6}$$

$$普通网民积极 / 中性 / 消极情感比率 = \frac{此阶段内普通网民所发表的积极 / 中性 / 消极微博数}{此阶段内普通网民所发表的总微博数} \tag{14-7}$$

在时差相关分析中，以意见领袖各情感的比率为基准指标，以普通网民各情感的比率为被选择指标，估计结果为绝对值最大的交叉相关系数所对应的滞后值，当滞后值为 0 时，代表两者同步；当滞后值为负时，代表基准指标先行于被选择指标；当滞后值为正时，代表基准指标滞后于被选择指标，具体分析结果如表 14-6 所示。

表 14-6　微博意见领袖情感与普通网民情感的时差相关分析

序列对	交叉相关系数绝对值最大值对应的滞后期(六小时)	交叉相关系数
意见领袖的积极情感变化对普通网民的积极情感变化的影响	3	0.829
意见领袖的中性情感变化对普通网民的中性情感变化的影响	−1	0.339
意见领袖的消极情感变化对普通网民的消极情感变化的影响	−1	0.207
意见领袖的积极情感变化对普通网民的中性情感变化的影响	3	−0.222
意见领袖的积极情感变化对普通网民的消极情感变化的影响	0	0.219
意见领袖的中性情感变化对普通网民的消极情感变化的影响	−6	−0.233

从表 14-6 可以发现，意见领袖的中性情感和消极情感都领先于普通网民的中性情感和消极情感六小时，且交叉相关系数都为正，这说明意见领袖所发表的中性情感微博和消极情感微博均对普通网民的情绪造成一定影响，并且意见领袖发表的消极情感微博会导致普通网民对于疫苗事件的态度更加消极。

同时，意见领袖的中性情感领先于普通网民的消极情感 36 小时，这说明意见领袖发布的阐述事件进展的中性情感微博会导致普通网民的消极态度。普通网民通过浏览意见领袖发布的客观报道性微博了解到疫苗事件的详情及相关涉事人员不负责任等情况，从而产生了对疫苗事件的愤慨。

意见领袖的积极情感滞后于普通网民的积极情感和中性情感 18 小时，其原因是部分普通网民相信政府会妥善处理本次疫苗事件，所以在事件发生前期便以积极的心态期待本次事件会有较好的处理结果，在事件后期同样也会对政府的行动进行表扬。但意见领袖中以媒体居多，在事件前期，媒体一般根据实际情况向公众报道事情进展，较少表达自己的观点，情感多为中性；直到事件后期，政府对涉事人员进行惩罚后，媒体才会就这一事实发表具有积极情感的微博，并对政府的行动表示肯定，所以意见领袖的积极情感相对而言较为滞后。

本 章 小 结

本章介绍了社会网络影响力的相关理论与应用。首先介绍了节点影响力的定义、理论及具体表现形式；其次基于拓扑结构重点介绍了节点影响力的度量方法，并阐述影响力在社会网络中的传播；最后介绍了影响力的评价指标和应用。社会网络影响力的研究不仅能够进一步帮助人们理解社会网络中个体和群体行为的演化，还能为公共决策和舆情分析提供理论依据，同时也有助于社会、文化、经济等领域的安全和发展。因此，社会网络影响力研究具有十分重要的理论价值和应用价值。

思 考 题

1．思考影响力最小化的应用场景，并举例说明。
2．请结合正文中的 PageRank 算法，考虑如何通过加权方式进行算法改进，并举例说明。
3．考虑节点的中心性和权威性，举例说明 HITS 算法及其应用。
4．除正文介绍的影响力评价应用领域外，思考影响力评价还适用于哪些领域，请自行获取数据进行实验说明。

参 考 资 料

[1] TRIPLETT N. The dynamogenic factors in pacemaking, and competition[J]. The american journal of psychology, 1898,9(4): 507-533.

[2] KATZ E, LAZARSFELD P F. Personal influence, the part played by people in the flow of mass communications[M]. New york: free press, 1955: 1-12.

[3] MILGRAM S. The small-world problem[J]. Psychology today, 1967,2(1): 61-67.

[4] BACKSTROM L, BOLDI P, ROSA M, et al. Four degrees of separation[C]//Proceedings of the 4th annual ACM web science conference, 2012: 33-42.

[5] WATTSD J, Strogatz S H. Collective dynamics of 'small-world' networks[J]. Nature, 1998,393(6684): 440-442.

[6] BARABÁSI A L, ALBERT R. Emergence of scaling in random networks[J]. Science, 1999, 286(5439): 509-512.

[7] RASHOTTE L. Social influence: the blackwell encyclopedia of psychology[M]. Malden: blackwell publishing, 2007: 4426-4427.

[8] ANAGNOSTOPOULOS A, BROVA G, Terzi e. peer and authority pressure in information-propagation

models (MA thesis) [J]. Lecture notes in computer science, 2012, 6911 (2): 76-91.

[9] YANG Y, TANG J, LEUNG C, et al. Rain: social role-aware information diffusion[J]. The 29th AAAI conf. on artificial intelligence, 2014: 367-373.

[10] GRANOVETTER M S. The strength of weak ties[J]. American journal of sociology, 1973, 78 (6): 1360-1380.

[11] KRACKHARDT D. The strength of strong ties: the importance of philos in organizations[M]. Boston: harvard business school press, 1992: 216-239.

[12] BERKHIN P. A survey on pagerank computing[J]. Internet mathematics, 2005, 2 (1): 73-120.

[13] KLEINBERG J M. Authoritative sources in a hyperlinked environment[J]. Journal of the ACM (JACM), 1999, 46 (5): 604-632.

[14] LÜ L, ZHANG Y C, YEUNG C H, et al. Leaders in social networks, the delicious case[J]. Plos one, 2011,6 (6): e21202.

[15] 吴信东，李毅，李磊. 在线社交网络影响力分析[J]. 计算机学报，2014，37 (4)：735-752.

[16] 杨膳宇. 基于网络拓扑结构的节点影响力度量和影响力最大化研究[D]. 兰州：兰州大学，2021.

[17] 杨壹，吴春晓，何明，等. 面向社交网络的负面影响最小化算法[J]. 系统仿真学报，2021，33 (2):501-508.

[18] 韩忠明，陈炎，刘雯，等. 社会网络节点影响力分析研究[J]. 软件学报，2017, 28 (1): 84-104.

[19] 李长玲，纪雪梅，支岭，等. 社会网络分析方法在科技评价中的应用研究[J]. 科学与管理，2012，32 (4): 78-82.

[20] 李锋，林宁，魏莹. "病毒"营销策略下报童问题研究[J]. 系统管理学报，2019，28 (6): 1188-1194.

第 15 章 社会网络的动态分析

社会网络总是在动态变化的。在实证研究中，可以通过不同时间点的问卷调查等方式获取历史观测数据，但是传统的社会网络分析方法只能对静态网络做出解释，而无法对历史观测数据做出解释。为了能够基于历史观测数据，表示出网络的动态变化过程，并且根据统计推断对变化过程的影响因素进行分析，斯尼德尔斯等人开发了基于行动者的随机模型[1]；同时为了更加方便地基于该模型完成从实际观测数据到参数的估计，他们又研发了一套专门用于社会网络动态分析的工具 Siena。

本章将分析基于行动者的随机模型(随机行动者模型)的社会网络演化，以及有向网络和无向网络的结构演化，并重点介绍网络与行为的协同演化分析理论与应用，最后以学生交互网络演化研究为范例，介绍社会网络动态分析的研究应用。

15.1 随机行动者模型和 Siena

Siena 主要针对基于随机行动者模型(Stochastic Actor-oriented Models)进行分析，该模型不仅能够分析网络的变化过程，而且可以对节点行为属性与网络结构协同演化进行分析。通过模型分析，研究者可以计算出诸如互惠性(Reciproctity)、传递性(Transitivity)、同质性(Homophily)和同配性(Assortative Matching)等对网络变化趋势产生影响的因素。该模型在计算上可以通过 Siena 来执行，即利用计算机随机产生马尔可夫过程，并结合社会网络的历时纵向网络数据，来模拟社会网络的结构演化，探索网络结构演化的机理与特点，以及影响因素并估计其参数。由于 Siena 是基于计算机仿真模拟技术的，其运行需要耗费一定的时间，因此考虑到计算的复杂程度，该工具原则上仅适用于节点数在 10 到 1000 范围内的网络[2]。

随机行动者模型是由荷兰学者 Snijders 教授在 1996 年提出的。该模型的基本假设为：网络中每个节点通过控制自身的出度来决定网络的形成与演化。在该模型中，网络的变化为因变量，现有网络的结构、节点的属性及其他随机变量为改变节点出度的影响因素。在网络的演化过程中，每个节点都尽力达到自己的最优结构，即使函数最大化[1]。这里的函数由四个部分组成：①目标函数，表示节点在所有可能的网络结构中比较偏爱的整体结构效果；②速率函数，表示节点改变连接的速率或频繁程度；③奖励函数，表示节点改变连接时，即时的或局部的满意程度；④随机部分，代表模型不能解释的随机因素。

Siena 可以将不同类型的网络数据作为因变量进行社会网络动态分析。

(1)历时纵向网络数据：在几个不同的时间点上对一组给定的节点进行测量，这样就能得到多个面板数据。在这里，模型可以细分为行动者导向(Actor-oriented)模型和边导向(Tie-oriented)模型，但主要是前者。

(2)历时观测的网络数据和节点行为数据：将历时观测的网络数据和节点行为数据作为

因变量进行社会网络动态分析。网络数据会引起行为数据的变化，行为数据的变化又会引起网络数据的变化，这就是网络和行为的协同演化。

(3)指数随机图模型(*P**模型)：分析单次观测的社会网络。事实上，指数随机图模型是随机行动者模型的极限分布[3]，将单次观测结果看作网络的随机过程中众多结果的一个。

15.2 有向网络的结构演化分析

15.2.1 有向网络动态分析的理论背景

自然界和社会中蕴含着大量的现实有向网络，它们广泛地存在于科技、信息、生物、社会等领域中。例如，科技领域中的 WWW 网、信息领域中的引文网、生物领域中的食物网及社会经济领域中的货物网等。

在基于随机行动者的网络演化模型中，社会网络一般被认为是有向网络。在通常情况下，网络中存在两种节点：一是自我节点(Ego)，表示每条边 $i{\rightarrow}j$ 的发送者 i；二是改变节点(Alter)，表示接收者 j。另外，可以根据节点的出度和入度来判断节点的主动程度和受欢迎程度，从而分析这些行为属性对节点改变自身出度及网络结构演化的影响。

一般来说，使用 Siena 实现有向网络动态分析的操作主要有五步：①数据输入和描述；②模型说明；③利用随机仿真方法估计参数；④评估参数的拟合度；⑤利用参数进行模拟。

15.2.2 有向网络的结构演化分析实例

1. 背景介绍
在本实例中，给定一个朋友相识关系的有向网络的历史结构数据，以及个人的属性数据，利用 Siena 来探索哪些网络结构因素会对边的形成产生影响，并分析这些因素是如何产生影响的。Siena 的安装和基本使用见附录 A。

2. 编码
三个时期的朋友关系网络的邻接矩阵，分别为：friend.w1.dat、friend.w2.dat、friend.w3.dat，用 1 表示矩阵中两个个体之间是朋友关系，0 表示非朋友关系，9 表示缺失数据。个人属性数据为 gender.dat，在本实验中个人属性指的是个人的性别，1 表示男性，2 表示女性，3 表示缺失数据。

3. 使用的代码及其运行结果

```
#加载 Siena
> library(RSiena)
#设置工作区间
> setwd("D:/有向网络/")
> list.files()
> friendship.w1<-as.matrix(read.table("friendship.w1.dat",
```

```
na.strings="9")) #网络数据
> friendship.w2<-as.matrix(read.table("friendship.w2.dat",
na.strings="9"))
> friendship.w3<-as.matrix(read.table("friendship.w3.dat",
na.strings="9"))
> gender<- as.matrix(read.table("gender.dat",na.strings="3"))#属性数据
#定义网络因变量,将三个时期朋友关系网络的变化作为因变量
>friendship<-sienaNet(array(c(friendship.w1,friendship.w2,
friendship.w3),dim=c(numberActors,numberActors,3)))
#定义协变量,coCovar指的是常数型协变量,性别是固定值,不随时间变化而变化,因此设
定为coCovar类型
> gender<- coCovar(gender[,1])
#定义数据集
> mydata<- sienaDataCreate( friendship, gender )
#定义目标函数
> myeff<- getEffects( mydata )
#构建目标函数,即选择需要的效应函数,如表15-1所示
> fix(myeff)
#构建模型
> mymodel<-sienaModelCreate(useStdInits=TRUE,projname='myeff.my',
cond=FALSE)
#模型参数估计
> myresults<-siena07(mymodel,data=mydata,effects=myeff,
batch=FALSE,verbose=FALSE)
#有向网络演化运行结果,如图15-1所示
> myresults
```

表 15-1　有向网络演化示例运行结果释义

序号	类型	效应函数名称	Estimate	Standard Error	t statistic	结论
1	rate	constant friendship rate (period 1)	8.8737	−1.8481	−0.0302	行动者在前两期调查之间平均改变 9 个联系
2	rate	constant friendship rate (period 2)	3.3304	−0.578	0.0011	行动者在后两期调查之间平均改变 3 个联系
3	eval	outdegree (density)	−2.5119	−0.4415	0.2702	不显著
4	eval	reciprocity	1.5193	−0.2564	0.0054	互惠
5	eval	indegree - popularity	−0.0762	−0.0794	−0.0849	入度越低,越受欢迎
6	eval	outdegree - popularity	−0.0607	−0.049	−0.0063	出度越低,越受欢迎
7	eval	indegree - activity	−0.0677	−0.002	−0.0063	入度越低,越主动
8	eval	outdegree - activity	0.1097	−0.0182	−0.0458	出度越高,越主动
9	eval	gender alter	0.3809	−0.2615	−0.0077	女生越受欢迎
10	eval	gender ego	−0.1981	−0.2393	−0.0011	男生越主动
11	eval	same gender	1.5825	−0.2474	−0.0155	同性别的更容易成为朋友

运行结果如表 15-1 和图 15-1 所示,其中 Estimate 为估计的参数,Standard Error 为标准差,t statistic 为效应参数估计的显著性。从 Estimate 的正负可以看到因素影响的正负,

若 Estimate 的值为正，则为正影响，若 Estimate 的值为负，则为负影响；从 t statistic 的值可以看出效应参数估计的显著性，从严格意义上来说若 t statistic 的值小于 0.1，则显著，若 t statistic 的值小于 0.2，则比较显著。

```
Estimates, standard errors and t-statistics for convergence

                                               Estimate   Standard    t statistic
                                                            Error
     1. rate constant friendship rate (period 1)  8.8737  ( 1.8481  ) -0.0302
     2. rate constant friendship rate (period 2)  3.3304  ( 0.5780  )  0.0011
     3. eval outdegree (density)                 -2.5119  ( 0.4415  )  0.2702
     4. eval reciprocity                          1.5193  ( 0.2564  )  0.0054
     5. eval indegree - popularity              -0.0762  ( 0.0794  ) -0.0849
     6. eval outdegree - popularity             -0.0607  ( 0.0490  ) -0.0063
     7. eval indegree - activity                -0.0677  ( 0.0020  ) -0.0063
     8. eval outdegree - activity                0.1097  ( 0.0182  ) -0.0458
     9. eval gender alter                        0.3809  ( 0.2615  ) -0.0077
    10. eval gender ego                         -0.1981  ( 0.2393  ) -0.0011
    11. eval same gender                         1.5825  ( 0.2474  ) -0.0155

Total of 2731 iteration steps.
```

图 15-1　有向网络演化运行结果

15.3　无向网络的结构演化分析

15.3.1　无向网络动态分析的理论背景

同样，无向网络也是普遍存在的。朋友关系网络也可以是无向的。无向的朋友关系网络中的朋友关系，指的是个体双方都认为对方和自己是朋友，而在有向的朋友关系网络中，可能存在一方认为对方是自己的朋友，但对方却不这么认为的情况。因此，无向（双向）的朋友关系更亲密，也更贴近"强边"的概念。在计量科学领域，学者之间的合作网络及主题词之间的共词网络都属于无向网络。另外，企业和企业之间相互合作形成的网络，也是一个无向网络。

在基于随机行动者的网络演化模型中，社会网络一般被认为是有向网络。在有向网络中，每条边都是有方向的，但并不是任意两个节点都相互指向。当任意两个节点都相互指向的情况发生的时候，有向网络就变成了无向网络。换句话说，无向网络是有向网络的一种极端。虽然，基于随机行动者的网络演化模型最初是用来分析有向网络的动态演化的，但我们同样可以运用随机行动者模型来分析无向网络的演化，Siena 2.1 以上的版本都可以实现无向网络的分析功能。例如，Van de Bunt 和 Groenewegen 在 2007 年进行的跨组织研究[4]，将被论证和分析的组织作为自我节点(Ego)，除去被论证的这个主体组织，所有其他的组织都作为改变节点(Alter)。自我节点和改变节点之间的关系只有两种状态：缺失（即组织和主体组织之间没有合作关系）和存在（即组织和主体组织之间有合作伙伴关系），主体组织对待合作关系的态度（建立、巩固及消失）取决于其他组织的实力和资源状况等因素。

15.3.2　无向网络结构演化分析实例

1. 背景介绍

在"青少年朋友和生活方式的研究"案例中,研究对象是苏格兰西部地区的学生。面板数据的获取是从 1995 年开始(当时学生们的平均年龄是 13 岁),一直到 1997 年结束的。共有 160 名学生参加了这次调研活动,其中的 129 名学生完成了全部的三次调查。在友谊网络的构建过程中,只允许每个学生提名 12 名自己认为是最要好的朋友。学生会被问及药物使用情况、青少年生活情况、体育活动情况,如生活方式、运动习惯,以及烟草、酒精等的消费情况。关于体育活动的情况会被问到参加运动的频率、是否有体育训练的情况(如踢足球、打篮球等)。通过调查得到了三期友谊网络数据,以及行为数据集,这些数据都可以从 Siena 官网获取。

利用这个样本数据,讨论如何在有向网络的基础上筛选出无向网络,并针对基于随机行动者模型的无向网络结构进行演化分析。具体要做的就是将有向的友谊网络转化成无向的友谊网络,并验证学生的吸烟、喝酒行为对友谊网络结构演化是否会产生影响,如果有影响,则通过统计推断影响的参数估计。

2. 编码

50 个女生群体是取自"青少年朋友和生活方式的研究"的数据集,该群体对应的友谊网络数据是以邻接矩阵的形式存在的文件:s50-network1.dat、s50-network2.dat 及 s50-network3.dat。

行为变量编码如下(饮酒和吸烟都是在三个时期中不断改变的行动者协变量)。

s50-alcohol.dat 是饮酒行为对应的邻接矩阵:1(不饮酒),2(每年一两次),3(每月一次),4(每周一次)和 5(每周超过一次)。

s50-smoke.dat 是吸烟行为对应的邻接矩阵:1(不吸烟),2(偶尔吸烟),3(经常吸烟,每周多于一次)。

3. 使用的代码及其运行结果

```
#加载 Siena
> library(RSiena)
>library(xtable)
#设置工作区间
> setwd("D:/无向网络/")
> list.files()
> friend.data.w1 <- as.matrix(read.table("s50-network1.dat"))
                              #网络数据
> friend.data.w2 <- as.matrix(read.table("s50-network2.dat"))
> friend.data.w3 <- as.matrix(read.table("s50-network3.dat"))
>sym.min <- function(x)        #用 function(x)来构建函数, x 为参数
>tx  <- t(x)                    #t(x)实现将 x 转置
   return(pmin(x[],tx[]))       #pmin()实现在相同位置上取最小值
> friend.data.w1 <- sym.min(friend.data.w1)
> friend.data.w2 <- sym.min(friend.data.w2)
```

```
> friend.data.w3 <- sym.min(friend.data.w3)
> drink <- as.matrix(read.table("s50-alcohol.dat"))       #行为数据
> smoke <- as.matrix(read.table("s50-smoke.dat"))         #协变量数据
#定义网络因变量
> friendship<- sienaNet( array( c( friend.data.w1, friend.data.w2,
friend.data.w3 ),dim = c( 50, 50, 3 ) ) )
#将吸烟行为定义为不随时间变化的协变量
> smoke1 <- coCovar( smoke[, 1 ] )
#将饮酒行为定义为随时间变化的协变量
> alcohol <- varCovar( drink )
#定义数据集
> mydata <- sienaDataCreate( friendship, smoke1, alcohol )
#定义目标函数
> myeff<- getEffects( mydata )
#构建目标函数，即选择需要的效应函数，如表 15-2 所示
> effectsDocumentation(myeff)
> fix(myeff)
#构建模型
> print01Report( mydata,myeff,modelname = 's50_sym' )
> mymodel <- sienaModelCreate(projname = "s50_sym", modelType = 2)
#模型参数估计
> myresult <- siena07( mymodel, data = mydata, effects = myeff)
#估计结果，如图 15-2 所示
> myresult
```

表 15-2   示例运行结果释义

序号	类型	效应函数名称	Estimate	Standard Error	t statistic	结论
1	rate	constant friendship rate (period 1)	1.2210	0.2542		行动者在前两期调查之间平均改变 1 个联系
2	rate	constant friendship rate (period 2)	1.4703	0.3140		行动者在后两期调查之间平均改变 1 个联系
3	eval	outdegree (density)	−2.0957	0.4555	−0.0568	度数越大，越不易增加连接
4	eval	transitive triads	2.1307	−0.3941	−0.0174	传递三元组
5	eval	smoke1	−0.0271	−0.344	−0.0254	吸烟越频繁的人，越不容易交朋友
6	eval	smoke1 similarity	0.9316	−0.9331	−0.0404	吸烟次数相近的人容易成为朋友
7	eval	same smoke1	−0.4766	−0.7057	−0.065	吸烟次数相同的人不易成为朋友
8	eval	alcohol	0.2117	−0.181	0.0157	饮酒越频繁的人，越容易结交朋友
9	eval	alcohol similarity	1.7357	−0.9606	−0.0687	饮酒次数越相似的人，越易成为朋友
10	eval	same alcohol	−0.3478	−0.4412	−0.0694	饮酒次数相同的人不易成为朋友

在进行无向网络的动态分析中有五种模型可供选择，分别为 Forcing Model、Initiative Model、Pairwise Forcing Model、Pairwise Mutual Model 及 Pairwise Joint Model[1]。其中，前两种模型是基于行动者的，也就是在仿真模拟过程中，节点是被随机选取的，而后三者是基于边的，即边是被随机选取的。

```
Estimates, standard errors and t-statistics for convergence

                                 Estimate   Standard    t statistic
                                            Error

Rate parameters:
  0.1      Rate parameter period 1  1.2210  ( 0.2542  )
  0.2      Rate parameter period 2  1.4703  ( 0.3140  )

Other parameters:
  1.  eval degree (density)        -2.0957  ( 0.4555  ) -0.0568
  2.  eval transitive triads        2.1307  ( 0.3941  ) -0.0174
  3.  eval smoke1                   -0.0271  ( 0.3440  ) -0.0254
  4.  eval smoke1 similarity         0.9316  ( 0.9331  ) -0.0404
  5.  eval same smoke1             -0.4766  ( 0.7057  ) -0.0650
  6.  eval alcohol                   0.2117  ( 0.1810  )  0.0157
  7.  eval alcohol similarity        1.7357  ( 0.9606  ) -0.0687
  8.  eval same alcohol            -0.3478  ( 0.4412  ) -0.0694

Total of 2348 iteration steps.
```

图 15-2　无向网络演化运行结果

（1）Forcing Model：单个自我节点根据自身网络结构调整预期效用来单独决定增加或减少自己的度数。

（2）Initiative Model：也叫做 Unilateral Initiative and Reciprocal Confirmation Model（单方面行动和相互确认模型），这个模型与第一个模型比较类似，但自我节点的改变最后需要得到改变节点的确认。也就是说，单个自我节点和改变节点根据自身网络结构调整预期效用来共同决定增加或减少度数。

（3）Pairwise Forcing Model：只要单个自我节点或改变节点根据自身网络结构改变的预期效用决定增加或减少边，它们之间的边就会被创建或删除。

（4）Pairwise Mutual Model：在无向图中每个节点既是自我节点也是改变节点。在该模型中，只有在两个节点根据结构调整预期效用同时决定增加或减少度数时，它们之间的边才得以形成或消失。

（5）Pairwise Joint Model：边的形成或消失由两个节点改变网络结构的预期效用之和决定。

在 Siena 中创建模型用 sienaModelCreate() 方法。该方法中的 modelType 参数可以设置模型的类型。模型的类型用 1 到 6 的整数来表示：1 为有向，2 到 6 为无向（2 = Forcing Model，3 = Initiative Model，4 = Pairwise Forcing Model，5 = Pairwise Mutual Model，6 = Pairwise Joint Model）。在此实例中，我们以 Forcing Model 为例，运行结果如图 15-2 所示，运行结果解释如表 15-2 所示。

15.4　网络与行为的协同演化分析

15.4.1　网络与行为协同演化的原因

在日常生活中，我们经常会遇到这样的情况：如果两个人加入同一个社团或参与同一个活动，那么他们相遇而成为朋友的可能性会提高；如果两个人是朋友，那么他们可能会相互影响而在社团和个体之间产生新的联系。前者说的是社团闭包，而后者指的是会员闭包。社团闭包指的是由事物之间的关系产生的人与人之间的关系倾向，与之对应的是社会选择；而会员闭包是由人际关系建立的人与事物之间的关系倾向，与之相对的则是社会影响。

正是由于社会选择和社会影响的存在，一个在社会网络中的个人，其行为就不仅仅取决于自身的属性，还可能受到网络位置和网络中其他人的直接或间接的影响。反过来也是如此，一个在社会网络中的个人，其网络位置也会受到其行为的影响而变化。也就是说，网络和行为的演化是相互的，这可以用一个简单的例子来说明。

如图 15-3 所示，假设在最初的第 1 阶段，虽然 i 和 j 是好朋友，但两人在行为上不相似，且 i 会受到来自 j 的"(A)社会影响"，在行为上被同化，因此在第 2 阶段两人行为相似。这是我们在做实证分析时常常会得到的结论，该分析基于这样的一个假设：两人在这一段时间中，一直保持着朋友关系。这是因为，我们收集到的数据往往是不连续的，如果在两个时间点之间采集的数据是缺失的，那么我们就无法知晓变化发生的中间过程。

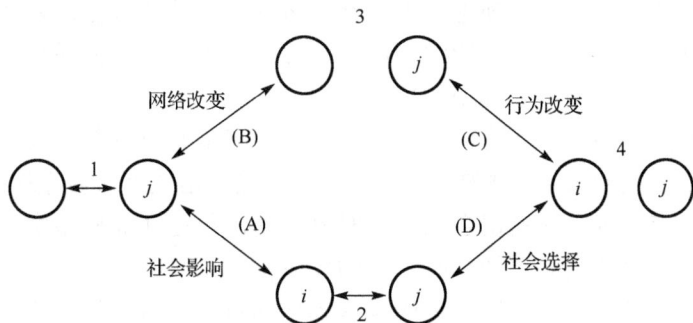

图 15-3　网络和行为的协同演化

事实上，从最初的第 1 阶段到第 2 阶段不单单经历了"(A)社会影响"的改变，也可能经历了从(B)到(C)到(D)的改变。虽然 i 和 j 是好朋友，但朋友关系也可能不稳定，可能会经过"(B)网络改变"到第 3 阶段。当 i 和 j 不再是好朋友时，i 经过"(C)行为改变"，有可能改变了自己的行为，表现得与 j 相似，来到第 4 阶段。当 j 发现 i 与自己相似时，经过"(D)社会选择"，可能又恢复了与 i 的朋友关系，回到第 2 阶段。这时候很可能就是社会选择机制在背后起了作用，因为人们总喜欢与自己相似的人交朋友。

通过以上的例子可知，同质性的产生并非只有一条路径。但具体是哪条路径，也就是同质性的产生是社会选择的结果还是社会影响的结果，还是受到两者的共同影响，仅靠单次观察的数据是很难进行判断的。我们需要在时间上连续的数据集，并且需要一个方法来帮助我们区分同质性的产生到底是社会影响的结果还是社会选择的结果。Siena 已从仅仅将变化的网络结构作为因变量的基本模型[5]，扩展至将社会选择和社会影响同时纳入的网络行为协同演化模型[6]。

15.4.2　网络行为协同演化模型原理

在基于行动者的网络行为协同演化模型中，动态变化的社会网络的边一般被认为是有向边，边 $i{\rightarrow}j$ 的发送者 i 又被称为自我节点，接收者 j 则被称为改变节点，自我节点的行为将在模型中被分析，而改变节点的行为会影响自我节点。每个自我节点可以控制它的外

出边 $X_{ij}(j = 1, 2, \cdots, n; j \neq i)$ 和行为属性 $Z_{hi}(h = 1, 2, \cdots, H)$，在时刻 t 的状态为 $Y(t) = [X(t),$ $Z_1(t)，\cdots，Z_H(t)]$。在网络行为协同演化模型中，存在两个协同过程：社会影响过程 (Friedkin，2006)，即一个节点的行为属性会受到网络结构和其他改变节点的行为属性的影响；社会选择过程[7]，即节点的行为属性将会影响网络结构的变化（边的形成、保持或移除）。该模型基于以下几点假设。

(1)时间参数 t 是连续的。虽然在参数估计阶段输入模型的观测数据是取自时间轴上不同横截面的离散时间点，但是在两个时间点之间，网络是连续变化的。这些连续变化的众多微小的环节影响着网络的变化，即边的形成、移除、保持或节点行为的变化，这些变化最后会汇集反映到不同时间观测点上的网络。

(2)网络变化过程是马尔可夫过程，即网络的当前状态仅受网络前一状态的影响，而与更前面的状态无关。

(3)网络中的行动者会控制从他们出发的边和自己的行为属性。这并不是说行动者可以随意地改变外出边或自己的行为属性，而是行动者的外出边或行为属性的改变是由行动者的行为属性、在网络中的位置及对网络周围的感知决定的。这个假设也正是该模型命名为基于行动者的网络行为协同演化模型的原因所在。

(4)在一个给定的时刻 t，所有的行动者的行为在当前状态下都是独立的，即两个或多个行动者同时改变的概率为 0。例如，在现实中，可能会出现"只要你和某人停止交朋友，我就马上可以和你交朋友"的情况在同一个时刻发生。但是在此模型中，两个行动者的改变不会同时发生，而是会在先后两个时刻内顺序发生。

(5)在一个给定的时刻 t，按照一定的概率选定的自我节点只能改变一条外出边，不能同时改变多条，或者改变自我节点自身的行为。即行为属性和边的改变在当前状态是独立的，两者同时改变的概率为 0。即在时刻 t 只能改变一条边或一个行为，不能同时改变多个。依照这个原则，变化的过程可以被分为一个个很小的片段，片段间是顺序变化的，不存在协同，从而让网络动态变化的建模相对容易。

基于行动者的网络变化过程可以分为两个子随机过程，其中之一是改变机会过程，对由行动者引起的边的改变频率进行建模。改变频率取决于行动者在网络中的位置（如中心度）和行动者的协变量（如年龄、性别等属性）。另外一个过程是改变决定过程，对一个行动者有机会改变的边的精确变化进行建模。边改变的概率取决于自我节点和改变节点在网络中的位置和它们的协变量。它的目的是通过统计推断出各种参数对网络变化的影响[1]。

网络中的行动者 i 对外出边或自己的行为属性改变做出决定的频率，取决于速率函数 (Rate Functions) λ。在网络和行为协同演化的情况下，每一个行动者都具有网络变化的速率函数 $\lambda[X]$，并且对于每一个行为属性变化都具有速率函数 $\lambda[Z_h]$，拥有这种改变机会的行动者，通过一些时间连续的微小步骤来实现改变。在某一个时刻 t，行动者可以改变自己的外出边，或者改变自己的行为属性，或者保持不变。之所以将网络结构和行为属性的速率分开来考虑，是因为两者的变化频率往往是不一样的。例如，信息在网络的传播过程中，网络中成员所拥有的知识状态的改变速率要比网络边变化的速率更快一些；而在研究信息技术使用和朋友关系网络的协同演化时，信息技术的使用频率往往比交朋友的频率更快。

当行动者在速率函数的控制下获得机会进行改变的时候，便进入到下一步的决定改变过程中，决定改变的概率由如下目标函数(Objective Functions)进行控制。目标函数被设定为一系列影响因素(Effects)的线性组合。在协同的情况下，网络结构和行为属性变化分别由式(15-1)与式(15-2)所示的不同的目标函数控制。

$$f_i^{\text{net}}(x, x', z) = \sum_k \beta_k^{\text{net}} s_k^{\text{net}}(i, x, x', z) \tag{15-1}$$

$$f_i^{\text{beh}}(x, z, z') = \sum_k \beta_k^{\text{beh}} s_k^{\text{beh}}(i, x, z, z') \tag{15-2}$$

这里，β 是统计参数，需要根据实际观测数据进行参数估计。若 β 等于 0，则表示相应的影响因素对网络或行为演化没有任何作用；若 β 为正，则表示网络状态 $Y(t)$ 有较高的可能性会朝着影响因素起正向作用的方向发展；若 β 为负，则表示网络状态可能会向影响因素起相反作用的方向发展。

常见的几种网络结构变化的影响因素 s^{net}，即行动者 i 在网络上边的变化，是受其他成员在网络上的位置影响的，这些影响包括：①出度的影响，表示节点拥有边的总趋势；②互惠性的影响，表示节点拥有互惠边的趋势；③优先连接的影响，表示节点与拥有较大连接数的节点建立边的趋势；④传递三元组的影响，表示节点与邻居节点形成传递三元组的趋势，是非直接边数的线性影响，这里 i 所具有的传递三元组是指 i 连接到 h 可以通过 $i \to j \to h$ 和 $i \to h$ 两条不同的路径；⑤传递边的影响，表示节点与邻居节点形成传递三元组的趋势，但是与前面一种影响不同的是，它表示非直接边数的二元影响；⑥距离为 2 的成员的影响，也是一种非直接关系的影响，由与 i 通过一个中间节点相连的距离为 2 的成员数所决定；⑦平衡性的影响，表示节点与结构上相似的节点建立边的趋势，如表 15-3 中的示意图所示，i 和 j 都与 h 相连，它们在结构上是相似的，为了达到平衡，i 和 j 之间也将建立边；⑧三元循环的影响，表示节点形成三元循环结构的趋势，这和上面的传递性是有区别的，三元循环最终会形成一个闭环，而传递性则不会。更多影响因素可以参见表 15-3。

表 15-3　网络结构效应和行为属性效应[14]

网络结构效应	计算公式	示意图	说明
出度 outdegree	$\sum_j X_{ij}$		节点拥有边的总趋势
互惠性 reciprocity	$\sum_j X_{ij} X_{ji}$		节点拥有互惠边的趋势
优先链接 preferential attachment	$\sum_j X_{ij} \sqrt{\sum_h X_{hj}}$		节点与拥有较大连接数的节点建立边的趋势
传递三元组 transitive triplets	$\sum_j X_{ij} \sum_h X_{ih} X_{hj}$		节点与邻居节点形成传递三元组的趋势，这里 i 所具有的传递三元组是指 i 连接到 h 可以通过 i-j-h 和 i-h 两条不同的路径
传递边 transitive ties	$\sum_j X_{ij} \max_h (X_{ih} X_{hj})$		节点与邻居节点形成传递三元组的趋势，它表示非直接边数的二元影响

网络结构效应	计算公式	示意图	说明
距离为2的成员 actors at distance 2	$\sum_j (1-X_{ij})\max_h(X_{ih}X_{hj})$		由于 i 通过一个中间节点相连的距为 2 的成员数所决定
平衡性 balance	$\sum_j X_{ij}\mathrm{strsim}_{ij}$		表示节点与结构上相似的节点建立连接的趋势,如示意图所示,i 和 j 都与 h 相连,它们在结构上是相似的,为了达到平衡,i 和 j 之间也将建立边
三元循环 three-cycles	$\sum_j X_{ij}\sum_h X_{jh}X_{hi}$		节点形成三元循环的趋势,最终形成一个闭环

行为属性效应	计算公式	示意图	说明
自我 V-ego	$\sum_j X_{ij}V_i$		属性值高的节点与其他节点建立边的趋势
他我 V-alter	$\sum_j X_{ij}V_j$		其他节点与属性值高的节点建立边的趋势
相似 V-similarity	$\sum_j X_{ij}(\mathrm{sim}_{ij}-\overline{\mathrm{sim}})$,其中 $\overline{\mathrm{sim}}=\left(1-\dfrac{\|V_i-V_j\|}{\max_{ij}\|V_i-V_j\|}\right)$		属性值相似的节点建立边的趋势
相等 V-same	$\sum_j X_{ij}I\{V_i=V_j\}$,其中 $\sum_j X_{ij}I\{V_i=V_j\}$ $V_i=V_j$ 则 $I\{V_i=V_j\}=1$,否则为 0		属性值相等的节点建立边的趋势

行为变量的 形状函数	说明
线性(linear shape)	判断行为变量是否呈线性分布
二次(quadratic shape)	判断行为变量是否呈 U 形或倒 U 形分布。若二次为正则是 U 形,反之是倒 U 形

15.4.3　网络行为协同演化模型参数估计

在基于行动者的网络行为协同演化模型中,速率函数用来评估行动者会在什么时候采取改变行动,目标函数则决定行动者将采取什么样的改变行动。在选定可能会影响网络和行为协同演化的影响因素后,下一步是利用实际观测数据评估影响因素的作用大小,即对 β 进行估计。用于参数估计的观测数据至少应该包含两个时间点上的数据。其中,第一个时间点上的数据 $X(t_1)$ 和 $Z(t_1)$ 将作为随机过程的初始状态,而速率函数将对网络或行为改变的微小步骤(机会)进行控制,并且在每一微小步骤上发生改变的概率也将被定义。在给定初始参数后,进行参数估计,会用到仿真过程产生在设定动态过程下的网络和行为数据。具体过程如下[1]。

(1)演化的时间 t 的变化。每一个时刻 t 被定义为微小步骤,在每次微小步骤中,只有一个行动者可以发生改变,要么改变网络边,要么改变行为。t 的增长由一个等待时间来决定。等待时间采样于服从式(15-3)所示参数的指数概率分布。

$$\lambda_{\text{total}} = \sum_i (\lambda_i^{\text{net}} + \lambda_i^{\text{beh}}) \tag{15-3}$$

(2)在演化过程中,模型按照式(15-4)所示的概率决定下一个微小步骤是做出网络边改变还是行为改变,并且决定网络中的哪一个成员发生改变。

$$\lambda_i^{\text{net}} / \lambda_{\text{total}}, \quad \lambda_i^{\text{beh}} / \lambda_{\text{total}} \tag{15-4}$$

(3)被选定成员的边或行为发生改变。对于边改变,假设 X 是当前的网络状态,行动者 i 已经获得机会改变网络边,下一个网络状态可以等于 X,或者仅在行动者 i 上与 X 有差别(X 为邻接矩阵,第 i 行上的 0 或 1 表示行动者 i 与其他行动者没有相连或相连)。对于 N 种可能的情况,行动者 i 会选择 X' 使得 $f_i^{\text{net}}(x,x',z) + \varepsilon_i^{\text{net}}(x,x',z)$ 达到最大,其中 f_i^{net} 是目标函数, $\varepsilon_i^{\text{net}}$ 是一个在模型中未给出的在其他因素作用下的随机扰动。同样,如果是行为改变,那么算法会选择使 $f_i^{\text{beh}}(x,z,z') + \varepsilon_i^{\text{beh}}(x,z,z')$ 达到最大的 Z'。

(4)当达到设定的终止时间时,整个过程结束。

由于网络的整个变化过程是连续的马尔可夫随机链,所以在参数估计中会采用马尔可夫链蒙特卡洛估计法(Markov Chain Monte Carlo,MCMC)。对于每一个要估计的模型参数 θ,其中包括速率 λ 及每一种影响因素的权重 β,都会与实际观测的统计数据或模拟仿真得出的统计数据进行比较。下一步的参数与模拟和实际观测数据的统计结果的差值相关,对参数反复进行测试,若差值越来越小,则表示参数估计过程是在收敛的,收敛后的参数为本次模拟过程的估计参数。此过程使用马尔可夫链蒙特卡洛估计法进行多次重复,将多次运行所估计得到的参数的平均数作为模型最终所估计的参数。参数估计过程是否能够收敛是一个很重要的问题,实验证明当行动者数量在 30 以上时,在第一个和第二个观测点数据差异较大并且在后续的连续两个观测点数据差异不是太大的时候,参数估计过程的收敛性较好。

15.4.4　网络与行为协同演化的数据表示

根据随机行动者模型的统计需要,实验数据集至少需要两个社会网络结构与行为的观测值。网络节点可以是同班同学、同事、朋友等。其中,网络结构用邻接矩阵来表示,行为则用一个向量表示。假设一个朋友网络只有五个人,该网络与行为协同演化的数据表示如图 15-4 所示,节点与节点之间的边表示朋友关系:节点 1 认为节点 3 是自己的朋友,节点 3 认为节点 2、4、5 是自己的朋友,节点 4、5 互认为对方是自己的朋友;节点的颜色表示行为,黑色表示吸烟,而白色表示不吸烟,那么图 15-4 中节点 1、4、5 都吸烟,而节点 2、3 不吸烟。在 Siena 中,我们用邻接矩阵 $X(n)$ 来表示朋友关系网络结构:1 为有关系,0 为无关系,n 是朋友数;另外,用向量 Z 表示吸烟行为,1 表示吸烟,0 表示不吸烟。若有 m 次观测值,则模型的因变量可以表示为 $(X,Z)(t_1)$, $(X,Z)(t_2)$, $(X,Z)(t_3)$, $\cdots$, $(X,Z)(t_m)$。

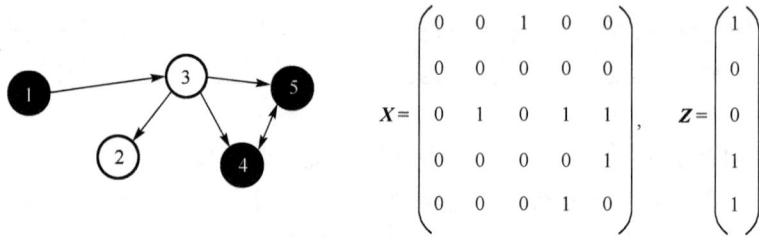

$$X = \begin{pmatrix} 0 & 0 & 1 & 0 & 0 \\ 0 & 0 & 0 & 0 & 0 \\ 0 & 1 & 0 & 1 & 1 \\ 0 & 0 & 0 & 0 & 1 \\ 0 & 0 & 0 & 1 & 0 \end{pmatrix}, \quad Z = \begin{pmatrix} 1 \\ 0 \\ 0 \\ 1 \\ 1 \end{pmatrix}$$

图 15-4　编码示例

15.4.5　网络与行为协同演化的模型组成

如果想将行为变量整合进随机行动者模型，那么就需要在只有结构变量的基本模型的基础上做一定的修改。一是定义行为改变的速率函数，类似网络结构改变的速率函数；二是定义行为目标函数，该目标函数和网络结构相关，同时修改网络结构改变的目标函数，让它是行为变量的函数，从而实现结构与行为的相互影响；三是定义行为效应和行为-结构效应，从而发挥这两种效应和结构效应在网络演化和行为演化及二者共演中的作用。

当网络变量和行为变量一起作为因变量时，速率函数就有两类，一类是网络结构改变的速率，另一类是行为改变的速率。例如，在一个用来分析三期面板数据的模型中，由于 friendship 和 drinking 同为因变量，因此 Siena 会产生四个速率函数，如图 15-5 所示。

```
  name        effectName                             include
1 friendship  constant friendship rate (period 1)    TRUE
2 friendship  constant friendship rate (period 2)    TRUE
3 friendship  outdegree (density)                    TRUE
4 friendship  reciprocity                            TRUE
5 drinking    rate drinking (period 1)               TRUE
6 drinking    rate drinking (period 2)               TRUE
```

图 15-5　SIENA 产生的四个速率函数

同样地，当网络变量和行为变量一起作为因变量时，目标函数也有两类，一是网络目标函数，二是行为目标函数。在行为目标函数中有两个与网络效应函数不同的效应函数，它们分别是线性（Linear Shape）函数和二次（Quadratic Shape）函数。在网络行为协同演化模型中，我们用来构建目标函数常用的效用函数如表 15-3 所示，更多的效应函数说明可以参考相关文献[8]。

15.4.6　网络与行为协同演化分析的实例

1．背景介绍

本节与 15.3.2 节相同，也使用"青少年朋友和生活方式的研究"数据。先通过调查得到了三期友谊网络数据，再从 Siena 官网获取行为数据集。下面仅从饮酒和吸烟行为数据说明如何使用 Siena 探究友谊网络的演化，以及友谊网络与饮酒行为是如何协同演化的。

2．编码

50 个女生群体是取自"青少年朋友和生活方式的研究"数据集，友谊网络数据是以邻接矩阵的形式存在的文件：s50-network1.dat、s50-network2.dat 和 s50-network3.dat。

饮酒和吸烟都是在三个时期中不断改变的行动者协变量。

s50-alcohol.dat 是饮酒行为对应的邻接矩阵,具体的行为变量编码:1(不饮酒),2(每年一两次),3(每月一次),4(每周一次)和 5(每周超过一次)。

s50-smoke.dat 是吸烟行为对应的邻接矩阵,具体的行为变量编码:1(不吸烟),2(偶尔吸烟),3(经常吸烟,每周多于一次)。

3. 使用的代码及其运行结果

配置过程:先在 R 语言平台上加载 Siena 包,然后定义多期连续时序友谊网络作为因变量并且对其赋值,定义行为因变量及协变量并对其赋值,接着配置数据集和目标函数,最后确定之前所定义的各个变量的影响因素并构建评估模型。由于协同演化模型包含了网络演化的行为属性效应和网络结构效应,因此还要加入行为和网络的交互影响因素。

模型配置完毕后即可定义算法,并得到运行结果。以下是具体的操作代码。

```
#加载 Siena:
> library(RSiena)
#设置工作空间:
> setwd("D:/行为与网络协同演化/")
> list.files()
> friend.data.w1 <- as.matrix(read.table("s50-network1.dat"))
                                            #网络数据
> friend.data.w2 <- as.matrix(read.table("s50-network2.dat"))
> friend.data.w3 <- as.matrix(read.table("s50-network3.dat"))
> drink <- as.matrix(read.table("s50-alcohol.dat"))    #行为数据
> smoke <- as.matrix(read.table("s50-smoke.dat"))       #协变量数据
#定义网络因变量
> friendship<- sienaNet( array( c( friend.data.w1, friend.data.w2,
friend.data.w3 ),dim = c( 50, 50, 3 ) ) )
#定义行为因变量, type 为"behavior"
> drinkingbeh<- sienaNet( drink, type = "behavior" )
#定义协变量
> smoke1 <- coCovar( smoke[, 1 ] )
#定义数据集
> myCoEvolutionData<- sienaDataCreate( friendship, smoke1, drinkingbeh )
#定义目标函数
> myCoEvolutionEff<- getEffects( myCoEvolutionData )
#构建模型
> myCoEvolutionEff<- includeEffects( myCoEvolutionEff, transTrip,
cycle3)
#在模型中增加吸烟的同质性影响
> myCoEvolutionEff<- includeEffects(myCoEvolutionEff, simX,
                                    interaction1 = "smoke1" )
#在模型中增加饮酒行为对自我、他我、相似性的交互影响
> myCoEvolutionEff<- includeEffects(myCoEvolutionEff, egoX, altX, simX,
                                    interaction1 = "drinkingbeh" )
#在模型中增加友谊网络的出度、入度等指标对饮酒行为的交互影响
> myCoEvolutionEff<- includeEffects( myCoEvolutionEff,
```

```
name ="drinkingbeh",indeg, outdeg,interaction1 = "friendship" )
#列出你所选定的效应函数以便检查有无错误、遗漏
> myCoEvolutionEff
#定义算法集合
> myCoEvAlgorithm<- sienaModelCreate( projname = 's50CoEv_3' )
#模型参数估计
> myresult<- siena07( myCoEvAlgorithm, data = myCoEvolutionData,
effects = myCoEvolutionEff )
#估计结果
> myresult
```

根据前面构建的模型，可以得到如图 15-6 所示的运行结果。运行所需时长要根据具体模型的复杂度来确定。运行结果释义如表 15-4 所示。

```
Estimates, standard errors and t-statistics for convergence

                                             Estimate   Standard   t statistic
                                                          Error
Network Dynamics
   1. rate constant friendship rate (period 1)   6.4412  ( 1.1069 ) -0.0094
   2. rate constant friendship rate (period 2)   5.1046  ( 0.7927 ) -0.0293
   3. eval outdegree (density)                   -2.7573 ( 0.1365 )  0.0600
   4. eval reciprocity                            2.4175 ( 0.2357 )  0.0700
   5. eval transitive triplets                    0.6608 ( 0.1384 )  0.0701
   6. eval 3-cycles                              -0.0725 ( 0.2776 )  0.0720
   7. eval smoke1 similarity                      0.1984 ( 0.2174 )  0.0645
   8. eval drinkingbeh alter                     -0.0325 ( 0.1070 ) -0.0358
   9. eval drinkingbeh ego                        0.0621 ( 0.1246 ) -0.0910
  10. eval drinkingbeh similarity                 1.2326 ( 0.5623 ) -0.0037

Behavior Dynamics
  11. rate rate drinkingbeh (period 1)            1.1575 ( 0.3233 )  0.0766
  12. rate rate drinkingbeh (period 2)            1.6332 ( 0.4242 )  0.0465
  13. eval behavior drinkingbeh linear shape     -0.0437 ( 0.4744 )  0.0199
  14. eval behavior drinkingbeh quadratic shape  -0.2512 ( 0.1476 ) -0.0182
  15. eval behavior drinkingbeh indegree         -0.1592 ( 0.4488 ) -0.0186
  16. eval behavior drinkingbeh outdegree         0.3517 ( 0.6059 ) -0.0121

Total of 3322 iteration steps.
```

图 15-6 协同演化运行结果

表 15-4 网络与行为协同演化示例运行结果释义

		网络动态	估计值	t 统计量	解释
1	rate	constant friendship rate（period 1）	6.4412	−0.0094	行动者在前两期平均改变 6 条连边
2	rate	constant friendship rate（period 2）	5.1046	−0.0293	行动者在后两期平均改变 5 条连边
3	eval	outdegree (density)	−2.7573	0.06	出度越大越不容易交朋友
4	eval	reciprocity	2.4175	0.07	互惠性
5	eval	transitive triplets	0.6608	0.0701	传递三元组
6	eval	3-cycles	−0.0725	0.072	三元循环
7	eval	smoke1 similarity	0.1984	0.0645	吸烟行为越相似的人越容易成为朋友
8	eval	drinkingbeh alter	−0.0325	−0.0358	饮酒越多的人越不受欢迎
9	eval	drinkingbeh ego	0.0621	−0.091	饮酒越多的人越主动
10	eval	drinkingbeh similarity	1.2326	−0.0037	饮酒相似的人容易成为朋友

续表

		网络动态	估计值	t 统计量	解释
		Behavior Dynamics			
11	rate	rate drinkingbeh（period 1）	1.1575	0.0766	行动者在前两期饮酒平均改变 1.1 次
12	rate	rate drinkingbeh（period 2）	1.6332	0.0465	行动者在后两期的饮酒平均改变 1.6 次
13	eval	behavior drinkingbeh linear shape	−0.0437	0.0199	饮酒变量呈倒 U 形分布
14	eval	behavior drinkingbeh quadratic shape	−0.2512	−0.0182	
15	eval	behavior drinkingbeh indegree	−0.1592	−0.0186	入度越大的行动者越不饮酒
16	eval	behavior drinkingbeh outdegree	0.3517	−0.0121	出度越大的行动者越饮酒

15.5　社会网络动态分析实例 1——学生交互网络演化研究

15.5.1　学生交互网络数据

1. 变量

我们的研究对象是武汉大学 2014 年上半学期一门公选课的 229 名学生。分别在 9 月 2 日、9 月 22 日、10 月 9 日及 10 月 14 日对他们进行了问卷调查。前三次调查采用问卷星的网上问卷系统，第四次采用纸质问卷。第一次问卷的问题设置可以归为两部分。第一部分是根据已经编号的全班学生名册，进行人际交互关系调查，调查项目："课前已经认识的同学对应的编号""上课以来新认识的同学对应的编号"，学生根据名册上确定的编号在对应项上填写班级同学的对应编号。第二部分是学生的基本信息调查，包括学号、性别、所在宿舍等。还有一些其他属性信息，如上网频率、使用社交网络的频率、喜欢的课程等。上网频率和使用社交网络的频率采用五点量表，值设定了 0.5 小时以内、0.5～1 小时、1～2 小时、2～4 小时、4 小时以上。

第一次问卷收集了学生在上社会网络课之前（t_0）课上同学之间的认识情况；第二次问卷收集了学生在上社会网络课的时候（t_1）课上同学之间的认识情况；第三次和第四次问卷，分别收集了课上同学之间的认识情况，时间点记作 t_2 和 t_3。这样我们就收集了四期（t_0, t_1, t_2, t_3）关系网络观测数据和属性数据。

2. 数据描述

选课的学生总共 229 人，总体上男女生数量相差不大，比例比较均衡。从年级上看，选课的学生主要是来自 2013 级的大二学生，有 134 人，2010 级大四的和 2011 级大三的学生较少。从学院分布上看，计算机学院（35 人）、经济管理学院（33 人）和电子信息学院（22人）选课人数较多，资环学院（15 人）、外语学院（12 人）、动力与机械学院（11 人）、土木建筑学院（10 人）也都有 10 人以上选择了社会网络这门课。由于每个学院的学生基数是不同的，所以我们从各个学院学生的选课比例来比较每个学院的选课情况。计算机学院的学生选择社会网络课的比例最高，达到 15.3%（35 人），然后是经济管理学院的选课学生比例达 14.4%（33 人），电子信息学院选课学生占比 9.6%（22 人）。公选课的上课地点是计算机学院和桂园。计算机学院和电子信息学院的学生宿舍楼即桂园四舍和桂园五舍都是距离计算机学院非常近的宿舍楼，学生去上课相对而言比较方便。外语学院选课的 12 名学生中有 5 名学生住在湖滨 7 舍，虽然不是在一个学部，但是紧挨着桂园四舍，距离计算机学院也较近。此外，外语学院中还有 6 名学生的宿舍在枫园，距离计算机学院较远。基于以上分析，我们可以了解到上课距离应该是学生们在选课的时候考虑的一个重要因素，但应该还存在其他的因素。表 15-5 列出了学生信息的部分内容，包括性别、年级、社交网络使用时长、上网时长、宿舍所在学部。

表 15-5　公选课学生基本信息

项目	分布					缺失
性别	男 118 人（51.53%）	女 103 人（44.98%）				8 人 （3.49%）
年级	2013 级 134 人（58.52%）	2012 级 85 人（37.12%）	2011 级 9 人（3.93%）	2010 级 1 人（0.44%）		0 人 （0.00%）
社交网络 使用时长	小于 0.5 小时 26 人（11.35%）	0.5～1 小时 63 人（27.51%）	1～2 小时 57 人（24.89%）	2～4 小时 16 人（6.99%）	4 小时以上 15 人（6.55%）	52 人 （22.7%）
上网时长	小于 0.5 小时 0 人（0.00%）	0.5～1 小时 19 人（8.30%）	1～2 小时 56 人（24.45%）	2～4 小时 59 人（25.76%）	4 小时以上 43 人（18.78%）	52 人 （22.7%）
宿舍所在 学部	枫园 19 人（8.30%） 梅园 1 人（0.44%）	工学部 30 人 （13.10%） 信息学部 34 人 （4.85%）	桂园 67 人 （29.26%） 杏园 1 人（0.44%）	湖滨 16 人 （6.99%） 医学部 6 人 （2.62%）		55 人 （24.02%）

15.5.2　学生交互网络动态分析过程

社会网络分为自我中心网络和整体网络。自我中心网络只能分析社会边，不能分析网络的结构。整体网络主要揭示网络的结构特征，同时还具有一定的社会边分析能力，边分析的设计没有复杂的种类和精确的衡量，只关心"有"还是"没有"[9]。从结构角度分析学生交互网络的演化过程需要先构建出一个整体网络。然而，整体网络分析必然要面对的一个问题是如何得到一个容易观测到的实际案例。这需要有一群陌生人凑到一起，且他们得有拓宽人际交往圈子的意向。更难的是研究者需要对这些相对封闭的群体进行多期的观测[10]。另一个需要考虑的问题是网络边界的限定，整体网络需要调查群体中每一个人的数据，这就要求在研究之前需要确定一个虚拟的网络边界[11]。这两个问题对研究者选择数据样本提出了更高的要求。公选课的学生数量庞大，且都来自不同的学院。每个人在任何一个给定的时刻都会同时属于多个群体，对于本书所选的武汉大学公选课上的学生所组成的协作学习社区来说也是如此，一起上课的学生可能还在一个有着更加亲密关系的群体中。这样会存在有些学生之间已经存在社交连边的情况，然而由于公选课学生数目比较大，已经存在的连边数量相比于全网络的连边数量来说还是很微小的，所以可以认为这是一个只有少数联系的初期网络。由于以班级为单位的学习社区是学生互动交流和发展人际关系的天然网络边界，因此我们选择了武汉大学一个公选课上的学生作为调研对象，这样可以解决样本及样本边界问题。

我们采用的是基于随机行动者模型的 Siena，这是专门用于历时网络数据动态分析的工具[6,8]。该模型的基本思想是网络中的个体评估自己在网络中的位置，然后通过和新的对象建立互动、维系当前人际关系、绝交等形式优化当前的人际关系配置，从而增加自身的社会资本和福利。基于时间轴上不同横截面观测到的网络数据，采用马尔可夫链蒙特卡洛估计法，Siena 就可以评估指定网络结构和特征属性等影响因素对于网络变化的影响，下面将对该模型中包含的影响因素进行说明。

Siena 中的影响因素可以分为三类：结构因素(内生性)、属性因素(外生性)，以及速率函数。我们的模型先将一些基础的结构因素包含进来，如互惠性、传递三元组、传递边和三元循环，再将与度相关的内生性因素包含进来，如 indegree popularity、outdegree popularity、indegree activity 和 outdegree activity。至于其他结构因素，我们的模型还考虑了平衡性、介度、出度。我们收集了学生的一些基本信息，如性别、年级、所属的小组、宿舍信息、所在学院、上网时长、社交网络使用时长。每个属性变量 V 都可以对应五个基本效应：ego、alter、similarity、same、higher。若 ego 效应(也可以叫做行动者协变量相关的 activity 效应)的估计值为正，则表明该属性变量的值越高的行动者越容易结交朋友，有更多的出度。若 grade ego 的参数值为正，则表明年级高的学生在寻求交互上更为主动，若参数值为负，则表明较低年级的学生更主动。若 alter 效应(也可以叫做行动者协变量相关的 popularity 效应)的估计值为正，则表明该属性变量的值越高的行动者，越容易和他人成为朋友或被提名，因此也有更多的入度。similarity 效应和 same 效应反映的是同质性在学生交互网络形成的过程中所起到的效果。若 similarity 效应的估计值为正，则表明在 V 值相似的两个行动者之间建立连边更加频繁。若 same 效应估计值为正，则表明 V 值相等的两个行动者之间容易建立边。若 higher 效应的估计值为正，则表明 V 值较高的行动者偏爱的行动者同样拥有很高的 V 值。因此，SINEA 非常适合用来检验我们的假设，同时也可以估计所有可能的影响因素。

15.5.3 学生交互网络分析结果

使用 Siena4，即 RSiena，得到学生交互网络基本信息的处理结果，如表 15-6 所示。

表 15-6 学生交互网络基本信息的处理结果

网络密度指标	9月2日 (t_0)	9月22日 (t_1)	10月9日 (t_2)	10月14日 (t_3)
网络密度	0.014	0.019	0.033	0.045
网络的平均度	3.059	4.172	7.276	9.937
网络中边的数量	676	922	1608	2196
数据缺失比例	0.00%	0.00%	0.00%	0.00%

表 15-6 为描述性输出结果。随着时间的推移，网络密度和网络中边的数量都是增加的，这从宏观上反映了在学生之间的持续互动下网络聚集程度变得更加明显了。网络的平均度反映了学生之间联系的广度。上课前，每名学生平均认识 3 个人，在课程结束的时候，每名学生平均认识 10 个人，也就是平均每个人多认识了 7 个人。这从微观上反映了学生在上公选课的这段时间里结交了很多朋友。使用社会网络分析软件对四个时间点的学生交互网

络进行可视化，结果如图 15-7 所示。在图 15-7 中，每个节点分别代表了一名学生，节点的大小由学生拥有的出度决定，出度表示学生认识的人的数量。图 15-7 包含了四个不同观测时间点上的网络拓扑结构图，从图中可以很直观地看出初期网络的一些变化情况：在整个公选课期间学生交互网络边数明显增加，这让网络变得更加稠密、集聚，也反映出了学生交互网络的演化过程。

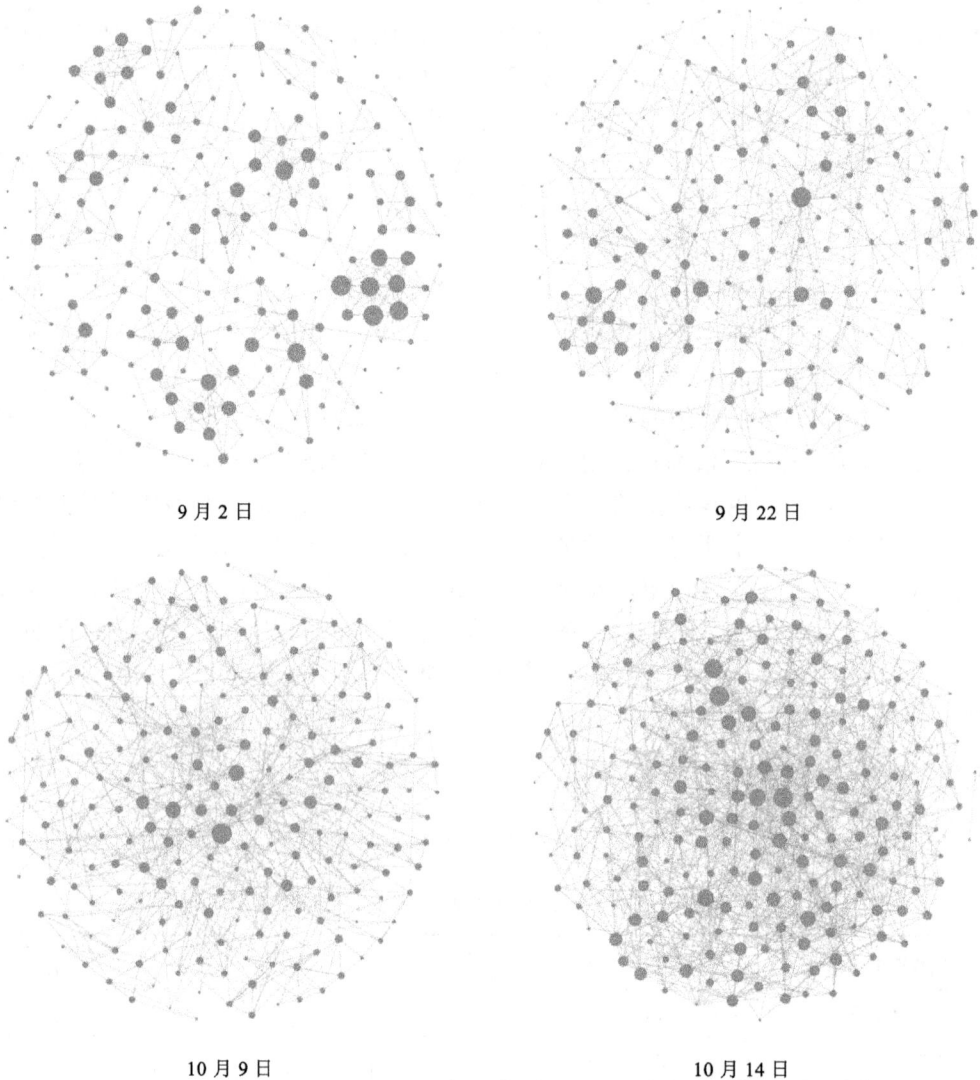

9 月 2 日

9 月 22 日

10 月 9 日

10 月 14 日

图 15-7　学生交互网络在各个时间点上的可视化

表 15-7 是对速率函数、结构效应和属性效应的估计。在属性效应中，自我属性效应（V-ego）代表主动效应，如果该参数为正，则表明属性值越高的人越主动。以所在年级为例，2010 级编码为 4，2011 级编码为 3，2012 级编码为 2，2013 级编码为 1。因此，若 grade ego 参数的值为正则表明年级越高的人越主动，若该参数值为负则表明低年级的人更主动。他我属性（V-alter）效应代表受欢迎效应，如果该参数值为正，则属性值越高越受欢迎。以社交网络的使用时间为例，使用时间越长编码越高，若 sns_use alter 参数的值为正，则表明

社交网络使用时间长的人更受欢迎。相同属性 (same) 效应代表编码值一样的人更容易成为朋友，以所在宿舍楼为例，若 same domitory_department 的估计值为正，则表明宿舍在同一个学部的人容易成为朋友。

表 15-7　网络演化的显著效应估计 ($|t|$ >= 1.96，α = 0.05)

速率函数	参数估计值（标准差）	t 值	分析结果
constant friendship rate (period 1)	1.2074　(0.0938)	0.0161	平均改变 1 条边
constant friendship rate (period 2)	16.1395　(0.8294)	−0.0483	平均改变 16 条边
constant friendship rate (period 3)	9.6777　(2.1840)	0.0071	平均改变 9 条边
effect gender on rate	−0.0455　(0.1612)	0.0074	男性改变边速度慢
effect grade on rate	−0.0997　(0.2208)	−0.0212	低年级的人改变边速度慢
effect online on rate	−0.0450　(0.0714)	−0.0239	上网时间长的人改变边速度慢
effect sns_use on rate	0.0100　(0.0937)	−0.0174	社交网络使用时间长的人改变边速度快
结构效应			
outdegree (density)	−3.2948　(7.1000)	0.0738	产生外链并不吸引入链
reciprocity	1.6876　(0.6109)	−0.0972	存在互惠作用
transitive triplets	0.1438　(0.1796)	−0.0094	存在传递三元组
3-cycles	−0.2043　(0.0486)	−0.0471	三元闭包
transitive ties	0.5031　(0.1078)	−0.0615	传递边
betweenness	−0.0620　(0.5620)	−0.0387	负介度作用
balance	−0.0463　(0.1524)	−0.0242	向着非平衡的方向发展
indegree-activity (sqrt)	0.0801　(0.7265)	−0.0867	入度高的人较为主动
属性效应			
gender alter	0.0445　(0.2693)	0.0345	女性受欢迎
gender ego	0.2204　(0.3945)	0.0552	女性较为主动
same gender	0.0066　(0.1559)	−0.0328	相同性别的人容易成为朋友
same school	1.6944　(0.3809)	−0.0838	相同学院的人容易成为朋友
same dormitory_department	0.1888　(0.4625)	−0.06	相同学部的人容易成为朋友
same domitory	0.1508　(0.3269)	−0.0722	相同宿舍楼的人容易成为朋友
grade alter	−0.1614　(0.9569)	0.0016	低年级的人受欢迎
grade ego	0.6923　(0.4735)	0.0034	高年级的人较为主动
same grade	0.2618　(0.1689)	−0.0862	相同年级的人容易成为朋友
higher grade	−0.8347　(2.1590)	−0.0342	低年级的人容易成为朋友
same team	3.5098　(0.1384)	−0.0713	相同组的人容易成为朋友
online alter	−0.2240　(2.1196)	0.0635	上网时间短的人受欢迎
online similarity	−0.0695　(0.2455)	0.0113	上网时长相似的人不容易成为朋友
sns_use alter	−0.2982　(0.6343)	0.0572	社交网络使用时间短的人受欢迎
sns_use ego	0.2117　(1.0272)	−0.0837	社交网络使用时间长的人主动

速率函数	参数估计值 （标准差）	t 值	分析结果
sns_use similarity	−0.2218　（0.5445）	0.0893	社交网络使用时长相似的人不容易成为朋友
higher sns_use	−0.9938　（2.9203）	0.0929	社交网络使用时间短的两个人容易成为朋友

15.5.4　动态分析结果讨论

我们的研究重点不在于解释一个时间点上观测到的网络结构，也不在于多次时序观测网络之间的差别，而在于探究学生互动网络形成与演化的驱动因素。意识到学生的特征属性和其所处位置的网络结构是决定其外出连边的重要因素之后，我们集中探讨了属性效应和结构效应对于网络形成的影响。

通过 Siena 得到的表 15-7 中的结果，证实了一些与学生互动网络形成有关的演化机制，解释了网络形成的动力出度代表的是公选课上的学生和其他学生建立边的趋势，这和大多数社会网络反映的一样。由于在稀疏网络下参与者的博爱并不能使他获得更多的关注，而支出总是超过收益，因此出度的参数值总是负的。由于在绝大多数社会网络中都表现出高度的互惠性，因此互惠性作为一个默认的影响因素包含在我们的模型当中。互惠性参数值很高，一般在 1~2 之间，我们得到的估值是 1.68，这遵循了社会网络的特征。互惠性作为社会网络的基本特征存在，对于学习社区中学生交互网络的整个形成过程是十分重要的。学生交互网络除了存在互惠性，还倾向于形成闭合的网络结构：传递三元组和传递边的作用均是显著的，该参数估计值为正，这反映了在公选课的学生交互网络中存在明显的分级顺序。和大多数研究反映出来的社会网络一样，网络中只有极少数的三元循环结构，即网络在向着三元循环结构起作用的反方向演化[12]，反映在三元循环效应的参数估计上则是其值为负，这佐证了交互网络里面的行动者不是完全平等的；出入度的结构效应是与节点位置相关的主要特征，也是网络演化的重要驱动力。结果表明，只有具有显著的正的入度主动性（indegree-activity），才能被他人提名较多，也更有可能主动和学习社区中的其他人沟通和交流。不同于典型的自底向上的层级结构网络，在公选课学生交互网络中拥有较高的入度的学生，继续发挥其借助社交网络同他人建立广泛的线上互动的优势，扩大自己的人际关系网络边界。另外，平衡性为负表明，在协作互动的形成过程中，学生形成互动的概率并没有因为他们所处的结构相似而有所增加。介度表示的是节点所承载的信息流的总量[13]，结果表明在学生交互网络形成的初期，学习社区中的那些可以连接起不同的群体的、掌握着更多信息流通渠道的把关人并没有获得更好的人际交往圈子。

学生交互网络是不断变化的，而速率函数就是用来说明其变化的快慢的。从速率函数可看出在第一阶段，改变边的节点数量最少。从第二阶段开始到第三阶段，学生之间的互动迅速地增多。第二阶段正好是要求学生自行组队，然后以小组为单位完成课程作业的时间段，共同完成课程作业极大地促进了学生之间的协作学习。同时，在合作过程中，可以很快地认识到一些新朋友。协作促进互动的作用持续到了第三阶段（接下来的一个星期）。相同的描述性结论也可以从表 15-7 中通过观测边数、平均度、网络密度值的变化得到。以平均度为例，在第一阶段的三周时间里，每名学生平均只增加一条边(入度或出度)，在第二、三阶段的三周时间里，每名学生平均增加了近六条边。

我们对学习社区中参与者本身的特征属性信息也进行了详细的统计分析。住在相同宿舍楼或住在相同学部的人更容易成为朋友。空间上的邻近减少了学生一起完成某一项学习活动的时间成本。并且在学生住在同一栋宿舍楼的情况中，存在期望上的偶遇机会，这是物理空间上有更多交集的学生的优势。由于不同性别的学生之间存在着隔离，这可以从显著的 same sex 参数中得到，所以同性别的同学之间更容易建立交互关系。另外，我们也发现学生倾向于和同年级的人互动，即高年级的学生倾向于和高年级的学生互动，低年级的学生倾向于和低年级的学生互动。

从结果上看，属于同一个学院或同一个学习小组的学生，成为朋友的概率远大于那些属于不同学院或不同小组的学生。在我们的研究中，所属的课程小组是一个重要的表明邻近性的属性值。由于在同一个课程小组的人，在组队的时候就是经过沟通交流才完成的组队，后来又一起完成课程作业，和其他组的人相比，该小组成员之间无论是面对面的交流，还是通过社交网络的交流都应该更多，因此更容易成为朋友。两个学生在同一个学院意味着他们在多个维度上都是相似的：可能被分配在了同一栋宿舍楼，也可能都是院学生会某个部门的成员，还有可能一起上了同一门院选修课。这些方面的相似和相同是发生在相同学院这个条件下的。

性别、年级、上网时长和社交网络使用时长的发送者影响因素显著意味着，女同学或高年级的同学在学交互网络中表现得更加积极主动。另外，社交网络使用时间长或上网时间长的学生也比那些只花较少时间接触互联网的同学主动。从之前的互动模式分析可以知道，学生之间的主要互动方式就是通过线上的社交网络。在这样的背景下，社交网络使用时间长的人更有可能通过班级线上即时通信媒介和大家互动，让自己认识群体里的其他同学。

15.6　社会网络动态分析实例 2——在线医疗社区用户关系网络动态演化研究

15.6.1　在线医疗社区用户关系网络研究假设

在线医疗社区用户关系网络的研究基于以下假设。

H1a：在线医疗社区用户的性别对其朋友边的形成具有显著影响，性别相同的用户更容易成为朋友。

H1b：在线医疗社区用户的年龄对其朋友边的形成具有显著影响，年龄相近的用户更容易成为朋友。

H2：在线医疗社区用户的会员类型对其朋友边的形成具有显著影响，会员类型(传染病类别)相同的用户更容易成为朋友。

H3：在线医疗社区用户参与的主题数对其朋友边的形成具有显著正向影响，用户更倾向于和参与主题数多的用户成为朋友。

H4：在线医疗社区用户的好友数对其朋友边的形成具有倒 U 形的影响，在好友数较多时能够促进朋友边的形成，但当好友数达到一定数量时对朋友边的形成具有负向影响。

H5：用户在线时长对朋友边的形成具有显著正向影响，在线时长较长的用户更容易和其他用户成为朋友。

H6：三元闭包对朋友边的形成有显著正向影响，用户更倾向于与朋友的朋友建立好友关系。

15.6.2　数据收集及处理

为了研究在线医疗社区用户关系网络演变的影响因素，本研究抓取了三期糖尿病社区——甜蜜家园的网络关系数据，其中用户属性主要包括：性别、年龄、会员类型、用户参与的主题数、好友数和在线时长。我们选择了该社区的"掌控糖尿病"子模块作为研究对象，在剔除非患者用户后，本研究共包括 694 名用户，用户属性的整体情况如表 15-8 所示。

表 15-8　用户属性的整体情况

变量	说明	最小值	最大值	均值	标准差
性别	1 = 男，2 = 女	1	2	1.38	0.485
年龄	患者的年龄	12	78	40.33	13.196
会员类型	1 = 1 型糖尿病患者，2 = 2 型糖尿病患者，3 = 其他类型糖尿病患者	1	3	1.80	0.464
用户参与的主题数	用户参与讨论的主题数量(发帖或回帖)	0	2327	78.32	193.827
好友数	用户在整个社区中的好友数	0	1443	21.44	73.404
在线时长	用户在线的小时数	0	26970	804.04	2,107.024

对表 15-8 中各属性数据进行描述性统计分析后得出：该子社区的男性占比 62.4%，女性占比为 37.6%，用户的平均年龄为 40 岁。就传染病类型而言，1 型糖尿病患者占比 22.6%，2 型糖尿病患者占比 74.6%，其他类型糖尿病患者占比 2.8%。在社区参与度方面，不同用户之间的差异巨大，用户参与的主题数为 0 个到 2327 个不等，在线时长从 0 小时到 26970 小时不等。在好友数方面，用户拥有的好友数量从 0 人到 1443 人不等，每个人在社区中平均拥有的好友数为 21 人。由于用户参与的主题数、好友数和在线时长的极差较大，标准差又远大于均值，即存在数据过度分散的情况，因此我们选取这三项对应的数值进行分析。

本书的研究所涉及的三期网络数据，如表 15-9 所示。网络一的边数为 1108 条，网络二的边数为 1200 条，网络三的边数为 1326 条，用户朋友关系边在稳步增长，且在网络演变过程中用户之间没有人取消边，这说明用户之间的朋友关系较为稳定。利用社会网络分析软件 Gephi 对三期网络数据进行可视化后可得到如图 15-8 所示的三期网络拓扑图，从图中可以看出朋友网络在不停地运动和变化，具体数据如表 15-9 所示。

表 15-9　三期网络数据

网络	节点数（个）	边数（条）	新增边数（条）	删减边数（条）
网络一	694	1108	—	—
网络二	694	1200	92	0
网络三	694	1326	126	0

15.6.3　研究方法

15.6.3.1　随机行动者模型

Siena 主要基于随机行动者模型来分析网络的动态变化。该模型认为网络的形成和演化是由网络中节点的行动所决定的，每个节点通过控制自身的出度来决定与其他节点建立或取消联系。在网络演化的过程中，每个节点都尽力使自己的社会结构最优化，以此带来整个网络的变化。模型以网络的变化作为因变量，以节点的属性、网络结构和其他的随机变量作为节点改变出度链接的起因。Siena 在实际运行过程中利用计算机随机产生马尔可夫过程，结合社会网络的历时纵向网络数据来模拟社会网络结构演化。该方法使用蒙特卡洛马尔可

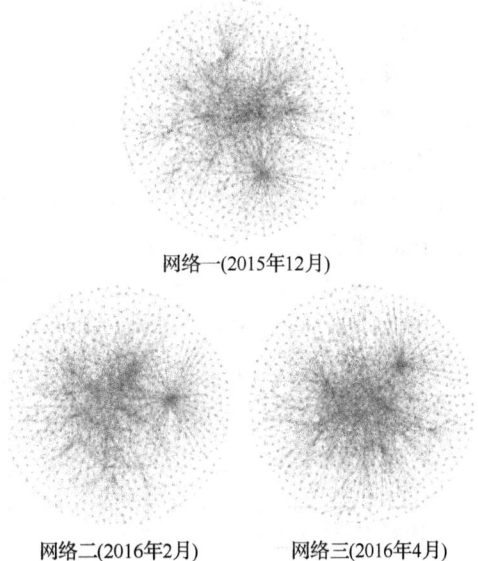

网络一(2015年12月)

网络二(2016年2月)　　网络三(2016年4月)

图 15-8　三期网络拓扑图

夫方法来估计模型的参数，每一个要估计的模型参数 β，都会与实际观测的统计数据或模拟仿真得出的统计数据进行比较，并需要对参数进行反复尝试，差值变小表示参数估计过程是在收敛的，收敛后的参数为本次模拟过程的估计参数。用户可以通过 t 统计量来判断参数的显著性。在线医疗社区用户关系网络的演化是随时间连续变化的马尔可夫过程，利用实际观测的数据可以推断出模型估计参数，从而验证影响网络演化因素的影响效果。

随机行动者模型将节点的行动划分为以下四个部分：

(1) 目标函数 $f_i(\beta, x)$，表示节点 i 在所有可能的网络结构中比较偏爱的整体结构效果；

(2) 速率函数 $\lambda_i(\beta, x)$，表示节点 i 有机会对外出边改变或自身属性改变作出决定的频率；

(3) 奖励函数 $e_i(\beta, x)$，表示节点 i 改变连接时即时的或局部的满意程度；

(4) 随机部分 $U_i(t, x, j)$，表示模型不能解释的随机部分，节点遵循利益最大化的目标来改变出度链接，即使函数 $f + e + U$ 最大化。

15.6.3.2　目标函数

当行动者在速率函数的控制下获得机会进行改变时，目标函数就可以控制其改变的概率。目标函数被设定为一系列效应函数的线性组合。在协同的情况下，网络结构变化和行为属性变化分别由式(15-5)与式(15-6)不同的目标函数控制：

$$\int_i^{net}(\beta,x)=\sum_k \beta_k^{net}s_k^{net}(x) \tag{15-5}$$

$$\int_i^{beh}(\beta,x)=\sum_k \beta_k^{beh}s_k^{beh}(x) \tag{15-6}$$

其中，s^{net} 表示影响网络结构变化的效应函数(如表 15-10 所示)；s^{beh} 表示影响行为属性变化的效应函数(如表 15-10 所示)；β 是统计参数，需要根据实际观测数据进行参数估计。如果 β 等于 0，则相应的效应函数对网络或行为演化没有任何作用；如果 β 为正，则效应函数对网络或行为演化具有正向的影响；如果 β 为负，则网络或行为演化向影响因素起作用的相反方向发展。Siena 可以通过 R 语言的 RSiena 包来实现，它能方便地读取数据、设定效应，完成模型参数的估计并且输出分析结果。本书用到的属性效应主要包括 same 效应和 similarity 效应，它们反映了同质性在交互网络形成和演变过程中起到的作用。如果某个属性的 same 效应估计值为正，则表明属性值相同的两个节点形成边的可能性更高，如性别相同。如果某个属性的 similarity 效应估计值为正，则表明属性值相近的两个节点更容易建立朋友边。Siena 非常适合用来检验我们的假设，它可以同时估计所有可能的影响因素。

表 15-10 效应函数及其说明

网络结构效应	计算公式	示意图	说明
三元闭包 transitive triads			节点与朋友的朋友成为朋友的趋势，若 i 与 j 为朋友，j 与 h 为朋友，则 i 与 h 成为朋友的趋势
行为属性效应	**计算公式**	**示意图**	**说明**
相似 V-similarity	$\sum_j X_{ij}(\mathrm{sim}_{ij}-\overline{\mathrm{sim}})$，其中 $\overline{\mathrm{sim}}=\left(1-\dfrac{\|V_i-V_j\|}{\max_{ij}\|V_i-V_j\|}\right)$		属性值相似的节点建立边的趋势
相等 V-same	$\sum_j X_{ij}I\{V_i=V_j\}$，其中 $\sum_j X_{ij}I\{V_i=V_j\}$ $V_i=V_j$ 则 $I\{V_i=V_j\}=1$，否则为 0		属性值相等的节点建立边的趋势
行为变量的形状函数	**说明**		
二次(quadratic shape)	判断行为变量是否呈 U 形或倒 U 形分布。若二次为正则是 U 形，若为负则是倒 U 形		

15.6.4 结果分析

为了更好地解释在线医疗用户关系网络结构的演化，本书将尽可能多的参数纳入分析模型中，利用 RSiena 包进行模型参数估计和显著性检验，结果如表 15-11 所示。模型中效应的参数估计值大多具有较好的收敛性(*t*-统计量表示参数的收敛程度，若该值的绝对值小于 0.1，则认为参数在收敛，这样得到的参数估计结果是有效的)。

表 15-11 随机行动者模型估计结果

变量名	参数估计	标准误差	t-统计量
rate parameter period 1	0.1867	0.0202	—
rate parameter period 2	0.2443	0.0217	—
degree(density)	0.0000	31.617	0.0000
transitive triads	0.9756	0.3950	−0.0135
gander	1.2921	0.2939	−0.0513
same gander	0.7765	0.2344	0.0359
age	0.0421	0.0126	0.0112
age similarity	0.7313	0.8916	−0.0955
same membershiptype	0.4643	0.2147	−0.0035
themenum	0.0017	0.0002	0.0898
friendnum	0.0257	0.0023	−0.0594
friendnum squared	0.0000	31.607	0.4503
onlinehour	0.0000	31.607	0.0735

速率函数 rate 反映了不同阶段的网络演变速度，Rate parameter period 1 和 Rate parameter period 2 分别对应从网络一到网络二和从网络二到网络三这两个演变时期平均每个节点朋友边改变的程度。性别对在线医疗用户关系网络演化的影响：gender 和 same gander 的 t-统计量的绝对值均小于 0.1，这说明用户性别对其朋友边的形成具有显著影响，即相同性别的用户之间更容易形成朋友关系，所以 H1a 假设成立。其中，gender 变量的参数估计值为正说明女性用户更容易与其他用户建立朋友关系，这与女性本身对社交需求较大、社交能力较强等特性有关。same gander 的参数估计值为正，说明相同性别的用户之间建立朋友关系的可能性更大，这是因为相同性别的用户在思维方式、角度和心态方面相似性更高，更容易相互理解并建立彼此间的信任感，因此相同性别的用户之间更容易建立朋友关系。

年龄对在线医疗用户关系网络演化的影响：age 和 age similarity 的 t-统计量绝对值均小于 0.1，且参数估计值均为正，这说明年龄对朋友边的形成具有显著影响，即年龄相近的用户之间更容易形成朋友关系，所以 H1b 假设成立。age 的参数估计值为正，说明年龄越大的用户越容易与他人建立朋友关系，笔者对数据进行统计后发现，年龄在 40 岁以下的用户平均在线时长为 353.8 小时，平均参与的主题数为 67.5 个；40 岁以上的用户平均在线时长为 1204.7 小时，平均参与的主题数为 91.7 个，这说明年龄较大的用户闲暇时间较多，在社区中也更为活跃，因此更容易与他人建立朋友关系。age similarity 的参数估计值为正，这说明年龄相近的用户由于阅历和生活的时代类似，所以对生活方式和对问题的看法更容易产生共鸣，从而更容易建立朋友关系。传染病相似性对在线医疗用户关系网络演化的影响：same membershiptype 的 t-统计量绝对值小于 0.1，且参数估计值为正，这说明会员类型对其朋友边的形成具有显著影响，即会员类型(传染病类别)相同的用户更容易成为朋友，所以 H2 假设成立。这是因为在患-患交互的在线医疗社区中，用户参与社区的主要目的是获取医疗健康信息和治疗经验，患病类型相同的用户之间因为目的一致，所以产生交集的机会更大，共同话题更多，也就更容易建立朋友关系。

活跃度对在线医疗用户关系网络演化的影响：themenum 的 t-统计量绝对值小于 0.1，且参数估计值为正，这说明用户参与的主题数对其朋友边的形成具有显著的正向影响，因此 H3 假设成立。在在线医疗社区中，用户越活跃，其对该社区的贡献越大，一般乐于分享信息和知识的用户也会愿意多交朋友。此外，用户参与的主题数越多，这些用户也越容易被其他用户所发现，从而增加了其"可见性"的概率，促进与其他用户朋友关系的形成。好友数对在线医疗用户关系网络演化的影响：friendnum 变量的 t-统计量绝对值小于 0.1，且参数估计值为正，这说明好友数较多的用户更容易与他人建立朋友关系。friendnum squared 变量的 t-统计量绝对值大于 0.1，这说明用户的好友数对其朋友边没有倒 U 形的影响，因此 H4 假设不成立。这可能与"掌控糖尿病"子模块的特殊性有关，在该模块中，用户的平均好友数为 21 人，用户正处于乐于结交朋友的阶段，尚未经历因好友数过多而带来的困扰。在线时长对在线医疗用户关系网络演化的影响：onlinehour 的 t-统计量绝对值小于 0.1，并且其参数估计值是正数，这说明用户在线时长对朋友关系的形成具有显著的正向影响，因此 H5 假设成立。由于用户在线时间越长，他们就有更多的时间去处理其他用户的好友请求及回复其他用户的消息，因此与其他用户形成朋友关系的可能性就越高。

社会网络的形成还会受到网络结构的影响，本书研究了无向网络中的三元闭包对其产生朋友边的影响。transitive triads 的 t-统计量绝对值小于 0.1，并且其参数估计值是正数，这说明三元闭包对用户关系的形成有显著正向影响，用户更倾向于与朋友的朋友建立朋友关系，因此 H6 假设成立。由于用户对于朋友的朋友会产生较高的信任感，同时通过中间朋友的中介关系，两者交流的机会也大大增加，因此会促进用户与朋友的朋友建立好友关系。

本 章 小 结

本章对基于随机行动者模型的仿真建模框架 Siena，以及其在社会网络动态分析中的应用进行介绍。根据因变量的不同，Siena 除了可以分析网络本身的演化机制，还可以结合网络中行动者行为的变化，探究行为属性和网络结构的协同演化。现如今对网络演化的基本过程的研究已经成为社会网络研究新动向之一，而 Siena 可以结合多次连续观测的纵向时序网络对网络演化做动态分析的能力正是使用图论理论分析静态的网络结构和关系的传统社会网络分析工具所不具备的。从系统的角度看，利用机器学习及建模仿真的方法对社会网络动态演化的模式和规律的探究正受到越来越多的社会网络研究者的青睐。

由于社会网络结构在我们周围无处不在，利用 Siena 研究交互网络形成、演化的基本过程将会非常有意义。研究的对象可以涵盖存在人际交互的各个网络，如社区、组织、企业等。另外，随着交互网络不断演化，诸如互惠性、传递性、三元闭包等基本网络结构效应，以及同质性等效应的作用效果在社区、组织的网络演化的不同阶段的变化情况也将是一个值得研究的问题。

思 考 题

1. Siena 和随机行动者模型相比有什么改进？

2．实现有向网络动态分析和实现无向网络动态分析的操作步骤分别是什么？

3．有向网络和无向网络之间是什么关系？

4．请举出一个网络与行为协同演化的例子。

参 考 资 料

[1] SNIJDERS T A, VAN DE BUNT GG, STEGLICH C E. Introduction to stochastic actor-based models for network dynamics[J]. Social networks, 2010,32(1):44-60.

[2] SNIJDERS T A. Stochastic actor-oriented models for network change[J]. Journal of mathematical sociology, 1996,21(1-2):149-172.

[3] ROBINS G, PATTISON P, KALISH Y,et al. An introduction to exponential random graph (p*) models for social networks[J]. Social networks, 2007, 29(2): 173-191.

[4] VAN DE BUNT GG,GROENEWEGEN P. An actor-oriented dynamic network approach the case of interorganizational network evolution[J]. Organizational research methods, 2007, 10(3): 463-482.

[5] SNIJDERS T A. The statistical evaluation of social network dynamics[J]. Sociological methodology, 2001, 31(1): 361-395.

[6] STEGLICH C, SNIJDERS, et al. Applying siena: an illustrative analysis of the coevolution of adolescents' friendship networks, taste in music, and alcohol consumption[J]. Methodology: european journal of research methods for the behavioral and social sciences, 2006, 2(1): 48.

[7] LAZARSFELD P F, MERTON R K. Friendship as a social process: a substantive and methodological analysis[J]. Freedom and control in modern society, 1954, 18: 18-66.

[8] STEGLICH C, SNIJDERS, et al. Dynamic networks and behavior: separating selection from influence[J]. Sociological methodology, 2010, 40(1): 329-393.

[9] 罗家德. 社会网络分析讲义[M]. 北京：社会科学文献出版社，2005.

[10] SCHAEFER D R, LIGHT J M, et al. Fundamental principles of network formation among preschool children[J]. Social networks, 2010, 32(1): 61-71.

[11] MARSDEN P V. Recent developments in network measurement[J]. Models and methods in social network analysis, 2005, 8: 30.

[12] DAVIS J A. Clustering and hierarchy in interpersonal relations: testing two graph theoretical models on 742 sociomatrices[J]. American sociological review, 1970: 843-851.

[13] FREEMAN L C. Centrality in social networks conceptual clarification[J]. Social networks, 1979, 1(3): 215-239.

第16章 社会网络的随机试验

我们在前面章节验证社会网络富者更富机制时，提到了一个著名的在线随机试验。近几年，在 *Nature* 和 *Science* 期刊中有多篇关于社会网络研究的文献均采用了随机试验（Randomized Experiment）的研究方法。随机试验简而言之就是将被试对象随机分配到不同的处理组，从而观察不同的实验处理效果。随机试验作为一种研究方法，近年来在社会网络研究中被广泛应用，成为社会网络研究中的一个重要实验研究方法。什么是随机试验呢？为什么这种实验方法受欢迎呢？它有何优势和局限呢？

本章将首先介绍随机试验的定义和分类；其次通过文献的梳理，从实验规模角度，介绍随机试验在当前社会网络研究中的应用；最后我们将指出采用随机试验作为社会网络研究方法的局限与挑战。

16.1　什么是随机试验

16.1.1　随机试验定义

我们大多数人对随机试验的理解可能都仅限于课本中的数学定义。在数学中，随机试验是概率论的一个基本概念。概括地讲，在概率论中把符合下面三个特点的实验叫做随机试验：①每次实验的可能结果不止一个，并且能事先明确实验的所有可能结果；②每次实验之前无法确定哪一个结果会出现；③可以在同一个条件下进行重复实验[1]。最简单的一个例子是，抛掷一枚硬币，记录硬币正面和反面出现的次数。通过这样的随机试验，我们可以发现自然界中的基本规律。例如，通过抛掷硬币，我们知道硬币正面出现的概率始终是二分之一。

当前社会网络研究所用的随机试验的方法来源于心理学、医学等领域常用的随机试验方法，与数学研究中使用的随机试验具有一定的差异性。这种实验方法的基本原理是将被试对象随机分配到不同的处理组（Treatment Group），以对比效果的不同[1]。例如，如果一个实验要比较新药和旧药的疗效，那么可以将病人随机分配到新药或旧药的实验组，进而对比药效。

随机试验的关键在于分配的随机性。这种随机性的最大优点是，在进行分配时，最小化了分配偏差，平衡了已知和未知的预后因素[2]。这种随机性分配方法在实际操作中比较复杂，但是简单来说，该方法同抛掷一枚硬币决定正反面从而决定不同分组的原理相似。

16.1.2　随机试验分类

随机试验根据实验设计的不同，有多种类型，最常用的一种是随机对照试验。

随机对照试验(Randomized Controlled Trial，RCT)[3]是一种对医疗卫生服务中的某种疗法或药物的效果进行检测的手段，常用于医学、生物学和农学。

随机对照试验的基本方法是将被试对象随机分组，对不同组实施不同的干预，以对照效果的不同。

在随机对照试验中，最常用的是完全随机设计和随机区组设计这两种设计方法[1]：

(1)完全随机(Complete Randomization)设计又称成组设计，用随机化的方式来控制误差变异，即经过随机化处理后，样本间的变异在各个处理水平上会随机分布，这样就可将实验结果的差异归于不同处理的影响。这种设计会假设通过随机化能平衡被试对象间的差异，但实际上在实验结果当中常常会包括个体差异。如果我们可以将这些个体差异排除，那么实验结果会更加精确。

(2)随机区组(Block Randomization)设计又称配伍组设计，通常是将被试对象(样本)按性质(如病人的年龄、性别、血压、体重等非实验因素)相同或相近分成若干组(配伍组)，每个组中的被试对象(样本)会随机分配到不同的处理组中。随机区组设计利用区组方法分离出由无关变量引起的差异，在同一组中均衡实验组和对照组的方法实际上是配对设计的扩展形式。其要点是要做到被试对象在区组内尽量同质，使得实验结果的差异更好地归于不同处理的影响。

除了以上介绍的两种随机试验类型，根据实验目的和设计方法的不同，还有多种不同的随机试验方法。

16.2　为什么选择随机试验

随机试验能够对实验效果进行无偏差的评估，是实验研究方法中的一个基本方法。这是选择随机试验进行研究的主要原因。但是随机试验在社会网络研究中的兴起与该实验方法在社会学领域的应用和推广及社会网络研究本身的特点相关。

随机试验作为一种实验研究方法，最早出现于心理学和教育学研究中，后来慢慢在农学和医学领域推广开来。在二十世纪末，随机对照试验被认为是医药领域中进行"合理治疗研究"的标准方法(Wekipidia)。而社会网络研究作为社会科学研究中的一个分支，采用随机试验作为研究方法是在近些年兴起的。

一直以来，随机试验方法被广泛应用于自然科学研究中，而在社会科学领域，该实验方法一直没有得到重视。社会科学研究主要采用以观察法为基础的实证分析，即通过收集观测数据，并对数据进行处理分析以验证假设，以此来进行理论研究。然而实验研究方法相比于观察法能够更有效地测度变量之间的因果关系，具有较好的可控性和可复制性。基于这一优点，在二十世纪，实验研究方法在经济学等社会科学领域逐渐活跃起来[4]。特别是由于社会网络这样的研究难以获得经验数据，因此实验研究法才成为了社会网络研究的一个重要研究方法。

早期的实验研究方法，主要采用的是实验室研究方法。这种基于实验室的研究方法，由于脱离了真实的社会环境，实验结果的有效性和在真实社会环境中的应用受到局限，因此也一直受到各方争议。在 20 世纪 80 年代出现的田野实验(Field Experiment)[4]作为一种新的实验方法突破了这一局限性。一方面，田野实验在真实的社会情境中进行，更加贴近现实，同时又具有实验方法测度因果关系的优点，近些年在很多领域都得到了广泛运用。田野实验的发展满足了社会网络研究对于"社会性"的要求。

另一方面，由于田野实验处于真实的社会环境中，因此田野实验的难点在于怎样在复杂的社会环境中进行变量控制。同时，由于田野实验需要进行的大规模实验将耗费更多的时间成本和人力成本，因此进行一个成功的大规模田野实验具有一定的难度。因为社会网络的复杂性和不可控性，所以采用随机试验进行的研究都是小规模的，大规模的随机试验或随机田野试验(Randomized Field Experiment)方法并没有在社会网络研究中真正推广开来。

然而，随着互联网时代的发展，学者们可以借助 Facebook 等现成的在线社会网络来进行大规模的社会网络研究。同时，由于网络平台的开放性，使得学者们可以和网络平台进行合作，通过对网站系统的不同处理，可以方便地设置不同的处理组。这在一定程度上降低了田野实验的难度和时间、人力成本，使得社会网络研究能够大规模地进行，这对于社会网络的研究发展具有推动意义。因此，随机试验特别是随机田野试验逐渐成为当前社会网络研究的一个热门且重要的研究方法。

16.3　随机试验在社会网络研究中的应用

16.3.1　随机试验的研究内容

利用随机试验进行社会网络研究的内容包括产品传播和使用、社会商务和广告、信息分享和传播、从众行为、健康行为、合作和协调、互惠主义与利他主义等。但研究主要围绕在社会影响的因果关系探究上，探究变量如节点特性、网络结构、产品特征等与社会影响的关系。Aral 和 Walker[5]等人从研究内容、背景、实验步骤、规模四个方面对近几年随机试验在社会网络中的研究做了总结，如表 16-1 所示。

表 16-1　社会网络随机试验研究

来源	研究内容	背景	实验步骤	规模
产品传播和使用				
Aral 和 Walker[6]	产品采纳中的病毒特征和社会影响	Facebook 软件安装	随机化个人水平的传播影响信息	130 万名实验用户，1200 万名观察用户
Aral 和 Walker[7]	产品采纳中的社会影响性和易感性	Facebook 软件安装和使用	随机化 App 的病毒特征	150 万名用户
Aral 和 Walker[5]	关系强度和嵌入性对社会影响作用	Facebook 软件安装	随机化传播影响信息	130 万名用户
Bapna 和 Umyarov	付费产品采纳中的社会影响	Last.fm 付费会员购买	随机化赠送付费会员资格	4 万名实验用户，120 万名观察用户
Taylor 等人	在线分享行为的下载流作用	Facebook offers 服务	随机化平台的分享机制	120 万名用户
Hinz 等人	促进传播的播种策略	可赎回代币，病毒视频的 URL 地址	随机化初始种子接收者	120 名用户，28 个实验，1380 名学生

续表

来源	研究内容	背景	实验步骤	规模
社会商务和广告				
Bakshy 等人[8]	社会广告	Facebook 社会广告	随机化广告中的社会信号	2300 万名用户，14.8 万个广告，1.01 亿个用户广告
Tucker	社会广告	匿名非营利	随机化社会广告内容和目标	630 个广告，1.3 万展现量
Aral 和 Taylor[5]	激励同伴推荐营销	在线送花网站	随机化激励结构：自私、慷慨、公平	637 名用户
信息分享和传播				
Bakshy 等人[8]	信息传播中的社会影响	Facebook 新闻提要	随机化个人的传播影响信息	2.53 亿用户，7600 万个 URL，120 亿用户-URL 对
从众行为				
Salganik 等人[9]	文化传播中的从众行为	自建音乐网站	随机化受欢迎的信息	1.4 万名用户
Muchnik 等人	在线评论中的社会影响偏差	匿名新闻聚合网站评分	随机化评论的第一次评分	11.6 万名用户，10.1 万条评论，1,000 万用户-评论展现对
Tucker 和 Zhang	流行信息和选择	婚庆服务供应商网站	随机化受欢迎信息的可获得性	3 个供应商集，9 万点击量
健康行为				
Centola[10]	健康行为传播中的社会影响	自建健康网络	随机化/修改网络结构	1500 名用户
Centola[11]	健康行为传播中的同质性和影响	自建健康网络	随机化/修改网络结构	700 名用户
投票和政治动员				
Bond 等人	投票	Facebook 选民登记活动	随机化投票中的社会信号	6100 万名用户
合作和协调				
Kearns 等人	涂色问题	实验室	随机化网络拓扑结构	2 个实验，55 名用户
Fowler 和 Christakis	合作中的社会影响	实验室实验	随机化合作博弈中的合作伙伴情况	240 名用户
Rand 和 Nowak[12]	合作博弈	亚马逊土耳其机器人实验室	随机化固定或流动的网络结构	785 名用户，40 个会话
Suri 和 Watts[13]	公共品博弈	亚马逊土耳其机器人实验室	随机化网络拓扑结构	113 个实验，24 个用户/实验
Mason 和 Watts[14]	合作和探索博弈	亚马逊土耳其机器人实验	随机化网络拓扑结构	256 个实验，16 个用户/实验
互惠主义和利他主义				
Leider 等人	利他主义、有向的利他主义	Facebook 独裁者和帮助博弈	随机化匿名和重复互动	802 名学生及 2360 名学生
Bapna 等人[15]	互惠博弈	Facebook 游戏	随机化匿名	190 名用户，77 个优秀
创新比赛表现				
Boudreau 和 Lakhani	创新竞赛	美国航天航空局 TopCoder 比赛	随机化竞争机制中的激励和排序方式	
双边市场和配对				
Tucker 和 Zhang	增长的双边市场	B2B 交换市场	随机化购买者或售卖者数量的展示	15 个类别，3314 个列表

续表

来源	研究内容	背景	实验步骤	规模
Bapna 等人	匿名弱信号对约会匹配的作用	约会网站	随机化匿名弱信号特征	1 万实验用户，10 万观察用户

16.3.2 随机试验的实验设计

这些实验设计的本质都是将被试对象随机分配至不同的处理组，然后对比研究不同处理组的结果，从而进行因果关系推论。实验的具体过程根据实验目的的不同有所差异，主要包括三大步骤：实验招募(Recruitment)、随机分配(Randomized Allocation)、数据收集与分析(Data Collection and Analysis)。

实验招募是指通过在互联网或邮件上投置招募广告来招募被试对象。如图 16-1 所示，这是一个典型的招募广告。这种广告的设计通常尽量让用户无法发觉自己是在参与一个实验，而是给予使用 App 或网站的体验。研究表明，如果被试对象知道自己正在参与一个实验，这种心理暗示就会影响他在实验中的行为，从而造成实验偏差。

图 16-1 随机试验招募广告

除了以上这种招募广告，还有一些研究利用亚马逊土耳其机器人(Amazon's Mechanical Turk，AMT)[12,13,14]来完成实验招募。AMT 是一个 Web 应用程序接口，也可以看作一个面向需要人类智慧处理工作的众包市场。AMT 利用人的网络来执行不适合计算机执行的任务。亚马逊调用那些计算机很难完成但人类智力却能很容易执行的任务(Human Intelligence Tasks，HIT)，如对移动语音搜索查询做出回应或选择某一主题的最佳照片等。相应地，根据完成任务的程度，用户能够获得一定的小额回报。科学家们则可以在 AMT 上发布招募信息，利用 AMT 上的接口和自己的系统相连，从而完成实验设计，如图 16-2 所示。除了 AMT，中国目前也有一些利用人工智能的网站，如猪八戒网。

随机分配是指将被试对象随机分配到不同的处理组。在实验随机化处理上，根据实验目的的不同，实验处理也有所差异。但在实验处理时，要注意控制变量，保持处理组之间其他条件的一致性，只改变所要研究的变量。这样就可以将实验结果的差异归于这个变量的差异。例如，Centola[11]为了探究不同的网络结构对健康行为传播的影响，将被试对象随机分配到两组网络中，如图 16-3 所示。一组按聚类栅格网络进行组织，一组按随机网络进行组织，同时保证这两组网络的节点数和度数的一致性，如图 16-4 所示。同时由于招募的对象是随机招募和随机分配的，因此两组被试对象在差异水平上是一致的，从而可以探究健康行为在一定时间内在两组网络中的传播情况差异。

Make Money
by working on HITs

HITs - *Human Intelligence Tasks* - are individual tasks that
you work on. Find HITs now.

As a Mechanical Turk Worker you:

- Can work from home
- Choose your own work hours
- Get paid for doing good work

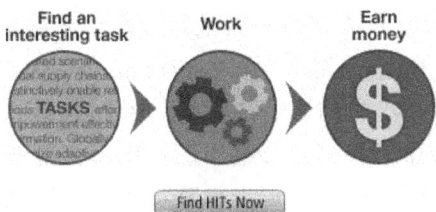

Find an　　　　Work　　　　Earn
interesting task　　　　　　money

TASKS

Find HITs Now

or learn more about being a **Worker**

Get Results
from Mechanical Turk Workers

Ask workers to complete HITs - *Human Intelligence Tasks* - and
get results using Mechanical Turk. Get Started.

As a Mechanical Turk Requester you:

- Have access to a global, on-demand, 24 x 7 workforce
- Get thousands of HITs completed in minutes
- Pay only when you're satisfied with the results

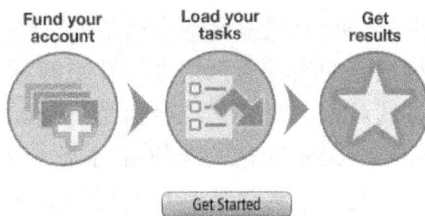

Fund your　　　Load your　　　Get
account　　　　tasks　　　　results

Get Started

图 16-2　AMT

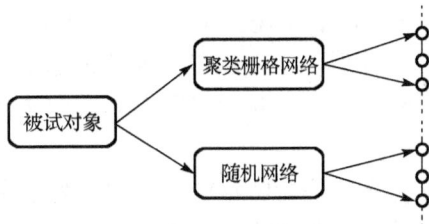

图 16-3　随机分组示意

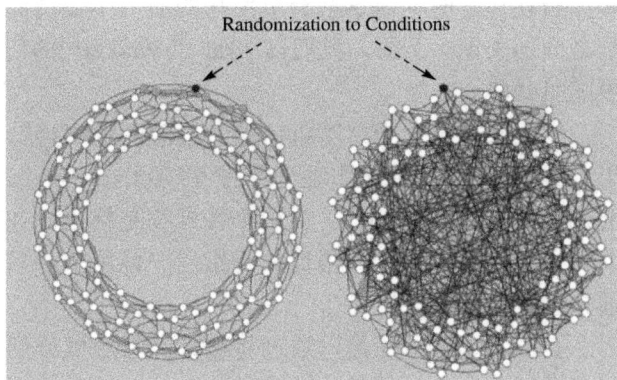

Randomization to Conditions

图 16-4　两组网络结构

这些实验持续的时间通常是几周到几个月不等。数据的收集是在实验过程中和实验结束时同时进行的。数据分析通常根据研究目的和数据类型的不同,采用不同的分析模型,常用的有逻辑回归模型、协方差分析模型、生存模型等。

16.3.3　随机试验的实验规模

从表 16-1 中可以看出,随机试验研究的规模有几百人的小型规模,也有数百万人的大型规模。其中,小型规模的随机试验大多数是实验室实验,使用的社会网络通常是人工建立的网络。大规模的随机试验通常都是与网站合作的,以网站上的大规模用户为被试对象,对现实存在的在线社会网络进行大量的数据分析。由于大数据时代激起了人们对海量数据的重视,因此出现了越来越多的以随机试验为研究方法,以大规模的网络被试对象为研究对象的研究。Aral 和 Walker[5]认为,在复杂的经济社会环境中,利用随机试验进行人口规模(Population Scale)的微观层面的问题研究分析,是区别于过去几十年的传统分析方法的创新方法,也是现代商务分析中最重要的创新之一。

由于实验规模的不同,因此实验设计和方法会有所差异,下面我们将从实验规模角度对当前基于随机试验的社会网络研究进行介绍，从而帮助读者更好地了解随机试验的原理及应用方法。

16.4　大规模社会网络随机试验

大规模的随机试验通常是指借助 Facebook 等大型社交网站进行的社会网络随机试验。这种随机试验的进行通常都是与社交网站合作的。Bakshy 等人[8]以 Facebook 上 2300 万的用户为被试对象，研究了社会信号（Social Signals）对广告的影响。同时，Bakshy 等人[8]还以 2.5 亿的 Facebook 用户为研究对象，研究了社会影响在信息传播中的作用。实验结果表明，社会影响对信息传播具有明显的促进作用。同时，作者进一步研究发现，虽然强关系从个人角度来说具有较大的影响力，但是新的信息传播主要还是依靠大量的弱关系。Aral 和 Walker[6]以 150 万的 Facebook 用户为研究对象，研究了不同的病毒特征对产品传播和采纳的影响。Bapna 和 Umyarov 通过对音乐网站 Last.fm 上的四万用户赠送会员资格，观察和分析在一定时间内这些会员用户的朋友中会员的购买情况，探究社会影响与付费产品购买之间的关系。下面，我们以 Aral 和 Walker[7]的研究为例，具体阐述如何在大型网络中开展随机试验。

作者通过设计一个随机试验，检验两种病毒特征在产生同侪影响和社会传染方面的效果。这两种病毒特征是主动个性推荐（Active-personlized Referrals）和被动广播通知（Passive-broadcast Notifications）。主动个性推荐是指用户在使用软件后，主动从朋友列表中邀请朋友使用该软件；被动广播通知是指用户使用软件后，系统会随机地从用户朋友列表中选择通知的接收对象。

实验的基本原理是，通过将被试对象随机分配到含有不同病毒特征的处理组，然后通过分析用户朋友的软件安装采纳信息，来评估这种病毒特征对软件安装采纳行为的影响。通过该实验可以衡量不同病毒特征对用户朋友采纳行为的影响及了解采纳者的行为特征。社会网络随机试验过程如图 16-5 所示，具体实验步骤如下。

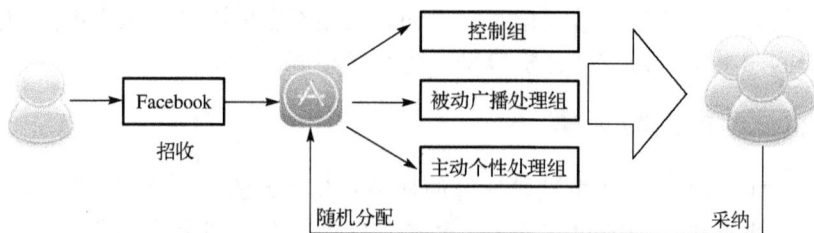

图 16-5　社会网络随机试验过程

> 和软件公司合作：设计含有两种病毒特征的电影评论软件产品。
> 招募实验对象：在 Facebook 上投放软件广告，用户单击链接安装软件即成为被试对象。
> 随机分配：将被试对象随机分配到以下三组。
>   A．控制组（5%）：软件不含任何病毒特征。
>   B．被动广播处理组（47.5%）：软件含自动推送通知功能。
>   C．主动个性化处理组（47.5%）：软件含自动推送通知功能和个性化邀请功能。

➤ 朋友采纳：用户的部分同伴收到若干通知或邀请后，可能会单击安装链接软件进行采纳。

➤ 数据记录：记录用户的活动、安装时间、使用的病毒特征、朋友的反应、用户和朋友的个性化数据信息、安装用户之间的关系，以及用户的朋友之间的相互联系。

该实验共进行了 44 天，总共有 9687 名初始安装用户，其中有 405 名用户被分配到控制组，4600 名用户被分配到被动广播处理组，4682 名用户被随机分配到主动个性化处理组。这些用户共有 140 万个直接朋友。在 44 天里，初始安装用户共发送了 70 140 条病毒信息，最后只有 992 个朋友安装了该软件，其中 682 名用户是因为病毒信息才安装的软件。数据分析结果表明，相比于对照组（两个处理组），病毒特征能够产生明显的同侪影响和社会传染作用。同时，虽然主动个性化推荐病毒特征相比于被动广播病毒特征对平均每条信息所产生的影响力更大，但是被动广播的信息传播方式更普遍，因而能够在网络中产生更多的社会影响。

在利用已有的社会网络进行实验的过程中，有两个无法避免的问题：泄露（Leakage）与传染（Contagion）。因为实验的样本是从一个已有的社交网络中随机选取的对象，实验的过程也并不是封闭的，实验的处理组和控制组之间的成员可能存在联系，或者处理组之间的成员互为朋友，如图 16-6 所示。所以，这两种情况可能都会对实验结果造成偏差。如上文所描述的实验，如果需要考察不同处理组中用户朋友的安装信息，那么用户朋友就可能会同时受到这两种处理的影响，这样实验结果的评估可能会产生偏差。因此，在实验开始的时候需要进行去除同一个处理组中的相邻节点等其他相关处理。

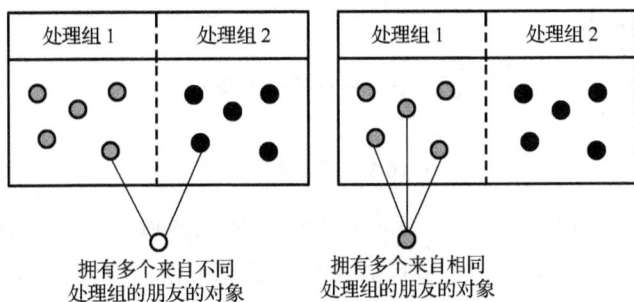

图 16-6　随机试验中的泄露与传染

16.5　中规模社会网络随机试验

中规模的随机试验通常都是实验室实验，所研究的社会网络一般是为了实验需要所临时构建的网络。Slaganik 等人[9]构建了一个音乐网站，将招募到的 1.4 万名被试对象随机分成两组，一组在下载该网站音乐时可以看到前人的下载量，另一组在下载音乐时看不到前人下载量信息。最后比较在这两种情况下音乐下载量的差异。实验结果表明虽然社会影响（前人下载量信息）会增加歌曲的下载量，但是歌曲的下载量也与歌曲本身的质量有关。也就是说，好听的歌曲通常不会有太低的下载量，而不好听的歌曲通常也不会有高的下载量。这里作者采用的是自建网站的方法，因此在数据获取和处理组设置方面会更加容易些。但是实验规模并不会太大，因为这相当于为一个新的网站吸引新的用户。Centola[10]构建了一个在线健康社区，用于研究不同网络拓扑结构对健康行为传播的影响。由于社区是人工建立的，因此可以自由地组合被试对象之间的网络结构。而如果是在 Facebook 这样的网站进行实验，就会相当困难，因为 Facebook 上的用户之间的网络结构是不能随外部意志而改变的。Centola[10]在这个自建的在线健康社区的基础上做了进一步研究，探究了同质性对健康行为传播的影响。下面我们通过介绍这一研究来帮助读者更好地了解中小规模的随机试验是如何进行的。

该实验的基本原理是观察健康行为在同质性高的网络和同质性随机分布的网络中的传播差异。实验具体步骤如下。

➤ 招募实验对象

作为"Getfit"项目的一部分，在线上招募被试对象后，需要让这些对象注册 Getfit 网站，填写包括性别、年龄、BMI 等个人信息。注册后，每一个被试对象都可以看到其朋友和自己的健康信息比对，并能不断地完善这些健康信息。

➤ 随机分配

被试对象会被随机分配到两个具有相同节点数、度数、拓扑结构，但节点间同质性有差异的处理组网络中，随机分组示意如图 16-7 所示。

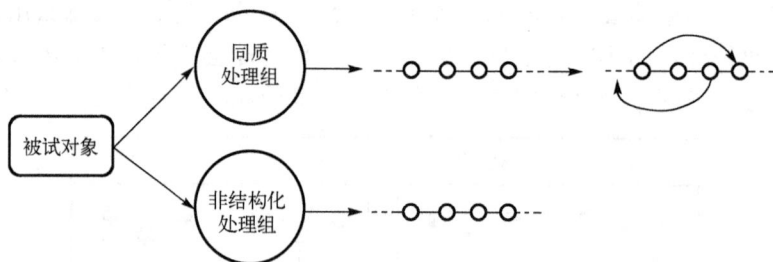

图 16-7　随机分组示意

A．同质处理组：网络中相连的节点具有较高的同质性。同质计算：每一个节点的性别、年龄、BMI 综合分数及与周围节点的差异。通过一定的算法，不断地调整节点位置，直至整个网络拥有最大的同质性。

B．非结构化处理组：网络中的节点随机分配。

➤ 行为传播（Behavior Diffusion）

设定一个初始种子节点。该节点是一个健康节点（设定了一定的初始信息）。该健康节点向其他朋友发出使用过 Diet Diary 应用的信号（该节点使用过该应用的信息会出现在其朋友的动态页面中），其朋友看到后，可能会单击链接也采纳这个应用。当其朋友采纳这个应用以后，其使用信息也会出现在其朋友的朋友的动态页面中。健康行为传播就是通过这种方法产生的。

该实验最后一共招募了 710 名被试对象，这些人被分成五组进行实验，每一组都包含两个对照组。该实验共进行了七周。图 16-8 展示了五个实验小组在七周内的 Adopter 数量变化。从图中可以看出，对于同质性高的网络，其 Adopter 数量高于非结构化网络（对照组）。也就是说，在同质性高的网络中，健康行为传播得也更快。

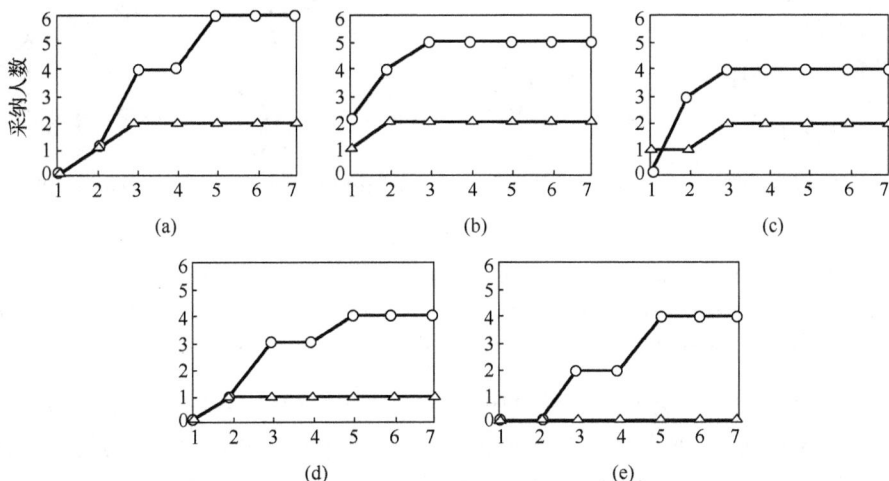

图 16-8   健康行为采纳人数随时间变化曲线图

注：图(a)到图(e)代表在五组实验中，健康行为采纳的人数随着时间的变化情况。图中空心圆折线代表同质性高的网络的情况，空心三角形折线代表随机网络的情况。

16.6   小规模社会网络随机试验

　　小规模的社会网络随机试验常用于合作倾向、协作学习、利他主义、互惠主义等对经济主体的行为影响研究中。这些实验通过邮件、网络等线上或线下的方式招募被试对象，然后通过自行设计的线上系统完成实验。Mason 和 Watts[14]通过观察用户在玩游戏时同队友的协作关系对于游戏得分的影响，探究了协作学习对于复杂问题的解决作用。作者首先通过 AMT 招募了 240 名被试对象，然后按照 16 人一组进行游戏，在游戏中设置了八种人际关系网络结构的游戏模式，也就是说有八个不同的处理组。如图 16-9 所示，八组不同拓扑结构网络的节点数目和度数均相同，但在介数中心性和接近中心性上有所差异，A、B、C、D 四组相对于 E、F、G、H 四组有更高效的连接。每一次实验，被试对象都会被随机分配到八种不同拓扑网络结构的游戏中。不同处理组之间的游戏设置和内容均一样(在沙漠中寻找油田的游戏)，不同的是参与游戏的 16 个人之间的网络拓扑结构。每个游戏参与者只能看到其邻居的得分及所在位置。

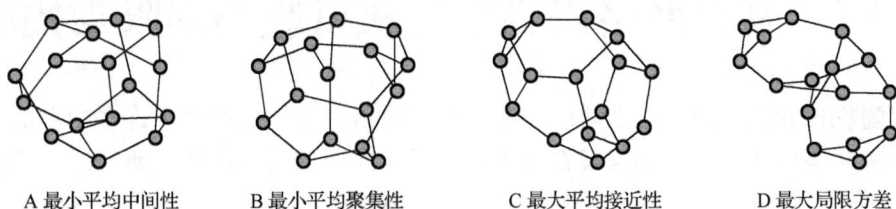

A 最小平均中间性　　B 最小平均聚集性　　C 最大平均接近性　　D 最大局限方差

图 16-9   八组不同拓扑结构网络

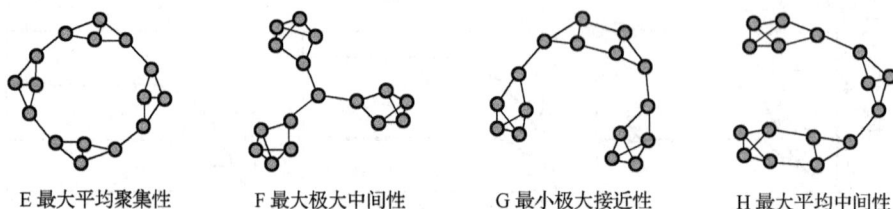

E 最大平均聚集性　　F 最大极大中间性　　G 最小极大接近性　　H 最大平均中间性

图 16-9　八组不同拓扑结构网络（续）

注：实验中的每一个网络都拥有 16 个节点，且每个节点度数均为 3，网络图按照信息传播效率排序。上面一排的网络都是按照去中心化构建的，因此是高效率的（路径长度短）。下面一排的网络在某种程度上都是高中心化的并且具有明显的局部聚集性，因此是低效率的。右上角的网络是情况介于中间的例子，保持去中心化的同时又有一定的局部聚集性。

　　不同处理组得分随回合数变化情况如图 16-10 所示。经过 14 轮实验后，通过对八组游戏中的平均得分情况进行统计，发现高效连接网络（图中黑色折线）的平均得分比低效连接网络（图中灰色折线）更高，也就是说高效连接网络更有利于复杂问题的解决。

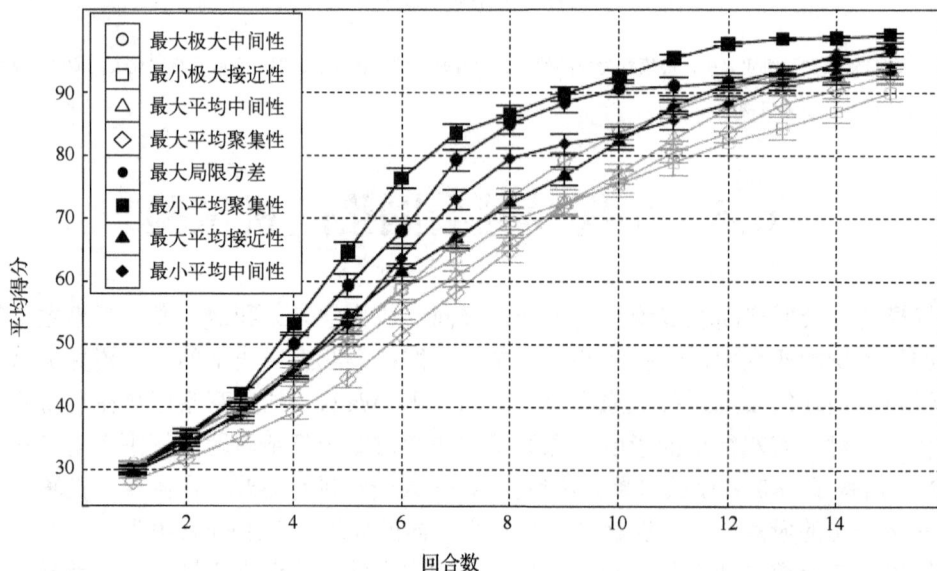

图 16-10　不同处理组得分随回合数变化情况

注：随着回合数的增加，玩家在游戏结束时获得的平均得分。图中的灰色折线代表拥有高聚集性和长路径的网络的情况。图中的黑色折线代表低聚集性和短路径的网络的情况。

16.7　社会网络研究中随机试验的局限与挑战

　　虽然随机试验已经应用在当前的一些社会网络研究中，也得到了许多学者的认可，但是对比各项学者的研究，我们发现在利用随机试验作为研究方法进行研究时，仍然有一些问题值得注意。

　　（1）样本的选择

　　合适的样本框架的选择、样本设计及招募策略对于避免选择偏差至关重要。前面我们讲到在进行实验招募时，要尽量避免让被试对象知道自己处于实验中。同时招募广告的投放范围要广，尽量使所招收到的样本具有代表性。一个检查样本是否具有代表性的办法是将样本的人口统计学数据和实验环境中的人口统计学数据进行对比。Aral 和 Walker[7]在鉴别社交网络中影响群体和易受影响群体的研究时，将从 Facebook 中抽样获得的样本人口统计学数据和 Facebook 公布的数据进行对比，证明了所实验的样本具有代表性，也进一步说明实验结果具有推广性。

(2)实验控制

随机试验一般持续的时间比较长，特别是大规模的随机田野实验，其实验过程中可能存在推理、泄露或传染等问题，这些问题会给实验结果造成偏差。即使是在随机试验中，已处理节点(Treated Node)可能和未处理节点(Nontreated Node)有联系，这样就违背了 SUTVA(Stable Unit Treatment Value Assumption)原则，从而对实验结果造成偏差。如果处理组中的节点和控制组中的节点有联系，那么对处理组中的节点所施加的处理会传染给控制组中的节点，这样会影响实验结果。

针对这一问题，目前主要有两种解决办法[5]。

➤ 设计策略(Design Strategy)：从实验设计上将干扰可能性最小化。例如，被试对象只从大型稀疏图结构中选取，或者只分析局部网络的社会影响。

➤ 推理策略(Inference Strategy)：通过推理纠正干扰偏差。例如，一旦发现传染节点，就将其从网络中剔除。

(3)实验设计

实验设计是整个实验成功的关键，若要进行有效的因果关系推导，则在实验过程中的变量设置也要合理。同时，社会网络研究实验相对于一般的自然科学实验，具有更复杂的环境和更难量化的变量，因此变量控制和量化都是在实验过程中必须考虑的问题。

本 章 小 结

本章介绍了社会网络中的随机试验的基本原理。我们看到不管是利用已有的在线社会网络还是自己设计系统开展研究，均有一定的难度。一方面，利用已有的在线社会网络需要研究者和网站之间建立合作关系，这种合作关系的建立(特别是和 Facebook 这样的知名网站建立合作关系)和资源的获取是具有一定难度的。自设系统对时间成本和人力成本也有一定的要求。并且通过自设系统进行的实验，实验结果的推广也受到局限。但是，另一方面，我们看到越来越多的网站采取了开放合作的态度，相信这将有力推动基于随机试验的社会网络研究。

思 考 题

1．什么是随机试验？
2．随机试验可分为哪几类？
3．选择随机试验的优势是什么？
4．请简述随机试验的实验设计过程。

5．大、中、小规模社会网络随机试验有什么异同？

参 考 资 料

[1] WEKIPIDIA. Randomized controlled trial[EB/OL]. [2014-12-14]. http://en.wikipedia.org/wiki/Randomized_ controlled_ trial.

[2] MOHER D, HOPEWELL S, SCHULZ K F, et al. CONSORT 2010 explanation and elaboration: updated guidelines for reporting parallel group randomised trials[J]. International journal of surgery, 2012, 10(1)：28-55.

[3] CHALMERS T C, SMITH JR H, BLACKBURN B, et al. A method for assessing the quality of a randomized control trial[J]. Controlled clinical trials, 1981,2(1):31-49.

[4] 陈鹏. 实验发展经济学研究进展[J]. 经济学动态, 2013(3):136-147.

[5] ARAL S,WALKER D. Tie strength, embeddedness, and social influence: a large-scale networked experiment[J]. Management science, 2014: 1352-1370.

[6] ARAL S, WALKER D. Creating social contagion through viral product design: a randomized trial of peer influence in networks[J]. Management science, 2011, 57(9): 1623-1639.

[7] ARAL S, WALKER D. Identifying influential and susceptible members of social networks[J]. Science, 2012, 337(6092): 337-341.

[8] BAKSHY E, ECKLES D, YAN R, et al. Social influence in social advertising: evidence from field experiments[C]//Proceedings of the 13th ACM conference on electronic commerce, 2012: 146-161.

[9] SALGANIK M J, DODDS P S, & WATTS D J. Experimental study of inequality and unpredictability in an artificial cultural market[J]. Science, 2006, 311(5762): 854-856.

[10] CENTOLA D. The spread of behavior in an online social network experiment[J]. Science, 2010, 329(5996): 1194-1197.

[11] CENTOLA D. An experimental study of homophily in the adoption of health behavior[J]. Science, 2011, 334(66060): 1269-1272.

[12] RAND D G, NOWAK M A. The evolution of antisocial punishment in optional public goods games[J]. Nature communications, 2011, 2(1): 434.

[13] SURI S, WATTS D J. Cooperation and contagion in web-based, networked public goods experiments[J]. ACM sigecom exchanges, 2011, 10(2): 3-8.

[14] MASON W, WATTS D J. Collaborative learning in networks[J]. Proceedings of the national academy of sciences, 2012,109(3):764-769.

[15] BAPNA R, UMYAROV A. Are paid subscriptions on music social networks contagious? a randomized field experiment[C]//22nd Workshop on information systems economics, 2011.

第 17 章　社会网络的建模仿真

本章 17.1 节将引出社会仿真的基本定义，再对研究目的和核心流程进行论述；17.2 节将从建立、校核、验证计算模型三个环节介绍社会仿真的研究范式；17.3 节将对社会仿真中最常用的三种仿真方法进行相应介绍，包括基于多智能体的仿真、元胞自动机和复杂网络模型；17.4 节将从五个方面对社会仿真的具体应用进行分析。

17.1　社会仿真的基本定义

在构建人工社会和人工网络的时候，计算机仿真是基础方法，由于各种仿真实验所要研究的是社会科学中的问题，因此这类仿真称为社会仿真。计算实验方法是"以综合集成方法论为指导，融合计算技术、复杂系统理论和演化理论等，通过计算机再现管理活动的基本情景、微观主体之间的行为特征及相互关联，并在此基础上分析、揭示和管理社会复杂性与演化规律的一种研究方法"[1]。

在社会系统的研究中，之所以要用仿真方法，主要是因为采用传统研究方法很难对复杂社会系统进行分析，有时候无法对其研究对象进行试验，因为在试验中的不可控因素和主观因素太多。采用社会仿真进行研究的目的主要包括：解释、预测、实验、教育。当然，在实际的仿真方法的应用中，往往可以是几种目的的组合，最终所要考虑的是要解决的问题，因为一切研究都是从问题开始的。

社会仿真的核心流程是通过对真实世界的目标进行抽象化从而建立模型，再利用此模型进行仿真获得仿真数据集，然后将该数据集与真实世界中所采集的数据进行比较[2]。更详细的社会仿真框架如图 17-1 所示，该框架包含两个部分，下半部分点线框为从现存理论和真实世界到模型；上半部分点划线框表示典型的仿真研究。

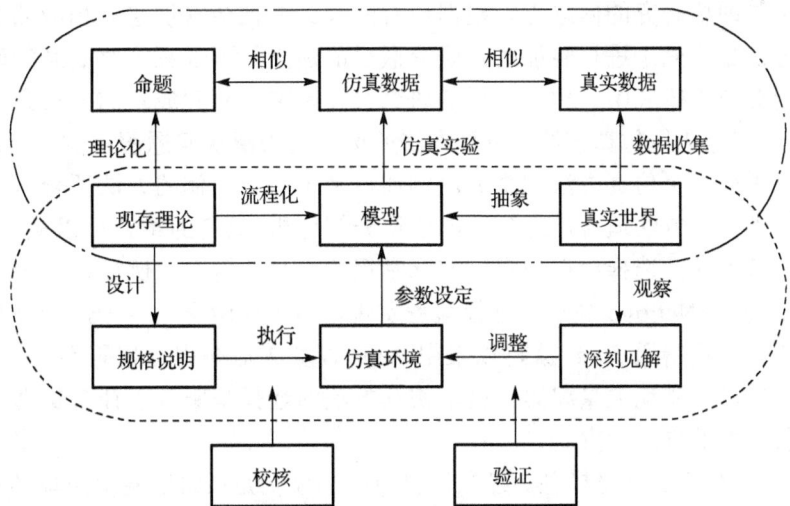

图 17-1　社会仿真框架

17.2 社会仿真的研究范式

社会仿真的研究范式如图 17-2 所示，共包括九个环节。其中，建立、校核、验证计算模型这三个环节将会循环进行，直到验证得到合适的计算模型为止，验证计算模型环节并不是必需的环节。

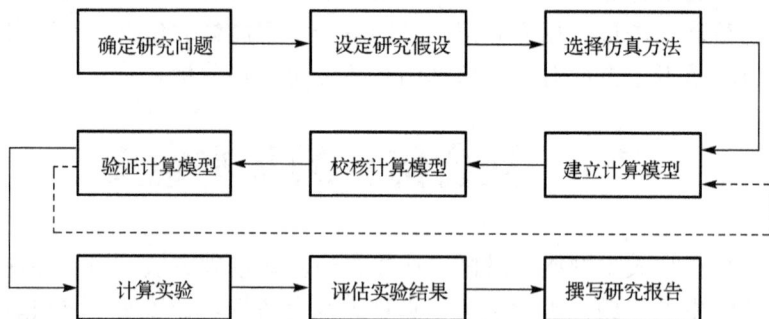

图 17-2 社会仿真的研究范式

社会仿真研究范式需要经历的九个环节介绍如下。

（1）确定研究问题。科学研究总是开始于一个明确的科学问题，社会仿真研究也不例外。在社会科学的研究中，科学问题通常来源于实际的社会生活中某些很难理解并且经过文献调研也很难用现有的理论或方法来解释的问题。建立明确的、具有合适范围的科学问题，并对问题进行分析，是实施仿真研究的基础。

（2）设定研究假设。在分析科学问题的基础上，要进一步对研究的问题点进行细化，找到真正需要运用仿真方法进行解决的一些突破口。在社会科学中，需要建立相应的研究假设，即要研究的问题点，根据现有的理论或社会常识建立相应的假设。这些假设是需要通过仿真研究来进行验证的。研究假设的建立是否合理，对后面的研究至关重要，尤其是在社会科学研究中，建立合适的研究假设是整个研究成功的先决条件。

（3）选择仿真方法。仿真方法的选择是为解决问题服务的，可以用单个仿真方法，也可以采用多个仿真方法的集成。例如，基于多智能体的方法适合从下到上的建模分析，而系统动力学方法适合从上到下的逐层分解分析，两者的结合可以从两个相反的方向进行分析。仿真方法的选择要根据自己实际掌握的工具的情况。例如，基于多智能体的仿真可以采用 Repast、Netlogo 等平台进行编程实现，但是这两个平台使用的计算机编程语言不同，如果研究人员精通 Java，就可以采用 Repast，如果对编程写代码不是特别在行，就选择 Netlogo，这样可以避免大量编码。由于仿真方法的选择是服务于社会仿真研究的，因此选择自己容易掌握的方法为宜。

（4）建立计算模型。建立计算模型的原则是：如果能用简单的模型解决问题，那么就没有必要用复杂的模型。即根据 KISS（Keep It Simple Stupid）原则，将模型做得简单和笨拙。这就要求在编程实现的时候，尽可能少地使用变量，或者采用最简化的变量。例如，在研究组织设计中广泛采用的 NK 模型，就只有 N（表示节点数量）和 K（表示节点间的连接数量）两个参数，非常简单，但是这样只有两个参数的 NK 模型在理论物理及演化生物学中也得到了成功的应用[3]。建立计算模型，要求在计算机上能够通过编码来实现模型，并且提供方便修改参数的人机交互接口。

(5)校核计算模型。建立计算模型以后，先不要急于进行计算实验，而是必须先对计算模型进行校核。通过软件测试方法，对模型进行极限测试和用例测试。极限测试是指通过设定极值条件下的参数，考察模型是否能够正常运转。用例测试则是指在设计模型的时候，根据所采用的理论或常识去设定参数，考察模型的输出是否符合理论或常识。编程完成后，软件也会存在一些缺陷，也需要在校核阶段尽可能地消除它们。校核工作的细致程度直接影响后续的仿真研究是否能够顺利完成。校核用来考察计算模型是否符合设计规格，虽然比较费时，但是它是程序正常运行的基础。

(6)验证计算模型。计算模型的验证和校核是有区别的，模型验证是指确认计算模型是否能够在一定程度上符合真实世界。模型的验证没有完全的验证，只是在考虑时间和成本，以及最终的研究目标和精度后，给出一个折中的验证方案。模型的验证可以采用宏观验证，也可以采用微观验证。这个环节，在社会仿真研究中，并不是必需的，因为问题的复杂性本身也预示着仿真结果只是众多可能性中的一种，所以根据一次或几次结果进行验证，是缺乏准确性的。

(7)计算实验。计算实验又可以称为仿真研究，或者也可称为虚拟实验。计算实验是指根据问题和假设，在模型中建立的参数空间里，尝试不同的参数组合，并在计算机上进行重复实验。在一次实验中，只改变一到两个参数，并将其他参数的取值固定住，这样有利于实验的开展。计算实验是整个社会仿真研究的重中之重，而计算实验的结果需要通过各种可视化的方式进行展现，从而将仿真数据与真实数据进行比较分析，以对问题进行研究或对假设进行验证。

(8)评估实验结果。实验结果的评估需要在一定的评估标准下进行，评估的结果将用来调整计算模型，以及为下一系列的计算实验做总结和设计方案调整。评估标准可以是一些现存的经典模型所达到的时间长短、计算精度等。

(9)撰写研究报告。撰写研究报告是指将社会仿真研究的过程及仿真实验的结果写成研究报告。研究报告的撰写，可以在社会仿真实施的第一个环节开始的时候，就同步开始了，并不需要等前面八个环节都完了才开始。仿真实验结果中的那些反常识的，用现有理论不能很好地解释的结论，往往是在研究社会复杂性问题中最有趣的部分，需要重点描述和分析。研究报告的提纲也最好能够按照前面的八个环节顺序展开。如果研究报告要在期刊上出版，就还需要对它的成文风格进行分析，各部分的写作所用的"笔墨"也要恰到好处。

17.3 社会仿真的主要方法

本节主要基于多智能体的仿真、元胞自动机和复杂网络模型来介绍社会仿真的主要方法。

17.3.1 基于多智能体的仿真

智能体(Agent)又被翻译为"主体"，如果它被用在计算机建模和仿真中，那么就是指计算机环境中的一段程序代码，或者是按照面向对象语言程序描述的一些对象。智能体，是一个对象，它包含属性和方法。其中，属性又分为静态属性和动态属性两种。静态属性用来标示智能体不会在智能体演化中发生改变，如名称、ID 等；而动态属性是智能体的特性指标，在演化过程中会发生变化，如记忆的改变和资源的调整等。方法是智能体与其他智能体在环境发生交互的时候的行为表现，可以用一些规则来进行描述，同时这些规则也会造成动态属性的改变。单个智能体不仅能够与其他智能体发生作用，如交换信息或竞争合作等，同时它也会与周围的环境相互作用，如在社会系统中，政治、经济环境等会影响智能体的行为。

智能体的互动规则通常是依据现有的理论进行制定的，在互动中不仅自己的属性会发生改变，而且智能体的行为还会相互影响。总结起来，互动行为可以有以下几种：交换信息、更新属性、优化效用、协同、移动和学习。

在建模中，智能体之间的关系会按照不同拓扑结构进行组织。这种拓扑结构可以描述信息的沟通交流渠道、朋友等关系的全局结构，以及智能体间交互的结构等。在智能体模型中，常见的拓扑结构有如图 17-3 所示的四种形式。其中，最基本的拓扑结构是网格拓扑，在下一节要介绍的元胞自动机就是采用的这种结构，智能体只能在网格上运动并与邻居进行交互。此外，还有网络拓扑，这主要是因为在实际社会中，网络已经成为社会关系的主要表现方式，所以它最常用来表示智能体之间的关系，网络中的节点表示智能体，节点之间的边表示智能体之间的关系。另外，还可以将网格拓扑结构扩展到 2D 或 3D 的欧几里得空间中。2D 或 3D 欧几里得空间拓扑结构的智能体可以看作空间中的一个具有坐标的点，智能体交互的对象通常是以此点为圆心的圆形或球形体内的所有其他智能体，以及在此范围内的环境。第四种拓扑结构是地理空间拓扑，采用地理信息的空间，智能体交互的对象是在一定空间范围内的其他智能体及它周边的环境。

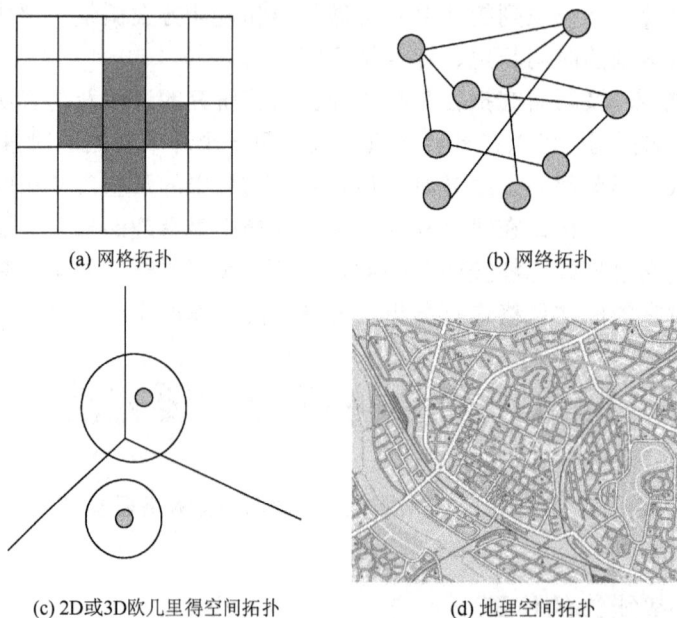

(a) 网格拓扑   (b) 网络拓扑

(c) 2D或3D欧几里得空间拓扑   (d) 地理空间拓扑

图 17-3　智能体模型的拓扑结构

17.3.2 元胞自动机

元胞自动机(Cellular Automata，CA)是一种时空离散的局部动力学模型，它是研究复杂系统的一种典型方法，本质上也是一种基于多智能体的建模方法[4]，特别适合于空间复杂系统的时空动态模拟研究。元胞自动机不是由严格定义的物理方程或函数确定，而是由一系列模型构造的规则确定。凡是满足这些规则的模型都可以算作是元胞自动机模型。因此，元胞自动机是一类模型的总称，或者说是一个方法框架。

元胞自动机同样需要使用局部规则来安排智能体(元胞)的互动。元胞在网格中，如图 17-4 所示，可以在局部与周围的邻居元胞进行交互。按照元胞与邻居元胞之间的关系可以将邻居元胞分为两种：图 17-4(a) Von-neumann 邻居元胞，由中心元胞的上下左右四个元胞组成；图 17-4(b) Moore 邻居元胞，由中心元胞周围的八个邻居元胞组成。在这两种领域中，在进行元胞行为规则计算时，也可将中心元胞加入计算，那么在图(a)、图(b)两种情况下就分别有五个和九个网格参与计算。这通常是为了迎合某种算法的需要，如在模拟退火算法中需要将元胞自身也考虑进去。另外，还有一种常见的称为 Margolous 邻居关系，主要用于模拟计算固体粒子行为，如沙堆模型，这种关系在社会仿真中不常运用。

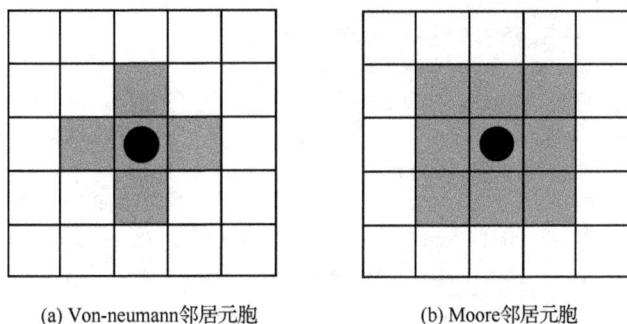

(a) Von-neumann邻居元胞   (b) Moore邻居元胞

图 17-4   元胞自动机邻域关系示意图

在定义完邻居元胞后，还需要定义元胞的状态，不同仿真对象的元胞状态有着不同的描述方法[4]。例如，在交通管理仿真中，车辆用黑点表示，元胞表示车辆所处的位置，如果在某个元胞中有一个黑点，就表示车辆正处于该元胞的位置；在群体行为的仿真中，每个元胞就是群体当中的一个个体，它的状态可以用不同的颜色加以区分。元胞状态还需要具备一定的转换规则，不同的仿真对象所采用的规则是不一样的。元胞除了受相邻元胞的影响，还要受全局宏观因素的影响，但是由于元胞所代表的智能体的短视性假设，因此相邻元胞是主要的影响因素。例如，车辆的运动在很大程度上会受到周围的车辆的影响，又会受到公路上其他干扰因素的影响；群体中个体的行为很大程度上会受到它周围个体的影响，也会受到组织文化的影响。在给出邻域、元胞状态及状态的转换规则以后，就可以计算出元胞在下一时间段的状态，然后进行自动演化。

下面我们使用 Python 实现元胞自动机实验。

我们选取的元胞状态只有两种，分别为 0 和 1。每一层由 64 个元胞组成，如果元胞状态为 1，那么控制台将打印星号(*)；如果元胞状态为 0，那么控制台将打印连字符(-)。也就是说，每一行由 64 个混合星号与连字符的图案组成。代码如下：

```python
import time
def print_seq(seq, speed=0.5):                    #速度为 0.5
    for item in seq:
        if item:
            print('*', end='')                    #控制台将打印星号(*)
        else:
            print('-', end='')                    #控制台将打印连字符(-)
    print('')
    time.sleep(speed)
class Cell:
    def __init__(self, deepth=31):
        self.ca = [0 if i != 31 else 1 for i in range(64)]
                #设置第 31 个元胞的状态为 1、其余 63 个元胞的状态为 0
        self.ca_new = []
        self.deepth = deepth
    def process(self):
        print_seq(self.ca)
        for i in range(self.deepth):
            self._rule()
            print_seq(self.ca_new)
            self.ca = self.ca_new
            self.ca_new = []
    def _rule(self):                               #规则定义
        for i in range(64):
            if 0 < i < 63:                         #中间部分的元胞
                if self.ca[i - 1] == self.ca[i + 1]:
                    self.ca_new.append(0)
                else:
                    self.ca_new.append(1)
            elif i == 0:                           #第一列
                if self.ca[1]:
                    self.ca_new.append(1)
                else:
                    self.ca_new.append(0)
            else:                                  #最后一列
                if self.ca[62]:
                    self.ca_new.append(1)
                else:
                    self.ca_new.append(0)
def main():
    cell = Cell()
    cell.process()
if __name__ == '__main__':
    main()
```

首先，我们要对第一行进行初始化操作。我们设置第 31 个元胞的状态为 1、其余 63 个元胞的状态为 0。然后定义状态更新规则：若当前元胞的前一个元胞的状态为 1，或者前一个元胞的左右两边的元胞的状态有且只有一个值为 1，那么该元胞的状态就为 1；反之，元胞的状态就为 0。对于第一列和最后一列，我们只需分别考虑右元胞和左元胞即可。对于中间部分的元胞来说，若其邻居元胞的状态为[0,1,0]、[0,0,1]、[1,0,0]、[1,1,0]等状态时，则当前元胞的状态就为 1。实现效果如图 17-5 所示。

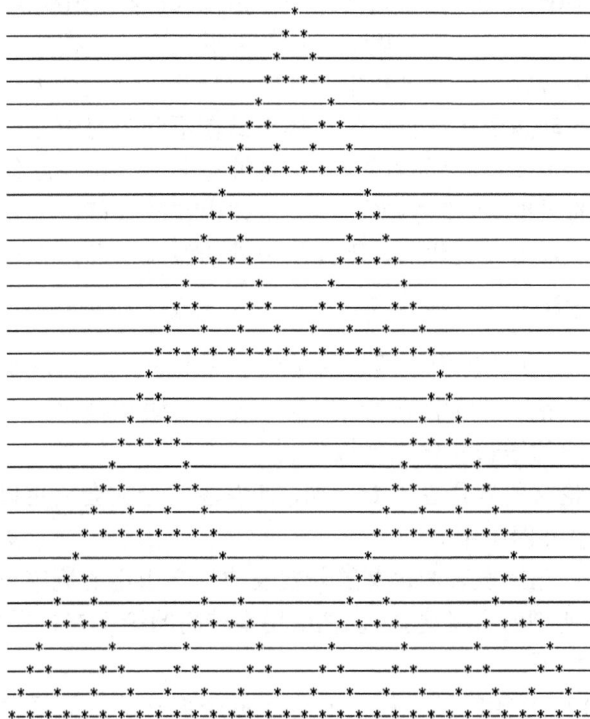

图 17-5　混合星号与连字符的元胞自动机

17.3.3　复杂网络模型

17.3.3.1　SIR 模型

在传播网络建模中，通常将其过程类比为病毒传播，经典的传播过程用易染-感染-免疫(SIR)模型或易染-感染-易染(SIS)模型来描述。早期，传播主要以创新扩散的形式来研究，罗杰斯(Rogers)发现在扩散过程中扩散率随时间的变化通常符合 S 曲线；后来，巴斯(Bass)用数学模型对其进行了描述[5]。这些模型通常采用差分方程来描述传播过程，并且假设个体间是随机全连接的。

信息传播可定义为在社会系统中的成员通过某种渠道进行沟通交流的过程[6]，因此信息传播也被拓展到社会网络中进行研究。其中，代表性的例子有：格兰若维特(Granovetter)的群体行为阈值模型[7]和戈登伯格(Goldenberg)的独立级联模型[8]。最近十年，随着复杂网络研究的发展，很多研究拓展到具有小世界特性和无标度特性的网络中。其中，有很大一部分是针对谣言传播的研究。谣言的传播过程也类似病毒传播，通常采用 SIR 模型来描述。例如，扎内特(Zanette)和莫雷诺(Moreno)利用平均场近似(Mean-field)分别发现谣言在小世界网络和无标度网络中所能蛊惑的人数比例比随机网络小；刘宗华等也证明了随机网络是最易传播谣言的[9]；汪小帆等通过仿真研究发现在聚类系数高的网络中谣言传播可以得到抑制[10]。另外有学者采用社会物理模型对互联网上的信息传播进行建模[11]。

根据"易染者"对"感染者"持续暴露（Exposure）的关系，多兹（Dodds）和瓦茨（Watts）将这些信息传播模型归结为两类：①独立交互模型，持续接触所导致的传播是以独立的概率进行的，如 Bass 和 SIR 模型，暴露之间不存在相关性；②阈值模型，当超过某一阈值后，传播所带来的感染概率迅速增大，且暴露之间存在相关性[12]。然而，所有这些基于"暴露"的信息传播模型，虽然考虑了传播过程中个体间的相互接触及个体行为受到的社会影响，但是忽略了在信息传播动态变化过程中的个体也是在不断学习中进行信息采纳决策的。而社会学习模型则认为，个体（"易染者"）在有足够充分的理由说服他们采纳信息的时候才采纳，理由包括先期的采纳者（"感染者"）、个体内在的喜好，以及信息采纳费用等。由于社会学习模型是基于效用最大化的，因此从理性的假设出发，它显得更加合理[13]。

17.3.3.2　Price 模型

Price 模型是由 Price 在针对引文网络的研究中提出的[14]。他从研究中发现，引文网络是一个有向的非循环网络，网络中论文引用的入度分布服从幂律。

Price 模型基于网络的增长和优先连接机制。

（1）网络的增长：论文的数量在不断增加，新发表的论文会引用以前发表的论文，不断有新的论文节点加入引文网络中。

（2）优先连接机制：已经发表的论文被新发表的论文引用的概率正比于已经发表的论文被引用的次数，也就是所谓的富者更富，以往引用率较高的论文在将来被引用的概率也较大。

Price 模型的算法如下。

（1）增长：在初始 $t=0$ 的时候，从一个具有 n_0 个孤立节点的网络开始，每次增加一个新节点，然后通过有向边指向 n 个论文节点（$n_0 \geqslant n$）。

（2）优先连接：一个新增加的节点与一个论文节点 i 相连的概率 p_i 与节点 i 的入度成正比关系，p_i 的计算公式为 $p_i = (k_i^{in} + a) / \sum_{j=1}^{N-1} (k_j^{in} + a)$，其中 k_j^{in}、k_i^{in} 分别表示老节点 j、节点 i 的入度，N 表示网络节点数，a 是一个给定的常数。

17.3.3.3　BA 模型

BA 模型是由巴拉巴西和艾尔波特[15]提出的，按照提出者姓名的首字母来命名。BA 模型是网络增长模型，最终可以产生幂律，也就是无标度（Scale Free）网络。BA 模型可以视为 Price 模型的一个特例。该模型的算法如下。

（1）增长：在初始 $t=0$ 的时候，从一个具有 n_0 个节点的连通网络开始，每次增加一个新的节点，并且连到网络中 n 个老节点上（$n_0 \geqslant n$）。

（2）优先连接：一个新增加的节点与一个老节点 i 相连的概率 p_i 与节点 i 的度数成正比关系：$p_i = k_i / \sum_{j=1}^{N-1} k_j$，其中 k_i 表示老节点 i 的度数，N 表示网络节点数。

（3）如此演化，直到网络达到一个稳定状态。通过数值仿真，可以观察到在 t 足够大的时候，模型所产生的网络会达到一个稳定状态，这时候的度数分布服从幂律。

17.3.3.4　适应度模型

BA 模型基于网络增长和优先连接两种机制。它和 Price 模型一样，虽然考虑了新节点与老节点之间的互动关系，但是基本上忽略了节点之间其他的互动行为。因此，通过这些模型虽然能够产生与实际网络相似的幂律统计性质，但是仍然与实际网络有一定差距。因此，研究者们试图对 BA 模型进行相应的扩展，EBA 模型就是其中一种[16]。在该模型中，新增加的节点除了以概率 p 与老节点建立 n 条边，还将以概率 p 随机重连网络中已经存在的 n 个节点。但是 EBA 模型仍然只考虑了节点之间的互动，且节点更多的是被当作物理学中的粒子，而忽略了节点本身的特性。例如，在社交网络中，某些人个性外向，本身就具有较高的交朋友的能力，显然这些人加入网络后比那些交朋友能力弱的人更有可能交到朋友，从而建立新的连接。这种节点本身的特性，可以用适应度（Fitness）来描述，由此提出了适应度模型[17]适应度模型的算法的第一步与 BA 模型是一样的，但第二步的优先连接有所差异，即一个新增加的节点与一个老节点 i 相连的概率 p_i 不仅与节点的度数成正比，而且与节点的适应度也有关系：$p_i = \eta_i k_i / \sum_{j=1}^{N-1} \eta_i k_j$，其中 η_i 为节点 i 的适应度。

17.3.3.5　节点复制模型

在以上模型中，新节点加入网络后会以一定的概率 p 与老节点建立连接，原有连接数大的老节点更有可能吸引到新节点的连接或老节点的重新再连。除了优先连接机制，还存在一种叫做节点复制（Vertex Copying）的机制[18]：新加入的节点更倾向于复制网络中老节点的行为，从而导致更加显著的富者更富的现象。该模型算法的第一步与 Price 模型是一样的，在第二步上存在差异，即采用节点复制机制，也就是以节点复制概率 p 添加该节点指向老节点的有向边。在老节点的选取上，如果随机生成的[0,1]之间的概率小于 p，则随机地选取一个节点，然后再随机地选取该节点的另外一个邻居节点相连接；如果概率不小于 p，则完全随机地选取一个节点。例如，在引文网络的构建中，作者在写论文的时候会选取某篇论文的参考资料作为自己论文的参考资料，而在互联网上构建网页时，也会选择某些网页中的链接作为新建网页的链接。

17.3.3.6　局域世界模型

在以上的模型算法中，新加入的节点总是在网络中所有老节点中选取节点相连，但是在实际中可能会出现新节点只是在网络的局部范围内选取老节点建立关系[19]。例如，在经济贸易合作中，优先连接机制主要存在于诸如欧盟、东盟等某些区域经济体内；同样，在万维网上，计算机通常只是与局域网内的计算机直接建立连接，再通过路由器连接到广域网中。据此分析，李翔等人提出了局域世界模型。该模型算法的第一步与 BA 模型类似，关键的差别在第二步。第二步采用的是局域世界优先连接机制，即随机地从网络的老节点中选取 M 个节点（$M \geq n$），作为新节点的局域世界（LW），新节点根据概率 p 与局域世界中的老节点 i 建立连接：$p_{i \in LW} = \dfrac{M}{n_0 + t} \dfrac{k_i}{\sum_{LW} k_j}$。在 $M = t+n$ 这种特殊情况下，每个节点的局域世界将扩大到整个网络，此时局域世界模型将等价于 BA 模型。

17.3.3.7　随机图模型

在随机图模型中，最著名的是 ER 随机图模型[20]。该模型在小世界模型和 BA 模型出现前，是网络拓扑研究的基本模型，目前也在很多研究中作为参照。该模型的算法有以下两种形式。

1.　固定边数的 ER 随机图算法

固定边数的 ER 随机图算法如下。

(1)初始化：给定 N 个节点和准备增加的边数 M。

(2)随机连边：随机选取一对没有边相连的节点对，并在这对节点之间增加一条边，重复此步骤，直到增加了 M 条边。

2.　固定边概率的 ER 随机图算法

固定边概率的 ER 随机图算法如下。

(1)初始化：给定 N 个节点和边概率 p。

(2)随机连边：选择一对没有边相连的节点对，以概率 p 在该节点对之间建立连接，重复此步骤，直到这 N 个节点都被选择过一次。

ER 随机图模型所生成的随机网络和实际网络一样拥有稀疏性，并同样存在超大连通组件，但是它不具有实际网络中的高聚类性。随机网络的度数服从均匀的泊松分布，节点的度数基本集中在平均度数 k 附近，这与实际网络中存在少量度数相对很大的节点所造成的非均匀分布有很大差异。

17.3.3.8　小世界模型

随机图模型不能再现实际网络中明显的聚类特性和小世界(Small World)特性。Watts 和 Strogatz 的研究发现：在规则网络(Regular Network)中引入少许的随机性就可以产生具有小世界特性的网络[21]。这种小世界模型的算法如下。

(1)从规则网络开始：给定一个含有 N 个节点的环状最近邻耦合网络，其中每个节点都与它左右相邻的各 $K/2$(K 为偶数)个节点相连。

(2)随机重连：如图 17-6 所示，以概率 p 随机重新连接网络中原有的每条边，即把每条边的一个端点保持不变，另一个端点改成网络中随机选取的一个节点，并且不能有重边和自环。

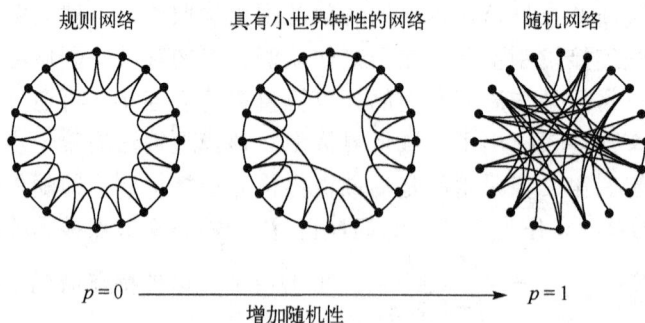

规则网络　　　　具有小世界特性的网络　　　　随机网络

$p=0$ ——————— 增加随机性 ———————→ $p=1$

图 17-6　规则网络经过随机重连成为小世界网络

通过小世界模型生成的网络具有小世界特性：一般通过计算平均聚类系数和平均最短路径来描述小世界特性。由于小世界网络具有较高的 CC_actual 和较低的 PL_actual 值，因此在计算出这两个指标并且生成与该网络有同样节点规模的随机网络后，再计算出随机网络的 CC_random 和 PL_random，然后分别计算出 CCr = CC_actual / CC_random 和 PLr = PL_actual / PL_random 两个比率。如果 CCr / PLr > 1，该网络就具有小世界特性[21]。

17.4　社会仿真的具体应用

本节主要从信息传播与网络舆情、知识管理、科学评价、竞争情报、信息生态这五个方面分析社会仿真的具体应用。

17.4.1　信息传播与网络舆情

信息、观点、情绪等内容通过群体行为传播容易形成网络舆情，而突发事件与谣言可能会成为情绪爆发的导火索[22]。目前，在信息传播与网络舆情中使用仿真模拟方法的研究主要包括信息传播机制、突发事件的网络舆情、网络谣言传播研究。

信息传播遵循一定的传播机制。孙庆川等人提出了一个新的信息传播模型，该模型重点关注信息传播的规则及其所在网络的结构，研究发现信息吸引力的大小与网络结构的信息传播规模、耗时等内容紧密相关[23]。陈涛、林杰利用元胞自动机研究网络舆情的演化行为，根据模拟结果发现网络舆情呈现集中化、极性化的特点[24]。吴江等人结合多智能体仿真与复杂网络方法研究人肉搜索问题，得到了网民所处网络结构对人肉搜索效率的影响规律[25]。此外，不少学者发现在社会媒体中的意见领袖在网络舆情中起关键作用。王世雄等人构建网络群体极化的多智能体系统，验证了群体的意见领袖数量与观点在网络舆情演化中对群体极化的影响[26]。Ross 等人构建了基于个人行为经验的多智能体模型来研究社交媒体中的意见操纵行为，发现在大多数网络中 2%~4%的核心节点就可以决定舆论的走向[27]。

突发事件的舆情控制是网络舆情研究中的重要议题。宗利永等人通过多智能体仿真模拟了突发事件爆发后相关话题和注意力资源的变动过程，探讨了受众注意力资源分配机制对网络突发事件舆情演变的影响[28]。袁国平、许晓兵利用系统动力学对突发事件的网络舆情热度进行了系统分析，发现事件公共度、事件敏感度、网民质疑度、政府公信力这四个方面对网络舆情热度存在影响[29]。Li 等人使用 SIR 模型对新浪微博上 101 起突发事件的舆情进行分析，发现政府在突发事件的舆情控制中起到最重要的作用，在舆情初始阶段，政府可以高效且低成本地控制住舆情，也可以与媒体合作完成应急管理[30]。

谣言时常与突发事件依附共生，但谣言的传播机制与突发事件的网络舆情并不完全一致。群体对谣言的接受概率、网络中节点邻居的数量、真实信息进入网络的时间等因素都会影响谣言的传播[31]。沈超等人设计了网络谣言传播系统模型，使用该模型仿真后发现应用媒介数量和网民数量与谣言传播速度正相关，即网民密度越大，网络谣言扩散速度越快，谣言话题也越易消退[32]。张金鑫等人提出了一个由未知者 S、传播者 I、受导控者 Q、免疫者 R 组成的 SInQR 模型，仿真实验结果表明该模型能够更好地反映现实网络中谣言传播的规律[33]。

由于网络舆情传播是一个涉及面十分广泛的群体性行为，因此信息传播与演化过程的全部路径难以被准确追溯。仿真模拟方法可以为无法通过社会实验复现的网络舆情演化过程构建平行系统，这为网络舆情中的信息传播规律及其过程的影响因素研究提供了一条重要路径。

17.4.2 知识管理

知识管理是组织对其拥有的知识资源进行管理的过程，包括知识的识别、获取、存储、共享、创新等方面[34]。在知识管理中使用仿真模拟方法可以有效地模拟、分析和评估在产、学、研环境下知识在复杂系统中的流动和整合情况。

产业集群中的知识流动、企业组织间的知识转移和扩散、隐性知识传播和共享、知识转移绩效及知识创新是学者们关注的热点主题。Chen 等人以 143 个建筑承包商为对象，使用系统动力学方法模拟了企业知识管理策略的关键要素，预测了企业知识管理策略配置的发展及知识管理效果随时间的演变情况[35]。武开等人基于小世界网络模型提出了隐性知识动态传播的三阶段模型，将社交网络复杂性和知识传播动态性结合，对比分析了在产业集群内社交网络结构由规则网络向随机网络过渡对隐性知识传播的影响[36]。

在线社区中知识的共享和协作机理也是知识管理主题下的重点。杜智涛等学者通过构建知识传播扩散的仿真模型，总结了不同类型网络结构、知识转移能力、知识分享意愿、知识主体的交互程度在虚拟社区中对知识传播的影响[37]。Wang 等学者采用系统动力学方法分析了在虚拟实践社区中用户知识协作的内在动机、外在动机及社会动机之间的相互作用，并研究了政策法规对虚拟实践社区中成员知识合作的影响[38]。

学者对科研领域中知识协作和知识创新扩散也进行了研究。李纲等学者运用知识转移理论、系统动力学方法，构建了基于知识转移的知识黏滞演化动力模型，分析了科研团队中隐性知识黏滞的演化路径，并剖析了各因素对知识黏滞的影响机理[39]。关鹏等学者采用多智能体系统建模方法构建了科研合作网络知识扩散仿真演化模型，并总结出科研合作网络的拓扑结构、知识溢出效应和个体知识创新能力均能对知识扩散产生影响[40]。

知识管理是基于组织知识网络，适应于特定环境的由多主体参与、多因素相互作用的复杂动态过程。仿真模拟方法能够低成本地模拟、复现企业、组织和个人的知识管理系统和各主体在系统中的决策过程，从而有效地解决知识管理应用的现实问题。

17.4.3 科学评价

科学评价是指通过定性或定量的方法，以科研工作者、科学活动、科研成果为对象的评价[41]。目前，科学评价中使用仿真模拟方法的研究主要包括科学合作演化及科研成果产出评价。

在科学合作演化的相关研究中，学者们主要的研究对象是合作网络中的科研工作者、成果产出与科技创新过程。Zamzami 等人首先基于加拿大所有纳米技术期刊数据创建作者合作网络分析这些科学家的合作历史与表现，随后创建作者合作的多智能体模型，通过模型模拟研究发现明星科学家对作者合作网络中的科技生产有积极作用[42]。巴志超等人为了探究科研合作知识网络的演化机理和动力机制，构建了知识超网络动态演化模型，发现了不同层次科研合作次数分布满足不同的函数分布[39]。王曰芬和丁玉飞结合知识进化理论，对科学文献传播中的知识进化现象进行了分析与研究，构建了基于知识进化的科学文献传播网络演变模型[43]。

在科研成果产出评价中，仿真模拟应用的主要研究主题为学术成果的同行评议。Squazzoni 等人将同行评议视为一个基于知识不对称和受评议偏差影响的过程，研究了评审员可靠性对同行评议质量和效率的影响[44]。Kovanis 等人开发了一个多智能体模型来模拟科学出版和同行评议的过程，该模型有助于学术人员更好地理解在科学出版和同行评议过程中的决定因素[45]。Mrowinski 等人将同行评议过程分为不同阶段，使用复杂网络方法分析了一个包含特定论文信息的数据集后发现所有类别的审稿人的审稿时间分布相似，如果编辑与审稿人相互认识，那么该审稿人的审稿完成率非常高[46]。

科学评价的主要参与主体是科研工作者，他们具有自主性、主动性等主体拥有的一般属性，研究者采用多智能体仿真、复杂网络方法对科研成果产出中涉及的人、事、物等因素的交互过程等进行模拟，复现科研成果产出中的合作过程并探讨科技创新中的涌现机制。

17.4.4　竞争情报

竞争情报是一个操作流程，也是一种产品，竞争情报系统是一个在持续演化中的结合了正式与非正式操作流程的企业管理子系统[47]。研究者主要通过系统动力学方法评估企业、行业等竞争情报系统的建设与应用。龚花萍等人将企业竞争情报系统划分为收集、分析、服务、反竞争情报等多个子系统，率先提出可以利用系统动力学方法对企业竞争情报系统的所有要素及各子系统之间的相互作用和影响进行系统分析[48]。随后，邢宪光和刘敏榕刻画出了产业竞争情报供需系统流图，并以福州地区的情报服务数据为例进行仿真模拟分析，发现提高资本知识转化率和增加情报服务影响因子可以实现产业竞争情报的有效供给[49]。李川等人针对虚拟产品行业建立了该行业的合作竞争情报博弈的 SD 模型并进行相应的策略模拟，同时以腾讯公司为例进行了实证检验[50]。王克平等人在企业竞争情报预警体系的系统动力学模型中加入了"互联网+"思维，更新了该思维下的相关因素，强调了大数据的作用[51]。

随着产业升级与时代的发展，原本落后的竞争情报思维与体系将不断被更替，如何从企业、行业、地区、国家等维度建设新的竞争情报体系、将时代因素纳入竞争情报系统中以应对时代发展需求是一个高成本的问题，使用仿真模拟模型进行先期评估研究可以为企业、政府等主体提供有效的体系借鉴。

17.4.5　信息生态

信息生态是指在信息管理领域引入了生态理论，研究信息、人、环境之间的相互影响和相互作用，进而推导整个信息生态系统的生成、演变和发展规律[52]。研究者主要将仿真模拟方法应用于信息资源配置、信息生态系统演进、网络信息生态链等方面。陈明红构建了数字信息资源配置的复杂网络模型，模拟配置网络的成本和效率，发现网络拓扑结构能够提高数字信息资源配置的效率[53]。董微微等人使用系统动力学构建商务网站信息生态系统模型，分析得出影响商务网站信息生态系统演进的内在动力与外部关键要素[54]。田世海等人将信息生态理论与网络舆情相结合，研究分析网络舆情中的信息生态群落内涵、要素、衍生关系等内容，并基于改进的 SIR 模型刻画其衍生过程[55]。

仿真模拟方法应用于信息生态研究的重点在于突破现有概念模型的局限性，从而系统、整体地分析信息生态系统中的各种要素及其交互作用，进一步揭示其运行规律，为企业、政府等主体的信息管理行为提供理论指导。

本 章 小 结

本章对社会网络建模仿真的相关理论进行了论述。人工网络的构建需要采用社会仿真方法。社会仿真研究从科学问题出发主要经历建立模型和仿真实验两个阶段，本章的社会仿真研究范式全面总结了社会仿真的研究过程。在社会仿真中，最棘手的问题是仿真模型的验证，由于从本质上讲仿真所建立的系统是社会技术复杂系统，因此要全面验证是相当困难的。对模型验证问题的研究，也主要涉及对仿真和实证研究之间关系问题的研究，仿真研究所在的虚拟人工系统和实证研究所在的实际社会系统需要进行平行计算，并且构建仿真系统也需要通过实际数据驱动来进行建模，这些都是社会仿真未来的主要研究方向之一。

思 考 题

1．社会仿真研究范式有哪几个环节，其中应该按照哪三个环节进行循环？

2．元胞自动机使用局部规则安排智能体（元胞）的互动，元胞在局部与周围的邻居元胞进行交互时，按照邻居之间的关系可以分为几种类型？

3．将 SIR 模型应用于信息传播的研究中有哪些优点和缺点？

4．简述社会仿真方法在社会系统信息化中的具体应用。

参 考 资 料

[1] 盛昭瀚，张维．管理科学研究中的计算实验方法[J]．管理科学学报，2011，14(5)：1-10．

[2] GILBERT N, TROITZSCH K. Simulation for the social scientist[M]. London:mcgraw-hill education (UK), 2005.

[3] KAUFFMAN S A. The origins of order: self organization and selection in evolution [M]. Oxford: Oxford university press, 1993.

[4] WOLFRAM S. A new kind of science [M]. Champaign, IL: wolfram media, 2002.

[5] BASS F. A new product growth model for consumer durables [J]. Management science, 1969, 15(5): 215-227.

[6] ROGERS E M. Diffusion of innovations [M] New york, NY: free press, 2003.

[7] GRANOVETTER M. Threshold models of collective behavior [J]. The american journal of sociology, 1978, 83(6): 1420-1433.

[8] GOLDENBERG J, LIBAI B, MULLER E. Talk of the network: a complex systems look at the underlying process of word-of-mouth [J]. Marketing letters, 2001, 12: 211-223.

[9] ZHOU J, LIU Z, LI B. Influence of network structure on rumor propagation [J]. Physics letters A, 2007, 368(6): 458-463.

[10] 潘灶烽, 汪小帆, 李翔. 可变聚类系数无标度网络上的谣言传播仿真研究[J]. 系统仿真学报, 2006, 18(8): 2346-2348.

[11] 贺筱媛, 胡晓峰, 司光亚. 基于社会物理学的网络信息传播行为仿真研究[J]. 系统仿真学报, 2010, 22(12): 2957-2962.

[12] DODDS P S, WATTS D J. Universal behavior in a generalized model of contagion[J]. Physical review letters, 2004, 92(21): 218701.

[13] YOUNG H P. Innovation diffusion in heterogeneous populations: contagion, social influence, and social learning [J]. American economic review, 2009, 99(5): 1899-1924.

[14] PRICE D J D S. Networks of scientific papers: the pattern of bibliographic references indicates the nature of the scientific research front.[J]. Science, 1965,149(3683):510-515.

[15] BARABÁSI A-L, ALBERT R. Emergence of scaling in random networks [J]. Science, 1999, 286(5439): 509-512.

[16] ALBERT R, BARABÁSI A-L. Topology of evolving networks: local events and universality[J]. Physical review letters, 2000,85(24):5234.

[17] BIANCONI G, BARABÁSI A-L. Bose-einstein condensation in complex networks [J]. Physical review letters, 2001, 86(24): 5632-5635.

[18] KUMAR R, RAGHAVAN P, RAJAGOPALAN S, et al. Stochastic models for the web graph[C]// Proceedings 41st annual symposium on foundations of computer science. IEEE, 2000: 57-65.

[19] LI X, CHEN G. A local-world evolving network model[J]. Physica A: statistical mechanics and its applications, 2003, 328(1-2): 274-286.

[20] BOLLOBÁS B. Random graphs[M]. New York: springer new york, 1998.

[21] WATTS D J, STROGATZ S H. Collective dynamics of 'small-world'networks[J]. Nature, 1998, 393(6684): 440-442.

[22] 朱侯, 胡斌. 信息与情绪驱动的舆论演化的 QSIM-ABS 模拟[J]. 情报学报, 2016, 35(3): 310-316.

[23] 孙庆川, 山石, 兰田田. 一个新的信息传播模型及其模拟[J]. 图书情报工作, 2010, 54(6): 52-56, 79.

[24] 陈涛, 林杰. 基于模糊元胞自动机的网络舆情演化模型[J]. 情报学报, 2013, 32(9): 920-928.

[25] 吴江, 贺超城, 朱侯. 集成复杂网络与多智能体仿真的人肉搜索效率研究[J]. 情报学报, 2018, 37(1): 68-75.

[26] 王世雄, 祝锡永, 潘旭伟, 等. 网络舆情演化中群体极化的形成机理研究[J]. 情报学报, 2014, 33(6): 614-622.

[27] ROSS B, PILZ L, CABRERA B, et al. Are social bots a real threat? an agent-based model of the spiral of silence to analyse the impact of manipulative actors in social networks[J]. European journal of information systems, 2019, 28(4): 394-412.

[28] 宗利永, 顾宝炎, 孙绍荣. 基于注意力资源分配机制的网络危机舆情演变研究[J]. 情报理论与实践, 2010, 33(10): 29-33.

[29] 袁国平, 许晓兵. 基于系统动力学的关于突发事件后网络舆情热度研究[J]. 情报科学, 2015, 33(10):

52-56.

[30] LI S, LIU Z, LI Y. Temporal and spatial evolution of online public sentiment on emergencies[J]. Information processing & management, 2020, 57（2）: 102177.

[31] 沙勇忠，史忠贤. 公共危机伪信息传播影响因素仿真研究[J]. 图书情报工作，2012，56（5）: 36-41，111.

[32] 沈超，朱庆华，朱恒民. 网络谣言话题传播与网民行为协同演进研究[J]. 情报科学，2016，34（5）: 118-124.

[33] 张金鑫，王丽婷，张金华. 具有多个传播源的网络谣言传播与导控模型研究[J]. 情报科学，2020，38（11）: 115-120.

[34] 王艳，毕丽华. 知识管理与知识创新的研究综述与展望[J]. 图书情报工作, 2011 (S2): 343-347.

[35] CHEN L, FONG PSW. Evaluation of knowledge management performance: an organic approach[J]. Information & management, 2015, 52（4）: 431-453.

[36] 武开，张慧颖，张亮. 产业集群内隐性知识传播的仿真研究[J]. 情报学报，2015，34（4）:371-379.

[37] 杜智涛，付宏，李辉. 网络知识社区中知识传播扩散的仿真模型研究[J]. 情报理论与实践，2019，42（3）: 127-133.

[38] WANG J, ZHANG R, HAO J,et al. Motivation factors of knowledge collaboration in virtual communities of practice: a perspective from system dynamics[J]. Journal of knowledge management, 2019, 23（3）: 466-488.

[39] 巴志超，李纲，朱世伟. 基于知识超网络的科研合作行为实证研究和建模[J]. 情报学报，2016，35（6）: 630-639.

[40] 关鹏，王曰芬，傅柱. 基于多 Agent 系统的科研合作网络知识扩散建模与仿真[J]. 情报学报，2019，38（5）: 512-524.

[41] 高俊宽. 文献计量学方法在科学评价中的应用探讨[J]. 图书情报知识，2005（2）: 14-17.

[42] ZAMZAMI N, SCHIFFAUEROVA A. The impact of individual collaborative activities on knowledge creation and transmission[J]. Scientometrics, 2017, 111（3）: 1-29.

[43] 王曰芬，丁玉飞. 基于知识进化视角的科学文献传播网络演变模型构建及仿真[J]. 情报学报，2019，38（9）: 966-973.

[44] SQUAZZONI F, GANDELLI C. Saint matthew strikes again: an agent-based model of peer review and the scientific community structure[J]. Journal of informetrics, 2012, 6（2）: 265-275.

[45] KOVANIS M, PORCHER R, RAVAUD P, et al. Complex systems approach to scientific publication and peer-review system: development of an agent-based model calibrated with empirical journal data[J]. Scientometrics, 2016, 106（2）: 695-715.

[46] MROWINSKI MJ, FRONCZAK A, FRONCZAK P, et al. Review time in peer review: quantitative analysis and modelling of editorial workflows[J]. Scientometrics, 2016, 107（1）: 271-286.

[47] 邱均平，段宇锋. 论知识管理与竞争情报[J]. 图书情报工作，2000,44（4）: 11.

[48] 龚花萍，闻丽佳，晏素汾. 江西企业竞争情报系统建设研究[J]. 图书情报知识，2010，136（4）: 77-82，101.

[49] 邢宪光，刘敏榕. 基于系统动力学的产业竞争情报供需模型研究[J]. 图书情报工作，2012，56（16）: 91.

[50] 李川,袁红卫,方志耕,等. 多媒体竞争情报的博弈系统动力学模型研究——虚拟产品代理问题[J]. 情报学报, 2016, 35(3): 284-292.

[51] 王克平,沈莹,郭小芳,等. 基于"互联网+"思维的新创企业竞争情报预警体系动力学模型研究[J]. 情报理论与实践, 2020, 43(7): 88-94.

[52] 陈曙. 信息生态研究[J]. 图书与情报, 1996(2): 12-19.

[53] 陈明红. 基于复杂网络的数字信息资源配置研究——以数字图书馆为例[J]. 图书情报工作, 2010, 54(10): 49-53.

[54] 董微微,李北伟,肖静,等. 商务网站信息生态系统的系统分析[J]. 情报理论与实践, 2012, 35(8): 7-11.

[55] 田世海,张家毓,孙美琪. 基于改进 SIR 的网络舆情信息生态群落衍生研究[J]. 情报科学, 2020, 38(1): 3-9, 16.

第18章 社会网络的表示学习

世界不仅由事物组成，也包含了事物之间的关系。社会网络正是由事物之间的联系构成的，这在现实世界中普遍存在，如社交平台中的社交网络、城市之间的物流网络、网页链接的信息网络。随着信息化技术的发展，社会网络变得越来越复杂。一是网络节点数量大幅增加，二是网络节点包含了丰富的外部信息。网络复杂度的增加对社会网络研究提出了更高的要求。近年来，基于自然语言处理和深度学习技术的网络表示学习算法为社会网络研究提供了新的研究思路和方法。

网络表示学习通过相关算法将网络中的节点用一个低维稠密的向量空间表示，相比于传统稀疏矩阵的表示方式，这可以大大提高运算效率且具有更广泛的适用性，在节点分类、链接预测、社区发现、推荐系统等任务中都具有应用价值。

18.1 网络表示学习的基本概念及其发展

18.1.1 基本概念与定义

网络表示学习，又可以叫网络嵌入(Network Embedding)，是指将网络中的节点用低维特征向量进行表示，并且保留网络信息的方法。早在 1986 年，Hinton 就提出了分布式表示(Distributed Representation)的思想，即根据上下文的语义关系训练得到当前词的向量表示。具体而言，就是将词向量映射到一个 K 维的向量空间中，每个词用 K 维向量来表示。例如，2013 年的 Word2Vec 词向量预训练模型就是一种对词的分布式表示方案。同理，若将这个概念应用于网络数据中，则网络中的每个节点对应文本中的每个单词，其表示过程就是将每个节点映射到一个 K 维的向量空间(通常情况下，K 远小于网络中节点个数)中，再根据周边节点的关系或属性信息训练得到当前节点的向量表示，即"网络嵌入"。

事实上，我们可以将这个过程理解为对网络节点的向量表示进行降维的过程。对于一个包含 N 个节点的网络，邻接矩阵表示法需要用 N 维向量来表示一个节点，但通过这样的降维过程，仅使用 K 维向量就可以表示一个节点，并且节点向量还能包含一定的"语义"信息。例如，连接紧密的节点向量的距离也很相近，这样就将一个高维向量表示成了一个低维稠密的实值向量。网络表示学习的结果要能够在向量空间中表示出原有网络节点之间的关系，并有效地支持网络推理的后续任务。

18.1.2 传统网络表示的瓶颈

传统网络表示会把一个网络记作 $G = (V, E)$，其中 V 是节点集合，E 是边集合。然后通过邻接矩阵对网络进行简单表示，矩阵的每一行表示一个节点和所有其他节点的连接关系。但是这种表示方式在处理日益复杂的网络时会遇到以下问题。

(1)高计算复杂度：传统的网络表示方法会导致很高的数据稀疏性，同时数据存储会占据更多的空间，导致高计算复杂度。

(2)低兼容性：大多数机器学习算法通常都将数据集表示为向量，这些向量同时保留了数据的信息，而传统网络表示难以兼容机器学习的任务需求。

18.1.3　网络表示学习的优点

网络表示学习将网络节点用低维向量进行表示，在保留网络信息的同时，又节省了储存的空间，并提升了计算效率。向量化的数据，还能进一步应用到各种任务中，如节点分类、链接预测、社区发现、推荐系统等。具体来说，网络表示学习主要有以下优点。

(1)有效地保留了网络信息，并实现了异质节点间的信息融合。对于如二部图等异质网络而言，网络中包含了多种类型的节点和关系，而网络表示学习模型可以帮助建立统一的特征空间，实现异质信息在同一维度下的有效融合，提升网络信息的有效利用率。

(2)有效地缓解了复杂网络传统存储方案中的数据稀疏性问题。网络由节点和边构成，传统的邻接矩阵存储方式占据了极大的内存空间，由于基于向量表示的节点是稠密的，因此可以对任意节点间的语义相关性进行度量。此外，通过将网络中的节点映射到相同的特征空间中，如经典的 DeepWalk 算法对 Karate 网络的表示结果，如图 18-1 所示，这样的结果有助于提高低出入度节点的语义表示的准确度。

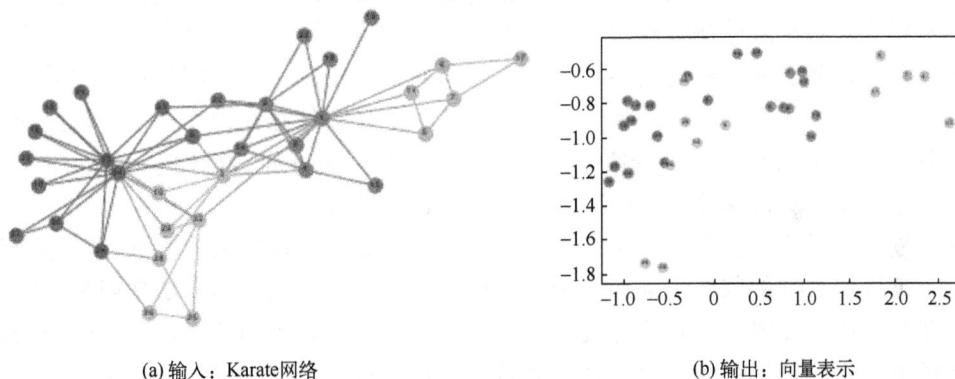

(a) 输入：Karate网络　　　　　(b) 输出：向量表示

图 18-1　经典的 DeepWalk 算法对 Karate 网络的表示结果

(3)有效提升了基于网络的相关应用的计算效率。基于特征向量的降维算法的复杂度较高，且扩展性差。在网络表示的向量空间中，节点之间的关系由向量的相似度所决定。利用网络表示学习模型可以通过简单的查询和向量相似度计算得到节点语义和结构层面的相似性，从而显著提升计算效率。

18.1.4　网络表示学习的五个特征

一个较好的网络表示学习应当具备以下五个基本特征。

(1)自适应性(Self-Adaptability)：现实的网络是动态变化和发展的，新的应用算法不应该要求不断地重复学习过程，而需要具备灵活的自适应性。

(2)可扩展性(Scalability)：由于真实网络通常很大，因此网络嵌入算法应当能够在短时间内处理大规模网络，即具备一定的效率和泛化能力。

(3) 社区感知 (Community Aware)：潜在特征维度之间的距离应能够作为网络中对应节点成员之间的相似性的度量方式，这就要求同质网络也能够具备一定的泛化和感知能力。

(4) 低维 (Low Dimensional)：当标记数据稀缺时，低维模型能更好地推广并加速收敛和推理。

(5) 连续 (Continuous)：需要潜在的表示学习来模拟连续空间中的部分社区成员。连续地表示学习在社区之间具有平滑的决策边界，这使得基于网络表示学习的分类任务更加具有鲁棒性。

18.2 传统网络表示学习方法

18.2.1 基于谱方法的网络表示学习

从广义上来讲，谱方法是指利用输入数据矩阵的谱(如特征值和特征向量、奇异值和奇异向量)的一类算法的统称。基于谱方法的网络表示学习是一种直接从关系矩阵特征值角度出发进行网络特征提取和表示学习的一类方法，其中关系矩阵一般就是网络的邻接矩阵或 Laplace 矩阵。此类方法一般先定义一个关于节点表示的线性或二次损失函数，然后将最优化问题转化为某个关系矩阵的特征向量计算问题。因此，这类方法强烈依赖于关系矩阵的构建，不同的关系矩阵的测评结果差异很大。

一般而言，基于谱方法的网络表示学习时间复杂度较高，这是因为特征向量和奇异向量的计算时间是非线性的，而且谱方法需要将关系矩阵整体存在内存中，所以空间复杂度也不能忽略。典型的基于谱方法实现网络表示学习的算法有局部线性表示 (Locally Linear Embedding)、Laplacian 特征映射 (Laplacian Eigenmaps) 等。

局部线性表示算法会假设节点的表示是从同一个流形结构中采样得到的，每个节点的嵌入表示可以通过它的邻居节点的表示的线性组合来近似得到。该算法使用邻居节点表示的加权和与中心节点表示的距离作为损失函数，因而在实际的训练中，最小化损失函数的优化问题最终可以被转化为某个关系矩阵特征向量计算问题进行求解。Laplacian 特征映射则简单地认为两个在空间上邻近的节点的表示是近似的(这里的表示相近是由向量表示的欧氏距离的平方来定义的)。该算法能够反映出数据内在的流形结构，并通过构建邻接矩阵作为输入，来重构数据流形等局部结构特征。

谱方法常用来获得数据的低维表示，如经典的主成分分析 (Principal Components Analysis，PCA) 算法就是对样本的协方差矩阵选取特征向量进行降维。虽然可以把网络表示成邻接矩阵，然后作为 PCA 算法或奇异值分解 (Singular Value Decomposition，SVD) 的输入以获得节点的低维表示，但是由于缺乏节点内在的信息，因此这种表示的质量通常较差。

18.2.2 基于最优化的网络表示学习

基于最优化的网络表示学习是指事先设定一个优化目标函数，其参数设置为节点在低维空间的向量形式，然后对目标函数进行最大化或最小化优化处理，最终得出网络中的节点在低维空间的向量表示。例如，有向图嵌入 (Directed Graph Embedding，DGE) 算法就主要利用了转移概率与马尔可夫随机游走的思想。该算法进一步扩展了 Laplacian 特征映射算法，给不同节点的损失函数以不同的权重，其中节点的权重由基于随机游走（Random Walk）的排序方法决定。有向图嵌入算法定义了如下的目标函数：

$$\sum_i T_V(i) \sum_{j,i \to j} T_E(i,j)(y_i - y_j)^2 \tag{18-1}$$

其中，y_i 是嵌入在一维空间中节点 i 的坐标；$T_E(i,j)$ 代表两个节点 i 和 j 之间的有向边的重要性；$T_V(i)$ 则用于衡量节点在图中的重要性。嵌入过程考虑了节点对的局部关系和节点的全局相对重要性。如果将 DGE 算法应用于无向网络，那么该算法等价于 Laplacian 特征映射算法。

此外，多维量表（Muiti-dimensional Scaling，MDS）算法将网络的节点映射到一个低维的欧氏空间，使得在新空间中可以保持网络节点的相似性，且这个相似性可基于网络连通性计算得到。在网络表示学习过程中，MDS 算法的输入数据为一个距离矩阵 $\boldsymbol{P} \in n \times n$，其中元素 p_{ij} 代表网络中节点 i 和 j 之间的距离。用 $\boldsymbol{S} \in n \times l$ 表示节点在 l 维空间的坐标且 $\boldsymbol{S}$ 的列是正交的。

$$\boldsymbol{SS}^{\mathrm{T}} \approx -\frac{1}{2}\left(I - \frac{1}{n}11^{\mathrm{T}}\right)(\boldsymbol{P} \circ \boldsymbol{P})\left(I - \frac{1}{n}11^{\mathrm{T}}\right) = \tilde{\boldsymbol{P}} \tag{18-2}$$

这种方法本质上是从社区发现的角度来表达网络表示学习的。具体到社会网络环境，较为典型的如潜在社会维度的关系学习模型，该模型首先基于网络信息提取潜在的社会维度，然后将它们作为判别式学习的特征。这些社会维度描述了隐藏在网络中的社会行为者的不同隶属关系，并且随后的判别式学习可以自动确定哪些关联可以更好地与类别标签对应。当多个不同的关系与同一个网络相关联时，这是一种优选方案。不同社区的权重大小由学习到的网络特征向量的不同维度来刻画。模型中的目标函数是期望最大化模块度，即选取模块度矩阵中的 t 个最大的特征向量作为网络特征表示。

18.3 高级网络表示学习方法

我们将网络转换成矩阵进行表示，然后通过求解矩阵特征向量进行降维以获取网络的低维表达的网络表示学习方法统称为传统网络表示学习方法，并将其分为基于谱方法的网络表示学习和基于最优化的网络表示学习两类。上述传统的网络表示学习方法往往是通过网络的邻接矩阵或关联矩阵进行降维分析的学习方法。这类学习方法通常只适合应用于较小规模的静态网络，在缺乏网络节点内在的信息且节点数量较多的情况下，传统网络表示学习方法的效果不太理想。

为应对当前大规模复杂信息网络所带来的巨量性、动态性、丰富媒体性等新特征，以及近年来受深度学习的启发与影响，一系列基于网络结构、网络节点内容属性或两者之间融合的高级方法逐渐涌现。

近年来，网络表示学习方法发展迅速。针对各种不同的复杂网络和应用需求，经过多位学者的努力，已经设计出了许多的网络表示学习方法。根据方法所考虑的网络信息，可以把这些方法分为三类，分别是基于网络结构信息、结合网络外部信息和保留网络高级信息的方法。

18.3.1 基于网络结构信息的方法

最初的网络表示学习都是基于网络结构对节点进行低维表示的，而网络结构信息也包括邻近结构、社区结构等，根据考虑的不同结构信息能够设计出不同的方法。

（1）DeepWalk

DeepWalk 是一种将随机游走（Random Walk）和 Word2Vec 这两种方法相结合的图结构数据挖掘方法[1]。该方法能够学习网络的隐藏信息，并将图中的节点表示为一个包含潜在信息的向量。该方法主要分为随机游走和生成表示向量两个部分，利用图中节点与节点的共现关系生成短随机游走序列，再利用 Skip-Gram 的神经语言模型获得网络的向量表示。

（2）Node2Vec

简单来说，Node2Vec 是 DeepWalk 的一种延伸发展[2]。虽然 Node2Vec 依然采用随机游走的方式获取节点的近邻序列，但是 Node2Vec 采用的是一种有偏的随机游走，引入了偏置随机漫步（Biased-Random Walk）来刻画每次随机游走是偏深度探索（Depth-First Sampling，DFS）还是偏广度探索（Breadth-First Sampling，BFS），这两种游走方式分别侧重于社区结构和节点重要性信息。

（3）HARP

HARP[3]。认为网络结构是整个网络的宏观拓扑结构，HARP 通过递归合并网络中的节点和边，获得一系列规模逐渐减小的网络，然后对最小网络的嵌入进行学习，将其作为更大网络的初始化向量，经过多次迭代直到求解到原网络的嵌入。

（4）Metapath2Vec

Metapath2Vec[4]基于 Meta-Path 的 Random Walk 来构建每个节点的异构邻域，然后用 Skip-Gram 模型来完成节点的嵌入，使得异构网络中的结构和语义联系能够保留。Meta-Path 通过人为地定义可行的游走路径形式，来确保不同类型节点之间的语义关系可以正确地合并到 Skip-Gram 模型中。

（5）LINE

一阶相似度用于描述图 18-2 中成对节点之间的局部相似度。例如，由于节点 6 和节点 7 之间存在直边，且权重较大，因此认为两者存在相似性且一阶相似度较高，而由于节点 5 和节点 6 之间不存在直边，因此两者之间一阶相似度为 0。然而，由于节点 5 和节点 6 有很多相同的邻居节点，因此也可以表明节点 5 和节点 6 是相似的，二阶相似度就是用来描述这种情况的。

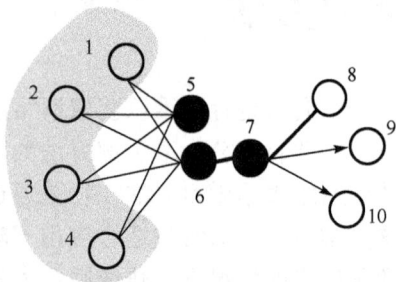

图 18-2 一阶相似度和二阶相似度实例

LINE（Large-scale Information Network Embeddings）[5]考虑了节点的邻近结构，先对所有的一阶相似度和二阶相似度节点对进行了概率建模，然后将节点 i 和节点 j 相连的经验概率 $p(i, j)$ 与向量化后两个节点相似度 $p(v_i, v_j)$ 的距离进行最小化，最后通过随机梯度下降对网络进行表示。

(6) CNRL

DeepWalk 只关注了节点与节点之间的关系，而忽略了图的全局关系。CNRL[6]则考虑了网络的社区结构，即在节点表示中嵌入网络隐藏的社区信息。CNRL 假设每个节点属于多个社区，也就是每个节点在所有的社区上有一个概率分布。CNRL 参考了 DeepWalk 的思想，将网络中的社区看作文本中的主题。CNRL 将每个节点序列看成一篇文档，然后通过基于 Gibbs 采样的 LDA 主题学习模型来学习每个节点的社区分布，并通过随机采样的方式，来给序列中的节点分配其对应的社区标签。随后，在 Skip-Gram 模型的基础上，用中心节点的节点表示和对应的社区表示同时预测随机游走序列中的邻近节点，从而将社区结构信息保存在节点表示中。

(7) SDNE 模型

SDNE (Structural Deep Network Embedding)采用一个半监督的深层模型，并利用多层非线性函数捕获到高度非线性的网络结构,然后使用一阶和二阶邻近关系来保持网络结构。因为二阶邻近关系使用无监督学习捕获全局的网络结构，而一阶邻近关系则使用监督学习来保留网络的局部结构，所以 SDNE 模型在半监督深度模型中联合优化两者，可以保留局部和全局网络结构，该方法在稀疏网络中有很好的表现。

(8) DNGR 模型

DNGR 模型[7]使用 Random Surfing 模型来处理带权图，不需要经过随机采样的过程就能直接获得一个共现概率 PPMI 矩阵，再通过共现概率矩阵挖掘出节点与节点之间的关系复杂、非线性，这相比于基于 SVD 的传统矩阵分解方法更加便捷。

18.3.2　结合网络外部信息的方法

除了网络结构信息，网络中也往往会包含丰富的外部信息，这些信息包括节点的文本信息和标签属性。结合网络外部信息的网络表示学习方法能够增强表示学习的效果。

(1) TADW

DeepWalk 等价于图 18-3 (a) 所示的矩阵分解，W 和 H 是矩阵 M 分解后得到的两个低维矩阵，DeepWalk 把其中的 W 矩阵看作节点的嵌入结果。TADW[8]在分解过程中增加了对文本特征信息的考虑，其中 T 表示文本特征矩阵，如图 18-3 (b) 所示。

(2) CANE

CANE[6]利用卷积神经网络对一条边上的两个节点的文本信息进行编码，在文本表示生成的过程中，利用相互注意力机制，选取这两个节点彼此最相关的卷积结果构成最后的文本表示向量。

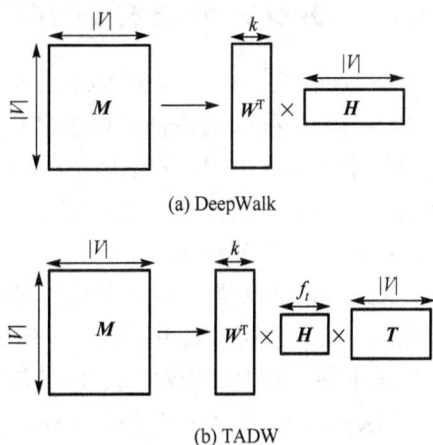

图 18-3　矩阵分解示意图

(3) DANE 模型

DANE[9]模型可以用来捕捉网络拓扑结构和属性中潜在的高度非线性特性。同时，该模型可以加强学习到的节点表示，以保持原始网络中的一阶和高阶邻近关系。

(4) CAN 模型

CAN 模型[10]的目的是学习在同一语义空间中的属性和节点的低维向量表示，以便有效地捕获和测量它们之间的相关性。为了有效地推断网络中节点和属性的嵌入，可以采用这样一种变分自动编码器，其中节点和属性的嵌入都用高斯分布表示，相应的方差代表了推断嵌入的不确定性。

(5) MMDW

MMDW[6]的目的是学习矩阵分解形式的 DeepWalk 损失函数，并训练一个基于支持向量机的最大间隔分类器，用于将两者的损失函数结合起来，并采用控制变量的方法分别进行优化，最终能够学习得到有明显区分的网络表示。

18.3.3　保留网络高级信息的方法

随着网络表示学习研究的深入，学者们也开始考虑网络的动态演化和社区发现等问题。除了网络结构信息和外部信息，在进行网络表示的时候社区之间的交互作用和时间戳也会被考虑在内。

DTCD(Dynamic Topical Community Detection)[11]统一集成了网络结构、文本和时间戳信息，对社区、主题、社区与主题的关系、社区与主题的时间变化进行建模，并将它们作为潜在变量。除了网络结构和节点属性，DTCD 还考虑了网络的高级信息，即网络的动态性信息、社区结构和主题之间的关系等信息，虽然增加了方法复杂性，但也开拓了网络表示学习的研究视域。

18.4　网络表示学习的经典方法案例

18.4.1　DeepWalk 方法(2014)

在 NLP 任务中，Word2Vec 是一种常用的词嵌入(Word Embedding)方法，它通过语料库中的句子序列来描述词与词的共现关系，进而学习到词语的向量表示。DeepWalk 的思想类似于 Word2Vec，即使用图中节点与节点的共现关系来学习节点的向量表示。那么问题的关键就是如何描述节点与节点的共现关系，DeepWalk 给出的方法是使用随机游走的方式在图中进行节点采样。

Random Walk 是一种可重复访问已访问节点的深度优先遍历算法。先给定当前访问起始节点，再从其邻居节点中随机采样作为下一个访问节点，重复此过程，直到访问序列长度满足预设条件。获取到指定长度的节点访问序列后，使用 Skip-Gram 模型进行向量学习。

DeepWalk 主要包括两个步骤，第一步为使用随机游走采样节点序列，第二步为使用 Skip-Gram 模型 Word2Vec 学习表达向量。具体步骤：①构建同构网络，对网络中的每个节点分别进行 Random Walk 采样，得到局部相关联的训练数据；②对采样数据进行 Skip-Gram 训练，将离散的网络节点表示成向量，最大化节点共现，并使用 Hierarchical Softmax 来做超大规模分类的分类器。

以电子商务领域常见的用户商品推荐为例，图 18-4(a)展示了原始的用户行为序列。

图 18-4(b)是基于这些用户行为序列构建的物品相关图，其中物品 A 和物品 B 之间的边产生的原因就是因为用户 U1 先后购买了物品 A 和物品 B。如果后续产生了多条相同的有向边，那么有向边的权重会被加强。在将所有用户行为序列都转换成物品相关图中的边之后，全局的物品相关网络得以建立。图 18-4(c)展示了如何通过随机游走的方式随机选择起始节点，然后重新产生物品序列。最后将这些物品序列输入 Word2Vec 模型，生成最终的物品 Embedding 向量，如图 18-4(d)所示。上述方法流程的核心是重新生成物品序列，其中唯一需要形式化定义的是随机游走的跳转概率，也就是到达节点 v_i 后，下一步遍历 v_i 的邻居节点 v_j 的概率。如果物品的相关图是有向有权图，那么从节点 v_i 跳转到节点 v_j 的概率定义如下：

$$P(v_j|v_i) = \begin{cases} \dfrac{M_{ij}}{\sum_{j \in N_+(v_i)} M_{ij}}, & v_j \in N_+ v_i, \\ 0, & e_{ij} \notin \varepsilon, \end{cases} \tag{18-3}$$

其中，$N_+(v_i)$ 是节点 v_i 所有的出边集合；M_{ij} 是节点 v_i 到节点 v_j 的边的权重。

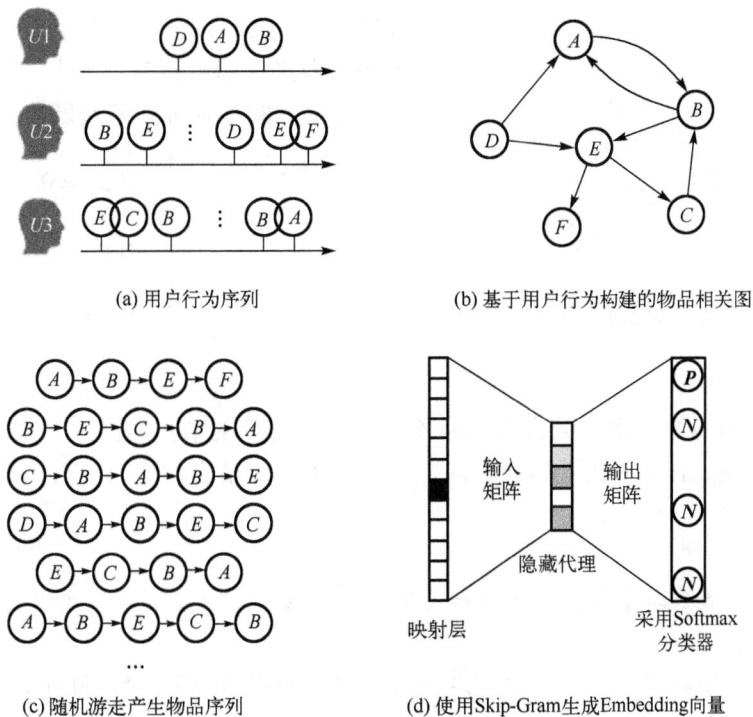

(a) 用户行为序列

(b) 基于用户行为构建的物品相关图

(c) 随机游走产生物品序列

(d) 使用Skip-Gram生成Embedding向量

图 18-4 DeepWalk 算法流程

18.4.2 Node2Vec(2016)

Node2Vec 与 DeepWalk 的原理相似，都是通过随机游走得到节点与上下文的组合，然后用神经语言模型对这样的组合进行建模得到网络的向量表示。不同的是 Node2Vec 设计了一个有偏的随机游走过程，这样可以有效地探索不同邻域。

许多节点在网络中存在一些相似的结构特征，如在图 18-5 中可以观察到节点 u 和节点

S_1 属于同一个紧密结合的节点社区，而在两个不同节点社区中的节点 u 和节点 S_6 也呈现出相似的结构特征。Node2Vec 能够很好地解决上述情况，一方面能够学习来自同一网络社区的节点，另一方面能够学习位于不同社区但具有相似角色的节点。

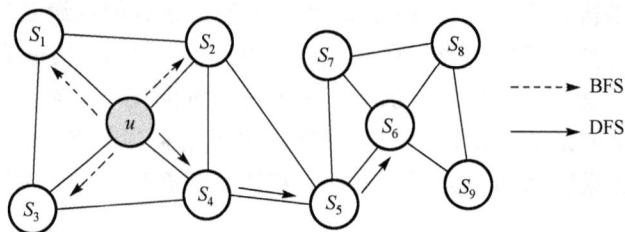

图 18-5　BFS 和 DFS 搜索策略

通常，有两种采样策略用来生成邻域集，分别是 DFS 和 BFS。BFS 倾向于在起始节点的周围游走，这可以反映出一个节点的邻居节点的微观特性；而 DFS 从起始节点开始按递增举例顺序采样，这可以反映出一个节点的邻居节点的宏观特性。Node2Vec 改进了 DeepWalk 中的随机游走方式，使它综合了 DFS 和 BFS 的特性。

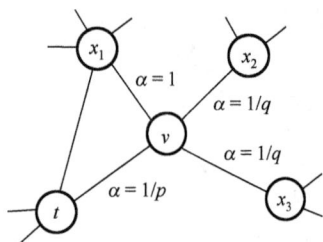

图 18-6　Node2Vec 中随机游走过程图示

如图 18-6 所示，对于一次随机游走，如果已经采样了 (t, v)，即采样停留在节点 v 上，那么下一个采样的节点依据以下的概率分布来判断。

$$\alpha_{pq}(t,x) = \begin{cases} \dfrac{1}{p} & \text{if } d_{tx} = 0 \\ 1 & \text{if } d_{tx} = 1 \\ \dfrac{1}{q} & \text{if } d_{tx} = 2 \end{cases} \tag{18-4}$$

返回概率 p：

如果 $p > \max(q,1)$，那么采样会尽量不向上一个访问的节点返回；

如果 $p < \min(q,1)$，那么采样会更倾向于返回上一个节点，从而一直围绕在起始节点周围的节点附近。

出入参数 q：

如果 $q > 1$，那么游走会倾向于围绕在起始节点周围的节点之间，这可以反映出一个节点的 BFS 特性；

如果 $q < 1$，那么游走会倾向于远处节点，这反映出节点的 DFS 特性。

可以看出，当 $p = 1$，$q = 1$ 时，Node2Vec 的游走方式就等同于 DeepWalk 中的随机游走。

图 18-7(a) 给出了 Node2Vec 的伪码，18-7(b) 给出了对应的可执行代码。在任何随机游走中，由于选择了从节点 u 开始，因此会存在一种隐形偏差。这种偏差可以通过模拟从任意节点开始进行固定长度 l 的随机游走来抵消，其中游走的每一步都根据转移概率 π_{vx} 进行采样。Node2Vec 的三个阶段，即计算转移概率的预处理、随机游走模拟和使用 SGD 的优化，依次执行。每个阶段都可并行，并且是异步执行，这有助于 Node2Vec 的整体可伸缩性。

Algorithm 1 The *node2vec* algorithm.

LearnFeatures (Graph $G = (V, E, W)$, Dimensions d, Walks per
node r, Walk length l, Context size k, Return p, In-out q)
π = PreprocessModifiedWeights(G, p, q)
$G' = (V, E, \pi)$
Initialize *walks* to Empty
for $iter = 1$ **to** r **do**
　　for all nodes $u \in V$ **do**
　　　　$walk$ = node2vecWalk(G', u, l)
　　　　Append $walk$ to $walks$
　　f = StochasticGradientDescent$(k, d, walks)$
　　return f

---
node2vecWalk (Graph $G' = (V, E, \pi)$, Start node u, Length l)
　　Inititalize $walk$ to $[u]$
　　for $walk\_iter = 1$ **to** l **do**
　　　　$curr = walk[-1]$
　　　　V_{curr} = GetNeighbors$(curr, G')$
　　　　s = AliasSample(V_{curr}, π)
　　　　Append s to $walk$
　　return $walk$

(a) Node2Vec 伪代码

```python
def node2vec_walk(self, walk_length, start_node):
    G = self.G
    alias_nodes = self.alias_nodes
    alias_edges = self.alias_edges
    walk = [start_node]
    while len(walk) < walk_length:
        cur = walk[-1]
        cur_nbrs = list(G.neighbors(cur))
        if len(cur_nbrs) > 0:
            if len(walk) == 1:
                walk.append(cur_nbrs[alias_sample(alias_nodes[cur][0], alias_nodes[cur][1])])
            else:
                prev = walk[-2]
                edge = (prev, cur)
                next_node = cur_nbrs[alias_sample(alias_edges[edge][0],alias_edges[edge][1])]
                walk.append(next_node)
        else:
            break
    return walk
```

(b)对应的可执行代码

图 18-7　Node2Vec 核心代码

　　Node2Vec 这种能灵活表达同质性和结构性的特点也得到了实验的证实。图 18-8 的上半部分就是 Node2Vec 更注重同质性的体现，从图中可以看到距离相近的节点的颜色更为接近，而下半部分则是结构特点相近的节点的颜色更为接近，体现出了结构性。

　　Node2Vec 所体现的网络的同质性和结构性在电子商务推荐系统中可以得到直观的解释。同质性相同的物品很可能是同品类、同属性、经常被一同购买的物品，而结构性相同的物品则是各品类的爆款、各品类的最佳凑单商品等拥有类似趋势或结构性属性的物品。显然二者在推荐系统中都是非常重要的特征表达。由于 Node2Vec 拥有这种灵活性及发掘不同特征的能力，因此可以把不同的 Node2Vec 生成的 Embedding 向量进行融合后共同输入后续深度学习网络，以保留物品的不同特征信息。

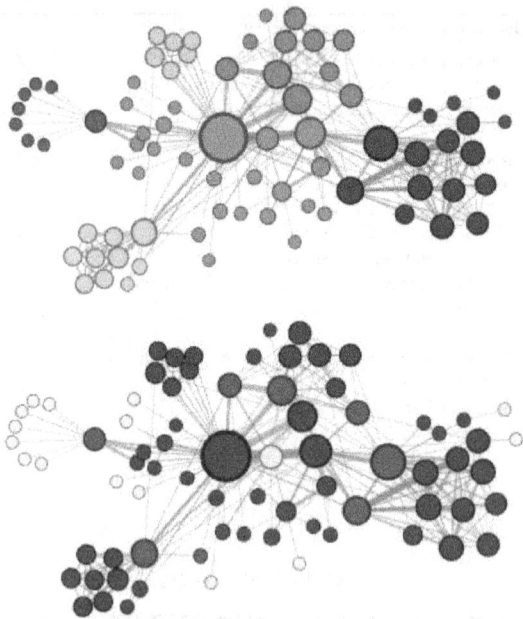

图 18-8　Node2Vec 实验结果

18.5　基于网络表示学习的应用举例

常见的网络表示学习应用场景主要有节点分类、链接预测、社区发现、推荐系统和可视化等。

18.5.1　节点分类

在进行网络数据处理时，往往需要将网络中的节点进行合理分类。例如，在社交网络中，可以根据用户的兴趣爱好对用户分类以进行相关推荐。用户的兴趣爱好是将用户进行分类的类别标注信息，也是对用户进行分类的依据。然而由于实际数据中的类别标注信息十分稀疏，因此可以利用网络表示学习方法对节点进行编码，使得节点在类别标注信息很少的情况下也能得到很好的分类效果。

18.5.2　链接预测

链接预测是指对网络丢失的边或潜在的边进行预测，这可以帮助分析数据缺失的网络及网络的演化，其在现实生活中具有广泛的运用。例如，可以利用链接预测方法基于当前网络结构预测可能成为朋友的用户，从而对用户进行好友推荐。链接预测的常见评价指标为 AUC 值，当在样本集中随机挑选一个正样本及一个负样本时，根据分类算法计算得到的正样本分数值高于负样本分数值的概率就是 AUC 值。

18.5.3　社区发现

社区发现是指对网络中的节点进行无监督的聚类，从而将网络中相似的节点归到同一个社区。与节点分类任务相比，最主要的不同就是社区发现任务是无监督的，即没有任何已标定的数据。作为一个自由度相对较高的任务，社区发现也吸引了很多研究者对其进行扩展研究。在实际应用层面上，社区发现算法可以用来为社交网络中的用户自动划分好友的分组，为蛋白质网络中的各类蛋白质依照它们之间的联系进行自动分类。

18.5.4 推荐系统

推荐系统是指为特定用户提供其最可能感兴趣的物品的建议的软件工具和技术，通过各种推荐算法对用户进行商品或信息推荐。一个精确的推荐算法可以很好地推荐与用户偏好或需求相接近的结果，并且在很大程度上降低用户搜索相关信息的时间，从而改善用户体验，提升用户忠诚度。使用网络表示学习方法训练由推荐场景衍生的信息网络，可以挖掘出更多的实体特征和实体间的联系，以及丰富推荐系统可以参考的信息，进而提高系统的性能。

18.5.5 可视化

可视化是指利用一定的计算机技术将数据转换成图形或图像后直观地呈现出来，从而清晰有效地表达信息。通过网络表示学习，可以在低维向量空间得到网络节点的表示向量，而这些向量可以直接用于网络的可视化，使网络可视化变得高效便捷。

本 章 小 结

本章首先对社会网络的现状进行分析，给出网络表示学习的基本概念；其次，为了进一步理解网络表示学习在处理复杂网络结构中的优势，又对传统网络表示学习方法和高级网络表示学习方法进行了介绍，并对 DeepWalk 和 Node2Vec 这两个经典方法的案例进行详解，以了解其工作原理及应用场景；最后，为了便于让大家更深刻地理解网络表示学习，介绍了网络表示学习在实际场景中的应用，为大家揭示一个完整的网络表示学习框架及应用模式。

从现有的网络表示学习工作来看，该领域依然是一个新兴且具有巨大前景的研究方向，仍然存在着许多挑战。比如，由于对动态网络的研究很少，因此如何从时间维度上综合考虑网络的重构是网络表示学习的一个难点。

思 考 题

1. 请简述网络表示学习的概念及优点。
2. 传统网络表示学习方法有哪些？
3. 请简述 DeepWalk 和 Node2Vec 的原理。
4. 基于网络表示学习的应用有哪些？

参 考 资 料

[1] BRYAN PEROZZI, RAMI AL-RFOU, STEVEN SKIENA. Deepwalk: online learning of social

representations[C]//In proceedings of the 20th ACM sigkdd international conference on knowledge discovery and data mining (KDD '14), 2014, 701-710.

[2] GROVER A, LESKOVEC J. Node2vec: scalable feature learning for networks[C]//Proceedings of the 22nd ACM SIGKDD international conference on knowledge discovery and data mining. ACM, 2016,855-864.

[3] CHENG YANG, ZHIYUAN LIU, DELI ZHAO, et al. Chang. Network representation learning with rich text information[C]//In proceedings of the 24th international conference on artificial intelligence (IJCAI'15). AAAI press, 2015, 2111-2117.

[4] YUXIAO DONG, NITESH V CHAWLA, ANANTHRAM SWAMI. Metapath2vec: scalable representation learning for heterogeneous networks[C]//In proceedings of the 23rd ACM SIGKDD international conference on knowledge discovery and data mining (KDD '17), 2017, 135-144.

[5] TANG J, QU M, WANG M, et al. Line: large-scale information network embedding[C]//Proceedings of the 24th international conference on world wide web, 2015, 1067-1077.

[6] TU C, LIU H, LIU Z, et al. Cane: context-aware network embedding for relation modeling[C]// Proceedings of the 55th annual meeting of the association for computational linguistics (volume 1: long papers), 2017, 1722-1731.

[7] SHAOSHENG CAO, WEI LU, QIONGKAI XU. Grarep: learning graph representations with global structural information[C]//In proceedings of the 24th ACM international on conference on information and knowledge management (CIKM '15), 2015, 891-900.

[8] YANG C, LIU Z, ZHAO D, et al. Network representation learning with rich text information[C]//Twenty-fourth international joint conference on artificial intelligence, 2015.

[9] HONGCHANG GAO, HENG HUANG. Deep attributed network embedding[C]//In proceedings of the 27th iinternational joint conference on artificial intelligence (IJCAI'18). AAAI press, 2018, 3364-3370.

[10] MENG Z, LIANG S, BAO H, et al. Co-embedding attributed networks[C]//Proceedings of the twelfth ACM international conference on web search and data mining, 2019: 393-401.

[11] ZHANG Y, WU B, NING N, et al. Dynamic topical community detection in social network: a generative model approach[J]. Ieee access, 2019, 7: 74528-74541.

附录 A　社会网络计算软件基本操作

本章将介绍社会网络计算中几款常用软件的基本操作，包括最常用的 Ucinet、常用于处理大型复杂网络的 Pajek、数据可视化功能十分强大的 Gephi、R 语言中的 igraph 画图包和用于动态网络分析的 RSiena 包，以及 Python 及其 NetworkX 包。

A.1　社会网络计算软件对比介绍

如今，社会网络分析(Social Network Analysis，SNA)越来越引人注目，而进行社会网络分析需要进行大量的计算，一般都要在计算机辅助软件的支持下才能完成，在此简要介绍几种社会网络计算软件，并做一些对比分析。

A.1.1　Ucinet

Ucinet[1]是一种综合性的社会网络计算软件，其中包括用于一维与二维数据可视化分析的 Net-Draw 软件，还有正在发展应用的三维数据可视化分析软件 Mage 等。Ucinet 同时还集成了 Pajek 等用于大型网络分析的自由应用软件程序。Ucinet 能够处理的原始数据为矩阵格式，同时它还提供了大量数据管理和转化工具。该软件本身不包含网络可视化的图形程序，但可将数据和处理结果输出至 NetDraw、Pajek、Mage 和 KrackPlot 等软件作图。

Ucinet 包含大量包括探测凝聚子群(Cliques，Clans，Plexes)和区域(Components，Cores)、中心性分析(Centrality)、个人网络分析和结构洞分析在内的网络分析程序。Ucinet 还包含众多基于过程的分析程序，如聚类分析、多维标度、二模标度(奇异值分解、因子分析和对应分析)、角色和地位分析(结构、角色和正则对等性)和拟合中心-边缘模型。

A.1.2　Pajek

Pajek[2]是大型复杂网络分析工具，也是研究目前所存在的各种复杂非线性网络的有力工具。Pajek 在 Windows 环境下运行，用于拥有上千乃至数百万个节点的大型网络的分析和可视化操作。Pajek 针对以下网络提供分析和可视化操作工具：合著网、化学有机分子网、蛋白质受体交互网、家谱、因特网、引文网、传播网(AIDS、新闻、创新)、数据挖掘(二模网络)等。

设计 Pajek 的主要目的：将大型网络分解成几个较小的网络，以便使用更有效的方法进一步处理；向使用者提供一些强大的可视化操作工具；执行用于分析大型网络的有效算法(Subquadratic)。

通过 Pajek 可完成以下工作：在一个网络中搜索类(组成重要节点的邻居、核等)；获取属于同一类的节点，并分别显示出来，或者反映出节点的连接关系（更具体的局域视角）；在类内收缩节点，并显示类之间的关系（全局视角）。

A.1.3　Gephi

Gephi[3]是众多数据可视化（Data Visualization，DV）的工具之一，开发者赋予它成为"数据可视化领域的 Photoshop"的使命。

Gephi 是一款基于 JVM 的开源免费跨平台复杂网络分析软件，主要用于各种网络和复杂系统的动态和分层图的交互可视化与探测，还可用于探索性数据分析、链接分析、社交网络分析和生物网络分析等。

A.1.4　R 语言中社会网络分析包

R 语言可以理解为一个开源统计编程平台，其中有很多优于传统社会网络计算软件的社会网络分析工具包。利用这个平台，只需要一点编程技术和耐心，就可以对手边的任何社会网络问题进行更好的分析和可视化处理。R 语言中有多个社会网络分析包，常用的有 igraph 包、sna 包、RSiena 包、network 包、statnet 包[4]等。

igraph 包能够进行简单的图和网络分析。Igraph 包能够很好地处理大型的网络图，并且能提供产生随机或常规图、图的可视化、网络基本指标计算等一系列功能。除了最短路径等传统的图论算法，还能实现一些社区检测等复杂网络算法，但无法处理混合网络。

sna 包主要用来进行社会网络分析。它提供了一系列进行社会网络分析的工具，包括节点和图水平指数、结构距离和协方差方法、结构等价检测、网络回归、随机图的产生、2D/3D 网络可视化等。

RSiena 包主要用于实证网络分析的仿真研究。它基于行动者导向模型进行社会网络动态演化分析，如网络演变模拟、行为演变模拟、参数估计等。

network 包中主要是关系数据的类库。它提供了产生和修改网络对象的工具。其网络类能够表示一系列关系数据类型，并且支持任何节点、边、图的特性。

statnet 包整合了一系列社会网络分析工具包，包括 sna 包、network 包等。它提供了一系列对网络数据进行表现、可视化、分析和仿真的工具。相比 Ucinet 和 Pajek 社会网络分析包，statnet 包更关注对网络数据的统计建模。

A.1.5　Python 语言

Python 语言既支持面向过程的编程也支持面向对象的编程。在"面向过程"的语言中，程序是由过程或可重用代码的函数构建起来的。在"面向对象"的语言中，程序是由数据和功能组合而成的对象构建起来的。与其他主流的语言如 C++语言和 Java 语言相比，Python 语言是以一种非常强大又简单的方式实现面向对象编程的。NetworkX 是一个 Python 包，用于创建、操作和研究复杂网络的结构、动力学和功能。

因为 Python 语言有众多的优点，所以许多大型网站都是用 Python 语言开发的，如 YouTube、Instagram，以及国内的豆瓣。很多大公司，包括 Google、Yahoo 等，甚至 NASA（美国航空航天局）都大量地使用 Python 语言。

A.1.6　SNA 软件对比分析

简要地了解了这五种软件之后，下面对它们做一些对比分析。

Ucinet 是专为社会网络分析设计的，由于该软件在小型网络的统计方面做得比较好，综合性较强，功能也比较全面，因此被很多做社会网络分析的人所使用。但是 Ucinet 在分析社交网络数据时，在速度和灵活性方面无法令人满意，特别是当网络节点数达到几百或几千个以上时，Ucinet 难以满足要求。Ucinet 的可视化效果没有 Gephi 好，需要借助其绑定的软件进行作图。而且，Ucinet 属于商业软件，并不是免费的，只有一个月的免费试用期。

Pajek 是一个为处理大数据集而特别设计的网络分析和可视化程序，它的主要优势在于对大型网络（如数百万个节点）的解析速度比较快。Pajek 可以同时处理多个网络，也可以处理二模网络和时间事件网络（时间事件网络包括了某一网络随时间的流逝而发生的发展或进化）。图形功能是 Pajek 的强项，它可以方便地调整图形及指定图形所代表的含义。由于大型网络难以在一个视图中显示，因此 Pajek 会区分不同的网络亚结构然后分别予以可视化。与 R 语言相比，Pajek 只包含少数基本的统计程序。

Gephi 的时间序列处理能力和动态可视化能力强于其他软件。其可视化能力也很强，通过节点及边来表示事物之间的联系，还可以生成非常好看的图像。

R 语言软件虽然有社会网络分析包，但是 R 语言软件并不仅仅是社会网络分析的工具。R 语言软件的统计功能十分强大，因为其提供各种数学计算、统计计算的函数。由于 R 语言在编程方面简便且功能强大，并可用 igraph 绘制网络图来进行可视化分析，因此 R 语言软件在数据分析方面很灵活，这是其在网络分析方面的一大优势。针对大型网络可视化的软件 Pajek 也有 R 语言软件的接口，Pajek 的优势在于针对大型网络的基本运算速度比 Ucinet 快，但这是以牺牲了统计功能为代价的，其输出的结果可以得到像 R 语言软件之类的辅助。因此，R 语言软件与其他软件的配合使用使其社会网络分析功能更为强大，这是一款很好的社会网络分析软件。

Siena 是一套进行社会网络动态分析的工具，这里的社会网络主要指整体网络（研究对象是一个封闭的群体，所有节点之间的连接都是知道的）。Siena 目前用得比较多的版本是 Siena4，也就是 RSiena。由于该版本是跨平台的，且非常完美地嵌入了 R 语言中，即只要能运行 R 语言的平台就能运行 RSiena，因此该版本与 Windows、Mac、Unix/Linux 系统兼容。在版本 Siena4 之前有版本 Siena3，版本 Siena3 只能在 Windows 下运行。除兼容性的区别外，版本 Siena4 和版本 Siena3 在功能模块上也稍有不同。版本 Siena3 包括了指数随机图模型，虽然目前还可以使用，但已经不更新了，而版本 Siena4 则把这一模块作为 R 语言的另一个程序包单独使用。

与 R 语言类似，Python 并非是专门针对社会网络分析的工具，但其可提供社会网络分析的专用包 NetworkX。NetworkX 产生于 2002 年，是一个用 Python 语言开发的图与复杂网络建模工具。它内置了常用的图与复杂网络分析方法，可以方便地进行复杂网络数据分析及仿真建模等工作；支持创建无向图、有向图和多重图；内置许多标准的图论算法，节点可以为任意数据；支持任意的边值维度。与此同时，我们可以利用 NetworkX 以标准化或非标准化的数据格式存储网络、生成多种随机网络和经典网络、分析网络结构、建立网络模型等。因此，我们可以利用 Python 进行可视化及理解社会网络。

A.2 Ucinet 的安装与基本使用

A.2.1 Ucinet 的安装

Ucinet 6 Windows 版本的安装软件包名称为 UcinetSetup.exe，单击该软件安装包，在弹出的界面中单击"允许运行"按钮，然后再单击图 A-1 中的"Next"按钮。

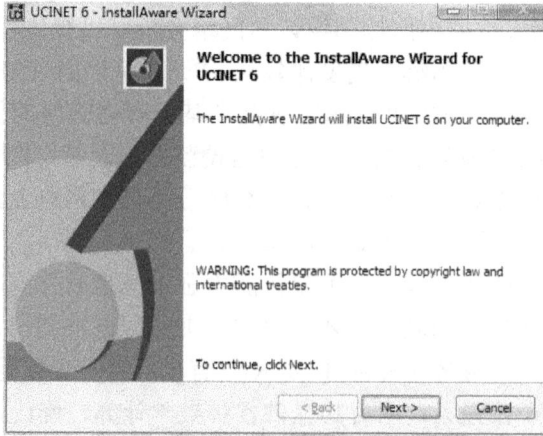

图 A-1 Ucinet 安装初始界面

A.2.2 Ucinet 的基本使用

1. 打开软件

在电脑的开始菜单中找到软件的安装位置（安装软件的同时也把使用手册安装好了），然后单击"UCINET 6"，启动主程序，如图 A-2 所示。

在 Ucinet 6 运行后，该程序主界面如图 A-3 所示。

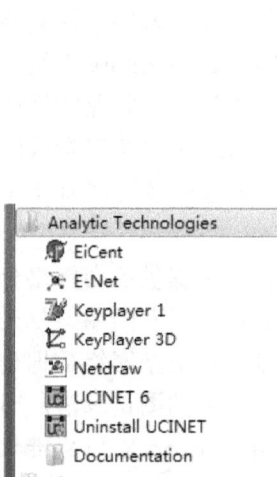

图 A-2 Ucinet 启动图标

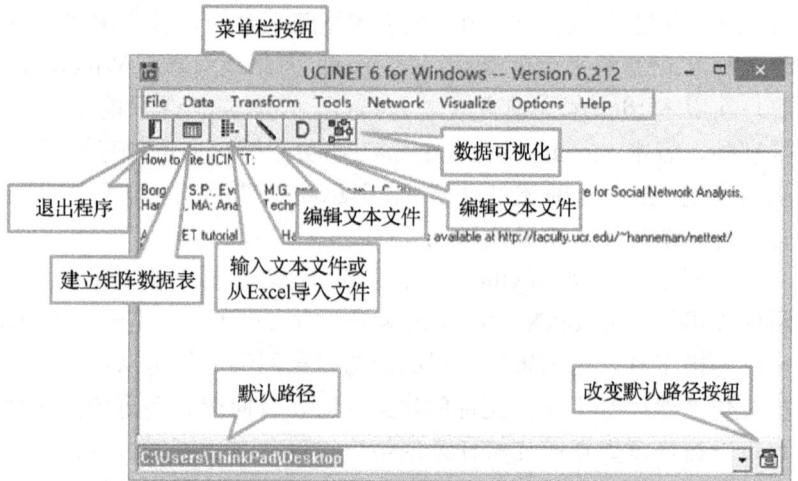

图 A-3 Ucinet 6 主界面功能展示

2. 软件菜单简介

Ucinet 跟大多数软件类似，菜单主要包括 File、Data、Transform、Tools、Network、Visualize、Options、Help。

（1）File 菜单

File 菜单的功能主要包括设置默认保存文件夹，新建文件夹，复制、重命名、删除 Ucinet 数据，打印，文本编辑，提前预览，加载 Mage，加载 Pajek 数据等功能。

（2）Data 菜单

Data 菜单的功能较多，主要包括对数据进行显示、导入、导出、编辑，各种格式的数据处理、解压、打包，矩阵数据转换为向量格式，分段数据转换为数据集等功能；Dataeditors 是 Ucinet 提供的对数据集进行编辑的常用功能。

（3）Transform 菜单

Transform 菜单是 Ucinet 进行数据集转换的主要菜单：Block 为对数据进行块处理，包括求和、求平均值等方法；Collapse 为对数据进行折叠操作，如果要将数据的第一行和第三行合并为单独的一行，那么可以采用求和、平均值、最大最小值等函数；菜单中还包括二分法、对称分析处理、矩阵转置等具体的数据转换分析方法，由于这些都是比较专业的数据处理方法，因此在这就不多做介绍了。

（4）Tools 菜单

Tools 菜单涵盖的是 Ucinet 提供的数据分析工具，包括利润分析、一致性分析、群聚分析、比例缩放、数据分解、数据自动校验、数据相似分析、差异分析、单变量统计、频率分析、数量统计组合、假想测试、矩阵代数、散点图、树形图、树图。

（5）Network 菜单

Network 菜单是数据网络分析菜单，主要针对已经经过数据转换加工的数据进行网络分析。该菜单包括如下功能：

Cohesion：数据内聚力分析；

Regions：数据地域分析；

Subgroups：亚组分析；

Paths：路径分析；

Ego Networks：自我意识网络分析；

Centrality and Power：向心力网络；

Group Centrality：群组向心力；

Core/Periphery：核心边缘网络；

Roles & Positions：角色地位分析；

Triad Census：三元组调查。

（6）Visualize 菜单

该菜单通过 NetDraw、Mage、Pajek 工具实现数据可视化分析。

（7）Options 菜单

Options 菜单负责对 Ucinet 软件进行参数配置。

A.3 Gephi 的安装与基本使用

A.3.1 Gephi 的安装

在官网下载 Gephi 安装包，下载后安装即可，如果能够正常打开 Gephi，则跳过下面的提示。

提示：如果安装完后出现"cannot find java 1.6 or higer"的错误，那么参考如下解决方法。再下载 JDK 或 JRE 进行安装，安装路径分别如下。

JDK 的安装路径：D:\Program Files\Java\jdk1.6.0_43。

JRE 的安装路径：D:\Program Files\Java\jre6。

安装完成后对环境变量进行配置(针对 Win7)。

①依次单击：计算机→属性→高级系统设置→环境变量，打开环境变量设置界面；

②在系统变量中新建 JAVE_HOME，将该变量对应的路径设置为：

D:\Program Files\Java\jdk1.6.0_43；

③在系统变量的 Path 路径的最前面添加：

D:\Program Files\Java\jdk1.6.0_43\bin;D:\Program Files\Java\jre6\bin；

④在系统变量中新建 CLASSPATH，变量值为：

.;%JAVA_HOME%\lib;%JAVA_HOME%\lib\dt.jar;%JAVA_HOME%\lib\tools.jar;

以上步骤完成后便可正常打开 Gephi。

A.3.2 Gephi 的基本使用

Gephi 有如下八个基本功能模块。

(1)文件导入

单击菜单栏中的"文件"→"打开"选项后即可输入选择的文件，Gephi 支持的文件类型有很多，这可以在"文件类型"中选择。输入文件后会产生一个输入报告，报告中含有节点和边的信息等内容。单击输入报告中的"确定"按钮后，便可产生一个初始图像。

若要从数据库中导入文件，则选择"文件"→"输入数据"→"边名单"选项进行导入。

若要随机生成一个随机图，则选择"文件"→"生成"→"随机图"选项，便可以输入生成随机图所需的节点数和连线的概率。

(2)可视化操作

可视化操作是指可以通过滚动鼠标滑轮，对图像进行放大缩小，或者单击鼠标右键将图形进行拖动。

(3)布局/流程

布局/流程可以通过选择下拉框中的 12 种布局算法来使用，前六种是主要布局算法，后六种是辅助布局算法。

在图 A-4 中选择一种布局算法，然后单击"运行"按钮即可看到布局效果。最常用的布局算法是力导向算法(Force Atlas 和 ForceAtlas 2)、圆形布局(Fruchterman Reingold)和胡一凡布局(Yifan Hu)。

(4)统计

图的特征可在统计功能模块中计算得到，其模块如图 A-5 所示。单击"运行"按钮，可计算相应的图的特征数值，如要查看详细内容，可单击"问号"图标产生相应的报告。

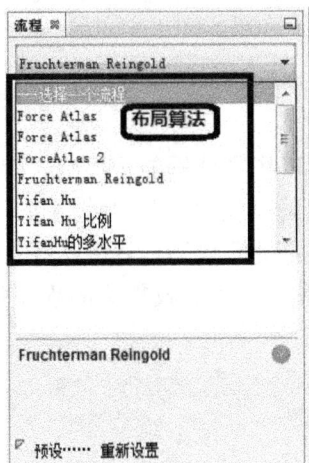

图 A-4 Gephi 的几种常用布局算法

图 A-5 统计模块

(5)排序

排序模块如图 A-6 所示，其基本功能已经在图中标示。

以度为参数，完成对节点大小的排序，操作界面如图 A-7 所示。

图 A-6 排序模块

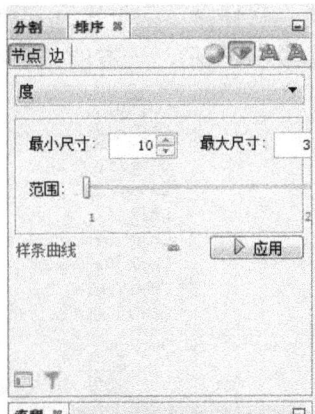

图 A-7 以度为参数对节点大小排序

(6)分割

分割也是一种归类，把值相同的节点或边用不同的颜色标示出来，还可把值相同的节点组合成一个节点。

(7)过滤

在作图过程中经常需要把一些值相同的节点或边选择出来，此时需要用到过滤工具，通过过滤功能实现选择或将符合条件的节点和边过滤出来。

(8)预览

预览是输出控制的环节，在预览界面可以对前面编辑的图形做最后的美化，包括图形外观样式和显示细节的调整，之后便可导出图形。

A.4　igraph 的安装与基本使用

A.4.1　igraph 的安装

igraph 是 R 语言软件中能够进行简单的绘图和网络分析的程序包，该程序包可以通过连接镜像网站中的软件库来下载到本地。打开 R 语言软件，从"程序包"菜单中选择"设定 CRAN 镜像"选项（如图 A-8 所示），在跳出来的镜像网站列表中选择一个地理位置较近的镜像网站［如图 A-9(a)所示］，以便后续从该网站快速下载需要的程序包。在图 A-9(a)中，选择"China(Hefei)"。

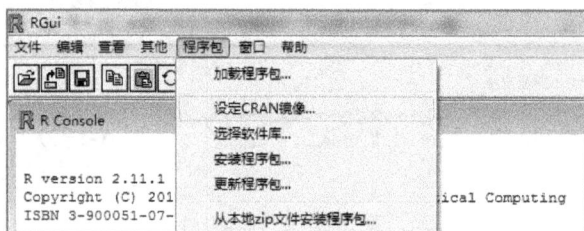

图 A-8　设定 CRAN 镜像

再选择"软件库"来设置我们要从哪个软件库下载程序包，或者如何加载 R 语言程序包。如图 A-9(b)所示，一般的统计应用都可以选择通用软件库"CRAN"。

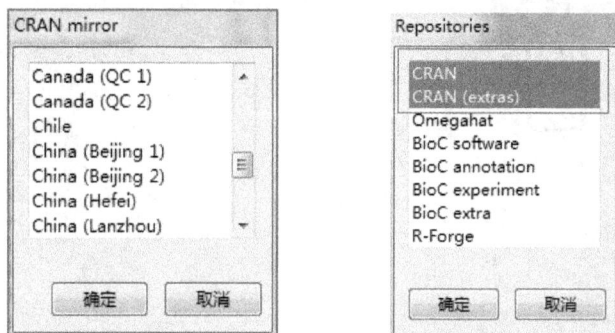

(a)选择镜像网站　　　　　(b)加载软件库"CRAN"

图 A-9　选择镜像网站和加载软件库"CRAN"

在 R 语言环境中安装 igraph 程序包有两种方法：可以用图形用户界面进行安装，也可以用 R 语言软件控制台中的 install.packages 函数来安装。

(1)图形用户界面安装

在 R 语言软件的菜单栏上，找到"程序包"→"安装程序包"，单击之后弹出图 A-10(a)所示的窗口，在下拉列表中选择"igraph"，单击"确定"按钮。

同样，在 R 语言软件的菜单栏上，找到"程序包"→"加载程序包"，单击之后弹出图 A-10(b)所示的窗口，在下拉列表中选择"igraph"，单击"确定"按钮。

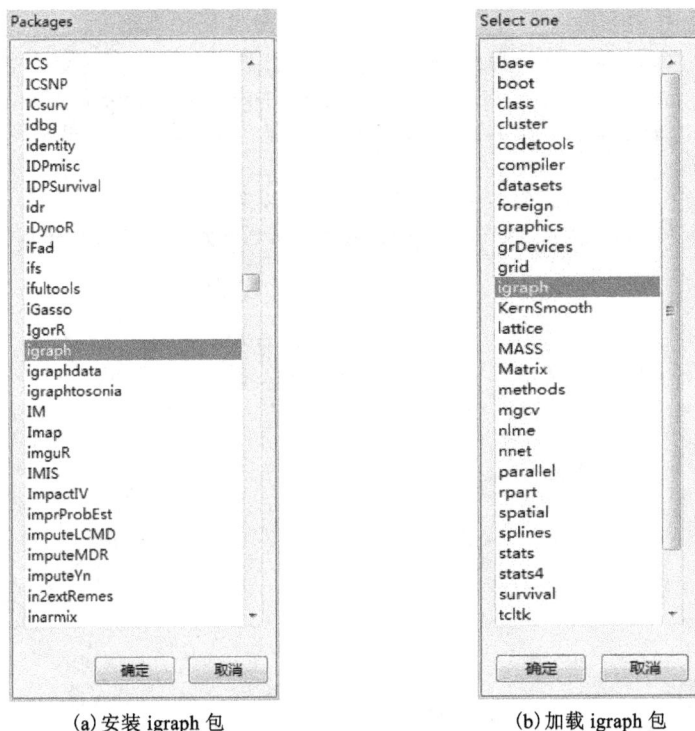

(a)安装 igraph 包   (b)加载 igraph 包

图 A-10 安装 igraph 包和加载 igraph 包

(2)R 语言软件控制台中的 install.packages 函数安装

在 R 语言软件控制台中通过如下三个步骤来安装 igraph。

➤ 安装：install.packages('igraph')。

➤ 加载：library(igraph)。

➤ 检测：通过语句 print(require(igraph))来检测加载情况，若结果返回 TRUE 则表示加载成功。

A.4.2 用 igraph 创建简单的图

利用 igraph 包中的 graph 函数就可以创建一个简单的图，其用法如下：

```
graph(edges, n=max(edges), directed=TRUE)
```

其中，edges 是一个用来定义图中边的数值向量。向量中的元素为节点的 Id，其中第一个元素和第二个元素表示第一条边的起始节点，第三个元素和第四个元素表示第二条边的起始节点，以此类推(因此向量中的元素个数为偶数个)；

n 表示图中的节点数，若 edges 中节点的数量大于 n，则 n 的值被忽略；若 n 大于 edges 中节点的数量，则图中的节点数量由 n 确定；若没有指定 n 的值，则由 edges 向量中的最大节点数量确定。

directed 表示该图是有向的还是无向的，值 T 表示有向，值 F 表示无向，默认值为 T。具体代码执行情况如下。

```
#构建有向图
>library("igraph") #加载 igraph 包
> g <- graph( c(1,2, 1,3, 2,3, 3,5), n=5,directed=T )
#1,2,3,5 表示节点 id,创建一个有五个节点,四条边的有向图。其中边情况是：1-2,
1-3,2-3,3-5。
> plot(g)#可在 plot 窗口中可视化该图,结果如图 A-11 所示。
#在新版本(0.6-2 以上)中节点 id 的编号不是从 0 开始,而是从 1 开始

#构建无向图
> g <- graph( c(1,2, 1,3, 2,3, 3,5), n=5,directed=F )
> plot(g)#可在 plot 窗口中可视化该图,结果如图 A-11 所示。
```

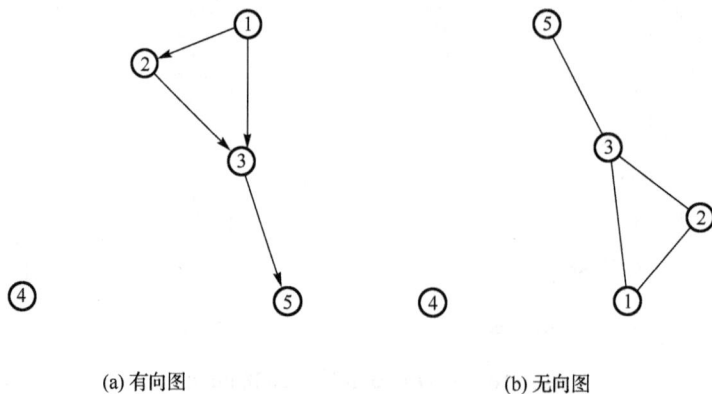

(a) 有向图　　　　　(b) 无向图

图 A-11　构建有向图和无向图

A.5　RSiena 的安装与基本使用

A.5.1　RSiena 的安装与加载

RSiena 是 R 语言软件中能够进行社会网络动态演化分析的程序包，可以通过下载安装 RSiena 包来使用 Siena，也可以通过连接镜像网站中的软件库来下载到本地。镜像网站的加载及软件库的选择可以参考 A.4 igraph 安装章节。

在 R 语言环境中安装 RSiena 程序包有两种方法：可以用图形用户界面进行安装，也可以用 R 语言软件控制台中的 install.packages 函数来安装。

（1）图形界面安装

在 R 语言软件的菜单栏上，选择"程序包"→"安装程序包"，单击之后会弹出图 A-12(a) 所示的窗口，从下拉列表中选择"RSiena"，单击"确定"按钮。

在 R 语言软件的菜单栏上,选择"程序包"→"加载程序包",单击之后会弹出图 A-12(b)所示的窗口,从下拉列表中选择"RSiena",单击"确定"按钮。

(a) 安装 RSiena (b) 加载 RSiena

图 A-12　安装和加载 RSiena

(2)R 语言软件控制台安装

在 R 语言软件控制台中可通过如下三个步骤来安装 RSiena。

➤ 安装：install.packages('RSiena')。
➤ 加载：library(RSiena)，值得注意的是，每次使用程序包都必须先加载，如图 A-12(b)所示。
➤ 检测：print(require(RSiena))，若结果返回 TRUE 则表示加载成功。

A.5.2 RSiena 相关程序包

在 R 语言环境下可联机在线安装以下运行动态网络分析所需要的程序包：

➤ network：用于处理网络数据；
➤ sna：用于经典的社会网络分析；
➤ xtable：用于 LaTex 表格的生成；
➤ rlecuyer：用于随机数的生成；
➤ ergm：用于指数随机图建模(Exponential Random Graph Models)；
➤ coda：用于马尔可夫蒙特卡洛模拟算法(Markov Chain Monte Carlo，MCMC)。

A.5.3 R 语言软件的工作空间操作

R 语言软件的工作空间操作有如下类型。

（1）查看工作空间：使用 getwd()函数后，在 R 语言软件控制台上会返回工作空间的路径。

（2）设置工作空间：使用 setwd()函数设置工作空间，括号内是重新设定的工作空间路径。

（3）查看工作目录中的文件：使用 list.files()，在 R 语言软件控制台上返回工作空间下的文件列表，可以通过此步骤来检查是否将文件正确地放入工作目录中。

A.5.4　RSiena 数据读取

使用 RSiena 读取数据的步骤如下：先将以下 data 存入 TXT 文档(数字之间用制表符隔开)，然后将该 TXT 文档转化为 data.dat 和 data.csv，最后将这三个数据文件放入 R 语言软件当前的工作目录下。

```
data: 1   2   3   4   5   6
      7   8   9  10  11  12
     13  14  15  16  17  18
     19   0  21  22  23  24
     25   6  27  28  29  30
     31   2  33  34  35  36
```

使用 RSiena 读取数据的代码示例如下：

```
#读取 TXT 数据：
data <- read.table("data.txt",header=F,sep="\t")
#读取 DAT 数据：
data1 <- read.table("data.dat",header=F,sep="\t")
#读取 CSV 数据：
data2<- read.table("data.csv", header=F,sep="\t")
```

A.5.5　RSiena 查询数据

我们常常用表格来表示所有行动者的行为或属性数据，每一列数据代表所有行动者的某一个具体行为或属性数据，而每一行则表示某一个行动者的所有的行为或属性数据。在进行分析的过程中，我们常常需要进行数据的查询工作。在 R 语言软件中可以方便地对具体某一个值、某一行值、某一列值进行快速查询。查询代码示例如下。

```
#查询某一个数据：
data[ 2, 3 ]#查询表格的第 2 行第 3 列的值
#查询行数据：
data[ 1, ]#仅查询表格的第 1 行
data[ 1:3, ]#查询表格的第 1 到第 3 行，其中 1:3 表示产生 1 到 3 的序列
data[ c( 2, 5, 6), ]#查询表格的第 2 行、第 5 行、第 6 行，其中 c( 2, 5, 6)表示
将 2,5,6 连接成向量。
#查询列数据：
data[,1 ]#查询第 1 列
data[,1:3]#查询第 1 到 3 列
data[,c( 2, 5, 6) ]#查询第 2 列、第 5 列、第 6 列
#查询结果如图 A-13 所示
```

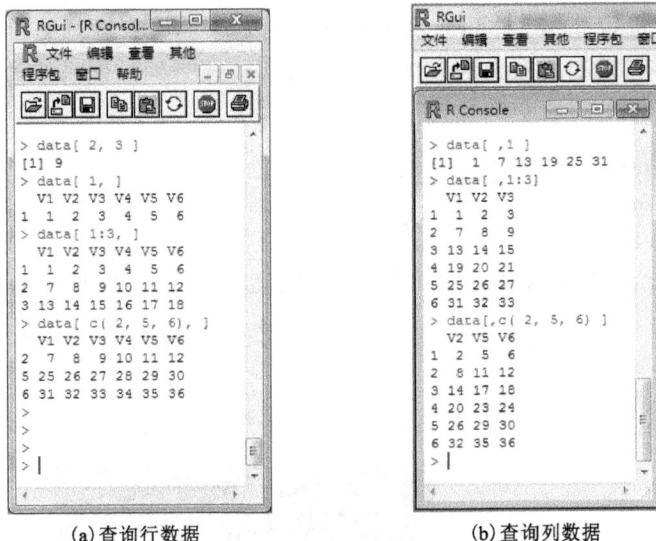

(a) 查询行数据　　　　　　　(b) 查询列数据

图 A-13　查询数据

由于表格只能用来存储、查询数据，但是不能对表格数据进行运算，因此需利用as.matrix()方法将表格数据转换成矩阵，然后进行运算处理。

```
        #将 data 转换成矩阵，并查询矩阵中的
某一行或某一列数据
        data<- as.matrix( data )
    #as.matrix 是把一个非矩阵的变量变成矩
阵，括号里的参数是要转换的变量名，可以是向量、
数据框等。
        #查询矩阵的第一行
        data[1, ]
        #查询矩阵的第一列
        data[,1]
        #转换和查询结果如图 A-14 所示
```

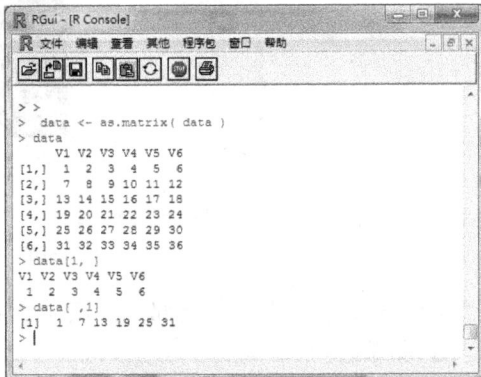

图 A-14　转换和查询结果

A.6　Netlogo 的安装与基本使用

A.6.1　Netlogo 的基本介绍

Netlogo 是一个用来对自然和社会现象进行仿真的可编程建模环境。它是由 Uri Wilensky 在 1999 年发起的，由连接学习和计算机建模中心 (CCL) 负责持续开发。Netlogo 是继承了 Logo 语言的一款编程开发平台，由于 Netlogo 改进了 Logo 语言只能控制单一个体的不足后，可以在建模中控制成千上万的个体，因此 Netlogo 建模能很好地模拟微观个体的行为和宏观模式的涌现，以及两者之间的联系。Netlogo 是用于模拟自然和社会现象的编程语言和建模平台，特别适合于模拟随时间发展的复杂系统。Netlogo 也特别适合对随时

间演化的复杂系统进行建模。建模人员能够向成百上千的独立运行的"主体（Agent）"发出指令，这就使得探究微观层面上的个体行为与宏观模式之间的联系成为可能，因为这些宏观模式是由许多个体之间的交互涌现出来的。

A.6.2　Netlogo 的安装及基本使用

在官网下载 Netlogo 安装包。单击 download 链接后可以选择要下载的版本，最新的版本为 Netlogo 6.3.0，此版本为中文版，填写信息后即可下载。操作界面如图 A-15 所示。

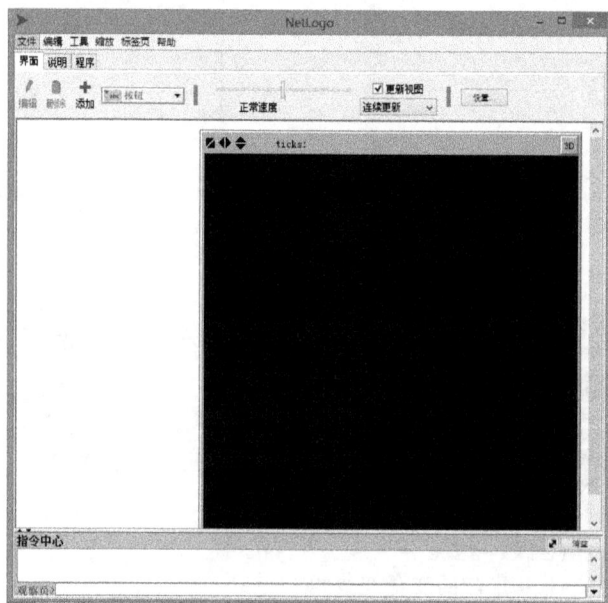

图 A-15　Netlogo 操作界面

操作界面分成两个主要部分：菜单和主窗口。主窗口包括三个标签页。

（1）菜单

菜单有"文件、编辑、工具、缩放、标签页、帮助"六个功能选项。

（2）标签页

在 Netlogo 主窗口的顶部是三个标签页：界面（Interface）、说明（Information）和程序（Procedures），在任一时刻虽然只有其中之一可见，但可以通过单击窗口顶部的标签进行切换，如图 A-16 所示。

图 A-16　Netlogo 标签页与工具条

如图 A-16 所示，在这些标签下方是一个工具条，上面有一排按钮，当切换标签时会显示不同的按钮。

（3）界面页

在界面页查看模型的运行情况，其中有用来监视和更改模型内部运行情况的工具。

当首次打开 Netlogo 时，界面页只有主视图和命令中心，主视图用来显示海龟和瓦片，命令中心用来发出 Netlogo 命令。

(4) 使用界面元素

界面页的工具条包括用来编辑、删除、添加界面项的按钮，还有一个用来选择不同的界面项的菜单下拉框 (如按钮和滑动条)，如图 A-17 所示。

工具条上的按钮的使用说明如下所述。

① 添加：要添加界面元素时，先在下拉菜单中选择所需元素，等"添加"按钮呈按下状态后，才能在工具条下方的空白区进行单击 (如果菜单项已经显示出所需的类型，则只需单击"添加"按钮，无须使用菜单)。

图 A-17　Netlogo 上的按钮功能

② 选择：先选择一个界面元素，然后用鼠标拖出一个矩形包围它。若该元素出现灰色边框，则表明被选中了。

③ 选择多项：用拖出的矩形同时包围多个界面元素，便可以选中多项。如果选择了多项，其中一项是"key"，那么该操作的含义是若使用界面页工具条上的"编辑"或"删除"按钮，则只影响"key"项。此时在"key"项上是一个深灰色边框，以示区别。

④ 取消选择：若要取消所选的所有界面元素，则单击界面页的空白处。若要取消已选的某个界面元素，则 Ctrl+单击 (Macintosh) 或右击 (其他系统) 该界面元素并在弹出菜单中选择"Unselect"选项。

⑤ 编辑：若要改变一个界面元素的特性，则选择该元素，然后单击界面页工具条的"编辑"按钮。也可以选择该界面元素后再双击。

⑥ 移动：选中界面元素，用鼠标将它拖到新位置。如果拖动时按下 Shift 键，那么只能做水平或垂直移动。

⑦ 改变大小：选中界面元素，用鼠标拖动选择边框的黑色"手柄"来改变元素大小。

⑧ 删除：选中要删除的一个或多个界面元素，然后单击界面工具条的"删除"按钮。也可以通过 Ctrl+单击 (Macintosh) 或右击 (其他系统) 删除的一个或多个界面元素，然后在弹出菜单中单击"删除"按钮。若使用后面这种方法，则不必先选中界面元素。

若要对各种界面元素有更多了解，则请参考表 A-1。

表 A-1　界面元素

名字	描述
按钮	按钮可以是一次性的或永久性的。单击一次性按钮，将执行一次命令。单击永久性按钮则不断重复执行命令，直到再次单击该按钮。如果为按钮分配了快捷键，那么当按钮有焦点时，按下相应的键就等同于单击按钮。如果按钮有快捷键则在右上角显示快捷键字符。如果输入光标在另外的界面元素上，如命令中心，那么按下快捷键不会触发按钮，这种情况下按钮右上角的字符会变暗。要激活快捷键的话，需单击界面页的空白背景
滑动条	滑动条是全局变量，可以被所有主体访问。在模型中使用它们作为快速改变变量的方式，而不需重新编程。相反，用户可移动滑动条到一个值，观察模型发生的行为
开关	开关是 true/false 变量的可视化表示。通过拨动开关，用户设置变量为 on(true) 或 off(false)
选择框	用户使用选择器在选择列表中为一个全局变量选定值，选择列表显示为下拉菜单

续表

名字	描述
输入框	输入框是包含字符串或数值的全局变量。编程人员选择用户可以输入的变量类型，可以设置输入框对输入的命令或报告上的字符串进行语法检查。数值型输入框可以读取任何形式的常值表达式，这比滑动条灵活得多。颜色输入框为用户提供了 Netlogo 颜色选择器
数据监视器	数据监视器显示任何表达式的值。表达式可以是变量、复杂表达式，或者是对报告器的调用。数据监视器每秒自动更新几次
绘图	绘图实时显示模型数据图形化
输出区	输出区是一个文本卷滚区，用来记录模型活动。一个模型只能有一个输出区
笔记	笔记用来为界面页添加信息型文本标签。模型运行过程中笔记内容不变

A.7 Python 的安装与 NetworkX 包的基本使用

A.7.1 Python 的安装

进入 Python 官方网站后，单击"Download Python 3.10.0"按钮，依据提示进行 Python 安装，如图 A-18 所示。

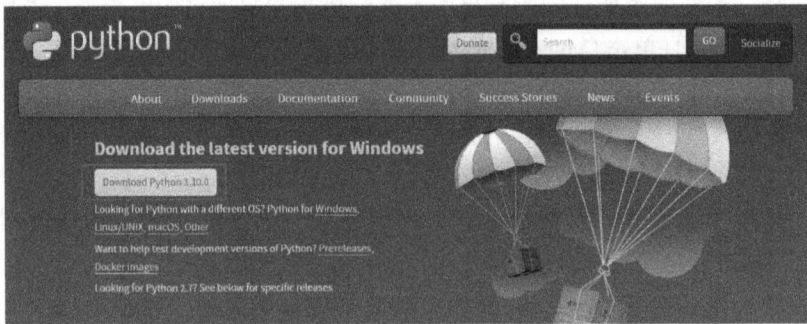

图 A-18 Python 下载页面

下载之后按默认选项安装即可。

为了检查我们的 Python 是否安装成功，可以在命令窗口中输入 python 进行查询，如果显示图 A-19 所示的信息就表示安装成功了。

图 A-19 检验 Python 是否安装成功

随后可以考虑下载编译器，如 PyCharm、Spyder、jupyter。

A.7.2 NetworkX 包的安装与基本使用

NetworkX 是一个 Python 包，用于创建、操作和研究复杂网络的结构、动力学和功能。其安装可以通过以下代码实现：

```
pip install networkx
```

图 A-20 是由节点、边和可选的属性构成的，节点表示数据，边是由两个节点唯一确定的，表示两个节点之间的关系。节点和边也可以拥有更多的属性，以储存更多的信息。

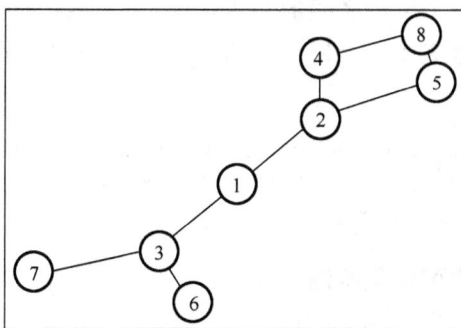

图 A-20 NetworkX 可视化案例

NetworkX 创建的无向图，允许一条边的两个节点是相同的，即允许出现自循环，但是不允许两个节点之间存在多条边，即出现平行边。边和节点都可以有自定义的属性，属性称为边和节点的数据，每一个属性都是一个 Key:Value 对。NetworkX 通过以下代码创建有向图和无向图：

```
import networkx as nx
G=nx.Graph()#创建空的无向图
G=nx.DiGraph()#创建空的有向图
```

图属性、节点和边的常见操作如下。

(1) 图属性

```
degree(G[, nbunch, weight])：返回单个节点或 nbunch 节点的度数视图。
degree_histogram(G)：返回每个度值的频率列表。
density(G)：返回图的密度。
info(G[, n])：打印图 G 或节点 n 的简短信息摘要。
create_empty_copy(G[, with_data])：返回图 G 删除的所有的边的拷贝。
is_directed(G)：如果图是有向的，那么返回 true。
add_star(G_to_add_to, nodes_for_star, **attr)：在图形 G_to_add_to 中添加
一个星形。
add_path(G_to_add_to, nodes_for_path, **attr)：在图形 G_to_add_to 中添加
一条路径。
add_cycle(G_to_add_to, nodes_for_cycle, **attr)：在图形 G_to_add_to 中添加
一个循环。
```

(2) 节点

图中的每一个节点 Node 都有一个关键的 Id 属性，用于唯一标识一个节点，Id 属性可以是整数或字符类型；节点除了 Id 属性，还可以自定义其他的属性。

```
nodes(G)：在图节点上返回一个迭代器。
number_of_nodes(G)：返回图中节点的数量。
all_neighbors(graph, node)：返回图中节点的所有邻居。
non_neighbors(graph, node)：返回图中没有邻居的节点。
common_neighbors(G, u, v)：返回图中两个节点的公共邻居。
```

(3) 边

由于图的边用于表示两个节点之间的关系，因此边是由两个节点唯一确定的。为了表示复杂的关系，通常会为边增加一个权重 weight 属性；为了表示关系的类型，也会为边设置一个关系属性。

```
edges(G[, nbunch])：返回与 nbunch 中的节点相关的边的视图。
number_of_edges(G)：返回图中边的数目。
non_edges(graph)：返回图中不存在的边。
```

如下代码是一个简单的可视化案例。

```
import matplotlib.pyplot as plt
import networkx as nx
G = nx.Graph()
#添加边关系
G.add_edges_from([(1,2),(1,3),(2,4),(2,5),(3,6),(3,7),(4,8),(5,8)])
nx.draw_networkx(G,with_labels=True,edge_color='b',node_color='g',node_size=1000)
plt.show()
```

参 考 资 料

[1]　BORGATTI S P, EVERETT M G, FREEMAN L C. Ucinet for windows: software for social network analysis[J]. Harvard, MA: analytic technologies, 2002,6:12-15.

[2]　BATAGELJ V, MRVAR A. Pajek—analysis and visualization of large networks[C]//Graph drawing: 9th international symposium, GD 2001 vienna, austria, september 23-26, 2001 revised papers 9. springer berlin heidelberg, 2002: 477-478.

[3]　BASTIAN M, HEYMANN S, JACOMY M. Gephi: an open source software for exploring and manipulating networks[C]//Proceedings of the international AAAI conference on web and social media, 2009, 3（1）: 361-362.

[4]　PARADIS E. R for beginners[M]. Montpellier :institut des sciences de i'evolution. université montpellier II, 2005.